AF522168

भारतीय काव्यशास्त्र

[आलोचना]

भारतीय काव्यशास्त्र

डॉ. महेंद्र मधुकर

राजकमल प्रकाशन

ISBN : 978-93-95737-41-8

मूल्य : ₹1295

पहला संस्करण : 2022

प्रकाशक : राजकमल प्रकाशन प्रा. लि.
1-बी, नेताजी सुभाष मार्ग, दरियागंज
नई दिल्ली-110 002
शाखाएँ : अशोक राजपथ, साइंस कॉलेज के सामने, पटना-800 006
पहली मंजिल, दरबारी बिल्डिंग, महात्मा गांधी मार्ग, प्रयागराज-211 001
वेबसाइट : www.rajkamalprakashan.com
ई-मेल : info@rajkamalprakashan.com

मुद्रक : बी.के. ऑफसेट
नवीन शाहदरा, दिल्ली-110 032

BHARATIYA KAVYASHASTRA
Criticism by Dr. Mahendra Madhukar

त्वदीयं

अपने पूज्य गुरुत्रय—
आचार्य हजारी प्रसाद द्विवेदी, आचार्य देवेन्द्र नाथ शर्मा
एवं
डॉ. नामवर सिंह को सादर।

भारतीय काव्यशास्त्र

क्रम

भूमिका

'भारतीय काव्यशास्त्र' नामक अपनी यह कृति सहृदय विद्वज्जनों और सर्वसामान्य जिज्ञासुओं को सौंपते हुए एक रचनात्मक आनन्द का सुखद अनुभव होना स्वाभाविक है। भीड़तंत्र के इस युग में भारतीय काव्यशास्त्र के पुनर्लेखन और उसकी सार्थकता पर कुछ कहना आवश्यक लग रहा है। 'भारतीय' शब्द सम्पूर्ण भारत की सभ्यता, संस्कृति, लोक में प्रचलित रीति-रिवाज और भाषाओं का प्रतिनिधित्व करता है। भारतीयता एक संस्कार भी है और गतिशील संस्कृतियों की विचारधारा और परम्परा की वाहिका-शक्ति भी। जो हमारे आगे है, अपर है, वह परम और श्रेष्ठ है। इस भाव से भारतीय काव्यशास्त्रीय चिन्तन में श्रेष्ठता और सूक्ष्मता की निरन्तर खोज होती रही है और इस कारण बदलाव भी होते गए हैं। वस्तुतः हमारा प्राचीन संस्कृत काव्यशास्त्र ही भारतीय काव्यशास्त्र के नाम से जाना गया है, जिसमें भारतीय देश-प्रदेश के अनुभवों के साथ-साथ विविध काव्य-रीतियों, वृत्तियों, प्रवृत्तियों और अनेक भाषाओं से मंडित नाट्य-रूपकों एवं काव्यों का निर्माण होता रहा है। दरअसल, भारतीयता की प्रवृत्ति का मूलाधार ही आस्वाद है। इसी कारण भारतीयों ने भोजन में भी षट्रस की गिनती की—मधुर, अम्ल, लवण, कटु, तिक्त, कषाय जैसे रसास्वाद के उपकरण ढूँढ़े गए। पशुओं से चर्वणा-व्यापार लेकर उसे रस-शास्त्र में प्रतिष्ठित किया गया। गोशाला या गोष्ठ से रसिक जनों की गोष्ठी की रचना हुई। जैसे कोई सात्विक भोजन अनेक व्यंजनों से चमक जाता है, वैसे ही व्यंजना-शक्ति से काव्यार्थ को चमका देने की कला के रूप में ध्वनि-सिद्धान्त का प्रवेश हुआ।

देखा जाए तो समूचा भारतीय जीवन भी अलग-अलग सिद्धान्तों पर आधारित है। मनुष्य का जीवन सुसंस्कृत होने के कारण स्वभावतः सौन्दर्य-प्रेमी है। इस शोभा, श्री और सौन्दर्य की वृद्धि के लिए अनेक यत्न भी करने पड़ते हैं। इस आवश्यकता की पूर्ति अलंकार-सिद्धान्त से होती है। अलंकरण को पर्याप्तीकरण भी कहा गया है। जीवन जीने की शैली और अलग-अलग प्रदेशों की रीतियाँ हमें मधुरता, कोमलता और कठोरता का पाठ पढ़ाती हैं। यदि हमारे जीवन में रस है तो हमें आनन्द भी मिलता है। रस का भाव हमें अभिव्यक्त करता, बाहर लाता और मुक्त करता है। 'मुक्त हृदय' की यही अवस्था हमें आनन्द देती है। भारतीयों ने रस को केवल लौकिक सुख नहीं, आमुष्मिक और आध्यात्मिक सुख भी माना और यह भी घोषित किया कि कम सुख से तृप्ति नहीं मिलेगी—'नाल्पे सुखमस्ति'। हमें कुछ और चाहिए, थोड़ा विलक्षण, थोड़ा सूक्ष्म व्यंग्यार्थ जो प्रतीयमान हो, जो हमें तरंगित करके रख दे, हमें परिपूर्ण बनाए। इस महाभाव ने हमें 'रसध्वनि' तक पहुँचा दिया।

गम्भीरता और सूक्ष्मता से छानबीन करने पर भारतीय काव्यशास्त्र जिन खम्भों और खूँटों पर खड़ा है, उसका मूल काव्य-भाषा की अर्थच्छवियों में ढूँढ़ा जा सकता है। अलंकार-सम्प्रदाय से लेकर रीति, वक्रोक्ति, रस, औचित्य और ध्वनि—ये सभी सिद्धान्त सीढ़ियों की तरह दिखाई देते हैं, जो अपने-अपने ढंग से काव्यानन्द की प्राप्ति में सहायक हैं। महत्त्वपूर्ण बात तो यह है कि विचार भिन्नता के बावजूद इनमें परस्पर आदर और सौमनस्य का भाव है। आनन्दवर्धन सरीखे अनेक श्रेष्ठ आचार्यों ने अनेक स्थानों पर अपने पूर्ववर्ती उद्भट आदि आचार्यों का श्रद्धापूर्वक स्मरण किया है।

मुझे बाबा साहब भीमराव अम्बेडकर, बिहार विश्वविद्यालय मुजफ्फरपुर (बिहार) में प्राय: चालीस वर्षों तक काव्य और काव्यशास्त्र को पढ़ने और पढ़ाने का सुअवसर मिला। महात्मा गांधी अन्तरराष्ट्रीय विश्वविद्यालय वर्धा, गुरु नानक देव विश्वविद्यालय अमृतसर, दिल्ली विश्वविद्यालय दिल्ली, विश्व भारती, शान्ति निकेतन, पटना विश्वविद्यालय एवं दर्जनों विश्वविद्यालयों में, बिहार विश्वविद्यालय के हिंदी विभागाध्यक्ष एवं यू. जी. सी. के 'प्रोफ़ेसर एमेरिटस' के रूप में काव्य और काव्यशास्त्र पर अनेक व्याख्यान देने का सौभाग्य प्राप्त हुआ।

मुझे अपने गुरुत्रय आचार्य हजारी प्रसाद द्विवेदी, आचार्य देवेन्द्र नाथ शर्मा और डॉ. नामवर सिंह का 1960 के भी पूर्व से सतत दिशा-निर्देश मिलता रहा। इनके श्रीचरणों में बैठकर ही मुझे कुछ सीखने का अवसर मिला। अपने स्मृतिशेष पूज्य पिता और संस्कृत हिंदी के निष्णात विद्वान् पं. उपेन्द्र नाथ मिश्र 'मंजुल' के आशीर्वाद से ही मुझे संस्कृत भाषा और शास्त्रों का ज्ञान सहज सुलभ हो सका। साथ ही, डॉ. राममूर्ति त्रिपाठी जी से अनेक दशकों तक लगातार मिलते रहने, विमर्श करने और सान्निध्य पाते रहने का भी सुख प्राप्त हुआ।

प्रस्तुत ग्रंथ को लिखने में प्रत्यक्ष या परोक्ष रूप से अनेक विद्वानों—डॉ. नगेन्द्र, डॉ. राममूर्ति त्रिपाठी, डॉ. सत्यदेव चौधरी, डॉ. बम्शंभुदत्त झा, आचार्य विश्वेश्वर, डॉ. भगीरथ मिश्र, डॉ. शोभाकान्त मिश्र, डॉ. राजवंश सहाय हीरा आदि की कृतियों से मुझे स्वस्थ दिशा-निर्देश मिले, तदर्थ उनके प्रति मैं विनम्र कृतज्ञता ज्ञापित करता हूँ।

'भारतीय काव्यशास्त्र' नामक यह प्रस्तुत कृति मेरे दीर्घकालिक अध्ययन-अध्यापन के अनुभवों का परिपाक है। मैंने यह ध्यान रखा है कि पांडित्य और तर्क-वितर्क से उत्पन्न उलझनों, दार्शनिक प्रतिपत्तियों और विवादों से बचते हुए सरल और मध्यम मार्ग की खोज की जाए। मेरा यह भी मानना है कि लेखक या वक्ता जब स्वयं किसी विषय को पूरी तरह समझ लेता है, तभी वह पाठकों या श्रोताओं तक अपने कथ्य को सम्प्रेषित कर पाता है, तभी गम्भीर विषय भी सहज ग्राह्य हो पाता है।

प्रस्तुत ग्रंथ 'भारतीय काव्यशास्त्र' की रूपरेखा 1984 में ही गुरुवर आचार्य देवेन्द्रनाथ शर्मा के साथ अनेक बार हुई बैठकी में सुनिश्चित हुई थी। उस समय वे 'पाश्चात्य काव्यशास्त्र' नामक ग्रंथ लिख रहे थे। उस ग्रंथ के प्रकाशन के पूर्व उसके अनेक आलेख मेरे द्वारा सम्पादित 'नया आलोचक' पत्रिका में प्रकाशित भी हुए।

मैंने अपनी इस कृति में आचार्य भरत से लेकर पंडितराज जगन्नाथ तक चौदह आचार्यों को विवेचन के लिए चुना है। ये चौदह आचार्य समुद्र-मंथन से निकले

चौदह रत्नों की तरह ही दीप्तिमान हैं। वे आचार्य हैं—(1) भरत, (2) भामह, (3) दंडी, (4) उद्‌भट, (5) वामन, (6) रुद्रट, (7) आनन्दवर्धन, (8) राजशेखर, (9) अभिनव गुप्त, (10) कुन्तक, (11) क्षेमेन्द्र, (12) मम्मट, (13) विश्वनाथ एवं (14) पंडितराज जगन्नाथ।

मैंने प्रयास किया है कि कि सम्बद्ध आचार्यों के विवेचन के प्रायः सभी महत्त्वपूर्ण पक्षों पर विचार किया जाए, बँधी गाँठें खोली जाएँ, बन्धन शिथिल किए जाएँ और तर्क-वितर्क से बचते हुए मूल तत्त्व तक पहुँचा जाए। मैंने यथा शक्ति इसका ध्यान रखा है कि भाषा साफ-सुथरी, बोधगम्य हो और प्रसाद गुण की तरह कही गई बात सरलता से पाठकों के हृदय तक पहुँच जाए और जो कुछ कहा जाए, वह सार्थक हो।

एक अन्तिम महत्त्वपूर्ण बात। काव्यशास्त्र में अपनी ओर से आरोपित धारणाएँ नहीं थोपी जा सकतीं, यह भी सत्य है कि जो प्राचीनों ने कहा है, वह सबका सब ग्राह्य और सुन्दर नहीं होता—'पुराणमित्येव न साधु सर्वम्' पर उसमें मौलिकता के नाम पर ज्यादा छेड़छाड़ भी सम्भव नहीं है वस्तुतः काव्यशास्त्र एक संग्रहण की कला है, मम्मट के 'काव्य प्रकाश' की तरह मधुमक्षिका वृत्ति से किया गया रस-संचय है। काव्यशास्त्रीय विवेचना में तारतम्य का ही विशेष महत्त्व है।

इस कृति की रचना की दो विशेष प्रेरक शक्तियों का उल्लेख आवश्यक है। सन् 1984 में ही मेरे गुरुवर आचार्य देवेन्द्र नाथ शर्मा ने मुझे भारतीय काव्यशास्त्र पर एक पुस्तक लिखने का आदेश दिया था। उसी समय राजकमल प्रकाशन के अधिष्ठाता प्रियवर श्री अशोक माहेश्वरी ने भी ग्रंथ तैयार कर देने का अनुरोध किया, पर विश्वविद्यालय की कार्य-व्यस्तता, 'नया आलोचक' साहित्यिक पत्रिका का प्रकाशन और आगे चलकर अध्यक्ष-पद के काँटों के ताज ने मुझे चैन नहीं लेने दिया। अब जीवन के संन्यास-काल में दिया हुआ पूर्व वचन पूरा हो रहा है—यह बात मेरे लिए सुखद और सन्तोषजनक है। यह कृति विद्वज्जनों और जिज्ञासुओं को समर्पित करते हुए मुझे हार्दिक सन्तोष का अनुभव हो रहा है। पिता की पुण्य-स्मृति, गुरुजनों का आशीर्वाद और परमपिता की असीम अनुकम्पा से यह कार्य पूरा हो सका है। जब विश्व में कोई वस्तु निर्दोष नहीं है तो मेरी यह कृति भला दोषरहित कैसे होगी? अपनी त्रुटियों के लिए मैं सदैव क्षमाप्रार्थी रहूँगा।

यह ग्रंथ कदापि पूर्ण न होता यदि तमाम स्वास्थ्य बाधाओं के बावजूद मेरी जीवन-संगिनी प्रो. डॉ. सुनीति मिश्र का हार्दिक सहयोग न होता। समय-समय पर विमर्श करने एवं ग्रंथ की पांडुलिपि तैयार करने एवं महत्त्वपूर्ण सुझाव देने का गुरुतर भार उन्होंने श्रमपूर्वक अकेले सँभाला।

साथ ही, यह बताना भी चाहता हूँ कि सम्पूर्ण ग्रंथ-रचना में वर्षों का समय लगा, उस क्रम में मेरे सहायक सेवक मिलन कुमार ने प्रतिदिन नियम पूर्वक ब्राह्ममुहूर्त में जगकर यथासम्भव मेरी देखरेख की, इस हेतु वे आशीर्वाद के पात्र हैं।

महेंद्र मधुकर

वसंत पंचमी
10 फरवरी, 2019

प्रस्तावना

भारतीय काव्यशास्त्र में मेरी गहरी रुचि का मूल कारण था—कविता का आस्वाद और उसकी अभिव्यक्ति में भाषा का तंत्र। बाल्य-काल से ही यह आकर्षण मनीषियों और चिन्तकों के सम्पर्क में क्रमश: पल्लवित होता रहा।

काव्यशास्त्र के अध्ययन और अध्यापन-क्रम में मेरी रुचि और मेरे आकर्षण के मुख्य तीन प्रेरणा-तीर्थ रहे। सर्वप्रथम 1957 में जब मैं इंटर का छात्र था, मुझे गुरुप्रवर डॉ. हजारी प्रसाद द्विवेदी जी ने वाराणसी के रवीन्द्रपुरी स्थित अपने निवास स्थान पर बुलाया था। उनसे मेरा पत्र-व्यवहार कई बार हुआ था। उसी अवस्था में मैंने उनकी पुस्तक 'हिंदी साहित्य उद्‌भव और विकास' में कई संशोधनों के प्रस्ताव दिए थे। एक छात्र के नाते 'हिंदी साहित्य उद्‌भव और विकास' में मुझे दो बड़ी भ्रान्तियाँ दिखी थीं। एक तो रामभक्ति शाखा की मधुर भक्ति के विवेचन-प्रसंग में कवि सन्त सियालाल शरणजी 'प्रेमलता' के लिए उन्होंने लिखा था कि "उनके तैंतीस ग्रंथ हैं, जो सब के सब अप्रकाशित हैं।" मैंने उन्हें लिखा कि प्रेमलताजी के चौंसठ ग्रंथ हैं, जो सब के सब प्रकाशित हैं। आचार्य जी ने उनकी सूची माँगी, जो मैंने भेज दी। दूसरी भ्रान्ति हिंदी के उपन्यासों में तिलस्मी उपन्यासों की चर्चा से सम्बन्धित थी। आचार्य श्री ने लिखा था कि तिलस्मी उपन्यास 'लखलखा' की तरह है, जिसे सुँघाकर किसी को बेहोश किया जा सकता है। संयोग से मैं पन्द्रह-सोलह की उम्र तक 'चन्द्रकान्ता सन्तति' 'भूतनाथ' आदि पुस्तकें पढ़ चुका था। मैंने गुरुजी को लिखा कि 'ऐयार लोग लखलखा का प्रयोग होश में लाने के लिए करते थे।" पुन: आचार्य श्री ने मुझे लिखा कि '30-35 वर्ष पहले पढ़ी हुई बात से मुझे विभ्रम हो गया था, पर अगले संस्करण में सुधार हो जाएगा'। लेकिन पुस्तक के प्रकाशक अत्तरचन्द कपूर से विवाद हो जाने के कारण संशोधन नहीं हो सका। कालान्तर में मैंने अपनी ओर से सम्पादकों को सूचित भी किया, पर दुर्योगवश आजतक इस भ्रान्ति का सुधार नहीं हो सका। इसके बाद ही आचार्य श्री ने मुझे वाराणसी आकर मिलने को कहा। तब मैं 1957 में रवीन्द्रपुरी स्थित उनके आवास पर पहुँचा।

मुझसे मिलने के बाद वे चकित हुए, कहा—"मैंने सोचा था कोई अत्यन्त वरिष्ठ व्यक्ति मुझसे मिलने आ रहा है, पर तुम तो अब मेरे पुत्रवत् छात्र हो।" कमरे में जमीन पर बिछे मोटे गद्‌दे पर मैं बैठ गया। एक गावतकिये के सहारे वे भी वहीं बैठे। कमरे में चारों ओर किताबें ही किताबें थीं। वार्ता के दौरान उनके आदेश से मैंने रस-सिद्धान्त और साधारणीकरण पर अपनी जिज्ञासाएँ रखीं। फिर तो उनकी सारस्वत वाग्धारा का प्रवाह किसी नद-निर्झर की तरह चल पड़ा। यह बैठक प्राय: तीन घंटे तक चली। उन्होंने

अपनी सद्यः प्रकाशित पुस्तक 'नाथ सिद्धों की बानियाँ' स्वयं लिखकर मुझे आशीर्वाद स्वरूप भेंट की। वह दिव्य प्रसाद आज भी मेरे पास सुरक्षित है।

काव्यशास्त्र की दिशा में मेरी रुचि को जगाने का दूसरा महत् श्रेय गुरुवर आचार्य देवेन्द्र नाथ शर्मा का रहा। तब मैं लंगट सिंह कॉलेज, मुज़फ़्फ़रपुर में हिंदी ऑनर्स का ही छात्र था। गुरुवर शर्मा जी भारतीय एवं पाश्चात्य काव्यशास्त्र और भाषा विज्ञान के निष्णात एवं परिकीर्तित विद्वान् थे। उनमें अपार समुद्र-सी गम्भीरता और आकाश की अनन्तता थी। शर्माजी 1963 तक बिहार विश्वविद्यालय के हिंदी विभागाध्यक्ष रहे। बाद में वे पटना विश्वविद्यालय के अध्यक्ष और तदनन्तर वहाँ के कुलपति हुए। मैं 1962 में लंगट सिंह कॉलेज के हिंदी विभाग में प्राध्यापक हो चुका था। तब से शर्माजी के जीवनपर्यन्त 1991 के पूर्व तक निरन्तर उनसे सीखने और समझने का अवसर मिलता रहा। सन् 80 के दशक में राजकमल प्रकाशन के अधिष्ठाता श्री अशोक महेश्वरी आचार्य देवेन्द्र नाथ शर्मा और मेरे सह-लेखन में भारतीय काव्यशास्त्र पर एक अनूठा ग्रंथ चाहते थे। शर्माजी से सहमति लेकर मैं काम में जुट गया और मैंने 'नोट्स' लेना भी शुरू कर दिया। ग्रंथ की रूपरेखा और मूल परिकल्पना में आचार्य देवेन्द्रनाथ जी शर्मा का ही सहयोग था। इस बीच काव्यशास्त्र से सम्बद्ध मेरी दो पुस्तकें भी प्रकाशित हुईं 'उपमा अलंकार: उद्भव और विकास' तथा 'काव्यभाषा के सिद्धान्त'। काव्य-भाषा विषयक पुस्तक पटना विश्वविद्यालय की वर्ष 1970 में डी. लिट्. उपाधि के लिए आचार्य देवेन्द्रनाथ शर्मा के निर्देशन में लिखी गई थी, जिसके परीक्षक डॉ. नगेन्द्र एवं डॉ. नामवर सिंह थे।

काव्यशास्त्र के क्षेत्र में मुझे हिंदी में संस्कृत काव्यशास्त्र के पुनरुत्थान विषयक चिन्तन की ओर अग्रसर करने वाले प्रेरक-विन्दु गुरुवर डॉ. नामवर सिंह रहे। उनके दिशा-निर्देश से ज्ञान के कई नए अनुद्घाटित क्षेत्रों में काम करने का अवसर मिला। विश्वविद्यालय अनुदान आयोग से मुझे 'एमेरिटस प्रोफेसर' की फ़ेलोशिप भी मिली। साहित्य अकादमी के जूरी सदस्य के रूप में तथा 'गांधी स्मृति एवं दर्शन समिति' के द्वारा प्रकाशित 'अनासक्ति दर्शन' पत्रिका के प्रधान सम्पादक के रूप में कार्य करते हुए भी मैं निरन्तर उनके सम्पर्क में रहा। मैंने 1983 में दिल्ली से 'नया आलोचक' पत्रिका का प्रकाशन आरम्भ किया। उस पत्रिका के मुख्य परामर्शक आचार्य देवेन्द्रनाथ शर्मा थे। उनके 'पाश्चात्य काव्यशास्त्र' के अनेक निबन्ध पहली बार 'नया आलोचक' में ही प्रकाशित हुए। बाद में 1984 में वे पुस्तकाकार रूप में आ गए। उनके निधन के बाद गुरुवर डॉ. नामवर सिंहजी ने 'नया आलोचक' का परामर्शक होना स्वीकार किया था। डॉ. नामवर सिंह एक सुलझे हुए कृतविद्य आलोचक ही नहीं, सदैव मेरे पथप्रदर्शक और अभिभावक भी बने रहे।

मैंने प्रयत्न किया है कि इस पुस्तक में भारतीय काव्यशास्त्र को पूरी प्रामाणिकता के साथ सरल और बोधगम्य भाषा में, उलझनों को सुलझाते हुए तथा पिष्टपेषण और भेदोपभेद के घटाटोप से बचते हुए प्रस्तुत किया जाए और मुख्य विवेच्य वस्तु पर ही दृष्टि केन्द्रित रखी जाए, अतः इसे आप मेरे समस्त गुरुजनों का कृपा-प्रसाद समझ कर ही स्वीकार करें।

प्रस्तुत पुस्तक 'भारतीय काव्यशास्त्र'—काव्यशास्त्र विषयक चिन्तन, भारतीय काव्यशास्त्र के बीज-भाव का संकेत और परम्परा का प्रामाणिक अध्ययन प्रस्तुत करने का विनम्र प्रयत्न है। यों तो भारतीय शब्द सम्पूर्ण भारतीय काव्य एवं उनके शास्त्रों का प्रतिनिधित्व करता है, पर प्राचीनता, विवेचन-प्रभाव की दृष्टि से संस्कृत काव्यशास्त्र को भारतीय काव्यशास्त्र के प्रतिनिधित्व के रूप में लिया गया है।

यह माना जाता है कि संस्कृत काव्यशास्त्र की पहली मौलिक विशेषता है, लक्ष्य-ग्रंथों के आधार पर लक्षण-ग्रंथों की रचना। लक्ष्य-ग्रंथ का अर्थ है, काव्य और लक्षण ग्रंथ का अर्थ है आलोचना या शास्त्र। स्पष्ट है कि हमारे यहाँ पहले काव्य की रचना हुई फिर उनका शास्त्र बना। इसी सूक्ष्मता और व्यापकता के कारण संस्कृत काव्यशास्त्र को भारतीय काव्यशास्त्र के नाम से अभिहित किया जाता रहा है। रीतिकालीन हिंदी काव्यशास्त्र (1700-1900 ई.) पर इस संस्कृत काव्यशास्त्र का प्रभूत प्रभाव पड़ा है। वहाँ संस्कृत काव्यशास्त्र के विपरीत लक्षण-ग्रंथों के आधार पर लक्ष्य-ग्रंथों की रचना हुई अर्थात् पहले शास्त्र बना और फिर उसके काव्यात्मक उदाहरण रचे गए। इस दृष्टि से इसे रीतिशास्त्र कहा जाए तो कोई अत्युक्ति नहीं होगी। रीतिशास्त्र के विवेचन का मुख्य विषय अलंकार और गौण विषय रस है, इस पर कुलपति मिश्र द्वारा रचित 'रस रहस्य' जैसी एकाधिक पुस्तकें मिलती हैं। हिंदी रीति कवियों ने अलंकार-विवेचन और चर्चा के द्वारा चमत्कारप्रियता और दरबारी प्रवृत्ति का परिचय दिया। रीतिकालीन अलंकार शास्त्र को भले ही अनुवाद, उल्था या पिष्टपेषण माना गया हो, पर उनके काव्य-पक्ष को कमजोर नहीं माना जा सकता।

वास्तव में भारतीय काव्यशास्त्र की पृष्ठभूमि में संस्कृत काव्य की अनेक विशेषताओं का योगदान रहा है। प्राय: सभी विद्वान् इस बात से सहमत हैं कि संस्कृत साहित्य उच्चकुलीन आभिजात्य वर्ग के राजाओं और सामन्तवादी प्रवृत्तियों का साहित्य है। संस्कृत साहित्य की हर रचना-विधा में राजा-रानियों की कहानियाँ मुख्यत: ली गई हैं। राजा-रानी, विदूषक, सखी-वर्ग, वन, ऋतुएँ—सब किसी-न-किसी रूप में वर्णित हुए है। संस्कृत महाकाव्य, नाटक, गद्य-काव्य जैसी विधाओं की कथा के केन्द्र में समृद्ध वर्ग के राजपुरुष हैं। नायक-नायिका भेद भी सामन्तीय जीवन और संस्कृति की देन है।

संस्कृत-काव्य के प्रेरक विषय रहे हैं—श्रृंगार तथा प्रेम, पुरुषार्थ-प्रदर्शन तथा वैभव एवं सौन्दर्य में गहरी रुचि। इनसे कवियों को चमत्कार-प्रदर्शन में सहायता मिली है। संस्कृत का नाट्य साहित्य श्रृंगार और वीर रसों को लेकर चला है क्योंकि उनकी जीवन-शैली में प्रेम और युद्ध का बड़ा महत्त्व था। चूँकि संस्कृत साहित्य की रचना शिष्ट समुदाय के लिए थी, इन्हीं के लिए काव्य-गोष्ठियों या रंगशालाओं में नाटकों का आयोजन होता था। उस समय राजाओं और दर्शकों का सहृदय-समाज इनमें पर्याप्त रुचि लेता था। काव्य के रसास्वादन के लिए यह सहृदय-समाज आवश्यक था।

आचार्य भरत ने अपने नाट्य शास्त्र में काव्यरस-रसिक सहृदयों के लिए कई शब्दों का प्रयोग किया है। उन्हें सहृदय, प्रमाता, भावक, सुमनस्, प्रेक्षक, दर्शक आदि नामों से पुकारा गया है। यह बात ध्यान में रखने की है कि भरत का नाट्यशास्त्र साहित्य

को सीधे सहृदय वर्ग या जनता से जोड़ता है। गोष्ठियों में संस्कृत काव्य के श्रव्य और दृश्यकाव्य का उपयोग रसास्वादन और आनन्द के लिए होता था। ऊपर-ऊपर देखने से यह प्रतीत होता है कि ये छोटी-बड़ी गोष्ठियाँ मनोरंजन और आनन्द-प्राप्ति के लिए होती थीं, लेकिन काव्य-रसिक पंडितों के मन में आलोचना और विश्लेषण का भी भाव था। आलोचक-वृत्ति के सन्तुष्ट होने पर ही मुख से प्रशंसात्मक शब्द सहसा निकल पड़ते थे और काव्य की लोकप्रियता में सहायक होते थे। सम्भवतः इसी कारण अलंकार-सिद्धान्त एवं अन्य सिद्धान्तों में भेद और उपभेद की प्रवृत्ति दिखाई पड़ती है, जो वस्तुतः कविता में चमत्कार-कौशल के उदाहरण थे।

कहने की आवश्यकता नहीं कि भारतीय काव्यशास्त्र के मूल प्रेरक बिन्दुओं में संस्कृत साहित्य की प्रधानता रही है। प्रायः 12 सौ वर्षों से कुछ अधिक समय तक संस्कृत साहित्य की अबाध धारा प्रवाहित होती रही है। इतनी लम्बी अवधि में राजा-रानी, प्रेम के संयोग-वियोग और वर्णन-पद्धति की एकरूपता और एकरसता आश्चर्य में डाल देती है। यह बात ध्यान में रखने की है कि संसार में शायद ही कोई साहित्य हो जो इतने सीमित और एक समान विषय क्षेत्र में इतने समय तक रचा गया हो। कई विचारक संस्कृत साहित्य की एकरूपता को उसकी सीमा बताते हैं, लेकिन ध्यानपूर्वक देखने से यह तर्क भी निरस्त हो जाता है। संस्कृत के नाटक साहित्य में विशाखदत्त का 'मुद्राराक्षस' और शूद्रक का 'मृच्छकटिक' अपनी विषय-वस्तु की भिन्नता को चिह्नित करते हैं और उनकी कृतियाँ यथार्थवादी रचनाओं की कोटि में रखी जाती हैं। यों तो कहने के लिए संस्कृत के महाकाव्य का विषय प्रचलित परम्परा का अनुगमन करता है, पर उनमें भी भाषा की मौलिकता, सौन्दर्यशास्त्रीय तत्त्वों जैसे बिम्बों, प्रतीकों, मिथकों और कल्पनाओं का अपूर्व विन्यास देखते ही बनता है। संस्कृत का गद्य साहित्य जिसमें सुबन्धु की 'वासवदत्ता', दंडी का 'दशकुमार चरितम्', वाणभटट् की 'कादम्बरी' जैसे अनेक ग्रंथ परिगणित हुए हैं। उनमें शब्द-प्रयोग पर कवियों की जबर्दस्त पकड़ दिखाई देती है। इन गद्य-काव्यों की शब्दच्छटा से अनुरणन का एक ध्वन्यात्मक आनन्द मिलता है और वह प्रवाह पाठक को अपने साथ बहा ले जाता है।

संस्कृत साहित्य की एक अन्य मुख्य विशेषता है उसकी आशावादी दृष्टि, जो आत्मा की अमरता और पूर्वजन्म के सिद्धान्त से प्रेरित है। जो सुख हमें आज नहीं मिला, वह कभी-न-कभी अगले किसी जन्म में अवश्य मिलेगा! यह आशावादी भाव इस कामदी (कॉमेडी) का रहस्य है। वाणभटट् और कालिदास आदि के ग्रंथों में जन्मान्तर की कथाएँ—एक आशावाद और कामदी (कॉमेडी) के भाव को जगाती हैं। यह सिद्धान्त भारतीय साहित्य को एक नया मोड़ देता और कॉमेडी को महत्त्व प्रदान करता है। यहाँ की कथाओं में प्रेम, वियोग, दुःख और अनगिनत बाधाओं की अग्नि में तपकर नायक खरे कुन्दन की तरह निकलता है और अन्त में उसका मिलन भी सम्पन्न होता है।

इसी बिन्दु पर भारतीय काव्यशास्त्र और पाश्चात्य काव्यशास्त्र में एक मौलिक अन्तर मिलता है। यहाँ मुख्यतः कॉमेडी प्रधान रचनाओं का सृजन हुआ है तो पाश्चात्य देशों में त्रासदी या 'ट्रेजेडी' का—यह मौलिक अन्तर भारतीय काव्य और काव्य के आनन्दवादी लक्ष्य तक हमें पहुँचाने में सहायक सिद्ध होता है।

संस्कृत साहित्य की हजार वर्षों से भी अधिक समय तक की एकरूपता आश्चर्य में डालती है। इस एकरूपता का मुख्य कारण राजाओं और सामन्तों द्वारा दरबारी कवियों का पोषण, सम्मान और उनकी श्रृंगारिक रुचि को ही माना जा सकता है। ग्यारहवीं शताब्दी में मुसलमानों के आक्रमण के पहले तक भौतिकता और सुख-समृद्धि के कारण श्रृंगार-भाव की प्रधानता रही, रसिकों की पसन्द को देखते हुए श्रृंगार-प्रधान कथाओं को महत्त्व मिलता रहा। उन वर्णनों में पात्रों का आन्तरिक ताप तो था, पर बाहर के समाज की हलचल पर अधिक ध्यान नहीं गया। काव्य के क्षेत्र में जो नए प्रयोग हुए, वे मुख्यत: काव्य-भाषा और उनकी आलंकारिक शक्ति को व्यक्त करने में रुचि लेते रहे। इसका प्रभाव काव्यशास्त्र के क्षेत्र में अलंकार सिद्धान्त, वक्रोक्ति-सिद्धान्त, रीति-सिद्धान्त आदि के रूप में देखा जा सकता है।

आलोचक यह भी मानते आए हैं कि संस्कृत साहित्य आदर्शवादी है, इसलिए उसकी समालोचना पद्धति भी आदर्शवादी है। संस्कृत का कवि यह नहीं सोचता कि जीवन कैसा है? वह इस बात पर जोर देता है कि जीवन कैसा होना चाहिए? इसी कारण संस्कृत की आलोचना-पद्धति एक प्रकार से विधिलिंग से प्रेरित है। उसका ध्यान इस पर अधिक है कि काव्य का नायक ऐसा होना चाहिए, वस्तु-तत्त्व और रस-योजना ऐसी होनी चाहिए। सम्भवत: इस आदर्श के निरूपण के कारण ही संस्कृत का आलोचना शास्त्र विधेयात्मक (नॉरमेटिव) कहा गया।

संस्कृत आलोचना-शास्त्र की एक अन्य विशेषता है कि वह मुख्यत: सिद्धान्तवादी है। उसका ध्यान इस बात पर है कि काव्य कैसा होना चाहिए, उसकी विशेषताएँ क्या हों, पर किसी काव्य की व्यावहारिक आलोचना का वहाँ प्राय: अभाव दीखता है। आचार्यों ने काव्य की आत्मा की खोज पर ध्यान दिया है। कविता क्या है, इसकी पड़ताल की है, पर कोई अमुक कविता कैसी है—इस पर ध्यान देने की आवश्यकता नहीं समझी गई है।

ऐसा भी कहा गया है कि संस्कृत काव्यशास्त्र मुख्य रूप से जैसे कवियों के लिए लिखा गया है, वह कवियों के लिए मानक ग्रंथ जैसा है। वह एक ऐसे दर्पण की तरह है, जिसमें काव्य के अलंकार, गुण-दोष आदि का सरलतापूर्वक परिचय प्राप्त किया जा सकता है। कुछ ऐसे भी अलंकार शास्त्री हुए हैं जिन्होंने काव्य के प्रयोग में आनेवाली वस्तुओं की सूची तक बना डाली है। केशव मिश्र जैसे आचार्य इसी कोटि के माने गए हैं। काव्यशास्त्र के अध्येता को यह बात ध्यान में रखनी चाहिए कि काव्य और उसके शास्त्र की धारा समानान्तर रूप से अलग-अलग प्रवाहित होती हुई दिखाई देती है। आचार्यों ने काव्यधारा का थोड़ा-बहुत लाभ तो उठाया है, पर उसके सिद्धान्तों से कवि उतने प्रेरित नहीं दिखाई देते। सम्भव है, इसी धारणा से संस्कृत के अनेक आचार्यों ने अपने सिद्धान्तों के उदाहरण में स्वरचित कविताएँ रखी हैं। इनमें मुख्य रूप से दंडी, विश्वनाथ, क्षेमेन्द्र, पंडितराज जगन्नाथ आदि के नाम महत्त्वपूर्ण हैं।

प्रतीत होता है, भारतीय काव्यशास्त्र का सबसे महत्त्वपूर्ण और ज्वलन्त प्रश्न यही है कि जब कालिदास के समय में संस्कृत कविता अपने चरमोत्कर्ष पर थी तो उस समय संस्कृत के आलोचक अलंकार-निरूपण कर रहे थे और जब संस्कृत कविता का ह्रासयुग या चमत्कार-युग शुरू हुआ तो उस समय आलोचना में रस, ध्वनि को महत्त्व

दिया गया। तब इस बात में सन्देह नहीं रह जाता कि संस्कृत काव्य और उसके शास्त्र की धारा अलग-अलग प्रवाहित हुई है।

यद्यपि इस स्थापना में बल दिखाई देता है, लेकिन इसे सकारात्मक रूप में भी लिया जा सकता है, और यह सकारात्मकता है, आचार्यों की मौलिक दृष्टि। अलंकार सिद्धान्त भी इसी मौलिकता की देन है। दंडी आदि आचार्यों ने अलंकारों के अनेक भेद-उपभेद किए हैं। सम्भव है कि सभी भेदों के उदाहरण उन्हें नहीं मिले हों, पर उन्होंने कविता के सृजन की मौलिक दिशा की ओर संकेत अवश्य किया। इसी प्रकार जब काव्य में अलंकार एवं प्रहेलिकाओं का प्रभाव बढ़ा तो अभिनव गुप्त और आनन्दवर्धन ने ध्वनि की, और आचार्य विश्वनाथ ने रस की ओर ध्यान आकृष्ट किया।

संस्कृत काव्य और आलोचना की धाराएँ स्वतंत्र और निरपेक्ष दिखाई देती हैं। जब ध्वनि-सिद्धान्त सामने आया, उस समय माघ का शिशुपाल वध चित्रकाव्य के मुरजबन्ध आदि श्लोकों द्वारा चमत्कार प्रदर्शन कर रहा था। कवि भारवि, माघ और कवि भट्टि के काव्य में व्याकरण-ज्ञान का प्रदर्शन किया गया।

यह बात महत्त्वपूर्ण है कि संस्कृत के अलंकार शास्त्र पर व्याकरण और दर्शन का गम्भीर प्रभाव रहा है। व्याकरण को वहाँ सभी विद्याओं के ऊपर 'अधिविद्य' माना गया है तो भर्तृहरि व्याकरण को अपवर्ग का द्वार सिद्ध कर देते हैं। आचार्य विश्वनाथ का 'उपमा प्रपंच' और 'ध्वन्यालोक' में आनन्दवर्धन द्वारा उसका महत्त्व घोषित हुआ है। इसी तरह शब्द और अर्थ पर विचार करते हुए न्याय-दर्शन, मीमांसा-दर्शन आदि की सहायता ली गई है। रससूत्र के विचारक भट्टलोल्लट, शंकुक, भट्टनायक और अभिनव गुप्त जैसे आचार्य मीमांसा-दर्शन, न्याय-दर्शन, सांख्य-दर्शन और शैव-दर्शन का सहारा लेते हैं। अलंकारों की भी कल्पना करते समय हेतु, अनुमान, काव्यलिंग आदि अनेक अलंकार दर्शन शास्त्रों की ही देन हैं। व्याकरण शास्त्र और दर्शन के प्रभाव के कारण संस्कृत काव्यशास्त्र में एक ओर सूक्ष्म विवेचन का लाभ मिला है तो दूसरी ओर उसके स्वतंत्र विकास में बाधा भी पड़ी है। व्याकरण-शास्त्र और दर्शन के हावी होने के कारण काव्यशास्त्र दुहराव और गम्भीरता के बोझ का शिकार हो गया है। इसके कारण सरसता में तो कमी आई ही है, साथ ही चमत्कार-प्रदर्शन की प्रवृत्ति भी बढ़ी है।

आचार्य देवेन्द्रनाथ शर्मा जैसे विचारक अपना एक मजबूत पक्ष रखते हैं कि भारतीय काव्यशास्त्र में रसवाद, अलंकारवाद, रीतिवाद, ध्वनिवाद, वक्रोक्तिवाद और औचित्यवाद के नाम से अनेक वादों की स्थिति स्वीकार की गई है, लेकिन ये स्वतंत्र वाद न होकर काव्यशास्त्र के विकास सोपान हैं। यह बात इस अर्थ में महत्त्वपूर्ण है कि वाद सम्बन्धी विवेचन क्रमशः सूक्ष्मतर होता गया है तथा किसी आचार्य ने किसी तत्त्व का खंडन नहीं किया है, बल्कि सभी ने सभी तत्त्वों को स्वीकार किया है। आद्याचार्य भामह ने महाकाव्य के लक्षण में रस की चर्चा की, दंडी ने भी 'रसभाव निरन्तरम्' कहकर उसका महत्त्व स्वीकार किया, पर रस का विवेचन नहीं किया गया। आगे आनन्दवर्धन ने भी ध्वनि-सिद्धान्त की प्रतिष्ठा के बावजूद रीति, गुण, वक्रोक्ति और अलंकार को स्वीकार कर उनका समन्वय किया। इसी प्रकार कुन्तक, विश्वनाथ, मम्मट भी समन्वयवादी आचार्य के रूप में नजर आते हैं।

अनेक विचारकों ने अलंकारवाद, रीतिवाद और वक्रोक्तिवाद की गणना देहवादी सम्प्रदाय के रूप में की है और ध्वनिवाद, रसवाद और औचित्यवाद को आत्मवादी सम्प्रदाय में सम्मिलित किया है। वास्तव में इन सभी सिद्धान्तों में काव्य की आत्मा की ही खोज हुई है। इसलिए यह माना जा सकता है कि जिन्हें देहवादी कहा गया है वे रूपवादी हैं और जिन्हें आत्मवादी कहा गया है, वे वस्तुवादी हैं। इसके साथ ही यह बात अत्यन्त महत्त्वपूर्ण है कि अलंकारवाद को काव्य की आत्मा से नहीं जोड़ना ही उचित होगा। वास्तव में भामह आदि किसी भी आलंकारिक ने अलंकार को काव्य की आत्मा कहा भी नहीं है। भामह को वक्रोक्तिवादी माना गया है। हाँ, यह अवश्य है कि उन्होंने व्यापक रूप से अलंकार-निरूपण में रुचि ली है। भामह ने अलंकार को काव्यशोभा के आधार-तत्त्व के रूप में ग्रहण किया था। भामह वक्रोक्ति के बिना काव्य में चमत्कार नहीं देखते—'वक्राभिधेय शब्दोक्तिः इष्टावाचामलंकृतिः'। विद्वानों ने तो इसे ही उनकी काव्य परिभाषा के रूप में महत्त्व दिया है, क्योंकि उनके नाम पर प्रचलित काव्य-परिभाषा 'शब्दार्थौ सहितौ काव्यम्' में एक प्रकार से अतिव्याप्ति दोष देखा जा सकता है।

आचार्य भामह के पहले अलंकारवादियों के दो वर्ग थे। एक शब्दालंकार को महत्त्व देता था, दूसरा अर्थालंकार को। शब्दालंकारवादी मानते थे कि शब्द अधिक महत्त्वपूर्ण है, क्योंकि उनको सुनकर ही अर्थ का ज्ञान होता है। पहला प्रभाव शब्द का ही पड़ता है और वही आनन्द देता है जबकि अर्थ के बोध होने के बाद ही अर्थालंकार स्पष्ट होता है। अनुप्रासों से युक्त शब्दच्छटा काव्य के रसास्वादन का आनन्द देती है। भामह ने इन दोनों मतों को अतिवादी और एकांगी माना। इसलिए उन्होंने उनका समन्वय किया और कहा कि शब्द के शोभाधायक होने से शब्दालंकार और अर्थ की शोभा से अर्थालंकार—दोनों को उन्होंने अलग-अलग महत्त्व दिया। भामह ने वक्रोक्ति को भी काव्य-तत्त्व के रूप में महत्ता दी। यह बात स्पष्ट है कि उपमा, रूपक आदि विशिष्ट अलंकारों के अर्थ में अलंकार शब्द काव्य का प्राण-तत्त्व नहीं रहा। अलंकारों को वाग्विकल्प माना गया। आनन्दवर्धन ने माना था कि—'अनन्ताहि वाग्विकल्पाः तत् प्रकारा एव च अलंकाराः'।

इस क्रम में काव्यशास्त्र के रस-सिद्धान्त की कुछ सीमाओं की ओर भी हमारा ध्यान गया। वस्तुतः रस-सिद्धान्त की उद्भावना 'दृश्यकाव्य' के प्रसंग में हुई है। दृश्यकाव्य में विभाव, अनुभाव और संचारी भावों की योजना प्रत्यक्ष रूप में सामने आती है और हृदय पर उसका सीधा प्रभाव पड़ता है और आनन्दोत्पत्ति होती है। बहुत दिनों तक यह माना गया कि रस की जैसी निष्पत्ति नाटक या दृश्यकाव्य में हो सकती है, वैसी श्रव्यकाव्य में नहीं। वास्तव में वेद्यांतर स्पर्शशून्य, 'ब्रह्मास्वाद सहोदर' जैसे विशेषण दृश्यकाव्य में अधिक सार्थक हैं।

आगे चलकर यह माना गया कि श्रव्य काव्य में भी रस की स्थिति सम्भव है और गद्य-पद्य महाकाव्य, मुक्तक—सब में रस की संगति दिखाई जाने लगी, लेकिन विचार करने पर प्रतीत होता है कि श्रव्यकाव्य में यदि रस की स्थिति सम्भव है तो केवल महाकाव्य में है। रसनिष्पत्ति की पूर्णता तभी सम्भव है जब आश्रय, आलम्बन, उद्दीपन, वातावरण आदि की सम्यक् योजना उसमें की जाए। इसके अतिरिक्त रस-निष्पत्ति की

दृष्टि से मुक्तक में रस की स्थिति विरल होती है। वस्तुत: आनन्दवर्धन ने कवि अमरुक के मुक्तकों को सौ प्रबन्धों के समान कहा है, पर इनमें विभाव, अनुभाव और संचारी की योजना अत्यन्त कठिन है। अत: यह रस-सिद्धान्त की सीमा है कि मुक्तक में उसकी स्थिति अनिश्चित रहती है। वैसे इस लेखक की एक उदारवादी धारणा यह भी है कि रस-निष्पत्ति की दृष्टि से संयोग और निष्पत्ति के विवेचन से अलग हटकर यदि देखा जाए तो मुक्तक के लघु कलेवर में भी रसबोध की गुंजाइश अवश्य है, पर वह सहृदय की हृद्यता और रसानुभूति की क्षमता पर भी आधारित है।

यह बात ध्यान देने की है कि रसवादी आचार्यों ने रस के साथ-साथ रसाभास, भाव, भावाभास, भावोदय आदि को भी रस में समाविष्ट कर दिया। आचार्य विश्वनाथ ने मान लिया कि इन सबका आस्वादन होता है—'सर्वेपि रसनाद् रसा: लेकिन जैसे मिठास कई चीजों में होती है, पर सबको समान नहीं माना जा सकता। इसी प्रकार रस का अनौचित्य रसाभास होता है, तब आनन्दवर्द्धन जब अनौचित्य को रसभंग का कारण मानते हैं तब रस और रसाभास एक कैसे हो सकते हैं? दूसरी बात यह कि प्रचलित नौ रसों में समान आस्वादन नहीं हो सकता। श्रृंगार, वीभत्स या भयानक को एक ही कोटि में नहीं रखा जा सकता। इसी प्रकार रस को यदि महाकाव्य से जोड़ा जाए तो भी उसकी सीमाएँ साफ़ नज़र आती हैं क्योंकि महाकाव्य में भी सर्वत्र, हर पंक्ति या शब्द से रस का बोध नहीं होता। रस को यदि हम काव्य की आत्मा मान लें तो पंडितराज जगन्नाथ की दृष्टि में ऐसे काव्यों को काव्य नहीं माना जा सकता, जिनमें वस्तु और अलंकार की प्रधानता है। सम्भवत: इसीलिए आनन्दवर्धन ने ध्वनि के भेदों में रस के अतिरिक्त वस्तु और अलंकार को भी महत्त्व दिया। ध्वनिवाद को वस्तुवाद की संज्ञा दी जानी चाहिए। वस्तु शब्द का प्रयोग अंग्रेजी के 'कंटेंट' के अर्थ में है। ऐसा लगता है कि आनन्दवर्धन से पहले अलंकारवादी आचार्यों का ध्यान 'रूप' पर केन्द्रित था। अलंकार, रीति, वक्रोक्ति आदि काव्य के रूप-पक्ष पर ही विचार कर रहे थे और वस्तु-पक्ष एक प्रकार से उपेक्षित हो गया था। ध्वनि-सिद्धान्त ने वस्तुपक्ष की प्राण-प्रतिष्ठा कर दी।

विचारपूर्वक देखा जाए तो आनन्दवर्धन का ध्वनि-सिद्धान्त यद्यपि ध्वनि को काव्य का सर्वस्व मानता है और उत्तम व्यंग्य को उसका आधार घोषित करता है, लेकिन उत्तमता को तो सहृदय का हृदय ही समझ सकता है। सहृदय का यह संवेदन आत्मनिष्ठ होता है। भावना के आधार पर किस व्यंग्य को उत्तम माना जाए, इस पर तो अलग-अलग लोगों की अलग-अलग प्रतिक्रिया हो सकती है। इस कारण ध्वनि-सिद्धान्त एक प्रकार से प्रभाववादी आलोचना के समीप चला जाता है। विचारक तो यह भी मानते हैं कि आनन्दवर्धन ने ध्वनिकाव्य के उदाहरण के रूप में जो छंद उद्धृत किए हैं, उनसे अधिक चमत्कार मम्मट द्वारा प्रस्तुत आर्या में मिलता है, जिसका भाव है—'वेतसनिकुंज से उड़े हुए पक्षियों के कोलाहल को सुनकर घर के कामों में लगी हुई रमणी के अंग व्याकुल हो रहे हैं।" इस छंद में उत्तम व्यंग्य और ध्वनि है, लेकिन मम्मट इसके व्यंग्य को उत्तम नहीं मानकर गुणीभूत व्यंग्य का उदाहरण मानते हैं। इस उत्तम व्यंग्य को सिद्ध करने का कोई ठोस आधार नहीं रखा गया है। इसलिए काव्य में उत्तम मध्यम या अधम का अन्तर व्यावहारिक प्रतीत नहीं होता। स्पष्ट आलोचना सम्बन्धी दृष्टि यह होनी

चाहिये कि काव्य या तो काव्य है या नहीं है। उसमें भेद या विभाजन की आवश्यकता नहीं होनी चाहिये थी।

संस्कृत का काव्यशास्त्र भेदोपभेद की दृष्टि से भारी-भरकम होता चला गया है। मम्मट ने तो ध्वनि के दस हजार चार सौ पचपन भेदों की परिकल्पना कर ली है और उनके उदाहरण देने की जगह कह दिया गया है कि उदाहरण या तो अप्राप्त हैं या उन्हें ढूँढ़ना कठिन है। ऐसे स्थानों पर बुद्धि का चमत्कार भले दिखाई पड़े, पर उसकी व्यावहारिक उपादेयता सिद्ध नहीं हो पाती।

आनन्दवर्द्धन ने काव्य में अलंकार को 'कटक कुंडल' की तरह कहकर उसकी बहिरंगता पर जोर दिया है, पर इसका यह अर्थ भी लिया गया कि अलंकार ऊपर से आरोपित है, पर हम जैसे शरीर में आभूषण धारण करते हैं, वैसे काव्य में अलंकारों की योजना नहीं होती। वास्तव में अलंकार सहज रूप में काव्य की उत्पत्ति के साथ कवि की अन्त:प्रज्ञा से प्रेरित होकर उत्पन्न होते हैं, लेकिन आनन्दवर्धन के 'कटककुंडल' वाले उदाहरण ने उसे बाह्य रूप दे दिया। यदि ऐसा होता तो काव्य-रचना के बाद कभी भी, कहीं भी अलंकार रख दिए जाते और हटा लिए जाते, पर सत्य यह है कि अलंकार ऊपर से जोड़ा हुआ तत्त्व न होकर काव्य के साथ उत्पन्न होता है।

डॉ. नगेन्द्र, आचार्य देवेन्द्रनाथ शर्मा एवं कई आलोचक औचित्य को काव्य-सिद्धान्त या वाद के रूप में नहीं देखते। हमारी दृष्टि में क्षेमेन्द्र के औचित्य सिद्धान्त को महत्त्व न देना न्याय संगत नहीं होगा। औचित्य की व्याप्ति ही उसकी जीवनी-शक्ति का प्रमाण है। इस सिद्धान्त ने काव्यशास्त्र के समाजशास्त्रीय और व्यावहारिक पक्ष को गहराई से प्रभावित किया है। अत: औचित्य-सिद्धान्त की उपेक्षा उचित प्रतीत नहीं होती। औचित्य में तो सामाजिक और लौकिक मर्यादा होती है और यह लोक से लेकर शास्त्र तक व्याप्त है। आचार्य क्षेमेन्द्र मानते हैं कि जो जिसके अनुरूप है, उसे ही आचार्यों ने उचित कहा है और इसी उचित से भावात्मक अर्थ में 'औचित्य' शब्द बना है। औचित्य के सम्बन्ध में और भी प्रश्न उठाए गए हैं, जैसे औचित्य कोई स्थिर तत्त्व नहीं है। उसका सम्बन्ध देश, काल, पात्र आदि से है। पर देशकाल, पात्र आदि से जुड़े रहने के कारण उसमें परिवर्तन की पूरी गुंजाइश होती है। इसी प्रकार औचित्य के निर्धारण का ठोस आधार नहीं मिलता जो देशकाल से परे हो। इतना अवश्य है कि काव्य में औचित्य व्यावहारिक सम्बन्ध सिखाता है और मर्यादा के अतिक्रमण को भी रोकना चाहता है। सम्भवत: इसीलिए आनन्दवर्धन ने अलग से उसकी चर्चा नहीं की है।

यह बात भी अति महत्त्वपूर्ण है कि स्वतंत्रता के बाद हिंदी में संस्कृत काव्यशास्त्र का पुनरुत्थान हुआ। संस्कृत के काव्यशास्त्रीय ग्रंथों के हिंदी अनुवाद सामने आए। पं. रामदहिन मिश्र से लेकर डॉ. नामवर सिंह एवं अनेकानेक मनीषी विचारकों और आलोचकों ने हिंदी आलोचना को गति दी। उस क्रम में पाश्चात्य काव्यशास्त्र का भी प्रभाव चिह्नित किया गया। आलोचना का यह विकास काव्यशास्त्र के विविध आकर्षक मोड़ों की ओर संकेत करता है (विशेष विवेचन के लिए द्रष्टव्य इस ग्रंथ का परिशिष्ट भाग)।

भरत

(200 ई. पू. से दूसरी शताब्दी ई. के मध्य)

भारतीय काव्यशास्त्र की चिन्तन-परम्प2रा में आचार्य भरत के 'नाट्यशास्त्र' को प्राचीनतम ग्रंथ माना गया है और भरत को भरतमुनि की संज्ञा दी गई है। भरत ने अपने नाट्यशास्त्र में संकेत किया है कि 'न कोई ऐसा ज्ञान है, न शिल्प, न विद्या, न ऐसी कोई कला, न कोई योग और न कोई कार्य जो इस नाट्य में प्रदर्शित न किया गया हो।'[1]

परिचय—स्थिति-काल

नाट्यशास्त्र के रचयिता आचार्य भरत के स्थिति-काल को लेकर विद्वानों में पर्याप्त मतभेद है, पर सामान्यत: उन्हें ईसापूर्व दूसरी शताब्दी से लेकर चौथी शताब्दी ईसवी के बीच माना गया है। यह भी माना गया है कि 'भरत' शब्द सामान्य रूप से नाट्य-कला, अभिनय-कला और नट का प्रतीक बन गया है। पाणिनि से पूर्व शिलालिन् तथा कृशाश्व द्वारा नट्-सूत्रों की रचना की गई थी, जिसका संकेत अष्टाध्यायी के चौथे अध्याय में मिलता है। अमरकोष के श्लोक में भी शिलालिन्, कृशाश्व और नट शब्द के पर्याय हैं (भरतादित्यपिनटा: चारणास्तु कुशीलवा:)।

भरतमुनि का उपलब्ध परिचय पौराणिक जैसा प्रतीत होता है। वहाँ उन्हें 'ऋषि' या 'मुनि' कहा गया है। वे ब्रह्मा द्वारा रचित नाट्य वेद के ज्ञाता और प्रयोक्ता माने गए हैं। भरत ही नाट्यशास्त्र के रचयिता हैं, इस बात की पुष्टि 'अग्निपुराण', 'विक्रमोर्वशीयम्' और 'उत्तर रामचरितम्' जैसे ग्रंथों से भी होती है। उनके शांडिल्य, कोहल, दत्तिल आदि सौ पुत्रों का भी उल्लेख मिलता है, जिन्हें भरत ने नाट्य प्रयोग के लिए शिक्षित किया था। नाट्यशास्त्र के रचयिता भरत नाट्यशास्त्री, अभिनेता, प्रयोक्ता औ़र अनेक कलाओं के ज्ञाता थे। कुछ विचारक भरत को एक जातिवाचक शब्द मानते हैं, जिसका अर्थ नट है। कुछ लोग भरत वंश की शूरता का गान करते रहे होंगे और इन गीतियों से ही रूपकों की उत्पत्ति हुई होगी। नाट्यशास्त्र में भी 'भरत' शब्द का प्रयोग नटों तथा नाट्य मंडली के नेता के रूप में हुआ है।[2]

भरत के सौ पुत्रों की गणना आलंकारिक प्रतीत होती है। तंडु और कोहल को भी इनमें गिना गया है। कुछ विद्वान् सौ पुत्रों का अर्थ अभिनेताओं से लेते हैं अर्थात् रस, संचारी भाव, सात्विक भाव और उनके उचित-अनुचित प्रयोग जैसे सौ अभिनेयार्थ को पुत्र मानते हैं, किन्तु अभिनव गुप्त इसका अर्थ नटों और अभिनेताओं के आदरसूचक भाव से लेते हैं।

पूर्ववृत्त

आचार्य भरत का नाट्यशास्त्र नाट्यकला का एक सम्पूर्ण ग्रंथ है, जिसमें भरत के बहुत पहले से चली आती हुई नाट्य परम्परा के महत्त्वपूर्ण सूत्रों को भरत ने बड़ी सावधानी से चुना है। वे लोक और शास्त्र का समन्वय करते दिखाई देते हैं। नाट्यशास्त्र का यह सूक्ष्म और विशाल ग्रंथ न तो कल्पना की उपज है, न सहसा परिकल्पित किया गया है। लगता है, यह लोक-प्रसिद्ध व्यवहारों और क्रिया-कलापों के आधार पर रचा गया है।

यद्यपि भरत के पूर्व नाट्य-विधान की एक विकसित परम्परा अवश्य रही होगी, पर स्वतंत्र ग्रंथों के उपलब्ध नहीं रहने से विद्वानों ने अभिनव गुप्त आदि परवर्ती विचारकों की चर्चा और सूचनाओं के आधार पर भरतपूर्व परम्परा को जानने-समझने का प्रयत्न किया है। पाश्चात्य विद्वानों ने उन्नीसवीं शताब्दी के अन्तिम चरण में नाट्यशास्त्र के सम्पादन और प्रकाशन पर जोर दिया था। इस प्रकार सन् 1826 से लेकर 1960 तक किए गए विदेशी एवं भारतीय विद्वानों द्वारा नाट्यशास्त्र को व्यवस्थित करने का सफल प्रयत्न किया गया।

यह भी सत्य है कि जैसे पाणिनि के पूर्व भी व्याकरण-शास्त्र की समृद्ध परम्परा का अनुमान किया जाता है, इसी तरह नाट्यशास्त्र में भरत ने भी अनेक पूर्ववर्ती नाट्याचार्यों का उल्लेख किया है। आज से प्राय: ढाई हजार वर्ष पहले शिलालिन् और कृशाश्व नामक नट-सूत्रों के रचयिता की चर्चा हुई है। भरत के नाट्यशास्त्र के व्यवस्थित रूप में आ जाने के बाद बहुत सारे पुराने नाट्य-सूत्र लुप्त हो गए होंगे, ऐसा भी अनुमान किया गया है। भरतपूर्व आचार्यों की सूचना के दो मुख्य आधार हैं—(1) भरत का नाट्यशास्त्र और (2) अभिनव गुप्त की 'अभिनव भारती'। आचार्य विश्वेश्वर ने 'हिंदी अभिनव भारती' की भूमिका में इस तथ्य के विस्तृत संकेत दिए हैं, साथ ही संस्कृत काव्यशास्त्र के इतिहास के प्राय: सभी लेखकों ने इस चर्चा में अपना योगदान किया है।

भरत के पूर्ववर्ती आचार्यों में शिलालिन् और कृशाश्व के बाद तीसरे नाट्याचार्य के रूप में कोहल को गिना गया है। नाट्यशास्त्र में कोहल का उल्लेख कई बार हुआ है। नाट्यशास्त्र के अन्तिम अध्याय में कोहल, वात्स्य, शांडिल्य और धूर्त्तिल—इन चार प्राचीन आचार्यों का एक साथ उल्लेख हुआ है। कोहल की चर्चा अभिनव गुप्त अनेक बार करते हैं। वे यहाँ तक कहते हैं कि नाट्य के रस-भाव आदि 11 अंक भरत के मत से नहीं बल्कि कोहल के मत से ही दिखलाए गए हैं—'न तु भरते' कहकर उन्होंने इसकी पुष्टि की है। सम्भव है, उस समय आचार्य कोहल का कोई ग्रंथ रहा हो, जिसके आधार पर अभिनव गुप्त ने अपना मत दिया हो। उनके ग्रंथ में कोहल के उद्धरणों का मिलना इस बात का प्रमाण है।

इसके अतिरिक्त भरत ने धूर्त्तिल आदि पूर्ववर्ती आचार्यों का उल्लेख किया है। अभिनव ने संगीत से सम्बन्धित अध्याय में पूर्ववर्ती आचार्य के रूप में दत्तिल के नाम की भी कई बार चर्चा की है। इनके उद्धरण अभिनव ने दिए हैं, पर शांडिल्य आदि का उद्धरण नहीं मिलता।

भरत के सौ पुत्रों की गणना में कोहल आदि आचार्यों को भी रखा गया है। इसी

प्रकार नखकुट्ट और अश्मकुट्ट जैसे नाम भी लिए गए हैं। प्राचीन तपस्वी ऋषियों में अश्मकुट्ट आदि ऋषियों की चर्चा मिलती है जो अनाज को पत्थर या नख से तोड़कर जीवन रक्षा करते थे। कुछ आलोचकों ने भरत पुत्रों को अभिनयकर्त्ता नटों के रूप में भी देखा है। इसी प्रकार भरत पुत्रों की सूची में बादरायण का भी उद्धरण अन्य स्थानों पर प्राप्त होता है। नाट्यशास्त्र के एक प्राचीन आचार्य के रूप 'शातकर्णी' नामक आचार्य की भी चर्चा की गई है।

अभिनवगुप्त और शारदातनय ने नन्दिकेश्वर या नन्दी नामक नाट्यकार की भी चर्चा की है। 'अभिनव भारती' के चतुर्थ अध्याय में नन्दीश्वर के मत का भी विचार हुआ है। आचार्य विश्वेश्वर ने 'हिंदी अभिनव' भारती के भूमिका-भाग में भाव-प्रकाशन और दशरूपक के हवाले से सदाशिव नामक नाट्याचार्य का उल्लेख किया है। शारदातनय के 'भाव-प्रकाशन' में 'पद्मभू', द्रोहिणि, व्यास आंजनेय का भी उल्लेख नाट्यकार के रूप में मिलता है, पर वह केवल नामोल्लेख भर है। अभिनव अपने ग्रंथ में कात्यायन, राहुल तथा गर्ग की भी चर्चा करते हैं।

भरत के नाट्यशास्त्र से सम्बन्धित इस चर्चा से निम्नलिखित निष्कर्ष प्राप्त होते हैं। भरतपूर्व जिन नाट्याचार्यों का उल्लेख मिलता है, उसके मुख्य तीन स्रोत हैं—

(क) भरतपूर्व पाणिनि की अष्टाध्यायी में वर्णित नाट्याचार्य।

(ख) स्वयं भरत के नाट्यशास्त्र में उल्लिखित नाट्याचार्य।

(ग) कवियों की काव्य-रचना एवं काव्यशास्त्रीय ग्रंथों में नाट्य-कला और नाट्याचार्यों का उल्लेख।

(घ) भरत के प्राय: एक हजार वर्ष बाद आचार्य अभिनव गुप्त द्वारा उल्लिखित नाट्याचार्यों द्वारा समृद्ध नाट्यकला का संकेत।

(ङ) नाट्यशास्त्र के व्याख्याताओं, टीकाकारों—लोल्लट, शंकुक, भट्टनायक, आचार्य कीर्तिधर, उद्भट, भट्टयंत्र आदि के द्वारा नाट्यशास्त्र की व्याख्या हुई है। इसी प्रकार भरत के पश्चाद्वर्ती विचारकों ने भी नाट्यशास्त्र के आधार पर अपने ग्रंथों की रचना की। उनमें धनंजय का 'दशरूपक' सागर नन्दी का 'नाट्य-दर्पण', शारदा तनय का भाव प्रकाशन, रूप गोस्वामी की 'नाटक चन्द्रिका', भोज का 'श्रृंगार-प्रकाश', और सरस्वती 'कंठाभरण' विद्यानाथ कृत 'प्रतापरुद्रीय यशोभूषण', विश्वनाथ का 'साहित्य-दर्पण' एवं 'शिंगभूपाल' का 'रसार्णव सुधाकर' जैसे ग्रंथों में नाट्य सम्बन्धी विषयों का गम्भीर विवेचन हुआ है। इनसे भी भरत के नाट्य-शास्त्र के व्यापक प्रभाव का पता चलता है।

अत: सूचनाओं, संकेतों और यत्र-तत्र प्राप्त उद्धरणों से अधिक उपलब्ध भरत के नाट्यशास्त्र पर ही काव्यशास्त्रीय आलोचना की दृष्टि रहनी चाहिए क्योंकि भरत के युग तक आते-आते नाट्यशास्त्र या काव्यशास्त्र की जो धारणाएँ स्थिर हो गई होंगी, उनका ही लाभ भरत ने उठाया होगा। इसलिए भरत का नाट्यशास्त्र केवल उनके ही युग के प्रचलित नाट्य सिद्धान्तों का प्रतिमान नहीं है अपितु वह प्राचीन परम्परा से समर्थित सिद्धान्तों का भी सार-संग्रह है। अतएव सांप की लकीर पीटने से अच्छा है कि प्राप्त सामग्री का

ही यथायोग्य उपयोग किया जाए। इसलिए काव्यशास्त्र के विवेचन में नाट्यशास्त्र से किंचित् भिन्नता और स्वतंत्रता भी अपेक्षित प्रतीत होती है।

नाट्यशास्त्र की विषय-वस्तु

नाट्यशास्त्र का प्रथम संस्करण 1894 ई. में 'काव्यमाला सीरीज' बम्बई से प्रकाशित हुआ था, उसमें 37 अध्याय थे, किन्तु 1943 के संस्करण में कुल 36 अध्याय रखे गए। अभिनव गुप्त ने भी 'षट्त्रिंशक भरत सूत्रमिदं' कहकर छत्तीस अध्यायों को मान्यता दी। नाट्यशास्त्र को 'षट्साहस्री संहिता' कहा गया है। इसमें लगभग 5,600 श्लोक हैं और मध्य में गद्य-खंड भी मिलते हैं। यदि एक छन्द को 32 अक्षरों का माना जाए तो श्लोकों की संख्या छह हजार हो जाती है।

नाट्यशास्त्र के 36 अध्यायों के विषय-विवेचन में विविधता है। प्रथम अध्याय नाट्योत्पत्ति अध्याय है। इसमें नाट्यवेद की उत्पत्ति का वर्णन प्रश्नकर्त्ता रूप में ऋषियों द्वारा और उत्तरदाता के रुप में भरत द्वारा किया गया है। द्वितीय अध्याय में प्रेक्षागृह का लक्षण है। इसे मंडपाध्याय कहा गया है। इसमें तीन प्रकार के नाट्यगृहों के निर्माण की विधि में नेपथ्य, रंगशीर्ष, रंगपीठ, मत्तधारिणी एवं मंडप आदि के निर्माण का वर्णन है। तृतीय अध्याय रंग दैवत पूजन अध्याय है। इसमें देवस्तुति और पूजनादि का वर्णन है। चतुर्थ अध्याय तांडव लक्षण अध्याय है। इसमें तांडव नृत्त विषयक 108 कलाओं एवं 92 अंगहारों और 5 रेचकों का वर्णन है। इसमें 320 श्लोक हैं। पंचम अध्याय से पूर्व किए जाने योग्य नान्दीपाठ एवं मनोरंजनात्मक क्रिया-कलाप लिए गए हैं।

छठा अध्याय रसाध्याय है। इसमें रस-निष्पत्ति एवं आठ नाट्य रसों का विस्तृत विवेचन है। सप्तम अध्याय भाव व्यंजक अध्याय है। इसमें विभाव, अनुभाव, संचारी भाव एवं सात्विक भावों की विवेचना हुई है। आठवें अध्याय में उपांग विधान है। अर्थात् यह अंगाभिनयाध्याय है। इसमें सात्विक, वाचिक आंगिक, आहार्य अभिनयों का वर्णन है। नवम अध्याय को उपांग निरूपण अध्याय कहा जाता है, यह हस्ताभिनय अध्याय है। इसमें हस्त मुद्राओं का महत्त्व है। दशम अध्याय में शरीराभिनय का वर्णन है। इसमें वक्ष, पार्श्व, कटि, जंघा और पैरों द्वारा किए गए अभिनयों का वर्णन है। ग्यारहवें अध्याय को मंडप विकल्पन कहा गया है। इसे कुछ आलोचकचारी विधान कहते हैं। इसमें भौमी एवं आकाशी-चारियों का वर्णन है। बारहवाँ अध्याय मंडल विधान है, इसे गति प्रचाराध्याय भी कहते हैं। इसमें चारियों के संयोग से बननेवाले विविध मंडलों का वर्णन हुआ है। तेरहवें अध्याय में रंगभूमि के विविध भावों का वर्णन है, इसे कक्ष्याप्रवृत्तिधर्मी व्यंजक अध्याय भी कहा गया है। चौदहवें, पन्द्रहवें और सोलहवें अध्यायों में वाचिक अभिनय की प्रधानता है। इसमें प्रवृत्ति छन्दोविधान आदि का वर्णन हुआ है। सत्रहवें अध्याय में विविध प्रकार की प्राकृतभाषाएँ वर्णित हैं। अठारहवें अध्याय में भाषा-विधान है, इसमें रूपकों में प्रयुक्त चतुर्विध भाषाओं एवं सप्त विभाषाओं आदि का वर्णन हुआ है। नाट्य की दृष्टि से यह अध्याय विशेष महत्त्व रखता है।

19वाँ अध्याय स्वर व्यंजक अध्याय है जो नाट्य प्रयोग की दृष्टि से महत्त्वपूर्ण है। 15वाँ तथा 16वाँ अध्याय छन्द:शास्त्र से तथा 17वाँ काव्यशास्त्र से संबद्ध है। 20वें

अध्याय का नाम दशरूप विधान है। इसमें नाटक आदि दस रूपकों और लास्यांगों का वर्णन हुआ है। 21वाँ अध्याय सन्ध्यंग विकल्प है। इसमें नाटकीय इतिवृत्त की पंच सन्धियाँ तथा उनके विविध अंग निवेदित हैं। 22वाँ अध्याय वृत्ति-विकल्प नाम का है, इसमें भारती, सात्वती, आरभटी और कैशिकी लाघव वृत्तियाँ और उनके विविध अंगों का वर्णन मिलता है। 20 से 22वें अध्याय तक के विषय नाट्यशास्त्रीय महत्त्व रखते हैं। दशरूपक आदि परवर्ती ग्रंथ तो प्राय: इन तीन अध्यायों को महत्त्व देते हैं। 23वाँ अध्याय आहार्य अभिनय से संबद्ध है। 24वाँ अध्याय के सामान्याभिनय में सात्विक अभिनय और भाव, हाव, हेला आदि अभिनयों का वर्णन है। 25वें अध्याय का नाम बाह्योपचार है। इसमें कामशास्त्रीय चर्चा, वेश्याओं आदि का विस्तृत वर्णन हुआ है। 26वाँ अध्याय चित्राभिनय में अभिनय सम्बन्धी अध्यायों का परिशिष्ट भाग प्रतीत होता है। कहीं-कहीं 26वाँ अध्याय चित्राभिनय है और 26वाँ विकृति विकल्पाध्याय है। इसमें अनेक मुख अथवा विकृत मुखवाले अभिनय का वर्णन है। 27वें अध्याय में अभिनय की सिद्धियों और उनके निराकरण के प्रकार वर्णित है। इस अध्याय का नाम सिद्धि व्यंजकाध्याय है। 28वें अध्याय से 33वें अध्याय तक संगीतशास्त्र का विवेचन हुआ है। इसमें नाना प्रकार के वाक्यों का वर्णन है।

34वें अध्याय में स्त्री-पुरुषों की प्रकृति का तथा 35वें अध्याय में सूत्रधार, पारिपार्श्विक एवं विदूषक का वर्णन है। इसमें यह भी बताया गया है कि किस प्रकार की भूमिका के लिए कैसा पात्र चाहिए। 36वें और अन्तिम अध्याय में नाट्य के पृथ्वी पर अवतरण की कथा वर्णित है। एक प्रकार से यह अध्याय ग्रंथ का उपसंहार भाग भी कहा जा सकता है।

डॉ. पी.वी. काणे के मत में 'काव्य-मीमांसा' अर्थात् साहित्यशास्त्र की दृष्टि से अध्याय 6, 7, 16, 18, 20 तथा 22 इन्हीं अध्यायों का महत्त्व है अर्थात् नाट्यशास्त्र में उपर्युक्त कुल छह अध्याय ही काव्यशास्त्र के सूत्रों की दृष्टि से अधिक उपयोगी और व्यावहारिक प्रतीत होते हैं।

नाट्यशास्त्र के प्रथम अध्याय के 106 से 109 और 112 में भरत ने नाट्य वेद की उत्पत्ति का एक रोचक मिथकीय वर्णन किया है, जो नाट्य और कला के क्षेत्र में एक क्रान्ति का सूत्रपात करता है तथा नाट्य वेद को सार्ववर्णिक—सभी जातियों के अनुकूल घोषित करता है। आज से प्राय: दो हजार वर्ष पहले नाट्यवेद के माध्यम से सामाजिक संहिता-बन्धन और रूढ़ियों को तोड़ने का कार्य भरत करते हैं। यह दैवी कथा इसी बात का संकेत करती है। पूर्वकाल के त्रेतायुग में इन्द्र आदि देवताओं ने ब्रह्मा से प्रार्थना की कि हम ऐसा क्रीड़नीयक—ऐसी क्रीड़ा चाहते हैं जो श्रवण में मधुर और दृश्य में सुन्दर हो। ब्रह्मा ने 'तथास्तु' कहा और सभी वेदों को छानकर नाट्य वेद का निर्माण किया। उस वेद के अनुसार कुशल, विदग्ध और जितश्रम कलाकार देवताओं में नहीं थे, देवताओं में ग्रहण, धारण एवं प्रयोगधर्मिता की शक्ति नहीं थी, अत: ब्रह्मा ने वह नाट्यवेद भरतमुनि को प्रदान किया। भरत ने अपने पुत्रों और अन्यों के साथ नाट्य प्रयोग किए तो ब्रह्मा से अन्य वृत्तियों के साथ कैशिकी वृत्ति के प्रयोग के लिए भरत को सुन्दर अप्सराओं का भी सहयोग मिला। कुछ दिनों बाद भरत ने 'इन्द्रध्वज' नामक उत्सव में

अपने नाट्य-प्रयोग प्रस्तुत किए। इस कथावस्तु में देवताओं द्वारा दानवों पर विजय गाथा वर्णित थी, पर दानवों ने उन प्रयोगों में विघ्न उपस्थित किए। ब्रह्मा के हस्तक्षेप करने पर दैत्यों ने कहा कि पितामह! आपने देवताओं की इच्छा के अनुकूल यह नाट्यवेद रचा है। इसमें दैत्यजाति का पूरी तरह तिरस्कार दिखाया गया है, यह अनुचित है। देव और दानव, दोनों तो आपकी ही संतानें हैं। ब्रह्मा ने दैत्यों को प्रबोधित करते हुए कहा कि तुम्हारे लिए यह न तो क्रोध का विषय है, न विषाद का।

"दैत्यो! यह नाट्य वेद, जिसमें तुम्हारे एवं देवताओं के शुभ तथा अशुभ कर्मफल दर्शाए गए हैं, तुम्हारे ही कर्म, भाव एवं अन्वय के अनुसार मैंने उनका निर्माण किया है। इसमें तुम्हारा या देवों का एकान्ततः या तत्वतः भावन नहीं है। नाट्य में सम्पूर्ण त्रैलोक्य के भावों का अनुकीर्तन होता है (त्रैलोक्यास्यास्य सर्वस्य नाट्यं भावानुकीर्तनम्) अतएव, इसमें कहीं धर्म देखने को मिलेगा तो कहीं क्रीड़ा, कहीं अर्थ होगा तो कहीं शम। धर्म में प्रवृत्त लोगों का धर्म, काम सेवियों का काम, दुर्विनीत लोगों का निग्रह, मत्तों का दमन—इस प्रकार त्रैलोक्य में जिसका जिस प्रकार का वृत्त देखा जाता है। अनेक प्रकार के भावों से सम्पन्न एवं नाना अवस्थाओं से युक्त लोक वृत्तानुकरण नाट्य में मिलेगा।"

वास्तव में उपर्युक्त प्रसिद्ध किंवदन्ती नाट्य एवं काव्य को देखने और समझने की एक नई दृष्टि देती है। इसमें कवि और नाट्यकार के अपेक्षित गुणों की चर्चा हुई है जो देवताओं में भी नहीं है, वे मानवीय गुण हैं। इसमें कैशिकी वृत्ति का लालित्य सौन्दर्य, आकर्षण और चमत्कृति का सृजन करता है। इसमें लालित्य का वैचित्र्य महत्त्वपूर्ण होता है। कैशिकी सौन्दर्य-व्यापार है। अभिनव गुप्त भी कहते हैं—"सौन्दर्योपयोगी व्यापारः कैशिकीवृत्तिः।" यह कैशिकी वृत्ति प्रत्येक रस को ग्राह्य बना देती है। इसीलिए अभिनव इसे 'इति सर्वत्र कैशिकी प्राणाः' कहते हैं तो भरत इसे 'नृत्य और अंगहार से समन्वित रसभाव की क्रिया' घोषित करते हैं। यह नाट्यवेद मनुष्य-जाति के भीतर निवास करनेवाली देव-दानव वृत्तियों का भी उद्घाटन करता है, इसमें लोक-जीवन में देखी जाने वाली अवस्थाओं और उनके भावों का निदर्शन होता है। इसे 'लोक-स्वभाव' कहते हैं जिसकी अभिव्यक्ति एक सौन्दर्य-व्यापार के रूप में होती है। भरत इसे स्पष्ट करते हुए कहते हैं कि लोक-स्वभाव में भाव में रति अवस्था का अन्तर्भाव होता है तथा सौंदर्य-व्यापार अभिनय से सम्पन्न होता है।[4] अतः नाट्य है—अभिनय द्वारा लोक-स्वभाव का दर्शन। यहाँ लोक का अर्थ है जनपद निवासी जनसमुदाय। सुख-दुःखात्मक लोक-स्वभाव को ही लोकधर्म कहा गया है।

भरत की नाट्य विद्या : एक सामाजिक विद्या

भरत की नाट्य विद्या मूलतः एक सामाजिक विद्या है। इसलिए वह विधि-निषेध का ज्ञान करानेवाली निर्देशिका है। नाटक के तीन पक्ष हैं—कवि, नट और सामाजिक। नाट्य सामाजिकों में रसबोध की शिक्षा देता है।

ऐसा प्रतीत होता है कि तत्कालीन सामाजिक परिस्थितियों में अभिनेता, नर्तक और वादकों के प्रति सामाजिक दृष्टि कठोर होती गई थी। आपस्तम्ब धर्मसूत्र जैसे ग्रंथों में तो यह धारणा और भी परिपक्व हो गई कि विद्यार्थी को नाटक नहीं देखना चाहिए,

सामाजिक समारोहों से दूर रहना चाहिए। यहाँ तक कि 'मनुस्मृति' (2/178) तथा 'गौतम धर्मसूत्र' में भी विद्यार्थियों के लिए संगीत, नृत्य, नाट्य का निषेध किया गया है। मनु ने अभिनय करनेवाले ब्राह्मणों को शूद्र माना है। 'मनुस्मृति' (8/102) ने अभिनेताओं के साथ शूद्र के समान व्यवहार करना बताया है, पर आचार्य अभिनवगुप्त ने नाट्य को विधि और प्रतिषेध की शिक्षा देनेवाला शास्त्र माना है। इसके लिए उन्होंने 'उदाहृत' शब्द का प्रयोग किया (अभिनव भारती, पृ. 34)। अभिनव गुप्त ने भरत के नाट्यशास्त्र के अन्त में कहे गए सूत्रों से सिद्ध किया कि नाट्यवेद का श्रवण और प्रयोग उत्तम गति प्रदान करता है। ऐसी स्थिति में याज्ञवल्क्य-स्मृति और पुराणों में की गई नाट्यशास्त्र की वर्जनीयता खंडित हो जाती है।

इस दृष्टि से 'नाट्यशास्त्र' धर्मसूत्रों और मनुस्मृतियों के खिलाफ़ खड़ा दिखाई देता है। नाट्यशास्त्र की विशेषता उदार दृष्टिकोण में है। अभिनवगुप्त ने इस दृष्टिकोण को अनिवार्य स्थिति के रूप में स्वीकार किया है। इस प्रकार भरत नाट्य को एक विस्तृत भावभूमि प्रदान करते दिखाई देते हैं। अभिनव गुप्त ने 'लोक' शब्द-प्रयोग से सिद्ध किया है कि नाट्य का उपयोग सर्वसाधारण रूप में हो सकता है क्योंकि वह दृश्य और श्रव्य दोनों है।

अभिनव गुप्त ने धर्म, अर्थ तथा यश की चर्चा के साथ काम एवं मोक्ष जैसे पुरुषार्थों को भी नाट्य का प्रयोजन माना है। नाट्य वेद की महत्ता इस बात में है कि रससंग्रह रूप में इसका ग्रहण होता है। यह नाट्य साक्षात्कारात्मक विधा है। दूसरे इसमें सभी कर्मों का फल तुरंत मिलता है। इसे अभिनव गुप्त ने 'सर्वकर्मानुदर्शनम्' माना है।

नाट्य-प्रयोग प्रत्यक्ष अनुभव का विषय है, पर दर्शकों को वास्तविक हानि-लाभ नहीं होता, इसीलिए सरसता बनी रहती है। दर्शक सांसारिक भाव को भूल जाता है और उसके शोक और आनन्द में तन्मय हो जाता है। उसका अपना देशकाल मिट जाता है और वह साधारणीकृत अनुभव प्राप्त करता है। एक प्रकार से नाट्य विद्या परकाय प्रवेश सिखाती है। संस्कार की यही अनुरूपता अभिनव की दृष्टि में 'भावानुकीर्त्तन' है। इस 'अनुकीर्त्तन' को वे नाट्य कहते हैं। अभिनव की स्थापना है कि विशेष आहार्य के प्रयोग से नट के सम्बन्ध में देश, काल, नाम आदि की निवृत्ति हो जाती है। प्रत्यक्ष ज्ञान का आधार कोई-न-कोई विशेष व्यक्ति या स्थिति होनी चाहिए। अत: नाट्य-प्रदर्शन में प्रत्यक्षाभिमान रूप राम आदि का बोध होता है। लौकिक जीवन में किसी अनुकार्य के साथ गीत, वाद्य आदि का प्रयोग निरन्तर नहीं होता, पर नाटक में ऐसा प्रदर्शित किया जाता है। 'लोकोपदेशजननम्' के सम्बन्ध में अभिनव ने प्रश्न उठाया है कि क्या गुरु के समान वह उपदेश देता है? 'नाट्य' साहित्य तथा कला के रूप में इस प्रकार का उपदेश नहीं दे सकता। यह बुद्धि को बढ़ाता है। उसकी सामाजिक प्रतिभा स्वत: प्रकाशित होती है। यह नाट्य इसलिए हितकारी माना गया है।

आद्याचार्य के रूप में आचार्य भरत एक महान् आचार्य सिद्ध होते हैं। इनका 'नाट्यशास्त्र' भारतीय संस्कृति, साहित्य एवं काव्यशास्त्र का विश्वकोश है। प्राचीन टीकाकारों के अनुसार इसमें 36 अध्याय थे। अभिनव गुप्त ने 'अभिनव भारती' में इसे 'षट्त्रिशंक' कहा है, पर उन्होंने सैंतीसवें अध्याय की भी टीका लिखी है। उत्तरवर्त्ती प्रतियों

में भी 37 अध्याय मिलते हैं। नाट्यशास्त्र में भारतीय ललितकलाओं का स्वरूप-निदर्शन है, अत: नाट्यकला, नृत्यकला, संगीतकला, रसशास्त्र, छंदशास्त्र, अलंकार-विधान, रंग-निर्माण आदि कलाओं का सविस्तर वर्णन उपलब्ध होता है। ज्ञान, कला, शिल्प और विद्या का यह बृहत् कोश है, इसमें सन्देह नहीं।

मूलत: इसके सभी विवेच्य विषय जनसमाज की कला-चेतना से सम्बन्ध रखते हैं और उनका लक्ष्य सामाजिकों तक पहुँचना है। नाट्यशास्त्र के छठें एवं सातवें अध्याय में रस एवं भावों का व्यवस्थित विवेचन मिलता है। भरत रस-निष्पत्ति का सूत्र देते हुए कहते हैं कि विभाव, अनुभाव एवं संचारी के संयोग से रस की निष्पत्ति होती है। भरत पहले आलोचक हैं, जिन्होंने मानव समाज के संघर्ष-विघर्ष, सुख-दुख और विचार-क्रम को देखते हुए रस के आठ-प्रकार निश्चित किए—शृंगार, हास्य, करुण, रौद्र, वीर, वीभत्स, भयानक एवं अद्भुत।

भरत ने अपने नाट्यशास्त्र के चौबीसवें अध्याय में नायक-नायिका भेद का विवेचन कई सामाजिक आधारों पर किया है। (1) मानव-प्रकृति के आधार पर पुरुष के तीन प्रकार हैं—उत्तम, मध्यम और अधम। (2) शील के आधार पर पुरुष के चार भेद हैं—धीरोदात्त, धीर ललित, धीर प्रशान्त एवं धीरोद्धत। (3) स्त्री-पुरुष सम्बन्धों के व्यवहार के आधार पर पुरुष के पाँच प्रकार हैं—चतुर, उत्तम, मध्यम, अधम तथा सम्प्रबृद्ध। (4) नायिका के प्रेम और क्रोध से भी किए गए सम्बोधनों के आधार पर सात प्रकार के नायक गिनाए हैं—जिनमें शठ, निर्लज्ज, निष्ठुर आदि प्रमुख हैं।

नायिका-भेदों के प्रसंग में भी सामाजिक व्यवहार का आधार लिया गया है, जिनमें कुलीना, वेश्या आदि परिगणित हैं। नायक के साथ संयोग और वियोग के आधार पर नायिकाओं के आठ प्रकार हैं—वासकसज्जा, विरहोत्कंठिता, स्वाधीनपतिका, कलहान्तरिता, खंडिता, विप्रलब्धा, प्रोषितपतिका एवं अभिसारिका। नायक के प्रति प्रेम के आधार पर नायिका के तीन रूप हैं—मदनातुरा, अनुरक्ता तथा विरक्ता। इसके अतिरिक्त प्रथम, द्वितीय, तृतीय एवं चतुर्थ यौवना के रूप में यौवनलीला के आधार पर नायिकाओं के चार भेद किए गए है। गुण के आधार पर नायिकाओं के चार प्रकार हैं—दिव्या, नृपपत्नी, कुलस्त्री एवं गणिका। राजाओं के अन्त:पुर में नारियों के अनेक स्वरूप बताए गए हैं—महादेवी, देवी, स्वामिनी, योगिनी, नर्तिका, परिचारिका आदि।

स्पष्ट है कि नायक और नायिका के ये सभी प्रकार सामाजिक सम्बन्धों की आधार-भूमि पर रचे हुए हैं। पुरुष और स्त्री के ये सम्बन्ध औचित्य और अनौचित्य के कई प्रश्न उठाते हैं, जिसमें स्त्री विलास की सामग्री या गणिका या सेविका के रूप में भी आँकी गई है। इससे सामन्तों की भोग-प्रवृत्ति और तत्कालीन समाज में स्त्री को विलास-सामग्री के रूप में देखने की परम्परा का पता चलता है। यहाँ तक कि संस्कृत साहित्य में 'कलत्र' शब्द को स्त्री और धन-सम्पत्ति के समान अर्थ में प्रयुक्त किया गया है। ये सभी शब्द सामाजिक भेद-भाव और अनौचित्य की ओर संकेत करते हैं। पुरुष-समाज भी अपनी निर्लज्जता और शठता के लिए प्रसिद्ध रहा है। भरत का चिन्तन इन सामाजिक आधारों और विश्वासों पर विकसित होता दिखाई देता है जो आगे चलकर अच्छे और बुरे, ग्राह्य और अग्राह्य, औचित्य और अनौचित्य की समझ पैदा करता है।

सामाजिक व्यवस्था के सन्दर्भ में नाट्यशास्त्र ब्राह्मणवादी परम्परा में निर्मित हुआ जान पड़ता है। भरत वेद, वैदिक देवता, ब्राह्मण, स्मृतियों में प्रतिपादित राज्य-व्यवस्था, विधि और वर्ण-सम्बन्धों को स्वीकार करते हैं, किन्तु वे कलाओं के प्रति 'स्मृति-दृष्टि' नहीं रखते। वह सर्वशास्त्र का उल्लेख करने के पश्चात् इतिहास अथवा पुराणों की चर्चा करते हैं। पुराणों में केवल 'मत्स्यपुराण' में भरत-पुत्रों का उल्लेख मिलता है। पुराण स्पष्टतः ब्राह्मण-परम्परा के प्रचारक हैं और ब्राह्मणवादी समाज-व्यवस्था के समर्थक हैं, किन्तु पुराणों की दृष्टि स्मृतियों की तुलना में उदार है। वहाँ इस देश की सभी जातियों की संस्कृतियों की अन्तर्भुक्ति का प्रयत्न है। यही दृष्टि नाट्यशास्त्र में भी मिलती है।

नाट्यशास्त्र—पंचम वेद

विद्वानों की दृष्टि में भरत का नाट्यशास्त्र अपने वर्तमान रूप में ईसा की दूसरी-तीसरी शताब्दी में निर्मित एक संग्रह-ग्रंथ प्रतीत होता है और भरत इस काव्यविधि के व्यवस्थापक और प्रस्तोता प्रमाणित होते हैं। देवताओं के आग्रह पर नाट्य-वेद का निर्माण स्वयं प्रजापति ने किया। उन्होंने चारों वेदों से चार तत्त्व—पाठ्य, गीत, अभिनय और रस लेकर इस सार्ववर्णिक पंचमवेद की रचना की और भरत को आदेश दिया कि वे इसका सर्वत्र प्रचार-प्रसार करें। (नाट्य शास्त्र, 1/12-17)। नाट्यवेद की दैवी उत्पत्ति की यह कथा ईसा की चौथी, शताब्दी तक प्रचलित रही। आचार्य धनंजय के 'दशरूपक' (10वीं शताब्दी) तक भरत आद्याचार्य के रुप में प्रतिष्ठित थे और उन्हें दशरूपकों का अनुकारक माना गया। राजशेखर ने भी अपनी 'काव्य-मीमांसा' में भरत को रूपक का आचार्य बताया है।

नाट्य शास्त्र मुख्य रूप से नाटकीय विधि-विधान के लिए रचा गया था, पर उसमें काव्यशास्त्रीय तत्त्वों रस, अलंकार, गुण-दोष, नायक-नायिका भेद का भी विवेचन किया गया। इसका मुख्य विषय रूपक एवं उससे सम्बन्धित विषयों का प्रतिपादन है। नाट्य शास्त्र के छठें और सातवें अध्याय में रस-निरूपण मिलता है। पंडितों का यह भी अनुमान है कि सिद्धान्त रुप में रस का स्वरूप भरत के पूर्व ही स्थिर हो गया था और उन मान्यताओं के आधार पर भरत ने रस के स्वरूप एवं उसकी निष्पत्ति का वैज्ञानिक विवेचन किया। भरत प्रत्येक रस के वर्ण एवं देवता का भी उल्लेख करते हैं। उनका यह रस-विवेचन दृश्य काव्य या नाटक पर आधारित है जिसका उद्देश्य है दर्शकों के हृदय में रस का संचार और आनन्दानुभूति कराना। आरम्भ में रस को नाटकों का धर्म माना गया था। यह रस सामाजिकों के मन में आनन्दानुभूति कराता था। भरत द्वारा प्रतिपादित रससूत्र का विकास आगे चलकर रस-सिद्धान्त के रूप में प्रतिष्ठित हुआ। डॉ. कीथ ने अपने ग्रंथ 'संस्कृत ड्रामा' (पृ. 314 में) में लिखा है कि 'भारतीय नाट्यशास्त्र' का सर्वाधिक मौलिक और रोचक प्रसंग रस के क्रमिक विकास का निरूपण है जिसे सामाजिक के चित्त में उत्पन्न करना नाटक का उद्देश्य माना गया।[5]

कालिदास ने भी अपने 'विक्रमोर्वशीय' में भरत से सम्बन्धित एक श्लोक में केवल आठ रसों की चर्चा की है।[6] भरत के बाद अभिनव गुप्त ने शान्त को रस में सम्मिलित किया। आगे चलकर रसों की संख्या में वृद्धि भी हुई। वात्सल्य और भक्तिरस के

अतिरिक्त प्रेयस, प्रीति, स्नेह, श्रद्धा, मृगया और अक्ष को भी रस माना गया। रामचन्द्र और गुणचन्द्र ने अपने नाट्य-दर्पण में 'व्यसन', 'दुख और सुख' को रस के भीतर परिगणित किया। भोज के 'सरस्वती कंठाभरण' में उदात्त और उद्धत नामक दो अन्य रस बताए गए। मध्यकालीन भक्ति आन्दोलन में मधुर रस अथवा प्रीति रस को मान्यता मिली। सामान्यत: दूसरी शताब्दी से तेरहवीं शताब्दी तक नाट्य शास्त्र के स्वरूप और सिद्धान्त में विकास और ह्रास चलता रहा। भारत में मुसलमानों के आक्रमण के बाद से ही रंगमंच और नाट्य-कला में कमी आई तथा राज्याश्रय समाप्त होने पर नाट्यकला का विकास भी बाधित हुआ।

भरत के नाट्यशास्त्र के सोलहवें अध्याय में काव्यशास्त्र की रूपरेखा मिलती है जिसमें काव्य के चार अलंकारों, दस गुणों, दस दोषों तथा छत्तीस लक्षणों का वर्णन है। डॉ. सुशील कुमार डे का मानना है कि आरम्भिक काल में नाट्यशास्त्र तथा काव्य-शास्त्र पृथक्-पृथक् रहे होंगे। अन्य प्रमाणों के अभाव में नाट्यशास्त्र को ही संस्कृत काव्यशास्त्र का प्रथम ज्ञात स्रोत स्वीकार किया गया। वैसे देखा जाए तो पाणिनि के काल में भी नट-सूत्र विद्यमान थे। पहले 'नाट्य' स्वयं एक पृथक् शास्त्र रहा होगा, पर आगे चलकर आचार्य भामह औद दंडी ने नाट्य को काव्य का एक भेद मान लिया।

भरत ने इस अध्याय में काव्य-लक्षणों का विवेचन किया। इसमें छत्तीस लक्षणों की परिभाषा दी गई। सम्भवत: भरत अलंकारों की अपेक्षा लक्षण को अधिक महत्त्व देते थे। आगे चलकर काव्यशास्त्र के ग्रंथों में इसे महत्त्व नहीं मिला। केवल जयदेव के 'चन्द्रालोक' में ही लक्षणों पर विचार मिलता है। इससे यह निष्कर्ष निकलता है कि ये लक्षण नाटक से ही संबद्ध माने गए और उनका समाहार काव्य-गुणों और अलंकारों में कर दिया गया।

डॉ. वी. राघवन ने अपने ग्रंथ 'सम कॉन्सेप्ट्स ऑफ द अलंकार शास्त्राज' (पृ. 1-47) में लक्षण-विचार पर विस्तृत विवेचन किया है। यह लक्षण-पद्धति लुप्त होती गई क्योंकि अभिनव गुप्त आदि आचार्यों ने इसे अलंकार की तरह काव्य-शोभा बढ़ाने वाले धर्म के रूप में लिया था, किन्तु अलंकार की तरह विशेष शोभा के लिए वह बाहर से नहीं जोड़ा जा सकता। आरम्भ से ही लक्षण और अलंकार में समानता थी। बाद में तो लक्षण अलंकार में ही विलीन हो गए। सम्भवत: इसीलिए आचार्य धनिक ने 'दशरूपक' में लक्षण का अलग से विवेचन नहीं किया। यह स्पष्ट है कि अभिनव गुप्त के बाद लक्षण की विशेष चर्चा नहीं हुई।

काव्यशास्त्र की शब्द-रचना

वाल्मीकि रामायण में प्रथमत: 'क्रिया' शब्द का प्रमाण प्राप्त होता है।[7] बौद्ध ग्रंथ 'ललित विस्तर' में भी यही नाम दिया गया है जिसका अर्थ 'काव्यकरण विधि' या 'काव्यालंकार' नाम मिलता है। कामसूत्र में यही 'काव्यक्रियाकल्प' (1/3/16) है। सम्भवत: इन्हीं आधारों पर दंडी इस शास्त्र को 'क्रियाविधि' भी कहते हैं।[8] अलंकार को 'काव्यशोभाकर धर्म' मान लिया गया। रुद्रट का 'काव्यालंकार', रुय्यक का 'अलंकार सर्वस्व केशव मिश्र का 'अलंकार शेखर' अलंकार की महत्ता को तथा उसके शोभाकर धर्म को स्वीकार

करते दिखाई देते हैं। विद्यानाथ रचित 'प्रतापरुद्र यशोभूषण' के टीकाकार ने कहा है कि 'यद्यपि यह शास्त्र रस अलंकार आदि अनेक विषयों से सम्बन्धित है, फिर भी इसे 'छत्रिन्याय' अलंकार शास्त्र कहा जाता है अर्थात् जैसे कुछ छाताधारी लोगों के साथ बिना छाते के भी आते हुए लोगों को देखकर कहा जाता है कि 'छाताधारी लोग आ रहे हैं' वैसे ही रस आदि के होते हुए भी इसे अलंकार शास्त्र कहा गया।[9] राजशेखर ने अपने ग्रंथ को 'काव्य मीमांसा' कहा है और काव्यालोचन के लिए 'साहित्य विद्या' नाम को स्वीकार किया है। (पंचमी साहित्य विद्या इति यायावरीयः, पृ. 4)। विश्वनाथ का 'साहित्य दर्पण' साहित्य शब्द पर आधारित है। भोजराज ने अपने सरस्वती कंठाभरण में 'काव्यशास्त्र' शब्द का प्रयोग किया है।[10] वस्तुतः शास्त्र शब्द किसी ज्ञान-क्षेत्र के विधि-निषेध पर शासन करता है—'शासनात् शास्त्रम्' इसके अर्थ की व्याप्ति अंग्रेजी के 'पोएटिक्स' से भी मेल खाती है।

विचारकों ने काव्यशास्त्र के लिए 'क्रिया कल्पशब्द' का भी बहुलतया प्रयोग किया है। 'ललित विस्तर' के कला प्रसंग और 'कामसूत्र' की चौंसठ कलाओं की सूची में 56वीं कला का नाम 'क्रियाकल्प' है। उसकी व्याख्या काव्यालंकार और 'व्याकरण विधि' के रूप में हुई है। चौथी शती के ग्रंथ 'ललित विस्तर' और कामसूत्र की टीका जयमंगल में भी यही अर्थ लिया गया है। हमारी दृष्टि में 'क्रिया' शब्द-रचना के और 'कल्प' शब्द-चिन्तन अथवा कल्पना के अर्थ में लिया जा सकता है। फिर भी 'क्रियाकल्प' से अधिक अर्थपूर्ण शब्द 'काव्यशास्त्र' ही ठहरता है।

'काव्यशास्त्र' यह शब्द आकस्मिक रूप से आविर्भूत नहीं हुआ है, यह एक विस्तृत परम्परा का पूर्ण परिपाक है। काव्यशास्त्र की रूप-रचना का आधार लक्ष्य-ग्रंथ हैं। लक्ष्य-ग्रंथ अर्थात् काव्य-ग्रंथ। काव्य-ग्रंथों की जैसे-जैसे रचना होती गई, उनके प्रयोगों के प्रभाव से आचार्यों ने लक्षण-ग्रंथों की रचना की। इसलिए काव्यशास्त्र लक्षण-ग्रंथ माने गए। आचार्यों ने काव्य-परम्परा का भी लाभ उठाया और अपनी कल्पना-शक्ति के चमत्कार से भी नई शास्त्रीय कल्पनाएँ उद्भूत कीं। लक्ष्य-ग्रंथों की प्रमुखता के कारण ही भारतीय लक्षण ग्रंथ काव्यशास्त्र के रूप में प्रसिद्ध और सर्वस्वीकृत हुए।

नाट्यशास्त्र के टीकाकार

'नाट्यशास्त्र' पर की गई अनेक टीकाओं का विवरण प्राप्त होता है। इसकी एकमात्र व्याख्या अभिनव गुप्त की 'अभिनव भारती' में प्राप्त होती है। प्रतीत होता है कि अभिनव से पूर्व भी अनेक व्याख्याकार हुए होंगे। शारंग देव ने अपने ग्रंथ 'संगीत रत्नाकर' में लोल्लट, उद्भट, शंकुक, अभिनव गुप्त, कीर्तिधर की चर्चा की है।[11] इसके अतिरिक्त भट्टनायक, भट्टयंत्र, भाष्यकार नान्यदेव तथा हर्ष नामक वार्तिककार का भी उल्लेख किया है, अभिनव गुप्त ने आठ व्याख्याकारों के नामों का उल्लेख किया है, उनका नाम भी गिनाने पर यह संख्या नौ हो जाती है। यद्यपि अभिनव ने अपनी व्याख्या में भट्ट सुमनस भट्ट वृद्धि, भट्ट गोपाल, भट्ट रुद्रक, भट्ट शंकर तथा घंटक की भी चर्चा की है, पर निश्चित रूप से यह नहीं कहा जा सकता कि इन लोगों ने भी नाट्यशास्त्र पर कोई व्याख्या लिखी या नहीं।

आचार्य कीर्तिधर का उल्लेख नाट्यशास्त्र के चतुर्थ अध्याय के अन्तिम भाग में आदरपूर्वक 'इतिकीर्तिधराचार्य' के रूप में हुआ है। इन्हें सातवीं शताब्दी के आसपास माना गया है और उद्‌भट तथा लोल्लट से भी प्राचीन ठहराया गया है। दूसरे व्याख्याकार नान्यदेव हैं, जिनकी चर्चा अभिनव ने 'उक्तंहि नान्यदेवेन भरत भाष्ये' कहकर की है। नान्यदेव अभिनव के पूर्ववर्ती आचार्य हैं, यह तो सिद्ध हो जाता है।

अभिनव ने वार्तिककार हर्ष का भी उल्लेख किया है। शारदातनय ने भी अपने 'भावप्रकाश' ग्रंथ में हर्ष विक्रम नामक वार्तिककार की चर्चा की है। आचार्य विश्वेश्वर ने हिंदी अभिनव भारती की भूमिका (पृ. 12) में इनके वार्तिकों को नाट्य सम्बन्धी स्वतंत्र रचना माना है।

अभिनवगुप्त नाट्यशास्त्र के रस-सूत्र की व्याख्या के प्रसंग में उद्‌भट को व्याख्याकार मानते हैं। अभिनव उद्‌भट के सिद्धान्त का खंडन करने के कारण उन्हें लोल्लट का पूर्ववर्ती मानते हैं। अत: उद्‌भट का काल निश्चय ही सातवीं शताब्दी के पूर्व ही होना चाहिए। भट्टलोल्लट का काल आठवीं शताब्दी माना गया है। अभिनव गुप्त ने अपने ग्रंथ में लोल्लट का उल्लेख दस बार किया है। मम्मट के 'काव्यप्रकाश' में भी लोल्लट की चर्चा मिलती है। रस-निष्पत्ति के विवेचन में इनका सिद्धान्त 'उत्पत्तिवाद' के रूप में प्रसिद्ध है। शंकुक का उल्लेख 'अभिनव भारती' में प्राय: पन्द्रह बार हुआ है। रस-निष्पत्ति विषयक इनका सिद्धान्त 'अनुमितिवाद' के नाम से प्रसिद्ध है। इनका समय नवम शताब्दी का प्रारम्भ माना गया है और उसका आधार कल्हण की 'राजतरंगिणी' में कश्मीर के राजा अजितापीड के लिए किसी शंकुक नामक विद्वान द्वारा रचित 'भुवनाभ्दुदय' नामक ग्रंथ माना गया है। अभिनव भारती में भट्टनायक के नाम की चर्चा प्राय: छह बार हुई है। रस-निष्पत्ति विषयक इनका मत 'भुक्तिवाद' नाम से प्रसिद्ध है।

भट्टयंत्र नामक विद्वान की चर्चा 'अभिनव भारती' में (पृ. 208) एक स्थान पर हुई है, इससे भी इनके व्याख्याकार होने का अनुमान लगाया गया है। अभिनव गुप्त नाट्यशास्त्र के प्रमुख व्याख्याकार हैं, जिन्होंने नाट्यशास्त्र की विस्तृत व्याख्या अपने ग्रंथ 'अभिनव भारती' में की है। नाट्यशास्त्र पर उपलब्ध यह एकमात्र संस्कृत व्याख्या सम्प्रति उपलब्ध है। अभिनव का समय 950 ई. से 1025 ई. के मध्य माना गया है। उनके द्वारा रचित इकतालीस ग्रंथों की सूची बताई जाती है, पर उनमें केवल ग्यारह ही उपलब्ध हैं—'तंत्रालोक, तंत्रसार, 'ईश्वर प्रत्यभिज्ञाविमर्शिनी', 'ध्वन्यालोक लोचन' आदि। अभिनव ने अपने गुरु भट्टतोत से नाट्यशास्त्र की जो व्याख्या सुनी थी, उसे उन्होंने विनम्रतापूर्वक स्वीकार करते हुए आगामी जिज्ञासुओं के लिए प्रस्तुत किया था। अभिनव से पूर्व ही नाट्यशास्त्र समय-समय पर कई प्रक्षिप्त अंशों के साथ तैयार हो चुका रहा होगा। डॉ. पी. वी. काणे ने नाट्यशास्त्र के प्रथम पाँच अध्याय तथा अन्तिम अध्याय और छंद विषयक पन्द्रहवें-सोलहवें अध्यायों को मौलिक भाग से परवर्ती माना है। उनके अनुसार अध्याय संख्या छह से चौदह तथा सत्रह से पैंतीस तक का भाग नाट्यशास्त्र का मौलिक भाग है, जो सम्भवत: एक ही काल में रचा गया होगा (संस्कृत काव्यशास्त्र का इतिहास, पृ. 22)। इस सम्बन्ध में मतभेद मिलते हैं। नाट्यशास्त्र के रचना-काल के सम्बन्ध में कीथ नाट्यशास्त्र की रचना का काल तीसरी शताब्दी

मानते हैं तो प्रो. मैकडोनल इसे ईसा की छठी शताब्दी की रचना मानते हैं। इससे भिन्न डॉ. हर प्रसाद शास्त्री इसे ईसा पूर्व दूसरी शताब्दी तथा श्री मनमोहन घोष पाँचवीं शताब्दी की रचना मानते हैं।

भारतीय काव्यशास्त्र के आचार्यों में से भरत, भामह, वामन, विश्वनाथ, कुन्तक, आनन्दवर्धन, महिमभट्ट, क्षेमेन्द्र आदि नए सिद्धान्तों के उद्‌भावक आचार्य के रूप में प्रस्तुत होते हैं। मम्मट, विश्वनाथ और जगन्नाथ इन सबों में तत्त्व-विवेचन एवं समाहारवादी, सार ग्राहिणी दृष्टि से अपनी विशिष्टता प्रमाणित करते हैं।

भारतीय काव्यशास्त्र की रचना और उसके विकास में टीकाकारों का भी योगदान महत्त्वपूर्ण रहा है। भरत के नाट्यशास्त्र के व्याख्याताओं में उद्‌भट, लोल्लट, शंकुक, भट्टतोत, भट्टनायक और अभिनवगुप्त गिने गए हैं। इनमें से केवल अभिनव गुप्त की 'अभिनव भारती' ही उपलब्ध है, जिसमें इन आचार्यों का भी उल्लेख हुआ है। आनन्दवर्धन के टीकाकारों में अभिनव गुप्त की 'लोचन टीका' महत्त्वपूर्ण है। धनंजय के टीकाकार धनिक हैं और महिमभट्ट के रुय्यक हैं। मम्मट के 'काव्यप्रकाश' की तो सत्तर से अधिक टीकाएँ मिलती हैं, इसी प्रकार पंडितराज जगन्नाथ के टीकाकार नागेशभट्ट हैं। इन सबों में अभिनव गुप्त को 'आचार्य अभिनव गुप्त पाद' कहकर सम्मानित किया गया है।

नाट्यशास्त्र का स्वरूप

भरत नाट्यशास्त्र के आद्याचार्य हैं। राजशेखर की 'काव्य मीमांसा' में उनके पूर्व आचार्य नन्दिकेश्वर का उल्लेख प्राप्त होता है। नन्दि या नन्दिकेश्वर का ग्रंथ 'अभिनय दर्पण' डॉ. मनमोहन घोष द्वारा अंग्रेजी में अनूदित और सम्पादित होकर 1926 में प्रकाशित हुआ था। नाट्य शास्त्र की अपेक्षा यह लघु एवं सामान्य कोटि का ग्रंथ कहा गया है। शारदातनय ने ग्रंथ 'भाव प्रकाश' (पृ. 287) में नाट्यशास्त्र को नाट्यवेद 'नाट्यवेदस्य संग्रहः'—कहा है। उनके मत में नाट्यशास्त्र के दो रूप थे। प्राचीन नाट्यशास्त्र में बारह हजार श्लोक थे, पर वर्तमान नाट्यशास्त्र छह हजार श्लोकों में निबद्ध है।[12] नाट्यशास्त्र के तीन रूप माने गए हैं—सूत्र, भाष्य और कारिका। डॉ. बलदेव उपाध्याय मानते हैं कि—"ऐसा जान पड़ता है कि मूलग्रंथ सूत्रात्मक था, जिसका रूप छठे और सातवें अध्याय में आज भी देखने को मिलता है। तदनन्तर भाष्य की रचना हुई, जिसमें भरत के सूत्रों का अभिप्राय उदाहरण देकर स्पष्ट समझाया गया है। तीसरा तथा अन्तिम स्तर कारिकाओं का है, जिनमें नाटकीय विषयों का बड़ा ही विपुल तथा विस्तृत विवरण प्रस्तुत किया गया है।[13]"

नाट्यशास्त्र में भरत शब्द अभिनेता के अर्थ में प्रयुक्त हुआ है। प्राचीन 'याज्ञवल्क्य स्मृति' में भी भरत का अर्थ अभिनेता बताया गया है।[14]

शारदातनय इनमें से पूर्व नाट्यशास्त्र के रचयिता को 'वृद्धभरत' नाम से तथा वर्तमान नाट्यशास्त्र के कर्त्ता को केवल 'भरत' नाम से पुकारते हैं (भाव प्रकाश पृ. 36)। धनंजय और अभिनव गुप्त, दोनों ही भरत को 'षट्साहस्रीकार' नाम से संबोधित करते हैं (अभिनव भारती, पृ. 24 प्रथम भाग)। अभिनव गुप्त का दृष्टिकोण अत्यन्त व्यावहारिक है। वे स्पष्ट करते हैं कि यह ग्रंथ केवल भरत के ही मत और सिद्धान्त का पोषक है।

डॉ. बलदेव उपाध्याय भरत का रचना-काल विक्रमपूर्व द्वितीय शती से लेकर द्वितीय शती विक्रम तक मानते हैं। भवभूति ने भरत को 'तौर्यत्रिक सूत्रधार' कहा है।[14] इससे नाट्यशास्त्र का सूत्रात्मक रूप सिद्ध होता है। कालिदास के नाटक 'विक्रमोर्वशीय' (अंक-2/श्लोक 18) में भरतमुनि को देवताओं का नाट्याचार्य मानते हुए नाटक के मुख्य उद्देश्य के रूप में आठ रसों का विकास माना गया है। कालिदास मिथकीय तत्त्वों को भी नाट्यशास्त्र से जोड़ते हैं, जैसे नाट्य प्रयोग में अप्सराओं द्वारा भरतमुनि की सहायता आदि। रघुवंश में भी कालिदास ने नाट्य को 'अंगसत्व वचनाश्रयम्' कहा है। वर्तमान नाट्यशास्त्र में शक, यवन आदि विदेशी जातियों का भी वर्णन हुआ है। वह समय भी ईसवी सन् की प्रथम शताब्दी ही है। डॉ. बलदेव उपाध्याय नाट्यशास्त्र को एक ही काल की रचना न मानकर अनेक शताब्दियों के दीर्घ साहित्यिक प्रयास का फल मानते हैं। इसलिए अगर मध्यम मार्ग ग्रहण किया जाए तो नाट्यशास्त्र की रचना ईसा पूर्व दूसरी-तीसरी शताब्दी में हो चुकी रही होगी, जिसका क्रमिक विकास पहली से दूसरी और तीसरी शताब्दी तक होता रहा।

आचार्य भरत के स्थिति-काल के विषय में जो अनुमान लगाए गए हैं, वे उन्हें ईसापूर्व दूसरी शताब्दी से दूसरी शताब्दी ई. के बीच के चार सौ वर्षों के बीच ठहराते हैं। इस ऊहापोह और गतिरोध में हमारी दृष्टि में व्यावहारिक सुविधा के लिए ईसा की पहली शताब्दी में उनका काल-निर्धारण किया जा सकता है।

नाट्यविद्या : सामाजिक क्रान्ति और मनुष्य की महिमा

आचार्य भरत नाट्यविद्या को सामाजिक विद्या मानते हैं, जिसके द्वारा विधि-निषेध का ज्ञान प्राप्त होता है। नाट्यशास्त्र नाट्यवेद अर्थात् पंचम वेद है।

उसके लिए 'क्रीडनीयक' शब्द का प्रयोग हुआ है। इस प्रारम्भिक कल्पना का अर्थ है—मनोरंजन का ऐसा साधन, जिसमें चित्त को लगाया जा सके। इसके दो अर्थ हैं—चित्त को उचित मार्ग पर लगाना और चित्त के विनोद के लिए हितकारी होना। यह नाट्य 'लोक' अथवा सर्वसाधारण के लिए हो सकता है। इसलिए इसे 'श्रव्यकाव्य' और 'दृश्यकाव्य' दोनों कहा गया है। भरत नाटक को एक व्यापक भाव-भूमि प्रदान करते हुए सभी वर्णों के सुकुमार मतिवाले सहृदय लोगों की शिक्षा के लिए नाट्यवेद की रचना करते हैं। इसकी एक विशेषता यह है कि यह साक्षात्कारात्मक अर्थात् प्रत्यक्ष अनुभव है और दूसरे, इसमें सभी कर्मों का फल तुरत प्रत्यक्ष हो जाता है—'सर्वकर्मानुदर्शनम'। पुराणों और स्मृतियों की तुलना में नाट्यशास्त्र की दृष्टि अधिक उदार है क्योंकि उसमें सार्ववर्णिक हितों को ध्यान में रखा गया है, किन्तु नायकों के निर्णय में राजा और प्रकरण में विप्र या वैश्य को नायकत्व का अधिकार मिला है। कला और रंगमंच के प्रति स्मृतियों की निन्दक भावना के विरोध में भरत ने शूद्रों को कला का योग्य अधिकारी माना है।[15] भरत नाटक में लोकवृत्त के अनुकरण पर बल देते और सामाजिक सत्य का साक्षात्कार करते हैं।[16]

भरत के नाट्यशास्त्र में नटों और अभिनेताओं की सामाजिक प्रतिष्ठा को महत्त्व मिला है। नाट्यकला की उच्चता को प्रमाणित करने के लिए उसे धार्मिक तथा आध्यात्मिक भावों से भी जोड़ा गया है। पी.वी. काणे का मानना है कि नाट्यशास्त्र के आरम्भिक

पाँच अध्याय इसी दृष्टि से जोड़े गए जान पड़ते हैं। अभिनव गुप्त ने अपनी टीका के प्रथम अध्याय में माना है कि नाट्य वेद के अध्ययन और प्रदर्शन से वही फल मिलता है जो वेदों के अध्ययन से या यज्ञादि से प्राप्त होता है। ऐसे विचारकों ने नाट्य-कला सम्बन्धी हीन भावना को मिटाकर उसे एक स्वस्थ कला का रूप देना चाहा है। पहले नटों के प्रति भले ही आदर का भाव रहा हो, पर धर्म-सूत्रों और स्मृति-ग्रंथों में उनके प्रति कठोर दृष्टि मिलती है। ऐसी वर्जना 'मनुस्मृति' आदि में भी मिलती है। धर्मसूत्र तो नट को सात प्रकार के अन्त्यजों में गिनते हैं।

ऐसे सामाजिक गतिरोध में भरत का नाट्यशास्त्र एक नूतन कलात्मक प्रयोग के रूप में प्रस्तुत होता है। संसार के सुख-दुख हमारे सहज स्वभाव के अंग होते हैं, पर नाट्य में कल्पना और यथार्थ के मेल से विलक्षण हो जाते हैं। आचार्य अभिनव गुप्त ने नाट्य को विधि और प्रतिषेध की शिक्षा देनेवाला शास्त्र माना है। इसके लिए उन्होंने 'उदाहृत' शब्द का प्रयोग किया है—(अभिनव भारती, पृ. 341)। उन्होंने नाट्यशास्त्र के अन्त में भरत द्वारा कथित सूत्रों से सिद्ध किया है कि नाटक वेद का श्रवण और प्रयोग उत्तम गति प्रदान करता है। ऐसी स्थिति में स्मृतियों और पुराणों में बताई गई वर्जनाएँ स्वत: खंडित हो जाती हैं।

भरत का नाट्यशास्त्र नाट्यकला के माध्यम से काव्य, संगीत, नृत्य, अभिनय, गीत-वाद्य और छन्द आदि अनेक कलाओं के स्वरूप को प्रतिष्ठित करने में एक संग्राहक की भूमिका निभाता है। परम्परा से प्रचलित चार वेदों की रूढ़िवादिता को समाप्त कर नाट्यकला को पंचम वेद के रूप में गौरव प्रदान करता है। पंचम वेद की रचना के मूल में एक मिथकीय-पुराण कथा की कल्पना भी की गई है, जिसमें भरत द्वारा रचे गए एक नाटक के विषय में दैत्यों की एक आपत्ति ब्रह्मा के समक्ष रखी गई है, जिसमें देव-दानव युद्ध में सदा देवताओं की विजय को अस्वीकार किया गया है। यह बात भी महत्त्वपूर्ण है कि देवता नाट्य नहीं कर सकते क्योंकि उनमें मनुष्य-जीवन की तरह सुख-दुख, हास और अश्रु का परिवर्तन नहीं होता। इसलिए ब्रह्मा इस पंचम वेद का दायित्व भरत पर सौंपते हैं।

भरत ने नाट्य को सीधा लोक से जोड़ा है। उन्होंने मनुष्य का जातीय जीवन और भारत के विविध प्रदेशों में निवास करनवाले लोक-स्वभाव को नाट्य शास्त्र का विषय बनाया है। इस अर्थ में भरत एक क्रान्तिकारी आचार्य सिद्ध होते हैं। उनके नाटक का सामाजिक अर्थात् दर्शक केवल उच्चवर्ग के राजा या सामन्त ही नहीं हैं, बल्कि सामान्य जनता भी है। इस लोकपक्ष को भरत ने 'सामान्य' शब्द से व्यंजित किया है। इनका सामाजिक आज की भाषा में आम आदमी है, उसके हृदय की अच्छाई-बुराई ही देव-दानव संघर्ष है। भरत की एक विशेषता यह भी है कि उन्होंने अत्यन्त सूक्ष्म दृष्टि से मानवीय क्रियाओं का अवलोकन किया और उसकी अनुकृति को नाट्य कहा। सभी वर्णों के लिए नाटक का पंचम वेद रचा गया—इस बात ने आज से प्राय: दो हजार वर्ष पहले भारत की रूढ़िग्रस्त जाति-व्यवस्था पर गहरी चोट की और शूद्र वर्ग को महत्त्व दिया। सम्भवत: इसी कारण तत्कालीन पंडित और शास्त्रों के रचयिताओं ने भरत को शूद्र घोषित कर दिया और 'भरत' शब्द का अर्थ ही अभिनेता कर दिया गया और उन्हें

भी शूद्रवर्ग का मान लिया गया। इसे पहले से चली आती हुई रूढ़िवादी विचारधारा की प्रतिक्रिया के रूप में ही देखा जाना चाहिए।

नाट्यशास्त्र ने मनुष्य जीवन को मूल्यवान सिद्ध किया। मनुष्य के जीवन का हर्ष-विषाद, द्वन्द्व और पीड़ा, प्रेम और करुणा आदि भावों की महत्ता सिद्ध की। तभी तो कालिदास जैसे महान कवियों ने 'अभिज्ञान शाकुंतलम्', 'विक्रमोर्वशीयम्', जैसे नाट्य ग्रंथों की रचना की। भास का 'दरिद्र चारुदत्त', भवभूति का 'उत्तर रामचरितम्', विशाखदत्त का 'मुद्राराक्षस', शूद्रक की 'मृच्छकटिकम्' जैसी महान् कृतियों की रचना हुई। प्राय: जितने भी नाटक रचे गए सबके केन्द्र में मनुष्य रहा। कुछ नाटकों में यदि कहीं-कहीं दैवी पात्र भी आए तो उनका उपयोग मनुष्य की पूर्णता का प्रतिपादन ही था।

भारतीय काव्यशास्त्र का बीज-सूत्र

भरत के नाट्यशास्त्र को भारतीय काव्यशास्त्र का बीज-सूत्र भी माना जा सकता है। यद्यपि काव्य पर किए गए उनके चिन्तन का प्रभाव ही उन्हें काव्यशास्त्र के आद्याचार्य के रूप में प्रसिद्ध बनाता है। आचार्य भामह की बहुप्रचलित काव्य-परिभाषा 'शब्दार्थौ सहितौ काव्यम्' पर भी उसका प्रभाव देखा जा सकता है। भरत ने वैदिक काल से चले आते हुए उपमा और रूपक जैसे अलंकारों को, जिनका उल्लेख उनके पूर्व यास्क के निरुक्त में भी हुआ था, स्वीकार किया। भरत ने उपमा, रूपक, दीपक और यमक—इन चार अलंकारों और गुण-विवेचन, दोष-विवेचन करते हुए सबसे महत्त्वपूर्ण रस-विवेचन की परम्परा की नींव डाली। भरत पहले रसवादी आचार्य हैं जिनके द्वारा प्रस्तुत रस-निष्पत्ति विषयक सूत्र 'विभावानुभाव व्यभिचारि संयोगात् रस-निष्पत्ति:' ने काव्यशास्त्र में रस-सिद्धान्त को प्रतिष्ठित किया। सबकी सुविधा के लिए अगर भरत का समय दूसरी शताब्दी भी मान लें तो प्राय: दो हजार वर्षों से इस सूत्र ने काव्यशास्त्रीय चिन्तन को आज तक प्रभावित कर रखा है। भामह आदि के प्रभाव और अलंकारवाद की प्रमुखता के कारण काव्यशास्त्र को अलंकार शास्त्र के नाम से भी जाना गया, किन्तु रस और ध्वनि की महत्ता के कारण 'काव्यशास्त्र' नाम ही प्रचलित और मान्य हुआ।

रस-सिद्धान्त और भरत

भरत ने नाट्यशास्त्र का प्रणयन नाटकीय विविध विधानों के परिज्ञान के लिए किया था, पर इनकी दृष्टि में रूपकों का मुख्य प्रतिपाद्य विषय रस था।[17] अभिनव गुप्त ने भी इस धारणा को पल्लवित करते हुए कहा है कि रस सूत्र की तरह समस्त रूपक में व्याप्त रहता है।[18] यह रस-चिन्तन नाट्यशास्त्र के मुख्यत: छठे और सातवें अध्याय में किया गया है। रस के स्वरूप के सम्बन्ध में भरत का कहना है कि जैसे गुड़ आदि विभिन्न पदार्थों के सम्मिश्रण से तैयार किया गया व्यंजन आस्वाद्य होता है, वैसे ही विभाव, अनुभाव और संचारी के संयोग से व्यंजित स्थायी भाव ही रस रूप में आस्वाद्य होता है।[19] पर यह रस किसे प्रतीत होता है, इस सम्बन्ध में भरत मौन हैं। वे रस के स्वरूप को संयोग और 'निष्पत्ति' शब्द से व्यक्त करते हैं।[20]

रस-भेद पर विचार करते हुए भरत ने रसों की संख्या आठ मानी है।[21] उन्होंने इस

प्रसंग में आचार्य द्रुहिण की चर्चा करते हुए कहा है कि यह संख्या द्रुहिण के अनुसार निर्दिष्ट की गई है।[22] भरत ने आठ प्रकार के स्थायी भाव भी बताए हैं—रति, हास, शोक, क्रोध, उत्साह, भय, जुगुप्सा और विस्मय (नाट्यशास्त्र 6/18)। इनके अतिरिक्त तैंतीस संचारी या व्यभिचारी भाव हैं—निर्वेद, ग्लानि, शंका, असूया, मद, श्रम, आलस्य, दैन्य, चिन्ता, मोह, स्मृति, धृति, ब्रीडा, चपलता, हर्ष, आवेग, जड़ता, गर्व, विषाद, औत्सुक्य, निद्रा, अपस्मार, सुप्त, विबोध, अमर्ष, अवहित्थ, उग्रता, मति, व्याधि, उन्माद, मरण, त्रास और वितर्क। उन्होंने आठ प्रकार के सात्विक भावों का परिगणन किया है—स्तम्भ, स्वेद, रोमांच, स्वरभंग, वेपथु, वैवर्ण्य, अश्रु और प्रलय।

उपर्युक्त आठ रसों में भरत ने मूल रस चार ही माने हैं—शृंगार, रौद्र, वीर और वीभत्स। शृंगार से हास्य की, रौद्र से करुण की, वीर से अद्‌भुत की और वीभत्स से भयानक की उत्पत्ति मानी गई है (नाट्यशास्त्र, 6/40-42)। रसों के उल्लेख के बाद वे एक-एक रस का पुन: विभाव, अनुभाव, व्यभिचारी आदि भावों की पृथक् गणना और उनके भेदोपभेद का प्रतिपादन करते हैं। भरत ने हर रस के वर्ण और देवता का भी संकेत किया है जो रस-भाव को एक पौराणिक स्वरूप प्रदान करता है, जैसे शृंगार का वर्ण श्याम और देवता विष्णु, हास्य का रंग उज्ज्वल और देवता प्रमथ (कामदेव) बताए गए हैं।

भरत की रूपक सम्बन्धी धारणा उनके 'प्रेक्षक' शब्द-प्रयोग से स्पष्ट होती है (स्थायी भावानस्वादयन्ति सुमनस: प्रेक्षका:)। भरत रूपकाश्रित रस के प्रवक्ता भले रहे हों, पर अभिनव गुप्त ने 'नाट्य' शब्द के अन्तर्गत श्रव्य काव्य को भी ग्रहण कर लिया है। वास्तव में भरत का नाट्य शब्द अभिनयों के माध्यम से दृश्य काव्य का और गीतों के माध्यम से श्रव्य काव्य का प्रतिनिधित्व करता है।

भरत द्वारा निर्दिष्ट आठ रसों की संख्या का समर्थन डॉ. राघवन और डॉ. पी.वी. काणे ने भी किया है।[23] वैसे निर्णय सागर प्रेस, बम्बई से प्रकाशित 'नाट्यशास्त्र' की प्रति में छठे अध्याय के अन्त में शान्त रस का प्रकरण भी मिलता है। अन्य रसों की तरह इसके विभाव, अनुभाव आदि बताए गए हैं और अन्त में 'एवं नवरसा दृष्टा 'नाट्यैर्लक्षणान्विता' कहकर 'इति शान्त रस प्रकरणम्' का संकेत किया गया है। सम्भव है, यह शान्त रस विवरण बाद का जोड़ा हुआ प्रक्षिप्त अंश हो, पर महत्त्वपूर्ण बात यह है कि आगे चलकर आचार्यों ने शान्त रस की भी स्वतंत्र सत्ता सिद्ध की ही थी और उसका महत्त्व भी घोषित किया था।

नाट्यशास्त्र के क्षेत्र में भरत की प्रेरणा इतनी जबर्दस्त थी कि उनके लगभग तेरह-चौदह सौ साल बाद धनंजय, सागरनन्दी, रामचन्द्र-गुणचन्द्र, शारदातनय और शिंगभूपाल ने मुख्य रूप से नाट्यशास्त्रीय ग्रंथों का निर्माण कर इस काव्यांग को समृद्ध किया। इसके अतिरिक्त विश्वनाथ और धनंजय ने भी अपने ग्रंथ में नाट्य-विवेचन किया। नाट्यशास्त्र में निरूपित नायक-नायिका भेद-विवेचन का सूक्ष्म विवेचन उक्त नाट्याचार्यों ने किया। काव्यशास्त्र के क्षेत्र में भी नायक-नायिका भेदों का विश्लेषण रुद्रट, रुद्रभट्ट, भोज, अग्निपुराण, भानुमिश्र, रूप गोस्वामी आदि ने किया। संस्कृत काव्यशास्त्र में कवि-शिक्षा का भी विवेचन हुआ। राजशेखर, वाग्भट द्वितीय, क्षेमेन्द्र, केशव मिश्र आदि ने अपने ग्रंथों में अन्य काव्यांगों के साथ कवि-शिक्षा को भी महत्त्व दिया।

भरत की रस-कल्पना

रस की व्युत्पत्ति दो प्रकार से की गई है[24]—रस्यते आस्वाद्यते इति रसः अर्थात् जिसका आस्वादन हो, वह रस है—'सरते इति रसः' अर्थात् जो प्रवाहित हो, वह रस है। अतः आस्वादनीयता और द्रवत्व इनकी विशेषताएँ हैं। वैशेषिक दर्शन में रूप, रस, गन्ध आदि गुण के चौबीस भेदों में रस नामक भेद भी है, वहाँ 'रस' शब्द रसना द्वारा आस्वादनीय मधुर, तिक्त, अम्ल आदि के अर्थ में प्रयुक्त हुआ है। आयुर्वेद में यह पारद के अर्थ में प्रयुक्त है। लोकजीवन में यह शब्द पुष्प रस, आप्ररस के रूप में प्रचलित है। 'ऋग्वेद' में सोमरस को रस कहा गया है—'दधानः कलशे रसम्'। उपनिषदों में रस ब्रह्म का पर्यायवाची है। वेदान्त दर्शन में मोक्ष रस की कल्पना हुई है। ब्रह्मानन्द ही मोक्ष-रस है। साहित्य शास्त्र में यह विशिष्ट और पारिभाषिक अर्थ में प्रयुक्त है। रुद्रट ने काव्यालंकार में इसे रसत्व का वाचक माना है, पर वेदान्तियों के मोक्ष रस में और काव्यशास्त्र के काव्य-रस में सादृश्य प्रतीत होता है। इसीलिए काव्य रस को भी 'ब्रह्मास्वाद सहोदर' कहा गया है।

रस के स्वरूप और निष्पत्ति विषयक भरत के सूत्र पर लोल्लट, शंकुक, भट्टनायक की व्याख्या के अतिरिक्त अभिनव गुप्त के अभिव्यक्ति-सिद्धान्त ने रस-सिद्धान्त को स्थिरता प्रदान की, जिसमें कहा गया कि विभाव, अनुभाव और व्यभिचारी के द्वारा अभिव्यक्त (व्यंजित) स्थायी भाव ही रस है। यहीं रस का पारिभाषिक रूप स्थिर होता दिखाई देता है।

नाट्यशास्त्र के आधार पर यह ज्ञात होता है कि रसों का आदि स्रोत 'अथर्ववेद' है। नाट्यशास्त्र नामक पाँचवाँ वेद 'ऋवेद' से कथनोपथन, 'यजुर्वेद' से अभिनय, 'सामवेद' से गीत और 'अथर्ववेद' से रस का संकलन कर प्रणीत हुआ है (नाट्यशास्त्र 1/17)। भरत वहाँ 'रसान्' शब्द के द्वारा रस की अनेकता भी सूचित करते हैं। 'तैत्तरीय उपनिषद्' में रस को ब्रह्म का पर्याय माना गया है। उसी ब्रह्म स्वरूप रस का साक्षात्कार होने पर योगियों को आनन्दोपलब्धि होती है।[25] 'छान्दोग्य[26] कठोपनिषद्' आदि में भी 'रस' शब्द उल्लिखित है। 'कठ' एवं 'सर्वोपनिषद' में रसनास्वाद के अर्थ में इस शब्द का प्रयोग हुआ है। अतः औपनिषदिक विवेचन रसों की ब्रह्मास्वाद सहोदरता को प्रमाणित करता है। 'अग्निपुराण' में प्राप्त रस-चर्चा विषयक उद्धरण को विश्वनाथ ने अपने साहित्य-दर्पण में यत्र-तत्र जगह दी है। मम्मट ने भी अपने 'काव्यप्रकाश' में 'विष्णुपुराण' के कुछ अंश दिए हैं। 'विष्णुपुराण' में रस का उल्लेख नहीं है, पर काव्यशास्त्रीय चर्चा अवश्य है।

आचार्य भरत तो रस रहित नाटक को निरर्थक मानते हैं। 'नाट्य रसाः स्मृताः' की व्याख्या करने वाले अभिनव गुप्त का कथन है कि 'नाट्यात् समुदायरूपात् रसाः। यदि वा नाट्यमेव रसः' अर्थात् रस समुदाय ही नाट्य है। तात्पर्य यह कि रस से पृथक् नाट्य का अस्तित्व सम्भव नहीं है।

भरतपूर्व रस-स्वरूप की कल्पना

भरत के पूर्व भी रस-चिन्तन की समृद्ध परम्परा रही होगी, तभी अनेक प्रकार के नाट्य तत्त्वों का संकलन सम्भव हुआ होगा। भरत के 'अत्रानुवंश्यौ श्लोकौ भवतः' से स्पष्ट है

कि भरत के पूर्व भी रस सिद्धान्त मान्य हो चुका था, पर प्राचीन आचार्यों की कृतियों की अनुपलब्धता से यह विषय यत्र-तत्र उद्धृत मतों पर ही आधारित मिलता है। वैसे मौलिक एवं कल्पक आचार्य राजशेखर ने अपने 'काव्य मीमांसा' नामक ग्रंथ में बताया है कि अलंकार-शास्त्र का ज्ञान पहले शिव से ब्रह्मा हो प्राप्त हुआ और तदनन्तर दूसरों को। समस्त अलंकार शास्त्र को अठारह अधिकरणों में बाँटा गया और प्रत्यक्ष अधिकरण के आचार्य कृतविद्य मूर्द्धन्य विद्वान निश्चित हुए।[27] इस तालिका के अनुसार भरत रूपकों के निरूपण-कार्य में लगे और रस-निरूपण का कार्य-भार नन्दिकेश्वर को मिला। वैसे रूपक-निरूपण के प्रसंग में भरत ने भी वाचिक अभिनय के क्रम में रस का विवेचन किया। अत: विद्वान् इसे दो परम्पराओं के रूप में भी देखते हैं। पहली भरत की रस-परम्परा और दूसरी नन्दिकेश्वर की परम्परा। नन्दिकेश्वर की कोई कृति उपलब्ध नहीं होने के कारण वह परम्परा विलुप्त मानी गई और भरत की परम्परा रस-चिन्तन का आधार बनी। इसे इन दोनों आचार्यों की दो नाट्य परिपाटियों के रूप में भी देखा गया है।

डॉ. भगीरथ मिश्र मानते हैं कि भरत नाट्यशास्त्र के पंडित थे और नन्दिकेश्वर नृत्य एवं भावाभिनय के। भरत पद्धति का उद्‌भव ब्रह्मा के नाट्यवेद से हुआ था और नन्दिकेश्वर पद्धति का सम्बन्ध सदाशिव की रसाभिनय पद्धति से था।[28] शारदातनय विरचित 'भाव प्रकाशन' नामक ग्रंथ में वासुकि, नारद तथा व्यास की एक तीसरी रस-परम्परा का भी उल्लेख मिलता है। इस परम्परा के प्रवर्तक आचार्य वासुकि कहे गए हैं। भरत जहाँ आठ रस मानते हैं वहाँ वासुकि ने नौ रस मानते हैं। भरत ने शान्त रस नहीं माना था, परन्तु वासुकि इसे रसों में परिगणित करते हैं। कुछ विद्वान् इस परम्परा का सम्बन्ध 'भवत्यात्मक कीर्त्तन पद्धति' से जोड़ते हैं जो बहुत उल्लेखनीय नहीं प्रतीत होता। दंडी के 'काव्यादर्श' की 'हृदयंगमा' और 'श्रुतानुपालिनी' नामक टीकाओं में कश्यप, वररुचि, नन्दिस्वामी जैसे काव्यशास्त्रियों का नामोल्लेख हुआ है। सम्भव है,यह नन्दिस्वामी ही नन्दिकेश्वर हों। पाणिनि की 'अष्टाध्यायी' में कृशाश्व और शिलालिन् नामक दो नटसूत्रों के नाम मिलते हैं।[29] चूँकि पाणिनि का समय ईसा पूर्व पाँचवीं शताब्दी माना जाता है, अत: इतना तो स्पष्ट हो जाता है कि ईसा के पाँच सौ वर्ष पूर्व भी नाटक और अभिनय की परम्परा भारत में विकसित हो चुकी थी जो रस-सिद्धान्त विवेचन की प्राचीनता का प्रमाण है।

रस-कल्पना का परवर्ती प्रभाव

आगे चलकर आचार्य अभिनव गुप्त ने ध्वनि-विरोधियों के तर्कों को निर्मूलकर आनन्दवर्धन की ही भाँति ध्वनि-सिद्धान्त के महत्त्व के साथ रस-सिद्धान्त का भी निरूपण कर दिया। इन्होंने रस को असंलक्ष्यक्रम व्यंग्य ध्वनि के अन्तर्गत रखा तथा इसके अतिरिक्त लक्षणामूला या अविवक्षित वाच्य ध्वनि तथा संलक्ष्यक्रम व्यंग्य ध्वनि की भी काव्यात्मकता स्वीकार की। इन्होंने रस-ध्वनि मात्र के समर्थक और वस्तु-ध्वनि के विरोधी भट्टनायक का उपहास किया है[30] अर्थात् वस्तु ध्वनि को तो दूषित करते हैं, रसध्वनि का, जो उस वस्तु ध्वनि का अनुग्राहक है, समर्थन करते हैं, तो खूब, यह तो ध्वनि का ध्वंस है।' अभिनव गुप्त की स्थापना के बाद एक बार पुन: ध्वनि-विरोध का आन्दोलन कुन्तक

तथा व्यक्ति विवेककार महिमभट्ट के नेतृत्व में चल पड़ा। एक ने रस के साथ ध्वनि को वक्रोक्ति में गतार्थ किया तो दूसरे ने अनुमिति में।[31] ध्वनि-सिद्धान्त के खंडन-मंडन के दीर्घकाल के बाद भोजराज ने अपने 'सरस्वती कंठाभरण' नामक ग्रंथ में 'रसोक्ति' को वक्रोक्ति, स्वभावोक्ति से श्रेष्ठ माना।[32] इन्होंने अपने दूसरे ग्रंथ 'शृंगार प्रकाश' में रस को महत्त्व दिया। इन्होंने काव्य को 'रसवत्' कहा, पर भामह और दंडी की तरह 'रसवत् अलंकार' वाले अर्थ में नहीं अपितु 'रसयुक्त' होने के अर्थ में। भोजराज रस का मनोवैज्ञानिक और दार्शनिक विश्लेषण करते हैं। वे अहंकार, रस और शृंगार को पर्यायवाची मानते हैं।[33] इनकी दृष्टि में रसोत्पत्ति की जड़ अहंकार है और इसकी तीन अवस्थाएँ हैं। तृतीय अवस्था में यह अहंकार ही रस रूप में परिणत हो जाता है। रसों में भी शृंगार मौलिक रस है तथा उसी से अन्य रस उत्पन्न होते हैं। इस दार्शनिक रहस्य का सूत्र भरत के 'नाट्यशास्त्र' में भी देखा जा सकता है।[34]

भरत ने 'नाट्यशास्त्र' के 'रस विकल्प' और 'भावव्यंजक' नामक छठे और सातवें अध्यायों में रस और भाव का स्वरूप तथा इनके पारस्परिक सम्बन्ध का निर्देश किया है। आगे रसों का परिचय देते हुए उन्होंने प्रत्येक रस के स्थायीभाव, अनुभाव, व्यभिचारी भाव और सात्विक भावों का नामोल्लेख किया है। रसों के वर्णों और देवताओं से भी अवगत कराया है तथा रसों के भेदों की चर्चा की है। भरत ने भाव और रसों के पारस्परिक सम्बन्ध पर विचार करते हुए इनमें एक-दूसरे के प्रति कारण-कार्य सम्बन्ध माना है। भावों से विभिन्न रसों की उत्पत्ति होती है। रस की यह उत्पत्ति स्वत: नहीं हो जाती। इसके लिए भावों को अभिनय का सहारा लेना पड़ता है और तभी हम कह सकते हैं कि अब कोई भी भाव ऐसा नहीं है, जिसमें रस नहीं है और कोई भी ऐसा रस नहीं है, जिसमें भाव नहीं।[35] भरत अपने रससूत्र में यद्यपि 'स्थायीभाव' शब्द का प्रयोग नहीं करते, फिर भी उनकी व्याख्या से स्पष्ट है कि स्थायीभाव ही विभाव अनुभाव संचारी के संयोग द्वारा रसत्व को प्राप्त होते हैं।[36] भरत ने अलंकार, गुण, दोष आदि के साथ तथा वर्ण-योजना और छंद-प्रयोग के साथ भी 'रस संश्रयत्व' का विवेचन किया, जिसका दूरगामी प्रभाव आनन्दवर्धन, मम्मट आदि परवर्ती विचारकों पर पड़ा और उन्होंने अलंकार, गुण-दोष और रीति-तत्त्व का स्वरूप ही रस पर आश्रित कर दिया।

नाट्यशास्त्र में रस-चर्चा

रस नाटक के लिए अनिवार्य तत्त्व है। इसी आधार पर भरत ने अपने 'नाट्यशास्त्र' में रस को विचार का विषय बनाया। वैसे तो नन्दिकेश्वर रस-प्रवर्त्तक आचार्य के रूप में घोषित हैं और भरत नाट्यशास्त्र के आद्याचार्य हैं, पर रस और भाव का सूक्ष्म विवेचन करते हुए भरत ने आठ रसों का परिचय देते हुए प्रत्येक रस के स्थायी भाव, अनुभाव, व्यभिचारी भाव और सात्विक भावों का उल्लेख किया है, साथ ही उन्होंने रसों के भेदों पर भी विचार किया है।

रस-चिन्तन के क्षेत्र में भरत की मौलिक उपस्थापना है रस सूत्र की प्रस्तुति— 'विभावानुभाव व्यभिचारि संयोगात् रस निष्पति:' अर्थात् विभाव, अनुभाव और व्यभिचारी भावों के संयोग से रस-निष्पत्ति होती है। इस सूत्र में 'संयोग' और 'निष्पत्ति' शब्द को

आधार बनाकर आचार्यों ने रस-चिन्तन किया और आचार्य भट्टलोल्लट का उत्पत्तिवाद, शंकुक का अनुमितिवाद, भट्टनायक का भुक्तिवाद और अभिनव गुप्त का अभिव्यक्तिवाद जैसे महत्त्वपूर्ण रस-सिद्धान्त सामने आए।

भरत के रस सूत्र को अभिनव ने रस विषयक लक्षण माना। इस सूत्र में रस-निष्पत्ति और उसके स्वरूप पर भी विचार हुआ है।

रस-सूत्र की व्याख्या

भरत के रससूत्र की व्याख्या परवर्ती आचार्यों ने अनेक प्रकार से की है। अभिनव गुप्त और मम्मट ने इसकी व्याख्याओं पर विचार किया है। अभिनव गुप्त ने भट्टलोल्लट, शंकुक, भट्टनायक की व्याख्याओं की चर्चा करके अपने मत की भी स्थापना की है। सूत्र में प्रयुक्त 'संयोग' और 'निष्पत्ति' शब्द विचार के विषय रहे हैं। यहाँ तत्काल इनका संकेत मात्र करना उचित होगा। आगे चलकर हम इसकी विस्तृत समीक्षा अभिनव गुप्त पर विचार करते समय करेंगे।

भट्टलोल्लट

भट्टलोल्लट ने निष्पत्ति का अर्थ उत्पत्ति माना है। उनकी दृष्टि में विभावानुभावादि के संयोग से रस की उत्पत्ति होती है। इनके मत में स्थायी भाव और विभावों के संयोग का तात्पर्य उनका उत्पाद्य-उत्पादक सम्बन्ध, स्थायीभाव और अनुभावों के संयोग का तात्पर्य उनका पोष्य-पोषक सम्बन्ध है। लोल्लट के अनुसार, निष्पत्ति के तीन अर्थ है जो क्रमश: उत्पत्ति, प्रतीति तथा पुष्टि हैं। भट्टलोल्लट की यह व्याख्या उत्तर मीमांसा अर्थात् वेदान्त से प्रभावित है।

शंकुक

शंकुक का रस-सिद्धान्त अनुमितिवाद के रूप में प्रसिद्ध है। ये रस को अनुमेय मानकर निष्पत्ति का अर्थ अनुमिति करते हैं। इनके अनुसार प्रेक्षक चित्र-तुरगन्याय के अनुसार पात्रों में राम आदि चरित्रों का अनुमान कर लेता है। शंकुक का यह सिद्धान्त न्यायानुसारी कहा जाता है। इसमें अनुमान को प्रमुखता दी गई है। शंकुक निष्पत्ति का अर्थ अनुमिति मानते हैं तथा संयोग का सम्बन्ध गम्य-गमक है। प्रेक्षक अपनी प्रवृत्ति के अनुसार रस का अनुमान कर लेता है।

भट्टनायक

रससूत्र के तीसरे व्याख्याकार भट्टनायक हैं। इनका सिद्धान्त भुक्तिवाद के नाम से प्रसिद्ध हैं। ये लोल्लट तथा शंकुक, दोनों के मतों का खंडन करते हैं। इनके मत में न तो रस की उत्पत्ति सम्भव है और न रस को परोक्ष ज्ञान रूप अनुभव ही माना जा सकता है। भट्टनायक का मानना है कि सामाजिकों द्वारा रस का भोग होता है, इसी से यह मत भुक्तिवाद कहलाता है। भट्टनायक ने अपने मत की पुष्टि के लिए भावकत्व और भोजकत्व नामक दो व्यापारों की कल्पना की है। इनके अनुसार संयोग का अर्थ

भोज्य-भोजक सम्बन्ध है तथा इन्होंने निष्पत्ति का अर्थ भुक्ति या उपभोग माना है। उनके द्वारा प्रस्तुत भावकत्व और भोजकत्व व्यापार विद्वानों द्वारा आलोचना के विषय रहे हैं।

अभिनव गुप्त

अभिनव गुप्त ने अपने ग्रंथ 'अभिनव भारती' में भट्ट लोल्लट, शंकुक और भट्टनायक के मतों का खंडन कर अपने सिद्धान्त 'अभिव्यक्तिवाद' की स्थापना की है। अभिनव सिद्ध करते हैं कि रसानुभूति सहृदय प्रेक्षकों को ही होती है। सहृदयों के भीतर वासना या संस्कार रूप से छिपे स्थायी भाव ही रसानुभूति के कारण बनते हैं। वे साधारणीकृत होकर विभावादिकों के सहयोग से उद्बुद्ध या अभिव्यक्त हो जाते हैं तथा सहृदयों को तन्यमता के द्वारा इसका अलौकिक आनन्द मिलता है। इसमें साधारणीकरण की महती भूमिका होती है।

भरत अपने मन्तव्य को स्पष्ट करते हुए कहते हैं—

1. यथाहि नानाव्यंजनौषधि द्रव्य संयोगाद्रस निष्पतिर्भवति यथा हि गुडादिभिर्द्रव्यैर्व्यंजनै रोषधिभिश्च षाडवादयो रसा निवर्तन्ते, तथा नाना भावोपगता अपि स्थायिनो भावा रसत्वमाप्नुवन्तीति।
2. अत्राह—रस इति कः पदार्थः। उच्यते। आस्वाद्यत्वात्॥ कस्मास्वाद्यते रसः। यथाहि नाना व्यंजन संस्कृतमन्नं भुञ्जाना रसनास्वादयन्ति सुमनसः पुरुषा हर्षादिंश्चाधि गच्छन्ति तथा नानाभावाभिनयव्यंजितान् वागंग सत्वोपेतान् तस्मान्नाट्य रसा इत्यभिव्याख्याताः। (नाट्यशास्त्र-6/2)

अर्थात् जैसे नाना प्रकार के व्यंजनों, औषधियों तथा द्रव्यों के संयोग से भोज्य रस की निष्पत्ति होती है, जिस प्रकार गुड़ादि द्रव्यों, व्यंजनों और औषधियों के षाडवादि रस बनते हैं, उसी प्रकार विविध भावों से संयुक्त होकर स्थायीभाव भी नाट्य रस रूप को प्राप्त होते हैं।

यहाँ प्रश्न उठता है कि रस कौन-सा पदार्थ है अथवा रस को रस क्यों कहा जाता है? उत्तर—आस्वाद्य होने से, अर्थात् जो आस्वाद्य हो, वह रस है। जिस प्रकार नानाविध व्यंजनों से संस्कृत अन्न का उपयोग करते हुए प्रसन्नचित्त पुरुष रसों का आस्वादन करते हैं और हर्षादि का अनुभव करते हैं, इसी प्रकार प्रसन्न प्रेक्षक विविध भावों और अभिनयों द्वारा व्यंजित वाचिक, आंगिक तथा सात्विक (मानसिक) अभिनयों से संयुक्त स्थायी भावों का आस्वादन करते हैं तथा हर्षादि को प्राप्त होते हैं। इसलिए नाट्य के माध्यम से आस्वादित होने के कारण ये नाट्य रस कहलाते हैं।

उक्त सूत्रों का सार यह है कि :

1. रस आस्वाद नहीं आस्वाद्य है अर्थात् वह अनुभूति का विषय है।
2. वह विभाव, अनुभाव, व्यभिचारी आदि विविध भावों से संयुक्त त्रिविध अभिनयों द्वारा व्यंजित स्थायी भाव ही रस में परिणत होता है, जैसे व्यंजन आदि से संस्कृत (पक्व एवं सज्जित) अन्न ही भोज्य रस (षाडवादि) का रूप धारण कर लेता है। षाडव शब्द से अभिनव गुप्त का प्रयोजन है—मधुर आदि रसों के मिश्रण से कोई विलक्षण पेय या भोज्य रस। एक प्रकार से अम्ल, तिक्त,

कटु मधु आदि षट् रस के समवाय को 'षाडव' माना जा सकता है।

3. अतः स्थायीभाव यदि अन्न है तो नाट्य सामग्री व्यंजन या औषधि।
4. स्थायीभाव रस नहीं है पर रस का आधार है। यहाँ नाट्य का स्थायीभाव अभिप्रेत है।
5. यह रस कला का आस्वाद नहीं स्वयं कलात्मक स्थिति है। सहृदय इसका आस्वादन करता है, पर यह आस्वाद हर्ष आदि के रूप में होता है। यह हर्षादि अनुभव आनन्दात्मक एवं कटु, दोनों प्रकार की अनुभूतियों का हो सकता है। डॉ. नगेन्द्र स्वयं को आनन्दवादी मत के समर्थकों में गिनते हैं।

भरत भाव से रस की निष्पत्ति या उत्पत्ति मानते हैं। भाव ही काव्यार्थों का भावन या अवगमन कराते हैं। भरत ने भाव और रस के पारस्परिक सम्बन्ध पर विचार किया है। वे दोनों में कारण-कार्य सम्बन्ध देखते हैं। रस स्वर्य उत्पन्न नहीं होता, वह भावों से ही उत्पन्न होता है। भरत बताते हैं कि ऐसा कोई भी भाव नहीं है जिसमें रस नहीं है और कोई भी रस बिना भाव के नहीं है।

मम्मट ने 'काव्यप्रकाश' (4/27-28) में कहा है कि सहृदयों के मन में रति आदि स्थायी भाव सदा वासना रूप से विद्यमान रहते हैं। वे अव्यक्त संस्कार रूप में होते हैं, वे ही आलम्बन, उद्दीपन विभाव द्वारा उत्पन्न एवं उद्दीप्त होकर अनुभाव द्वारा प्रतीतियोग्य हो जाते हैं और व्यभिचारी भाव उन्हें पुष्ट कर देते हैं। इस प्रकार इन सबके संयोग से स्थायी भाव व्यंजनावृत्ति द्वारा व्यक्त होकर आस्वादन योग्य बन जाता है और रस की संज्ञा प्राप्त करता है।

आचार्य विश्वनाथ रस को सरलतापूर्वक समझाते हैं कि भावों की परिपक्वावस्था रस है (साहित्य दर्पण, 3/11)। वे रस की विशेषताओं का भी उल्लेख करते हैं और उसे सत्वोद्रेक, अखंड, स्वप्रकाशानन्द, चिन्मय, वेद्यान्तर स्पर्शशून्य, ब्रह्मास्वाद सहोदर, लोकोत्तर, चमत्कार प्राण, स्वकारावत, अभिन्न और आस्वाद रूप कहते हैं। अभिनव का मानना है कि सहृदय सामाजिक ही उसका आस्वादन करता है। रस को इन आचार्यों ने समस्त विध्नों से विनिर्मुक्त, संवित, चमत्कार, निर्वेश, रसन, आस्वादन, भोग, समापत्ति, लय, विश्रांत आदि विशेषताओं से युक्त माना है।[36]

डॉ. नगेन्द्र अपने रस विषयक सूत्र में स्पष्ट करते हैं कि

1. रस काव्य का आस्वाद है। यह आस्वाद आनन्दमय है—अर्थात् रस एक प्रकार की आनन्द-चेतना है।
2. आनन्द-चेतना का अर्थ है आत्म-साक्षात्कार। अभिनव के शब्दों में आत्म-परामर्श और भट्टनायक के शब्दों में संविद्विश्रान्ति।
3. इस प्रकार संस्कृत काव्यशास्त्र के प्रतिनिधि आचार्यों के अनुसार—शब्दार्थ के माध्यम से विशुद्ध भाव भूमिका में, आत्म चैतन्य के (आनन्दमय) आस्वाद का नाम रस है।

रसबोध सुखात्मक या दुःखात्मक

नाट्य रस सुखात्मक है या दुखात्मक, यह मौलिक प्रश्न आचार्यों में विचारणीय रहा

है। भरत से विश्वनाथ तक मत-मतान्तर होते रहे हैं। रस मूलतः आनन्दपरक रहा है। धनंजय और विश्वनाथ इसके समर्थक हैं, पर हेमचन्द्र के शिष्य और नाट्य दर्पणकार रामचन्द्र और गुणचन्द्र का विचार सर्वथा मौलिक कहा जा सकता है। वे रस को सुख दुःखात्मक मानते हैं। सहृदय को शृंगार, हास्य आदि रसों से तो आस्वाद होता ही है, उसे करुण, भयानक आदि रसों द्वारा भी आस्वाद मिलता है। रामचन्द्र गुणचन्द्र की स्थापना है—'सुखदुःखात्मको रसः'। वे मानते हैं कि जहाँ शृंगार, हास्य, वीर, अद्भुत और शान्त—ये पाँच रस सुखात्मक हैं, वहाँ करुण, रौद्र, वीभत्स और भयानक—ये चार रस दुःखात्मक हैं। यद्यपि वे मानते हैं कि भयानक, करुण आदि रस दुःखात्मक ही हैं, पर इनसे सहृदय परमानन्द प्राप्त करते हैं तो केवल कवि और नट की कुशलता का चमत्कार ही इसका कारण है।[37] रस के सुखदुःखात्मक रूप को मानने की प्राचीन परम्परा भी मिलती है। रामचन्द्र गुणचन्द्र भी करुण, भयानक, वीभत्स आदि रसों को अपने परिपाक रूप में दुःखात्मक नहीं मानकर शृंगार आदि रसों के समान सुखात्मक ही मानते हैं।

सहृदय सामाजिक की रस-दशा : चेतना का साधारणीकरण

भरत के नाट्यशास्त्र में देशकाल और सामाजिक रीति-रिवाजों पर गम्भीरतापूर्वक विचार हुआ है। रस-निष्पत्ति के प्रसंग में यद्यपि साधारणीकरण शब्द उपलब्ध नहीं होता, पर एक स्थल पर चर्चा मिलती है—एभ्यश्च सामान्य गुणयोगेन रसा निष्पद्यंते (नाट्यशास्त्र, पृ. 349)। अर्थात्-49 भावों (स्थायी, संचारी एवं सात्विक) से रस निष्पन्न होते हैं, पर सामान्य गुण-योगवश। यहाँ सामान्य गुण-योग शब्द विचारणीय है। पर्याय की दृष्टि से 'साधारण' और 'सामान्य' तो एक हैं और प्रकाशकार ने 'साधारण्येन प्रतीतेः' में इसी 'साधारण्य' शब्द का प्रयोग किया भी है। इतना निश्चित है कि विशेष के विरोधी अर्थ में 'साधारण' की भाँति 'सामान्य' शब्द समर्थ है। अतः स्पष्ट है कि उपर्युक्त परिगणित 49 भाव विशेष गुण-योग सम्पन्न न होकर सामान्य गुण योग सम्पन्न होकर रस-निष्पादक हो सकते हैं। धनंजय ने भी अपने 'दशरूपक' में विभाव का स्वरूप स्पष्ट करते हुए कहा है कि 'उक्तं हि षट् साहस्री कृताऽपि'। इस दृष्टि से नाट्यशास्त्र के इस अंश का सम्बन्ध साधारणीकरण से जोड़ा जा सकता है। अभिनव गुप्त के अनुसार व्यक्ति-संसर्ग या व्यक्ति-वैशिष्ट्य परिमित होते हैं, पर उसका साधारणत्व परिमित न होकर सर्वव्यापक होता है। अनादि संस्कारों द्वारा चित्रित चित्त वाले सामाजिकों की एक जैसी वासना होने के कारण सबको एक जैसी ही प्रतीति होती है। (अभिनव भारती, पृ. 471)।

सहृदय की चेतना का साधारणीकरण या निर्मुक्ति रसास्वादन की आधारभूत क्रिया है। सहृदय वहाँ स्व-पर की भावना से मुक्त होकर एक व्यापक भाव वाले सामाजिक का रूप ले लेता है, वहाँ सभी दर्शकों की अनुभूति समान होती है। पंडित केशव प्रसाद मिश्र का मत है कि "चित्त के एकतान और साधारणीकृत होने पर उसे (प्रमाता को) सभी कुछ साधारण प्रतीत होने लगता है" (साहित्यालोचन, पृ. 285)। आचार्य विश्वनाथ मानते हैं कि विभावादिक भी पहले साधारणतया प्रतीत होते हैं, रसास्वाद के समय विभावादिकों का ये (विभावादि) मेरे हैं, अथवा मेरे नहीं हैं—अन्य के हैं अथवा अन्य के नहीं हैं, इस

विशेष रूप से परिच्छेद अर्थात् सम्बन्ध विशेष का स्वीकार अथवा परिहार नहीं होता। इस व्याख्या में दर्शक या प्रमाता को ही मुख्यता प्राप्त हो जाती है। इसमें तादात्म्य और अतादात्म्य का भी प्रश्न नहीं रहता।"[38] पं. केशव प्रसाद मिश्र की स्थापना में जिस चित्त की एकतानता को स्वीकार किया गया है, वह मूल रूप में संविद विश्रान्ति है—रस है, अत: साधारणीकरण रसास्वाद का कारण है और एकतानता उसके आगे की प्रक्रिया है, जिसकी परिणति 'रस' या 'संविद विश्रान्ति' में होती है।

डॉ. प्रेमस्वरूप गुप्त मानते हैं कि "साधारणीकरण का अर्थ हुआ—असाधारण का साधारण बन जाना।"[39] डॉ. राममूर्त्ति त्रिपाठी के मत में साधारणीकरण का शाब्दिक अर्थ है—असाधारण को साधारण बनाना—विशेष को सामान्य बनाना, पर इसी सामान्य का अर्थ सर्वसाधारण बनाना नहीं है—बल्कि इस रूप में बनाना है कि जिससे सामाजिक की प्रसुप्त वासना परिष्कृत रूप में आंदोलित हो सके।[40]

भरत के 'नाट्यशास्त्र' को इसी सहृदय सामाजिकों के रसोन्मेष के लिए स्वीकार करना चाहिए। भरत ने देवकथा के माध्यम से कहना चाहा है कि—"इसमें त्रैलोक्य के भावों का अनुसरण है। इस नाट्य वेद के अन्तर्गत कहीं धर्म है कहीं क्रीड़ा, कहीं अर्थ, कहीं शान्ति अथवा श्रम, कहीं हँसी, कहीं युद्ध, कहीं काम और कहीं वध का अनुकरण है। इसमें कर्त्तव्य-कर्म का पालन करनेवालों के लिए कर्त्तव्य की शिक्षा है, काम की चाहना करने वालों के लिए काम है, दुर्विनीतों को संयमित करने और विनीतजनों के संयम की विधि का भी उल्लेख इसमें है। यह नाट्यवेद कायरों में उत्साह भरनेवाला, अज्ञानियों को विशेष बोध करानेवाला तथा ज्ञानियों को विद्वत्ता प्रदान करनेवाला है।"

यह ऐश्वर्यवानों के लिए विलास है, दुखियों को साहस देनेवाला, अर्थोपार्जन की इच्छा करनेवालों के लिए अर्थप्रद है और उद्विग्न चित्तवालों के लिए धैर्य प्रदान करनेवाला है। यह नाट्य अनेक प्रकार के भावों से सम्पन्न है। इसके अन्तर्गत विविध प्रकार की अवस्थाएँ हैं और इसमें लोक के वृत्त का अनुकरण है (लोकवृत्तानुकरणम्)।[41]

अभिनवगुप्त ने 'लोके' के प्रयोग से यह सिद्ध करना चाहा है कि नाट्य का उपयोग सर्वसाधारण के लिए हो सकता है, क्योंकि यह दृश्य और श्रव्य, दोनों है। इसलिए उसका आनन्द सब मिलकर ले सकते हैं। भरत ने नाट्यबेद को व्यापकता प्रदान की। उनका उदार दृष्टिकोण इस बात का प्रमाण था कि इस नाट्यवेद में किसी भी वर्ण की वर्जना नहीं होगी। भरत सुकुमार मतिवाले वर्णों को नाट्यवेद के योग्य मानते हैं।

आचार्य हजारी प्रसाद द्विवेदी का कथन है कि "नाट्यवेद के दो अंग हैं, एक विधि और दूसरा शास्त्र। उदाहरणार्थ, नाट्यशास्त्र में वर्णित भित्तिकर्म-विधि (2-83), द्वार-विधि (3-22) आसारित विधि (4-282), तांडव-प्रयोग विधि (4-321) तथा पूर्वरंगविधि (5-172) आदि अनेको विधियाँ हैं। इसी प्रकार जिन स्थलों पर विधिलिंग का प्रयोग करके कहा गया है कि अमुक बात इस प्रकार करनी चाहिए, उन्हें भी विधियाँ समझनी चाहिए। 'नाट्यशास्त्र' ने इन विधियों के पालन पर जोर भी बहुत दिया है।" (द्रष्टव्य—भारतीय नाट्यशास्त्र की परम्परा और दशरूपक पृ. 11, 12)। वे मानते हैं कि विधि के अतिरिक्त 'नाट्यशास्त्र' का जो भाग शेष बचता है, वह शास्त्र है। उदाहरणार्थ, रस तथा भावादि का विवेचन शास्त्र के अन्तर्गत आता है। वस्तुत: विधि का उपयोग नटों के लिए है तो

शास्त्र का उपयोग नाट्यकारों, प्रेक्षकों और अभिनेताओं के लिए होता है। इस प्रकार नाट्यशास्त्र का फलक विराट् और दृष्टिकोण व्यापक है।

भरत का लक्षण-विवेचन

भरत के काव्य-विषयक-लक्षण-विवेचन को नाट्शास्त्र में पर्याप्त महत्त्व मिला है। भारत में काव्यशास्त्र या साहित्यशास्त्र के निर्माण के पीछे लक्ष्य ग्रंथों के आधार पर लक्षण ग्रंथों की रचना होती रही है। अलंकार ग्रंथों को 'लक्षण ग्रंथ' भी कहा जाता रहा है, विशेषकर मध्यकाल में लक्षण ग्रंथों अर्थात् अलंकार-ग्रंथों की सुदीर्घ परम्परा मिलती है। 'नाट्यशास्त्र' में लक्षणों के विवेचन का महत्त्व इस दृष्टि से विचारणीय हो जाता है क्योंकि भरत द्वारा प्रतिपादित लक्षण काव्य के शोभावर्द्धक धर्म के रूप में वर्णित हुए।

नाट्यशास्त्र में जो काव्य-लक्षण उपजाति वृत्त में हैं, उनकी संख्या 36 है। वे (अ. 16) इस प्रकार हैं—विभूषण, अक्षर संघात, शोभा, अभिमान, गुणकीर्तन, प्रोत्साहन, उदाहरण, निरुक्त, गुणानुवाद, अतिशय, हेतु, सारूप्य, मिथ्याध्यवसाय, सिद्धि, पदोच्चय, आक्रंद, मनोरम, आख्यान, याञ्चा, प्रतिषेघ, पृच्छा, दृष्टान्त, निर्भासन, संशय, आशीः, प्रियोक्ति, कपट, क्षमा, प्राप्ति, पश्चात्ताप, अनुवृत्ति, उपपत्ति, युक्ति, कार्य, अनुनीति और परिदेवन।

इन काव्य-लक्षणों के स्वरूप का वर्णन भोज, शारदातनय, विश्वनाथ, जयदेव आदि में मिलता है। धनंजय के 'दशरूपक' में भी इसकी चर्चा नहीं मिलती है। अभिनव गुप्त यह स्वीकार करते हैं कि गुण, अलंकार, रीति आदि की तरह लक्षण प्रसिद्ध नहीं हुए। यद्यपि भरत लक्षण और अलंकारों को भिन्न मानते हैं, पर काव्य की शोभा बढ़ाने वाले धर्म दोनों में हैं। वे उपमा को अलंकार और लक्षणों को काव्य विभूषण मानते हैं। दंडी ने तो स्पष्ट रूप में लक्षणों को अलंकार रूप में स्वीकार कर लिया। अभिनव गुप्त ने अपने गुरु भट्टतौत का मत स्वीकार करते हुए कहा है कि "लक्षणों के संयोग से अलंकारों में वैचित्र्य आता है। उदाहरणार्थ—गुणानुवाद नामक लक्षण से उपमा का योग होने से प्रशंसोपमा होती है। अतिशय नामक लक्षणा से सम्बद्ध होने पर अतिशयोक्ति होती है। मनोरथ लक्षण से संयोग होने पर अप्रस्तुत प्रशंसा होती है। मिथ्याध्यवसाय लक्षणा के योग से अपह्नुति होती है और सिद्धि लक्षणा के सम्बन्ध से तुल्ययोगिता होती है।[42]

भरत के काव्य-लक्षणों के सूत्र यास्क, निरुक्त और बादरायण के वेदान्त सूत्र माने गए हैं। मंत्रों के भावों से ही उन्हें स्तुति, निन्दा, विलाप (परिदेवन), आशीः, हेतु, आख्यान, आक्रन्द, संशय आदि लक्षणों का ज्ञान हुआ।

अभिनव गुप्त ने एक स्थान पर कहा है कि 'कवेराभिप्राय विशेषो लक्षणम्'—अर्थात् लक्षण कवि के विशेष अभिप्राय हैं। यद्यपि डॉ. राघवन इस मत का खंडन करते हैं, पर विचार करने पर यह मत सार्थक प्रतीत होता है। आचार्य भरत लक्षणों की सूची देकर अन्त में (नाट्यशास्त्र, 16/42) उसे 'भावार्थगत' मानते हैं। इन लक्षणों का उचित उपयोग रस के लिए होता है। भट्टनायक इसे 'व्यापार प्राधान्य' कहते हैं। शब्द और अर्थ, दोनों से यह काव्य-व्यापार जो कवि का अभिधा व्यापार है, प्रकट होता है। अभिनव गुप्त इसे बन्ध, गुंफ, भणिति, वक्रोक्ति, कविव्यापार आदि रूपों में व्यक्त करते हैं।"

आनन्दवर्धन ने भी 'ध्वन्यालोक' में 'रसों को तथा भावों को ही काव्यार्थ के कारण मुख्यत्व देकर उनके लिए उचित शब्दार्थों का उपनिबन्धन ही कवि-व्यापार है, ऐसा माना है। इसी को आचार्य मम्मट 'लोकोत्तर वर्णना निपुण कविकर्म' कहते हैं। अभिनव गुप्त इस अभिधा व्यापार को चित्तवृत्ति के रस के अनुरूप रसोचित विभाव आदि के सम्पादन को अभिधा व्यापार घोषित करते हैं। भरतमुनि का लक्षण, भामह की वक्रोक्ति—ये कवि के अभिधा व्यापार को ही पुष्ट करते हैं। इन नाट्य लक्षणों ने अर्थों का विभावन किया, काव्य में यही कार्य वक्रोक्ति ने किया। वक्रोक्ति के इस विभावन कार्य को भामह ने 'अनयाऽर्थो विभाव्यते' द्वारा व्यक्त किया है।[43]

डॉ. काणे ने भरत द्वारा 'नाट्यशास्त्र' के 16वें अध्याय की अन्तिम पंक्ति में विवेचित 36 लक्षणों की चर्चा करते हुए कहा है कि अभिनव गुप्त ने लिखा है कि इनमें कुछ लक्षणों का लोप हो गया था तथा इनमें से कुछ यथा 'आशीः तथा 'दृष्टान्त' अलंकार के नाम से अभिहित हुए : तत्र गुणालंकारादिरिति वृत्तयेश्चेति काव्येषु प्रसिद्धोलक्षणानि तु न प्रसिद्धानि।'

'सम कॉन्सेप्ट्स ऑफ दि अलंकार शास्त्राज' में वी. राघवन ने लक्षणों पर विस्तृत विचार किया है। डॉ. सुशील कुमार डे ने लिखा है कि 'लक्षण-पद्धति' का बड़ी जल्दी लोप हो गया अथवा वह काव्यशास्त्र तथा नाट्य के इतिहास का एक अनावश्यक अवशेष मात्र बनकर रह गई थी, इसलिए यहाँ आनुषंगिक रूप से उनका उल्लेख अपेक्षित है। भरत के मूलपाठ की व्याख्या करते हुए अभिनव गुप्त ने लक्षण के सम्बन्ध में दस विभिन्न मतों का उल्लेख किया है, किन्तु ऐसा प्रतीत होता है कि लक्षण अथवा भूषण को (सम्भवतः सामुद्रिक लक्षण की तरह), सामान्यतः काव्य-स्त्री शरीर का शोभाकर सहज साधन अथवा स्वयं काव्य ही मान लिया गया था। यद्यपि अलंकार की तरह लक्षण का धर्म भी काव्य शोभाकर होता है, तथापि उसका अपना पृथक् अस्तित्व नहीं होता। वह अपृथक् सिद्ध होता है अर्थात् वह स्वयं काव्य को शोभायमान करता है, किन्तु अलंकार की तरह विशिष्ट शोभा के हेतु उसे बाहर से जोड़ा नहीं जाता। इतनी बात तो स्पष्ट है कि अलंकार से ही लक्षण तथा अलंकार में आंशिक समानधर्मिता थी, कालान्तर में लक्षण अलंकार में विलीन हो गए। मुख्य रूप से यह सिद्धान्त कि अलंकार के समान लक्षण भी शोभाकर धर्मी हैं, अभिनव गुप्त द्वारा अन्तिम बार समर्थित हुआ। अभिनव गुप्त के साथ ही इस मत की समाप्ति हो गई।[44]

नाट्यशास्त्र में प्राप्त विवेचन के कारण लक्षण एक प्राचीन शास्त्रीय धारणा है, वह तथ्य स्पष्ट हो जाता है। डॉ. वी. राघवन ने भी अपनी पुस्तक 'सम कॉन्सेप्ट्स ऑफ अलंकार शास्त्राज' में इसे स्वीकार किया है। आचार्य विश्वनाथ ने भी 'साहित्य दर्पण' के छठे परिच्छेद में लक्षण-चर्चा करते हुए कहा है कि 'नाटक में रसपोष के अनुसार छत्तीस लक्षण, तैंतीस नाट्यालंकार, तेरह वीथ्यंग और दस लास्यांगों का यथासम्भव प्रयोग करना चाहिए। उनमें से वे पहले छत्तीस लक्षण गिनाते हैं—भूषण से प्रियवचन तक छत्तीस लक्षण होते हैं। अलंकार सहित गुणों के योग को भूषण कहते हैं।[45]

भरत के नाट्यशास्त्र में इनकी संख्या 36 बताई गई है, किन्तु अलंकारों की संख्या 4 ही निर्दिष्ट हुई है। इससे ज्ञात होता है कि अलंकारों की तुलना में लक्षणों का

विकास प्राचीनतर है। भरत मानते थे कि काव्यबन्ध छत्तीस लक्षणों से समन्वित होना चाहिए—'काव्यबंधास्तु कर्त्तव्याः षट्त्रिंल्लक्षणन्विताः'। कुछ विद्वान् लक्षणों को प्रबन्ध काव्यों के ही भूषण मानते हैं, मुक्तकों के नहीं। भरत ने इन लक्षणों की परिभाषाएँ तो दीं, पर उदाहरणों से इन्हें स्पष्ट नहीं किया। यह भी अनुमान है कि उस युग में प्रबन्ध काव्यों के मर्मस्पर्शी स्थलों की पहचान सामाजिक को थी, अतः उदाहरण देने की आवश्यकता प्रतीत नहीं हुई। डॉ. राघवन की दृष्टि में लक्षण विषयक निम्नलिखित धारणाएँ बनती हैं—(1) लक्षण काव्य का शरीर है, (2) ये काव्य-शरीर के सौंदर्य-विधायक हैं, (3) ये अलंकार से इस बात में भिन्न हैं कि ये उनकी अपेक्षा अधिक व्यापक हैं, ये अलंकार की भाँति वाह्य तत्त्व नहीं—काव्य शरीर हैं, (4) ये स्वतः सौंदर्य रूप हैं, ये काव्य-शरीर के सौंदर्य-तत्त्व हैं, किन्तु अलंकार अधिक सौंदर्य के लिए शरीर पर धारण किए जाते हैं। अभिनव गुप्त इनका विवेचन एक रूपक के द्वारा करते हैं कि जैसे महल या कोट आदि के निर्माण के लिए पहले भूमि तैयार की जाती है, वैसे ही काव्य-प्रासाद के निर्माण के लिए छंद-विधान भूमि के समान है, क्षेत्र के घेरने आदि बातों के आश्रित विचारों के समान लक्षण की योजना होती है तथा दीवारों पर किए गए चित्र-कर्म के समान अलंकार एवं गुण होते हैं।" यह लक्षण अंग्रेजी के 'फार्म' की भाँति है। अभिनव इसे 'विचार स्थानीय' कहकर लक्षण को एक मानसिक प्रक्रिया का रूप देते हैं जो काव्य-बीज की तरह प्रस्फुटित होता है। भरत काव्य को एक सप्राण सत्ता के रूप में देखते हैं और लक्षणों को काव्य का शरीर घोषित करते हैं। अभिनव गुप्त इन्हें 'अभिप्राय' कहकर इनकी संख्या निर्धारित नहीं मानते। वे मानते है कि 'कवि हृदय वर्तिनाम् अपरिसंख्येव त्वान्' अर्थात् ये अभिप्राय अनन्त हैं। आगे चलकर भोज ने इनकी संख्या 64 तक पहुँचा दी और इन्हें प्रबन्धांग (प्रबन्ध शोभा कारणाय) घोषित कर दिया।

नाट्य एवं काव्य के महत्त्वपूर्ण अंग के रूप में लक्षणों को महत्त्व मिला है। अभिनव गुप्त ने उपजाति वृत्त में परिगणित छत्तीस लक्षणों को प्रामाणिक माना और अनुष्टुप छंद में शेष लक्षणों का इसी में अन्तर्भाव कर लिया। ये छत्तीस लक्षण थे—भूषण, अक्षर संहति, शोभा, अभिमान, गुणकीर्त्तन, प्रोत्साहन, उदाहरण, निरुक्त, गुणानुवाद, अतिशय, सहेतु, सारूप्य, मिथ्याध्यवसाय, सिद्धि, पदोच्चय, आक्रन्द, मनोरथ, आख्यान, याञ्चा, प्रतिषेध, पृच्छा, दृष्टान्त, निर्भासन, संशय, आशीः, प्रियोक्ति, कपट, क्षमा, प्राप्ति, पश्चात्तपन, अर्थानुवृत्ति, उपपत्ति, युक्ति, कार्य अनुनीति और परिदेवन। भरत ने माना कि इन लक्षणों से युक्त काव्यबंध की रचना उचित और प्रभावशाली होती है (नाट्यशास्त्र, 15/222)। आगे चलकर इन लक्षणों से ही अलंकारों में वैचित्र्य और विकास देखा गया। अभिनव गुप्त ने भी माना था कि अनेक लक्षण उक्ति-वैचित्र्य और अलंकारों के जनक होते हैं—'लक्षण बलान् अलंकाराणां वैचित्र्यमागच्छति—('अभिनव भारती', भाग 2, पृ. 321) इन लक्षणों का उपयोग नाटक और काव्य, दोनों में हुआ।

काव्यशास्त्र के क्षेत्र में जैसे-जैसे अलंकार, गुण, दोष, रीति, रस का स्वतंत्र विवेचन होता गया। बारहवीं शताब्दी में जयदेव ने अपने चन्द्रालोक' (तृतीय मयूख 1/11) में कहा कि लक्षण अनन्त हैं, पर वे अलंकारों के अनुवर्ती भी हैं, पर इसमें सन्देह नहीं कि इन लक्षणों ने अलंकारों के स्वस्थ-विकास में पर्याप्त योगदान किया। अलंकारों के

भेद-विस्तार में चमत्कार और विलक्षणता पर जोर दिया गया।

अभिनव गुप्त मानते हैं कि रस काव्यार्थ है। यह काव्य शब्द, वर्ण, कविकर्म की देन है। शब्द गुण का स्वरूप है—रस की अभिव्यक्ति करने में समर्थ अर्थ का प्रतिपादन; अर्थ गुण है—अर्थ में रस की अभिव्यक्ति की शक्ति। इन सबका त्रिविध अभिधा व्यापार लक्षण का विषय है। कवि की प्रेरणा-शक्ति अनुकूल चित्तवृत्ति का निर्माण करती है। चित्तवृत्ति के रस को लक्ष्य कर कवि उचित विभाव आदि से एक वैचित्र्य का निर्माण करता है। इस वैचित्र्य के सम्पादन में उसका अभिधेय, अभिधान और अभिधा के रूप में संवेदित त्रिविध अभिधा व्यापार ही 'लक्षणा' है। यह लक्षणा कवि-व्यापार से संबद्ध है। कवि की रचना में शब्दार्थों के द्वारा वैचित्र्य आता है। जिस प्रयत्न से यह होता है वह प्रयत्न 'लक्षण' कहा जाता है। इसलिए काव्य 'कवि कर्म' है। अभिनव 'पुष्टत्व' के उदाहरण से इसे स्पष्ट करते हैं। यह गुण वक्ष में है तो वक्ष का लक्षण है और यदि वह कटि प्रदेश में है तो वह कुलक्षण है। अत: एक प्रकार से कही जानेवाली वस्तु उसी पदार्थ-क्रम से रसोचित विभाव के रूप में प्रकट हो तो वह लक्षण है अन्यथा वह कुलक्षण बन जाता है। इस प्रकार लक्षण औचित्य का निर्माण करते हैं। इस कारण लौकिक वस्तुएँ भी अलौकिक रूप में प्रकट होती हैं। लक्षण शब्दार्थमय काव्य शरीर होते हैं और इस शरीर की सौंदर्यवृद्धि अलंकार से पूर्ण होती है।

डॉ. देशपांडे ने अपनी पुस्तक 'भारतीय साहित्य शास्त्र' में लक्षण से अलंकार-विकास की एक तालिका प्रस्तुत की है—

लक्षण	**अलंकार**
अर्थापत्ति	अप्रस्तुत प्रशंसा
माला	मालालंकार
प्राप्ति	काव्यलिंग
निदर्शन	निदर्शना
मिथ्याध्यवसाय	अपह्नुति
प्रसिद्धि	उदात्त
प्रियवचन	प्रेयस्
पदोच्चय	समुच्चय
दृष्टान्त	दृष्टान्त
अतिशय	अतिशयोक्ति

आचार्यों ने लक्षणों का अलंकार में केवल नामान्तर भर नहीं किया है। यदि यह केवल नामान्तर ही होता तो लक्षण और अलंकार इस प्रकार का विभाग ही उपपन्न न होता किन्तु स्वयं भरतमुनि ने ही यह विभाग स्वीकार किया है। अत: गुण, अलंकार, और लक्षण के भेद के लिए अभिनव गुप्त के कथन को प्रमाण माना गया है—"रस काव्यार्थ है। शब्दनीय, वर्णनीय अथवा कविकर्म हर तरह तीन प्रकारों से काव्य की व्युत्पत्ति है। इस प्रकार यह एक काव्य अभिधेय, अभिधान तथा अभिधा—इन तीनों के आश्रय से स्थित होता है तथा उनको लक्षित करके अभिधेय की अपेक्षा से प्रतिपाद्य अर्थ-व्यापार देखा जाता है। शब्द गुण का स्वरूप है—रस की अभिव्यक्ति करने में

समर्थ अर्थ का प्रतिपादन शब्द से होना। इसी प्रकार अर्थ गुण है—अर्थ में रस की अभिव्यक्ति की सामर्थ्य होना। परन्तु जब एक अर्थ उदाहरण चन्द्र दूसरे अर्थ की मुख की शोभा बढ़ाता है तब वह अलंकार होता है। इन सबका अधिष्ठानभूत त्रिविध अभिधा व्यापार लक्षण का विषय है अर्थात् "मैं अमुक वस्तु, इन शब्दों में, इस पद्धति से, इस आशय से अमुक चित्तवृत्ति निर्माण होने के लिए कहूँगा। इस प्रेरणा के अनुसार रसयुक्त काव्य का निर्माण करता है। उस समय चित्तवृत्ति रूप रस को लक्ष्य करके वह उस रस के लिए उचित विभाव आदि से वैचित्र्य-निर्माण करता है। इस वैचित्र्य के सम्पादन में उसका अभिधेय, अभिधान और अभिधा के रूप में संवेदित त्रिविध अभिधा व्यापार ही लक्षण संज्ञा से बताया गया है।"[46]

ऐसा प्रतीत होता है कि काव्य-चर्चा के लिए काव्य-लक्षण शब्द का प्रयोग किया गया है। भरत ने अपने 'नाट्यशास्त्र' में उपमादि चार अलंकारों को नाट्यालंकार कहा है और काव्य-लक्षणों को काव्य विभूषण की संज्ञा भी दी गई है। इन दोनों से भरत सौंदर्य-बोध का ही अर्थ लेते हैं, पर इन्होंने स्पष्ट रूप से गुण, अलंकार, रीति एवं वृत्ति की अपेक्षा लक्षणों को कम महत्त्व दिया है।[47]

भरत का अलंकार-विवेचन

भरत ने चार अलंकारों का निर्देश किया है—यमक, रूपक, दीपक और उपमा। आगे चलकर आचार्य भामह ने भी अनुप्रास को लेकर पाँच अलंकार गिनाए। अनुप्रास वर्णाभ्यास है और यमक पदाभ्यास। अत: सुशील कुमार डे अनुप्रास को भी यमक में ही समाविष्ट मानते हैं। स्पष्ट है कि नाट्यशास्त्र की रचना उस समय हुई जब अलंकारों की संख्या में अधिक वृद्धि नहीं हुई थी। भरत ने वाचिक अभिनय के प्रसंग में अलंकार शास्त्र का सन्निवेश किया। अलंकार वहाँ नाट्य की पूर्णता का साधन है, जिससे रस-निष्पत्ति जनित आनन्द प्राप्त होता है। भरत के अनुसार काव्य-रचनाओं में जो भी सादृश्य से उपमित किया जाए वह उपमा है। यह गुण और आकृति पर आश्रित होती है। एक की एक से उपमा करनी चाहिए अथवा अनेक से एक की, अथवा एक से अनेक की तथा बहुतों की बहुतों से उपमा करनी चाहिए। नाट्यशास्त्र के अनुसार समान गुणाकृति के आधार पर सादृश्य मात्र ही उपमा है। आकृति का अभिप्राय स्थूल सादृश्य से है और गुण का सूक्ष्म सादृश्य से। भरत गुणात्मकता को महत्त्व देते हैं।

उपमा अलंकार

इसलिए भरत ने 'औपम्यं गुणाश्रयम्' को उपमा मान लिया है। अत: सादृश्य के आधार मात्र को गुण कहा जा सकता है—भले ही वह रूपाकृति हो, गुण हो या क्रिया-व्यापार हो। उपमा का महत्त्व वर्ण्य वस्तु के सदृश बिम्बों के विधान के कारण है—"उपमा नाम सा ज्ञेया गुणाकृति समाश्रया।" उपमा का प्रयोग वस्तु-प्रशंसा, वस्तु-निन्दा, कल्पित सदृश वस्तु, किंचित सदृश वस्तु से सम्बद्ध होकर कई प्रकार से होता है। भरत ने 'उपमा के अनेक प्रकारों को लोक और काव्य से गृहीत माना है। (वही 16/52)।

भरत की दृष्टि में जब एक साथ अनेक शब्दों को वाक्य में रखकर उन्हें व्यक्त

किया जाता है तो उसे 'दीपक' कहते हैं। रूपक अलंकार में दो वस्तुओं की एकरूपता होती है और शब्दाभ्यास से यमक अलंकार होता है। यमक शब्दालंकार है और उपमा, दीपक और रूपक अर्थालंकार हैं। यद्यपि यमक चमत्कार प्रधान अलंकार है, पर भरत की दृष्टि रसवादी ही प्रतीत होती है।

भरत के चार अलंकारों में उपमा सर्वाधिक प्राचीन है। यास्क के निरुक्त से भी पहले वैदिक मंत्रों में उपमा के प्रयोग मिलते हैं, किन्तु भरत उसे शास्त्रीय रूप देते हैं और उसका विस्तार पाँच रूपों में करते हैं—प्रशंसोपमा, निन्दोपमा, कल्पितोपमा, सदृशोपमा और किंचित सदृशोपमा। इनके श्रृंगारिक उदाहरण दिए गए हैं। अप्पयदीक्षित ने अपने 'चित्र मीमांसा' नामक ग्रंथ में उपमा को सबसे अधिक मौलिक तथा महत्त्वपूर्ण अलंकार माना है और 22 अलंकारों को उन्होंने इसी पर अवलम्बित माना है, परन्तु केवल एकादश अलंकारों का निरूपण इस ग्रंथ में प्राप्त होता है और ग्रंथ अतिशयोक्ति अलंकार तक का वर्णन कर बीच में ही अपूर्ण रह जाता है।

उपमा अलंकार की अनेकालंकार बीजता सम्बन्धी धारणा अप्पय दीक्षित की एक महत्त्वपूर्ण धारणा है। उन्होंने कहा है कि उपमा ही एक मात्र नटी है जो विभिन्न विचित्र भूमिकाओं में रंगमंच पर नृत्य करती है एवं काव्यविदों का मनोरंजन करती है। उपमा वह मूल वस्तु है जो रूप बदल-बदलकर अनेक अलंकारों के रूप में प्रकट होती है।

अप्पयदीक्षित का यह मार्ग समझौते का मार्ग लगता है। वामन ने जहाँ सभी अलंकारों के मूल में उपमा को कह कर असंगति, वक्रोक्ति आदि को भी सादृश्य के भीतर समेट लिया था, वहाँ अप्पयदीक्षित ने औपम्य सादृश्यगर्भ अलंकारों को एक विशिष्ट सीमा में रखकर उपमा को एक विशिष्ट व्यक्तित्व प्रदान किया। व्यापक दृष्टि से सादृश्यमूलक अलंकारों की संख्या इस रूप में हो सकती है—उपमा, अपह्नुति, उत्प्रेक्षा, अतिशयोक्ति केवल रूपकातिशयोक्ति, तुल्ययोगिता, दीपक, प्रतिवस्तूपमा, पर्यायोक्ति, अर्थान्तरन्यास, आक्षेप, मीलित, उन्मीलित, सामान्य, विशेषक।

भरत उपमा के पाँच प्रकार मानते हैं—प्रशंसा, निन्दा, कल्पित सदृशी और किंचित् सदृशी। वे रूपक और दीपक के भेद नहीं गिनाते, पर यमक का वे विस्तारपूर्वक वर्णन करते हुए उसके दस भेद मानते हैं—पादान्त, कांची, समुद्गयमक, विक्रांत, चक्रवाल, सन्ददृष्ट, पादादि, आभेदित और चतुर्व्यवसित यमक। वे शब्दाभ्यास या शब्दों की पुनरावृत्ति को यमक मानते हैं।

स्पष्ट हो चुका है कि भरत 'नाट्यशास्त्र' के 16वें अध्याय में चार अलंकारों का विवेचन करते हैं, उनमें उपमा प्रथम अलंकार है। सादृश्य के आधार पर की गई 'गुणाकृति समाश्रया' उपमा में 'इत' आदि शब्दों द्वारा गुण या सादृश्य द्योतित होता है। (अध्याय 16, पृ. 322) उपमान के आधार पर उपमा के पाँच भेद हैं—प्रशंसा, निन्दा, कल्पिता, सदृशी और किंचित् सदृशी। भरत ने इनके लक्षण न देकर उदाहरण ही प्रस्तुत किए हैं। भरत ने उदारतापूर्वक यह भी कहा है कि जिन भेदों का विवेचन नहीं किया गया है, उनको काव्य और लोक से स्वयं ही ग्रहण कर लेना चाहिए (ये शेषा लक्षणे नोक्तास्ते ग्राह्या: काव्यालोकत:' (16/56) नाट्यशास्त्र में उपमावाचक शब्दों पर विचार नहीं किया गया और न उपमा के भेदों पर विचार करते समय वाचकों का महत्त्व निर्धारित किया

गया। केवल तीन भेदों में 'इव' वाचक शब्द का प्रयोग है, पर शेष में उसका अभाव है।

रूपक अलंकार

भरत द्वारा विवेचित दूसरा अलंकार रूपक है। भरत उपमा और रूपक की आधारगत मुख्य विशेषताओं पर विचार करते हैं—

उपमा	रूपक
सादृश्य	औपम्य
गुणाकृति का सादृश्य	गुण (रूपनिर्वर्णन 16/57 अर्थात् रूपक में
आकृति का सादृश्य	आकृति सादृश्य न होते हुए भी प्रस्तुत अप्रस्तुत में रूपाभेद की कल्पना)।

भरत के 'नाट्यशास्त्र' में अलंकार-शास्त्र के तत्त्वों का विवेचन गौण रूप से मिलता है, प्रधान नहीं। भरत के अनुसार अभिनय चार प्रकार के होते हैं, जिनमें वाचिक अभिनय के प्रसंग में अलंकार शास्त्र का सन्निवेश किया है, अलंकार वहाँ नाट्य की पूर्णता का साधन है। नाट्य की पूर्णता से भरत का तात्पर्य निश्चय ही रस-निष्पत्ति जनित आनन्द से होना चाहिए। 'नाट्यशास्त्र' में केवल चार ही अलंकारों का उल्लेख मिलता है, जिनमें एक शब्दालंकार और तीन अर्थालंकारों की गणना है।

भरत के अनुसार काव्य-रचनाओं में जो भी सादृश्य से उपमित किया जाए, वह उपमा है। यह गुण और आकृति पर आश्रित होती है। एक की एक से उपमा करनी चाहिए अथवा अनेक से एक की अथवा एक से अनेक की तथा बहुतों की बहुतों से उपमा करनी चाहिए। तेरा मुख चन्द्र के तुल्य है—यह एक से एक की उपमा है, बहुतों से एक की उपमा नाटक में होती है। आगे भरत ने नक्षत्र और चन्द्रमा में एक की अनेक विषय, उपमा की तथा श्येन मोर आदि पक्षियों के समान नेत्र में एक की बहुतों से उपमा, मुख और चन्द्र को एक से एक के बहुतों से उपमा, मुख और चन्द्र को एक से एक के सम्बन्ध पर आश्रित और बादलों की तरह है—जहाँ बहुतों की बहुतों से उपमा माना है।

औपम्य अन्य अलंकारों में भी होता है। उपमा अलंकार के रूप में जो उसका विशेष ढाँचा है, उसका स्पष्ट निर्देश भरत के नाट्यशास्त्र में नहीं है। अतः इस परिभाषा के अन्तर्गत दूसरे सादृश्यमूलक अलंकार भी आ सकते हैं।

नाट्यशास्त्र के अनुसार, समान गुणाकृति के आधार पर सादृश्य मात्र ही उपमा है। आकृति का अभिप्राय स्पष्ट ही है, किन्तु गुण में क्रिया आदि सारे व्यापार आ जाते हैं। आकृति का अभिप्राय स्थूल सादृश्य से है और गुण का सूक्ष्म सादृश्य से। भरत ने केवल स्थूल सादृश्य को उपमा का आधार नहीं माना। गुणात्मकता का संयोजन कर देने से उपमेय और उपमान का सादृश्य-प्रतिपादन पूर्णरूपेण हो जाता है। केवल स्थूल सादृश्य कभी-कभी हीनत्व दोष का कारण बन जाया करता है। स्थूल और सूक्ष्म अर्थात् आकृति और गुण, दोनों के संयोग से सादृश्य में अधिक चारुता, स्वाभाविकता और विश्वसनीयता आ जाती है। आकृति भी यथार्थ में गुण ही है। इसलिए भरत ने आगे चलकर 'औपम्यं गुणाश्रयम्' को उपमा मान लिया है। इससे स्पष्ट है कि सादृश्य के आधार मात्र को गुण

कहा जा सकता है—भले ही वह रूपाकृति हो, गुण हो या क्रिया-व्यापार हो।

भरत ने एक श्लोक में रूपक का विवेचन किया है और दूसरे श्लोक में रूपक के आधार रूप का। यह रूप औपम्य पर आधारित होता है न कि उपमा की तरह सादृश्य पर।

दीपक अलंकार

भरत की दृष्टि में एक वाक्य के द्वारा नानाधिकरणार्थों के द्योतक शब्दों का संयोग दीपक अलंकार है। इस लक्षण की विशेषता है—एक वाक्य से संयोग। भरत दीपक के भेद नहीं गिनाते, वे उदाहरण से ही इसे स्पष्ट करते हैं।[48]

यमक अलंकार

अन्त में भरत यमक अलंकार का विस्तारपूर्वक वर्णन करते हैं। 'यमक' का लक्षण भी उदार है—'शब्दाभ्यासस्तु यमकम्।' यह कहकर भरत यमक में मानो सभी अनुप्रासों को समेट लेना चाहते हैं। उन्होंने यमक के दस भेद बताए हैं—पादान्त, कांचीय, समुद्ग, विक्रान्त, चक्रवाल, सन्दष्ट, पादादि, आम्रेडित, चतुर्व्यवसित तथा माला। यमक के ये भेद अक्षर-समता, चरण-समता और व्यंजन-समता पर आधारित हैं। माला यमक व्यंजन-समता के अन्तर्गत है। भरत शब्दाभ्यास या शब्दों की पुनरावृत्ति को यमक अलंकार मानते हैं।

भरत ने यमक अलंकार का विस्तारपूर्वक विवेचन करते हुए शब्दालंकार के विवेचन का सूत्रपात कर दिया। उनका मानना है कि काव्य नाटक के वाक्य-विन्यास में नाद-सौंदर्य के लिए कभी पाद का आरम्भ, कभी अन्त और कभी चारों पादों की आवृत्ति होने पर यमक अलंकार होता है (नाट्यशास्त्र, 16/59-86)। भामह ने इनका परस्पर अन्तर्भाव करके यमक के केवल पाँच रूप स्वीकार किए। भरत के भेद-विवेचन ने अन्य आचार्यों को भी प्रेरित किया। प्राचीन आचार्यों में केवल उद्भट ने यमक को स्वीकार नहीं किया। यद्यपि यमक कवियों का प्रिय विषय रहा और चमत्कार-प्रियता की दृष्टि से लोकप्रिय बना रहा। 'वाल्मीकि रामायण' और कालिदास के 'रघुवंश' के नवम सर्ग में यमक की छटा दिखाई देती है। यद्यपि आनन्दवर्धन यमक के बहिरंग सौंदर्य को रसोपकारक नहीं मानते। आचार्य मम्मट तो यमक को इक्षुदंड की ग्रंथी की तरह रसानुभूति का विच्छेदक तत्त्व मानते हैं (काव्यप्रकाश, पृ. 504 तथा ध्वन्यालोक 2/15)। स्पष्ट है कि ध्वनि के बढ़ते प्रभाव से शब्दालंकारों का महत्त्व भी कम होता गया।

काव्य-प्रयोजन

भरत के 'नाट्यशास्त्र' में काव्यशास्त्रीय पक्षों के विचार के क्रम में काव्य-प्रयोजनों पर भी विचार हुआ है। प्रयोजनों की दृष्टि से काव्य (नाट्य) धर्म, यश और आयु का साधक, हितकारक, बुद्धिवर्धक तथा लोकोपदेशक होता है।[49] भरत की इसी कारिका का प्रभाव भामह द्वारा प्रस्तुत काव्य-प्रयोजनों पर देखा जा सकता है। काव्य-प्रयोजन पर विचार करते हुए भामह ने भी कहा कि सत्काव्य का निर्माण धर्म, अर्थ, काम, मोक्ष एवं कलाओं में निपुणता, आनन्द तथा यश प्रदान करता है। यह बात ध्यान में रखने की है कि काव्य के प्रयोजन के रूप में चतुर्वर्ग अर्थात् धर्म, अर्थ, काम, मोक्ष का उल्लेख

करनेवाले तथा आनन्द का समावेश करनेवाले प्रथम आचार्य भामह ही हैं, लेकिन उनके पूर्व भरत के द्वारा ही काव्य (नाट्य) प्रयोजनों की विस्तृत चर्चा हुई।[50] भरत के प्रयोजन-विचार में आनन्द रूप प्रयोजन का नहीं होना आश्चर्यकर प्रतीत होता है। उन्होंने अन्य गौण प्रयोजन गिनाए, पर आनन्द की चर्चा नहीं की, जिसकी क्षतिपूर्ति भामह द्वारा हुई।[51]

भरत का गुण-निरूपण

भरत ने अपने 'नाट्यशास्त्र' में दस काव्यगुणों का उल्लेख किया है। वे दस काव्य-दोषों के वर्णन के बाद उसके विपर्यय को काव्यगुण कहते हैं। अभिनवगुप्त की दृष्टि में विपर्यय का अर्थ अभाव या विघात है। अत: भरत दोष के अभाव को गुण मानते हैं। भरत द्वारा कथित गुण हैं—(1) श्लेष (2) प्रसाद (3) समता (4) समाधि (5) माधुर्य (6) ओज (7) पदसौकुमार्य (8) अभिव्यक्ति (9) उदात्तता तथा (10) कान्ति।

भरत द्वारा विवेचित गुणों की तीन विशेषताएँ हैं—

(1) गुण काव्य या शब्दार्थ की शोभावृद्धि करनेवाले तत्त्व हैं।

(2) गुण एवं अलंकार अलग होते हुए भी समान महत्त्व के हैं।

(3) रस के अनुकूल प्रयोग के कारण ही गुण काव्य की शोभा बढ़ाते हैं।

भरत के प्रत्येक गुण को उनके हर दोष का विपरीत अर्थवाला नहीं कहा जा सकता। डॉ. नगेन्द्र[52] ने भरत के गुण को दोष का वैपरीत्य ही माना है, किन्तु यह वैपरीत्य सामान्य है, विशिष्ट नहीं। भरत के ये नाट्यगुण नाट्याश्रित दस दोषों के विपर्यय हैं।[53] अभिनवगुप्त ने केवल माधुर्य और औदार्य गुण में दोषों का अभाव माना है। आगे चलकर आचार्य वामन ने भरत के दस गुणों को स्वीकार किया और मौलिक रूप से शब्दगत और अर्थगत भेद से गुण के बीस भेद स्वीकार किए। अभिनवगुप्त ने भी भरत के गुण लक्षणों की व्याख्या वामन के अनुसार की है।

प्रसाद गुण : भरत के अनुसार प्रसाद गुण वहाँ होता है जहाँ शब्दों का ऐसा प्रयोग हो, जिससे नहीं कह गए अर्थ की भी प्रतीति सहृदयों को होने लगे। ऐसा सुयोग शब्द और अर्थ के संयोग से सम्भव होता है। हेमचन्द्र के 'काव्यानुशासन' में इस गुण के लक्षण की व्याख्या हुई है। वामन ने बन्ध की शिथिलता को शब्द-गुण प्रसाद माना है। अभिनव गुप्त भी इससे सहमत दिखाई देते हैं। वे अर्थ की विमलता को प्रसाद गुण मानते हैं।

माधुर्य-गुण : माधुर्य-गुण की विशेषता अनुद्विग्नता है। भरत की दृष्टि में माधुर्य-गुण वहाँ होता है जहाँ वाक्य बार-बार सुने जाने पर या बार-बार उच्चारण किए जाने पर भी मन को उद्विग्न नहीं करता। भरतमुनि माधुर्य को शब्द-गुण ही मानते हैं। वे मधुर या कोमलकान्त पदावली की योजना को महत्त्व देते हैं।

ओज गुण : भरत के अनुसार जिस रचना में बहुत से विचित्र एवं समस्त पदों का प्रयोग हो और उदार पदों की योजना हो, वहाँ ओज-गुण होता है। यह अर्थ गुण ओज विस्तारात्मक होता है।

समता-गुण : 'नाट्यशास्त्र' के एक पाठ के अनुसार समता गुण में चूर्ण पद नहीं होते और कठिन पदों का अभाव होता है। चूर्णपद में अनिबद्ध-पद होते हैं, अक्षर भी नियत नहीं होते। ओज की भाषा में वे अतुकान्त होते हैं। उनमें दीर्घ समास नहीं होते।

इसको स्पष्ट करते हुए अभिनव गुप्त कहते हैं कि शब्दों के समत्व में ही समता गुण होता है। दूसरे पाठ के अनुसार गुण और अलंकार—दोनों एक-दूसरे को आभूषित करते हैं।

भरत द्वारा प्रतिपादित अर्थ-गुण

अर्थ व्यक्ति : अर्थ व्यक्ति गुण में लोक प्रसिद्ध अर्थ का स्पष्ट वर्णन होता है। सुप्रसिद्ध धातु के प्रयोग से लोक के वस्तु स्वभाव को यथारूप वर्णन अर्थव्यक्ति गुण है। अभिनव गुप्त इसे शब्द और अर्थ, दोनों का गुण मानते हैं। वामन भी मानते हैं कि अर्थ व्यक्ति में अर्थ को तुरन्त व्यक्त कर देनेवाले शब्दों का प्रयोग आवश्यक होता है। (अर्थ व्यक्ति हेतु समर्थ व्यक्तिः—वामन काव्यालंकार, 3/24)। मम्मट इस अर्थव्यक्ति गुण को स्वभावोक्ति अलंकार में अन्तर्भुक्त करते हैं (काव्यप्रकाश, 8, पृ. 195)। आचार्य विश्वनाथ इस गुण को प्रसाद गुण में ले लेते हैं (साहित्यदर्पण, परिच्छेद 8)। नाट्यशास्त्र के दूसरे पाठ की परिभाषा के अनुसार अर्थ-व्यक्ति गुण में एक अर्थ के बोध से अन्य प्रयोग की कल्पना मन में कर ली जाती है (मनसा परिकल्प्यते—अभिनव भारती, 16, पृ. 109)।

उदारता गुण : भाव वर्णन से सम्बद्ध होने के कारण भरत का उदारता गुण एक व्यापक धारणा वाला गुण है। इसमें लोकोत्तर भाव वाले शृंगार और अद्‌भुत रसों से युक्त अनेक भावों का वर्णन होता है। वहाँ मानवीय भाव भी दिव्य रूप ले लेते हैं। इसमें अर्थ-गुण की कान्ति निखरती है। भरत उदारता में रस और भाव पर जोर देते हैं। वामन ने तो रस गुण कान्ति में रस को समेट लिया है। वामन तो इसे 'शब्दों का नृत्य' कह देते हैं। अभिनव गुप्त ने उदारता के लक्षण में अद्‌भुत का अर्थ वैचित्र्यपूर्ण 'शब्द योजना' लगाया है और वामन के शब्द-नृत्य को वे सहमति प्रदान करते दिखाई देते हैं (पिंडी बन्धननृत्त सादृश्येन—अभिनव भारती पृ. 342-43) उदार गुण में अनेकार्थ विशेषण, सौष्ठवपूर्ण सूत्र तथा विचित्र अर्थों का योग रहता है।

समाधि गुण : इसमें अर्थ में अपूर्वता का बोध होता है। इस विशेषता के कारण इसे 'समाधि गुण' कहा गया है। प्रतिभाशाली व्यक्ति को वहाँ कोई अपूर्व अर्थ दिखाई देता है। वामन ने भी अवहित चित्त में ही अर्थ-दर्शन सम्भव माना है। (काव्यालंकार सूत्र वृत्ति, पृ. 150) अभिनव समाहित मन के वैशिष्ट्य का निरूपण करते हैं। 'नाट्यशास्त्र' के काशी संस्करण में कहा गया है कि उपमा आदि अलंकारों की योजना से यत्नपूर्वक प्राप्त अर्थ का संक्षेप में जहाँ वर्णन होता है, वहाँ समाधि गुण होता है।

शब्दार्थगत गुण

सौकुमार्य : सौकुमार्य गुण में सुख से प्रयुक्त शब्दों की योजना होती है, सुग्रथित सन्धियाँ एवं सुकुमार अर्थ की प्रधानता होती है। इसमें कठोर पदों का त्याग और सुकुमार अर्थों का प्रयोग होता है। इसमें शब्द और अर्थ, दोनों की प्रधानता होती है। अतः यह सौकुमार्य शब्दार्थ युगलगत गुण है। हेमचन्द्र कहते हैं कि सुखद शब्द और अर्थ को भरत सुकुमार गुण मानते हैं (सुख शब्दार्थ सुकुमारमिति भरतः—काव्यानुशासन, पृ. 237)। डॉ. राघवन भोजाज शृंगार प्रकाश, पृ. 275 में अनुमान लगाते हैं कि सुकुमार अर्थ संयुक्त से भरत का तात्पर्य सम्भवतः कैशिकी वृत्तिवाले नाटक से है।" डॉ. राघवन इसे वृत्ति से भी

जोड़ देते हैं। अभिनव गुप्त सौकुमार्य में अमंगल व्यंजक और अश्लील दोष का अभाव मानते हैं। यही बात विश्वनाथ भी अपने 'साहित्य दर्पण' में दुहराते हैं (साहित्य दर्पण, 8, पृ. 548), किन्तु किसी भी आचार्य ने डॉ. राघवन की कैशिकी वृत्तिवाले अनुमान का समर्थन नहीं किया है।

कान्ति गुण : कान्ति गुण वहाँ होता है जहाँ काव्य वर्णन मन और कर्णेन्द्रिय को आनन्दित कर दे और जो लीला, चेष्टा आदि अलंकारों के अर्थ से युक्त हो, वहाँ कान्तिगुण होता है। हेमचन्द्र ने 'काव्यानुशासन' में लीला को नायिका की विशेष चेष्टा माना है जिसका प्रयोग श्रृंगार भाव में होता है। लीला आदि चेष्टा अलंकार से रमणीय काव्य का जो अर्थ मन को आह्लादित करे, वह कान्ति गुण से सम्पन्न होता है। इसे ही अन्य आचार्यों ने दीप्त रसत्व कहा है (अभिनव भारती, पृ. 343)। वामन ने अर्थ-कान्ति को दीप्त रसत्व कहा है। (काव्यालंकार सूत्र वृत्ति 3, 2, 15)। अभिनव इसे माधुर्य गुण से जोड़ते हैं (लोके मधुरमिति प्रसिद्ध्यम्)।

श्लेष गुण : एक परिभाषा यह है कि श्लेष लक्षण के अनुसार कवि के अभीष्ट अर्थ से परस्पर सम्बद्ध पदों की श्लिष्टता को श्लेष कहा जाता है। (नाट्य-शास्त्र, 16, 98)। दूसरी परिभाषा में कहा गया है कि जो प्रत्यक्षतः स्फुट जान पड़ता है, पर वस्तुतः गहन विचारों से युक्त होता है, उसे ही श्लिष्ट कहा जाता है (वही, 16/99) हेमचन्द्र द्वारा स्वभाव से स्फुट, किन्तु गहन विचारवाली वाणी श्लिष्ट कही गई है (काव्यानुशासन, पृ. 235)। भोज के चौबीस गुणों में भरत के दस गुण भी गृहीत हैं।

भरत काव्य में गुण का स्थान निर्धारण नहीं करते। उन्होंने उदारता जैसे गुणों के व्यापक स्वरूप की कल्पना की है और उसे रस और भाव तक पहुँचाया है।

डॉ. राघवन की दृष्टि में भरत के इन गुणों में से कुछ का सम्बन्ध नाटक से है जो उनमें प्रयुक्त 'प्रयोग' शब्द से स्पष्ट है। उन्होंने गुण की कोई सामान्य परिभाषा नहीं दी। दोष-विवेचन के बाद उनके विपर्यय को गुण कह दिया गया।

भरत नाटक में कठोर पदों के प्रयोग को आवश्यक नहीं मानते थे। उन्होंने नाटक में मधुर शब्द के प्रयोग पर बल दिया। एक स्थान पर भरत ने कहा है कि 'चेक्रीडित' आदि शब्द से होनेवाली रचना कमंडलुधारी द्विज के साथ रहनेवाली वेश्या की तरह असुन्दर लगती है। मसृण प्रयोग में उदार, मधुर, ललित, मृदु, शब्द का प्रयोग ही स्वीकार्य है।

भरत की दोष-धारणा

आदिम युग से ही आर्यभाषा में घृणा या निन्दा की सहज अभिव्यक्ति के लिए 'दुः' शब्द ऋग्वैदिक भाषा में उपसर्ग बनकर अनेक शब्दों की व्युत्पत्ति करता दिखाई देता है। वैदिक अभिव्यक्ति में दोष-धारणा के आरम्भिक रूप के परिचायक दैहिक विकारों के उल्लेख के साथ विकसित सौंदर्य-भावना में क्षोभ उत्पन्न करनेवाली कुरूपताओं की प्रतिक्रिया के उदाहरण भी वहाँ प्राप्त होते हैं। 'ऋग्वेद' में 'दुरुक्त' एवं 'दुष्टुतिः' जैसे शब्द भी मिलते हैं। विकृति के अर्थ में 'ऋग्वेद' में 'दूषण' शब्द का प्रयोग मिलता है, पर इसमें प्रयुक्त अधिकांश दोषों का अर्थ नाश करना, मारना या बाधित करना है। ब्राह्मण ग्रंथों में

वाग्दोष में 'दुष्प्रज्ञानम्' अर्थात् कठिनता से समझने योग्य शब्द मिलते हैं। 'महाभारत' के सुलभा-जनक संवाद में अट्ठारह दोषों का वर्णन हुआ है, जिनमें कई काव्य-दोषों में भी परिगणित हैं। 'महाभारत' के अट्ठारह दोषों में कष्ट शब्द 'गर्वक्षर' आदि दोष सौंदर्यबोध से भी संबद्ध माने जा सकते हैं। स्पष्ट है कि काव्य-दोष आरम्भिक काल में काव्यशास्त्रेतर ग्रंथों से भी जीवनी-शक्ति प्राप्त करता रहा है।

भरत के समय तक दस गुणों की तरह दोषों की संख्या भी दस करके दोष में विचार स्वरूपों को एक में ही लाने की चेष्टा की गई।

आगे चलकर भामह ने मेधावी को सात उपमा दोषों को प्रतिपादित करने का श्रेय प्रदान किया है। 'विष्णुधर्मोत्तर पुराण' में वर्णित दस दोष नाट्यशास्त्र के दस दोषों से भिन्न नाम रखते हैं, पर स्वरूप की दृष्टि से उनमें चार ही भिन्न हैं।

भरत के नाट्यशास्त्र के सोलहवें अध्याय में दस काव्य-दोष माने गए हैं। वे हैं—(1) गूढ़ार्थ (2) अर्थान्तर (3) अर्थहीन (4) भिन्नार्थ (5) एकार्थ (6) अभिलुप्तार्थ (7) न्यायादपेत (8) विषय (9) विसन्धि (10) शब्दच्युत।

इन दोषों के लक्षण पर्याप्त स्पष्ट नहीं हैं, उनकी परिभाषा और उनके उदाहरण भी नहीं हैं। परवर्ती काव्यशास्त्रीय ग्रंथों में भी न तो उक्त सभी दोष लिए गए हैं और जो लिए भी गए हैं, उनके लक्षण भिन्न हैं। इसलिए परवर्ती काव्यशास्त्रीय ग्रंथों से उनकी व्याख्या में सहायता नहीं मिलती। भरत के 'नाट्यशास्त्र' का रचनाकाल विक्रम पूर्व द्वितीय शतक से तृतीय शतक विक्रमी तक माना जाता है। (पं. बलदेव उपाध्याय, भारतीय साहित्यशास्त्र, पृ. 33) तो अभिनव गुप्त का काल दशम शताब्दी का अन्त तथा एकादश शताब्दी का आरम्भ काल है (वही, पृ. 76)। अभिनव गुप्त ने अपनी 'अभिनव भारती' में जो दोष-चर्चा की है, उसमें तत्कालीन दोष-मान्यताओं के मिश्रण की सम्भावना से इन्कार नहीं किया जा सकता।

उपर्युक्त दस दोषों के अतिरिक्त नाट्य-शास्त्र के सत्ताईसवें अध्याय (काव्यमाला संस्करण) में नाट्य सिद्धियों के प्रसंग में कुछ दोषों का उल्लेख मिलता है। वे हैं—(1) पुनरुक्त (2) असमास (3) विभक्ति भेद (4) विसन्धि (5) अपार्थ (6) त्रिलिंगज (7) प्रत्यक्ष परोक्ष सम्मोह (8) छन्दोवृत्तत्याग (9) गुरुलाघव संकर तथा (10) यतिभेद। किन्तु ये सभी दोष 'नाट्यशास्त्र' के आरम्भिक वर्णित दस दोषों में अन्तर्भुक्त किए जा सकते हैं। सम्भव है, ये नए दोष परवर्ती संयोजन के प्रयत्न हों।

'नाट्यशास्त्र' में दोष के प्रकारों की चर्चा हुई है, पर दोष की सामान्य परिभाषा का उल्लेख नहीं मिलता। भरत गुण-प्रतिपादन से पहले दोष-विपर्यय के रूप में परिभाषा करते हैं। 'नाट्यशास्त्र' में गुण या दोष में से किसी का विशेष रूप से लक्षण-निरूपण नहीं मिलता। गुण-दोष के विपर्यय का सम्बन्ध भरत से पूर्व कौटिल्य के अर्थशास्त्र में भी मिलता है। वहाँ कहा गया है कि गुणों के विपयर्य को 'सम्प्लव' कहा गया है। 'नाट्यशास्त्र' के 27वें अध्याय (27/31) में वर्णित दोषों को 'घातस्थानानि काव्यस्य' कहा गया है—यहाँ दोष का स्वरूप कुछ स्पष्ट हुआ है। 'विष्णुधर्मोत्तर पुराण' (तृतीय खंड, 15/15) में अश्लील बंध दोष के बारे में कहा गया है कि ऐसा काव्य सुखद नहीं, उद्वेगजनक होता है।

नाट्यशास्त्र के सोलहवें अध्याय में दस काव्य-दोषों की गणना हुई है—गूढ़ार्थ, अर्थान्तर, अर्थहीन, भिन्नार्थ, एकार्थ, अभिलुप्तार्थ, न्यायादपेत, विषय, विसन्धि और शब्दच्युत। इन दोषों के न तो लक्षण स्पष्ट हैं, न इनके विवेचन और उदाहरण प्राप्त हैं। 'नाट्यशास्त्र' में 'गूढ़ार्थ दोष' का लक्षण मिलता है कि जो पर्याय शब्दों से जाना जाए—'पर्याय शब्दभिहितं गूढ़ार्थमिमभिसंज्ञितम्'—नाट्यशास्त्र, 16/85। यह गूढ़ार्थ दोष वहाँ माना जाए जहाँ किसी वस्तु के प्रचलित नाम को छोड़कर अप्रचलित पर्याय दिया जाए, जैसे 'हिरण्याक्ष' के लिए 'कनकलोचन या 'दशरथ' के लिए 'अधिकनव विमान' जैसे प्रयोग। अभिनव गुप्त ऐसे मनचाहे शब्दों को पर्याय के रूप में स्वीकार नहीं करते। (अभिनव भारती, पृ. 331)।

वृत्ति-विचार

भरत ने नाट्य के प्रसंग में वृत्तयो नाट्यमातर: कहकर वृत्तियों को अभिनय की जननी का रूपक दिया है। अभिनवगुप्त पुरुषार्थ साधक व्यापार को वृत्ति मानते हैं। भरत ने 'नाट्यशास्त्र' (नाट्य, 22) में प्रलय के बाद मधु कैटभ नामक दैत्यों से विष्णु के युद्ध के प्रसंग में विष्णु की चेष्टाओं से चार प्रकार की नाट्यवृत्तियों—भारती, सात्वती, कैशिकी और आरभटी की कल्पना की। युद्ध में विष्णु का पद-संचालन भारती वृत्ति के रूप में, ओजस्वी और वीर रसोचित चेष्टाएँ सात्वती वृत्ति के रूप में, ललित लीलाओं और आंगिक अभिनय के साथ शिखा का सूत्र बन्धन कैशिकी वृत्ति और आवेगयुक्त युद्ध चेष्टाएँ आरभटी वृत्ति के रूप में प्रकट हुईं। इसी प्रकार 'ऋग्वेद' का सम्बन्ध भारती, 'यजुर्वेद' का सात्वती, 'सामवेद' का कैशिकी से और 'अथर्ववेद' का आरभटी से जोड़कर उद्भव की परिकल्पना की गई।

काव्यशास्त्रीय ग्रंथों में वृत्तियों की चर्चा मिलती है। आनन्दवर्द्धन और अभिनवगुप्त ने वृत्तियों के दो रूप माने हैं—अर्थवृत्ति और काव्यवृत्ति। यों तो शंकराचार्य ने भी कई उपनिषदों की व्याख्याओं को वृत्ति कहा है, पर आगे चलकर उन्हें भाष्य कहा गया। भरत ने वृत्ति को काव्य की माता घोषित किया—

'सर्वेषामेव काव्यानां वृत्तयौमातृका: स्मृता:। वृत्तियों को व्यवहार का सूचक माना गया। भरत की वृत्तियों में शारीरिक और मानसिक चेष्टाएँ ली गईं, किन्तु आनन्दवर्द्धन और अभिनव गुप्त ने नाट्यवृत्तियों को अर्थवृत्तियों के रूप में स्वीकार किया। काव्यशास्त्र की दृष्टि से ये तीन काव्यवृत्तियाँ महत्त्वपूर्ण मानी गईं।

आगे चलकर मम्मट और जगन्नाथ ने इन्हें रीतियों के अन्तर्गत ग्रहण किया। वामन भी इन्हें रीति का अंग मानते हैं। रुद्रट ने वृत्ति का आधार समासयुक्त पद-संघटना को माना था। वृत्ति के प्रथम वर्ग को उन्होंने समस्ता और दूसरे को असमस्ता नाम दिया। यह असमस्ता वैदर्भी रीति है और समस्तावृत्ति पांचाली, लाटी और गौड़ीया। वर्णों के प्रयोग और उनके कुशल संयोजन से भोज ने अपने 'सरस्वती कंठाभरण' में वृत्ति को काव्यव्यापी सन्दर्भ के रूप में स्वीकार किया। उनकी 12 वृत्तियाँ काव्यभाषा के विविध रूपों को व्यक्त करती हैं—गम्भीरा, ओजस्विनी, प्रौढ़ा, मधुरा, निष्ठुरा, श्लथा, कठोरा, कोमला, मिश्रा, परुषा, ललिता और अमिता। काव्य-भाषा के ये तेवर विविध प्रकार के

नायिका भेदों की तरह रोचक प्रतीत होते हैं। मूलत: ये वृत्तियाँ मधुरता को व्यक्त करने वाली टवर्ग रहित उपनागरिका वृत्ति है, जिसका प्रयोग शृंगार, हास्य और करुण रस में होता है तथा परुषावृत्ति के रूप में ओज-गुण और संयुक्त वर्णों के द्वारा वीर, रौद्र या भयानक रसों का सृजन करती हैं। इसी प्रकार कोमलावृत्ति में प्रसादगुण होता है, जिसका प्रयोग शान्त, शृंगार और अद्‌भुत रसों में होता है।

'नाट्यशास्त्र' में नाट्य के प्रयोग से अलग-अलग प्रदेशों के अनुसार आवन्ती, दाक्षिणात्या, पांचाली, औड्रमागधी आदि प्रवृत्तियों का वर्णन किया है (नाट्य शास्त्र, 14. 36-49)। उन्हीं की तरह भामह, दंडी ने अनेक प्रदेशों से सम्बन्धित काव्य-रीतियों की चर्चा की है। इसे शैली के रूप में ग्रहण किया गया है। वामन ने वैदर्भी, गौड़ी और पांचाली के रूप में इसका विवेचन किया है। रुद्रट जैसे आचार्यों ने इसके लाटी नामक भेद पर विचार किया है।

'नाट्यशास्त्र' में वृत्तियों के साथ प्रवृत्तियों का भी विवेचन हुआ है। इसमें विभिन्न प्रदेशों की प्रचलित वेशभूषा, भाषा और आचार एवं प्रथाओं का महत्त्व होता है। भरत ने आवंती, दाक्षिणात्या आदि चार प्रकार की प्रवृत्तियाँ गिनाई हैं। नाट्यशास्त्र मानता है कि विविध प्रदेशों में उनकी प्रवृत्ति के अनुसार ही किया गया अभिनय सफल होता है।

जहाँ तक वृत्तियों का सम्बन्ध है, भरत उन्हें नायक-नायिका एवं अन्य पात्रों के वाचिक, कायिक और मानसिक व्यापारों से संबद्ध मानते हैं—"ये चेष्टाएँ ही रस का उद्‌बोधन करती हैं। अत: भरत ने वृत्तियों की सन्दर्भ में उनही रसानुकूलता का भी विचार किया है। भरत की दृष्टि से कैशिकी सुकुमार वृत्ति होती है। इसमें हास्य और शृंगार की बहुलता होती है। सात्वती में वीर और अद्‌भुत रसों की प्रमुखता होती है। रौद्र और अद्‌भुत में आरभटी तथा वीभत्स, करुण में भारती की प्रधानता होती है। कोहल ने तो करुण रस में भी कैशिकी वृत्ति की प्रधानता मानी है। स्वयं भरत ने वृत्तियों के उपसंहार के रूप में यह स्पष्ट रूप से प्रतिपादित किया है कि कोई काव्य नाट्य-प्रयोग के क्रम में एक-रसज नहीं होता। उसमें विभिन्न भावों, रसों, वृत्तियों और प्रवृत्तियों का योग होता है, शेष संचारी होते है। वृत्तियों की भी यही दशा है। उनका निर्धारण भी प्रधानता के अनुसार होता है (नाट्यशास्त्र—20/74)।"[54]

भरत का भाव-विवेचन

नाट्यशास्त्र के सप्तम अध्याय में भावों का विवेचन हुआ है। भरत की दृष्टि में जो भावित करे या जो भावित हो वह भाव है। यह भाव अपूर्ण या अपुष्ट रस का बोधक है और साथ ही व्यापक दृष्टि से मन के विकार का भी। ये भाव वाचिक, आंगिक और सात्विक अभिनय द्वारा काव्यार्थ रूप रस की भावना कराते हैं, अत: ये भाव ही अगर लोक में कहा जाए कि कोई पदार्थ किसी गंध से वासित है या भावित है तो इसका तात्पर्य होगा कि उस पदार्थ में गंध व्याप्त है। इसी प्रकार काव्यार्थ में भाव भी व्याप्त होकर उसे आस्वाद्य बना देता है। भरत ने भावों की संख्या 49 मानी जिनमें आठ स्थायीभाव, 33 व्यभिचारी भाव तथा आठ सात्विक भाव गिने गए। नाट्यशास्त्र में विभावों और अनुभावों की गणना भाव में नहीं की गई। यह भाव तो लोक स्वभाव की बाह्य दशाओं का अंग है।

विभाव

नाट्यशास्त्र विभाव को रस निष्पत्ति के लिए आवश्यक तत्त्व मानता है। परवर्ती विचारकों में विश्वनाथ ने सामाजिक के हृदय में रति, हास आदि को आस्वादन के योग्य बनाने में विभाव की भूमिका स्वीकार की है।[56] चूँकि विभाव के आश्रय से रस उत्पन्न होता है, अत: इन्हें 'कारण', 'हेतु' या 'निमित्त' कहा गया है।

ये विभाव भावों को जाग्रत भी करते हैं और उन्हें उद्दीप्त भी करते हैं। इस कारण इनके आलम्बन और उद्दीपन दो भेद कहे गए हैं। विभाव सहृदय के चित्त में स्थित रति आदि भावों को उद्दीप्त करते हैं। वाचिक तथा आंगिक अभिनयों के लिए भरत ने विभाव को 'विज्ञातार्थ' कहा है और वे विभावन व्यापार की व्याख्या भी करते हैं।[57] आचार्य विश्वनाथ ने काव्य में नायक-नायिका को आलम्बन कहा है, क्योंकि इन्हीं से सहृदयों के चित्त में रस-संचार होता है। जिस पर रस टिकता या आश्रित होता है उसे आलम्बन और जिसमें रस की उत्पत्ति होती है या जो रस का अनुभव करता है उसे आश्रय कहते हैं। अत: आलम्बन के भी दो भेद हैं—(1) आलम्बन और (2) आश्रय।

अनुभाव

नाट्यशास्त्र में अनुभाव उन्हें कहा गया है जिनसे वाचिकादि अभिनय अनुभावित होते हैं।[58] अनुभाव अभिनय की चेष्टाओं द्वारा दृश्य के भावों को रूप देते हैं। इन्हें चेष्टा या व्यापार भी कहा जा सकता है। जैसे शोक के समय आँखों से अश्रु का बहना अनुभाव है जो शोक के रहने तक बना रहता है। भरत रस की निष्पत्ति के लिए विभावादि के साथ इसका उल्लेख आवश्यक मानते हैं। (नाट्यशास्त्र, 63)

वे वाणी, अंग संचालन द्वारा व्यक्त अभिनय रूप भावना की अभिव्यंजना को अनुभाव कहते हैं (नाट्य शास्त्र-7/5) आगे चलकर विश्वनाथ ने भी भावों के वाह्य प्रकाशन के लिए उद्बुद्ध कारण माना है (साहित्य दर्पण, 3/132) इनकी संख्या तो निश्चित नहीं है पर अभिनय के चारों रूपों के साथ उनका रूप भी बदलता रहता है। इन्हें नायिका के अंगज, अयत्नज और स्वभाव रूप से भी जोड़ा गया है। रूपगोस्वामी आदि ने तो इसे अलंकार मान लिया है।

स्थायी भाव

भरत ने नाट्यशास्त्र के सप्तम अध्याय में भाव का अर्थ 'व्याप्ति' करते हुए कहा है, वे भाव इसलिए कहलाते हैं कि वचन, अंग भंगिमा एवं सात्विक भावों (स्तम्भ, स्वेद, रोमांच आदि) के अभिनय द्वारा वे काव्यार्थ का बोध कराते हैं। वे कवि के प्रतिपाद्य अर्थ को सामाजिकों या प्रेक्षकों तक पहुँचा देते हैं। भरत भाव को वहाँ कारण या साधन बताते हैं। कवि की भावगर्भित अनुभूति ही सामाजिक को रसबोध करा सकती है और सामाजिक को रसास्वादन करा सकती है। भाव रसोन्मीलन कराते हैं। भरत स्थायी भावों की संख्या आठ बताते हैं।[59] भरत के अनुसार भावों में सौभाग्य का गुण होता है, 'एभ्यश्च सामान्य गुण योगेन रसा: निष्पद्यंते।' ये स्थायीभाव ही रस के मूल उपादान कारण हैं,

जैसे परिजनों, पुरजनों से घिरे रहने पर भी राजा का महत्त्व सर्वाधिक होता है। उचित परिस्थिति में ये स्थायी भाव रस रूप में परिणत हो जाते हैं। हृदय में सदा विद्यमान रहने के कारण ही इन्हें स्थायी भाव कहा जाता है।

व्यभिचारी या संचारीभाव

भरत इसकी परिभाषा देते हुए कहते हैं कि रसों की ओर अभिमुख होकर उन रसों में जो विविध प्रकार से संचरणशील होते हैं, उन्हें व्यभिचारी भाव कहा जाता है। ये व्यभिचारी भाव अनुभावों से युक्त होकर स्थायी भाव को रस रूप में परिणत करते हैं जैसे निर्वेद, चिन्ता आदि व्यभिचारी शोक को रसत्व की ओर ले जाने में सहायक होते हैं। नाट्यशास्त्र में तैंतीस संचारी भावों का विवेचन हुआ है।

सात्विक भाव

भरत मानते हैं कि सत्व की उत्पत्ति समाहित मन से होती है अत: सात्विक भाव मन की एकाग्रता से निष्पन्न होते हैं। इसमें भाव की तल्लीनता आवश्यक होती है। सात्विक भाव स्वत: स्फुरित अंग-विकार होते हैं। भरत ने आठ सात्विक भावों का स्वतंत्र रूप से विवेचन किया है। वे सात्विक भाव हैं—स्वेद, स्तम्भ, रोमांच, स्वरभंग, कंप (वेपथु) वैवर्ण्य, अश्रु और प्रलय। आचार्य विश्वनाथ ने सत्व के उद्रेक से उत्पन्न मनोविकार को सात्विक भाव कहा है। (विकारा: सत्व संभूता: सात्विका: परिकीर्तिता:) (साहित्य दर्पण, 3/134)।

भरत की दृष्टि में ये सात्विक इसलिए है कि इनका अभिनय विशेष मनोवेगों से ही सम्भव है। असंतुलित या विक्षेपों से युक्त मन से इनका अभिनय नहीं किया जा सकता। ये सत्त्व स्वात्मविश्राम हैं जो विश्वनाथ की दृष्टि में मन की भीतरी क्रियाओं से उद्‌बुद्ध होते हैं, इसी कारण ये सात्विक भाव हैं।

सत्व भाव को ध्यान में रखते हुए नाट्यशास्त्र में बीस सात्विक अलंकारों की चर्चा हुई है। नायिका की सौंदर्य-वृद्धि में सहायक ये अलंकार अंगज, रूप में भाव, हाव, हेला तथा अयत्नज अलंकार हैं—शोभा, कान्ति, दीप्ति, माधुर्य, प्रगल्भता, औदार्य और धैर्य; स्वभावज अलंकार हैं—लीला, विलास, विच्छिति, विभ्रम, किलकिंचत्, मोट्टायित, कुट्टमित, बिब्बोक ललित और विहृत। इनमें से कई सात्विक अलंकारों को धनंजय आदि परवर्ती चिन्तकों ने ग्रहण किया है।

नाट्यशास्त्र से काव्यशास्त्र तक

काव्य-रूप की दृष्टि से नाटक अपनी रमणीयता के कारण अत्यन्त प्राचीन काल से महत्त्वपूर्ण रहा है। काव्य के दो भेदों के रूप में नाट्य, नाटक या रूपक को दृश्यकाव्य और काव्य को श्रव्य काव्य कहा गया है। पाश्चात्य साहित्य में यह रूपक 'ड्रामा' है। अरस्तू ने काव्य को जीवन की अनुकृति के रूप में स्वीकार किया है, इस अनुकृति को पुनरुत्पादन (reproduction) कहा गया है। भारतीय रूपकों को भी 'अवस्थानुकृतिर्नाट्यम्' कहा गया है।

दृश्य काव्य के भेद हैं—रूपक और उपरूपक। रूपक के दस भेद हैं—नाटक, प्रकरण, भाण, प्रहसन, व्यायोग, समवकार, डिम, वीथी, अंक और ईहामृग। उपरूपक के 18 भेद हैं—नाटिका, त्रोटका, गोष्ठी, सट्टक, नाट्यरासक, प्रस्थान, उल्लाप्य, काव्य, प्रेंखण, रासक, संलापक, श्रीगदित, शिल्पक, विलासिका, दुर्मल्लिका, प्रकरणी, हल्लीश और भाणिका। इनमें रूपक के भेद अधिक प्रचलित और ग्राह्य रहे हैं। रूपक के भेदों का उल्लेख करते हुए हेमचन्द्र (काव्यानुशासन, पृ. 329)—प्रपंचस्तु भरत-कोहलादि शास्त्रे भ्योऽवगंतव्य: जैसे नाट्य विशारदों ने कोहल को उपरूपक का प्रवर्त्तक माना है। मल्लिनाथ ने कुमार सम्भव के सातवें अध्याय के श्लोकों की टीका में ताल की व्यवस्था के क्रम में कोहल की परिभाषा उद्धृत की है। "कोहल को 'ताल लक्षण' नामक संगीत विषयक ग्रंथ का प्रणेता माना गया है जो कदाचित् परवर्ती काल का संग्रह ग्रंथ है।"[60] कोहल का एक ग्रंथ 'कोहलीय अभिनय शास्त्र' भी उपलब्ध है।

डॉ. सुशील कुमार डे का मानना है कि "ऐसा प्रतीत होता है कि 'काव्यशास्त्र' के ही समानधर्मा 'नाट्यशास्त्र' का उद्‌भव कुछ पहले हो चुका था और उसी शास्त्र से काव्य शास्त्र को एक आदर्श स्वरूप तथा अलंकार शास्त्र के महत्त्वपूर्ण रस-सिद्धान्त की प्राप्ति हुई। स्वयं भरत ने नाटकीय भाषा के आलंकारिक साधनों अर्थात् काव्यगुण और अलंकारों की चर्चा पूरे एक अध्याय में की है।[61]

भरत ने अपने 'नाट्यशास्त्र' द्वारा नाट्य विद्या एवं अभिनेताओं के सम्मान की भी रक्षा की। नाटक के उदात्त एवं उच्चतम लक्ष्य पर बल दिया, अश्लील व्यवहार, दृश्य एवं भाषा का निषेध किया। अभिनेताओं के सामने भी उच्च आध्यात्मिक आदर्श रखे गए और बताया गया कि यदि वे भक्तिपूर्वक स्वयं को कला के प्रति समर्पित करके दक्षता प्राप्त करते हैं तो यह मानव-समाज की बहुत बड़ी सेवा होगी और वे महान् पुण्य के भागी बनेंगे। डॉ. पी.वी. काणे का मत है कि "'नाट्यशास्त्र' जितना सर्वस्पर्शी तथा गम्भीर है, उसमें कला का जितना सूक्ष्म तथा व्यापक विवेचन है, उतना विश्व की अन्य भाषाओं के किसी एक ग्रंथ में शायद ही मिले। दु:ख की बात है कि 'नाट्यशास्त्र' के सामने उच्चतम लक्ष्य होने पर भी कुछ ही शताब्दियों में यह विद्या पुन: अपने स्तर से गिर गई, जैसा कि दामोदर गुप्त (आठवीं शताब्दी का उत्तरार्द्ध) कृत 'कुट्टनी मत' (श्लोक 881-928) से प्रकट होता है।[62] इस—'कुट्टनी मत' के रचयिता दामोदर गुप्त को कश्मीर के राजा जयापीड़ ने अपना मुख्यमंत्री बनाया था, ऐसा उल्लेख 'राजतरंगिणी' (4/496) में आया है।"[63]

यह तो स्पष्ट हो ही चुका है कि नाट्य एक सामाजिक विधा है। उसमें समाज के उत्कर्ष-अपकर्ष, समय-समय पर बदलते रीति-रिवाज, भाषिक प्रयोग, अभिव्यक्ति-मुद्राएँ एवं लोक-व्यवहार की संस्कृति का आकलन होता है। उसकी विशेषता यह होती है कि वह लोक जीवन की सभी अवस्थाओं का अनुकरण करता है। समाज की प्रत्यक्ष दिखाई देनेवाली व्यावहारिक क्रियाओं के साथ-साथ उसके अन्तर्वर्ती वैचारिक मनोभावों का भी लेखा-जोखा उसमें होता है। अभिनय की दृष्टि से अलग-अलग अंगों और प्रत्यंगों की सूक्ष्म-से-सूक्ष्म क्रियाओं का दिग्दर्शन कराया जाता है। इस अभिनय में मानव शरीर की सभी इन्द्रियाँ सहयोग करती हैं। केवल मुखमुद्रा ही नहीं, हाथ और पाँव भी समान रूप

से सहयोगी होते हैं। आँखें, पलकें, अश्रु के साथ-साथ सिर का चालन, उसके मोड़, मस्तक की रेखाएँ, अधरों का कम्पन, श्वास की गति, शब्दों का स्खलन, बोलते समय कंठावरोध आदि की तरह हाथों की मुद्राएँ और उन सबकी नृत्य-भांगिमाएँ नाटक में किसी कथन को साकार कर देती हैं। इसी प्रकार पात्र का उठना, बैठना, चलना, चलते-चलते रुकना या सहसा मुड़ना, झुकना—ये सारी क्रियाएँ अर्थभरी होती हैं।

वाचिक अभिनय के क्षेत्र में भावों में सर्वाधिक प्रेषणीयता होती है। शब्द-प्रयोग, भाषा-प्रयोग सात्विक भावों से मिलकर सहृदय के हृदय को मथ डालते हैं। भरत ने अपनी सूक्ष्म निरीक्षण की क्षमता से ऐसी ही अभिव्यक्तियों में रस और अलंकार की आवश्यकता समझी है। रंगमंच पर जो भी नाट्य होता है, उसका सीधा लक्ष्य प्रेक्षक और सामाजिक होता है। इसी प्रकार सात्विक अभिनय भावानुभूति को जगाने में समर्थ होता है। तभी तो दर्शक पात्र की नाट्य-क्रियाओं से रोता या हँसता है। एक प्रकार से रस की मधुमती भूमिका में द्रष्टा और दृश्य, दोनों एकाकार हो जाते हैं।

वाचिक अभिनय

भरत ने लक्षण, गुण, दोष और अलंकार को नाटक के मुख्य उद्देश्य रस-परिपाक के सहायक तत्त्वों के रूप में स्वीकार किया है। ये तत्त्व वाचिक अभिनय के अंग होते हैं। अध्याय 14 से 20 तक वाचिक अभिनय का विवेचन हुआ है। वाचिक अभिनय अनुभाव का एक महत्त्वपूर्ण अंग तथा रस निष्पत्ति में सहायक है। भरत के विवेचन का मुख्य विषय नाट्य अभिनय की व्याख्या है। नाटक के प्रसंग में ही उन्होंने रस-सम्बन्धी विचार व्यक्त किए हैं। डॉ. सुशील कुमार डे का कथन है कि "आरम्भ में रस-सिद्धान्त भी नाट्याश्रित था, काव्य पर उसका प्रयोग आगे चलकर हुआ।...अभिनव ने काव्य को 'लोकनाट्यधर्मिस्थानीय' लक्षित करते हुए ऐसा कहा है—"नाट्य एव रसः काव्ये च नाट्यायमान एव रसः काव्यार्थः।"

भरत का मानना है कि नाट्य प्रयोग प्रेक्षकों तक पहुँचाता है, इसलिए उसे अभिनय कहते हैं—'यस्मात् प्रयोगं नयति तस्मादभिनयः स्मृतः—806) यह अभिनय चार प्रकार का होता है—(1) आंगिक, (2) वाचिक, (3) आहार्य और (4) सात्विक।[71] अभिनय के प्रभाव से ही दर्शक या सामाजिक नाट्य के अर्थ को ग्रहण करके रस की अनुभूति करते हैं। अतः अभिनय नाट्य का एक प्रमुख पक्ष है।

भरत आहार्य अभिनय को कम महत्त्व नहीं देते। पात्रों की वेशभूषा से ही वातावरण की सर्जना होती है। राम और सीता का अभिनय करनेवाले पात्र तथा दुष्यन्त और शकुन्तला का रूप धारण करनेवाले कलाकारों की वेषभूषा जब भिन्न होगी, तभी दर्शक का चित्त उसके साथ एकाकार हो सकेगा। आहार्य अभिनय दृश्य को स्वाभाविक और विश्वसनीय बना देते हैं, साथ ही वे देश-काल का भी पता देते हैं क्योंकि उसी देश-काल के अनुसार पात्र भी भाषा का प्रयोग करते हैं।

नाट्य जनसाधारण की आनन्दोपलब्धि का विषय था उसमें पौराणिक और ऐतिहासिक चरित्रों के साथ-साथ कल्पित कथानक और पात्रों का भी सन्निवेश हुआ और नाटक इतिहास की बँधी-बँधाई लीक से हटकर प्रयोगधर्मा हो गया। उसमें नित्य

नए प्रयोग होते रहे। यही कारण है कि विद्वान् भरत के पहले भी एक सुचिन्तित नाट्य परम्परा की खोजबीन करते हैं और इस प्रयोग को आगे की कई शताब्दियों तक ले जाते हैं। सम्भवत: यह भी एक कारण है कि वे भरत का समय दूसरी शताब्दी से लेकर ईसा की पहली शताब्दी से आगे दूसरी-तीसरी शताब्दी तक मान लेते हैं। प्राय: तीन-चार सौ वर्षों के भीतर क्रमश: 'नाट्यशास्त्र' के पल्लवित होते रहने की कल्पना की जाती रही है। यह भी सम्भव है कि तत्कालीन राजाओं, रंगमंचों और शिष्ट विदग्ध सहृदयों के साथ-साथ सामान्य जन-साधारण की रुचि के कारण भी नाट्य-कला में जोड़-घटाव होते रहे हों, फिर भी इस कला को एक विकासमान और वर्द्धनशील कला के रूप में देखना अधिक युक्तिसंगत प्रतीत होता है।

अभिनय के माध्यम से भावों की अभिव्यक्ति नट व्यापार है। भरत मानते हैं कि अभिनय के द्वारा भावों और अवस्थाओं की अभिव्यक्ति लोकधर्मी[63] और नाट्यधर्मी इन दो प्रकार के नाट्यधर्मों द्वारा होता है। अभिनव दोनों का सम्बन्ध जन समुदाय से मानते हैं। उस समाज का स्वभाव उनकी वृत्तियों और प्रवृत्तियों से प्रकट होता है। नाट्य का अभिनय उस देश-समाज की लोकवृत्तियों से जुड़ा रहना चाहिए।[64]

भरत नाट्य का लक्षण करते हुए सुख-दु:ख समन्वित लोक स्वभाव को लोकधर्म मानते हैं। यह लोकधर्म जब लोकस्वभाव से संयुक्त होकर रसिक हृदय में संक्रान्त होता है तो वह नाट्य कहलाता है। यह अभिनय लोक स्वभाव अथवा औचित्य से युक्त होकर नाट्यधर्म बनता है।[65] लोकधर्मी में लोक प्रबल होता है और नाट्यधर्मी कविनिर्मित या नटनिर्मित रहता है। अभिनय का सम्बन्ध नाट्य धर्म से होता है। अभिनय में केवल शरीर की क्रियाएँ, हाव-भाव ही मुख्य नहीं हैं। भरत तो मानते हैं कि दृश्य, वातावरण, वेश, शरीर की चेष्टाएँ, बोलने का ढंग, स्तम्भ, स्वेद आदि सात्विक भाव—ये सभी अभिनय में मिलकर प्रकट होते हैं। अत: अपने व्यापक अर्थ में अभिनय नाट्यधर्मी होता है।[66]

आचार्य भरत ने अपने 'नाट्यशास्त्र' में वाचिक अभिनय हेतु भाषा-विधान को आवश्यक माना है। भरत का भाषा-विवेचन मुख्यत: स्थूल और गुणात्मक है। उन्होंने नाट्यशास्त्र में मुख्यत: चार भाषाओं के प्रचलन और प्रयोग की चर्चा की है—अतिभाषा, आर्यभाषा, जातिभाषा और योन्यन्तरी भाषा।[67] अतिभाषा में वैदिक शब्दों का बाहुल्य होता है। आर्यभाषा सम्मानित जनों की भाषा है क्योंकि वैदिक शब्द-बहुल भाषा के रूप में वे पूर्व ही अतिभाषा का संकेत कर चुके हैं। योन्यन्तरी भाषा पशु-पक्षियों की बोली की अनुकरणमूलक नाट्यभाषा होती है।

भरत संस्कृत, प्राकृत आदि भाषाओं के यथाक्रम प्रयोग पर बल देते हैं। उच्चवर्ग के पात्र संस्कृत का और निम्नवर्ग के पात्र प्राकृत का प्रयोग करें—भरत की भाषा विषयक यह धारणा मनोवैज्ञानिक है। इससे पात्र, देश-काल और परिस्थिति का वास्तविक बोध सम्भव हो पाता है। संस्कृत के अतिरिक्त भरत ने तत्कालीन जनपदों की विभिन्न जनभाषाओं के रूप में प्रचलित सात प्राकृत भाषाओं का उल्लेख किया है—मागधी, अवन्तिजा, प्राच्या शौरसेनी, अर्धमागधी, वाह्लीका और दाक्षिणात्या। इसके अतिरिक्त विभाषा के अन्तर्गत उन्होंने शकार, आभीर, चांडाल, शबर, द्रमिल और वनचरों की भाषा की योजना की है। विविध भाषाओं का यह विधान काव्य या नाटकों की भाषा की

पात्रनुकूलता, देश और जातिगत स्वाभाविकता की सूचना देता है।[68]

इसके अतिरिक्त भरत ने वाचिक अभिनय या वाक्यार्थ की महत्ता सिद्ध करते हुए वाणी की श्रेष्ठता पर प्रकाश डाला है। वाणी ही अभिनय का मूल है, अन्य अभिनय भी इसी का आश्रय पाकर चित्रवत् पल्लवित होते हैं। यद्यपि अन्य अभिनयों द्वारा मानवीय मनोभावों की अभिव्यक्ति होती है, पर शब्द-प्रयोग या वाणी द्वारा ही उन्हें पूर्ण स्वरूप मिलता है। वाचिक अभिनय के अन्तर्गत उन्होंने शब्द, अलंकार, गुण-दोष, भाषा एवं पाठ्य शैली का विवेचन किया है।[69]

अत: काव्य-भाषा के सम्बन्ध में भरत की धारणा इस प्रकार है—

1. भाषा का संभाव्य प्रयोग चार रूपों में द्रष्टव्य हैं—अतिभाषा, आर्यभाषा, जातिभाषा और योन्यन्तरी भाषा।
2. भाषा का विशिष्ट प्रयोग देश, काल और पात्रदि के अनुरूप होता है।
3. अन्य अभिनयों से वाचिक अभिनय या वाक्यार्थ श्रेष्ठ है।
4. वाणी अभिनय का मूल है जिसके अन्तर्गत शब्द, छन्द, अलंकार, गुण-दोष, भाषा एवं पाठ्य शैली की गणना की जा सकती है।

भरत का उपर्युक्त विभाजन काव्य-भाषा के गुणात्मक रूप को प्रस्तुत करता है। न केवल शब्द, छन्द और अलंकार के क्षेत्र में बल्कि दोष आदि के क्षेत्र में भी भरत की देन को महत्त्वपूर्ण माना जा सकता है। इतना तो अवश्य है कि भरत ने पश्चात्भावी काव्यशास्त्रियों के लिए प्रेरणा-बिन्दु का कार्य किया।

अत: आचार्य भरत की चिन्तन-धारा का पर्यालोचन करते हुए अन्त में डॉ. रघुवंश के शब्दों में यह कहना युक्तिसंगत प्रतीत होता है कि "भारतीय वाङ्मय में 'नाट्यशास्त्र' का अप्रतिम स्थान है। इस अकेले ग्रंथ में 'नाट्य' का जितना सांगोपांग तथा सर्वांगीण वर्णन है, संसार के किसी एक ग्रंथ में नहीं मिलता। इसके अतिरिक्त इस एक ग्रंथ में अनेक शास्त्रों तथा शिल्पों का विवेचन मिलता है। इसी दृष्टि से 'नाट्यशास्त्र' में अनेक शास्त्रों का आधार लिया गया है, अनेक कलाओं का विवेचन किया गया है, अनेक शिल्पों की प्रयोग-विधि की चर्चा की गई है और अनेक अन्य विधाओं की प्रसांगिक चर्चा भी मिलती है। प्राचीन भारत के तत्सम्बन्धी ज्ञान का इसको कोष माना जा सकता है।[69]

मूल्यांकन

भरत का 'नाट्यशास्त्र' नाट्य और काव्य का बीज शास्त्र है। भरत ने अपने से पूर्व चली आती हुई नाट्य और काव्य-परम्परा का समुचित उपयोग करते हुए नए प्रयोगों पर बल दिया है। ईसवी सन् की आरम्भिक सदियों तक 'नाट्यशास्त्र' का स्वरूप पूरी तरह गठित हो चुका था। सभी विद्वान इस स्थापना से प्राय: सहमत दिखाई देते हैं। सम्भव है, ईसा से पूर्व भी उसका उन्नत शास्त्र रहा हो, पर वह अब प्राप्त सूचनाओं और संकेतों पर ही आधारित है।

भरतमुनि का सम्बन्ध देव-कथाओं से जोड़कर नाट्य के रूप में पंचम वेद की रचना ब्रह्मा द्वारा होती है, जिसका उपयोग समाज की सभी जातियों के मनोरंजन एवं शिक्षा के लिए होता है। यह सार्ववर्णिक पंचम वेद नाट्यकला और काव्यकला के गुणों

से युक्त है। 'नाट्यशास्त्र' में ही भरत शब्द का प्रयोग नटों और नाट्य मंडली के नेता के रूप में हुआ है। निश्चय ही, 'नाट्यशास्त्र' ज्ञान, शिल्प, विद्या और कला की दृष्टि से एक सांस्कृतिक इतिहास की भाँति मूल्यवान है।

1. 'नाट्यशास्त्र' के कई अध्याय काव्य शास्त्र-विवेचन से संबंद्ध हैं। इसके 36 अध्यायों में छठा अध्याय रसाध्याय है, रस निष्पत्ति एवं आठ नाट्य रसों का विस्तृत विवेचन हुआ है। 7वें अध्याय में भाव-व्यंजना का विचार हुआ है तथा विभाव, अनुभाव, व्यभिचारी भाव एवं सात्विक भावों की विवेचना हुई है। 14वें, 15वें और 16वें अध्याय में वाचिक अभिनय की प्रधानता तथा प्रवृत्ति, छन्दोविधान आदि के वर्णन में 17वें वागाभिनय अध्याय में काव्य-लक्षण अलंकार गुण-दोष का विवेचन हुआ है। 18वाँ अध्याय भी भाषा-विधान से संबद्ध है। इनमें 17वाँ अध्याय मुख्य रूप से काव्य शास्त्र से संबद्ध है। डॉ. काणे के मत में साहित्य शास्त्र की दृष्टि से अध्याय 6, 7, 16, 18, 20 तथा 22—इन छह अध्यायों का काव्य शास्त्रीय महत्त्व है।
2. किंवदन्तियों की चर्चा से भी यह बात सिद्ध होती है कि नाट्य-कला मानवीय-कला है, दैवी नहीं। इसमें लालित्य का वैचित्र्य, सौंदर्य, आकर्षण, चमत्कार और कैशिकी का सौंदर्य-व्यापार है। इसमें लोक-स्वभाव और लोक-जीवन अभिव्यक्त होता है। प्राचीन धर्म-सूत्र जैसे ग्रंथों ने संगीत, नृत्य और नाट्य का निषेध कर नटों को शूद्रवत् माना था, पर अभिनव गुप्त ने नाट्य को विधि और प्रतिषेध की शिक्षा देनेवाला ग्रंथ बताया। भरत की नाट्य विद्या एक सामाजिक विद्या के रूप में प्रचलित हुई। इस दृष्टि से भरत धर्म-सूत्रों और मनुस्मृतियों के ख़िलाफ़ खड़े होकर कला के औचित्य की स्थापना करते हैं। यह नाट्य सर्वसाधारण के लिए है और साक्षात्कारात्मक विद्या है। इसमें सभी कार्यों का फल तुरन्त मिलता है, जिसे अभिनव गुप्त 'सर्वकर्मानुदर्शनम्' कहते हैं।
3. यह नाट्यशास्त्र ज्ञान, कला, शिल्प और विद्या का बृहत्-कोश है। इसका लक्ष्य जनसमाज की कला-चेतना तक पहुँचना है। भरत रस-निष्पत्ति का सूत्र देकर कहते हैं कि विभाव, अनुभाव और संचारी के संयोग से रस की निष्पत्ति होती है। उन्होंने मानव समाज के संघर्ष-विघर्ष, सुख-दुख और विचार के आधार पर आठ प्रकार के रस माने हैं—शृंगार, हास्य, करुण, रौद्र, वीर, वीभत्स, भयानक, अद्भुत। उन्होंने चौबीसवें अध्याय में सामाजिक आधारों पर नायक-नायिका का विवेचन किया। मानव-प्रकृतिशील आदि आधारों पर नायक भेद किए गए। उसी प्रकार सामाजिक व्यवहार के आधार पर नायिका-भेदों का भी विवेचन हुआ। इनमें वे पुरुष और स्त्री के सम्बन्ध, औचित्य और अनौचित्य के कई प्रश्न उठाते हैं तथा सामन्तों की भोगवृत्ति की सूचना देते हैं। ब्राह्मणवादी समाज-व्यवस्था के समर्थक होकर भी भरत सभी जातियों और संस्कृतियों के प्रति समदृष्टि रखने का प्रयत्न करते हैं। 'नाट्यशास्त्र' पंचमवेद के रूप में सार्ववर्णिक और सार्वदेशिक तो है ही।
4. भरत द्वारा प्रतिपादित रस-सूत्र आगे चलकर रस-सिद्धान्त के रूप में प्रसिद्ध

हुआ। अभिनवगुप्त ने शान्त को रस में सम्मिलित किया। इस तरह वत्सल, प्रेयस् आदि रूपों में रस की परिकल्पना की गई। रामचन्द्र और गुणचन्द्र ने अपने 'नाट्यदर्पण' में दुख-सुख और व्यसन को रस के भीतर गिन लिया। मध्यकालीन भक्ति आन्दोलन में मधुर रस या प्रीतिरस को मान्यता मिली। 'नाट्यशास्त्र' के सोलहवें अध्याय में काव्यशास्त्र की रूप रेखा स्पष्ट हो जाती है, जिसमें काव्य के उपमा आदि चार अलंकारों, दस गुणों, दस दोषों तथा 36 लक्षणों का वर्णन हुआ है। सम्भव है, पहले नाट्य की स्वतंत्र सत्ता रही हो, पर आद्याचार्य भामह और दंडी के समय तक नाट्य को काव्य का ही एक भेद मान लिया गया हो।

5. यद्यपि भरत ने चार अलंकार गिनाए, पर 36 लक्षणों के द्वारा उन्होंने मूल तत्त्व की खोज की। कई लक्षण, अलंकार के रूप में परिणत होते गए। आगे के विचारकों ने लक्षणों को अधिक महत्त्व नहीं दिया, पर जयदेव के चन्द्रालोक में उसका महत्त्व स्वीकृत हुआ। आगे लक्षण अलंकार में विलीन होते गए। अभिनव गुप्त के बाद लक्षणों की चर्चा नहीं के बराबर हुई। 'नाट्यशास्त्र' के व्याख्याताओं में उद्भट, लोल्लट्, शंकुक, भट्टनायक आदि के अतिरिक्त अभिनवगुप्त इसलिए मुख्य हैं कि केवल उन्हीं का ग्रंथ 'अभिनव भारती' उपलब्ध है, जिसमें इन आचार्यों का भी उल्लेख हुआ है। भरत की दृष्टि में रूपकों का मुख्य प्रतिपाद्य विषय रस था। अभिनव भी मानते हैं कि रस किसी सूत्र की तरह समस्त रूपक में व्याप्त रहता है। भरत ने रस के स्वरूप को 'संयोग' और 'निष्पत्ति' शब्द के द्वारा व्यक्त किया है। उन्होंने अपने प्रतिपादित आठ रसों में मूल रस चार ही माने हैं—श्रृंगार, रौद्र, वीर, और वीभत्स। श्रृंगार से हास्य की, रौद्र से करुण की, वीर से अद्भुत की और वीभत्स से भयानक की उत्पत्ति मानी गई है।

6. भरत का 'नाट्य' शब्द अभिनयों के माध्यम से दृश्यकाव्य का और गीतों के माध्यम से श्रव्यकाव्य का प्रतिनिधित्व करता है। वैसे निर्णय सागर प्रेस से प्रकाशित नाट्यशास्त्र की प्रति में छठे अध्याय के अन्त में शान्त रस का प्रकरण मिलता है। यह अंश मूल हो या प्रक्षिप्त, परवर्ती आचार्यों ने तो शान्त रस की स्वतंत्र-सत्ता सिद्ध की ही थी। इसे भरत का प्रभाव मानना चाहिए कि उनके 13-14 सौ वर्षों के बाद भी धनंजय, सागर नन्दी, रामचन्द्र-गुणचन्द्र, शारदातय, शिंगभूपाल आदि आचार्यों ने नाट्यशास्त्रीय ग्रंथों की रचना की। विश्वनाथ ने भी 'साहित्य-दर्पण' में नाट्य-विवेचन किया। संस्कृत काव्यशास्त्र में कवि-शिक्षा का पक्ष भी अछूता नहीं रहा। राजशेखर, वाग्भट द्वितीय और क्षेमेन्द्र आदि ने कवि-शिक्षा को महत्त्व दिया।

7. भरत के रस-चिन्तन में रसास्वादन की आधारभूत क्रिया सहृदय की चेतना के साधारणीकरण से जुड़ी है। सहृदय 'स्व' और 'पर' की भावना से मुक्त होकर चित्त की एकतानता की दशा में आ जाता है। मूल रूप में वह संविद विश्रांति की दशा है। सहृदय का यह साधारणीकरण असाधारण को साधारण

तथा विशेष को सामान्य बनाता है और सामान्य भी ऐसा जो सामाजिक की प्रसुप्त वासना को परिष्कृत रूप में आन्दोलित कर देता है। इसे रसोन्मेष भी कह सकते हैं। भरत के नाट्य-वेद की व्यापकता के अर्थ में ही अभिनव गुप्त ने 'लोके' शब्द का प्रयोग किया था। इसमें किसी भी वर्ण की वर्जना नहीं होती, लेकिन सुकुमार मति की अपेक्षा अवश्य होती है।

8. भरत ने लक्षण और अलंकारों को भिन्न तो माना है, पर दोनों काव्य की शोभा बढ़ाने वाले धर्म हैं। वे उपमादि को अलंकार और लक्षणों को काव्य-विभूषण मानते हैं। वैसे अभिनव तक आते-आते यह मान लिया गया कि लक्षणों के संयोग से अलंकारों में वैचित्र्य आता है। अभिनव ने तो लक्षण को कवि का विशेष 'अभिप्राय' कह दिया और उन्हें रसोपयोगी माना। भरत का मानना था कि काव्य-बन्ध 36 लक्षणों से समन्वित होना चाहिए। उन्होंने उनकी परिभाषाएँ तो दीं, पर उदाहरणों से उन्हें स्पष्ट नहीं किया। आगे चलकर तो भोज ने इन्हें प्रबन्ध का अंग मानकर इनकी संख्या 64 तक पहुँचा दी। जयदेव लक्षणों की संख्या अनन्त मानकर भी उन्हें अलंकारों का अनुवर्ती कहते हैं। वस्तुतः अलंकारों के स्वस्थ विकास में उनका योग मिलता है।

9. भरत के चार अलंकारों में उपमा अलंकार सर्वाधिक प्राचीन है। भरत इसे 'गुणाकृति समाश्रया' कहते हैं। भरत के 'नाट्यशास्त्र' में अलंकार शास्त्र के तत्त्वों का विवेचन गौण रूप से मिलता है। उन्होंने वाचिक अभिनय के प्रसंग में अलंकार शास्त्र का सन्निवेश किया है। वहाँ अलंकार नाट्य की पूर्णता का साधन बनते हैं, पर देखा जाए तो नाट्य की पूर्णता से भरत का तात्पर्य रस-निष्पत्ति जनित आनन्द ही होना चाहिए।

10. 'नाट्यशास्त्र' में काव्य या नाट्य प्रयोजनों की दृष्टि से धर्म, यश और आयु के साधक, हितकारक, बुद्धिवर्धक तथा लोकोपदेशात्मक होते हैं। भामह इन प्रयोजनों में चतुर्वर्ग और आनन्द को जोड़कर एक प्रकार से भरत की क्षतिपूर्ति करते हैं।

11. भरत दस काव्य-गुणों का उल्लेख करते हैं। वे दस काव्य-दोषों का वर्णन करने के बाद उसके विपर्यय को काव्य-गुण कहते हैं। उनकी गुण कल्पना में, साहित्य शास्त्र में सबके द्वारा स्वीकृत माधुर्य, ओज और प्रसाद के बीज मिलते हैं। अतः भरत को काव्य-गुणों का पहला प्रकल्पक माना जा सकता है। इसी प्रकार भरत दस दोषों की गणना करा देते हैं। इन दोषों के न तो लक्षण स्पष्ट हैं, न इनका विवेचन पूर्ण है। इसी प्रकार भरत ने नाट्य के प्रसंग में वृत्तियों को अभिनय की माता का रूपक दिया है। इन वृत्तियों का उपयोग काव्यशास्त्र की दृष्टि से भी महत्त्वपूर्ण माना गया। वामन, मम्मट, जगन्नाथ ने इन्हें रीतियों के अन्तर्गत स्वीकार किया। अलग-अलग प्रदेशों के अनुसार प्रवृत्तियों और काव्य-रीतियों की चर्चा हुई। वामन ने वैदर्भी, गौड़ी और पांचाली के रूप में और रुद्रट जैसे आचार्यों ने इसके लाटी नामक रूप पर भी विचार किया। 'नाट्यशास्त्र' में वृत्तियों के साथ प्रवृत्तियों का भी विवेचन

हुआ और उन्हें अभिनय में सहायक माना गया। भरत ने भावों की संख्या 49 मानी, जिनमें 8 स्थायी भाव, 33 व्यभिचारी या संचारी भाव तथा 8 सात्विक भाव माने गए।

12. स्पष्ट है कि प्रायः दो हजार वर्ष पहले पंचम वेद के रूप भरत ने नाट्य को सार्ववर्णिक वेद तो घोषित किया ही, साथ ही उन्होंने अपने 'नाट्यशास्त्र' में काव्य-सिद्धान्तों की रचना कर संस्कृत काव्यशास्त्र या व्यापक रूप में कहें कि भारतीय काव्यशास्त्र की नींव डाली। समग्र भारतीय काव्यशास्त्रीय चिन्तन की रस-धारणा, गुण या अलंकार-धारणा का बीज भरत का 'नाट्यशास्त्र' ही है, इसमें सन्देह नहीं, जो क्रमशः विकसित और परिष्कृत होता हुआ आनन्दवर्धन के ध्वनि-सिद्धान्त के रूप में उद्‌भूत होता है।

सन्दर्भ

1. न तज्ज्ञानं न तच्छिल्पं न सा विद्या न सा कला।
   न स योगो न तत् कर्म यन्नाट्ये ऽस्मिन्न दृश्यते॥ —नाट्यशास्त्र, 1/1/16
2. वही, 14/65 तथा 35-88 से 91
3. द्रष्टव्यः डॉ. गणेश त्र्यंबक देशपांडे, भारतीय साहित्यशास्त्र, पृ. 29
4. योऽयं स्वभावो लोकस्य सुख-दुख समन्वितः।
   अंगाद्यभिनयोपेतः नाट्यमित्यभिधीयते॥ —वही, 1/119
5. संस्कृत ड्रामा, पृ. 314
6. मुनिना भरतेन यः प्रयोगो भवती ष्वष्टर साश्रयोनियुक्तः।
   ललिताभिनयं तमद्य भर्ता मरुतां द्रष्टुमनाः स लोकपालः॥ वही, 2/18
7. क्रियाकल्पविदश्च तथा काव्यविदोजनान्। —वाल्मीकि रामायण, उत्तरकांड, 93/7
8. वाचां विचित्र मार्गाणां निबबन्धुः क्रियाविधिम्।-काव्यादर्श, 1/7
9. यद्यपि रसालंकाराद्यानेक विषयमिदं शास्त्रं तथा। छत्रिन्यायेन अलंकार शास्त्र मुच्यते।
   —प्रतापरुद्रीय, पृ. 3
10. काव्यं शास्त्रेतिहासौच काव्यशास्त्रं तथैव च।
    काव्येतिहास. शास्त्रेतिहारा रतदगि षड्विभम्॥ —सरस्वती कंठाभरण, 2/138
11. व्याख्यातारो भारतीयं लोल्लटोद्‌भट शंकुकाः।
    भट्टाभिनव गुप्तश्च श्रीमत् कीर्तिधरोऽपरः॥
12. एवं द्वादश साहस्त्रैः श्लोकैरेकं तदर्धतः।
    षड्भिः श्लोक सहस्त्रैर्यो नाट्यवेदस्य संग्रहः॥ —भाव प्रकाशन, पृ. 287
13. भारतीय साहित्यशास्त्र, भाग-1, पृ. 27 प्रथम सं.
14. डॉ. पी. वी काणे, संस्कृत काव्यशास्त्र का इतिहास, पृ. 34
15. हिस्ट्री ऑफ संस्कृत पोएटिक्स, पृ. 22
16. लोकवृत्तानुकरणं नाट्यमेतन्मया कृतम्। —नाट्यशास्त्र, 1/112
17. नहि रसादृते कश्चिदर्थः प्रवर्तते। —वही, 6, पृ. 92
18. एक एव तावत् परमर्थतो रसः सूत्र स्थानीयलेन रूपकं प्रतिभाति
    —अभिनव भारती—खंड-1, पृ. 273
19. यथा हि नाना व्यंजन संस्कृतमन्नं भुंजानां रसामास्वादयन्ति
    सुमनसः पुरुषाः हर्षादींश्चाधि गच्छन्ति तथा नाना भावाभिनय व्यंजितान् वागंग सत्वोदेमेतान्

स्थायि भावान् आस्वादयन्ति सुमनः प्रेक्षकाः हर्षा दींश्चाधि गच्छन्ति।

—नाट्यशास्त्र, अध्याय-6, पृ. 93

20. विभावानुभाव व्यभिचारिसंयोगाद्रस निष्पत्तिः। —वही, पृ. 93
21. श्रृंगार हास्य करुण रौद्र वीर भयानकाः।
    वीभत्साद्भुत संज्ञौचेत्यष्टौ नाट्ये रसास्मृताः॥ —वही, 6/11
22. एते दृष्टौ रसाः प्रोक्ताः द्रुहिणेन महात्मना। —वही, 6/17
23. डॉ. काणे—हिस्ट्री ऑफ संस्कृत पोएटिक्स, भाग-2, पृ. 350
24. रसनाद्रसत्वमेषां मधुरादीनामिवोक्ताचार्यः। —रुद्रट, काव्यालंकार, 12/4
25. रसो वै सः। रसं ह्येवायं लब्ध्वा आनन्दी भवति।
    आनन्दादेव खल्विमानि भूतानि जायन्ते। आनन्देन जातानि जीवन्ति।

    —तैत्तरीय उपनिषद्, 11/7/1
26. छांदोग्य उपनिषद् 4/17
27. काव्य मीमांसा, पृ. 1
28. अवन्तिका काव्यालोचनांक, जनवरी, 1954, पृ. 56
29. अष्टाध्यायी, 4/3/110-111
30. किं च वस्तुध्वनिं दूषयता रसध्वनिस्तदनुग्राहकः
    समर्थात इति सुष्ठुतरां ध्वनि ध्वंसोऽयम्। —अभिनव गुप्त, ध्वन्यालोक लोचन, 1/4 की व्याख्या चौखंबा, पृ. 69
31. (क) कुन्तक समर्थक जयरथ-अलंकार सर्वस्व विमर्शिनी, पृ. 8
    (ख) महिमभट्ट, व्यक्तिविवेक—1/1
32. वक्रोक्तिश्च रसोक्तिश्च स्वभावोक्तिश्च वाङ्मयम्।
    सर्वासु ग्राहिणीं तासु रसोक्तिं प्रतिजानते॥ —भोजराज, सरस्वती कंठाभरण, 5/8
33. वही, 5/1
34. प्राएणा सर्वभावानां कामान्निष्पत्तिरिष्यते।
    न चेच्छागुण सम्पन्नो बहुधा काम इष्यते॥ —नाट्यशास्त्र, 22/89
35. न भावहीनोऽस्ति रसो न भावो रसवर्जितः।
    परस्पर कृतासिद्धिस्तयोरभिनए भवेत्॥ —वही, 6/36
36. एवं नानाभावोपहिता अपि स्थायिनो भावाः रसत्वमामाप्नुवन्ति। —वही, पृ. 71
37. लोके सकल विघ्न विनिर्मुक्ता संवृतृरेव चमत्कार निर्देश रसनास्वादन
    भोग समापत्ति लय विश्रांत्यादि शब्दैरभिधीयते। —अभिनव भारती, भा-1, पृ. 280
38. हिंदी नाट्य दर्पण, पृ. 29।
39. परस्य न परस्येति ममेति न ममेति च।
    तदास्वादे विभावादेः परिच्छेदो न विद्यते॥ —साहित्य दर्पण, विमला टीका—3/12
40. 'रसगंगाधर' का शास्त्रीय अध्ययन, भारत प्रकाशन मन्दिर, अलीगढ़, 1962, पृ. 151-152
41. रस-विमर्श, विद्यामन्दिर, ब्रह्मनाल, काशी, 1965 पृ 165
42. डॉ. रघुवंश, भरत का नाट्यशास्त्र भाग-1, पृ. 19
    मोतीलाल बनारसीदास, 1964, प्रथम संस्करण
43. उपाध्याय मतं तु—लक्षणाबलात् अलंकाराणां वैचित्र्य मागच्छति।
    तथाहि—गुणानुवाद नाम्ना लक्षणेन योगात् प्रशंसोपमा।
    अतिशय नाम्ना अतिशयोक्तिः। मनोरथाराएन अप्रस्तुत प्रशंसा।
    मिथ्याध्यवसायेन अपह्नुतिः। सिद्धया तुल्ययोगिता। इत्येवमुत्लेप्रेक्ष्यम्।

    —उद्धृत भारतीय साहित्यशास्त्र, पृ. 43

44. सैषा सर्वैव वक्रोक्तिरनयार्थो विभाव्यते।
यत्नोऽस्यां कविभिः कार्यो कोऽलंकारोऽनियाविना॥ —काव्यालंकार, 2/515
45. डॉ. डे, संस्कृत काव्यशास्त्र का इतिहास, भाग-2, पृ. 7 बिहार हिंदी ग्रंथ अकादमी, पटना,
46. साहित्य दर्पण, विमला टीका, पृ. 205
47. अभिनव भारती, पृ. 274
48. तत्र गुणालंकारादि रीति वृत्तयश्च काव्येषु प्रसिद्धो मार्गः।
लक्षणानि तु न प्रसिद्धानि।
एतानि वा काव्य विभूषणानि, प्रोक्तानि वै भूषण संमितानि॥ —नाट्यशास्त्र, 16/41
49. नाट्यशास्त्र, 16/60
50. धर्मयशस्यमायुष्यं हितं बुद्धि विवर्धनम्।
लोकोपदेशजननं नाट्य मेतद्भविष्यति॥ —वही, 1/115
51. वही, 1/109-222
52. धर्मार्थ काम मोक्षेषु वैचक्षण्यं कलासु च।
प्रीतिं करोति कीर्त्तिं च साधुकाव्य निबन्धनम्॥ —भामह—काव्यालंकार, 1/2
53. डॉ. नगेन्द्र—काव्यालंकार सूत्र की भूमिका, पृ. 59
54- नाट्यशास्त्र, काव्य माला संस्करण, 16/96, पृ. 265
55. डॉ. सुरेन्द्रनाथ दीक्षित, भरत और भारतीय नाट्यकला, प्रथम संस्करण, पृ. 325
56. भावा इति कस्मात्? किं भवतीति भावाः, किं वा भावयंतीति भावाः।
उच्यते-वागंग सत्त्वोपेतान् काव्यार्थान् भावयंतीति भावा इति।
—नाट्यशास्त्र, अध्याय 7, पृ. 405
57. रत्यादि उद्‌बोधकाः लोके विभावाः काव्य नाट्ययोः। —साहित्य दर्पण, 3/29
58. बहवो अर्था विभाव्यन्ते वागंगाभिनयाश्रयाः।
अनेन यस्मात्तेनायं विभाव इति कथ्यते॥ —नाट्यशास्त्र, 7/409
59. अनुभाव्यते अनेन वागंग सत्व कृतिऽभिनय इति। —वही
60. रतिर्हासश्च शोकश्च क्रोधोत्साहौ भयं तथा।
जुगुप्साविस्मयश्चेति स्थायिभावाः प्रकीर्तितः। —वही, 6/17
61. डॉ. सुशील कुमार डे, संस्कृत काव्यशास्त्र का इतिहास, भाग। —पृ. 21
62. वही, पृ. 16-17
63. संस्कृत काव्यशास्त्र का इतिहास, पृ. 49, मोतीलाल बनारसीदास, प्रथम संस्करण, 1966
64. अभिनयस्य द्विविधा इति कर्त्तव्यता लोकधर्मी नाट्यधर्मी च।
—अभिनव भारती, भाग-2, पृ. 25
65. येषु देशेषु या पूर्वप्रवृत्तिः परिकीर्त्तिता।
तद् वृत्तिकाणि रूपाणि तेषु तज्ज्ञः प्रयोजयेत्॥ —नाट्यशास्त्र, 13/56
66. योऽयं स्वभावो लोकस्य सुख दुःख समन्वितः।
अंगाद्यभिनयोपेतो नाट्यमित्यभिधीयते॥ —वही 1/119
67. योऽयं स्वभावो लोकस्य सुख दुःख क्रियात्मकः।
सोंगाभिनय संयुक्तो नाट्य धर्मी प्रकीर्तिताः॥
68. डॉ. सुशील कुमार डे, संस्कृत काव्यशास्त्र का इतिहास, भाग-2, पृ. 19
69. डॉ. रघुवंश, भरत का नाट्यशास्त्र, भूमिका भाग-1, मोतीलाल बनारसीदास, प्रथम संस्करण, 1964

भामह

(छठी शताब्दी का मध्य भाग)

काव्यशास्त्र के आद्याचार्य भामह का समय संस्कृत काव्यशास्त्र के विचारकों द्वारा छठी शताब्दी का मध्य भाग माना गया है। वैसे डॉ. सुशील कुमार डे ने अपनी पुस्तक 'संस्कृत काव्यशास्त्र का इतिहास'(भाग एक, पृ. 47) में भामह का काल "सन्निकटत: सातवीं शती के अन्तिम चरण और आठवीं शती के मध्य की अवधि में निर्धारित किया है।" भामह के जीवन के विषय में अधिक जानकारी प्राप्त नहीं होती। डॉ. पी. वी. काणे का कथन है कि "काव्यशास्त्र के उपलब्ध आचार्यों में भामह को अलंकार सम्प्रदाय का प्राचीनतम आचार्य माना जाता है। उनके वैयक्तिक जीवन के विषय में कुछ भी विदित नहीं है। अन्तिम श्लोक में उन्होंने अपने को रक्रिलगोमिन (काव्यालंकार, 6/64) का पुत्र बताया है।"

भामह का 'काव्यालंकार'

सामान्यत: भामह को अलंकारवादी आचार्य ही माना गया है। इनका काव्यशास्त्रीय ग्रंथ 'काव्यालंकार' है। वस्तुत: भारतीय काव्यशास्त्र का सुचिन्तित और क्रमबद्ध इतिहास आचार्य भामह से ही प्रारम्भ होता है। भरत का 'नाट्यशास्त्र' मुख्यत: नाट्य-विवेचन का ग्रंथ है, वहाँ काव्यांगों जैसे अलंकार, गुण, दोष आदि का विवचन गौण रूप में ही हुआ है और उसका विचार-क्षेत्र भी मुख्यत: नाटक ही है, पर भामह ने काव्यांगों का स्वतंत्र विवेचन कर काव्यशास्त्र का समारंभ किया है। इनके ग्रंथ 'काव्यालंकार' का अन्य नाम 'भामहालंकार' भी कहा गया है। भामह का अलंकारशास्त्रीय ग्रंथ श्रव्य काव्य से सम्बन्धित है।

संस्कृत अलंकार ग्रंथों की रचना की तीन शैलियाँ मिलती हैं—कारिका, कारिकावृत्ति और सूत्रवृत्ति। कारिका शैली के उदाहरण में भामह का 'काव्यालंकार', दंडी का 'काव्यादर्श', रुद्रट का 'काव्यालंकार', उद्भट का 'काव्यालंकार सार संग्रह' और जयदेव का 'चन्द्रालोक' आदि हैं।

कारिकावृत्ति के उदाहरण स्वरूप आनन्दवर्धन का 'ध्वन्यालोक', कुन्तक का 'वक्रोक्तिजीवितम्', भोज का 'सरस्वती कंठाभरण', मम्मट का 'काव्य प्रकाश' और विश्वनाथ का साहित्य दर्पण' आदि ग्रंथ हैं।

सूत्रवृत्ति की दृष्टि से वामन का 'काव्यालंकार सूत्र वृत्ति', हेमचन्द्र का 'काव्यानुशासन', रुय्यक का 'अलंकार सर्वस्व', पंडितराज जगन्नाथ का 'रसगंगाधर' आदि ग्रंथ हैं।

भामह के 'काव्यालंकार' के छह परिच्छेदों के विवेच्य विषय निम्नलिखित हैं—

प्रथम परिच्छेद—	काव्य का प्रयोजन, काव्य हेतु, काव्यलक्षण, भेद आदि सामान्य विषय। कारिकाओं की संख्या	59
द्वितीय परिच्छेद—	गुण और अलंकार कारिका-संख्या	96
तृतीय परिच्छेद—	अर्थालंकार कारिका-संख्या	58
चतुर्थ परिच्छेद—	दोष कारिका-संख्या	51
पंचम परिच्छेद—	व्याकरण सम्बन्धी अशुद्धियों का वर्णन	69
षष्ठ परिच्छेद—	शब्द-शुद्धि-प्रकरण व्याकरण सम्बन्धी अशुद्धियों का वर्णन	66
कारिकाओं की कुल संख्या		399

'काव्यालंकार' के अन्त में भामह ने निरुप्य-विषयों की तालिका प्रस्तुत की है, वे विषय हैं—साठ कारिकाओं में काव्य का शरीर, एक सौ साठ में अलंकार, पचास में दोष-दर्शन, सत्तर कारिकाओं में न्याय-निरूपण, साठ कारिकाओं में शब्द-शुद्धि—ये पाँच विषय ही क्रमश: छह परिच्छेदों में वर्णित हैं।[1]

भामह ने 400 कारिकाओं की चर्चा की है, पर उपलब्ध संख्या 399 ठहरती है। 'काव्यालंकार' की एक विशेषता स्वयं भामह द्वारा रचित लक्षण और उनके उदाहरण हैं। संस्कृत के अनेक आचार्यों ने अपने-अपने ग्रंथों में लक्षण और उदाहरण, दोनों की रचना स्वयं की है। इनमें भामह, दंडी, उद्भट, रुद्रट, वाग्भट, जयदेव, विद्याधर, विद्यानाथ, पंडितराज जगन्नाथ आदि अनेक आचार्य हैं। यहाँ अपने-अपने आश्रयदाता राजा को भी आधार बनाकर लक्षण ग्रंथों की रचना भी मिलती है और उनके उदाहरण भी आश्रयदाता राजाओं से सम्बन्धित मिलते हैं। ऐसे ग्रंथों में विद्यानाथ का 'प्रतापरुद्र यशोभूषण', विद्याधर की 'एकावली' आदि ग्रंथ आते हैं। यह काव्य-परम्परा ही आगे चलकर हिंदी रीति काव्य की सत्रहवीं से उन्नीसवीं शताब्दी तक के लक्षण-ग्रंथों के रूप में दिखाई पड़ती है।

पंडितराज जगन्नाथ के 'रसगंगाधर' में भी उनके स्वरचित उदाहरण उनकी कवित्व-क्षमता को प्रकाशित करते हैं। जगन्नाथ ने स्वयं कहा है कि 'मैंने उदाहरण रूप में नया काव्य रचा है। मेरे ग्रंथ 'रसगंगाधर' में दूसरे का मैं ने कुछ भी नहीं रखा है। स्वयं कस्तूरी उत्पन्न करने की क्षमता रखनेवाला मृग क्या कभी फूलों की गंध चाहता है? (किं सेव्यते सुमनसां मनसापिगन्धः कस्तूरिका जननशक्ति भृता मृगेण।)

भामह से रुद्रट के समय (छठी शती से 850 ई. तक) के प्रमुख आचार्यों ने अलंकार को व्यापक अर्थ में ग्रहण किया है। इनमें दंडी अपवाद हैं। दंडी का ग्रंथ 'काव्यादर्श'

है। उन्हें कुछ लोग रीतिवादी और डॉ. राघवन अलंकारवादी कहते हैं। सन् 850 के बाद यानी रुद्रट के बाद ग्रंथों का नामकरण अन्य काव्यांगों के विवेचन के आधार पर होता दिखाई देता है, जैसे 'काव्य मीमांसा' (राजशेखर), 'काव्य प्रकाश' (मम्मट), हेमचन्द्र का 'काव्यानुशासन'। विभिन्न अंगों के विवेचन के साथ इनमें अलंकारों का भी विवेचन हुआ। काव्य के विशेष पक्षों और सिद्धान्तों को आधार बनाकर जो ग्रंथ लिखे गए, उनमें आनन्दवर्धन का 'ध्वन्यालोक', महिमभट्ट का 'व्यक्ति विवेक' आदि प्रमुख हैं। रुय्यक ने अपने अलंकार-ग्रंथ का नाम 'अलंकार सर्वस्व' रखा। अलंकार का अर्थ अपने व्यापक अर्थ को छोड़कर संकीर्ण होता गया और विश्वनाथ ने उसे अंगदादि कटक कुंडल की कोटि में रखकर उसका प्रभाव सीमित कर दिया।

भामह की आलंकारिक चिन्ता-धारा

भामह ने अपने 'काव्यालंकार' में अलंकार को व्यापक अर्थ में प्रयुक्त किया। उन्होंने अलंकार की परिभाषा न करके, उसके मूल में वक्रोक्ति को स्वीकार कर काव्य-भाषा का विवेचन किया। वक्रोक्ति अलंकृति और सौंदर्य है। भामह अतिशयोक्ति को अलंकार का मूल या बीज ठहराते हैं। अतिशयोक्ति का अर्थ है—लोकातिक्रान्त गोचर वचन अर्थात् जन सामान्य की प्रचलित भाषा शैली से भिन्न उक्ति इसी उक्ति को वक्रोक्ति कहा गया। वक्रोक्तिहीन उक्ति को भामह वार्ता काव्य अर्थात् चमत्कारहीन उक्ति मानते हैं।

भामह की यह विशेषता चिह्नित करने योग्य है कि उन्होंने काव्य-भाषा तथा शास्त्र और व्याकरण की भाषा के भेद को पहचाना। काव्यालंकार के पाँचवें परिच्छेद में वे न्याय और काव्य में भाषा के आधार पर अन्तर देखते हैं। वे मानते हैं कि 'काव्य सम्बन्धी न्याय का स्वरूप भिन्न है जो कहा जाएगा। छठे परिच्छेद में वे व्याकरण और काव्य का अन्तर बतलाते हैं। यह आवश्यक नहीं कि वाणी व्याकरण सम्मत हो जाए तो वह काव्य सम्मत भी हो जाएगी। काव्यगत शब्द का महत्त्व वक्रोक्ति के आधार पर ही सुनिश्चित होता है।

भारतीय दर्शन न्याय की तर्क विद्या और अनुशासन के लिए सर्वज्ञात था। भामह ने काव्य-प्रत्यक्ष और काव्य-अनुमान की भिन्नता को रेखांकित किया। काव्य-प्रत्यक्ष और अनुमान, दोनों लोकाश्रित हैं। डॉ. पी.पी. काणे अपने संस्कृत काव्यशास्त्र का इतिहास में लिखते हैं—"ध्वनि सिद्धान्त रस का ही अभिवृद्ध रूप है। काव्य के क्षेत्र में इसने रस-सिद्धान्त को व्याप्त कर दिया। रस का सम्बन्ध पूर्णत: नाट्यकृति से था। नाट्य का प्रमुख प्रयोजन विभावानुभाव आदि की सहायता से शृंगार-करुण आदि रसों की निष्पत्ति करना है। इसके लिए विस्तृत रचना की आवश्यकता होती है। यदि केवल रस को ही काव्य की आत्मा माना जाए तो इस प्रकार के स्फुट श्लोक काव्यत्व की परिधि से बाहर हो जाएँगे।"

काव्य-लक्षण

किसी भी परिभाषा को तीन दोषों से बचने का परामर्श दिया गया है—अव्याप्ति, अतिव्याप्ति और सन्दिग्धता। लक्षण इतना संक्षिप्त और सांकेतिक नहीं हो कि उसमें

अव्याप्ति दोष आ जाए, इतना विस्तृत न हो कि उसमें अतिव्याप्ति दोष आ जाए और न उसमें सन्दिग्धार्थकता हो जिसमें कथ्य ही स्पष्ट न हो।

भामह के काव्य-लक्षण के रूप में 'शब्दार्थौ सहितौ काव्यम्' को ही प्रमुखता से उद्धृत किया जाता रहा है, पर ध्यान देने से इस लक्षण की सीमाएँ भी स्पष्ट होती हैं। इसमें काव्यत्व के व्यवच्छेदक किसी भी धर्म का निर्देश नहीं मिलता, शब्द और अर्थ का सहभाव मात्र काव्य नहीं हो सकता। वस्तुतः भामह के पूर्व आलंकारिकों के दो वर्ग थे। एक वर्ग जो अर्थालंकार को महत्त्व देता था, दूसरा शब्दालंकार को। वक्रोक्ति जीवितकार कुन्तक ने भी कहा है कि कुछ लोगों का मत है कि कवि-कौशल से कल्पित सौंदर्यातिशयशाली केवल शब्द ही काव्य है और कुछ लोगों का मत है कि रचना-वैचित्र्य से चमत्कारी अर्थ ही काव्य है।[2]

भामह ने अपनी प्रचलित 'काव्य-परिभाषा' में शब्दालंकारवादी और अर्थालंकारवादी मतों में विभिन्नता लक्षित की थी। एक वर्ग उपमादि अलंकारों द्वारा अर्थ-प्रतीति में चमत्कार का अनुभव करता था तो दूसरा वर्ग शब्दाश्रित चमत्कार में विश्वास करता था।

शब्दच्छटा और अनुप्रास के प्रभाव से श्रुतिजनित आनन्द से श्रोता का आनन्दातिरेक से फड़क उठना भी स्वाभाविक था। भामह ने इन दोनों मतों का समन्वय करना चाहा। आचार्य देवेन्द्रनाथ शर्मा का अभिमत है कि "भामह ने देखा कि दोनों मत अतिवादी तो हैं ही, एकांगी भी हैं। इसलिए उन्होंने समन्वय प्रस्तुत करते हुए कहा कि शब्द के शोभाधायक होने से शब्दालंकार और अर्थ के शोभाधायक होने से अर्थालंकार दोनों ही हमें अभीष्ट हैं, क्योंकि वे एक दूसरे में अन्तर्भुक्त नहीं हो सकते। शब्दाभिधेयालंकार भेदादिष्टं द्वयं तु नः"[3] (काव्यालंकार/15)

भामह की दृष्टि में शब्द, अर्थ या साहित्य का वैशिष्ट्य और चमत्कार वक्रता में निहित होता है। इस वैशिष्ट्य के पर्याय हैं—सौंदर्य, रमणीयता, चारुत्व, चमत्कार और विच्छित्ति। इन्हीं का रूप-भेद अलंकार, गुण, रीति, वक्रोक्ति, ध्वनि, रस और औचित्य आदि हैं। अतः भामह की दृष्टि में किया गया काव्य-लक्षण है—"वक्राभिधेय शब्दोक्तिरिष्टा वाचामलंकृतिः।' (काव्यालंकार-1/36)

भामह-सम्मत इस काव्य-लक्षण को आचार्य देवेन्द्रनाथ शर्मा ने पहली बार प्रस्तुत किया है जो उनकी मौलिक स्थापना है।[4]

आचार्य देवेन्द्रनाथ शर्मा ने भामह के काव्य-लक्षण पर अपनी प्रामाणिक टिप्पणी देते हुए कहा है कि "वक्रशब्द और अर्थ का प्रयोग वाणी का अलंकार माना जाता है। यहाँ 'अलंकार' शब्द शोभा या चमत्कार का वाचक है। तात्पर्य यह कि शब्द और अर्थ की वक्रता से वाणी में चमत्कार आता है। वाणी का चमत्कार अर्थात् चमत्कारपूर्ण वाणी ही तो काव्य है और उसका निष्पादक तत्त्व है शब्द-अर्थ की वक्रता। तो परिनिष्ठित लक्षण हुआ कि वक्रता समन्वित शब्द और अर्थ को काव्य कहते हैं। काव्य के प्राणभूत इस तत्त्व का निर्देश भामह ने अनेकत्र (2/85, 5/66) किया है। पूर्वापर के सम्यक् परिशीलन के अभाव के कारण लक्षण-विषयक जो भ्रम एक बार हो गया उसे गतानुगतिकता ने बद्धमूल कर दिया। इस भ्रम का परिहार उचित भी है, आवश्यक भी।[5]

काव्य-प्रयोजन-विचार

भामह ने पूर्व प्रचलित परम्परा के अनुसार ग्रंथ के मंगलाचरण के बाद सत्काव्य के लिए काव्य-प्रयोजन का निर्देश किया है—"सत्काव्य का निर्माण धर्म, अर्थ, काम मोक्ष एवं कलाओं में प्रवीणता, आनन्द तथा यश प्रदान करता है।[6] प्रयोजन में प्रयुक्त 'प्रीति' शब्द आनन्द का वाचक है। अमरकोश (4/24) में भी 'प्रीति प्रमदोहर्ष:प्रमोदामोद संमदा:' कहा गया है।"

साधुकाव्य या सत्काव्य का विचार काव्यशास्त्र का विषय रहा है। तभी तो 'साहित्य दर्पण' और 'ध्वन्यालोक लोचन' में 'साधुकाव्य निबन्धनम्' के बदले 'साधुकाव्य निषेवणम्' पाठ आया है। शब्द रचना का सूचक है और निषेवणम् रचना और श्रवण, दोनों का जो कवि और पाठक, दोनों का संकेत होने से अधिक व्यापक अर्थ रखता है। भामह ने काव्य निरूपक लक्षण ग्रंथ का लक्ष्य समान ही माना है, आचार्य विश्वनाथ भी लक्षण ग्रंथ को काव्यांग-निरूपक मानते हैं। अत: दोनों के प्रयोजन समान होते हैं। भारतीय अध्यात्मवादी चिन्तन में आनन्द केवल दैहिक या लौकिक नहीं होता, इसलिए पुरुषार्थों में मोक्ष की भी गणना की गई है और रस के प्रसंग में आचार्यों द्वारा रस की व्याख्या के लिए मीमांसा, न्याय, सांख्य और वेदान्त को आधार माना गया है। भामह पहले आचार्य हैं जिन्होंने पुरुषार्थ चतुष्टय को काव्य के प्रयोजन के रूप में स्वीकार किया है, जिसकी पुष्टि आचार्य रुद्रट, कुन्तक, विश्वनाथ आदि ने की है और उन्होंने चतुर्वर्ग, धर्मादि साधन, चतुर्वर्ग फल प्राप्ति के रूप में इसका विचार किया है। भामह के पूर्व भरत ने ही काव्य-प्रयोजनों पर विस्तारपूर्वक विचार किया था (नाट्य शास्त्र, 1/109-222)। भामह ने काव्य-प्रयोजन में आनन्द को सर्वाधिक महत्त्व दिया। इस दृष्टि से भरत की अपेक्षा भामह अधिक मौलिक प्रतीत होते हैं। भामह जहाँ कला को काव्य का अंग मानते हैं, वह मत स्वीकार्य होना चाहिए। वे काव्य को कीर्तिकर मानते हैं। अत: भामह द्वारा काव्य के चार प्रयोजन गिनाए गए हैं—

1. चतुर्वर्ग—धर्म, अर्थ, काम और मोक्ष।
2. कला—वैचक्षण्य
3. आनन्द
4. कीर्ति तथा श्रेय या मोक्ष को भी काव्य का साध्य मानना।

आगे चलकर मम्मट ने अपनी समाहार वृत्ति का परिचय देते हुए काव्य के छह प्रयोजन गिनाए—(1) यश, (2) अर्थ, (3) व्यवहार-ज्ञान, (4) अमंगल-निवारण, (5) लोकोत्तर आनन्द और कान्ता सम्मित उपदेश। यद्यपि मम्मट की यह सूची व्यापक थी, पर हेमचन्द्र ने अपने काव्यानुशासन में इसका खंडन करते हुए तीन ही प्रयोजन स्वीकार किए—(1) आनन्द, (2) यश और (3) कान्ता सम्मित उपदेश। उन्होंने भामह की तरह आनन्द को प्रमुखता दी।

भामह का काव्य-हेतु या काव्य-कारण सिद्धान्त

भामह काव्य-निर्माण के कारण-तत्त्वों पर विचार करते हैं। उन्होंने "काव्यं तु जायते जातु कस्यचित् प्रतिभावत:" (1/5)। भामह की कारिकाओं से परवर्ती विवेचन में काव्य

हेतु के रूप में प्रयुक्त प्रतिभा, व्युत्पत्ति और अभ्यास का संकेत हुआ। उन्होंने प्रतिभा को काव्य का अनिवार्य हेतु माना। आनन्दवर्धन ने भी प्रतिभा के महत्त्व को समझाया है। वे कहते हैं कि 'महाकवियों के महाकवित्व का यही रहस्य है। यह प्रतिभा नामक परवाग्देवता ही है जो संकलित अर्थ को प्रकट करती है। रचयिता में जो प्रतिभा सक्रिय रहती है वही रचना का आस्वादन करते समय सहृदय को स्वतः कामधेनु की तरह वाग्धेनु रस को निष्यंदित करती है और रसावेश की आनन्ददानुभूति में उस प्रतिभा का भी वह साक्षात्कार कर लेता है। इसी प्रतिभा से महाकवियों की पहचान होती है। तभी महाकवियों का काव्य प्रसन्न और गम्भीर होता है और उनके द्वारा प्रयुक्त शब्द ध्वनि की तरह अनुगूँज पैदा करने में समर्थ होते हैं। अतः सहृदय को चाहिए कि वह काव्य में उन व्यंजक शब्दों का पुनः पुनः अनुसन्धान और प्रत्यभिज्ञान करे। यही प्रतिभा काव्य-हेतु के रूप में आह्लाद का अनुभव कराती है।

भामह कहना चाहते हैं कि काव्य-रचना की शक्ति किसी-किसी विरल प्रतिभाशाली को मिलती है और वह भी कभी-कभी प्राप्त होती है। इसके लिए उन्होंने 'जातु' और 'कस्यचित्' शब्द का प्रयोग किया है। प्रतिभा-विषयक ये दोनों विशेषताएँ आनन्दवर्धन द्वारा भी विवेचित हुई हैं। आनन्दवर्धन कहते हैं कि आस्वाद युक्त उस ध्वनि रूप अर्थ-तत्त्व को प्रवाहित करनेवाली महाकवियों की वाणी अलौकिक, स्फुरणशील प्रतिभा की विशिष्टता को व्यक्त करती है अथवा महाकवियों की प्रतिभा विरल और असामान्य होती है।[7]

प्रतिभा के बाद भामह दूसरे काव्य-हेतु व्युत्पत्ति पर विचार करते हैं। वे मानते हैं—शास्त्र, लोक और कला—तीनों ही ज्ञान-प्राप्ति के क्षेत्र हैं। काव्य के ज्ञाताओं द्वारा काव्य-रचना में प्रवृत्त होने की प्रेरणा भी अभ्यास का ही व्यावहारिक पक्ष है। भामह प्रतिभा को शक्ति और व्युत्पत्ति को निपुणता कहते हैं, अभ्यास स्वतः एक व्यावहारिक क्रिया है ही। कवित्व की प्रेरणा भी अत्यन्त महत्त्वपूर्ण होती है। कभी तो वह अन्तः स्फुरित चेतना के रूप में प्रकट होती है, कभी काव्य-रचना के दिशा-निर्देशक तत्त्वों द्वारा प्रकट होती है।

भट्टतोत ने प्रतिभा का लक्षण 'नवनवोन्मेषशालिनी प्रज्ञा, के रूप में किया है, अभिनव गुप्त इसे 'अपूर्ववस्तु निर्माणक्षमा प्रज्ञा' कहते हैं। प्रतिभा पूर्वजन्मार्जित संस्कार है, इस लिए सहज है। रुद्रट ने प्रतिभा को सहज और उत्पाद्य दो रूपों में लिया है (काव्यालंकार, 1/16)। आचार्य हेमचन्द्र भी प्रतिभा के दो भेद सहज और औपाधिक मानते हैं।

व्युत्पत्ति काव्य का दूसरा हेतु है। उसका अर्थ है—ज्ञान। वह ज्ञान भी शास्त्रीय और लौकिक होता है, एक का सम्बन्ध अध्ययन-मनन से और दूसरे का लोक-जीवन और अवेक्षण से होता है। शास्त्र बताता है कि हम कैसे कहें और लोक सिखाता है कि हम क्या कहें। यह लोक ही व्युत्पत्ति या ज्ञान प्रदान करने में सहायक होता है। भामह इस व्युत्पत्ति के क्षेत्र को अत्यन्त व्यापक बनाकर उसकी सीमा में सब प्रकार के काव्यांगों को समेट लेते हैं।

प्रायः सभी आचार्यों ने काव्य में प्रतिभा, व्युत्पत्ति और अभ्यास के महत्त्व को स्वीकार किया है। काव्यशास्त्र की आचार्य-परम्परा में काव्य-हेतुओं के आपेक्षिक महत्त्व

को लेकर अन्तर भले हो, पर भामह तो प्रतिभा, व्युत्पत्ति और अभ्यास—तीनों को काव्य का हेतु मानते हैं। 'पंचम कारिका' में उन्होंने प्रतिभा का और अष्टम कारिका में व्युत्पत्ति और अभ्यास का निर्देश किया है।

काव्य-भेद

भामह के 'काव्यालंकार' में चार प्रकार का काव्य-विभाजन मिलता है—

1. छन्द के अभाव और सद्‌भाव के आधार पर दो विभाजन—गद्य और पद्य।
2. भाषा के आधार पर तीन विभाजन—संस्कृत, प्राकृत और अपभ्रंश।
3. विषय के आधार पर चार विभाजन—ख्यातवृत्त, कल्पित, कलाश्रित और शास्त्राश्रित।
4. स्वरूप-विधान के आधार पा पाँच विभाजन—महाकाव्य, रूपक, आख्यायिका, कथा और मुक्तक।

संस्कृत आचार्यों ने गद्य और पद्य के काव्यत्व में मौलिक अन्तर नहीं माना। वे मानते थे कि जहाँ भी सरसता है, वहाँ काव्यत्व है। आगे चलकर तो गद्य को कवियों की कसौटी कहा गया। भामह ने गद्य-पद्य का नाम्ना निर्देश किया। भामह काव्य-विभाजन के भाषिक आधार में तीन भाषाएँ मानते हैं—संस्कृत, प्राकृत और अपभ्रंश। इससे यह तो स्पष्ट होता ही है कि संस्कृत की भाँति प्राकृत और अपभ्रंश को भी सम्मान प्राप्त था। भामह द्वारा प्रकल्पित काव्य के चार भेदों में ख्यातवृत्त और कवि-कल्पित तो प्रसिद्ध हुए पर अन्य दो भेद कलाश्रित और शास्त्राश्रित परवर्ती आलंकारिकों द्वारा स्वीकृत नहीं हुए।

संस्कृत साहित्य में गद्य हो या पद्य, उनके काव्यत्व में अन्तर नहीं होता। दंडी 'अपाद: पदसन्तानो गद्यम्' अर्थात् पाद रहित शब्द समूह को गद्य मानते हैं और जिसमें चार चरण हों, वह गद्य है। आचार्य वामन ने वृत्तगन्धि, चूर्ण और उत्कलिकाप्राय नामक तीन भेद गद्य के किए तो विश्वनाथ ने मुक्तक नामक एक प्रभेद जोड़कर गद्य-प्रभेदों की संख्या चार कर दी। इनमें चूर्णक गद्य कम समासवाला होता है और वह मुक्तक की कोटि का भी माना जाता है।

स्वरूप-विधान की दृष्टि से भामह ने काव्य के पाँच भेद किए—सर्गबन्ध, अभिनेयार्थ, कथा, आख्यायिका और अनिबद्ध। इनमें पद्य के दो प्रभेद हैं—सर्गबद्ध और अनिबद्ध। गद्य के दो प्रभेद हैं—कथा और आख्यायिका और मिश्र का एक अभिनेय। इनमें सर्गबन्ध महाकाव्य का पर्याय है और अनिबद्ध मुक्तक का पर्याय। अभिनेय से नाटक आदि का बोध होता है। भामह महाकाव्य की चर्चा करते हैं, पर खंडकाव्य की नहीं। विचारक मानते हैं कि खंडकाव्य में उनकी अरुचि रही होगी क्योंकि कालिदास के 'मेघदूत' जैसे खंडकाव्य में मेघ द्वारा सन्देश भेजने की बात उन्हें अयुक्तिमत् दोष (इल्लॉजिकल फैलेसी) लगी।

भामह मुक्तक का लक्षण नहीं देते। अभिनव गुप्त की दृष्टि में मुक्तक वह है जो पूर्वापर निरपेक्ष होकर भी रसास्वादन कराने में समर्थ हो—'पूर्वापर निरपेक्षणापि हि येन रस-चर्वणा क्रियते तदेव मुक्तकम्—ध्वन्यालोक लोचन, पृ. 275)। वामन मुक्तक को हीन कोटि का काव्य मानकर कहते हैं कि अग्नि का एक कण दीप्त नहीं होता, वैसे ही

अकेला, मुक्तक शोभाहीन होता है। पर इससे भिन्न आनन्दवर्धन मुक्तक में प्रबन्ध की भाँति रसोद्बोध की क्षमता स्वीकार करते हैं (ध्वन्यालोक, पृ. 175)।

मुक्तक स्वतंत्र भी हो सकते हैं और अभिनवगुप्त के अनुसार प्रबन्ध काव्य में भी यदि ऐसा कोई छन्द आता है जो अर्थ की दृष्टि से अपने आप में पूर्ण और पूर्वापर निरपेक्ष हो तो भी उसे मुक्तक कहा जा सकता है। (लोचन पृ. 174)।

महाकाव्य

भाम्ह का महाकाव्य-लक्षण प्राचीनतम उपलब्ध लक्षण है और यह संक्षिप्त रूप में कहा गया है। इनके अनुसार महाकाव्य सर्गबद्ध, महान चरित्रों से संबद्ध और आकार में बड़ा होता है। यह ग्राम्य शब्दों से रहित अर्थ-सौष्ठव से युक्त, अलंकारों से सम्पन्न, सदाश्रित, पंचसन्धि, मंत्रणा, दूतप्रेषण, अभियान, युद्ध और नायक के अभ्युदय वर्णन से युक्त होता है।' महाकाव्य, उत्कर्षशील, ऋद्धिपूर्ण अनतिव्याख्येय या अक्लिष्ट होना चाहिए। चतुर्वर्ग का प्रतिपादन होने पर भी महाकाव्य में अर्थ की प्रधानता हो और लौकिक आचार के साथ सभी रसों का समावेश हो। इसमें नायक का उत्कर्ष दिखाकर उसका वर्णन कथा के प्रारम्भ से अन्त तक हो एवं उसके वध का वर्णन नहीं हो। नायक का उत्कर्ष प्रदर्शित करने के लिए उसके वंश, बल, ज्ञान आदि गुणों का वर्णन हो, लौकिक व्यवहार का अतिक्रमण नहीं हो तथा सभी रस असंकीर्ण रूप से वर्तमान रहें।[8]

महाकाव्य के लक्षणों से ज्ञात होता है कि भामह धर्म, अर्थ, काम, मोक्ष के प्रतिपादन में अर्थ की महत्ता घोषित कर प्रवृत्तिपरक रूप को व्यक्त करते हैं। दूसरे नायक के रूप में राजा ही सभी लक्षणों पर खरा उतरता दिखाई देता है। इसका कारण था—सामन्ती व्यवस्था और दरबारी वातावरण की प्रमुखता। आचार्य देवेन्द्रनाथ शर्मा महाकाव्य में लोकस्वभाव अर्थात् औचित्य का महत्त्व स्वीकार करते हैं—"महाकाव्य को लोक-स्वभाव से युक्त होना चाहिए, यह कहकर भामह ने बहुत महत्त्वपूर्ण अंश को प्रस्तुत किया। यहाँ लोक स्वभाव केवल लौकिक आचार-व्यवहार का बोधक नहीं, उस तत्त्व का भी व्यंजक है, जिसे आनन्दवर्धन ने औचित्य कहा। सच तो यह है कि लोक-स्वभाव के पालन को ही औचित्य कहते हैं और उल्लंघन को ही अनौचित्य। जो जैसा है या जैसा होना चाहिए, उससे भिन्न वर्णन में अनौचित्य आता है और वह रस-भंग का अनन्य हेतु है।[9] इस विशेषण के द्वारा भामह ने अपनी सूक्ष्म अन्तर्दृष्टि का परिचय दिया है।"

भामह की एक बड़ी विशेषता इस बात में है कि उन्होंने रस को श्रव्य काव्य से जोड़ा, किन्तु महाकाव्य में अनेक रसों का निर्वाह कठिन भी होता है।[10]

अत: आनन्दवर्धन ने महाकाव्य में एक रस को अंगी रस की स्थापना को स्वीकार किया जो उचित भी था। यद्यपि विश्वनाथ ने केवल शृंगार, वीर, शान्त—इनमें से किसी एक को ही महाकाव्य का अंगी रस बनाने की व्यवस्था देकर उसे संकुचित ही किया।

आख्यायिका और कथा

भामह द्वारा प्रदत्त आख्यायिका के लक्षण की निम्नलिखित विशेषताएँ हैं—(1) आख्यायिका संस्कृत गद्य में हो, (2) शब्द, अर्थ और पद-संघटना क्लिष्ट न होकर

श्रुति सुखद हों, (3) उनका विषय उदात्त हो, (4) कथानक का विभाजन उच्छ्‌वास के रूप में किया गया हो, (5) नायक स्वयं अपनी कथा कहे, (6) समय-समय पर वक्त्र एवं अपरवक्त्र छन्दों के द्वारा आगे घटनाओं का संकेत हो, (7) कवि का विशेष अभिप्राय किसी कथन से चिह्नित हो, (8) कन्याहरण, युद्ध, वियोग-शृंगार, नायक के अभ्युदय से वह युक्त हो।[11]

कथा के लक्षण की विशेषताएँ[12] इस प्रकार हैं—

1. वक्त्र अपवक्त्र छन्द नहीं होने चाहिए।
2. उच्छ्‌वास नहीं हों
3. संस्कृत या प्राकृत आदि अन्य भाषाओं में कथा की रचना हो।
4. कथा नायक द्वारा नहीं किसी अन्य के द्वारा कही जाए।

कथा और आख्यायिका के एक तर्क से पूरी तरह सहमत होना कठिन है कि आख्यायिका में तो नायक स्वयं अपनी कथा कह सकता है और कथा में नायक की कथा दूसरा कोई कहे, यह बन्धन आगे चलकर शिथिल होता गया। स्वयं अपनी कथा कहना, यह अब भी स्वीकार्य है। दंडी ने भी आख्यायिका और कथा के भेद पर प्रश्न उठाए हैं। कवि के अभिप्राय प्रधान चिह्न जैसे भारवि के 'किरातार्जुनीयम्' में प्रत्येक सर्ग के अन्त में श्री शब्द का प्रयोग और माघ के शिशुपालवध में 'लक्ष्मी' शब्द जैसे प्रयोग केवल आख्यायिका में ही नहीं महाकाव्य में भी प्रयुक्त होते दिखाई पड़ते हैं। आख्यायिका और कथा के भेद-प्रभेदों की कल्पना की गई है। आनन्दवर्धन ने परिकथा, सकलकथा और खंडकथा की चर्चा की है।

हेमचन्द्र ने 'काव्यानुशासन' में आख्यान, निदर्शन, प्रवह्लिका, मतल्लिका, मणिकुल्या, परिकथा, खंडकथा, सकल कथा, उपकथा और वृहत्कथा पर विचार किया है।

दोष-विवेचन

काव्य तभी प्रभावोत्पादक और हृदयग्राही होता है जब वह निर्दोष होता है। दंडी का यह कथन प्रसिद्ध है कि सुन्दर से सुन्दर शरीर श्वेत कुष्ठ के एक दाग से भी अपनी रमणीयता खोकर दुर्भग हो जाता है, अतः दोष अनुपेक्षणीय है।[13]

भामह ने विस्तारपूर्वक दोषों का विवेचन किया है। उन्होंने प्रायः 170 कारिकाओं में दोष-निरूपण किया है। काव्यालंकार के प्रथम परिच्छेद में रीति-विवेचन करते समय उन्होंने छह दोषों—नेयार्थ, क्लिष्ट, अन्यार्थ, अवाचक, अयुक्तिमत् और गूढ शब्दाभिधान नामक दोषों की चर्चा करते हुए उनसे अलग चार और दोषों—श्रुतिदुष्ट, अर्थदुष्ट, कल्पनादुष्ट और श्रुतिकष्ट का निर्देश किया है। यह विवेचन क्रमरहित कहा गया है। गूढ़ शब्द-विधान नामक दोष तो भरत के 'नाट्यशास्त्र' के गूढ़ार्थ से अभिन्न है।

दोषों की दूसरी चर्चा दूसरे परिच्छेद में हुई है। उपमा अलंकार के विवेचन के बाद उपमा दोषों में हीनता, असम्भव, लिंगभेद, वचनभेद, विपयर्य, उपमानाधिक्य और असदृशता का उल्लेख हुआ है। भामह मेधावी द्वारा कहे गए सात उपमा-दोषों

को स्वीकार करते हैं। चतुर्थ परिच्छेद में जिन ग्यारह दोषों की चर्चा आई है, वे हैं—अपार्थ, व्यर्थ, एकार्थ, ससंश, अपक्रम, शब्दहीन, यतिभ्रष्ट, विसन्धि, देशकाल कलालोकन्यायागमविरोधी और प्रतिज्ञाहेतुदृष्टान्तहीन।[14] इन दोषों में एकार्थ तथा विसन्धि नाट्यशास्त्र में मिलते हैं। भामह का 'अपक्रम' दोष महाभारत में 'विक्रम' नाम से आया है। अत: भामह की इस दोष सूची में नए दोष दो ही हैं—

1. देशकाल कुलागम विरोधी और 2. हेतु दृष्टान्तहीन।

काव्यालंकार का चतुर्थ और पंचम परिच्छेद दोषों का विस्तृत विवेचन करता है। इन्हें विचारकों ने 'दोष परिच्छेद' ही कह दिया है। ऊपर वर्णित ग्यारहवें दोष प्रतिज्ञा-हेतु दृष्टान्तहीन का वर्णन पंचम परिच्छेद में है जो एकमात्र भामह द्वारा ही किया गया है। दंडी उस दोष को 'कर्कश' कहकर उपेक्षा की दृष्टि से देखते हैं और उनके बाद के आचार्य भी उसे ग्रहण नहीं करते, पर शेष दस दोषों को वे यथावत् स्वीकार कर लेते हैं। (काव्यादर्श, 3/125-126)।

भामह का दोष-विवेचन उनकी विवेचन एवं चिन्तन-शक्ति का तो प्रमाण है, पर इस विवेचन में क्रमबद्धता का अभाव है। पर वे दोषों को हर दृष्टि से हेय अवश्य ठहराते हैं (काव्यालंकार-3/54, 4/67)। इस दोष-निरूपण से यह स्पष्ट है कि ये काव्य के वाह्य तत्त्वों यथा शब्द, अर्थ, छन्द आदि से जुड़े हुए हैं न कि उसके आन्तरिक तत्त्व रस या ध्वनि से। अनेक विचारक यह मानते हैं कि भामह के समय तक काव्यालोचन अपनी प्रारम्भिक निर्माणावस्था में ही था। स्वभावत: उसकी दृष्टि स्थूल और काव्य के बाह्य तत्त्वों तक सीमित थी। उस समय तक ध्वनि-सिद्धान्त की भी प्रतिष्ठा नहीं हुई थी। काव्य के आन्तरिक तत्त्वों के विवेचन के बाद दोष-निरूपण में भी आगे चलकर सूक्ष्मता आती गई और गुण-दोष विवेचन रसानुभव के साधक या बाधक रूप में होने लग गया। भामह ने इक्कीस दोषों की प्रत्यक्ष चर्चा के अतिरिक्त अनेक दोषों का अप्रत्यक्षत: संकेत किया है, जिनसे परवर्ती काव्य-दोषों के विकास को प्रेरणा मिली। अत: भामह की इन अप्रत्यक्ष दोष-चर्चाओं का भी ऐतिहासिक महत्त्व है।

गुण विषयक धारणा

काव्यालंकार में काव्य-गुणों के स्वरूप-विवेचन में भामह की उद्भावना मौलिक कही जाएगी। उन्होंने भरत के दस गुणों को स्वीकार नहीं किया। भरत के जिन तीन गुणों का उल्लेख भामह करते हैं, उनके नाम भरत विवेचित दस गुणों से अवश्य लिए गए हैं, पर उनका स्वरूप निर्धारण स्वतंत्र रीति से हुआ है। काव्यालंकार में माधुर्य, ओज और प्रसाद को कहीं भी गुण नहीं कहा गया। इनका आधार पदों के समास को माना गया। द्वितीय परिच्छेद में भामह ने केवल तीन कारिकाओं में गुण की संक्षिप्त चर्चा की है।[15]

भामह की गुण सम्बन्धी धारणा में विवेचन को तर्कपूर्ण नहीं कहा जा सकता। गुण का स्वरूप, लक्षण, काव्य के अन्य तत्त्वों के साथ उसका सम्बन्ध ऐसे मौलिक प्रश्नों का समाधान भामह नहीं कर पाते। सम्भव है, वे यह मानते रहे हों कि काव्य का रसिक सहृदय इन गुणों से स्वत: सहज ही युक्त होगा।

गुण विषयक भामह की धारणा के सूत्र को संक्षेपतः इस प्रकार समझा जा सकता है—ओजगुण में समास की बहुलता होती है, माधुर्य गुण में श्रव्यत्व और अनतिसमस्तत्त्व होता है और प्रसाद गुण में अर्थ सुलभत्व और अनति समस्तत्व होता है।

डॉ. ए.वी. कीथ ने माना है कि गुणों की दस संख्या-सम्बन्धी दंडी की मान्यता के खंडन के लिए ही भामह ने उसकी संख्या तीन बताई है।[16] पर कीथ का यह सिद्धान्त इस मान्यता पर आधारित है कि दंडी भामह के पूर्ववर्ती हैं, पर अधिकांश विद्वान् और काव्यशास्त्र की चिन्तन-परम्परा में भामह दंडी के पूर्व आद्याचार्य के रूप में प्रतिष्ठित हैं। डॉ. सुशील कुमार डे ने भी स्वीकार किया है कि भामह दंडी से पूर्ववर्ती थे।[17] डॉ. राघवन एक मध्यम मार्ग निकालते हैं कि दंडी के दस गुणों एवं भामह के तीन गुणों में जो संख्यागत भेद है, वह प्राचीनकाल से चली आती हुई गुण सम्बन्धी दो विचाराधाराओं का प्रतिफलन है। ऐसा भी माना गया है कि कश्मीर सम्प्रदाय के आचार्य गुणों की संख्या तीन मानते थे और वैदर्भ सम्प्रदाय के आचार्य दस। सम्भवतः इसी विचारधारा में भामह ने पद-योजना के आधार पर गुणों के तीन भेद स्वीकार किए। वस्तुतः तीन गुणों का निर्देश करनेवाले भामह प्रथम आचार्य हैं। गुण-विवेचन की संख्या-परक धारणा भी रोचक है—आचार्य भरत ने 10 गुण माने थे, दंडी ने भी दस गुण माने, वामन ने बीस, तो भोज ने अड़तालीस गुणों को मान्यता दी। गुणों की इस संख्या-वृद्धि के पीछे कोई सबल तर्क नहीं था। वहाँ मनचाही स्थिति ही मुख्य थी। भामह द्वारा समर्थित और प्रस्तुत ये तीन गुण पश्चाद्वर्ती आलोचकों के लिए भी प्रकाश-स्तम्भ का कार्य करते दिखाई देते हैं।

भामह 'गुण' शब्द का प्रयोग भाविक अलंकार की चर्चा करते हुए गुण के प्रयोग वैशिष्ट्य के रूप में करते दिखाई देते हैं। वहाँ वे गुण के पारिभाषिक रूप की चर्चा नहीं करते। भाविक अलंकार की चर्चा में वे गुण को प्रबन्ध विषयक गुण मानते हैं (काव्यालंकार-3/53)। भामह के अनुसार 'भाविक प्रबन्ध गुण' वहाँ होता है जहाँ अतीत और अनागत अर्थ प्रत्यक्षायमाण हो जाते हैं (वही, 3/53)। भामह ने भाविक गुण के हेतु के रूप में कई गुणों का उल्लेख किया है। वे गुण हैं—चित्र अर्थत्व, उदात्त अर्थत्व, अद्भुत अर्थत्व, कथा की स्वभिनीतता तथा शब्दों की अनाकुलता। प्रबन्ध गुण भाविक में इन सभी गुणों का मिश्रण बताया गया है। इन गुणों की कोई परिभाषा नहीं दी गई है। विश्वनाथ, अप्पय दीक्षित जैसे आचार्य भाविक की गणना काव्य-गुण में नहीं करते। वे भाविक को काव्य का अर्थ-गत अलंकार स्वीकार कर उसकी गणना काव्यालंकारों की श्रेणी में करते हैं। भामह का भाविक प्रबन्ध गुण और परवर्ती आचार्य अप्पय दीक्षित का भाविक अलंकार एक ही है। विश्वनाथ की परिभाषा भी इससे मिलती-जुलती है। ऐसा प्रतीत होता है कि स्वयं भामह भी इसे 'गुण' कहकर भी अलंकार ही मानते रहे होंगे। तभी उन्होंने उसका उल्लेख गुण-विवेचन के प्रसंग में नहीं करके अलंकार-प्रसंग में किया है। भामह का यह भाविक गुण आचार्य भरत के उदारता गुण का भी स्मरण दिला देता है। मूलतः भामह ने तीन गुणों की तो चर्चा की, पर कुछ अन्य काव्य-गुणों की ओर संकेत मात्र भी कर दिया।

अलंकार-विवेचन

भामह का अलंकार-विवेचन महत्त्वपूर्ण और व्यापक है। 'काव्यालंकार' में उनके विवेचन के तीन ही महत्त्वपूर्ण पक्ष हैं—वे हैं, गुण, दोष और अलंकार। आद्याचार्य भामह की अलंकार-धारणा ने परवर्ती आलंकारिकों को बहुत दूर तक प्रभावित और प्रेरित किया है।

भामह अलंकारवादी के रूप में प्रसिद्ध हैं और उन्हें अलंकार-सिद्धान्त का प्रतिष्ठापक भी माना गया है। इस प्रसंग में यह मौलिक प्रश्न उठता है कि जैसे वामन रीति को, कुन्तक वक्रोक्ति को, आनन्दवर्धन ध्वनि को या विश्वनाथ रस को काव्य की आत्मा घोषित करते हैं, वैसे ही भामह कहीं भी अलंकार को काव्य का प्राण या आत्मा नहीं कहते, वे अलंकार का स्पष्ट लक्षण भी नहीं करते, फिर भी उनके अलंकारवादी होने के प्रमाण विद्वानों ने दिए हैं—

1. भामह ने अलंकार को काव्य शोभा का आधायक तत्त्व ठहराया (काव्यालंकार 1/14)।
2. भामह ने अपने ग्रंथ 'काव्यालंकार' का बहुलांश (400 में से 151 कारिकाएँ) अलंकार-निरूपण में व्यय किया। भामह के समय में या उनके परवर्ती युगों में भी अलंकार शब्द केवल उपमा, रूपक आदि अलंकारों के अर्थ तक संकुचित न होकर काव्य-सौंदर्य के निष्पादक सभी तत्त्वों के लिए होता था। दंडी, वामन आदि सभी सौंदर्य मात्र को अलंकार कहते हैं। ('सौंदर्यमलंकार':—वामन)। भामह के परवर्ती आचार्य दंडी ने भी अपने काव्यादर्श में 'काव्यशोभाकरान् धर्मान् अलंकारान् प्रचक्षते' (काव्यादर्श, 2/1) कहा। "उन्होंने गुण और अलंकार में भी भेद नहीं माना। मुख आदि पाँच सन्धियों, उपक्षेप आदि चौंसठ सन्ध्यंगों, कैशिकी आदि चार वृत्तियों, नर्म आदि सोलह वृत्त्यंगों और भूषण आदि छत्तीस लक्षणों को भी अलंकार में लिया।"—(द्रष्टव्य भामह विरचित 'काव्यालंकार', पृ. 40)।

भामह की अलंकार-धारणा के सम्बन्ध में आचार्य देवेन्द्रनाथ शर्मा द्वारा निरूपित सोलह तथ्य-सूत्र रूप में भामह के अलंकार विषयक दृष्टिकोण को पूर्णत: स्पष्ट करते हैं और उनसे सहमत होने में कोई असुविधा नहीं है—

1. भामह ने अलंकार का कोई सामान्य लक्षण नहीं दिया है।
2. शब्दालंकार और अर्थालंकार का न तो क्षेत्र-निर्धारण है, न अलंकारों का वर्गीकरण।
3. अलंकारों के पौर्वापर्य में कोई यौक्तिक क्रम नहीं है। एक अलंकार के बाद दूसरा अलंकार यों ही रख दिया गया है।
4. अनेक अलंकारों, जैसे ग्राम्यानुप्रास, लाटानुप्रास, दीपक प्रेय, ऊर्जस्वी, समाहित, उदात्त आदि के लक्षण हैं ही नहीं, केवल उदाहरण हैं।
5. परम्परागत अलंकारों में कुछ का खंडन है, जैसे—हेतु, सूक्ष्म और लेश का, कुछ का अनिच्छापूर्वक उल्लेख है, जैसे स्वभावोक्ति या आशी: का।
6. कुछ अलंकारों में इतना सांकर्य है कि उनका अन्तर दिखाना सम्भव नहीं।

उदाहरणार्थ श्लिष्ट और रूपक का, उपमारूपक और रूपक का अथवा उत्प्रेक्षावयव और संसृष्टि का।

उत्प्रेक्षावयव में श्लिष्ट, उत्प्रेक्षा और रूपक इन तीनों का मेल है और संसृष्टि अलंकार वहीं होता है, जहाँ अनेक अलंकारों का मेल रहता है, फिर उत्प्रेक्षावयव को पृथक् मानने की क्या आवश्यकता?

7. एक अलंकार की अपेक्षा अनेक अलंकारों की एकत्र स्थिति अधिक शोभाजनक होती है, जैसे कि संसृष्टि को 'पराविभूषा' कहने से स्पष्ट है। अलंकारों की यह स्थिति परस्पर सापेक्ष हो या निरपेक्ष (जिसके आधार पर आगे चलकर संकर और संसृष्टि का पार्थक्य निर्धारित हुआ)। इस पर भामह मौन हैं।
8. भाविक को भामह ने प्रबन्धगत ही माना, पर उत्तरवर्त्ती आलंकारिकों ने उसका अस्तित्त्व स्फुट पद्यों में भी दिखाया।
9. उदात्त के दो रूप भामह ने प्रस्तुत किए—एक आशय की महत्ता में, दूसरा विभूति की महत्ता में। पर आगे चलकर विभूति की महत्ता में ही उदात्त अलंकार माना जाने लगा।
10. रस का रसवत् नाम से अलंकार में ग्रहण।
11. भामह में भेद-बाहुल्य की प्रवृत्ति नहीं है। उनका सिद्धान्त था—'न ज्यायान् विस्तरो मुधा—2/38।

अत: भामह ने अलंकारों का मूल रूप ही दिया है, भेदोपभेदों को छोड़ दिया है जो दंडी को बहुत प्रिय हैं। उदाहरणार्थ, दंडी ने उपमा के 32 भेद किए जो आगे चलकर छोड़ दिए गए।

12. भामह कृत अलंकार-लक्षण प्राय: स्पष्ट हैं और उदाहरण लक्षणानुकूल। यह ठीक है कि उनमें अनेकत्र परिमार्जन का अभाव है, जो प्राचीनता के कारण है।
13. मेधावी ने सात उपमा दोषों का उल्लेख किया था, उसे भामह ने स्वीकार किया। भामह, अलंकार को दोषमुक्त रखने के पक्ष में थे। यह बात महत्त्वपूर्ण है कि भामह दोष का लक्षण तो नहीं देते, पर प्रकारान्तर से अपनी राय यह कहकर अवश्य देते हैं कि दोष या तो काव्य का नाश करते हैं या उनका अपकर्ष करते हैं। वे दुष्ट काव्य-रचना को अकवित्व नहीं 'कुकवित्व' कहते हैं, जिसे वे कवि की साक्षात् 'मृति' मानते हैं—"कुकवित्वं पुन: साक्षान् मृतिर्माहु: मनीषिण: (1/2)। काव्य में दोष नहीं आए, इस विषय में भामह कठोर दिखाई पड़ते हैं। वे यह भी कहते हैं कि जैसे एक दुष्ट पुत्र की उत्पत्ति से निन्दा होती है वैसे ही अशोभन काव्य भी दुखदायक होता है (वही, 1/11)।
14. भामह उपमा आदि समस्त सादृश्यमूलक अलंकारों के मूल में फैली एक विसंगति का बड़ी स्पष्टता और सरलता से निवारण कर देते हैं। वस्तुत: उपमा वहाँ दी जाती है जब एक वस्तु की तुलना दूसरी वस्तु से करें तो उनमें हर प्रकार से सादृश्य होना चाहिए। तभी यह तुलना उचित कही जाएगी, पर किसी भी तुलना में ऐसा होता नहीं, फिर भी उपमा दी जाती है। इसके लिए

भामह ने स्पष्ट रूप से निर्देश दिया कि 'गुण लेशमात्र' से भी साम्य दिखाई दे तो उपमा के लिए पर्याप्त है। (काव्यांलकार, 2/46)।

15. भामह अलंकार और अलंकार्य का अन्तर स्पष्ट नहीं करते, पर उसकी ओर संकेत अवश्य करते हैं। 'स्वभावोक्ति अलंकार' की चर्चा करते हुए वे कहते हैं कि 'स्वभावोक्ति अलंकार' है, ऐसा कुछ लोग कहते हैं—इस कथन से दो बातें स्पष्ट होती हैं—एक तो भामह के पूर्व भी अलंकार-धारणा से सम्बन्धित ग्रंथ लिखे जा रहे थे, जो अब अप्राप्त हैं। दूसरे, भामह को स्वभावोक्ति की अलंकारता मान्य नहीं है। इसको कुन्तक ने अधिक विस्तार से स्पष्ट किया है। स्वभावोक्ति तो अलंकार्य है, उसे ही यदि अलंकार मान लें तो फिर अलंकार किसे कहेंगे? कोई अपना अलंकार आप ही नहीं बन जाता; निपुण से निपुण व्यक्ति भी अपने कन्धे पर स्वयं नहीं चढ़ सकता।

कुन्तक ने स्वभावोक्ति, प्रेय, ऊर्जस्वी तथा समाहित के अलंकारत्व का खंडन कर उन्हें अलंकार्य के रूप में स्वीकार किया है। इसी प्रकार आशी: अलंकार को भी वे अलंकार्य ही मानते हैं। कुन्तक ने अलंकार और अलंकार्य के भेद और अभेद के प्रश्न पर तर्कपूर्ण विचार प्रस्तुत किए हैं। उन्होंने वक्रोक्ति को जो उनके अनुसार काव्य का सर्वस्व है, अलंकार्य नहीं मानकर अलंकार माना है। उनके अनुसार 'अलंकार्य' शब्द और अर्थ है। अलंकार रहित शब्दों का प्रयोग लोक-व्यवहार में होता है, ऐसे शब्दार्थ को 'वार्ता' कहते हैं। स्वभावोक्ति को भी अलंकार न मानकर अलंकार्य मानने के पीछे कुन्तक का यही आशय है कि स्वभावोक्ति अर्थात प्रकृत शब्दार्थ अलंकृत होने पर ही काव्य की कोटि में आते हैं। "वे वक्रोक्ति से अलंकृत होते हैं, अत: अलंकार्य हैं।" कुन्तक घोषणा करते हैं कि सालंकार उक्ति ही काव्य है। उसमें अलंकार और अलंकार्य की परस्पर स्वतंत्र सत्ता नहीं, फिर भी काव्य की व्युत्पत्ति और उसके स्वरूप-विवेचन के लिए अलंकार और अलंकार्य को अलग-अलग कल्पित कर उनका विवेचन किया जाता है।[18] अलंकार और अलंकार्य की पृथक्ता की आवश्यकता को बताने के लिए कुन्तक ने एक उदाहरण दिया है कि वैयाकरण वाक्य में पद, वर्ण आदि अलग-अलग सत्ता नहीं मानते, फिर भी व्याकरण ग्रंथों में पद के अन्तर्गत प्रकृति-प्रत्यय का तथा वाक्य के अन्तर्गत पदों का पृथक्-पृथक् विवेचन किया जाता है।[19]

भामह ने भी 'काव्यालंकार' के पंचम परिच्छेद में वक्रार्थ शब्दोक्ति को अलंकार माना है।[20] वे अपने वक्रोक्तिवादी होने का प्रमाण देते हैं। भामह ने भी वक्रोक्ति विशिष्ट रचना को ही काव्य माना है; जहाँ वक्रोक्ति नहीं वहाँ काव्यत्व नहीं। उनके अनुसार वक्रोक्ति शून्य अभिधान 'वार्ता' है (2/87)। भामह का यही 'वार्ता' शब्द कुन्तक के विवेचन में गृहीत हुआ है।

भामह काव्यालंकार के पंचम परिच्छेद में काव्य की शोभा का कारण वक्रोक्ति को ठहराते हैं। वे बताना चाहते हैं कि जो अलंकार्य है, उसे लोग अलंकार मान बैठते हैं। 'काव्यालंकार' (5/64 तथा 5/66) में उन्होंने स्पष्ट किया है कि कई कविगण प्रकाशमान मणियों, फल भार से नमित वृक्षों और विकसित पुष्पों का वर्णन करके मान लेते हैं कि वाणी में चमत्कार पैदा हो गया और काव्य भी निर्मित हो गया,

पर उपादानों से काव्य की शोभा नहीं बढ़ती। काव्य की वास्तविक शोभा तो वक्रोक्ति से ही होती है।

16. भामह द्वारा किए गए अलंकार-लक्षण में अलंकारों का बीजभूत वैशिष्ट्य अवश्य मिलता है। इसी कारण उनके द्वारा निर्दिष्ट प्राय: सभी अलंकार पश्चाद्वर्ती आलंकारिकों द्वारा स्वीकृत कर लिए गए हैं। उनके 38 अलंकारों में केवल दो अलंकार, उत्प्रेक्षावयव और उपमारूपक ही आगे चलकर स्वीकृत नहीं हुए। भामह ने अपने अलंकार निरूपण से पश्चाद्वर्ती आलंकारिकों का चिन्तन परिपुष्ट किया, इसमें सन्देह नहीं।

भामह ऐसे प्रथम आचार्य माने गए हैं जिन्होंने अलंकार एवं गुण के विवेचन में सर्वथा स्वतंत्र परम्परा का प्रवर्त्तन किया। एक प्रकार से भारतीय काव्यशास्त्र का सुसंबद्ध इतिहास प्रारम्भ करने का श्रेय भामह को ही जाता है। भामह ने अलंकार का मूल तत्त्व अतिशयोक्ति को माना। अतिशयोक्ति का अर्थ है "लोकातिक्रान्तगोचर वचन।"[21] किसी उक्ति को बढ़ा-चढ़ाकर कहना अतिशयोक्ति और घुमा-फिरा कर वक्रतापूर्ण ढंग से कहना वक्रोक्ति है। भामह की अतिशयोक्ति विषयक धारणा का उत्तरवर्ती आलंकारिकों ने समर्थन किया। दंडी ने भी कहा कि वृहस्पति द्वारा प्रशंसित यह अतिशयोक्ति अन्य अलंकारों का भी प्रधान और सर्वश्रेष्ठ आधार है (काव्यादर्श, 2/220)। आनन्दवर्धन ने भी इसकी उपयोगिता को स्वीकार करते हुए कहा।[22] ('प्रथमंतावदतिशयोक्ति गर्भता सर्वालंकारेषु शक्यक्रिया) अर्थात् पहले तो सभी अलंकारों की अतिशयोक्तिगर्भिता सम्भव है। महाकवियों द्वारा प्रयुक्त होकर वह अवर्णनीय काव्य-शोभा को पुष्ट करती है।

अलंकार का बीजभूत तत्त्व—अतिशयोक्ति

अतिशयोक्ति-तत्त्व के व्यापक समर्थन क्रम में मम्मट ने भी काव्य-प्रकाश के प्रथम उल्लास में 'विशेष' अलंकार के विवेचन-क्रम में अतिशयोक्ति को अलंकारों का प्राण स्वीकार किया है—(काव्य प्रकाश, पृ. 743)। वास्तव में यह अतिशयोक्ति अलंकरण का बीजभूत तत्त्व है।

आचार्य देवेन्द्रनाथ शर्मा अतिशयोक्ति और वक्रोक्ति की भिन्नता के महत्त्व को स्पष्ट करते हुए कहते हैं—"भामह के सैषा सर्वैव वक्रोक्तिः" इस कथन का अर्थ करते हुए प्रायः सभी ने अतिशयोक्ति को वक्रोक्ति का पर्याय बताया है, पर हमारी धारणा है कि ग्रंथकार दोनों को पर्याय रूप में उपस्थित करने के पक्षपाती नहीं हैं। पहले दोनों शब्दों के वाच्यार्थ को ही लें। अतिशयोक्ति और वक्रोक्ति में जो अतिशय और वक्र शब्द है, वे क्या एक ही अर्थ के वाचक हैं? अतिशयोक्ति का अर्थ है—बढ़ा-चढ़ाकर कहना और वक्रोक्ति का अर्थ है—घुमा-फिराकर कहना। फिर दोनों पर्याय कैसे हुए? अतिशयोक्ति का लक्ष्य है—गुणातिशय योग और वक्रोक्ति का अभिव्यंजना -वैचित्र्य। चमत्कार के लिए दोनों आवश्यक हैं। अत: इसको = अतिशयोक्ति = वक्रोक्ति = चमत्कार न कहकर अतिशयोक्ति वक्रोक्ति—चमत्कार कहना अधिक संगत है। अतिशयोक्ति काव्य में लोकोत्तरता—असाधारणता लाती है और वक्रोक्ति रमणीयता।"—(भामह विरचित काव्यालंकार पृ. 42)

भामह 38 अलंकारों का विवेचन करते हैं। आचार्य भरत ने केवल चार अलंकार निर्दिष्ट किए थे, पर भामह ने अपनी सूक्ष्म विवेचन-पद्धति से उनकी संख्या में विस्तार किया। यह कहना कठिन है कि इनमें कितने अलंकार पूर्व परम्परा से गृहीत हैं, कितने स्वयं भामह द्वारा उद्‌भावित? इन सभी अलंकारों के उदाहरण स्वयं भामह द्वारा रचित है, (2/98) यह उनकी अलंकार-धारणा के वैशिष्ट्य को दर्शाता है।

भामह ने शब्दालंकार के रूप में अनुप्रास और यमक को लिया है। शेष अर्थालंकार 36 हैं, जो निम्नलिखित हैं—(1) रूपक; (2) दीपक; (3) उपमा; (4) आक्षेप; (5) अर्थान्तरन्यास; (6) व्यतिरेक; (7) विभावना; (8) समासोक्ति; (9) अतिशयोक्ति; (10) यथासंख्य; (11) उत्प्रेक्षा; (12) स्वभावोक्ति; (13) प्रेय; (14) रसवत्; (15) ऊर्जस्वी; (16) पर्यायोक्त; (17) समाहित; (18) उदात्त; (19) श्लिष्ट; (20) अपह्नुति; (21) विशेषोक्ति; (22) विरोध; (23) तुल्ययोगिता; (24) अप्रस्तुतप्रशंसा; (25) व्याजस्तुति; (26) निदर्शना; (27) उपमारूपक; (28) सहोक्ति; (30) परिवृत्ति; (31) ससन्देह; (32) अनन्वय; (33) उत्प्रेक्षावयव; (34) संसृष्टि (35) भाविकत्व और (36) आशीः।

डॉ. राममूर्ति त्रिपाठी अतिशयता और वक्रता के सम्बन्ध में थोड़ी भिन्न धारणा रखते हैं—"भारतीय रचनात्मक तथा शास्त्रात्मक वाङ्मय में भामह, दंडी जैसे अलंकारवादी आचार्यों से पूर्व वक्रोक्ति को उस तरह उपस्थापित नहीं किया गया, जिस तरह से इन लोगों ने किया। भामह ने काव्य का केंद्रीय तत्त्व 'चारुता' माना और उसका स्रोत अलंकार। उनकी धारणा है कि इन अलंकारों की स्वरूप-निष्पत्ति वक्रता सापेक्ष है। इनकी दृष्टि में 'वक्रता' शब्द और अर्थ की लोकात्तीर्ण रूप से अवस्थिति है।[23] इन्होंने अतिशय को उसके पर्याय के रूप में प्रयुक्त किया है।"

डॉ. गणेश त्र्यम्बक देशपांडे अपनी पुस्तक 'भारतीय साहित्य शास्त्र' में कवि के उक्ति-विशेष को ही काव्य की विशेषता मानते हैं। शास्त्र एवं काव्य, दोनों में शब्द तथा अर्थ तो समान ही रहते हैं, पर उन्हीं शब्दार्थों को कवि अपने काव्य में ऐसी औचित्य पूर्ण रीति से प्रयुक्त करता है कि वे ही शब्दार्थ रसवृत्ति में पर्यवसित होते हैं। यही कवि-व्यापार है। 'वक्रोक्ति' भी इसी का एक पर्याय है। अभिनव गुप्त ने कहा है—'बन्धो गुम्फः, भणितिः वक्रोक्तिः, कवि व्यापारः, इति हि पर्यायात् लक्षणं तु अलंकार शून्यमपि च निरर्थकम्'। वक्रोक्ति शब्द से भामह का भी कवि व्यापार से ही अभिप्राय है। अभिनव ने कहा है—'भामहेनापि'—'सैषा सर्वत्र वक्रोक्तिरनयार्थो विभाव्यते' इत्यादि। भामह का कथन है कि वक्रोक्ति से अर्थ का विभावन होता है। कवि व्यापार ही अर्थ के विभावन का एकमात्र मार्ग है। अर्थ यह कि वक्रोक्ति संज्ञा से भामह को कवि व्यापार ही अपेक्षित है।[24]

भामह द्वारा प्रस्तुत अर्थालंकारों में कतिपय अलंकार भरत के लक्षणों से प्रेरित हैं। भरत द्वारा प्रस्तुत लक्षण आगे चलकर अलंकार का रूप लेते दिखाई पड़ते हैं। कुछ उदाहरण देखे जा सकते हैं—जैसे भरत के प्रतिषेध तथा मनोरथ लक्षणों के योग से भामह का आक्षेप अलंकार उद्‌भूत हुआ है। भरत के शोभा और उदाहरण लक्षणों के मिश्रण से अर्थान्तरन्यास अलंकार बना है। अभिनव गुप्त ने माना है कि भरत के अलंकार में अतिशय नामक लक्षण के योग से अतिशयोक्ति नामक नवीन अलंकार की रचना हुई है

(अभिनव भारती, पृ. 321)। भामह ने अतिशयोक्ति में लोक का अतिक्रमण करने वाले कथन पर बल दिया है। भरत ने भी अतिशय में इससे मिलती-जुलती बात कही है।[25]

भरत ने स्वभावोक्ति अलंकार से मिलती-जुलती धारणा अपने अर्थव्यक्ति गुण में व्यक्त की है। ऐसा सम्भव प्रतीत होता है कि भरत की रस-धारणा से प्रभावित होकर ही भामह ने रसवत् अलंकार की कल्पना की हो। भरत रसवादी थे, भामह अलंकारवादी। अत: सम्भावना है कि उन्होंने रस को भी अलंकार की सीमा में सन्निविष्ट करने का प्रयत्न किया हो। भामह को अपने पर्यायोक्त अलंकार की प्रेरणा सम्भवत: भरत के गुणानुवाद लक्षण से मिली हो। अपने उदात्त अलंकार को प्रस्तुत करते समय वे भरत के उदार गुण से प्रेरित जान पड़ते हैं। भामह का श्लिष्ट अलंकार भरत के रूपक अलंकार से प्रेरित प्रतीत होता है। भरत के मनोरथ लक्षण का प्रभाव भामह के अप्रस्तुत प्रशंसा अलंकार पर दिखाई देता है। भरत का प्रोत्साहन लक्षण भी कुछ इसी कोटि का है, अत: अप्रस्तुत प्रशंसा अलंकार के स्वरूप-गठन में मनोरथ एवं प्रोत्साहन लक्षणों का प्रभाव देखा जा सकता है। इसी प्रकार भरत के कपट तथा प्रिय लक्षणों का प्रभाव व्याजस्तुति में देखा जा सकता है। भामह के निदर्शना अलंकार के मूल में भरत के दृष्टान्त तथा उदाहरण लक्षणों के साथ किंचित सदृशी उपमा का प्रभाव मिलता है। भरत के दीपक अलंकार की परिभाषा का बदला हुआ रूप सहोक्ति अलंकार है।

भरत का संशय सन्देह अलंकार के रूप में तथा अनन्वय नाट्यशास्त्र के उपमा अलंकार के सदृशी भेद से प्रेरित है। भरत के लक्षण का प्रभाव भामह के संसृष्टि अलंकार में देखा जा सकता है। भामह का भाविक अलंकार भरत के उदारता गुण आदि तत्त्वों का मेल है। भामह का अनुप्रास भरत के यमक का भेद भर है।

इस प्रकार भामह के कई अलंकारों की रचना भरत के लक्षणों, गुण-धारणा आदि से अनुप्राणित है। भामह द्वारा रचित उनके मौलिक अलंकार हैं—विभावना, विशेषोक्ति एवं यथासंख्य। उनका श्लिष्ट अलंकार अंशत: रूपक से प्रभावित है और अंशत: मौलिक भी है। परिवृत्ति और भाविक अलंकार भी अंशत: मौलिक माने गए हैं।

भामह के युग में समकालीन वैयाकरणों और नैयायिक शास्त्रकारों से मतभेद की चर्चा विद्वानों ने की है। यह विरोध आगे भी चलता रहा, जिसकी चर्चा क्षेमेन्द्र द्वारा भी हुई है। आनन्दवर्धन भी कहते हैं कि केवल शब्द विद्या से या तर्क के पांडित्य से काव्य के अर्थ का भावन नहीं होता (शब्दार्थ शासन ज्ञान मात्रेणैव न वेद्यते। वेद्यते स तु काव्यार्थ तत्त्वज्ञैरेव केवलम्)। औचित्यचादी क्षेमेन्द्र तो यहाँ तक कहते हैं कि यदि तुम्हें सत्कवि बनना है तो किसी शब्द पंडित या तर्क पंडित को गुरु मत बनाओ क्योंकि वे तो पढ़ाने पर भी काव्य नहीं समझ सकते। (शिक्षा सहस्रैरपि सुप्रयुक्तै:)।

देखा गया है कि हर नए युग के नए विचारक को किसी-न-किसी प्रकार विरोध झेलना ही पड़ता है। भारतीय काव्यशास्त्र भी इससे अछूता नहीं है। इस विरोध की प्रतिक्रिया में काव्य की विशेषताओं का शास्त्रीय दृष्टि से विवेचन आरम्भ हुआ, उसी से काव्य-साधुत्व (ग्रामर ऑफ पोएट्री) का निर्माण हुआ। भामह ने इनमें न्याय-निर्णय को काव्य-न्याय-निर्णय और शब्द शुद्धि को काव्य-शब्द-शुद्धि कहा है। ये ही नाम उन्होंने परिच्छेदों के दिए हैं।[26]

काव्य शब्द साधुत्व (व्याकरण)

काव्यशास्त्रीय ग्रंथों में व्याकरण का विवेचन भामह के 'काव्यालंकार' और वामन के 'काव्यालंकार सूत्र वृत्ति' नामक ग्रंथों में मिलता है। व्याकरण की काव्योचित बारीकियों को समझने-समझाने के लिए इसे काव्यशास्त्र में सम्मिलित किया गया। भामह ने अनुभव किया कि आरम्भ में यदि प्रयोजनीय शब्दों का ज्ञान कवि को मिल जाए तो यह लाभदायक हो सकता है। भामह मानते हैं कि केवल शब्द-संस्कार से काव्य नहीं होता, उसे अर्थ-संस्कार भी चाहिए। शब्द और अर्थ, दोनों की एकता आवश्यक है। वे किसी वैयाकरण की तरह व्याकरण को महत्त्व अवश्य देते हैं, पर केवल शब्द की शुद्धता काव्य का प्रमाण या मापक तत्त्व नहीं है। कवि को चुने हुए अनुकूल शब्दों पर ध्यान देना पड़ता है। डॉ. गणेश त्र्यम्बक देशपांडे ने इसे उदाहरण देते हुए समझाया है कि 'पश्यति स्त्री' और 'विलोकयति कान्ता'—इनमें शब्द-व्युत्पत्ति के अनुसार कोई भेद नहीं होता। दोनों व्याकरण की दृष्टि में भले समान हों, पर कवि उनके अन्तर को पहचानता है। भामह के 'काव्य शब्द शुद्धि' नामक षष्ठ परिच्छेद का प्रयोजन ही काव्य की दृष्टि से शब्दों का साधुत्व और असाधुत्व निर्धारित करता है। भाषा की तरह काव्य में भी शब्दों का निर्णय व्याकरण करता है। भामह लिखते हैं कि दूसरों के प्रयोग देखकर रचना करनेवाला कवि 'अन्य सारस्वत' है। कवि को 'सिद्ध-सारस्वत' होने के लिए शब्द-अर्थ आदि का निर्णय लोक-व्यवहार से करना पड़ता है। वे मानते हैं कि शब्दों के संकेतित अर्थ को ही परम अर्थ समझने वाले मन्द हैं। भामह काव्य के व्याकरण का निर्माण करते हैं। शब्द-पांडित्य प्रदर्शित करने वाले अनेक कवि भामह के युग में रहे होंगे, उनमें राम शर्मा कवि के 'अच्युतोत्तर' काव्य और भट्टि कवि का भट्टि काव्य व्याकरण की महिमा का उद्घोषक था। तात्पर्य यह कि भामह केवल शब्द-व्युत्पत्ति को नहीं, प्रतिभा को आवश्यक मानते थे क्योंकि प्रतिभा से ही 'काव्यपाक' पूर्ण होता है।

काव्य-न्याय-निर्णय

काव्य के लिए शब्द-व्युत्पत्ति के साथ अर्थ-व्युत्पत्ति भी आवश्यक है। तार्किकों के हस्तक्षेप के बावजूद भामह ने वक्रोक्ति का महत्त्व घोषित किया। काव्य भी शास्त्रीय तर्क के औचित्य को महत्त्व देता है। काव्य का आधार लोकानुभव है, अतः काव्यगत वर्णन लोकानुभव की दृष्टि में सत्य ठहरते हैं। काव्यन्याय का यही 'प्रत्यक्ष' सिद्धान्त है।

अर्थ सिद्धि का दूसरा प्रमाण अनुमान है। अनुमान के तीन अंग-प्रतिज्ञा हेतु और दृष्टान्त काव्यगत अनुमान में भी होते हैं, पर उनकी काव्यगत सत्यता लोकाश्रित होती है। काव्यालंकार के पाँचवें परिच्छेद के 35 से 60 तक की कारिकाओं में इनका विवेचन हुआ है। इन सबों में भामह ने वक्रोक्ति की सत्यता सिद्ध की है। उनके इस न्याय-निर्णय को ही डॉ. देशपांडे 'लॉजिक ऑफ पोएट्री' की संज्ञा देते हैं। इस दृष्टि से भामह का विवेचन पांडित्य और वैदग्ध्य का मिश्रण कहा जा सकता है। भामह की इस विचार-पद्धति को दंडी स्वीकार नहीं करते। उन्हें इस विवेचन की कोई आवश्यकता प्रतीत नहीं होती। वे 'विचारः कर्कशः प्रायस्तेनालीढेन किं फलम्' इतना भर कहकर विराम ले लेते

हैं। यह भेद देखने पर लगता है कि "भामह कविता का वकील है तो दंडी कविता का अध्यापक है।" भामह सत्काव्य और सत्कवि के रसिक हैं। साथ ही, वे कुकाव्य का तिरस्कार करते हैं। वे कवित्व को एक तप मानते हुए मानो निर्देश देते हैं कि कवित्व के लिए व्याकरण, छन्द, अभिधान कोश, इतिहास, लोक व्यवहार, युक्ति, कला आदि से परिचय आवश्यक है। काव्य रचने के लिए प्रतिभा तो चाहिए ही, पर व्युत्पत्ति का संस्कार भी हो तो प्रतिभा और भी निखरती है। वे स्पष्ट घोषणा करते हैं कि कवित्व न भी हो तो चल सकता है, कवित्व न होने से अधिक-से-अधिक क्या होगा? अधर्म होगा, व्याधि या दंड होगा, किन्तु कुकवित्व तो साक्षात् मरण ही है।[27]

जो कुकवि होते हैं वे वक्रोक्ति का अतिशय प्रयोग कर काव्य को बोझिल और दोषयुक्त कर देते हैं। इसी कारण उनके काव्य नेयार्थ, क्लिष्ट, अवाचक और अयुक्तिमत् दोषों के उदाहरण बन जाते हैं (1/37)। इस प्रसंग में भामह ने कालिदास के 'मेघदूत' में युक्तता का ध्यान न रखने के कारण उसे अयुक्तिमत् दोष का भागी बना दिया है (1/42-44)।

भामह केवल देश पर आधारित वैदर्भी या और गौड़ काव्य के अन्तर स्वीकार नहीं करते। वे मानते हैं कि यदि गुणों से काव्य युक्त है तो गौड़ीय होने पर भी ग्राह्य है और यदि अलंकारवत्, अग्राम्य, अर्थवत्, न्याय और अनाकुल आदि गुण न हों तो वैदर्भी काव्य भी हेय है। आगे चलकर दंडी वैदर्भ और गौड़ी के इस भेद को समझते हैं और बताते हैं कि—'प्रस्फुटान्तर' होने से उनका भेदपूर्वक वर्णन किया जा सकता है।

काव्यालंकार के पंचम परिच्छेद में न्याय (तर्कशास्त्र) के अनुसार न्याय शास्त्रीय दोषों के विवेचन के प्रसंग में भामह की मुख्य स्थापनाएँ निम्नलिखित हैं—

1. काव्य के मधुर रस में मिलाकर शास्त्र का भी उपयोग होता है, मधु चखनेवाले कड़वी दवा भी पी लेते हैं।
2. वह शब्द नहीं, वह अर्थ नहीं, वह न्याय नहीं, वह कला नहीं, जो काव्य का अंग न बनती हो। सचमुच कवि का यह दायित्व कितना बड़ा है!
3. बौद्धों की भाँति भामह प्रत्यक्ष और अनुमान प्रमाण की चर्चा करते हैं।
4. भामह प्रतिज्ञा, हेतु, दृष्टान्त की सविस्तार चर्चा करते हैं।
5. दोषाभाव को न्याय की भाषा में जाति कहते हैं।
6. भामह की एक स्थापना यह भी है कि एक तो शास्त्राश्रित काव्य होता है, दूसरा उससे भिन्न। शास्त्राश्रित काव्य में न्याय, व्याकरण आदि विषयों का उपयोग होता है। काव्य की दूसरी कोटि लोकाश्रित है। उसमें लोक-व्यवहार का रमणीय निदर्शन होता है।
7. भामह काव्य-हेतु के भी तीन दोष अज्ञान, संशय ज्ञान और विपर्यय की चर्चा करते हैं और उनके उदाहरण भी देते हैं।
8. भामह मानते हैं कि समृद्धि के वर्णन से वाणी में आलंकारिकता नहीं आती। काव्य-रचना सिर्फ सजावट नहीं है। अन्तिम पद्य में भामह अपने अध्ययन, मनन, विवेचन और विनय-भाव का प्रदर्शन करते हैं।

'काव्यालंकार' के पष्ठ और अन्तिम परिच्छेद में भामह ने 'व्याकरण ज्ञान की आवश्यकता' पर विचार किया है। उनकी दृष्टि में व्याकरण रूपी समुद्र के सूत्र हैं—जल,

वार्त्तिक भँवर, पारायण या भाष्य है रसातल, धातुपाठ, ग्राह, मनन विशाल नौका, धीर उसके कूल किनारे हैं किन्तु बुद्धिहीन लोग उसकी निन्दा करते हैं, अन्य समस्त विद्या रूपी करेणुएँ (हथिनियाँ) उसका उपभोग करती हैं। उस दुस्तर व्याकरण-समुद्र को पार किए बिना कोई व्यक्ति शब्द-रत्न तक पहुँचने में समर्थ नहीं हो सकता।

भामह ने व्याकरण की अगाधता दिखाने के लिए उपर्युक्त समुद्र का रूपक खड़ा किया है। 'वाक्य पदीय' (1/13-14) में भर्तृहरि ने भी व्याकरण की महत्ता का विस्तारपूर्वक वर्णन किया है। भर्तृहरि मानते हैं कि शब्दों का तत्त्व-ज्ञान बिना व्याकरण के सम्भव नहीं है। यही मोक्ष का द्वार, वाणी के विकारों को दूर करनेवाला; सभी विद्याओं में पवित्र और सबसे अधिक प्रकाशित है। भामह शब्द विषयक स्फोट वादियों के मत का खंडन कर अपना मत देते हैं कि ऐसे वर्ण ऐसे अर्थ का बोध करावें, जैसे सृष्टि के आरम्भ में लोक व्यवहार के लिए संकेत किया गया, पर भामह का यह कथन स्वीकार्य नहीं होता, क्योंकि सृष्टि के आरम्भ की भाषा ही आज नहीं बोली जाती, उसका रूप-परिवर्तन सदैव होता रहा, अत: यह मत अनेक शंकाओं का समाधान नहीं कर पाता।

भामह यह भी मानते हैं कि विभिन्न भाषाओं और अनन्त अर्थों के बोधक शब्दों की विशेषता सहित सीमा का निर्धारण कौन कर सकता है? भामह द्रव्य, क्रिया, जाति और गुण के भेद से शब्द के चार प्रकार बताते हैं।

अत: लोक में प्रयुक्त सभी शब्दों को कौन जान सकता है? असंख्य भाषाएँ हैं और शब्द भी अनन्त हैं। महाभाष्य के पस्पशाह्निक में पतंजलि ने भी यही घोषित किया है कि "शब्द-प्रयोग का क्षेत्र बहुत विस्तृत है। सात द्वीपों से युक्त पृथ्वी, तीन लोक, अंगों और रहस्यों से समन्वित बहुधा विभिन्न चार भेद, 'यजुर्वेद' की एक सौ एक शाखाएँ, 'सामवेद' की सहस्र शाखाएँ, 'ऋग्वेद' के इक्कीस प्रकार, नवधा 'अथर्ववेद', तर्कशास्त्र, इतिहास, पुराण, आयुर्वेद आदि इतने शब्द-प्रयोग के क्षेत्र हैं। शब्द-प्रयोग के इस व्यापक क्षेत्र को बिना देखे यह कहना कि 'ये शब्द अप्रयुक्त हैं' साहस मात्र है।"

इस प्रकार भामह पाणिनि के व्याकरण को शब्द-प्रमाण मानते हैं। वे अन्त में कहते हैं कि "सत्कवियों के मतों का अवलोकन कर और अपनी बुद्धि से काव्य के स्वरूप का विचार कर रक्रिलगोमी के पुत्र भामह ने सज्जनों के बोध के लिए यह ग्रंथ रचा है।" भामह काव्य-विद्या को कवि-शिक्षा और काव्य-शिक्षा के रूप में भी प्रस्तुत करते हुए तार्किक पंडितों के प्रश्नों का समुचित उत्तर देते हुए उनका समाधान भी करते हैं।

आलोचकों ने भामह के मंतव्य को स्पष्ट और पुष्ट करते हुए कहा है कि—"भामह ने बहुत पहले काव्यभाषा तथा शास्त्र और व्याकरण की भाषा के अन्तर को पहचाना। अपने ग्रंथ के पाँचवें परिच्छेद में वह न्याय और काव्य में भाषा के आधार पर ही पार्थक्य करता है। 'काव्य सम्बन्धी न्याय का स्वरूप दूसरा है जो कहा जाएगा।' छठे परिच्छेद में वह व्याकरण और काव्य का अन्तर बतलाता है। वाणी व्याकरण सम्मत होकर भी काव्य सम्मत नहीं हो सकती। कवि को काव्यगत शब्द की साधुता वक्रोक्ति के आधार पर निर्धारित करनी चाहिए।"[28]

वास्तव में न्याय का तर्क काव्य का तर्क नहीं होता। काव्य न्याय का अपना स्वतंत्र अस्तित्व होता है। कवि शब्द और अर्थ की वक्रता से यह सौंदर्य और चमत्कार उत्पन्न

करता है। पाश्चात्य काव्यशास्त्र में आई. ए. रिचर्ड्स ने 'पोएटिक जस्टिस' साहित्यिक न्याय शब्द का प्रयोग किया है, जिसमे कवि परम्परागत इतिहास सम्मत कथा या कथ्य को एक विशेष साहित्यिक न्याय प्रदान करता है, जिससे पात्र या घटना को वह नए रूप और अर्थ में प्रकट करता है, एक प्रकार से वह नया आविष्करण करता है। जैसे कालिदास के 'अभिज्ञान शाकुंतलम्' को ही लें। उसमें वर्णित दुष्यन्त और शकुन्तला की कथा महाभारत से ली गई है। महाभारत का दुष्यन्त एक विलासी कामुक राजा के रूप में वन में मृगया के लिए जाता है। वहाँ वह ऋषि कण्व की पालिता पुत्री शकुन्तला के रूप पर मुग्ध होकर उससे गांधर्व विवाह करता है। शकुन्तला जब उसके प्रेम में सुध-बुध खोकर बैठी है तभी ऋषि दुर्वासा का आगमन और एक श्लोक में शाप मिलता है कि जिसकी स्मृति में वह डूबी है, वही उसे भूल जाएगा। दुष्यन्त के पुत्र के गर्भ-भार के साथ जब शकुन्तला दुष्यन्त के पास जाती है तो दुष्यन्त उसे पहचान नहीं पाता। उस समय दुर्वासा के शाप की कल्पना द्वारा कालिदास कीचड़ में पड़े एक विलासी चरित्र का मार्जन कर देते हैं कि अगर दुर्वासा का शाप नहीं होता तो दुष्यन्त अपनी प्रिया को स्वीकार कर लेता। दुष्यन्त के चरित्र का यह परिमार्जन काव्यात्मक न्याय (पोएटिक जस्टिस) का उदाहरण बन जाता है।

भामह अलंकारवादी हैं, इसका अर्थ है कि वे वक्रोक्तिवादी हैं। इन्होंने और दंडी ने काव्य के बन्ध पर जोर दिया है, वे उसकी आत्मा के निर्धारण में अधिक रुचि नहीं लेते। भामह 'साधुकाव्य निबन्धनम्' पर बल देते हैं। डॉ. बच्चन सिंह ने अपने विवेचन में एक स्थान पर आचार्य देवेन्द्रनाथ शर्मा के एक कथन का अर्थ समझे बिना उस पर आपत्ति करते हुए कहा है कि "यहाँ मेरा मतलब 'साधुकाव्य निबन्धनम्' से है। खेद है कि प्रो.—देवेन्द्रनाथ शर्मा ने 'साधु' शब्द का नैतिकता परक अर्थ ग्रहण किया है। इसी प्रकार 'सत्कवित्व' का अर्थ भी नैतिकतापूर्ण कविता लिया है और इस आधार पर उन्होंने भामह को आदर्शवादी मान लिया है। वस्तुतः साधु-शब्द 'काव्य-निबन्ध' का विशेषण है। उनका अभिप्राय है—निर्दुष्ट काव्य-रचना।"[29]

आचार्य देवेन्द्रनाथ शर्मा के 'सत् काव्य' और 'साधुकाव्य निबन्धन' शब्द का विवेचन उनके भामह एवं संस्कृत साहित्य विषयक अध्ययन की गम्भीरता के प्रमाण हैं। आचार्य शर्मा इन शब्दों का प्रयोग भामह के काव्य-प्रयोजन विषयक विवेचन के अन्तर्गत करते हैं।

भामह ने प्रचलित परम्परा का अनुसरण करते हुए काव्य-प्रयोजन गिनाए हैं—'सत्काव्य का निर्माण धर्म, अर्थ, काम, मोक्ष एवं कलाओं में निपुणता आनन्द तथा यश प्रदान करता है।[30] भामह जहाँ 'साधु काव्य निबन्धन' शब्द का प्रयोग करते हैं, वहाँ विश्वनाथ और आनन्दवर्धन अपने ग्रंथों में 'साधु काव्य निषेवणम्' शब्द का। 'निबन्धनम्' का अर्थ है—रचना या निर्माण, जिसका सम्बन्ध केवल कवि से है, किन्तु निषेवण' निर्माण और श्रवण, दोनों का वाचक है, उसका सम्बन्ध कवि और रसग्राही पाठक, दोनों से है। अतः 'निषेवण' अधिक व्यापक शब्द है, लेकिन भामह 'निबन्धन' का प्रयोग इसलिए भी करते हैं कि यदि काव्य की रचना शुद्ध होगी तो उसका प्रभाव भी स्वतः शुद्ध होगा।

वस्तुतः संस्कृत काव्य आरम्भ से ही आदर्शवादी रहा है और भारतीय भावधारा

मूलतः अध्यात्मवादी रही है। अतः यहाँ काव्य को भी पाश्चात्य भौतिकतावादी दृष्टि से भिन्न केवल आनन्द या उपदेश का साधन न मानकर परम पुरुषार्थ मोक्ष का साधन भी माना गया। अतः भारतीय दृष्टि से काव्य का प्रयोजन प्रेय ही नहीं श्रेय भी है, लौकिक ही नहीं, आमुष्मिक भी है। भारतीय रस-सिद्धान्त विषयक धारणा से इसकी पुष्टि भी होती है। रस-निष्पत्ति के प्रसंग में अपने सिद्धान्तों की प्रतिष्ठापना के लिए आचार्यों ने मीमांसा, न्याय, सांख्य और वेदान्त को अपना आधार बनाया है। यह इस बात का द्योतक है कि काव्य का उद्देश्य लौकिक मात्र नहीं है। तभी उससे प्राप्त होनेवाले आनन्द की व्याख्या के लिए विविध दर्शनों को आधार बनाने की चेष्टा की गई है।

काव्य प्रयोजनों में भामह धर्म, अर्थ, काम, मोक्ष जैसे चतुर्वर्ग की चर्चा करनेवाले प्रथम आलंकारिक हैं। इसी की आवृत्ति रुद्रट, कुन्तक, विश्वनाथ आदि आचार्य करते हैं। ये तीनों 'चतुर्वर्ग, 'धर्मादि साधन', 'चतुर्वर्गफल प्राप्ति' शब्द का प्रयोग करते हैं। विशेषकर रुद्रट अपने 'काव्यालंकार' में काव्य-रचना में कवि की निर्लिप्तता की चर्चा कर काव्य को धर्म या अधर्म के प्रश्न से ऊपर मान लेते हैं।

'सत्काव्य' एवं 'निबन्धनम्' शब्दों की व्याख्या करते हुए आचार्य शर्मा का विवेचन सभी प्रश्नों का उचित निराकरण कर देता है—"चतुर्वर्ग का साधन वही काव्य हो सकता है जो साधु हो। 'साधुकाव्यनिबन्धनम्' उनकी स्पष्टोक्ति है। एक बार 'साधु' के प्रयोग से विचिकित्सा भी हो सकती थी, पर उन्होंने बार-बार इस पर बल दिया है। चौथी कारिका की 'रहिता सत कवित्वेन कीदृशी वाग्विदग्धता' में कवित्व के साथ 'सत्' विशेषण लगा है; फिर छठी कारिका में 'निबन्ध' शब्द के पहले 'सत्' शब्द जुड़ा हुआ है (सन्निबन्ध विधायिनाम्)। इस प्रकार साधु, सत् आदि विशेषणों के पुनः पुनः प्रयोग के द्वारा उन्होंने सर्वथा स्पष्ट कर दिया है कि सत्काव्य ही कवि का ध्येय होना चाहिए, क्योंकि वही जीवन का उन्नयन कर सकता है और उसी से चतुर्वर्ग की उपलब्धि हो सकती है। कहने की आवश्यकता नहीं कि भामह का अभिमत आदर्शवादी अधिक है और वह यह बताना चाहते हैं कि काव्य कैसा होना चाहिए। इस दृष्टि से वामन अधिक यथार्थवादी हैं। उन्होंने धर्म, अर्थ, मोक्ष को सर्वथा छोड़ दिया और काव्य में काम की प्रधानता स्वीकार की।"[31]

आचार्य वामन ने अपने 'काव्यालंकार सूत्र' में काव्य के विषय को 'कामोपचार बहुल' माना (कामशास्त्रतः कामोपचारस्य (काव्यालंकार सूत्र, 1/3/8 या कामोपचारबहुलं हि वस्तु काव्यस्येति आदि)। सम्भवतः इसलिए भी प्राचीन काव्यों में नायक-नायिका का नख-शिख-वर्णन, ऋतु-वर्णन, प्रकृति-वर्णन की परम्परा मिलती है। यह तो स्पष्ट है कि भामह काव्य-प्रयोजन के रूप में चतुर्वर्ग अर्थात् धर्म, अर्थ, काम और मोक्ष का उल्लेख करनेवाले प्रथम व्यक्ति हैं, साथ ही वे काव्य में आनन्द का समावेश करनेवाले प्रथम आचार्य प्रतीत होते हैं। यह बात ध्यान में रखने की है कि भरत ने 'नाट्यशास्त्र' में नाट्य प्रयोजनों की विस्तृत चर्चा की थी (द्रष्टव्य-नाट्यशास्त्र, 1/109-222), पर उन्होंने आनन्द की चर्चा न कर विनोद या मनोविनोदन को महत्त्व दिया, साथ ही उसे आयु का साधक, हित, बुद्धि और उपदेश का विषय माना, किन्तु 'आनन्द' शब्द की प्रस्थापना तो भामह द्वारा ही सम्भव हुई।

भामह जब कहते हैं कि काव्य से कलाओं में निपुणता की प्राप्ति होती है तो इसके प्रतिकूल वामन ने कलाओं को ही काव्य-रचना का उपयोगी अंश माना है। आचार्य शर्मा वामन के मत को महत्त्व देते हैं, पर अन्त में वह यह भी कहते हैं कि भामह की उक्तियों में ही वदतोव्याघात दोष दिखाई पड़ता है क्योंकि आगे उन्होंने ही कला को काव्य का अंग माना है[32] अर्थात् भामह ने एक स्थान पर कला को काव्य का साध्य बताया है तो दूसरी ओर साधन। आचार्य शर्मा कला को काव्यांग मानने वाले पक्ष को ग्राह्य मानते हैं। वस्तुत: कलाएँ साध्य नहीं होतीं। वे काव्य को परिपूर्ण बनाने में सहयोगी होती हैं। कवि कलाओं के उपयोग से अपने काव्य को अधिक प्रभावशाली बनाने में समर्थ होता है। अत: काव्यत्व को ही कवि का मूल लक्ष्य मानना चाहिए क्योंकि काव्य में भावगत उदात्तता और गम्भीरता होती है, कलाओं के प्रयोग से काव्य में चारुता का सन्निवेश होता है और वह लोकग्राह्य एवं प्रसिद्ध होता है—(1) चतुर्वर्ग अर्थात् धर्म, अर्थ, काम, मोक्ष की प्राप्ति, (2) कला-वैचक्षण्य, (3) आनन्द और (4) कीर्ति। इन प्रयोजनों में कवि और सहृदय रस-भोक्ता, दोनों की समान भागीदारी होती है। आगे चलकर समाहारवादी आचार्य मम्मट ने इस आनन्द को लोकोत्तर आनन्द के रूप में 'सद्य:पर-निर्वृतये' के रूप में स्वीकार किया, पर हेमचन्द्र ने अपने 'काव्यानुशासन' में आनन्द, यश और कान्तासम्मित उपदेश को ही स्वीकार किया। यह आनन्द कवि और सहृदय, दोनों के लिए ही ग्राह्य है। लोकात्तर आनन्द की विलक्षणता का ही सम्भवत: यह प्रभाव है कि काव्य की रचना को भी विलक्षण मान लिया जाता रहा है।

दृश्य काव्य चर्चा

भामह काव्य में दृश्य काव्य अर्थात् अभिनेयार्थ में नाटक, द्विपदी, शम्या, रासिक, स्कन्ध—ये पाँच नाम गिनाकर और आदि शब्द जोड़कर उसके अन्य भेदों का संकेत अवश्य करते हैं, पर स्वयं उसकी चर्चा नहीं करते। दृश्य काव्य के सम्बन्ध में 'नाट्यशास्त्र' में इतना कुछ कह दिया गया था कि उसमें कुछ अतिरिक्त जोड़ने की चेष्टा भामह ने नहीं की। उस युग में सहृदय काव्य-रसिकों से समर्थित शिष्ट रंगमच अधिक प्रचलित रहे होंगे और लोक रंगमंच की पूर्व से चली आती हुई परम्परा संस्कृत साहित्य के प्रभाव से क्षीण हुई होगी, ऐसा अनुमान कतिपय विद्वानों ने किया है। लोक रंगमंच का ध्येय मनोरंजन ही रहा होगा और मनोरंजन के लिए संगीत की भी प्रमुखता रही होगी। समय के साथ-साथ प्राकृतों का प्रभाव भी क्षीण होता गया। संस्कृत के प्रभाव से लोक साहित्य को क्षति पहुँची। धनंजय, विश्वनाथ आदि ने लोक रंगमंचीय रूपकों की चर्चा नहीं की, सम्भवत: धीरे-धीरे उन्हें विस्मृत कर दिया गया।

यह आश्चर्य की बात है कि अनेक विद्वान् नाटकों की उत्पत्ति लोक नाट्य से मानते हैं। डॉ. नगेन्द्र मानते हैं कि जीवन की सामूहिक आवश्यकताओं एवं प्रेरणाओं के बीच इनका जन्म हुआ होगा। संस्कृत के अनेक उपरूपक तथा रूपकों में डिम, प्रहसन, भाण, हल्लीसक, रासक, रास, लास्य, लास्यनाटक वीथी, नर्तनक, रामाक्रीड आदि लोक नाट्यों के ही परिष्कृत रूप माने गए हैं। नृत्य परक तथा प्रहसनात्मक लोक नाट्य लोक रंजन के उद्देश्य को प्रमुखता देते रहते हैं। संगीत, अभिनय द्वारा सीमित साधनों

से यह लोक नाट्य अद्यावधि जन-मनोरंजन के हेतु बने हुए हैं।

काव्य रीति-विवेचन का जो स्वरूप वामन द्वारा प्रतिष्ठित हुआ, वह भामह द्वारा अधिक सूक्ष्मता से विवेचित नहीं मिलता। भोज रीति को मार्ग ही मानते हैं। वामन 'रीतिरात्मा काव्यस्य' की घोषणा कर उसे लोकप्रिय बना देते हैं, पर भामह न 'रीति' शब्द का प्रयोग करते हैं, न मार्ग का। रीति के आधार पर काव्य का वर्ग-विभाजन उन्हें अभिप्रेत भी नहीं है, वे 'अमेधस' यानी बुद्धिहीन कहकर इसका उपहास भी करते हैं। वे मानते हैं कि अमुक काव्य वैदर्भ होने से श्रेष्ठ है या अमुक गौड़ीय होने से हीन यह धारणा काव्य की उच्चता का मानदंड नहीं बन सकती। काव्य वैदर्भ हो या गौड़ीय, काव्यत्व से ही उसका निर्णय होना चाहिए। देश-भेद से शैली-भेद मानना उचित नहीं है। शास्त्रीय विवेचन की परम्परा में कभी देश भेद के नाम पर तो कभी शैलियों के नाम पर प्रचलन के कारण भी ये रीतियाँ प्रयोग और विवेचन में स्थान पाती रहीं।

भामह का स्वभावोक्ति-विवेचन

स्वभावोक्ति अलंकार को 'जाति' नाम से भी अभिहित किया गया है। भामह के पहले इसे अलंकारों में गिना गया था। किसी वस्तु का उसी अवस्था में बने रहना स्वभाव कहा गया है। भामह ने 'स्वभावोक्तिरलंकार इति केचित् प्रचक्षते' कहकर स्वभावोक्ति की परम्परा-प्राप्त चर्चा की है। आचार्य शर्मा की दृष्टि में भामह की स्वभावोक्ति की अलंकारता मान्य नहीं है। दंडी इसे 'आद्या अलंकृति' मानते हुए कहते हैं कि जाति, गुण, क्रिया तथा द्रव्य के स्वभाव-वर्णन का शास्त्रों में साम्राज्य है और काव्य में भी वही अभीष्ट है। वामन और कुन्तक इसे अलंकार नहीं मानते। अभिनव भी इसी मत का समर्थन करते हैं, पर रुद्रट वाच्य के वैचित्र्य को स्वीकार कर स्वभावोक्ति को अलंकार के अन्तर्गत मानते हैं। आचार्य विश्वनाथ ने 'साहित्य दर्पण' (10, 93) में दुरूहार्थस्य क्रिया रूप वर्णनम् कहा है, अर्थात् पदार्थ के रूप और क्रिया का ऐसा वर्णन, जो कवि की सूक्ष्म दृष्टि से ही देखा जा सकता है। रुय्यक ने अपने ग्रंथ 'अलंकार सर्वस्व' में स्वभावोक्ति की परिभाषा देते हुए कहा है कि 'वस्तु का यथावत् वर्णन स्वभावोक्ति अलंकार है—'सूक्ष्म वस्तु स्वभावस्य यथावद् वर्णनं स्वभावोक्तिः'। आचार्य देवेन्द्रनाथ शर्मा ने[33] लिखा है कि 'स्वभावोक्ति का अर्थ है स्वभाव की उक्ति (कथन)। स्वभाव का संकुचित अर्थ न लेकर यहाँ व्यापक अर्थ लेना होगा। इसलिए उसका अर्थ होगा, सब कुछ जो अपने नैसर्गिक या प्राकृतिक रूप में है। यहाँ यह प्रश्न सहज ही उठता है कि किसी वस्तु के यथावत् वर्णन में अलंकार कैसे सम्भव है?—जो पदार्थ जैसा है, उसके वैसे ही चित्रण में चमत्कार कहाँ से आएगा और चमत्कार के अभाव में अलंकारता कैसी? इस विषय को लेकर प्राचीन आचार्यों में काफी तर्क-वितर्क हुए हैं। कुछ ने तो इसे अलंकार मानना ही अस्वीकार किया है, पर यदि ठीक से विचार किया जाए तो किसी पदार्थ का, कल्पना की सहायता से नमक-मिर्च लगाकर अतिरंजनापूर्ण वर्णन करना उसके स्वाभाविक वर्णन से कहीं आसान है। किसी वस्तु का सच्चा वर्णन करने का अर्थ है—उसका शब्द-चित्र प्रस्तुत कर देना-उस वर्णन के पढ़ते-पढ़ते वर्णनीय वस्तु के वास्तविक चित्र का मानस-प्रत्यक्ष होना, साथ ही उसमें सरसता और चमत्कार का आधान कर देना जो अलंकार की सबसे बड़ी और पहली

शर्त है। यह बड़ा कठिन कार्य है। इसके लिए उच्च कोटि की कलात्मकता अपेक्षित है। इसलिए स्वभावोक्ति को अलंकार मानना सर्वथा न्याय्य है।"

भोज ने 'सरस्वती कंठाभरण' में उपमादि अलंकारों में वक्रोक्ति की गुण प्रधानता में स्वभावोक्ति की और रस-निष्पत्ति में रसोक्ति की प्रधानता मानी है। आचार्य भामह 'सैषा सर्वैव वक्रोक्तिः' कहकर वक्रता के मूल में अतिशयता को स्वीकार करते हैं। अतिशयता के बिना वक्रता का वे अस्तित्व नहीं मानते।

इस बात पर भी ध्यान देना चाहिए कि वक्रोक्ति अतिशयता, अलंकारता और चमत्कार के सिद्धान्तों के बीच स्वभावोक्ति अलंकार की सत्ता क्यों विचारणीय है? क्योंकि काव्य की शैलियों के कारण सहजता स्वाभाविक रूप से प्रकट नहीं हो पाती। स्वभावोक्ति का यह भी अर्थ नहीं लेना चाहिए कि जो वस्तु जैसी है, उसका ठीक वैसा ही चित्रण कर दिया जाए। उक्ति का सहज लगना ही स्वभावोक्ति है, चाहे वह यथावत् कथन हो या अलंकारयुक्त। उसका वाच्यत्व स्पष्ट रहना चाहिए। सहृदय के लिए व्यंजनागर्भी कथन भी वाच्य की तरह प्रतीत होता है।

स्वभावोक्ति की अलंकारता

भामह स्पष्ट रूप से स्वभावोक्ति का न खंडन करते हैं न मंडन। चूँकि वे वक्रोक्तिवादी हैं, अतः वे इसे बहुत महत्त्व नहीं देते। वे तो मानते हैं कि इसमें किसी अर्थ का अवस्थानुरूप वर्णन होता है (काव्यालंकार, 2/93)। इस अलंकार का सर्वप्रथम निर्देश भामह ने ही किया है। भरत इससे मिलते-जुलते 'अर्थव्यक्ति' गुण की परिभाषा में 'लोक प्रसिद्ध' अर्थ के स्फुट वर्णन की चर्चा करते हैं (नाट्य. 16/08)। भरत के इस गुण-चिन्तन से भी भामह को स्वभावोक्ति अलंकार की प्रेरणा मिली होगी, ऐसा अनुमान होता है। आगे चलकर कुन्तक उसे अलंकार न मानकर अलंकार्य ही मानते हैं (वक्रोक्ति जीवितम्, 1/11)। यह प्रसिद्ध है कि कोई अपना अलंकार आप ही नहीं बन जाता, निपुण से निपुण व्यक्ति भी अपने कन्धे पर स्वयं नहीं चढ़ सकता।

स्पष्ट है कि भामह स्वभावोक्ति को अलंकार नहीं मानते, पर दंडी इसे प्रथम वर्णनीय अलंकार ठहराते हैं। (काव्यादर्श, 2/8)। इसके दो नाम दिए गए हैं— स्वभावोक्ति और जाति। इसको 'स्वभावाख्यान' भी कहा गया है। इस अलंकार की विशेषता पदार्थों की अनेक अवस्थाओं में प्रकटित रूप का साक्षात् दर्शन करानेवाली अलंकृति है। अनेक अवस्थाओं का तात्पर्य जाति, गुण, क्रिया, द्रव्य आदि अवस्थाओं से है। इस अलंकार का चमत्कार ही अनेक अवस्थाओं के चमत्कार से है। किसी एक अवस्था में इसकी अलंकारता प्रकट नहीं हो पाएगी। वामन स्वभावोक्ति अलंकार का वर्णन नहीं करते। रुय्यक ने अपनी परिभाषा में भामह की आपत्ति को दूर करने के लिए ही सूक्ष्म शब्द जोड़ दिया है।

भामह के अलंकार-लक्षण भले ही अलंकार शास्त्र के आरम्भिक युग में दिए गए हैं, पर उनमें पर्याप्त प्रौढ़ता है। उनके द्वारा प्रस्तुत प्रायः सभी अलंकार पश्चाद्वर्ती आलंकारिकों द्वारा स्वीकृत हुए हैं। उनके 38 अलंकारों में केवल उत्प्रेक्षावयव और उपमा रूपक ही ऐसे अलंकार हैं जो स्वीकार नहीं किए गए। शेष अलंकारों के स्वरूप

में नाममात्र अन्तर ही कहीं-कहीं देखा जा सकता है। प्राय: सभी विद्वान् इससे सहमत हैं कि इनके अलंकार-लक्षणों में अलंकारों का बीजभूत वैशिष्ट्य देखने को मिलता है।

मूल्यांकन

1. आचार्य भामह को विचारकों ने आद्याचार्य इसलिए भी माना है कि 'काव्यशास्त्र' की व्यवस्थित विवेचना वहीं से आरम्भ होती है। आचार्य भरत ने 'नाट्यशास्त्र' के सभी पक्षों पर व्यवस्थित विचार किया था और वहीं 'काव्यशास्त्र' के बीज भी अंकुरित हुए थे। भामह की विशेषता इस बात में थी कि उन्होंने अपने से पूर्ववर्ती चिन्तकों की मान्यताओं में जो ग्राह्य था, उसे ले लिया और अग्राह्य को छोड़ दिया। उनके बाद के प्राय: सभी परवर्ती आलोचकों ने भामह की मान्यताओं को यथास्थान उद्धृत किया है। विद्यानाथ ने अपने ग्रंथ 'प्रतापरुद्रीय' में ग्रंथ आरम्भ करने के पूर्व उन्हें नमस्कार पूर्वक स्मरण किया है।
2. भामह काव्य को उदात्त-कर्म मानते थे। उन्होंने काव्य के चार प्रयोजन गिनाए जिसमें उन्होंने पहली बार धर्म, अर्थ, काम और मोक्ष के चतुर्वर्ग की चर्चा की। आनन्द के साथ श्रेय और मोक्ष को भी महत्त्व दिया।
3. भरत ने नाट्य को जहाँ विनोद का विषय बनाया वहाँ भामह ने आनन्द-तत्त्व की प्रतिष्ठा की। उसे मनोरंजन के स्तर से उठाकर 'ब्रह्मास्वाद सहोदर आनन्द' तक पहुँचा दिया।
4. विचारकों की दृष्टि में भामह ने 'काव्यशास्त्र' में पहली बार कवि की प्रेरणाशक्ति का संकेत किया। काव्यालंकार के प्रथम परिच्छेद की पाँचवीं कारिका में 'जातु' शब्द के प्रयोग से यह स्पष्ट है। कवि की प्रतिभा व्युत्पत्ति और अभ्यास से यह काव्य-प्रेरणा जग उठती है।
5. भामह ने काव्यहेतुओं की पहली बार चर्चा की। उनके निर्दिष्ट काव्य-कारणों को परवर्ती लेखकों ने भी अपनाया। शब्द में आंशिक परिवर्तन भले हुए, पर उनका वस्तु-तत्त्व सुरक्षित रहा। प्रतिभा-तत्त्व को उन्होंने 'वाग्देवता' माना।
6. आचार्य भरत ने काव्य-गुणों की संख्या दस बताई थी। उसके स्थान पर भामह ने प्रसाद, माधुर्य और ओज को महत्त्व दिया जो उनकी सार ग्राहिणी प्रतिभा का प्रमाण था। ये तीन गुण ही आगे चलकर भी इस चिन्तन परम्परा में मान्य रहे। यह अलग बात है कि उनके परवर्ती लेखक वामन ने शब्द और अर्थ के आधार पर गुणों की संख्या बीस कर दी, जिसका मम्मट ने तर्कसंगत खंडन किया और भामह द्वारा प्रतिपादित तीन गुण बने रहे।
7. भामह ने रीति के अन्तर को देश-भेद के आधार पर मानने के सिद्धान्त का विरोध किया था। देश को आधार बनाकर रीतियों को महत्त्व देने का काम आगे भी चलता रहा। यद्यपि कुन्तक ने देश-भेद के आधार पर मानी गई रीतियों का खंडन किया, पर अन्तत: उसे कवि के स्वभाव और उसकी इच्छा का विषय माना। देशों के आधार पर बनी हुई रीतियाँ बहुत उच्च कोटि की नहीं मानी जा सकतीं।

8. भामह की एक बड़ी विशेषता वक्रोक्ति-तत्त्व का समर्थन है। उन्होंने किसी अलंकार की कल्पना के मूल में अतिशयोक्ति और वक्रोक्ति की प्रधानता मानी थी। अतिशयोक्ति का अर्थ है—किसी बात को बढ़ा-चढ़ाकर कहना और वक्रोक्ति का अर्थ है—घुमा-फिराकर कहना। सम्भवतः इसी प्रेरणा से कुन्तक ने वक्रोक्ति-सिद्धान्त को महिमा दी और 'वक्रोक्ति काव्यजीवित' के रूप में वक्रोक्ति को काव्यात्मा के स्तर तक पहुँचाया।
9. भामह ने चार प्रकार के काव्य-विभाजन किए और गद्य और पद्य के साथ भाषा, विषय तथा स्वरूप-विधान के आधार पर भी विभाजन किए। यही नहीं उनके पूर्व नाट्य का विषय था, जिसे उन्होंने श्रव्य-काव्य से जोड़ दिया।
10. भामह ने स्वभावोक्ति अलंकार को अलंकार नहीं माना। उनकी दृष्टि में तो स्वभावोक्ति अलंकार्य है। उसे ही अलंकार मान लें तो फिर अलंकार किसे कहेंगे? कोई अपना अलंकार आप ही नहीं बन सकता क्योंकि निपुण से निपुण व्यक्ति भी अपने कन्धे पर स्वयं नहीं चढ़ सकता। भामह को ऐसा प्रथम आचार्य तो माना ही गया है जिन्होंने अलंकार और गुण के विवेचन में स्वतंत्र परम्परा का प्रवर्त्तन किया। एक प्रकार से भारतीय काव्यशास्त्र का सुसंबद्ध इतिहास आरम्भ करने का श्रेय तो उन्हें दिया ही जा सकता है।
11. भामह ने काव्य की विशेषताओं के शास्त्रीय विवेचन के लिए काव्य-निर्णय (लॉजिक ऑफ पोएट्री) और काव्य शब्द साधुत्व 'ग्रामर ऑफ पोएट्री' को स्वीकार किया और व्याकरण के लिए उसे 'काव्यशास्त्र' में सम्मिलित किया। वे मानते थे कि केवल शब्द-संस्कार से काव्य नहीं होता, उसे अर्थ-संस्कार भी चाहिए। इसके लिए वे कवि-प्रतिभा को आवश्यक मानते थे क्योंकि प्रतिभा से ही काव्य-पाक पूर्ण होता है। इसी प्रकार उन्होंने लोकानुभव को काव्य का आधार माना, वक्रोक्ति का महत्त्व घोषित किया। कुकवित्व को उन्होंने साक्षात् मरण कहा। भामह अलंकारवादी हैं। इसका अर्थ है कि वे वक्रोक्तिवादी हैं। वक्रोक्ति रहित, चमत्कार विहीन उक्ति को वे वार्ता कहते हैं।
12. भामह के अलंकार लक्षणों में प्रौढ़ता है। उनके द्वारा प्रतिपादित 38 अलंकारों में से 36 अलंकारों को आगे के आलंकारिकों ने प्रायः उसी रूप में स्वीकार किया, उनमें कहीं-कहीं नाममात्र ही अन्तर देखा जा सकता है।
13. यह भी सत्य है कि भामह के काव्यालंकार में क्रमबद्धता की कमी मिलती है। काव्य-लक्षण, काव्य-गुण और रीति आदि का वे विस्तृत विवेचन नहीं करते, पर अपनी गम्भीर विद्वत्ता और सारग्राहिणी क्षमता से प्रभावित अवश्य करते हैं। उनकी भाषा स्पष्ट और सुलझी हुई है। निःसन्देह वे भारतीय काव्यशास्त्र के प्रथम सुचिन्तित आचार्य पद के अधिकारी हैं।

सन्दर्भ

1. काव्यालंकार, 6/65-66
2. वक्रोक्तिजीवितम्, 1/7 की वृत्ति

3. भामह विरचित काव्यालंकार, पृ. 4
4. वही, पृ. 6
5. वही, पृ. 6
6. धर्मार्थ काम मोक्षेषु वैचक्षण्यं कलासु च।
   प्रीतिं करोति कीर्त्ति च साधु काव्य निबन्धनम्॥ —वही, 1, 2
7. सरस्वती स्वादु तदर्थ वस्तु निःष्यन्दमाना महतां कवीनाम्।
   अलोक सामान्यमभिव्यनक्ति प्रति स्फुरन्तं प्रतिभा विशेषम्॥ —ध्वन्यालोक, 1/6
8. सर्गबन्धो महाकाव्यं महतां च महच्च यत्।
   अग्रामशब्दमर्थ्य च सालंकारं सदाश्रयम्॥
   मंत्रपूत प्रयाणा नायकाभ्युदयैश्च यत्।
   पंचभिः सन्धिभिर्युक्तं नाति व्याख्येय मृद्धिमत्॥
   चतुर्वर्गाभिधानेऽपि भूयसार्थोपदेश कृत।
   युक्तं लोकस्वभावेन रसैश्च सकलैः पृथक्॥ —काव्यालंकार, 1/18-21
9. अनौचित्यादृते नान्यद् रसभंगस्य कारणम्।
   औचित्योपनिबन्धस्तु रसस्योपनिषत् परा॥ —ध्वन्यालोक, पृ. 180
10. भामह विरचित काव्यालंकार, पृ. 26
11. वही 1/25-27
12. वही, 1/28-29
13. तदल्पमपि नोपेक्ष्यं काव्ये दुष्टं कथंचन।
    स्यादवपुः सुन्दरमपि श्वित्रेणैकेन दुर्भगम्॥ —काव्यादर्श, 1/6
14. काव्यालंकार, 4/1-2
15. माधुर्यमभिवाञ्छन्तः प्रसादं च सुमेधसः।
    समासवन्ति भूयांसि न पदानि प्रयुञ्जते॥ काव्यालंकार, 2/1
    केचिदोत्रेऽभिधित्सन्तः समस्यन्ति बहून्यपि।
    यथा मन्दार कुसुमरेणु पिंजरितालिका॥ 2/2
    श्रव्यं नाति समस्तार्थं काव्यं मधुरमिष्यते।
    आविद्वदङ्-गना बाल प्रतीतार्थं प्रसादवत्॥ 2/3
16. डॉ. ए.वी. कीथ, हिस्ट्री ऑफ संस्कृत लिटरेचर, पृ. 382
17. डॉ. सुशील कुमार डे, हिस्ट्री ऑफ संस्कृत पोएटिक्स, भाग-1, पृ. 66
18. अलंकृतिरलंकार्यमपोद्धृत्य विवेच्यते।
    तदुमायतया तत्त्वं सालंकारस्य काव्यता॥ —कुन्तक, वक्रोक्तिजीवित, 1/6
19. वही, वृत्ति, पृ. 16
20. काव्यालंकार, 5/66
21. निमित्ततोवचो यत्तु लोकातिक्रान्त गोचरम्।
    मन्यन्तेऽतिशयोक्ति तामलंकारतया यथा॥ —वही, 2/81
22. ध्वन्यालोक, पृ. 259
23. भारतीय काव्यशास्त्र के नए क्षितिज, राजकमल प्रकाशन, प्रथम संस्करण 1985, पृ. 62
24. भारतीय साहित्यशास्त्र, पृ. 50
25. द्रष्टव्य—भामह का काव्यालंकार, 2/81 तथा भरत का नाट्यशास्त्र, 16/13
26. भारतीय साहित्यशास्त्र, पृ. 87
27. अकवित्वमधर्माय व्याधये दंडनाय च।
    कुकवित्वं पुनः साक्षान्मृतिमाहुर्मनीषिणः॥ —काव्यालंकार, 1/12

28. डॉ. बच्चन सिंह, आलोचक और आलोचना, पृ. 101, प्रथम संस्करण, 1984
29. वही, पृ. 106
30. काव्यालंकार, 1/2
31. वही, पृ. 9
32. न स शब्दो न तद्वाक्यं न स न्यायो न सा कला।
    जायते यन्न काव्यांगे महे: भारो महान् कवे:॥ —वही, 5/4
33. अलंकार-मुक्तावली, भारती भवन, पटना, पृ. 170

दंडी

(सातवीं शताब्दी का मध्यकाल)

ग्रंथ-परिचय

दंडी आचार्य भामह के परवर्ती आलंकारिक हैं। दंडी के समय एवं जीवन-विषयक सूचनाओं में मत-विभिन्नता मिलती है। डॉ. पी. वी. काणे जैसे विद्वान इन्हें भामह का पूर्ववर्ती सिद्ध करते हैं, पर बहुसंख्यक विद्वानों का मत इन्हें भामह का परवर्ती मानता है। डॉ. सुशील कुमार डे ने अपने ग्रंथ 'संस्कृत काव्यशास्त्र का इतिहास, (भाग-2) में इन्हें स्पष्टतः 'कालक्रमानुसार भामह का पश्चाद्वर्ती सिद्ध किया है। दंडी की प्रथम चर्चा प्रतिहारेन्दुराज ने की है। दक्षिण भारतीय भाषाओं में अलंकार शास्त्र पर नवम शताब्दी में रचे गए ग्रंथों में दंडी को प्रमुख आलंकारिक माना गया है। सिंहली भाषा के अलंकार ग्रंथ 'सय-वस-लकर' (स्वभाषालंकार तथा कन्नड़ भाषा में लिखित 'कविराज मार्ग' नामक ग्रंथ में अलंकारों के उदाहरण में दिए गए श्लोक दंडी के 'काव्यादर्श' के अनुवाद हैं। दंडी बाणभट्ट की 'कादम्बरी', माघ के 'शिशुपालवध' तथा भर्त्तृहरि के 'वाक्यपदीय' से परिचित और प्रेरित प्रतीत होते हैं। दंडी अपने ग्रंथ 'अवन्तिसुन्दरी कथा' में बाणभट्ट की 'कादम्बरी' का सरस सारांश भी प्रस्तुत करते दिखाई देते हैं।

दंडी अपने समकालीन एवं परवर्ती काव्य में पर्याप्त लोकप्रिय दीखते हैं। सिंहली एवं कन्नड़ भाषा के अलंकार-ग्रंथों पर इनका प्रभाव दिखाई देता है। इनके ग्रंथ 'काव्यादर्श' की सबसे प्राचीन टीका 'तरुण वाचस्पति' द्वारा रचित है। दूसरी टीका 'हृदयंगमा' भी उपलब्ध है, पर उसके रचयिता का परिचय नहीं मिलता।

दंडी रचित तीन ग्रंथ हैं—'काव्यादर्श', 'दशकुमार चरित' और 'अवन्तिसुन्दरी कथा'। 'काव्यादर्श' काव्यशास्त्रीय अलंकार-ग्रंथ है और शेष दो ग्रंथ गद्य काव्य हैं।

'काव्यादर्श' में तीन परिच्छेद हैं और श्लोकों की संख्या 660 है। इसके परिच्छेदों के विवेचन के विषय इस प्रकार हैं—

प्रथम परिच्छेद—काव्य लक्षण, काव्य-भेद, रीति और गुण।

द्वितीय परिच्छेद—अलंकार-विवेचन। अर्थालंकार-विवेचन।

तृतीय परिच्छेद—यमक अलंकार, चित्र-बंध और प्रहेलिका के अतिरिक्त दोषों का निरूपण।

'काव्यादर्श' के मद्रास वाले संस्करण के तृतीय अध्याय के दोष-विवेचन का चतुर्थ अध्याय के रूप में अलग से विवेचन हुआ है।

भामह की परम्परा में दंडी भी अलंकारवादी आचार्य हैं। वैदर्भी रीति को अपेक्षाकृत श्रेष्ठ सिद्ध करने तथा गौड़ी को किंचित् हीन मानने के कारण तथा श्लेष, प्रसाद, समता आदि दस गुणों को वैदर्भी रीति का प्राण बतलाने के कारण कुछ विद्वान् इन्हें रीतिवादी या गुणवादी आचार्य भी मानते हैं, पर परम्परा द्वारा दंडी अलंकारवादी आचार्य के रूप में मान्य हैं। अलंकारवादी होने के बावजूद दंडी रीति, गुण और रस को महत्त्व देते हैं, पर उनकी स्वतंत्र सत्ता न मानकर अलंकार का साधक ही सिद्ध करते हैं। उनकी स्पष्ट घोषणा है कि 'सदलंकृत होकर ही काव्य कल्पान्तर स्थायी होता है'—"काव्यं कल्पान्तर स्थायि जायते सदलंकृतिः।"[1]

गुण-निरूपण

काव्य-गुणों पर दंडी ने विस्तारपूर्वक विचार किया है। दंडी, वामन आदि आचार्य गुणों की भावात्मक सत्ता स्वीकार करते हैं और गुण के विपयर्य के रूप में दोषों का उल्लेख करते हैं। दंडी ने दस गुणों को 'वैदर्भ मार्ग की रचना का प्राण' कहकर काव्य के लिए उन्हें आवश्यक माना है। एक बात तो माननी होगी कि अलंकार, रीति, वक्रोक्ति, ध्वनि आदि सभी सिद्धान्तों में काव्य-गुण महत्त्वपूर्ण माने गए हैं। क्षेमेन्द्र का औचित्य-सिद्धान्त भी इस दृष्टि से समान महत्त्व का अधिकारी है। औचित्य भी गुण का प्राण है। क्षेमेन्द्र की यह मान्यता है कि काव्य में गुणों के उचित विनिवेश होने में ही उसकी शोभा होती है।

दंडी ने भरत की भाँति गुणों की संख्या दस मानी और भरत कृत 'नामकरण' को भी स्वीकार किया। उन्होंने अधिकांश गुणों के लक्षण भी भरत के द्वारा प्रदत्त लक्षणों के आधार पर दिए। यह अवश्य है कि कुछ गुण-विवेचन में दंडी भरत की अपेक्षा अर्थ-तत्त्व पर बल देते दिखाई पड़ते हैं। दंडी ने अपने कई गुणों की सत्ता वैदर्भी और गौड़ी, दोनों ही काव्य रीतियों में स्वीकार की है। दंडी ग्राम्यत्व दोष से बचने की सलाह देते हैं। दंडी ने विदर्भ एवं गौड़ प्रदेशों की काव्य शैलियों को 'मार्ग' कहा है और उनकी विशिष्टता के प्रदर्शन के लिए दस गुणों की चर्चा की है तथा उन्हें 'वैदर्भ का प्राण' कहा है।[2]

अतः काव्य-गुणों पर दंडी ने विस्तारपूर्वक विचार किया है। दंडी, वामन आदि आचार्य गुणों की भावात्मक सत्ता स्वीकार करते हैं और गुण के विपर्यय के रूप में दोषों का उल्लेख करते हैं। दंडी ने दस गुणों को वैदर्भ मार्ग की रचना का प्राण कहकर काव्य के लिए उन्हें आवश्यक माना है। एक बात तो माननी होगी कि अलंकार, रीति, वक्रोक्ति ध्वनि आदि सभी सिद्धान्तों के काव्य-गुण महत्त्वपूर्ण माने गए हैं। क्षेमेन्द्र का औचित्य-सिद्धान्त भी इस दृष्टि से समान महत्त्व का अधिकारी है। औचित्य भी गुण का प्राण है। क्षेमेन्द्र की यह मान्यता है कि काव्य में गुणों के उचित विनिवेश होने में ही उसकी शोभा होती है।

दंडी ने भरत की भाँति गुणों की संख्या दस मानी और भरत कृत 'नामकरण' को भी स्वीकार किया। उन्होंने अधिकांश गुणों के लक्षण भी भरत के द्वारा प्रदत्त लक्षणों के आधार पर दिए। यह अवश्य है कि कुछ गुण-विवेचन में दंडी भरत की अपेक्षा अर्थ-तत्त्व पर बल देते दिखाई पड़ते हैं। दंडी ने अपने कई गुणों की सत्ता वैदर्भी और गौड़ी, दोनों ही काव्य की रीतियाँ में स्वीकार की है। दंडी ग्राम्यत्व दोष से बचने की सलाह देते हैं। दंडी

ने विदर्भ एवं गौड़ प्रदेशों की काव्य शैलियों को 'मार्ग' कहा है और उनकी विशिष्टता के प्रदर्शन के लिए दस गुणों की चर्चा की है तथा उन्हें वैदर्भ मार्ग का प्राण कहा है।[3]

दंडी समर्थित दस गुण हैं—श्लेष, प्रसाद, समता, माधुर्य, सुकुमारता, अर्थव्यक्ति, उदारता, ओज, कान्ति और समाधि।

श्लेष गुण : शब्दों के सुन्दर गठन को श्लेष माना गया है। इसमें पद-योजना में कसावट रहती है, तनिक भी शिथिलता नहीं होती। किसी रचना में शैथिल्य का कारण अल्पप्राण वर्णों की अधिकता और संयुक्ताक्षर की अल्पता होती है। हेमचन्द्र जैसे आचार्य उनकी स्थापना को स्वीकार करके अशिथिल रचना को श्लेष मानते हैं। (काव्यानुशासन, व्याख्या पृ. 231)। दंडी भरत के श्लेष लक्षण को स्वीकार्य नहीं मानते। भरत के ओज गुण और दंडी के श्लेष में समता देखी जा सकती हैं, पर दोनों को एक नहीं माना जा सकता। दंडी का यह श्लेष शब्दगत ही है।

प्रसाद गुण : दंडी की दृष्टि में प्रसिद्ध अर्थवाला, अतः अर्थ-बोध में सुभग वाक्य प्रसाद गुण माना जाना चाहिए।[2] वैदर्भ मार्ग में ऐसे प्रसिद्ध अर्थवाले पद प्रयुक्त होते हैं। अनेक विचारकों ने दंडी के प्रसाद गुण को अर्थगत गुण माना है। डॉ. सुशील कुमार डे भी इसे स्वीकार करते हैं। ये प्रसाद गुण में अर्थ की स्वच्छता और स्पष्टता को देखते हैं, पर डॉ. राघवन प्रसाद गुण को शब्दगत मानते हैं। वे 'प्रसाद' में ऐसे शब्द-प्रयोग को महत्त्व देते हैं।

डॉ. सुशील कुमार डे ने 'संस्कृत काव्यशास्त्र का इतिहास' (पृ. 74) में स्पष्ट किया है कि—"जिन दस काव्य-गुणों को वैदर्भ-मार्ग का प्राण कहा गया है और गौड़ मार्ग में जिनका अभाव रहता है, (कुछ गुण दोनों मार्गों में समान रूप से विद्यमान रहते हैं) वे अच्छे काव्य-प्रबन्ध के लिए आवश्यक हैं। दंडी ने इन्हें इस प्रकार गिनवाया है—

1. श्लेष-श्लिष्ट शब्दावली, इसका विपर्यय शिथिल है।
2. प्रसाद—स्पष्टार्थता, व्युत्पन्न इसका विपर्यय है।
3. समता—वैषम्य इसका विपर्यय है।
4. माधुर्य—मधुरता, माधुर्य में श्रुत्यनुप्रास तथा अग्राम्यत्व अर्थात् विभिन्न काव्य-शोभाकर अथवा रूप प्रचलित है। दंडी की दृष्टि में गौड़ मार्ग में विपर्यय होते हैं, दस गुण नहीं होते।

समता गुण : रचना में प्रारम्भ से अन्त तक रीति का निर्वाह समता गुण है। रचना के तीन प्रकार हैं—मृदु, स्फुट और मिश्र। आरम्भ से अन्त तक उसमें एक शैली का निर्वाह होना चाहिए। 'समता' शब्दगत गुण है और उसमें शैली पर बल दिया गया है। आचार्य हेमचन्द्र की दृष्टि में बन्ध में अवैषम्य ही दंडी की दृष्टि में समता गुण है। समता मुक्तक और प्रबन्ध, दोनों प्रकार की रचनाओं का गुण है। दंडी ने भाव के साथ रीति और गुण के सम्बन्ध से अधिक देश के आधार पर रीति या मार्ग का विभाजन करते हुए उनके साथ गुणों का सम्बन्ध जोड़ा था। दंडी भरत के समता गुण को ग्रहण नहीं करते। दंडी मानते हैं कि गुण और अलंकार भिन्न आश्रय पर होते हैं, अतः एक-दूसरे का आभूषण नहीं बन सकते। श्लेष, यमक, चित्र आदि अलंकार प्रायः गुण का तिरस्कार करके रहा करते हैं (हेमचन्द्र)। कुछ विद्वान् यह भी मानते हैं कि दंडी की व्यापक परिभाषा 'काव्य

शोभा करान् धर्मान् अलंकारान् प्रचक्षते' में तो गुणों का अन्तर्भाव ही हो जाता है।

माधुर्य गुण : दंडी माधुर्य गुण को अनन्त व्यापक रूप प्रदान करते हैं, उस व्यापकता में रस भी समाहित हो जाते हैं। सामान्यत: आचार्यों ने गुणों को रसोपकारक माना है, पर दंडी तो माधुर्य गुण को रस स्वरूप ही मान लेते हैं। उनकी दृष्टि में सरस वाक्य ही मधुर है (काव्यादर्श, 1/51)। जहाँ वाक्य में रस-व्यंजक वर्ण हों और जो रस व्यंजक अर्थ से युक्त हों तो वहाँ माधुर्य गुण होगा। माधुर्य का दूसरा प्रकार श्रुत्यनुप्रास है। यह रसवत् मधुर कहा गया है (हेमचन्द्र)। पर हेमचन्द्र श्रुत्यनुप्रास को गुण मानने के पक्ष में नहीं हैं। वे इसे अनुप्रास ही मानते हैं।

सुकुमारता : इस गुण में कोमल वर्णों का प्रयोग होता है। दंडी अत्यन्त कोमलता को भी ग्राह्य नहीं मानते, अगर सभी वर्ण कोमल हों तो बंध में शिथिलता आ जाती है। वे गौड़ मार्ग वाले कठोर शब्द की योजना को महत्त्व देते हैं। इसे 'कृच्छोद्य' पदावली कहा गया है। वस्तुत: सुकुमारता गुण शब्दगत गुण है। डॉ. डे और डॉ. राघवन भी इससे सहमत प्रतीत होते हैं। दंडी सुकुमारता के लिए अर्थगत सुकुमारता को ही महत्त्व देते हैं। इसके समर्थक डॉ. राघवन भी हैं। वस्तुत: सुकुमारता गुण का आधार कोमल पद-योजना है।

अर्थव्यक्ति गुण : अर्थव्यक्ति को वैदर्भ और गौड़, दोनों मार्गों का गुण माना गया है। दंडी कहते हैं कि जहाँ अर्थ में नेयत्व का अभाव रहे वहाँ यह गुण होता है। किसी अर्थ को स्पष्ट करने के लिए जितने शब्द-प्रयोग चाहिए, उससे कम प्रयोग ही नेयत्व या नेयार्थत्व है। अत: जरूरी अर्थ तक पहुँचने के लिए आवश्यक पदों का प्रयोग अर्थ-व्यक्ति गुण की सृष्टि करता है। दंडी का यह गुण प्रसाद गुण से मिलता-जुलता है। दंडी इस गुण को दोनों मार्गों के लिए समान रूप से ग्राह्य मानने के पक्ष में प्रतीत होते हैं।

उदारता गुण : दंडी की दृष्टि में यह गुण भी वैदर्भ और गौड़, दोनों मार्गों में ग्राह्य है। उदारता गुणों से लोकोत्तर चमत्कार लानेवाला धर्म विशेष प्रकट होता है। एक दूसरी परिभाषा में दंडी कहते हैं कि जो वाक्य अच्छे विशेषणों से युक्त हो, वहाँ उदार गुण माना जा सकता है। यह गुण भी शब्दगत और अर्थगत, दोनों है। डॉ. डे इसे केवल अर्थगत गुण मानते हैं। दंडी का यह उदारता गुण उनके उदात्त अलंकार से मेल खाता है।

ओज गुण : ओज तो गद्य काव्य का प्राणभूत गुण माना गया है। वैसे गौड़ पद्य काव्य में भी इसे महत्त्व मिला है। दंडी कहते हैं कि समस्त पदों की बहुलता ओज है, यह गद्य का प्राण है, गौड़ पद में भी इसी का अवलम्बन लिया जाता है—'ओज:समास-भूयस्त्वमेतद् गद्यस्य जीवितम्' (1/80)। यह ओज गुण पदों के समास पर आधारित है। वे ओज को दोनों मार्गों का गुण मानते हैं। तुच्छ वस्तु में उत्कर्ष का आधान उनकी दृष्टि में गुण नहीं है। इसलिए वे समास बहुलता को महत्त्व देते हैं।

कान्ति गुण : कान्ति गुण—विषयक दंडी की धारणा विचारकों को पूर्णत: स्पष्ट प्रतीत नहीं होती। लोक-प्रसिद्धि के अनुसार वस्तुओं का वर्णन सबके लिए प्रिय होता है। कान्ति गुणयुक्त वाक्य लौकिक उपचार-वचन और प्रशंसात्मक वचन में मिलते हैं। दंडी उसे 'कान्तं सर्व जगत् कान्तं' कहते हैं। ऐसा काव्य सबके लिए ग्राह्य होता है। अर्थ-बोध की कठिनता नहीं होने से उसका आस्वादन सहज रूप से होता है। अत: सर्वजन मनोज्ञ

काव्य में वे कान्ति गुण देखते हैं। कान्तिगुण में लोक-सीमा का अतिक्रमण नहीं होता। वह गुण 'उपचार वचन' के रूप में वार्तागत और 'प्रशंसा-वचन' में वर्णन गत दो प्रकार का होता है। यह भी वैदर्भ मार्ग का गुण है। डॉ. डे इसे कान्ति अर्थात् अस्वाभाविकता, अतिशय या विषमता के अभाव के रूप में देखते हैं। यह बात ध्यान में रखने की है कि दंडी ने कुछ गुणों को शब्दाश्रित, कुछ को अर्थाश्रित तथा कुछ को शब्द और अर्थ, दोनों पर आश्रित कहा है।

समाधि गुण : दंडी वैदर्भ और गौड़, दोनों मार्गों के लिए समाधि को उपयुक्त मानते हैं। उनकी दृष्टि में वह रूपकाश्रित अभिव्यक्ति है। दंडी कहते हैं कि जहाँ लोक-व्यवहार का पालन करने वाला कवि एक वस्तु के गुण, क्रिया आदि धर्म का दूसरी वस्तु पर आधान करता है, वहाँ यह समाधि गुण होता है। यह समाधि गुण दंडी के ही अतिशयोक्ति अलंकार से मिलता-जुलता प्रतीत होता है। उधर डॉ. राघवन मानते हैं कि दंडी का समाधि गुण मानवीकरण जैसे आलंकारिक प्रयोगों के लिए उपयुक्त है।

दंडी समाधि को अर्थगत गुण मानते हैं और डॉ. सुशील कुमार डे ने भी अपने 'संस्कृत काव्यशास्त्र का इतिहास' (भाग-2) में इसे अर्थगत गुण ही माना है। दंडी समाधि गुण को महत्त्व देते हैं और उसे 'काव्य सर्वस्व' कहकर महिमा प्रदान करते है (तदेतत् काव्य सर्वस्वं समाधिर्नामयो गुणा:'—(1/100)। दंडी गुण-विवेचन करते समय भरत का ही अनुकरण नहीं करते। वे गुणों को वैदर्भ मार्ग का प्राण मानते हैं।

दंडी 'काव्यशोभा करान् धर्मान् अलंकारान् प्रचक्षते' कहकर काव्य शोभा के विधायक सभी तत्त्वों को सामान्य रूप से अलंकार कहते हैं, पर गुण और अलंकार के पारस्परिक भेद का भी ध्यान रखते हैं। दंडी ने 'काव्यादर्श' के आरम्भ में वैदर्भ एवं गौड़ मार्गों का उल्लेख करते हुए उन दोनों का विभाजन गुणों के आधार पर किया है। दंडी गुण को उत्तम काव्य का आवश्यक तत्त्व अवश्य मानते हैं। वे तो इष्ट अर्थ से युक्त पदावली को काव्य शरीर मानते हैं।[4] इस आधार पर कुछ लोग दंडी द्वारा गुण को काव्यात्मक तत्त्व के रूप में भी स्वीकार करते मानते हैं, जिसे दंडी के 'काव्य सर्वस्व' शब्द से भी समझा जा सकता है। कुन्तक ने भी सौभाग्य गुण को 'काव्यैक जीवित' कहकर उसे काव्य में मूर्धन्य स्थान प्रदान किया है।

दंडी भामह की तरह अलंकारवादी आचार्य माने गए हैं। वे वैदर्भी एवं गौड़ी रीतियों के भेद को स्पष्ट करते हैं तथा श्लेष, प्रसाद, समाधि आदि दस गुणों को वैदर्भी का प्राण बताकर विशेष रूप से समाधि गुण को काव्य का सर्वस्व भी घोषित करते हैं। दंडी को रीतिवादी, गुणवादी आचार्य भी कहा गया है, पर व्यापक दृष्टि से वे अलंकारवादी आचार्य ही हैं। उन्होंने अलंकारवादी होकर भी काव्य के व्यापक फलक पर रीति, गुण और रस को महत्ता प्रदान की है, पर उनका स्वतंत्र अस्तित्व स्वीकार नहीं करके एक समाहारवादी दृष्टि अपना कर अलंकार या काव्यशोभाकारक धर्म के रूप में ही वर्णन किया है। दंडी काव्य की अमरता या कल्पान्तर स्थायिता सदलंकारता में ही मानते हैं।[5]

दोष-विवेचन : दंडी 'काव्यादर्श' में दस काव्य दोषों का विवेचन करते हैं। वे दोष हैं—अपार्थ, व्यर्थ, एकार्थ, ससंशय, अपक्रम, शब्दहीन, यतिभ्रष्ट, भिन्न वृत्त, विसन्धि

और देशकाल कलालोकन्यायागम विरोधी। ये सभी दोष काव्यालंकार के तीसरे दोष निरूपक स्थान पर अर्थात् चतुर्थ परिच्छेद में इसी क्रम में वर्णित हुए हैं। काव्यालंकार के 11वें दोष 'प्रतिज्ञा हेतु दृष्टान्त हीन' को दंडी ने छोड़ दिया है। वे हीन और कर्कश दोषों को महत्त्व नहीं देते। दंडी की दोष-धारणा और लक्षण-निरूपण की पद्धति भामह से प्रभावित प्रतीत होती है। भामह से भिन्न मौलिक स्थापना की दृष्टि से दंडी की दोष-धारणा की विशेषता इस प्रकार है—

1. दंडी व्यर्थ दोष को भामह की भाँति स्वीकार करते हुए भी इसे एक वाक्य या पूरे प्रबन्ध का विषय मानते हैं (काव्यादर्श, 3/131)।
2. एकार्थ दोष के लक्षण में बिना विशेषता की पुनरुक्ति को दोष मानते हैं (3/135)।
3. यतिभ्रष्ट दोष भी दंडी का मौलिक भेद है। वे क्रियानुकूल होने पर भी श्रुति कटुत्व होने पर इसकी स्थिति मानते हैं और इसे 'कटुकर्ण' दोष कहते हैं। (वही, 3/155)। ये दोष भामह द्वारा नहीं गिनाए गए हैं।

दंडी ने गुण-विवेचन के प्रसंग में भी प्रकारान्तर से कुछ अन्य दोषों की ओर संकेत किया है। दंडी मानते हैं कि श्लेष आदि दस गुण वैदर्भ मार्ग के प्राण हैं तथा गौड़ मार्ग में प्रायः उनका विपयर्य रहता है (वही, 1/42)। गुणों की अनुकूलता वैदर्भ मार्ग है और उनका विपर्यय गौड़ मार्ग। गुणों का विपर्यय गौड़ मार्ग में दोष नहीं रह जाता, पर वैदर्भ मार्ग के लिए तो यह दोषपूर्ण है। जैसे शैथिल्य दोष वैदर्भ मार्ग के लिए दोष स्वरूप है, पर गौड़ मार्ग के लिए नहीं। इस प्रकार दंडी के सात गुण विपर्यात्मक दोषों में तीन विषय, शैथिल्य और 'अत्युक्ति' मौलिक हैं। शेष दो दोष पूर्ववर्ती आचार्यों द्वारा किसी न किसी रूप में प्रतिपादित हुए हैं, जैसे 'अर्थ व्यक्ति' का विपर्यय नेयत्व' भामह के 'नेयार्थ' के रूप में उल्लिखित हुआ है।

दंडी ने भामह द्वारा समर्थित मेधावी के सात उपमा दोषों में 'विपर्यय', 'असादृश्य' तथा 'असम्भव' को छोड़ दिया है और शेष चार उपमा दोषों को स्वीकार किया है, पर दंडी की शर्त यह भी है कि शेष चार उपमा दोषों का दोषत्व तभी मान्य है जब वे श्रोताओं के लिए उद्वेग जनक हों (यत्रेद्वेगो न धीमताम्'—वही 251)।

दंडी उपमा दोषों के अतिरिक्त प्रहेलिका के दोषों का भी संकेत करते हैं। च्युताक्षर, दत्ताक्षर आदि चौदह दुष्ट प्रहेलिकाओं का वे लक्षण-उदाहरण तो नहीं देते, पर आचार्यों द्वारा गिनाई गई इन प्रहेलिकाओं का संकेत अवश्य करते हैं।

प्रहेलिका-दोष की कल्पना दंडी के पूर्व ही हो चुकी थी। यह प्रहेलिका भी चित्र जाति का शब्दालंकार है। च्युताक्षर दत्ताक्षर तथा च्युतदत्ताक्षर भेदोंवाली, अनेकार्थ धातुओं से युक्त एवं यमकरंजित उक्ति का चमत्कार प्रहेलिका है। दंडी ने चित्रलंकार के अन्तर्गत इसका वर्णन किया है। रुद्रट, भोज और विश्वनाथ भी पीछे नहीं रहे। भामह बताते हैं कि किसी राम शर्मा ने प्रहेलिका का वर्णन किया था। यमक अलंकार के एक रूप 'हेय यमक' में भामह ने इसकी चर्चा की है अर्थात् निकृष्ट यमक प्रहेलिका है। भामह के 'काव्यालंकार' (2/12) में इसके आदि प्रस्तोता राम शर्मा के 'अच्युतोत्तर' में इसका स्वरूप है—'नाना धात्वर्य गम्भीरा यमक व्यपदेशिनी'—पर भामह इसका खंडन करते

हुए कहते हैं कि यह शास्त्र के अनुसार व्याख्या गम्य है (2/20)। भामह का यह खंडन भटिट् काव्य के उपसंहार-पद्य का उत्तर कहा जाता है।

प्रहेलिका-विचार

दंडी काव्यादर्श के तृतीय परिच्छेद में चित्र के अन्तर्गत प्रहेलिका का वर्णन उन्नीस श्लोकों में करते हैं। प्रहेलिका के सोलह भेद हैं (काव्यादर्श, 3/106)—समागता, वंचिता, व्युतक्रान्ता, प्रमुषिता, समानरूपा, परुषा, प्रकल्पिता, नामान्तरिता, निभृता, समानशब्दा, समूढ़ा, परिहारिका, एकच्छन्ना, उभयच्छन्ना, संकीर्णा।

अग्निपुराणकार ने 'चित्र' का एक भेद प्रहेलिका माना है। यह प्रहेलिका शाब्दी और आर्थी, दोनों प्रकार की होती है। चित्र की भाँति प्रहेलिका का भी केवल वर्णन है; उनके उदाहरण नहीं दिए गए।

प्रहेलिका में चमत्कार-तत्त्व का वाग्विलास देखकर ही परवर्ती आचार्यों ने उस अलंकार के चमत्कार को स्वीकार नहीं किया। चित्र का वर्णन करते हुए भी विश्वनाथ ने अपने 'साहित्य दर्पण' में प्रहेलिका का खंडन किया और कहा कि यह उक्ति-वैचित्र्य मात्र है तथा रस में बाधक है (उक्ति वैचित्र्य मात्र सा च्युक्त दत्ताक्षरादिका (साहित्य दर्पण, 10/13-14)। निकृष्ट यमक ही प्रहेलिका है।

संस्कृत की प्राचीन रसिक गोष्ठियों से लेकर रीतिकालीन काव्य-परम्परा तक प्रहेलिका का चमत्कार-पक्ष काव्य पर किसी-न-किसी रूप में हावी रहा, पर उक्ति-वैचित्र्य, चमत्कार आदि के प्रभाव को स्वीकार करने के बावजूद आचार्यों ने उसे काव्य का दर्जा नहीं दिया। भामह और विश्वनाथ ने तो उसके अलंकारत्व का खंडन भी किया, किन्तु दंडी और 'सरस्वती कंठाभरण' के रचयिता भोज और हिंदी रीति कवि केशवदास की इसमें रुचि अवश्य दिखाई पड़ती है, किन्तु रस, वक्रोक्ति आदि के व्याख्याता प्रहेलिका को मान्यता नहीं देते। आचार्यों ने रस-बोध में बाधक प्रहेलिका की अवहेलना की और उसे 'रस परिपंथी' कहा, क्योंकि इसके प्रयोग के कारण काव्य दुरूह और दुर्बोध हो जाता है। एक तरह से देखें तो भामह यमक अलंकार के एक भेद 'हेय यमक' के रूप में प्रहेलिका की ही चर्चा करते हैं।

दंडी की दृष्टि में प्रहेलिका स्वतंत्र अलंकार है। प्रहेलिका वहाँ होती है जहाँ पदों में सन्धि हो जाने पर अभीष्ट अर्थ का बोध न हो सके और उसमें गूढ़ार्थता का समावेश हो जाए (काव्यादर्श,—3/97-98)।

आचार्य रुद्रट ने भी मात्राच्युतक, विन्दुच्युतक, प्रहेलिका, कारकगूढ़, क्रियागूढ़ तथा प्रश्नोत्तर आदि को मनोरंजन का साधन मात्र माना (काव्यालंकार, 5/24)। वस्तुतः प्रहेलिका का प्रयोग क्रीड़ा-गोष्ठी का ही विषय था, जिसका प्रयोग मनोविनोदन या शास्त्रार्थ आदि में भी किया जाता था।

भोज ने प्रहेलिका के छह प्रकार माने—च्युताक्षरा, दत्ताक्षरा, च्युतदत्ताक्षरा, अक्षरमुष्टिका, विन्दुमती तथा निर्भेद। इसके अलावा भी क्रियागुप्त, कारकगुप्त, सम्बन्धगुप्त, पादगुप्त, अभिप्राय गुप्त तथा वस्तु गुप्त नामक अन्य छह भेद भी प्रकल्पित किए गए।

कथा-आख्यायिका

संस्कृत गद्यकाव्य के एक भेद के रूप में आख्यायिका का विवेचन हुआ है। आचार्यों ने आख्यायिका और कथा में अन्तर दिखाया है। कथा का विषय काल्पनिक होता है, जिसका उदाहरण है 'कादम्बरी' और आख्यायिका का विषय वास्तविक होता है, इसका उदाहरण 'हर्षचरित' है।

दंडी भामह द्वारा निर्दिष्ट आख्यायिका एवं कथा के अन्तर को नहीं मानते—उनमें कोई भेद, कोई सुनिश्चित भेदक तत्त्व नहीं मिलता। दंडी इस भेद को संगत नहीं मानते, इनमें वे स्वरूप-भेद मानते हैं, पर वक्तृ-भेद नहीं मानते।[6]

आख्यायिका का सामान्य अर्थ कथा, वृत्तान्त या कहानी ही है। दंडी ने कथा एवं आख्यायिका के भेद को मिटाकर शैली की दृष्टि से गद्य काव्य के मुक्तक, वृत्तगन्धि, उत्कलिकाप्राय, चूर्णक आदि चार भेद करके इन्हीं के भीतर अन्य समस्त गद्यात्मक ग्रंथों को सम्मिलित कर लिया है—"अत्रैवान्तर्य विष्यन्ति शेषा आख्यान जातकः।" दंडी के मत में गद्य काव्य वहाँ होता है जहाँ पद समूह में चरण का अभाव हो। आख्यायिका में नाटक द्वारा कथा का वर्णन होता है, पर कथा में अन्य पात्र द्वारा कथा प्रस्तुत होती है, क्योंकि नायक यदि कथा का वर्णन करेगा तब वह स्वयं के गुण-दोष की चर्चा नहीं कर सकता। दंडी के पूर्ववर्ती भामह आदि आचार्यों ने आख्यायिका और कथा का अन्तर समझाने के लिए कई भेदक तत्त्व रखे हैं जैसे कि आख्यायिका में छन्द का प्रयोग होना चाहिए और कथा में वक्त्र तथा अपरवक्त्र छंद प्रयुक्त होने चाहिए, पर दंडी इस व्यवस्था को स्वीकार नहीं करते (काव्यादर्श, पृ. 27)। दंडी गद्य एवं पद्य की मिश्रित रचना को चम्पू काव्य की संज्ञा देते हैं। (वही, 1/31)।

दंडी की दो रचनाएँ 'दशकुमार चरित' और 'अवन्तिसुन्दरी कथा' उनके युवाकाल की कृतियाँ कही गई हैं। उनका काव्यशास्त्रीय ग्रंथ 'काव्यादर्श' निश्चय ही उनके प्रौढ़काल की रचना है। कुछ आलोचक तो यह भी कहते है 'मृच्छकटिक' नाटक शूद्रक की रचना न होकर दंडी की ही रचना है। वस्तुतः 'दशकुमार चरित' में वर्णित सामाजिक स्थिति प्रायः वैसी ही ही है जैसी 'मृच्छकटिक' में दिखाई देती है। दोनों कृतियों में एक क्रान्तिकारी और यथार्थवादी दृष्टिकोण मिलता है।

'दशकुमार चरित' का स्वरूप समय-समय पर क्षेपकों के कारण परिवर्द्धित भी होता रहा है। आज जो स्वरूप उपलब्ध है, उसमें आरम्भ में पाँच उच्छ्वासों की पूर्व पीठिका है। फिर आठ उच्छ्वासों की कथा है जिनमें दस नहीं, केवल आठ कुमारों की कहानियाँ कही गई हैं, फिर पाँच-छह पृष्ठों की उत्तर पीठिका मिली है। कहा जाता है कि 'वेणी संहार' के रचयिता भट्ट नारायण से भिन्न कोई व्यक्ति तथा विनायक चक्रपाणि आदि ने 'दशकुमार चरित' में समय-समय पर उसमें कुछ-न-कुछ जोड़ने का प्रयास किया है। 'दशकुमार चरित' की पूर्व पीठिका का स्वरूप हजार-बारह सौ साल पुराना अवश्य प्रतीत होता है। 'दशकुमार चरित' की गद्य-शैली कृत्रिम कही जाती है, पर समस्त शब्दों का कलात्मक सौंदर्य और शब्दाडम्बर के प्रभाव को अस्वीकार भी नहीं किया जा सकता। 'दशकुमार चरित' की पूर्वपीठिका के आरम्भिक वाक्य इसका संकेत दे देते हैं—

"तत्र वीरभट पटलोत्तरंग तुरंग कुंजर मकर भीषण सकल रिपुगण कटक जलनिधि मथन मन्दरायमाण समुद्दंड भुजदंड:, पुरंदर पुराङ्-गण वनविहरण परायण गीर्वाण तरुण गणिका गण जेगीयमान याति मानया शरदिन्दुकुन्द घनसार नीहार हार मृणाल मराल सुरगज नीर क्षीर गिरिसाट्ट हास कैलासकाश नीकाश मूर्त्या रचित दिगन्तराल पूर्त्याकीर्त्याभित: सुरभित:, स्वर्लोक शिखरोरू रुचिर रत्न रत्नाकर मेखला वलयित धरणी रमणी-सौभाग्य भोग भाग्यवान् अनवरतयाग दक्षिणा रक्षित शिष्ट विशिष्ट विद्या संभार भार भूसुर निकर:, सन्तापेन प्रतापेन सतत तुलित वियन्मध्यहंस: राजहंसो नाम घनदर्प कन्दर्प सौंदर्य सोदर्य हृद्य निरवद्य रूपो भूपो वभूव।"

दंडी का अलंकार-विवेचन

दंडी का 'काव्यादर्श' अलंकारों के विस्तृत विवेचन के पक्ष में दिखाई पड़ता है। किसी नवीन अलंकार की उद्‌भावना न करके भी दंडी अलंकारों के असंख्य होने तथा उनकी अनन्तता के समर्थक हैं। भामह ने 38 अलंकारों की कल्पना की थी, पर दंडी 36 अलंकारों को स्वीकृति देते हैं, किन्तु विशेष अलंकारों के भेदोपभेदों की कल्पना में वे अग्रणी दिखाई पड़ते हैं। उन्होंने भामह द्वारा विवेचित अनेक अलंकारों की स्वतंत्रता को अमान्य कर उन्हें अन्य अलंकारों के अंग के रूप में समेट लिया। दंडी ने प्रतिवस्तूपमा को उपमा का एक भेद माना, उपमेयोपमा अनन्वयोपमा के रूप में उपमा का ही एक प्रकार सिद्ध हुआ। ससन्देह को संशयोपमा कहकर उसे भी उपमा-भेदों में जगह मिली। उपमा रूपक रूपक अलंकार में ही अन्तर्भुक्त होकर उसका एक भेद बन गया और उत्प्रेक्षावयव उत्प्रेक्षा का एक भेद मान लिया गया।

दंडी ने कई अलंकारों की स्वतंत्र सत्ता को यथावत् रूप में स्वीकार नहीं किया। यही नहीं उन्होंने हेतु, सूक्ष्म तथा लेश अलंकारों को जिन्हें भामह ने खंडित कर दिया था, उनके अस्तित्व को वाणी के उत्तम अलंकार के रूप में स्वीकार किया। इसी प्रकार आशी: को भी दंडी ने अलंकार के रूप में नई मान्यता दी। उन्होंने भामह के यमक अलंकार को तो स्वीकार किया, पर भामह का अन्धानुसरण नहीं हुआ। दंडी का यमक भरत के विवेचन से प्रेरित प्रतीत होता है। दंडी ने उसके अनेक भेद गिनाए हैं। देखा जाए तो इनके मतानुसार यमक के तीन सौ पन्द्रह भेद हो सकते हैं। दंडी भरत के दस यमक भेदों के साथ-साथ एक भेद श्लोकाभ्यास का भी वर्णन करते हैं। उनकी दृष्टि में यदि दो श्लोक यमक द्वारा एक हो जाएँ तो वह श्लोकाभ्यास यमक हो जाता है। भेदोपभेद की यह प्रवृत्ति दंडी की मौलिकता और उर्वरता का संकेत करती है।

दंडी के भेद-विस्तार के पीछे अलंकारों के प्रयोग की सामाजिकता भी दिखाई देती है। व्याकरण की तरह अलंकार भी सामाजिक प्रयोग और व्यवहार की वस्तु हैं, उसकी वास्तविक कसौटी ही लोक-व्यवहार है और दूसरी कसौटी है—काव्य में उसका उचित प्रयोग, पर अलंकार-रचना की प्रवृत्ति व्याकरण की भाँति शब्द-संग्रह या नियम-निर्धारण नहीं है। आलंकारिक अलंकार की खोज कर उसे नाम दे सकता है, पर उसे प्राणत्व प्रदान नहीं कर सकता। आचार्य भरत का लोक-व्यवहार अलंकारों पर भी लागू होता है।

दंडी ने दीपक-अलंकार के नए भेद दीपकावृत्ति की उद्‌भावना करके अलंकार-क्षेत्र

का विस्तार किया, उन्होंने स्वभावोक्ति अलंकार को महत्ता प्रदान की। भामह ने जहाँ यमक, चित्र, प्रहेलिका आदि का संक्षिप्त वर्णन किया था, वहाँ दंडी ने उन-उन अलंकारों के वैचित्र्यपूर्ण प्रयोगों पर विचार कर इन्हें विस्तृत रूप प्रदान किया। स्वभावोक्ति अलंकार को वे 'जाति' संज्ञा ही नहीं देते बल्कि उसे 'आद्य अलंकृति' कहते हैं (कान्तं भवति सर्वस्य लोकयात्रा नुवर्तिनः-काव्यादर्श 2/88)। आचार्य कुन्तक ने भले ही वक्रोक्तिवादी होने के कारण स्वभावोक्ति को अलंकार्य मानकर उसके अलंकारत्व का खंडन किया हो, पर स्वभावोक्ति के महत्त्व को दंडी ने रेखांकित अवश्य किया था।

अन्ततः सामान्य रूप से कहा जा सकता है कि दंडी के अधिकांश विवेचन का स्वरूप भामह के समान ही है। उनके भेदोपभेद पर भी भामह का प्रभाव मिलता है। उनके नवीन अलंकार भी भामह की अलंकार-धारणा और भरत के लक्षण, गुण, अलंकार आदि की स्थापना से प्रेरित हैं। दंडी स्वयं स्वीकार करते हैं कि अलंकार की विविधता की कल्पना का बीज पूर्ववर्ती आचार्यों की कृतियों में निहित है।[7] दंडी की अलंकार-कल्पना के मूल में उनका परिश्रम है, जिसे वे स्वयं स्वीकार करते हैं। पूर्वाचार्यों का मतलब आचार्य भरत और भामह से है, फिर भी उस समय तक प्रचलित अलंकार विषयक ऊहापोह और समस्त धारणाओं का उन्होंने विश्लेषण कर अपनी स्थापनाएँ प्रस्तुत कीं, कुछ को नकारा, कुछ को यथावत् स्वीकार किया, कुछ में यथावश्यक परिवर्तन भी किए। इस तरह दंडी एक मौलिक विश्लेषक और आलंकारिक के रूप में स्थापित हुए।

दंडी यह भी मानते हैं कि अलंकारों की विविधता की कल्पना का बीज पूर्वाचार्यों की कृतियों में ही सन्निहित है।[7] (काव्यादर्श, 2/2)। दंडी ने उस प्राचीन चिन्ता-धारा को आगे बढ़ाने का कार्य किया। दंडी के अधिकांश अलंकारों का स्वरूप भामह के चिन्तन के अनुरूप ही दिखाई देता है। भामह कल्पित अलंकारों से उनके द्वारा प्रस्तुत अन्य विचारित अलंकारों की संख्या कुछ कम ही है, पर उपमा आदि कुछ विशेष अलंकारों के भेदोपभेद की वृद्धि-संख्या में दंडी रुचि अवश्य लेते हैं।

काव्य-लक्षण

दंडी ने काव्य की परिभाषा इस प्रकार दी है—"इष्ट अर्थ युक्त पद समुदाय को काव्य कहते है।" यहाँ 'इष्ट' शब्द को चमत्कार का कारण माना गया है। दंडी रमणीयार्थ युक्त पद को काव्य मानते हैं, शब्द को उन्होंने महत्त्व दिया है। आगे चलकर पंडितराज जगन्नाथ भी शब्दवादी धारणा का समर्थन करते दिखाई देते हैं। विद्वान् यह तो मानते हैं कि काव्य-लक्षण के मूल में तीन पक्ष प्रचलित हैं—शब्दवादी, अर्थवादी और शब्दार्थवादी। इस दृष्टि से दंडी का काव्य-लक्षण 'काव्यशब्दवादी' सिद्ध होता है। दंडी अपनी परिभाषा—'शरीरं तावदिष्टार्थ व्यवच्छिन्ना पदावली' में जिस 'इष्टार्थ' की चर्चा करते हैं, वह शब्द हमारी दृष्टि में भामह की काव्य-परिभाषा 'वक्राभिधेय शब्दोक्तिः इष्टावाचामलंकृतिः' से प्रेरित अवश्य है, जिसमें 'इष्टावाचा' का प्रयोग मिलता है।

डॉ. सुशील कुमार डे भी कहते हैं कि दंडी ने काव्य की सामान्य परिभाषा करते हुए काव्य अथवा काव्य शरीर को 'इष्टार्थ व्यवच्छिन्ना पदावली' कहा है। इसलिए सबसे पहले उन्होंने उपयुक्त विचारों के लिए उपयुक्त अभिव्यक्ति अथवा शास्त्रीय शब्द मार्ग

अथवा रीति से लक्षित, शब्द तथा अर्थ के उचित काव्यात्मक विन्यास की चर्चा की है। उनका कथन है कि भाषा का मार्ग विचित्र है अर्थात् अभिव्यक्ति के अनेक रूप होते हैं। सूक्ष्म भेद के कारण प्रत्येक मार्ग अन्य मार्ग से भिन्न होता है। इस प्रकार अभिव्यक्ति के अनेक मार्ग हो सकते हैं। दंडी ने इन मार्गों के मोटे तौर पर दो स्पष्ट भेद किए हैं—वैदर्भ तथा गौड़। इनमें वैदर्भ श्रेष्ठ मार्ग है। दंडी मानते हैं कि दस काव्य गुणों के संयोग से वैदर्भ मार्ग की प्रतिपत्ति होती है।

काव्य-कारण या काव्य-हेतु पर विचार करते हुए दंडी एक मौलिक बात का संकेत करते हैं। वे काव्य हेतु के रूप में प्रतिभा, अध्ययन एवं अभ्यास को तो मानते हैं, पर यह भी मत व्यक्त करते हैं कि सामान्य रूप से प्रतिभा के अभाव में अध्ययन तथा अभ्यास द्वारा काव्य की रचना सम्भव है। वे भामह की भाँति प्रतिभा की अनिवार्यता स्वीकार नहीं करते।[8] आगे चलकर वामन आदि आचार्य प्रतिभा को कवित्व का बीज मानते हैं। रुद्रट प्रतिभा को सहजा और उत्पाद्या मानते है। उत्पाद्या प्रतिभा सहजा के संस्कार के कारण होती है। ऐसा प्रतीत होता है कि रुद्रट की उत्पाद्या दंडी की प्रतिभा की अपरिहार्यता स्वीकार नहीं करने के पक्ष का मानो समर्थन ही करती है, पर आगे के आचार्यों ने प्राय: प्रतिभा के महत्त्व को मुक्त कंठ से ही स्वीकार किया है।

महाकाव्य

दंडी ने 'काव्यादर्श' में महाकाव्य का व्यवस्थित लक्षण देने का प्रयत्न किया है। उनके पूर्ववर्ती भामह की महाकाव्य-परिभाषा में सर्गों की संख्या, वर्ण्य विषय-सूची, नायक या अन्य पात्रों के गुण-अवगुण की सूची, छंद, मंगलाचरण आदि के स्पष्ट संकेत नहीं मिलते, किन्तु दंडी महाकाव्य को सर्गबद्ध रचना मानते हैं और इसके प्रारम्भ में आशीर्वाद, स्तुति एवं कथावस्तु-निर्देश का विधान करते हैं। महाकाव्य की कथावस्तु इतिहास पर या सज्जनों के चरित्र पर आधारित होती है। इसमें चतुर एवं उदात्त चरित्र के नायक का वर्णन होता है और पुरुषार्थों का समावेश होता है। महाकाव्य में नगर, समुद्र, पर्वत, षड्ऋतु, चन्द्रोदय, सूर्योदय, चन्द्रास्त, सूर्यास्त, उद्यान-क्रीड़ा, मधुपान तथा सम्भोग का वर्णन होता है। इसमें वियोग, विवाह, कुमार-जन्म, मंत्रणा, दूतप्रेषण नायक के अभ्युदय आदि वर्णित होते हैं। सर्गान्त में छन्द-परिवर्तन, लोकरंजन, कल्पान्त तक स्थायी और अलंकृत होना आवश्यक है। प्रतिनायक का भी विशद वर्णन अपेक्षित है, अन्त में उसका संहार होना चाहिए। महाकाव्य की विस्तृत एवं स्पष्ट परिभाषा परवर्ती आचार्य विश्वनाथ में मिलती है।

दंडी की महाकाव्य की परिभाषा सम्पूर्ण मानव-जीवन, लोक-व्यवहार, प्रकृति और संघर्ष-विघर्ष का एक दस्तावेज प्रतीत होती है। महाकाव्य का यह लक्षण सिद्ध करता है कि मनुष्य का जीवन अपनी सम्पूर्णता में ही ग्राह्य होकर महाकाव्य का विषय बनता है। उसमें केवल नायक ही नहीं होता, उसके पूरक तत्त्व, जैसे नायिका, प्रतिनायक, जीवन के सुख-दुख सबका समवेत मिश्रण होता है। यहाँ तक कि प्रतिनायक की बलशालिता, वंश-परिचय और पराक्रम के वर्णन से भी नायक की ही श्री-वृद्धि होती है। प्रतिनायक की प्रचंडता भी नायक के चरित्र और स्वरूप को प्रभावशाली बना देती है।

दंडी की काव्य विषयक धारणा

आलंकारिक दंडी ने अपने 'काव्यादर्श' में काव्य से सम्बन्धित वाङ्मय के महत्त्व के सम्बन्ध में काव्य का प्रयोजन निर्दिष्ट करते हुए कहा है कि यह काव्य वह विलक्षण दर्पण है, जिसमें असन्निहित राजाओं की भी प्रतिच्छाया उपलब्ध होती है और वह स्थायी होती है।[9] इसमें काव्य के कारयिता का महत्त्व-प्रतिपादन हुआ है। यहाँ यशरूप काव्य-प्रयोजन का संकेत मिलता है। इसके आगे दंडी ने 'अलंकार' शब्द को उपलक्षण माना है। इससे रीति तथा गुण आदि का भी बोध किया जा सकता है, क्योंकि शरीर-निर्वचन से ही प्राणभूत रीतियों का भी निर्वचन हो जाता है।[10] वे काव्य किसे कहते हैं, उसका शरीर-स्वरूप क्या है, इसका उत्तर इष्टार्थ व्यवच्छिन्न पदावली को काव्य शरीर माननेवाले दंडी के मत में रमणीयार्थ युक्त वाक्य ही काव्य होता है।[11] इनका काव्य-लक्षण शब्द काव्यवादी बताया गया है। यहाँ 'इष्टार्थ' शब्द चमत्कार युक्तता का वाचक है, चमत्कार अर्थात् लोकोत्तर आह्लादकत्व।

दंडी अलंकार को शोभाधायक-धर्म मानकर इसका व्यापक अर्थ में प्रयोग करते हैं और रस, रीति तथा गुण को अलंकार के ही अन्तर्गत रखते हैं। वे अलंकारवादी हैं पर रस, गुण और रीति को महत्त्व देते हैं, पर साथ ही उनके स्वतंत्र अस्तित्व को न मानकर उन्हें अलंकारों का ही साधक मात्र मानते हैं। इनकी दृष्टि में काव्य का अमरत्व या कल्पान्तर स्थायित्व सदलंकृति में ही है।[12]

दंडी की काव्य विषयक कुछ धारणाएँ महत्त्वपूर्ण और मौलिक प्रतीत होती हैं। गुणों पर विचार करते हुए दंडी भरत के अनुकूल अपना विचार प्रस्तुत करते हैं—"इस प्रकार परस्पर भिन्न दो मार्ग-सम्प्रदाय चलते आ रहे हैं, इनके अवान्तर भेद कविभेद से अनन्त हैं, उनका वर्णन असम्भव है। जिस प्रकार ईंख, दूध एवं गुड़ में वर्तमान माधुर्य में अन्तर होता है और वह अन्तर महान् होता है, उसका वर्णन सरस्वती भी नहीं कर सकती[13] उसी प्रकार गौड़ वैदर्भ सम्प्रदाय के अन्तर्गत उपभेदों के बीच के भेद का वर्णन अशक्य है। अन्त में वे प्राक्तन संस्कार से उत्पन्न कवि-प्रतिभा का महत्त्व बताते हुए उसके न होने पर भी सारस्वत साधना, शास्त्रध्ययन और काव्याभ्यास की निरन्तरता पर बल देते हैं। प्रतिभा शक्ति से रहित ऐसा व्यक्ति भी व्युत्पत्ति-प्राप्तिपूर्वक अभ्यास करता रहे तो सरस्वती उस पर भी कृपा करती ही हैं।"[14]

मूल्यांकन

दंडी आचार्य भामह के परवर्ती आलोचक हैं। अनेक विद्वानों ने उनका समय भामह से पहले माना था, पर बहुसंख्यक इन्हें भामह का पश्चाद्वर्ती ही सिद्ध करते हैं। दंडी समर्थ कवि थे। उनका गद्य काव्य 'दश कुमार चरितम्' और 'अवन्तिसुन्दरी कथा' प्रसिद्ध हैं—

1. 'काव्यादर्श' के तीन परिच्छेदों और 660 श्लोकों में काव्य-लक्षण, काव्यभेद, रीति-गुण और अलंकार-विवेचन के साथ प्रहेलिका और दोषों का भी निरूपण हुआ है। कुछ विद्वान् इन्हें रीतिवादी या गुणवादी आचार्य इसलिए कहते हैं

कि वे वैदर्भी रीति को श्रेष्ठ मानकर दस गुणों को उसका प्राण सिद्ध करते हैं। दंडी सदलंकृत काव्य को कल्पान्तर स्थायी मानते हैं।

2. काव्य-गुणों पर दंडी ने विस्तारपूर्वक विचार किया है। वे गुणों की संख्या दस मानकर भरत का अनुकरण करते और उनके दिए लक्षणों को भी स्वीकार करते हैं। उनके दस गुण हैं—श्लेष, प्रसाद, समता, माधुर्य, सुकुमारता, अर्थव्यक्ति, उदारता, ओज, कान्ति और समाधि। दंडी मानते हैं कि गुण और अलंकार अपनी भिन्नता के कारण एक-दूसरे का आभूषण नहीं बन सकते। कुछ विद्वान् अलंकारों को काव्यशोभाकारक धर्म माननेवाली उनकी परिभाषा में गुणों का अन्तर्भाव मान लेते हैं। वे अलंकारवादी होकर भी काव्य के व्यापक फलक पर रीति, गुण और रस को महत्ता प्रदान करते हैं, पर उनका स्वतंत्र अस्तित्व स्वीकार नहीं करते। वे एक समाहारवादी दृष्टि अपनाते हैं और अलंकार या काव्य-शोभाकारक धर्म के रूप में ही उनका वर्णन करते हैं।
3. दंडी ने काव्यादर्श में दस काव्य-दोषों का विवेचन किया है। वे दोष हैं—अपार्थ, व्यर्थ, एकार्थ, ससंशय, अपक्रम, शब्दहीन, यतिभ्रष्ट, भिन्नवृत्त, विसन्धि और देशकालकलालोकन्यायागम विरोधी। दंडी हीन और कर्कश दोषों को स्वीकार नहीं करते। इसलिए उन्होंने काव्यालंकार के ग्यारहवें दोष 'प्रतिज्ञाहेतु दृष्टान्तहीन' को छोड़ दिया है। दोष-विवेचन में वे कई स्थानों पर भामह का अनुकरण नहीं करते। इसी प्रकार वे भामह द्वारा समर्थित मेधावी के सात उपमा दोषों में चार को ही स्वीकार करते हैं, लेकिन उनकी शर्त है कि वे पाठकों के मन में जब उद्वेग पैदा करेंगे, तभी दोष माने जाएँगे।
4. दंडी ने प्रहेलिका के सोलह भेद गिनाए हैं। प्रहेलिका में चमत्कार और वाग्विलास की प्रधानता के कारण ही उसे बहुत महत्त्व नहीं मिला। आचार्य विश्वनाथ ने भी उसके अलंकारत्व का खंडन किया है। दंडी की दृष्टि में प्रहेलिका स्वतंत्र अलंकार है।
5. दंडी ने संस्कृत गद्यकाव्य के भेद के रूप में आख्यायिका का विवेचन किया है। कथा काल्पनिक होती है जिसका उदाहरण 'कादम्बरी' है। आख्यायिका का विषय वास्तविक होता है, जिसका उदाहरण 'हर्षचरित' है। दंडी भामह द्वारा बताए आख्यायिका और कथा का अन्तर नहीं मानते। वे इनमें केवल स्वरूप-भेद देखते हैं। उनका 'दशकुमार चरित' और 'अवन्ति सुन्दरी कथा'—ये दोनों ग्रंथ उनके युवाकाल की रचनाएँ प्रतीत होती हैं और 'काव्यादर्श' को प्रौढ़काल की रचना माना गया है।

दंडी के 'काव्यादर्श' में अलंकारों का विस्तृत विवेचन मिलता है। वे किसी नवीन अलंकार की कल्पना नहीं करके भी अलंकारों की अनन्तता पर विचार करते हैं। दंडी ने छत्तीस अलंकारों को स्वीकृति दी, किन्तु विशेष अलंकारों के भेदोपभेदों की भी कल्पना की। वे भामह का अन्धानुकरण नहीं करते। दंडी के भेद-विस्तार के पीछे अलंकारों के प्रयोग की सामाजिकता एक मुख्य कारण है। अलंकारों की कसौटी भी लोक-व्यवहार है और उसकी

दूसरी कसौटी है—काव्य में उसका उचित प्रयोग।

6. दंडी स्वभावोक्ति अलंकार को महत्त्व प्रदान करते हैं। वे उसे 'जाति' संज्ञा ही नहीं देते बल्कि उसे 'आद्य अलंकृति' कहते हैं। वे यह भी मानते हैं कि अलंकार की विविधता की कल्पना का बीज पूर्ववर्ती आचार्यों की कृतियों में निहित है।
7. दंडी की काव्य-परिभाषा में इष्ट अर्थ के द्वारा 'रमणीयार्थ' शब्द का संकेत मिलता है। आगे चलकर पंडितराज जगन्नाथ भी रमणीय शब्दवादी धारणा का समर्थन करते दिखाई देते हैं। दंडी भी वैदर्भमार्ग को श्रेष्ठ मानते हैं। काव्य-हेतु के सम्बन्ध में वे प्रतिभा अध्ययन और अभ्यास को तो मानते हैं, पर एक मौलिक बात यह कहते हैं कि प्रतिभा के अभाव में अध्ययन तथा अभ्यास द्वारा भी काव्य-रचना सम्भव है।
8. 'काव्यादर्श' में दंडी ने महाकाव्य का व्यवस्थित लक्षण देने का प्रयास किया है। उनकी परिभाषा में सम्पूर्ण मानव जीवन, लोक व्यवहार, प्रकृति और संघर्ष-विघर्ष का समन्वय है।
9. दंडी की काव्य विषयक धारणा में कवि या कारयिता का महत्त्व घोषित हुआ है। वहाँ यश रूप काव्य-प्रयोजन का संकेत मिलता है। दंडी 'अलंकार' शब्द को एक उपलक्षण मानते हैं, जिससे रीति और गुण आदि का भी बोध किया जा सकता है। दंडी अलंकारवादी हैं, पर रस, गुण और रीति को महत्त्व देते हैं और मूलतः उन्हें अलंकारों का ही साधक मात्र मानते हैं। इस सद्लंकृति से ही काव्य चिरजीवी या कल्पान्तरस्थायी होता है। गुण पर विचार करते समय वे भरत के अनुकूल अपना मत प्रकट करते हैं। वे मानते हैं कि कई प्रकार के भेद से वे अनन्त भी हो जाते हैं, उनका वर्णन असम्भव है। जैसे ईंख, दूध और गुड़ में वर्तमान माधुर्य में अन्तर होता है और वह अन्तर बड़ा होता है, उसका वर्णन सरस्वती भी नहीं कर सकती। वैसे ही वैदर्भ, गौड़ सम्प्रदाय के अन्तर्गत उपभेदों के बीच के अन्तर का वर्णन कठिन है। कवि की प्रतिभा, व्युत्पत्ति और अभ्यास के उचित मेल से ही सारस्वत-कृपा सम्भव होती है।

सन्दर्भ

1. काव्यादर्श, 1/19
2. श्लेषः प्रसादः समता माधुर्यं सुकुमारता।
   अर्थव्यक्ति रुदारत्वमोजः कान्ति समाधयः॥
   इति वैदर्भ मार्गस्य प्राणा दशगुणाः स्मृताः। —काव्यादर्श, 1/41-42
3. वही, 1/45
4. शरीरं तावदिष्टार्थ व्यवच्छिन्ना पदावली। —वही, 1/10
5. काव्यं कल्पांतर स्थायि जायते सदलंकृतिः। —वहीं, 1/19
6. (क) अपादः पदसन्तानो गद्यमाख्यायिका कथा।
   इति तस्य प्रभेदौ द्वौ तयोराख्यायिका किल॥ —वही, 1/23
   (ख) अन्योवक्ता स्वयं वेति कीदृग् वा भेद लक्षणम्? —वही, 1/25

7. किन्तु बीजं विकल्पानां पूर्वाचार्यैः प्रदर्शितम्।
तदेव परिसंस्कर्तुमयमस्मत् परिश्रमः॥ —वही, 2/2
8. वही, 1/14-22
9. आदिराज्य यशोबिम्ब मादर्शं प्राप्य वाङ्भवम्।
तेषाम सन्निधानेऽपि न स्वयंपश्य नश्यति॥ —वही, 1/5
10. तैः शरीरं च काव्यानामलंकाराश्च दर्शितः। —वही, 1/9
11. वही, 1/10
12. वही, 1/19
13. इक्षुक्षीरगुडादीनां माधुर्यस्यन्तरं महत्।
तथापि न तदाख्यातुं सरस्वत्यापि शक्यते॥ —वही, 102
14. न विद्यते यद्यपि पूर्व वासना गुणानुबंधि प्रतिभानमद्भुतम्।
श्रुतेन यत्नेन च वागुपासिता, ध्रुवं करोत्येव कमप्यनुग्रहम्॥ —वही, 104-105

उद्भट

(नौवीं शताब्दी का पूर्वार्द्ध)

डॉ. पी. वी. काणे ने अपने ग्रंथ 'संस्कृत काव्यशास्त्र का इतिहास' में लिखा है कि "अलंकार शास्त्र पर उद्भट का बहुत प्रभाव है। उसने भामह को तिरोहित कर दिया। यही कारण है कि भामह का ग्रंथ अब तक छिपा रहा और अभी कुछ वर्षों में प्रकट हुआ। उत्तरकालीन आलंकारिक मतभेद होने पर भी उसका उल्लेख सम्मानपूर्वक करते हैं। वह अलंकार-सम्प्रदाय का मुख्य प्रतिनिधि ग्रंथ है।" (पृ. 170)।

परिचय : जीवन-वृत्त

उद्भट श्रेष्ठ आलंकारिक हैं, इसमें सन्देह नहीं। उनका प्रसिद्ध ग्रंथ—'काव्यालंकार सार संग्रह' आलंकारिकों का प्रिय ग्रंथ रहा है। इसके अतिरिक्त भी उद्भट के दो अन्य प्रसिद्ध ग्रंथ हैं—'भामह विवरण' और 'कुमार सम्भव'। 'काव्यालंकार सार संग्रह' के छह सर्गों में अलंकारों के लक्षण और उदाहरण प्रस्तुत किए गए हैं। मुख्यतः भामह का आधार लेकर अलंकारों का स्वरूप-निर्देश किया गया प्रतीत होता है। कुछ अलंकारों के उदाहरण उनके स्वरचित 'कुमार सम्भव' के हैं। कुछ विद्वान् 'कुमार सम्भव' को उनकी रचना नहीं मानते, फिर भी अधिकतर लोगों की धारणा 'कुमार सम्भव' को इन्हीं की रचना ठहराती है। 'भामह विवरण' ग्रंथ के विषय में कहा गया है कि यह पहले भारत में उपलब्ध नहीं था। इसका प्रकाशन इटली में हुआ था, जिसका हस्तलेख पाकिस्तान में प्राप्त हुआ था। पर विद्वानों का कहना है कि अब सम्भवतः वह ग्रंथ 'चौखंबा' से प्रकाशित हो गया है।

अलंकारवादी आचार्य होने के कारण उद्भट दंडी के समान ही रस, भाव आदि को रसवदादि अलंकारों में अन्तर्भुक्त मानते थे। इन अलंकारों को इन्होंने व्यवस्थित रूप दिया। अनुप्रास अलंकार के अन्तर्गत उपनागरिका आदि वृत्तियों के निरूपण की जो शैली पश्चाद्वर्ती मम्मट के काव्य-प्रकाश में मिलती है, उसका मूल प्रेरक ग्रंथ यही 'काव्यालंकार सार संग्रह' ही प्रतीत होता है। 'काव्यालंकार सार संग्रह' की दो टीकाएँ प्रसिद्ध हैं—राजानक तिलक की 'उद्भटविवेक' और प्रतिहारेन्दुराज की 'लघुवृत्ति'। उद्भट के भामह विवरण में प्रसृत सिद्धान्तों पर आनन्दवर्धन, अभिनव गुप्त, रुय्यक, मम्मट, पंडितराज जगन्नाथ आदि ने आदरपूर्वक उनका उल्लेख किया है।

उद्भट कश्मीर निवासी थे। कल्हण की 'राजतरंगिणी' में भट्ट उद्भट नामक

एक विद्वान् का उल्लेख मिलता है।[1] कश्मीर के राजा जयापीड़ इनके संरक्षक कहे गए हैं। जयापीड़ का राज्यकाल 836 से 870 विक्रम सम्वत् माना गया है। अत: इस दृष्टि से उद्भट का समय नवम सदी का पूर्वार्द्ध निश्चित होता है। यह भी कहा जाता है कि जयापीड़ के राज्यकाल के प्रथम चरण में ही उद्भट उनके राज्याश्रय में रहे होंगे, क्योंकि डॉ. याकोबी द्वारा उत्तरार्द्ध काल में जयापीड़ को एक प्रजापीड़क राजा के रूप में वर्णित किया गया है। आनन्दवर्धन ने 'ध्वन्यालोक' के पृ. 96 तथा 108 में उद्भट का नामोल्लेख किया है। आनन्दवर्धन भी कश्मीर नरेश अवन्ति वर्मा के शासन काल 912 से 945 विक्रम सम्वत् में थे।

उद्भट के 'अलंकार सार संग्रह' ग्रंथ में छह वर्ग हैं और 79 कारिकाओं में 41 अलंकारों का विवेचन हुआ है। मम्मट ने इनके गुणालंकार-विभाग को काव्य-प्रकाश के गुण-प्रकरण में उद्धृत किया है। उद्भट इस अर्थ में मौलिक और स्पष्टवादी कहे जा सकते हैं कि उन्होंने दंडी आदि द्वारा प्रस्तुत गुणालंकार भेद को प्राचीनता का अन्धानुकरण माना है।

उद्भट की अलंकार-धारणा

उद्भट की अलंकार विषयक धारणाओं को सूत्र रूप में इस प्रकार समझा जा सकता है—

1. उद्भट ने पूर्ववर्ती आचार्यों, विशेषकर भामह की मान्यताओं का तटस्थ विवेचन और नवीन सिद्धान्तों का युक्तिपूर्ण विवेचन किया। अलंकार शास्त्र की परम्परा में उद्भट के मतों का अनुमोदन करने वालों की अच्छी-खासी परम्परा मिलती है। मम्मट, आनन्दवर्धन आदि के ग्रंथों में उनके समर्थकों के विचारों को 'इति उद्भटायन:' कहकर उद्भट को गौरव प्रदान किया गया है।
2. उद्भट ने अपने ग्रंथ में अलंकारों का अधिकतर क्रम भामह के काव्यालंकार के क्रम के अनुरूप रखने का प्रयत्न किया है। उनके द्वारा विवेचित 41 अलंकारों में काव्यलिंग, छेकानुप्रास, दृष्टान्त, पुनरुक्तवदाभास तथा संकर—इन पाँच अनुप्रासों के साथ लाटानुप्रास को भी उद्भट की नवीन कल्पना के रूप में माना गया है। यद्यपि भामह लाटानुप्रास का उल्लेख पूर्व में ही कर चुके थे।
3. भामह और दंडी के प्रिय यमक अलंकार की वे चर्चा भी नहीं करते। यमक के बदले उद्भट अनुप्रास को महत्त्व देते दिखाई देते हैं।
4. उद्भट की यह मौलिक विशेषता है कि अपने पूर्ववर्ती आचार्यों के अलंकार-विवेचन में आवश्यकतानुसार नया कुछ जोड़ते और कुछ घटाते भी हैं। उनके द्वारा प्रस्तुत पूर्णत: नवीन अलंकार हैं—पुनरुक्तवदाभास, काव्यलिंग और दृष्टान्त। पूर्ववर्ती आचार्यों द्वारा चर्चित और कल्पित अलंकारों में से वे संकर और छेकानुप्रास का विवेचन करते हैं। इनका नामोल्लेख पहली बार उद्भट ने ही किया है। उद्भट लाटानुप्रास का लक्षण और उसके पाँच भेदों का भी निरूपण करते हैं। उन्होंने भामह द्वारा कथित 'लाटीय' को लक्षण के साथ विवेचित भी किया। फिर भी उद्भट भामह के ऋणी कहे जाएँगे क्योंकि वे

विभावना, आक्षेप, अतिशयोक्ति, अपह्नुति, यथासंख्य, विरोध, अप्रस्तुतप्रशंसा, अनन्वय आदि अलंकारों की परिभाषाएँ भामह के आधार पर देते दिखाई देते हैं।

इस प्रकार उद्भट अपने पूर्ववर्ती आचार्यों भरत, भामह और दंडी द्वारा प्रस्तुत अलंकारों के स्वरूप में परिष्कार के साथ मौलिक प्रतिपादन भी करते हैं।

5. उद्भट ने अपने अलंकार-ग्रंथ में 41 अलंकारों का वर्णन-विवेचन किया है। यह ग्रंथ छह वर्गों में विभाजित है, जिसमें 79 कारिकाएँ हैं। विभाजन इस प्रकार है—

प्रथम वर्ग—पुनरुक्तवदाभास, छेकानुप्रास, अनुप्रास (तीन प्रकार—परुषा, उपनागरिका, ग्राम्या या कोमला), लाटानुप्रास, रूपक, उपमा, त्रिविध दीपक, प्रतिवस्तूपमा।

द्वितीय वर्ग—आक्षेप, अर्थान्तरन्यास, व्यतिरेक, विभावना, समासोक्ति, अतिशयोक्ति।

तृतीय वर्ग—यथासंख्य, स्वभावोक्ति।

चतुर्थ वर्ग—प्रेय, रसवत्, ऊर्जस्वित, पर्यायोक्त, समाहित।

पंचम वर्ग—अपह्नुति, विशेषोक्ति, विरोध, तुल्ययोगिता, अप्रस्तुत प्रशंसा, व्याजस्तुति, निदर्शना, उपमेयोपमा, सहोक्ति, संकर (चतुर्विध), परिवृत्ति।

षष्ठ वर्ग—अनन्वय, ससन्देह, संसृष्टि, भाविक, काव्यलिंग, दृष्टान्त।

नवीन अलंकारों की रचना

उद्भट ने छह नवीन अलंकारों की उद्भावना की है। वे हैं—(1) काव्यलिंग (2) छेकानुप्रास, (3) दृष्टान्त पुनरुक्तवदाभास तथा (5) संकर। ये पाँच अलंकार तो नवीन हैं ही, सेठ कन्हैया लाल पोद्दार 'लाटानुप्रास' को भी उद्भट कृत अलंकार मानते हैं। वस्तुत: भामह ने अपने काव्यालंकार में अनुप्रास के विवेचन-प्रसंग में लाटीय अनुप्रास का केवल उदाहरण दिया था और उसके स्वरूप की एक धारणा निश्चित कर दी थी। अत: स्पष्टत: लाटानुप्रास को उद्भट की कल्पना मानने में संकोच हो सकता है। छेकानुप्रास का सर्वप्रथम उल्लेख उद्भट ने अवश्य किया है। संकर अलंकार का भी नामोल्लेख पहली बार उद्भट ही करते हैं, यद्यपि दंडी ने इसे संकीर्ण अलंकार के एक भेद के रूप में स्वीकार किया था।

यह भी महत्त्वपूर्ण है कि उद्भट ने भामह के कई अलंकारों, जैसे उत्प्रेक्षावयव और उपमा रूपक अलंकारों को स्वीकार नहीं किया है। इसी प्रकार वे दंडी के आवृत्ति, लेश, सूक्ष्म तथा हेतु अलंकारों की भी वे चर्चा नहीं करते। यमक जैसा महत्त्वपूर्ण शब्दालंकार जो भामह और दंडी के द्वारा काव्यालंकार के रूप में मान्य था, उसे उद्भट ने ग्राह्य नहीं माना है। उन्होंने उसके स्थान पर अनुप्रास को महत्त्व दिया है।

इसी प्रकार उद्भट के रूपक-लक्षण को भामह के रूपक-लक्षण से सर्वथा स्वतंत्र माना गया है। यह भिन्न बात है कि उद्भट रूपक के स्वरूप को अधिक स्पष्टतापूर्वक प्रस्तुत करते हैं। उद्भट ने अनेक अलंकारों यथा—आक्षेप, विभावना, अतिशयोक्ति, यथासम्भव, अपह्नुति, विरोध, अप्रस्तुतप्रशंसा, सहोक्ति, अनन्वय तथा भाविक के लक्षण

भामह से ही ले लिए हैं। भाविक अलंकार के सम्बन्ध में उद्‌भट की मान्यता किंचित् नवीन है। भामह जहाँ उसे प्रबन्धगत अलंकार का गुण मानते हैं वहाँ उद्‌भट ने उसे वाक्य का अलंकार माना है। उनका लक्षण भामह के लक्षण के अनुरूप है।

पुनरुक्तवदाभास अलंकार की मौलिक कल्पना का श्रेय उद्‌भट को ही जाता है। इसी प्रकार दृष्टान्त नामक अलंकार उद्‌भट की परिकल्पना है, पर भरत ने काव्य-लक्षण के रूप में उसकी चर्चा की थी। उद्‌भट का काव्यलिंग अलंकार भरत के हेतु लक्षण से साम्य रखता है (नाट्यशास्त्र, 16/25)। दंडी ने अवश्य उसे अलंकार घोषित किया था। उद्‌भट हेतु के स्थान पर काव्यलिंग को महत्त्व देते हैं, मम्मट भी हेतु के स्थान पर काव्यलिंग को ही श्रेय देते हैं।

उद्‌भट छेकानुप्रास को अनुप्रास अलंकार के प्रकार से मुक्त कर स्वतंत्र अलंकार मानते हैं। प्रेय नामक अलंकार को उद्‌भट के पूर्ववर्ती आचार्य प्रिय कथन के रूप में लेते थे (भामह का काव्यालंकार 3/5 तथा दंडी का काव्यादर्श 2/275)। उद्‌भट ने प्रेय को स्थायी भाव, व्यभिचारी भाव, सात्विक भाव तथा अनुभाव आदि से जोड़ दिया।

रस-प्रेरणा और रसवत् अलंकार

भरत ने 'नाट्यशास्त्र' के रससूत्र में कहा है कि विभाव, अनुभाव तथा संचारी भाव से पुष्ट होने पर स्थायी भाव रस के रूप में परिणत होते हैं, पर जहाँ कुछ कारणों से रस में भाव की परिणति सम्भव नहीं होती, उसे रसमय काव्य नहीं कहकर भाव प्रधान काव्य कहा जाता है। उद्‌भट ऐसे भाव युक्त काव्य को 'प्रेयस्वत्' मानते हैं। उद्‌भट, भामह, दंडी से 'प्रेय' शब्द लेते हैं और भरत के भाव-बोध के आधार पर 'प्रेयस्वत्' की कल्पना करते हैं। उद्‌भट दंडी की भाँति रसवत् अलंकार को भी स्वीकार करते हैं। उद्‌भट रस, भाव, रसाभास या भावाभास की शान्ति से समाहित अलंकार का सम्बन्ध देखते हैं। भरत की रस-भाव शान्ति को उद्‌भट ने अलंकार से भिन्न अलंकार बना दिया है। अतः इन अलंकारों के पीछे रस-भाव की ही प्रेरणा मिलती है।

उद्‌भट ने भामह और दंडी के तुल्ययोगिता के लक्षण को नहीं माना। उन्होंने भरत के 'सिद्धि' नामक अलंकार से प्रेरित होकर तुल्ययोगिता के लक्षण की कल्पना की कि 'वर्णित वस्तुओं में उपमानोपमेय भाव नहीं रहता, केवल उनकी समता की सिद्धि होती है (नाट्यशास्त्र 16/17)। इसी लक्षण से उद्‌भट की तुल्ययोगिता प्रेरित है। अभिनव गुप्त ने भी सिद्धि से ही इसका उद्‌भव माना है। इसी प्रकार उपमा अलंकार के समान स्वरूप की कल्पना में उद्‌भट अपने पूर्ववर्ती आचार्यों से सहमत हैं। उद्‌भट के उपमा-भेद बहुत हैं, उनके सत्रह अथवा इक्कीस भेद गिनाए गए हैं।

अलंकारों के विवेचन के सूत्र उद्‌भट ने अपने तीन पूर्ववर्ती आचार्यों—भरत, भामह और दंडी से लिए हैं। भरत के लक्षणों से भी वे प्रभावित दीखते हैं। उद्‌भट के अलंकार-विवेचन की दो विशेषताएँ हैं—

1. लक्षणों की स्पष्टता और मौलिकता। उद्‌भट अलंकार सार संग्रह में अलंकारों की रचना में संकीर्ण दृष्टि नहीं रखते, फिर भी मूलतः वे भामह की समालोचना-पद्धति से अधिक प्रभावित अवश्य प्रतीत होते हैं।

उद्भट के काव्यालोचन विषयक सिद्धान्त विभिन्न महत्त्वपूर्ण ग्रंथों में उल्लिखित मिलते हैं। आलंकारिक रुय्यक ने अपने 'अलंकार सर्वस्व' में उद्भट का मत उद्धृत कर कहा है कि गुण और अलंकार समान रूप से ही काव्य की सौंदर्य-वृद्धि करते हैं। यदि इनमें कुछ अन्तर है तो केवल विषय और आश्रय के ही विचार से है। अलंकार शब्दार्थ के धर्म हैं और संघटनाश्रित होने के कारण काव्य-संघटन के भी धर्म हैं।[2]

डॉ. गणेश त्र्यंबक देशपांडे का कथन है कि "दंडी तथा भामह के बाद उद्भट तथा वामन, दोनों ने काव्य-चर्चा को आगे बढ़ाया। उद्भट ने भामह के अलंकारों को ठीक आकार दिया और वामन ने दंडी के काव्य-मार्गों को रीति की शास्त्रीय भित्ति पर स्थिर करने का प्रयास किया। इन दोनों को साहित्य के क्षेत्र में इतनी प्रतिष्ठा प्राप्त हुई कि उनकी तुलना में दंडी और भामह लुप्त हो गए।"[3]

यद्यपि उद्भट का 'अलंकार सार संग्रह' भामह की लीक पर ही चलता दिखाई देता है। उन्होंने भामह के यमक, उपमा, रूपक, उत्प्रेक्षावयव आदि कुछ अलंकार छोड़ दिए हैं और पुनरुक्तवदाभास, संकर, काव्यहेतु तथा काव्यदृष्टान्त ले लिए हैं। उद्भट ने भामह के आधार पर अपने लक्षण तो अवश्य रखे हैं, पर उनका स्वरूप-विन्यास मौलिक रखा है। उद्भट द्वारा अलंकारों को दिए गए शास्त्रीय स्वरूप से मम्मट भी प्रभावित हुए। यह उद्भट के ग्रंथ की सफलता को सूचित करने के लिए पर्याप्त है।

डॉ. राघवन का कथन है कि 'नाट्यशास्त्र' के आठ रसों में एक और शान्तरस उद्भट ने सिद्ध किया। इनका 'कुमार सम्भव' नामक एक काव्य भी था। 'काव्यालंकार सार संग्रह' के टीकाकार प्रतिहारेन्दुराज का कथन है कि इसके उदाहरण इसी काव्य से लिए गए हैं। वामन का एक ही ग्रंथ 'काव्यालंकार सूत्रवृत्ति' उपलब्ध है। राजतरंगिणीकार कल्हण का कथन है कि राजा जयापीड़ का वामन नामक एक मंत्री था। वह वामन और काव्यालंकार सूत्रवृत्तिकार वामन यदि एक ही हो तो सम्भव है कि उद्भट और वामन समसामयिक ही नहीं, एक-दूसरे से परिचित भी थे। और यद्यपि ऐसा न भी हो तो भी उनके समसामयिक होने के विषय में अन्य काफी प्रमाण उपलब्ध हैं।[4]

उद्भट के मौलिक चिन्तन का प्रभाव

1. श्लेष अलंकार के सम्बन्ध में उद्भट मानते हैं कि शब्द एक रूप दीखने पर भी अगर उनके अर्थ में भेद है तो वे शब्द भी भिन्न हैं। श्लेष में दो शब्द समरूप होने पर उनके एक होने का आभास होता है। उद्भट का यह मत उत्तरवर्ती आलंकारिकों द्वारा स्वीकृत हुआ, किन्तु श्लेष का शब्दश्लेष और अर्थश्लेष भेद करने पर भी दोनों का अर्थालंकारों में अन्तर्भाव किया, इस बात की भी बाद में आलोचना की गई।
2. उद्भट को गुण और अलंकार का भेद स्वीकार्य नहीं था। वे मानते थे कि दोनों शब्दार्थों में समवाय वृत्ति से रहते हैं तथा दोनों ही काव्य-सौंदर्य का निर्माण करनेवाले धर्म हैं। दोनों में भेद बस इतना ही है कि गुण संघटनाश्रित होते हैं और अलंकार शब्दाश्रित।
3. उद्भट ने प्रेयस्, रसवत् आदि अलंकारों के सम्बन्ध में अपनी विशिष्ट दृष्टि का

परिचय दिया। आगे चलकर 'ध्वन्यालोक' में उपलब्ध रस, भाव, रसाभास, भावाभास आदि के बीज उद्‌भट के विवेचन में मिलते हैं। उनकी कई मौलिक स्थापनाओं ने पश्चाद्वर्ती विचारकों को प्रेरणा दी। जैसे उद्‌भट के मत में चार प्रकारों से भाव और पाँच प्रकारों से रस काव्य में आविर्भूत होते हैं। उसमें रस के 'स्वशब्द निवेदित्व' का वैचारिक विवेचन आनन्दवर्धन ने किया। उद्‌भट ने नाट्य में भी नौ रसों को स्वीकार किया था।

4. उन्होंने काव्य स्थित शब्द-व्यापार के द्वारा वैभक्त, शाक्त तथा शक्ति विभक्तिमय जैसे त्रिविध व्यापारों की कल्पना की। उन्होंने शब्दों की अमुख्य वृत्ति को गुण वृत्ति में प्रवर्तित माना। काव्य में व्यापार अमुख्य वृत्ति का होता है, इस बात ने अग्रगामी सोच को प्रभावित किया। तभी तो आनन्दवर्धन कहते हैं कि अमुख्य वृत्ति को स्वीकार कर अनजाने ही सही उद्‌भट ने ध्वनि-तत्त्व को स्पर्श कर लिया है।
5. उद्‌भट ने काव्य-न्याय विवेचन अर्थ का विभाजन दो रूपों में किया— (1) विचारित सुस्थ और (2) अविचारित रमणीय। वे शास्त्र का अर्थ विचारित सुस्थ मानते हैं और काव्य का अर्थ अविचारित रमणीयता को मानते हैं। आगे चलकर राजशेखर इस मत की आलोचना करते हैं।
6. उद्‌भट प्रेयस्वत् अलंकार की व्याख्या में कहते हैं कि जिस काव्य में अनुभाव आदि से रति आदि भावों का सृजन होता है, वह काव्य प्रेयस्वत् काव्य है। यह लक्षण भाव काव्य का है। उद्‌भट के टीकाकार प्रतिहारेन्दुराज इस कारिका पर "एवं भावकाव्यस्य प्रेयस्वत् इति लक्षणया व्यपदेशः" के रूप में अपनी टिप्पणी देते हैं। उद्‌भट की भावकाव्य की कल्पना मौलिक और रस-भाव की पोषक दिखाई देती है। डॉ. देशपांडे इसका समर्थन करते हैं।

अतः स्पष्ट होता है कि उद्‌भट के मौलिक चिन्तन ने उत्तरवर्ती आलोचकों को बहुत दूर तक प्रभावित, प्रेरित और आलोचना करने पर बाध्य कर दिया। इनकी विचारधारा बाद के आलंकारिकों को पूर्णतः भले ग्राह्य न हुई हो, पर उनके मत में उद्‌भट के विचार किसी-न-किसी रूप में अवश्य बने रहे। काव्य-विवेचना के प्रायः प्रत्येक अंग और क्षेत्र को उद्‌भट ने स्पर्श किया। उन्होंने रस, गुण, अलंकार, शब्दार्थ तथा नाट्य— सभी के विषय में कुछ-न-कुछ विशेष बात अवश्य कही, इसी को उद्‌भट ने भामह से आगे जाकर काव्य एवं अलंकार के स्वतंत्र क्षेत्र की तर्कपूर्ण प्रस्तुति दी, उनकी सोपपत्तिक रचना का विवेचन किया। यही कारण है कि पश्चाद्वर्ती आलोचक उद्‌भट और वामन के मतों की प्रतिष्ठा के कारण 'औद्‌भटाः' या 'वामनीयाः' आदि नामों से जाने जाने लगे।

उद्‌भट के टीकाकार प्रतिहारेन्दुराज को भी इसी रूप में महिमा प्राप्त हुई। ये सारी वैचारिक परिस्थितियाँ काव्यालंकार को रस-ध्वनि की ओर धीरे-धीरे ले जाने में सहायक बनकर सोपान का कार्य कर रही थीं जिसे अन्ततः आनन्दवर्धन जैसा समर्थ आलोचक प्राप्त हो गया और ध्वनि-सिद्धान्त के रूप में 'काव्यशास्त्र' की एक क्रान्तिकारी धारणा का प्रस्फुटन हुआ।

उपर्युक्त विचारधारा में प्रस्तुत सूत्रों को निष्कर्ष रूप में हम इस प्रकार समझ सकते हैं—

1. उद्‌भट ने भामह के अलंकार-विवेचन की पद्धति को अपनाते हुए भी कुछ विशिष्ट अलंकारों पर मौलिक रूप से विचार किया है। उन्होंने अतिशयोक्ति के चार रूप बताए हैं जो भामह में नहीं मिलते। ये भेद परवर्ती आचार्यों द्वारा स्वीकार किए गए हैं। उपमा के व्याकरणाश्रित भेदों का भामह संकेत मात्र करते हैं, पर उद्‌भट उसका सर्वप्रथम उल्लेख करते हैं। उद्‌भट वत्, क्यच्, क्य आदि सादृश्यबोधक प्रत्ययों पर आश्रित उपमा के विविध उपभेदों की सविस्तार चर्चा करते हैं। इसे परवर्ती लेखक भी महत्त्व देते हैं। भामह दृष्टान्त, काव्यलिंग जैसे अलंकारों को छोड़ देते हैं, पर उद्‌भट सोदाहरण परिभाषा देकर उनका विवेचन करते हैं। विशेष बात यह है कि उद्‌भट यमक अलंकार की कहीं चर्चा नहीं करते। उद्‌भट के काल तक अलंकारों के सूक्ष्म भेद प्रकल्पित हुए। परवर्ती विचारकों ने तो उद्‌भट को भामह की अपेक्षा कई स्थानों पर महत्त्व देना चाहा है। इस बात को आनन्दवर्धन अभिनवगुप्त, रुय्यक जैसे आचार्य भी मानते हैं कि उपमा के भेद और श्लेष विषयक मत-मतान्तर का सिलसिला उद्‌भट के समय से ही शुरू हुआ था। यद्यपि उद्‌भट को लक्षितार्थ का ज्ञान था, पर स्पष्ट रूप से उन्होंने ध्वनि की चर्चा नहीं की। प्रतिहारेन्दुराज मानते हैं कि उद्‌भट ने अपने अलंकार-निरूपण में ध्वनि के महत्त्व को स्वीकार किया है। उद्‌भट के नाम का सादर उल्लेख आनन्दवर्धन भी करते हैं। रुय्यक भी कहते हैं—'उद्‌भटादिभिस्तु गुणालंकाराणां प्रायश: साम्यमेव सूचितम्।'
2. उद्‌भट का मत था कि श्लेष अलंकार में दो शब्द समरूप होने से उनके एक होने का आभास होता है। इसी में श्लेष की अलंकारता निहित है। उन्होंने श्लेष को शब्दश्लेष और अर्थश्लेष में बाँटा, पर दोनों को अर्थालंकार में अन्तर्भुक्त किया, जिसकी आगे चलकर आलोचना हुई। उद्‌भट गुण और अलंकार में भेद नहीं करते। वे मानते हैं कि गुण संघटनाश्रित होते हैं और अलंकार शब्दाश्रित। उद्‌भट के अनुयायी 'औद्‌भटा: ' के रूप में जाने जाने लगे। यह भी माना गया कि उद्‌भट समर्थित और प्रस्तुत प्रेयस्, रसवत् आदि अलंकारों में ध्वन्यालोक में विवेचित रस, भाव, भावाभास, आदि के बीज मिलते हैं। उद्‌भट ने नाट्य में नौ रसों को स्वीकृति दी। स्पष्ट है कि उद्‌भट की चिन्तन-शैली का प्रभाव दूरगामी था और उसने ध्वनि-चिन्तन को भी प्रभावित किया।

आलंकारिक उद्‌भट कई अर्थों में मौलिक विचारक प्रतीत होते हैं। वे एक ऐसे संक्रान्ति काल में थे, जहाँ उन्हें पूर्ववर्ती मुख्य तीन काव्यशास्त्रकारों भरत—भामह और दंडी का दाय मिला था। उनकी प्रतिभा ने तीनों का समुचित लाभ उठाते हुए अपनी मौलिक स्थापनाएँ दीं और 'काव्यशास्त्र' के कई क्षेत्रों पर भी विचार किया। आलंकारिक होते हुए भी रस-भाव के प्रति उनका आकर्षण था। उनके पूर्व भामह, दंडी ने भी रस-भाव की चर्चा की थी, पर उद्‌भट ने भी शृंगारादि रसों को अलंकार माना और अपना

नवीन मत भी प्रस्तुत किया कि इन रसों की अभिव्यक्ति शृंगार, वीर, करुण आदि शब्दों द्वारा ही होती है तथा स्थायी, व्यभिचारी, विभाव, अनुभाव की अभिनय द्वारा। पर बाद के आलोचकों ने इसे स्वशब्द निवेदित्य दोष मानकर इस विचार का खंडन किया। पर उद्भट अलंकारवादी होते हुए रस के समर्थक आचार्य प्रतीत होते हैं। वे एक ओर अलंकार-चिन्तन को आगे बढ़ाते हैं तो दूसरी ओर भरत से भी प्रभावित दिखाई देते हैं। अत: इनकी आलोचना-पद्धति पर भरत और भामह का प्रभाव अवश्य है।

उद्भट की प्रसिद्धि और आलंकारिक के रूप में उनकी मान्यता के कई कारण मिलते हैं—जैसे—(1) अर्थ—भेद से शब्द-भेद की कल्पना, (2) शब्दश्लेष द्वारा अर्थ श्लेष-भेद से श्लेष के दो प्रकार और दोनों को अर्थालंकार में गिनना, जिसका मम्मट ने विशेष रूप से खंडन किया है, (3) अन्य अलंकारों के योग में श्लेष की प्रबलता, (4) तीन प्रकार से वाक्य में अभिधा व्यापार, (5) अर्थ की दो प्रकार से की गई कल्पना—विचारित सुस्थ और अविचारित रमणीय तथा (6) गुणों को संघटना का धर्म मानना।

मम्मट ने 'काव्य प्रकाश' के अष्टम उल्लास में उद्भट और वामन, दोनों के मतों का तर्कपूर्ण खंडन किया है। मम्मट कहना चाहते हैं कि गुण, रस के उत्कर्षाधायक, रस के अव्यभिचारी और रसमात्र निष्ठधर्म हैं। अलंकार उनसे भिन्न हैं। वे रस के बिना भी रह सकते हैं, रस होने पर कभी उसके पोषक भी हो सकते हैं और कभी उसके पोषक न हों, यह भी हो सकता है। इसलिए गुण तथा अलंकार, दोनों भिन्न हैं, लेकिन उद्भट ने भामह के 'काव्यालंकार' के विवरण में जो गुण तथा अलंकारों के अभेद का प्रतिपादन किया है, उसका मम्मट खंडन करते हुए कहते हैं कि उद्भट का यह कहना कि गुण तथा अलंकार में कोई भेद नहीं है, असंगत है।[5]

वस्तुत: उद्भट के अलंकार सार संग्रह ग्रंथ को तो डॉ. पी. वी. काणे अपने ग्रंथ 'हिस्ट्री ऑफ संस्कृत पोयटिक्स' (पृ. 126) में उद्भट की ही अन्य रचना 'भामह-विवरण' का सार मानते हैं, पर विचार करने पर यह धारणा भ्रांतिपूर्ण प्रतीत होती है। यदि 'काव्यालंकार सार संग्रह' 'भामह-विवरण' का सार होता तो इसमें भामह के 'काव्यालंकार' में निरूपित काव्य के साधन, लक्षण, दोष आदि विषयों का भी सार संगृहीत किया गया होता, लेकिन 'काव्यालंकार सार संग्रह' केवल 41 अलंकारों के निरूपण में प्रवृत्त रचना है, अत: उसे एक स्वतंत्र अलंकार ग्रंथ मानना ही उचित है, 'भामह-विवरण' का सार नहीं।

डॉ. शंकरन् ने उद्भट को भामह के अलंकार-सम्प्रदाय का अनुयायी 'या आलंकारिक नहीं' मानकर उन्हें भरत के रस-सम्प्रदाय का अनुयायी सिद्ध करना चाहा है। इसके प्रमाण में वे कहते हैं कि—'उद्भट ने 'नाट्यशास्त्र' पर एक टीका लिखी थी, जो आज उपलब्ध नहीं है।[6] कर्नल जैकोब ने भी कुछ इसी तरह की बात कही है।[7] उन्होंने एक श्लोक[8] उद्धृत कर कहा है कि उद्भट रस को काव्य की आत्मा मानते थे और वे अलंकारवादी नहीं थे, पर उपर्युक्त दोनों विद्वानों के विचारों से सहमत होना कठिन प्रतीत होता है। डॉ. शंकरन् की धारणा इसलिए तथ्यहीन लगती है कि 'नाट्यशास्त्र' पर उद्भट कृत कोई टीका उपलब्ध नहीं हो सकी है तथा परवर्ती सभी आचार्यों ने प्राय: एक स्वर से उद्भट को आलंकारिक ही माना है और यदि 'नाट्यशास्त्र' की कोई टीका

होती तो कहीं-न-कहीं उसका उल्लेख अवश्य मिलता'। कर्नल जैकोब ने जिस श्लोक को उद्धृत किया है, वह 'काव्यालंकार सार संग्रह' ग्रंथ में दिए गए काव्यलिंग अलंकार के लक्षण और उदाहरण के मध्य में आता है और उसके अन्त में 'तदाहु:' लिखा मिलता है।[9] वस्तुतः यह श्लोक उनके ग्रंथों पर 'लघुवृत्ति' नामक टीका लिखनेवाले प्रतिहारेन्दुराज ने उद्धृत किया है। फिर यह तर्क भी उठता है कि यदि उद्भट ने रस को काव्य की आत्मा माना होता तो 'रसवत् अलंकार' गढ़ने की आवश्यकता ही क्या थी? अतः यह तथ्य स्पष्ट होता है कि उद्भट अलंकारवादी आचार्य हैं। रस के प्रति उनकी समर्थन-दृष्टि अवश्य दिखाई पड़ती है। यह भी महत्त्वपूर्ण है कि भामह ने जहाँ तीन रसयुक्त अलंकार माने थे—रसवत्, प्रेयस् और ऊर्जस्विन्—वहाँ उद्भट ने एक चतुर्थ रसालंकार 'समाहित' की उद्भावना की।

उद्भट ने 'समाहित' अलंकार का सम्बन्ध रस, भाव, रसाभास या भावाभास की शान्ति से माना है। भरत के 'नाट्यशास्त्र' में रस-भाव आदि की शान्ति पर विचार हुआ है, किन्तु अलंकार से भिन्न प्रसंग में, लेकिन उद्भट ने उसे अलंकार के रूप में ही ग्रहण किया है। उद्भट के प्रेय, रसवत्, ऊर्जस्वी तथा समाहित अलंकार क्रमशः भाव, रस, रसाभास या भावाभास तथा रस भाव आदि की शान्ति से संबद्ध हैं। उनके अभिधान या नवीन स्वरूप नहीं लगते। भरत रस, भाव उनके आभास और उनकी शान्ति से पूर्णतया परिचित थे, किन्तु वे उन्हें अलंकार नहीं मानते थे, अलंकार से अधिक महत्त्वपूर्ण काव्य का अन्तरंग तत्त्व मानते थे। उद्भट ने भी रस-भाव आदि की धारणा पर ऐसे अलंकारों की उद्भावना की, जिससे उनकी रस विषयक अनुकूल धारणा का थोड़ा अनुमान तो अवश्य लगाया जा सकता है।

ध्वनिकार और उद्भट

'ध्वनि-सिद्धान्त' के उद्भावक आनन्दवर्धन ने ध्वनि-विषयक तीन विप्रतिपत्तियाँ पूर्वपक्ष के रूप में उठाई हैं और अभाववादी, भाक्तवादी और अनिर्वचनीयतावादी—तीन ध्वनि विरोधी पक्षों की सम्भावना की है। 'ध्वन्यालोक' ध्वनि का प्रतिपादन करनेवाला पहला ग्रंथ था। आनन्दवर्धन ने श्रूयमाण और उच्चरित श्रोत्रग्राह्य शब्द के लिए व्याकरण में प्रयुक्त ध्वनि पद का प्रयोग किया था। यह स्फोट रूप शब्द ही प्रधान है। साहित्य शास्त्र में ध्वनिपूर्व भरत का 'नाट्यशास्त्र', भामह का 'काव्यालंकार' और उद्भट का 'काव्यालंकार' पर भामह विवरण' नामक टीका वामन का 'काव्यालंकार सूत्र' और 'रुद्रट का काव्यालंकार' ये पाँच मुख्य ग्रंथ लिखे जा चुके थे। 'भामह विवरण' टीका का उल्लेख 'ध्वन्यालोक लोचन' में अनेकशः हुआ है। इन पाँचों आचार्यों ने न ध्वनि नाम से ध्वनि का प्रतिपादन किया, न उसका खंडन ही किया। इसलिए विचारकों का यह अनुमान है कि ये आचार्य ध्वनि को नहीं मानते थे। आनन्दवर्धन ने इन्हीं आचार्यों के ग्रंथों और उनकी स्थापनाओं के आधार पर सम्भावित तीन ध्वनि विरोधी मतों की कल्पना की। ये तीन पक्ष थे—(1) अभाववादी, (2) भाक्तवादी और अनिर्वचनीयता या अलक्षणीयतावादी। इनमें भाक्तवादी पक्ष सन्देहमूलक है, अभाववादी पक्ष विपर्ययमूलक और अनिर्वचनीयतावादी पक्ष अज्ञानमूलक है।

भक्तिवादी पक्ष ने भामह के काव्यालंकार और उस पर उद्भट के गुण वृत्ति शब्द प्रयोग को देखकर ध्वनि को भक्तिमात्र कहा है। अतः भामह, उद्भट आदि मध्यम पक्ष के आलोचक प्रतीत होते हैं।

भामह ने अभिधान पद से, उद्भट ने गुण-वृत्ति शब्द से और वामन ने लक्षणा शब्द से ध्वनि मार्ग का तनिक स्पर्शभर किया है, पर उसका स्पष्ट लक्षण नहीं दिया है। इसलिए यह सन्देहमूलक भक्तिवादी मध्यम पक्ष माना गया। भक्तिवाद में प्रयुक्त 'भक्ति' की व्युत्पत्ति कई प्रकार से हुई है। 'भक्ति' शब्द से आलंकारिकों की लक्षणा और मीमांसकों की गौणी नामक दो प्रकार की शब्दशक्तियाँ ग्रहण की गई हैं। भक्ति को 'मुख्यार्थस्य भंगो भक्तिः', भज्यते सेव्यते पदार्थेन इति सामीप्यादि धर्मो भक्तिः और श्रद्धातिशयार्थक व्याख्यान से भक्ति पद प्रयोजन का सूचक होता है। मुख्यार्थ बाधादि तीनों बीजों से जो अर्थ प्रतीत होता है उस लक्ष्यार्थ को भाक्त कहते हैं।[10]

उद्भट यह मानते हैं कि अर्थ भेद से ही शब्द भेद होता है। इन्होंने शब्द की दो वृत्तियों—अभिधा और गुणवृत्ति (लक्षणा) को मान्यता दी है। इनके अर्थ-भेद से ही शब्द भेद वाले सिद्धान्त के अनुसार नानार्थक शब्दों की सत्ता अमान्य हो जाती है। इस दृष्टि से जितने अर्थ होंगे, उतने ही शब्द होंगे।[11]

अतः 'काव्यशास्त्र' के आरम्भिक आचार्यों में उद्भट अपनी मौलिक दृष्टि के लिए जाने जाते हैं। एक ओर वे भरत और भामह का अनुगमन करते दिखाई देते हैं तो दूसरी ओर अपनी मौलिक स्थापनाएँ देने से भी पीछे नहीं हटते। अलंकार शास्त्र के सीमित काव्यशास्त्रीय साधनों और उपकरणों के बल पर उन्होंने शब्द, अर्थ और गुण वृत्ति के साथ-साथ रस का समर्थन किया, साथ ही ध्वनि-तत्त्व का भी संस्पर्श करने का सार्थक प्रयत्न किया।

मूल्यांकन

उद्भट का ग्रंथ 'काव्यालंकार सार संग्रह' आलंकारिकों के बीच प्रिय और प्रसिद्ध रहा है। कल्हण की 'राजतरंगिणी' में उद्भट की चर्चा मिलती है और कश्मीर के राजा जयापीड़ इनके संरक्षक कहे गए हैं।

1. उद्भट ने दंडी के समान ही रस, भाव आदि को 'रसवदादि' अलंकारों में अन्तर्भुक्त मानते हुए अलंकारों को व्यवस्थित रूप दिया है। मम्मट के 'काव्य-प्रकाश' में भी अनुप्रास अलंकार के विवेचन में 'काव्यालंकार सार संग्रह' का प्रभाव दिखाई देता है। अभिनव गुप्त, मम्मट, पंडितराज जगन्नाथ आदि ने आदरपूर्वक उनका उल्लेख किया है।
2. उद्भट के ग्रंथ में छह वर्ग हैं और (79) उन्नासी कारिकाओं में इकतालीस (41) अलंकार विवेचित हुए हैं। इनके गुणालंकार विभाग को मम्मट ने अपने 'गुण-प्रकरण' में उद्धृत किया है। वे एक मौलिक स्पष्टवादी चिन्तक हैं। उन्होंने दंडी आदि के द्वारा प्रस्तुत गुणालंकार भेद को 'प्राचीनता का अन्धानुकरण' कह दिया है।
3. उद्भट ने भामह आदि पूर्ववर्ती आचार्यों का तटस्थ विवेचन किया और

नए सिद्धान्तों का युक्तिपूर्ण प्रतिपादन किया। आगे के आलोचकों ने 'इति उद्‌भटायन:' कहकर उद्‌भट को गौरव प्रदान किया है।

4. उद्‌भट अपने ग्रंथ में भामह के 'काव्यालंकार' का अनुगमन करते हैं। वे काव्यलिंग, छेकानुप्रास, दृष्टान्त, पुनरुक्तवदाभास तथा संकर—इन पाँच अलंकारों के साथ लाटानुप्रास की भी नवीन कल्पना करते हैं। यमक की चर्चा न करके वे अनुप्रास को महत्त्व देते हैं। पुराने में से कुछ को घटाते और कुछ को जोड़ते हैं। प्रभाव की दृष्टि से वे भामह के ऋणी कहे जाएँगे। आलोचकों की दृष्टि में उन्होंने छह नवीन अलंकारों की कल्पना की है और भामह के दो अलंकारों—उत्प्रेक्षावयव और उपमा रूपक को स्वीकार नहीं किया है। वे दंडी के भी कई अलंकारों की चर्चा नहीं करते। उन्होंने अलंकार-रचना में भरत के लक्षणों से भी प्रेरणा ली है, जैसे—हेतु के स्थान पर काव्यलिंग को महत्त्व देना। उनकी एक मौलिकता यह है कि वे छेकानुप्रास को स्वतंत्र अलंकार मानते हैं।
5. उद्‌भट ऐसे भावयुक्त काव्य को 'प्रेयस्वद्' कहकर रसवत् अलंकार को महत्त्व देते हैं, जहाँ कुछ कारणों से रस में भाव की परिणति सम्भव नहीं होती।
6. उद्‌भट भरत के 'सिद्धि' नामक अलंकार से प्रेरित होकर तुल्ययोगिता अलंकार की कल्पना करते हैं। अलंकार-विवेचन के सूत्र उन्हें अपने तीन पूर्ववर्ती आचार्यों—भरत, भामह और दंडी से मिले हैं। उद्‌भट की यह विशेषता मानी गई है कि उन्होंने अलंकारों को सही आकार प्रदान किया। उद्‌भट को गुण और अलंकार का भेद स्वीकार्य नहीं था। भेद इतना ही था कि गुण संघटनाश्रित होते हैं और अलंकार शब्दाश्रित। उनके प्रेयस् और रसवत् अलंकारों में उनकी विशिष्टता दिखाई पड़ती है। आगे चलकर 'ध्वन्यालोक' के रस, भाव, रसाभास आदि के बीज उद्‌भट में मिलते हैं।
7. उद्‌भट ने काव्यन्याय विवेचन अर्थ का विभाजन दो रूपों में किया—विचारित सुस्थ और अविचारित रमणीय। पहले को वे शास्त्र से और दूसरे को काव्य से जोड़ते हैं। उद्‌भट के टीकाकार प्रतिहारेन्दुराज का मानना है कि उद्‌भट की भावकाव्य की कल्पना मौलिक और रसभाव की पोषक है।
8. उद्‌भट द्वारा भामह के 'काव्यालंकार' पर लिखी हुई 'भामह-विवरण' टीका का उल्लेख अभिनवगुप्त के 'ध्वन्यालोक लोचन' में अनेक बार हुआ है। आनन्दवर्द्धन ने अपने पूर्वाचार्यों के ग्रंथों और उनकी स्थापनाओं के आधार पर तीन विरोधी मतों की कल्पना की थी। वे तीन पक्ष थे—अभाववादी, भाक्तवादी और अनिर्वचनीयतावादी। भामह और उद्‌भट आदि आचार्य भाक्तवादी या मध्यम पक्ष के आलोचक प्रतीत होते हैं। यद्यपि भामह 'अभिधान' शब्द से, उद्‌भट 'गुण वृत्ति' शब्द से और वामन 'लक्षणा' शब्द से ध्वनि-मार्ग का थोड़ा स्पर्शभर करते हैं, पर उसका स्पष्ट लक्षण नहीं देते। इसलिए इन्हें सन्देहमूलक मध्यम पक्ष का आलोचक माना गया।
9. उद्‌भट यह मानते हैं कि अर्थ-भेद से ही शब्द-भेद होता है। इन्होंने शब्द की

दो वृत्तियों—अभिधा और गुणवृत्ति (लक्षणा) को मान्यता दी है।

10. उद्भट 'काव्यशास्त्र' के आरम्भिक आचार्यों में होकर भी अपनी मौलिक दृष्टि के लिए प्रसिद्ध हैं। अलंकार शास्त्र के सीमित पक्ष के बावजूद उन्होंने—शब्द, अर्थ और गुणवृत्ति के साथ-साथ रस का समर्थन किया और ध्वनि-तत्त्व का भी संस्पर्श करना चाहा। तभी तो डॉ. बलदेव उपाध्याय मानते हैं कि "भट्ट उद्भट बड़े भारी विद्वान् और धुरन्धर आलंकारिक थे। जिस बड़े अलंकार ग्रंथ को उठाकर देखिए, कहीं-न-कहीं भट्ट उद्भट का नाम अवश्य देखने में आवेगा। इनका मत पीछे से उड़-सा गया। जब लोग व्यंग्य को ही काव्य की आत्मा मानने लगे, तब अलंकारों का बाहरी उपकरण ठहराया जाना कोई आश्चर्य की बात नहीं है। इतना होने पर भी उनकी कीर्त्ति अक्षुण्ण बनी रही—यह क्या बहुत बड़ी बात नहीं है?"[12]

सन्दर्भ

1. विद्वान् दीनारलक्षेण प्रत्यहं कृत वेतनः।
   भट्टोऽभूदुद्भटस्तस्य भूमिभर्तुः सभापतिः॥ —राजतरंगिणी, 4/495
2. उद्भटादिभिस्तु गुणालंकाराणां प्रत्यशः साम्यमेव सूचितम्।
   विषयमात्रेण भेद प्रतिपादनम् संघटनाधर्मत्वेन शब्दार्थ धर्मत्वेन चेष्टः। —अलंकार सर्वस्व, पृ. 9
3. भारतीय साहित्यशास्त्र, पृ. 103
4. वही, पृ. वही
5. एष एव च गुणालंकार प्रतिभागः। एवं च समवाय वृत्या शौर्य्यादियः संयोगवृत्या तु हारादय इत्यस्तु गुणालंकाराणां भेदः, ओजः प्रभृतीनामनुप्रासोपमादीनां चोभयेषामपि समवायवृत्या स्थितिरिति गड्डलिका प्रवाहे पौर्वेषां भेदः इत्याभिधानमसत्। —काव्य प्रकाश, कारिका—67, सूत्र-87, पृ. 384 6. सम आसपेक्ट्स ऑफ लिटरेरी क्रिटिसिज्म, पृ. 30
7. जरनल ऑफ रॉयल एशियाटिक सोसाइटी, 187, पृ. 447
8. रसाद्यधिष्ठितं काव्यं जीवद्रपतया यतः।
   कथ्यते तद्रसादीनां काव्यात्मकेत्वं व्यवस्थितम्॥ उद्धृत—वही, पृ. वही
9. काव्यालंकार सार संग्रह (काव्यलिंग अलंकार का प्रसंग) —6/14, 51
10. द्रष्टव्य-ध्वन्यालोक, व्याख्याकार- आचार्य विश्वेश्वर, पृ. 7
11. भट्टोद्भटोवभाषे, शब्दानामभिधानम् अभिधा व्यापारः मुख्यः गुणवृत्तिश्च।
    —ध्वन्यालोक लोचन, पृ. 32 (चौखंबा)
12. भारतीय साहित्यशास्त्र, पृ. 44

वामन

(750 से 850 ई. के मध्य)
(लगभग 800 ई.)

परिचय

साहित्य शास्त्र के अन्य मनीषी आचार्यों की भाँति वामन का भी जीवन वृत्त अप्राप्त है। उनके माता-पिता या कुल के विषय में कहीं कोई स्पष्ट उल्लेख नहीं मिलता। केवल वामन के ग्रंथों और अन्य साक्ष्यों के आधार पर उनकी आविर्भावकालीन स्थितियों की कुछ सूचनाएँ मिलती हैं। उनके सूत्र, वृत्ति, श्लोक आदि के उद्धरण राजशेखर, प्रतिहारेन्दुराज और अभिनव गुप्त में स्पष्टतः प्राप्त होते हैं। राजशेखर ने अपनी 'काव्य-मीमांसा' में उनका उल्लेख 'वामनीयाः' रूप में किया है। इन अनेक आधारों पर तथा अभिनव के मतानुसार वामन आनन्दवर्धन के पूर्ववर्ती ठहरते हैं और उनका समय सन् 850 ई. से पूर्व माना गया है। वामन के विषय में बहिः साक्ष्य कल्हण की 'राजतरंगिणी' में मिलता है, जिसमें वे कश्मीर के शासक जयापीड़ के मंत्रिमंडल में गिने गए हैं।1 कश्मीरी पंडितों में यह प्रसिद्ध है कि यही वामन 'काव्यालंकार सूत्र' के रचायिता और उद्‌भट के समकालीन और प्रतिद्वन्द्वी थे। प्रसिद्ध विद्वान बुह्लर भी इस विचार के समर्थक हैं। राजा जयापीड़ का राज्यकाल भी 800 ई. का माना गया है।

वामन की काव्य-प्रतिभा के भी अनेक संकेत मिलते हैं। यह भी माना गया है कि वामन काव्य, शास्त्र, दंडनीति, व्याकरण आदि के पंडित थे। उनके ग्रंथ 'काव्यालंकार सूत्र' में उद्धृत आक्षेपालंकार के उदाहरण उनकी काव्य-रचना-शक्ति के प्रमाण माने गए हैं। ग्रंथ के सूत्र और वृत्ति, दोनों के रचयिता वामन ही माने गए हैं।' काव्यालंकार सूत्र के चतुर्थ अधिकरण में दिए गए अनेक उदाहरण वामन द्वारा रचित ही बताए गए हैं।

ग्रंथ : काव्यालंकार सूत्र

वामन रचित 'काव्यालंकार सूत्र' शैली में रचित भारतीय काव्यशास्त्र का प्रथम ग्रंथ माना गया है। यह ग्रंथ पाँच अधिकरणों में विभक्त है, जिसमें तीन विभाग हैं—सूत्र, वृत्ति और उदाहरण। प्रत्येक अधिकरण अध्यायों में विभक्त है जिनकी संख्या बारह है। सम्पूर्ण अध्यायों की सूत्र संख्या-319 है। वामन ने स्वयं ही सूत्र और वृत्ति की रचना की है, जिसकी चर्चा चौथे अधिकरण के उपान्त में मिलती है (काव्यालंकार सूत्राणां स्वेषां वृत्तिर्विधीयते)।

काव्यालंकार सूत्र के प्रथम अधिकरण को वामन 'शारीर अधिकरण' कहते हैं। इसमें तीन अध्याय हैं—

प्रथम अध्याय— काव्य लक्षण, काव्य और अलंकार तथा काव्य-प्रयोजन का वर्णन।

द्वितीय अध्याय— काव्य के अधिकारी, कवि के दो प्रकार, कवि और भावक का सम्बन्ध, काव्य की आत्मा रीति, रीति का विवेचन तथा वैदर्भी, गौड़ी एवं पांचाली रीतियों के लक्षण और उदाहरण।

तृतीय अध्याय— काव्य के तीन अंग, शब्द पाक, गद्य-पद्य नामक काव्य भेद, गद्य काव्य के तीन भेद, पद्य-काव्य के भेद आदि।

द्वितीय अधिकरण के दो अध्यायों में दोष-विवेचन है। वामन ने इसका नाम 'दोष-दर्शन' रखा है। इसके प्रथम अध्याय में पद-पदार्थ दोष वर्णित है तो द्वितीय अध्याय में वाक्य-वाक्यार्थ दोष।

तृतीय अधिकरण 'गुण-विवेचन' से संबद्ध है। इसमें दो अध्याय हैं। प्रथम अध्याय में शब्द-गुण वर्णन है और द्वितीय में अर्थ-गुण वर्णन है।

चतुर्थ अधिकरण आलंकारिक अधिकरण है और इसमें तीन अध्याय हैं—प्रथम अध्याय में शब्दालंकार, द्वितीय में उपमा-वर्णन और तृतीय अध्याय में उपमा-प्रपंच-विचार एवं अन्य 25 अर्थालंकारों का वर्णन है।

पंचम अधिकरण 'प्रायोगिक अधिकरण' है। इसमें दो अध्याय हैं। प्रथम में काव्य समय और द्वितीय में शब्द-शुद्धि का वर्णन है। यह अधिकरण मुख्यत: शास्त्र से सम्बन्धित है।

'काव्यालंकार सूत्र' के चार टीकाकार हैं—सहदेव, गोपेन्द्र, भट्ट गोपाल और महेश्वर। इस ग्रंथ के उद्धारकर्त्ता मुकुल भट्ट कहे गए हैं। इस तथ्य का उल्लेख टीकाकार सहदेव करते हैं।

रीति-सिद्धान्त का प्रवर्त्तन

डॉ. पी. वी. काणे ने अपने ग्रंथ 'संस्कृत काव्यशास्त्र का इतिहास' (पृ. 181) में लिखा है—"वामन रीति-सम्प्रदाय के प्रवर्तक हैं। उन्होंने ही इस बात पर बल दिया कि काव्य की आत्मा रीति है (रीतिरात्माकाव्यस्य। विशिष्टा पद-रचना रीतिः। विशेषो गुणात्मा) डॉ. काणे ने वामन का समय 900 ई. के पूर्व ही माना है। 'ध्वन्यालोक लोचन' के अनुसार वामन ध्वन्यालोककार के परवर्ती हैं। लोचन की रचना नवम शती के उत्तरार्द्ध में हुई है। अत: वामन 850 ई. से पूर्व ही रहे होंगे। डॉ. सुशील कुमार डे ने अपने ग्रंथ 'संस्कृत काव्यशास्त्र का इतिहास' में स्पष्ट किया है कि नवीं शती के मध्य में आनन्दवर्धन वामन से परिचित थे, यद्यपि उन्होंने प्रत्यक्ष रूप से वामन का उल्लेख नहीं किया है। भामह, दंडी और उद्भट की तरह शायद वामन उस समय हुए, जब आनन्दवर्धन के ध्वनि-सिद्धान्त को ख्याति नहीं प्राप्त हुई थी। वैसे प्रतिहारेन्दुराज वामन के विचारों के बड़े भक्त थे। उन्होंने अलंकार-ध्वनि की चर्चा के प्रसंग में कहा है कि ऐसे अवसरों पर वामन ने 'वक्रोक्ति' शब्द का प्रयोग किया है। अत: डॉ. डे इस बात के समर्थक हैं कि वामन की तिथि को यदि 9वीं शती के मध्य में निर्धारित किया जाए तो गलत नहीं

होगा। वैसे अधिकांश विचारकों की दृष्टि में वामन का काल 800 ई. या नवम शताब्दी का आरम्भ ही ठहरता है।

रीतिरात्मा काव्यस्य

भारतीय काव्य-विवेचन के इतिहास का यदि गम्भीरतापूर्वक विवेचन किया जाए तो यह स्पष्ट हो जाएगा कि ईसा की आरम्भिक शताब्दियों से लेकर मध्यकाल तक प्राय: सत्रह सौ वर्षों का काल काव्यशास्त्रीय सिद्धान्तों के विवेचन पक्षों के अनुसन्धान और प्रयोग का काल दिखाई देता है। यह कम आश्चर्यजनक नहीं है कि काव्य-रचना का समय अगर बारह या तेरह सौ वर्षों का माना जाए तो उससे अधिक समय उसके आलोचना-काल का है। वस्तुत: श्रेष्ठ काव्य-रचना ने शताब्दियों तक भारतीय मानस को झकझोरा है, उसे प्रेरित किया है, इसमें सन्देह नहीं मालूम पड़ता। इस दृष्टि से 'काव्यशास्त्र' के सभी आचार्य काव्यशास्त्रीय सिद्धान्तों के अन्वेषक आचार्य ही प्रतीत होते हैं।

आलोचकों की धारणा है कि जैसे रस, अलंकरण और ध्वनि ने भारतीय मनीषा को बहुत दूर तक प्रभावित और प्रेरित किया, ठीक उसी तरह रीति-सिद्धान्त के पोषकों और समर्थकों की परम्परा नहीं चल पाई। डॉ. पी. वी. काणे ने कहा है कि "वामन रीति सम्प्रदाय के आद्य प्रतिनिधि हैं।" तो डॉ. दास गुप्ता और डॉ. सुशील कुमार डे कहते है कि अन्य लोग कहाँ हैं? तो डॉ. काणे बताते हैं कि अलंकार सम्प्रदाय अलंकार को, जो वस्तुत: गौण स्थान का अधिकारी है, बहुत महत्त्व देता है। रीति-सम्प्रदाय "अलंकार सम्प्रदाय के आगे की मंजिल है। यद्यपि काव्य के मूल तत्त्व तक इसका अभिगम नहीं है, फिर भी यह उसके निकट तक पहुँच गया है। गुणों का सम्बन्ध किस वस्तु से है, इसकी पूरी जानकारी रीति-सम्प्रदाय को नहीं थी। इसलिए 'ध्वनिकारिका' में कहा गया है कि यह 'अस्फुट स्फुटित' है।" लेकिन दासगुप्ता और डॉ. डे इसे नहीं मानते। वे कहते हैं कि भामह ने कहीं अलंकार को काव्य की आत्मा नहीं कहा है।

यह बात भी महत्त्वपूर्ण है कि अलंकार-सिद्धान्त में आलंकारिकों की एक बृहत् परम्परा दिखाई देती है। अगर उसे आचार्य भरत और भामह से आरम्भ करें तो यह परम्परा अठारहवीं-उन्नीसवीं शताब्दी तक चली जाती है, यहाँ तक कि संस्कृत काव्य शास्त्र के साथ-साथ समानान्तर हिंदी रीतिशास्त्र और खड़ी बोली हिंदी के 1947 के बहुत बाद अब तक किसी-न किसी रूप में अलंकार-चिन्तन और उसके शोभा विधायक धर्म पर विचार-विमर्श चलता रहा है, लेकिन रीति-तत्त्व के अन्वेषण में वामन एक प्रकार से अकेले ही दिखाई देते हैं। आगे चलकर शैली या 'स्टाइल' के प्रभाव के कारण भी इनका सिद्धान्त उसमें अन्तर्निहित होता दिखाई पड़ता है। इसलिए भी विचारकों ने रीति को सम्प्रदाय से अधिक सिद्धान्त मानने पर जोर दिया है।

वामन से पूर्व भी रीति-सिद्धान्त से आचार्य अवगत रहे होंगे, पर रीति का विशेष अर्थ में प्रयोग करने का श्रेय वामन को ही है। 'भरत के नाट्यशास्त्र' में रीति के समानान्तर 'प्रवृत्ति' और 'वृत्ति' शब्द मिलता है। भरत प्रवृत्ति को पारिभाषित करते हुए कहते हैं कि "प्रवृत्यां" नाना देश वेश भाषाचार वार्ता: ख्यामयतीति प्रवृत्ति:' अर्थात् जो नाना देशों के वेश, आचार, भाषा वार्त्ता को व्यक्त करे, वह प्रवृत्ति है। भरत ने तत्कालीन प्रचलित

चार प्रवृत्तियों का उल्लेख किया है—आवन्ती, दाक्षिणात्या, पांचाली तथा उड्रमागधी।[2] भारत के पश्चिमी खंड में आवन्ती, दक्षिण में दाक्षिणात्या, पूर्व भाग में उड़ीसा और मगध में औड्रमागधी एवं मध्यदेश पाँचाल में पांचाली प्रवृत्ति प्रचलित थी। भरत ने प्रवृत्ति को व्यापक अर्थों में प्रयुक्त किया है। रीति मुख्यतः भाषा-प्रयोग है। वह भाषा की अभिव्यक्ति, शब्द-प्रयोग और उसकी बुनावट से जुड़ी हुई है जबकि प्रवृत्ति देश-काल, जीवनचर्या और रहन-सहन का, सम्पूर्ण भारतीय लोक जीवन का ब्योरा है।

यहाँ एक बात ध्यान देने की है कि भरत ने नाट्य-प्रयोग में प्रवृत्ति का व्यापक अर्थों में उपयोग किया था। नाटक दृश्य काव्य था। अतः वहाँ समस्त देश-काल और भाषा को स्थान देना था, पर वामन ने उसी प्रवृत्ति के रीति-तत्त्व को श्रव्य काव्य के लिए प्रयुक्त किया। उन्होंने काव्य की भाषिक सत्ता की खूबियों की समीक्षा की। रीति का आधार भी भौगोलिक था, पर वामन ने गुण, रस, समास आदि के सहयोग से रीति को काव्य का प्राणाधायक तत्त्व घोषित किया। यों भी आगे चलकर रीति रस का उपकारक तत्त्व मानी गई और वह रसाभिव्यक्ति का साधन भी बनी।

भामह के 'काव्यालंकार' में वैदर्भ और गौड़ीय मार्गों का उल्लेख है। उस युग की वैचारिक रूढ़ि वैदर्भी को श्रेष्ठ और गौड़ीय मार्ग को निकृष्ट मानती थी, पर भामह ने इस भेद को मिटाकर (काव्यालंकार 1/35) इस अन्ध गतानुगतिकता को अस्वीकार कर दिया। दंडी ने रीति को विशेष महत्त्व दिया, सम्भवतः उन्हें रीतिवादी आचार्य भी कहा गया। दंडी ने रीति के लिए 'मार्ग' शब्द का प्रयोग किया। उन्होंने सभी दस गुणों का समाहार वैदर्भी रीति में किया और गौड़ी मार्ग को महत्त्वहीन माना।

वामन रीति-विवेचन के पुरोधा के रूप में आए। उन्होंने रीति को काव्य की आत्मा कहा और विशिष्ट पद-रचना को रीति—रीतिरात्मा काव्यस्य। 'विशिष्टा' पद-रचना रीतिः'। काव्यालंकार सूत्र—1/2/6 तथा 7। विशिष्ट पद-रचना से उनका तात्पर्य गुण सम्पन्न-काव्य शोभाकारक धर्म से है। अतः उनकी दृष्टि में काव्य शोभा को बढ़ानेवाली सम्यक् पद-रचना ही रीति है। उन्होंने रीति को गुणों, विशेषकर अर्थ गुणों से जोड़कर उसके शोभाधायक तत्त्व को प्रकट किया।

वामन की विशिष्ट पद-रचना में विशिष्ट का अर्थ है—गुण-सम्पन्न विशेषोगुणात्मा। डॉ. नगेन्द्र कहते हैं—"काव्य शोभाकारक शब्द और अर्थ के धर्मों से युक्त पद-रचना को 'रीति' कहते है। यहाँ 'काव्य शोभाकारक' शब्द और अर्थ के धर्मों से युक्त शब्दावली कुछ बिखरी हुई है। इसमें एक तो काव्य शब्द अनावश्यक है, क्योंकि यह तो समस्त प्रपंच ही काव्य है। शोभाकारक और अर्थ के धर्मों का अर्थ हुआ : शब्द और अर्थगत चमत्कार से युक्त पद-रचना का नाम रीति है। इसे और भी संक्षिप्त किया जा सकता है—'शब्द तथा अर्थगत सौंदर्य से युक्त' स्थान पर केवल सुन्दर का प्रयोग किया जा सकता है। सुन्दर पद-रचना या सम्यक् पद-रचना का नाम रीति है।"

वामन काव्य-स्वरूप को स्पष्ट कर कहना चाहते हैं कि गुणों और अलंकारों से सुसंस्कृत शब्द अर्थ के लिए 'काव्य' शब्द का प्रयोग होता है। वामन गुण और अलंकार दोनों को शब्द और अर्थ का धर्म मानते हैं। गुण नित्य धर्म है, अलंकार अनित्य। वामन काव्य के लिए गुण को अनिवार्य मानते हैं। आगे चलकर मम्मट भी अपनी काव्य-परिभाषा

में 'तददोषौ शब्दार्थौ सगुणावनलंकृती पुनः क्वापि' में भी गुण को महत्त्व देते दीखते हैं।

आनन्दवर्धन रीति को संघटना कहते हैं—'पद संघटना रीतिः'। आनन्दवर्धन की रीति के तीन पक्ष हैं—समासाश्रय, गुणाश्रय और रसादि का माध्यम। इस संघटना में रस के निमित्त एक प्रयास का संकेत मिलता है। आचार्य कुन्तक दंडी की भाँति रीति को मार्ग कहते हैं। उनका मार्ग कवि-स्वभाव पर केन्द्रित है न कि विदर्भ, गौड़, पाँचाल आदि देश-भेद पर आधारित है। राजशेखर वचन-विन्यास-क्रम को रीति कहते हैं। राजशेखर की रीति धारणा आनन्दवर्धन से मिलती-जुलती प्रतीत होती है। भोजराज ने अपने 'सरस्वती कंठाभरण' में रीति को मार्ग, पंथ आदि नामों से व्यक्त किया है। आचार्य मम्मट नियत वर्ण व्यापार को रीति कहते हैं। वे समास को नहीं वर्णों के गुम्फ को महत्त्व देते हैं। विश्वनाथ ने तो रीति को अन्ध-संस्थान की तरह मानकर उसे शरीर की संघटना की तरह माना है और रस की उपकर्त्री कहा है।

तात्पर्य यह कि रीति-तत्त्व आनन्दवर्धन की संघटना के प्रभाव में रस का उपकारक बन कर रह गया। बाह्य संघटना पर बल देने के कारण उसकी आतंरिक सत्ता दब-सी गई। पंडितराज जगन्नाथ ने मम्मट की तरह वैदर्भी आदि रीतियों को उपनागरिका आदि वृत्तियों से अभिन्न मानकर रीति के महत्त्व को कम कर दिया। रीति अंग-संस्थान के रूप में ही मान्य होती गई, लेकिन वामन की सफलता इस बात में अवश्य है कि गुण को रस का धर्म स्वीकार किया गया और रीति रसाभिव्यक्ति का माध्यम बनी। उसे शब्द एवं अर्थ का आश्रित रचना-चमत्कार का पद प्राप्त हुआ।

इतना अवश्य है कि रीति-सिद्धान्त में काव्य में शैली पक्ष को प्रधानता देकर काव्य के अभिव्यंजना-पक्ष की महत्ता घोषित हुई। यह रीति-सिद्धान्त काव्य के सौन्दर्य-तत्त्व पर अधिक बल देता है तथा कान्ति गुण में ही रस का समावेश कर प्रकारान्तर से रस-भाव को भी स्वीकार कर उसे महत्त्व प्रदान करता है तथा अलंकार या सौंदर्य के समावेश के कारण काव्य की उपादेयता भी सिद्ध करता है।

रीति-प्रकारों में देश-काल

वामन की रीति केवल कवि या काव्य की शैलियाँ मात्र नहीं है, वे भारतीय प्रदेशों और जन संस्कृति की परम्पराओं की पोषिका भी हैं। काव्य व्यक्तिनिष्ठ ही नहीं लोकनिष्ठ भी है, यह बात इससे प्रमाणित होती है।

वामन की रीति को केवल कवि की व्यक्तिनिष्ठ शैली तक सीमित नहीं रखा जा सकता। वह समस्त देश-प्रदेश में प्रचलित रूढ़ियों, परम्पराओं और संस्कारों का भी प्रतिनिधित्व करती है, इसलिए वह शैली मात्र नहीं, प्रवृत्ति और संस्कृति की भी परिचायिका है।

काव्य-हेतु

वामन काव्य-हेतु को 'काव्यांग' कहते हैं। ये काव्य के तीन हेतु मानते हैं—लोक, विद्या एवं प्रकीर्ण। इन्होंने इन तीनों से काव्य-निर्माण की बात कही है। लोक का अर्थ है—लोक-व्यवहार, विद्या का तात्पर्य है—शास्त्रीय ज्ञान, शब्द शास्त्र, कोश-छन्दः शास्त्र,

कला, दंडनीति आदि। प्रकीर्ण हेतु के रूप में वामन ने लक्ष्य ज्ञान, अभियोग, वृद्धसेवा, अवेक्षण, प्रतिभान और अवधान को गिना है।

डॉ. देशपांडे का कथन है कि 'वामन का नाम लेते ही 'रीतिरात्माकाव्यस्य' इस वचन का स्मरण हो आता है। भामह रस विरोधी है' ऐसा कहकर आधुनिक अभ्यासकों ने जिस प्रकार भामह से अन्याय किया है, उसी प्रकार वामन की 'रीति' शब्दार्थों की साफ रचना मात्र है, ऐसा कहकर उन्होंने वामन से भी अन्याय किया है। वास्तव में काव्य-चर्चा के विकास में वामन का स्थान बहुत ऊँचा है। सौंदर्य प्रतीति ही काव्य का रहस्य है, ऐसा वामन ने कहा है। गुण तथा अलंकारों का स्पष्ट विवेचन करते हुए उन्होंने काव्य-चर्चा को बहुत ही आगे बढ़ाया।"

वामन की दृष्टि में सौंदर्य ही काव्य का प्राणभूत अलंकार है। दोषों का त्याग एवं गुण तथा अलंकारों का उपादान, इन साधनों द्वारा यह शोभा काव्य को प्राप्त होती है। गुण काव्य शोभा के कारक हेतु हैं एवं अलंकार काव्य-शोभा के वर्धक हैं। अतएव गुण नित्य हैं, अलंकार नहीं। ये गुण काव्यबन्ध अर्थात् रीति के धर्म हैं। वे एक उदाहरण देते हैं कि "किसी युवती का रूप मूलतः शुद्ध गुणों से युक्त हो तो अलंकार विहीन अवस्था में भी वह सुन्दर दीखता है। उसी प्रकार शुद्ध गुणों से युक्त काव्य भी रसिकों को आनन्द प्रदान करता है।' लेकिन युवती के लावण्यहीन शरीर के समान यदि काव्य भी गुणहीन हो तो उस पर कितने भी लोकप्रिय अलंकारों की रचना क्यों न की जाए, वे अलंकार रोते ही हैं।"

पश्चाद्वर्ती आलोचकों ने वामन कथित दस गुण और अर्थ लेकर कुल बीस गुणों में से तीन ही गुणों को स्वीकार किया। इससे वामन का महत्त्व कम नहीं हो जाता। इसे बाद के आचार्यों द्वारा की गई पुनर्व्यवस्था माननी चाहिए।

काव्य-भेद

वामन ने काव्य-भेद का विवेचन करते हुए दो आधार तय किए हैं—(1) माध्यम और (2) विषय। माध्यम की दृष्टि से काव्य के दो रूप हैं—गद्य और पद्य। गद्य को वे कवियों की कसौटी मानते हैं। गद्य का स्वरूप अनिश्चित होता है, अतः गद्य लेखन कठिन कार्य है। डॉ. सुशील कुमार डे कहते हैं कि "वामन को काव्य-विद्या का प्रथम आचार्य कहा गया है, जिन्होंने ध्वनिकार तथा आनन्दवर्धन से पूर्व काव्य के एक स्पष्ट तथा सुव्यवस्थित सिद्धान्त का प्रतिपादन किया है। सैद्धान्तिक दृष्टिकोण से इस ग्रंथ में कुछ दोष हैं, किन्तु कुछ अंशों में यह ग्रंथ अद्वितीय एवं बहुमूल्य है।" वैदर्भी रीति को वामन ने स्पष्टतः अपना समर्थन दिया है। वे मानते हैं कि तीन रीतियों में काव्य इस प्रकार प्रतिष्ठित हो जाता है, जैसे रेखाओं में चित्र प्रतिष्ठित होता है। प्रत्येक काव्य-रीति की अपनी-अपनी विशेषताएँ होती हैं। अतः वामन मानते हैं कि वैदर्भी की सिद्धि के लिए अन्य दो निकृष्ट रीतियों का अभ्यास कराना व्यर्थ है। उनका तर्क है कि अतत्त्व का अभ्यास करनेवाले को तत्त्व की सिद्धि नहीं होती। सन के सूत्र बुनने का अभ्यास करनेवाला रेशम के सूत्र बुनने में वैचित्र्य प्राप्त नहीं करता। अतः स्पष्ट है कि वामन की दृष्टि में वैदर्भी रीति ही पूर्ण और आदर्श रीति है क्योंकि इसमें सभी काव्य-गुण समाविष्ट होते हैं।

यह धारणा भी महत्त्वपूर्ण है कि वामन का रीतिमत आनन्दवर्धन के ध्वनि-सिद्धान्त का प्रतिस्पर्धी बनकर खड़ा नहीं हो सका, क्योंकि वामन ने केवल औपचारिक दृष्टि से काव्य का विवेचन किया था, जबकि आनन्दवर्धन ने काव्य की 'अन्तरात्मा' का विवेचन किया। विश्वनाथ ने इसी कारण रीति को संघटना का एक प्रकार माना। आचार्य राजशेखर ने रीति का जो विवरण दिया है, वह तो विलक्षण प्रतीत होता है। वे कहते हैं कि साहित्य-विद्या के विविध देशों में घूमने के कारण विविध प्रकार की काव्य-रीतियाँ स्वत: उत्पन्न हो गईं। उनमें से सबसे महत्त्वपूर्ण वे तीन रीतियाँ हैं जिनका उल्लेख वामन करते हैं।

इसी प्रकार आचार्य मम्मट ने भी आनन्दवर्धन का अनुसरण करते हुए तीन काव्य गुणों को स्वीकार किया है। वे प्रयत्नपूर्वक सिद्ध करते हैं कि वामन के दस गुणों अर्थात् ओज, प्रसाद और माधुर्य को मान लेना ही पर्याप्त है। डॉ. कीथ द्वारा विस्तारपूर्वक वामन और मम्मट की गुण-समीक्षा को सूत्र रूप में इस प्रकार समझा जा सकता है कि मम्मट का मत है कि शब्द-गुण तथा अर्थ-गुण का परस्पर भेद-निरूपण व्यर्थ है, क्योंकि अर्थ-गुणों का पृथक् विवेचन करने की आवश्यकता नहीं है। उन्होंने कहा है कि रसास्वादन के मानसिक प्रक्रम में केवल तीन (दस नहीं) गुणों को ही स्थान प्राप्त है। इस प्रकार ओज गुण को मानस का विस्तार कारक कहा गया है और वह वीर, वीभत्स तथा रौद्र रस में निवास करता है। प्रसाद गुण सभी रसों का समान लक्षण है, इससे मानस पर अर्थ-बोध की व्याप्ति अथवा विकास ऐसे होता है जैसे जल-धारा का वस्त्र पर अथवा अग्नि का काष्ठ पर। माधुर्य-गुण मुख्यत: संयोग शृंगार में रहता हे, किन्तु शोक, विप्रलम्भ शृंगार तथा शान्त में भी क्रमिक रूप से इसका विकास होता है। इसे 'द्रुतिकारक' कहा गया है। तीन काव्य-रसाश्रित अवस्थाओं अर्थात् विस्तार, व्याप्ति तथा द्रुति को तीन गुणों का आधार स्वीकार कर लिया गया है।

काव्य का वर्गीकरण

वामन पूर्वाचार्यों की तरह काव्य का गद्य और पद्य में विभाजन करते हैं, किन्तु भरत के अनुसार वे गद्य के वृत्तगन्धि चूर्ण और उत्कलिकाप्राय के भेद बतानेवाले वामन पहले ज्ञात आलोचक हैं। उन्होंने दंडी से पद्य के निबद्ध और अनिबद्ध भेद लिए हैं, पर उनके विवेचन में उनकी निजी मौलिकता झलकती है। अनिबद्ध पद्य का अर्थ है —मुक्त पद्य। इन पद्यों के विषय में वे कहते हैं—'असंकलित अर्थात् मुक्त कविता में काव्यचारुत्व पूर्णत: प्रतीत नहीं होता। परमाणु तेजोयुक्त होकर भी विलग्न अवस्था में प्रकाश नहीं देते।' वामन यह भी कहते हैं कि निबद्ध अर्थात् सन्दर्भ काव्य में भी दशरूप अर्थात् नाट्य ही सर्वोत्कृष्ट भेद है। सर्गबंध आदि अथवा कथा आख्यायिका आदि नाट्य के ही विलास हैं, अत: इनके अलग-अलग भेद मामने की जरूरत नहीं है। नाट्य को महत्त्व देकर भी वामन अलग से रस-प्रसंग नहीं उठाते। इसका कारण है उनके द्वारा कान्ति गुणहीन काव्य पुराण चित्रच्छाया अर्थात् पुराने जीर्ण चित्र की तरह निस्तेज और प्रभावहीन होते हैं। साथ ही, उन्होंने समाधि गुण को महत्त्व देकर काव्यार्थ की 'भाव्यता' और 'वासनीयता' का भी वर्णन किया है।

वामन कवित्व-शक्ति को काव्य-क्षमता और कवि-विवेक तथा शब्दार्थ पर अधिकार को महत्त्व देते थे। डॉ. गणेश त्र्यंबक देशपांडे ने एक अत्यन्त महत्त्वपूर्ण प्रश्न

अपने ग्रंथ 'भारतीय साहित्यशास्त्र' में उठाया है, वह है वामन के द्वारा अपने युग के शब्द-सामर्थ्य और काव्य-विवेक से हीन कवियों के झुंड की आलोचना। काव्यशास्त्र के इतिहास में वामन की यह काव्य-दृष्टि नितान्त मौलिक और अपने समकाल के प्रति सावधान दिखाई देती है।

वामन के युग में भी अन्य युगों की भाँति कवियों के दो वर्ग थे। एक वर्ग के कवि विवेक रखते थे, किन्तु दूसरा वर्ग ऐसा था जिनको गुण-दोषों का कोई विवेक था ही नहीं। विवेकशील कवियों को वामन 'अरोचकी' अर्थात् ऐसे लोग जिन्हें रुचि है किन्तु किसी कारण से नष्ट हो गई है—संज्ञा देते हैं, परन्तु विवेकहीन 'कवियों को वे सतृणाभ्यवहारी' अर्थात् भूँसे (तुसी) के साथ अनाज खानेवाले कहते थे। विवेकी अपने काव्य-दोषों का परिहार करने में संकोच नहीं करते थे, पर विवेकहीन कवि में तो शास्त्र का सहारा लेने की भी क्षमता नहीं थी।

वामन कहते हैं—कतक नामक फल कुछ मैले से पानी में डालने से पानी शुद्ध हो जाता है, किन्तु यदि वह कीचड़ में डाला जाए तो क्या वह कीचड़ को शुद्ध कर पाएगा? "(न हि कतकं पंक प्रसादनाय)।"

स्पष्ट है कि वामन का काल कवि कहलाने वाले (कवि ब्रुवों) का काल था। सर्वत्र अर्थ-व्यक्ति गुण से हीन काव्यों की भरमार थी। डॉ. देशपांडे की टिप्पणी ध्यान देने योग्य है, क्योंकि वह सभी युगों में ऐसे विवेकहीन कवियों पर लागू होती है—"काव्य के क्षेत्र में ऐसे कवियों ने तहलका मचा रखा था और तिस पर भी वे सन्तुष्ट न थे। उनका कहना था कि हमारा यह काव्य समझने की तुम लोगों में कुछ पात्रता है ही नहीं। उन्होंने तो रसिकों को ही 'अरोचकी' और सतृणाभ्यवहारी, ऐसा भेद किया।"[8]

ऐसे कठिन समय में वामन रीति को काव्य की आत्मा ठहराकर काव्य-रीति, काव्य-भाषा, काव्य-गुण और काव्य-प्रवृत्तियों का बखान करते हैं और काव्य-रचना के लिए एक समृद्ध पृष्ठभूमि का भी निर्माण करते दिखाई देते हैं। वामन को उस समय साहित्यिक वितंडावाद को दूर करने के लिए कवि-शिक्षा की भाँति शब्दगुण के साथ अर्थगुण की विवेचना करनी पड़ी, उन्होंने कवि-समय एवं शब्द शुद्धि के प्रकरण लिखे, व्याकरण का महत्त्व घोषित किया। अब तो यह भी सोचना चाहिए 'काव्यशास्त्र' के आद्याचार्य भामह ने अपने 'काव्यालंकार' में व्याकरण एवं काव्य-न्याय जैसे तत्त्वों को सम्भवत: अपने युगीन परिप्रेक्ष्य को लक्ष्य करके ही लिखा था। वामन भी संस्कृत काव्य के उत्कर्ष की अन्तिम अवस्था एवं अपकर्ष की प्रथम अवस्था के सन्धि-बिन्दु पर खड़े थे। इस बात का ध्यान रखकर वामन की तद्युगीन कवि और काव्य-रचना को सम्यक् दृष्टि प्रदान करने के प्रयत्न स्वरूप वामन के रीतिग्रंथ 'काव्यालंकार सूत्र' का महत्त्व और अधिक बढ़ जाता है।

अलंकार-विवेचन

वामन आचार्य उद्भट के समसामयिक कहे जाते हैं। उन्होंने अपने 'काव्यालंकार सूत्र' में 31 अलंकारों का विवेचन किया है। रीति सम्प्रदाय के उद्भावक होने के कारण अलंकार में उनकी रुचि भामह, दंडी, उद्भट जैसे आचार्यों की अपेक्षा कम ही दिखाई देती है।

यह तो निश्चित है कि वे रीति के विधायक गुण के सामने अलंकार को हीन ही मानते थे। वे अर्थालंकारों में केवल उन्हीं अलंकारों की सत्ता को स्वीकार करते हैं जिनके मूल में सादृश्य हो। वे सभी अलंकारो को 'उपमा प्रपंच' सिद्ध करना चाहते हैं। यही कारण है कि उन्होंने भामह, दंडी आदि के कई अलंकार जैसे पर्यायोक्त प्रेय, रसवत्, ऊर्जस्वी, उदात्त, भाविक तथा सूक्ष्म आदि को स्वीकार नहीं किया।

वामन द्वारा विवेचित 31 अलंकार निम्नलिखित हैं—(1) यमक, (2) अनुप्रास, (3) उपमा, (4) प्रतिवस्तूपमा, (5) समासोक्ति, (6) अप्रस्तुत प्रशंसा, (7) अपह्नुति, (8) रूपक, (9) श्लेष, (10) वक्रोक्ति, (11) उत्प्रेक्षा, (12) अतिशयोक्ति, (13) सन्देह, (14) विरोध, (15) विभावना, (16) अनन्वय, (17) उपमेयोपमा, (18) परिवृत्ति, (19) क्रम, (20) दीपक, (21) निदर्शन, (22) अर्थान्तरन्यास, (23) व्यतिरेक, (24) विशेषोक्ति, (25) व्याज स्तुति, (26) व्याजोक्ति, (27) समाहित, तथा (31) संसृष्टि। इनमें यमक और अनुप्रास शब्दालंकार है तो शेष अर्थालंकार हैं।

वामन की एक विशेषता यह भी है कि वे विवादग्रस्त अलंकारों को स्वीकार नहीं करते। इन अलंकारों में स्वभावोक्ति, हेतु, सूक्ष्म, लेश आदि अलंकार आते हैं। ये इसलिए भी स्वीकार नहीं किए गए कि इनमें उपमा मूलकता का अभाव था। सेठ कन्हैयालाल पोद्दार अपने 'काव्यकल्पद्रुम' भाग-2 में इनके उत्प्रेक्षावयव और उपमा रूपक को गिनकर 33 अलंकार बताते हैं, पर वास्तव में ये दोनों स्वतंत्र अलंकार न होकर संसृष्टि अलंकार के भेद-भर हैं।

वामन की अलंकार विषयक विवेचना के विशेष सूत्र इस प्रकार ढूँढ़े जा सकते हैं—

1. वामन वक्रोक्ति को सादृश्य मूला लक्षणा मानते हैं। अलंकार शब्द शक्ति से भिन्न हैं। अत: इनकी वक्रोक्ति की अलंकारता परवर्ती आचार्यों द्वारा स्वीकृत नहीं हुई।
2. व्याजोक्ति वामन का नवीन अलंकार है। इसे 'मायोक्ति' भी कहा गया है। अलंकार में उक्ति-भंगी की कल्पना मौलिक है।
3. वामन के उपमा अलंकार की सामान्य कल्पना पूर्ववर्ती धारणा की भाँति है। वे उपमान के साथ उपमेय के गुण के साम्य प्रतिपादन को उपमा का लक्षण मानते हैं। प्राचीन आलंकारिकों से वामन सहमत हैं।
4. भामह का श्लेष-विवेचन पूर्ववर्ती आचार्यों से भिन्न है। वामन इसमें रूपक का तत्त्व भी जोड़ देते हैं। इसमें वे उपमा का प्रभाव भी देखते हैं।
5. वामन विरोध अलंकार के नवीन रूप की कल्पना करते हैं। वे प्राचीनों के लक्षण को न मानकर तात्त्विक विरोध न होने पर भी आपातत:प्रतीत होनेवाले विरोध के आभास होने से विरोधाभास अलंकार की सत्ता मानते हैं।
6. वामन ने क्रम के नवीन रूप की कल्पना की है। वे क्रम को भी उपमा-प्रपंच के भीतर सिद्ध करते हैं।
7. वामन का विशेषोक्ति अलंकार प्राचीनों से कुछ भिन्न है। यह भेद भी उपमा के प्रभाववश आया है। वे भामह के विशेषोक्ति-विचार में सादृश्य की कल्पना को मिलाकर विशेषोक्ति का नवीन रूप गढ़ते हैं।
8. इसी प्रकार वामन आक्षेप अलंकार को कुछ नया रूप देना चाहते हैं। भामह की

भाँति वे आक्षेप अलंकार में प्रतिषेध की उक्ति को मानकर भी उपमान-उपमेय के आग्रह के कारण केवल उपमान के आक्षेप में दूसरी सत्ता मानते हैं।

9. वामन का समाहित अलंकार वहाँ होता है जहाँ किसी वस्तु का सादृश्य उपमेय से दिखाना अभिप्रेत हो। वहाँ यदि उपमेय की तद्रूपता प्राप्ति का वर्णन किया जाए तो समाहित अलंकार होता है—वहाँ उपमेय उपमान का रूप प्राप्त कर लेता है। मनोवैज्ञानिक दृष्टि से इसे समझें तो मन में यदि किसी वस्तु या व्यक्ति का ध्यान हो और वह अनुभव तीव्र हो जाए तो कभी ऐसा भी प्रतीत होता है कि वह मनोगत वस्तु सामने प्रत्यक्ष हो गई हो। वामन ने इस अलंकार के उदाहरण में कहा है कि उर्वशी के ध्यान में डूबे हुए पुरूरवा के लिए लता ही उर्वशी बन जाती है।[9]

अत: यहाँ समाहित अलंकार है। भरत के सारूप्य लक्षण में उपमा के तत्त्व उपमानोपमेय भाव-सम्बन्ध को मिलाकर वामन ने समाहित अलंकार की रूप-रचना की है।

10. वामन के अलंकार-चिन्तन पर भामह का ही प्रभाव दिखाई पड़ता है। उनके अधिकांश अलंकार, जैसे तुल्ययोगिता, व्याजस्तुति, व्यतिरेक, निदर्शना, अनन्वय, विभावना आदि अलंकारों का विवेचन भामह से अभिन्न प्रतीत होता है। कहीं-कहीं वे उद्भट से भी प्रेरित दिखाई देते हैं। अगर वे पूर्ववर्ती विचारकों से भिन्न भी हैं तो उसका कारण प्रत्येक अलंकार को उपमा-प्रपंच सिद्ध करने के लिए उपमान-उपमेय भाव का समावेश है। वे भामह के अलंकार-चिन्तन में यथावसर साम्य को भी जोड़ते चलते हैं। उनके कुछ अलंकार भरत के लक्षणों से भी प्रभावित हैं। उनमें विरोधाभास, समाहित जैसे अलंकार गिने गए हैं। वामन की 'व्याजोक्ति' अलंकार की कल्पना सर्वथा नवीन और मौलिक मानी गई है।

11. अत: अलंकार-क्षेत्र में वामन उपमा को मूल अलंकार मानते हैं और उसे सभी अलंकारों का भी मूल ठहराते हैं और समस्त अप्रस्तुत विधान का उपमा-प्रपंच के रूप में वर्णन करते हैं। वामन भामह की वक्रोक्ति को अर्थालंकार मानकर उसका लक्षण करते हैं कि जहाँ लक्षणा सादृश्य-गर्भा हो, वहाँ वक्रोक्ति होती है। डॉ. नगेन्द्र मानते है कि "वामन का यह लक्षण आनन्दवर्धन के ध्वनि-सिद्धान्त की पूर्व-सूचना अवश्य सिद्ध हुआ है। (भूमिका, पृ. 26)। रस के क्षेत्र में वामन ने कान्ति गुण के विवेचन में रस को कान्ति का आधार मानकर उसे काव्य के अन्तरंग तत्त्वों में स्थान दिया। इस तरह वामन ने रस और ध्वनि के सम्बन्ध में पूर्व संकेत अवश्य दिए।"

अलंकार-क्षेत्र में वामन के गुणालंकार भेद-निरूपण को महत्त्व मिला। अलंकारों के मूल में उपमा है, यह मत भी मान्य नहीं हो सका। अत: उपमा-प्रपंच ग्राह्य नहीं हुआ। डॉ. नगेन्द्र का कथन है कि अलंकार-विधान के मूल में एक निश्चित मनोवैज्ञानिक आधार रहता है और भिन्न-भिन्न अलंकार-वर्गों के पीछे हमारी विभिन्न प्रवृत्तियों की प्रेरणा रहती है। जहाँ हमें अपनी भावना को स्पष्ट करना होता है—वहाँ हम सादृश्यमूलक अलंकारों का प्रयोग करते हैं। कौतूहल आदि वृत्तियों के परितोष के लिए मानसिक सामंजस्य के लिए अथवा उत्तेजना की अवस्था में सादृश्य मूलक अलंकारों का विशेष उपयोग नहीं

रहता। उक्ति-चमत्कार के अनेक रूप ऐसे हैं जिनका सादृश्य से कोई सम्बन्ध ही नहीं है। ऐसी स्थिति में उपमा को अलंकारों का मूल मानना अधिक संगत नहीं है।[10]

वामन के मत में रीति विशिष्ट अर्थात् गुण-सम्पन्न पद-रचना है, जिसे वामन 'विशेषोगुणात्मा' कहते हैं। अत: उनके अनुसार रीति की परिभाषा है—"काव्य शोभाकारक शब्द और अर्थ के धर्मों से युक्त पद-रचना को 'रीति' कहते हैं—अर्थात् सुन्दर पद-रचना रीति है, यह सौंदर्य शब्दगत तथा अर्थगत होता है। आनन्दवर्धन इसे 'संघटना' कहते हैं—सम्यक् अर्थात यथोचित घटना—पद रचना का नाम संघटना या रीति है। आनन्दवर्धन की रीति रस-रूप सौंदर्य की साधन है—" 'व्यनक्ति सा रसादीन् (ध्यन्यालोक 3/5)। आनन्दवर्धन रीति के तीन पक्ष स्थिर करते हैं—(1) रीति या संघटना के स्वरूप का आधार केवल समास है। (2) रीति की स्थिति गुणों के आश्रय से है अर्थात् रीतिगुणाश्रयी है। (3) रीति रसाभिव्यक्ति का साधन है। राजशेखर 'वचन विन्यास के क्रम' को रीति कहते हैं—इस परिभाषा में पद और रचना को महत्त्व मिला है। वचन यहाँ पद का और विन्यास-क्रम रचना का सूचक है। कुन्तक ने रीति को 'मार्ग' कहा है। कुन्तक ने कवि-स्वभाव को मुख्य मानकर 'मार्ग' का निरूपण किया और रीतियों के प्रदेशानुसार वर्ग-विभाजन का 'उपहासपूर्वक तिरस्कार' किया। कुन्तक ने रीति को प्रस्थान हेतु अर्थात् विधि या शैली ही माना है। भोज ने वैदर्भ आदि पंथ को काव्य में मार्ग कहा। व्युत्पत्ति के लिहाज से वे मार्ग, पंथा या पथ और रीति को पर्याय मानते हैं।

मम्मट किंचित् परिवर्तन के साथ उपनागरिका, परुषा और कोमला वृत्तियों का विवेचन करते हैं, पर अन्तत: वे इन्हें क्रमश: वैदर्भी, गौड़ी और पांचाली रीति कहते हैं। वे यह भी मानते हैं कि प्रत्येक वर्ण-गुम्फ का गुण के साथ नियत सम्बन्ध होता है अर्थात् प्रत्येक गुण के अनुसार ही वर्णों का संगुम्फन होता है और उसी के अनुरूप रीति का स्वरूप भी निर्धारित होता है। गुण शब्द गुम्फ और रीति के नियामक होते हैं और अन्तत: उन्हीं के द्वारा रीति से रस-बोध भी होता है। आचार्य विश्वनाथ ने पदों की संघटना को रीति कहा और यह भी कहा कि वह अंग-संस्थान की भाँति है और काव्य के आत्मरूप रसादि का उत्कर्ष सिद्ध करती है—'उपकर्त्री रसादीनाम्'।

तात्पर्य यह कि आचार्यों की चिन्तन-परम्परा में रीति आत्म-तत्त्व से शरीर-गठन-अंग संस्थान तक सीमित रह गई, पर वामन की रीति-परिभाषा अन्त तक मान्य रही। डॉ. नगेन्द्र कहते हैं—"अन्तर केवल यह हुआ कि वामन ने जहाँ शब्द और अर्थ के शोभाधायक धर्मों के रूप में गुणों को और उनसे अभिन्न रीति को अपने आप में सिद्धि माना, वहाँ आनन्दवर्धन तथा परवर्ती आचार्यों ने गुणों को रस का धर्म माना और उनके आश्रय से रीति को भी रसाभिव्यक्ति के माध्यम रूप में ही स्वीकार किया। उनके अनुसार रीति शब्द और अर्थ के आश्रित रचना-चमत्कार का नाम है, जो माधुर्य, ओज अथवा प्रसाद गुण के द्वारा चित को द्रवित, दीप्त और परिव्याप्त करती हुई रस-दशा तक पहुँचने में साधन रूप से सहायक होती है।"[11]

वामन की धारणा थी कि केवल अलंकार-प्रयोग ही काव्य को सर्वातिशायी सुन्दर नहीं बना सकता। वामन सौंदर्य को अलंकार मानते थे। अलंकार को जो महत्त्व भामह, दंडी के ग्रंथों में स्वीकृत हुआ था, उसे ज्यों का त्यों वामन ने स्वीकार नहीं किया, क्योंकि

केवल अलंकार-प्रयोग से कथ्य और अभिव्यक्ति की मूल समस्या का समाधान नहीं होता। डॉ. विश्वंभर नाथ उपाध्याय मानते हैं, "काव्य में पद-रचना ही काव्य है। उपयुक्त पदों का अनुसन्धान और निर्माण ही कवि कर्म है। काव्य में सम्पूर्ण पद अलंकृत नहीं होते। अलंकृति अतिरिक्त शोभा उत्पन्न कर सकती है, किन्तु शोभा की सृष्टि का कारण मानव-मन है। मानव मन उद्वेलित होकर शब्दों और अर्थों को सुन्दर बनाता है। इस प्रकार रीतिवाद वस्तुतः अलंकारवाद की प्रतिक्रिया से उत्पन्न हुआ था।" (संस्कृत पोएटिक्स कृष्ण चैतन्य, पृ. 100)। रीतिवाद सर्वप्रथम काव्य में वस्तु-तत्त्व और अभिव्यक्ति की संगति की समस्या पर विचार करता है।[12]

वामन यह भी मानते हैं कि गुण ही रीति को काव्यात्म तत्त्व का अधिकारी बना सकता है।

गुण-विवेचन

वामन गुणों को काव्य का सर्वस्व मानते हैं। उत्तम कोटि के काव्य का लक्षण गुण ही है, काव्य की उत्तमता इस पर आधारित होती है। 'नाट्यशास्त्र' में भरत ने गुणों को दोषाभाव रूप माना था (नाट्यशास्त्र—16/5)। वामन ने इस सिद्धान्त के विपरीत गुणों की भावात्मक सत्ता मानी और दोषों को गुणाभाव स्वरूप माना (गुण विपर्ययात्मनो दोषाः अर्थतस्तदवगमः—काव्यालंकार सूत्र-2/1/1)। वामन ने काव्य में गुण को महत्त्वपूर्ण स्थान दिया और गुण की उत्कृष्टता को काव्य का आवश्यक धर्म माना (काव्य शोभायाः कर्त्तारो धर्मा गुणाः (वही 3/1/1)। गुणों के भाव एवं अभाव के आधार पर ही वामन ने वैदर्भी, गौड़ी और पांचाली रीतियों के स्वरूप का निर्णय किया है। वैदर्भी रीति को वे उत्कृष्ट इसलिए मानते हैं कि उसमें सभी गुण विद्यमान रहते हैं। गौड़ी और पांचाली में कुछ ही गुण रहते हैं, इसलिए उन्हें हेय भी माना गया है (वही, 1/2/15)। यद्यपि वामन की इस दृष्टि से विद्याधर सहमत नहीं दीखते।

आचार्य दंडी जिस प्रकार अपने सभी गुणों को वैदर्भ मार्ग के प्राण के रूप में मानते हैं, वैसे ही वामन ने भी सभी काव्य गुणों का अस्तित्व वैदर्भी रीति में स्वीकार किया (समग्र गुणा वैदर्भी—वही, 1/2/11)। यह अवश्य है कि सभी गुणों की एकत्र स्थिति व्यावहारिक प्रतीत नहीं होती।

वामन ने भरत और दंडी प्रतिपादित दस गुणों को स्वीकार करने पर भी उनकी संख्या बढ़ाकर बीस कर दी। वे दस गुण शब्दगत भी माने गए और अर्थगत भी। ओजगुण पर विचार करते हए वामन ने शब्दगत ओज को पद-रचना की गाढ़ता माना है (गाढ़ बंधत्वम् ओजः वही, 3/1/5)। वे शब्दगत सभी गुणों को बंध या पद-रचना का गुण गानते हैं। अतः वे ओज को बंध की गाढ़ता कहते हैं। हेमचन्द्र के अनुसार, वामन मानते थे कि ओज तीनों रीतियों में गद्य-पद्य का साधारण गुण है। अतः वह केवल गौड़ मार्ग का गुण नहीं है। अर्थगत ओजगुण को वामन 'अर्थ की प्रौढ़ता' कहते हैं। वे इस प्रौढ़ि के पाँच प्रकार भी गिना डालते हैं।

प्रसाद गुण : वामन ने ओज गुण के विपर्यय के रूप में इसकी कल्पना की है। साधारणतः गुण का विपर्यय दोष होता है, किन्तु वामन गुण विपर्यात्मक गुण की

कल्पना करते हैं, यह विपर्यय भी विशेष स्थिति में गुण ही है। वामन के अनुसार, बंध का शैथिल्य प्रसाद है। यह शैथिल्य दोष है, पर ओज के साथ रहने पर यह गुण बन जाता है। वामन ने भरत के प्रसाद गुण लक्षण को स्वीकार नहीं किया, पर वामन द्वारा प्रस्तुत विरोधी स्वभाव के गुणों की सह स्थिति का बाद के आचार्यों ने विरोध किया। हेमचन्द्र पद-रचना के गाढ़ और शैथिल्य, दोनों को गुण नहीं मानते; ओज का विपर्यय प्रसाद गुण नहीं हो सकता।

अतः वामन गुण को दोषाभाव रूप नहीं मानते। वे गुण की भावात्मक सत्ता मानते हैं और दोष को गुण का अभाव स्वीकार करते हैं।

श्लेष गुण : वामन ने मसृणत्व को श्लेष माना है। बहुत पदों के होने पर भी एक पदता का अनुभव मसृणत्व है। श्लेष में बहुत से पदों का समास नहीं होता। उनके समस्त होने का आभास मिलता है। अर्थश्लेष को वामन घटना कहते हैं। भोज ने अपने 'सरस्वती कंठाभरण' में इनके अर्थ श्लेष लक्षण को शब्द भेद से अपने अर्थश्लेष के विवेचन के लिए स्वीकार किया है। चूँकि वामन काव्य गुण को बंध या पद-रचना का गुण मानते हैं, अतः रचना-वैचित्र्य की दृष्टि से अर्थ श्लेष को वामन के गुणों से भिन्न नहीं माना जा सकता।

समता गुण : मार्ग भेद को वामन शब्दगत समता गुण कहते हैं। यह समता गुण प्रबन्ध का भी हो सकता है और मुक्तक का भी। मुक्तक में वामन की समता विषयक स्थापना महत्त्वपूर्ण है। हेमचन्द्र वामन के समता गुण के खंडन के लिए जो युक्ति देते हैं, वह आंशिक रूप में ही मानी जा सकती है। यह भी स्पष्ट है कि वामन की समतामूलक गुण-धारणा दंडी की समता-धारणा से प्रभावित अवश्य है। अर्थ के क्रम का भंग न होने में वामन अर्थगत समता गुण मानते हैं। वामन ने इसके दो लक्षण भी दिए हैं। वामन के समाधिगुण में समाधि का अर्थ है—परिहार। इस गुण में चढ़ाव-उतार का निश्चित क्रम होता है, किन्तु विद्वान् मानते हैं कि समाधिगुण को ओज और प्रसाद से भिन्न महत्त्व देना जरूरी नहीं है। उसका अन्तर्भाव इन्हीं दो गुणों में हो जाता है। आरोह-अवरोह का यह क्रम केवल पाठ का गुण नहीं होकर काव्य का गुण भी है। वामन भरत की समाधि विषयक धारणा को स्वीकार नहीं करते। हेमचन्द्र अपने 'काव्यानुशासन' में मानते हैं कि वामन ने भरत के समाधिगुण को अतिशयोक्ति अलंकार का एक भेद मात्र मान लिया है। अर्थगुण समाधि में वामन उसे अर्थ-दृष्टि या अर्थ-दर्शन कहते हैं। इसमें समाहित चित्त से अर्थ का दर्शन होता है, अतः इसे समाधि कहते हैं।

वामन अपनी गुण-धारणा में सम्पूर्ण काव्यार्थ के बोध की प्रक्रिया को समेटते दिखाई देते हैं। यह केवल काव्य गुण नहीं अपितु कवि-प्रक्रिया का गुण है। इनकी अर्थगुण समाधि-धारणा को भरत और दंडी से सर्वथा विलक्षण माना गया है।

माधुर्य गुण : वामन के शब्दगत माधुर्य को पृथक् पदत्व माधुर्य कहा गया है। वामन का यह लक्षण बहुत मान्य नहीं हुआ। वामन की धारणा भामह से प्रेरित है। अर्थ गुण माधुर्य को उक्ति-वैचित्र्य कहा गया है। वे उक्ति-वैचित्र्य को गुण मानते हैं।

सौकुमार्य गुण : वामन श्रुति सुख पदावली की योजना को शब्दगत सौकुमार्य गुण मानते हैं—'अजरठत्वं सौकुमार्यम्' (वही, 3/1/22)। उनके अनुसार बन्ध की अजरठता

या कोमलता सौकुमार्य है। इसमें अनिष्ठुर अर्थात् कोमल पदों का प्रयोग होता है। इसी को दंडी 'अनिष्ठुराक्षर प्राय' कहते हैं। हेमचन्द्र इसे माधुर्य गुण में ही गिनते हैं। अर्थगत सौकुमार्य अभिव्यक्ति की रमणीयता का गुण है। वामन इसे 'अपारुष्य' कहते हैं। हेमचन्द्र अर्थ-सौकुमार्य को पर्यायोक्त अलंकार में ही गिन देते हैं।

उदारता गुण : वामन-मत में शब्दगत उदारता गुण शब्द-नृत्य है। उदारता गुण में सजातीय वर्णों का ऐसा गुम्फन होता है कि सभी वर्ण मिलकर मानो नृत्य करते प्रतीत होते हैं। इनका उदारता गुण-विवेचन भरत से सर्वथा भिन्न है। वामन अर्थ गुण उदारता को ग्राम्यत्व दोष का अभाव मानते हैं, ग्राम्यत्व के प्रसंग में भी ग्राम्यत्व का अभाव अर्थगत उदारता है। वामन की यह धारणा दंडी से भिन्न है, किन्तु उनके माधुर्य गुण के अग्राम्यता-भेद से अलग नहीं है। हेमचन्द्र इस दोषाभाव को स्वतंत्र गुण नहीं मानते।

अर्थव्यक्ति गुण : शब्दगत अर्थ व्यक्ति गुण की विशेषता इस बात में है कि पदों की योजना वहाँ ऐसे की जाती है कि वे तुरन्त अपने अर्थ को व्यक्त कर दें। अतः वामन-मत में अर्थ की व्यक्ति का हेतु ही अर्थ व्यक्ति गुण है। वामन ने भरत की परिभाषा को स्वीकार नहीं किया, उसे उन्होंने प्रसाद गुण से जोड़ दिया। अर्थगत अर्थ-व्यक्ति गुण को वामन वस्तु स्वभाव की स्फुटता कहते हैं। यह काव्य में शब्द चित्र ले आता है।

कान्तिगुण : वामन भरत औद दंडी के कान्ति गुण की परिभाषा को न मानकर शब्द-कान्ति के स्वरूप को स्वीकार करते हैं। वे कान्ति गुण पर व्यापक सौन्दर्यशास्त्रीय दृष्टि से विचार करते हैं। यह कान्ति केवल काव्य का नहीं, चित्रकला का भी गुण है। वे काव्य-सौन्दर्य और चित्र-सौन्दर्य में समानता देखते हैं, यह वामन के ललित कलात्मक सौन्दर्य शास्त्रीय दृष्टिकोण को व्यक्त करता है। उन्होंने शब्द कान्ति को 'औज्ज्वल्य' कहा है। जब पद में कान्ति नहीं रहती तो वह किसी पुराने चित्र की तरह लगने लगता है (पुराण चित्र स्थानीयं तेन बन्ध्यं कवेर्वचः—वही, पृ. 81)। अर्थ गुण कान्ति को वामन दीप्त रसत्व कहते हैं। इस तरह वे रस को कान्ति अर्थगुण का दर्जा दे देते हैं।

वामन ने अपनी इस गुण-विवेचना से रस को अलंकार की कोटि से उठाकर काव्य के आवश्यक धर्म गुण के धरातल पर लाकर प्रतिष्ठित किया। वैसे हेमचन्द्र वामन की दीप्त रसत्व कान्ति धारणा का खंडन करते हैं। उनकी धारणा है कि रौद्र आदि दीप्त रस हैं।

लेकिन हमारी दृष्टि में दीप्ति में स्फुरित होने का भी भाव है। दीप्ति सूर्य में भी है और चन्द्रमा में भी। अतः हेमचन्द्र का पक्ष सबल प्रतीत नहीं होता। आनन्दवर्धन ने भी चित्त की द्रुति, दीप्ति आदि के आधार पर रस-भाव विवेचन किया है। वामन के दीप्त रसत्व का अभिप्राय वस्तुतः सभी रसों की प्रकर्षावस्था से है। वे अपनी वृत्ति में स्पष्ट करते हैं कि शृंगार आदि रस जहाँ दीप्त होते हैं वहाँ कान्ति गुण होता है। वामन की कान्तिगुण-धारणा यद्यपि भरत के कान्ति गुण लक्षण को नहीं मानती, पर यह भरत की उदारता गुण-धारणा से कुछ हद तक साम्य रखती है।

वामन मानते हैं कि काव्य गुणों का अनुभव होता है। वे सहृदय हृदय संवेद्य होते हैं। कुछ विद्वान ओज, प्रसाद, माधुर्य, साम्य और औदार्य—इन पाँच गुणों को मानते हैं और इन्हें पाठ के धर्म मानते हैं, पर वामन गुणों के पाठ धर्मत्व का खंडन करते हैं। यदि

गुण पाठ के धर्म होते तो उनकी सत्ता सर्वत्र होती। सभी पद-रचना में गुण नहीं मिलते। अत: गुण पाठ के धर्म नहीं हैं।

अत: वामन भरत और दंडी की गुण विषयक प्रस्थापनाओं को स्वीकार करके भी कुछ गुणों के स्वरूप की मौलिक उद्‌भावना करते हैं। वे ओज, प्रसाद जैसे विरोधी गुणों की सहस्थिति की नितान्त मौलिक कल्पना करते हैं। वामन कान्ति और उदारता गुण के लक्षण भी मौलिक रूप से प्रस्तुत करते हैं। वे भरत और दंडी प्रदत्त लक्षणों को कहीं स्वीकार करते, कहीं अस्वीकार करते और कहीं किंचित् परिवर्तन करके मानने के पक्ष में दिखाई देते हैं। यही एक मौलिक विचारक का गुण होता है कि वह परम्परा का उपयोग कितने अनुशासित तरीके से करता है। वामन इस दृष्टि से महत्त्व के अधिकारी हैं।

वामन की दोष-धारणा

'काव्यशास्त्र' की परम्परा में आचार्य वामन ऐसे प्रथम आचार्य प्रतीत होते हैं जो सचेष्ट होकर दोष-लक्षणों का निरूपण करते हैं। उनके पूर्ववर्ती आचार्यों ने भी सामान्य दोष विषयक अपनी धारणा व्यक्त करते हुए काव्य के निर्दुष्ट रूप पर प्रकाश डालने का यत्न किया है। वामन दोष की परिभाषा गुण विपर्यात्मक रूप में देते हैं। विपर्यय से वामन का तात्पर्य क्या है, यह जिज्ञासा सहज ही उठती है। वामन के विपर्यय का मतलब केवल अभाव नहीं लगता क्योंकि दोष-लक्षण से पूर्व की कृति में उन्होंने दोषो को काव्य सौंदर्याक्षेप के लिए त्याज्य माना है। यदि दोष गुणों के अभाव होते तो उन्हें वह विशेषण नहीं दिया जाता। अत: वामन की दृष्टि में दोष काव्यगुण या शोभा के अभाव-मात्र के सूचक नहीं है। वे तो भावात्मक रूप से उस शोभा का विघात करते हैं और कुरूपता पैदा करते हैं। इससे सिद्ध है कि दोषों की स्थिति गुणों के विरुद्ध होती है। यह भी सत्य है कि वामन दोषों को केवल गुण विरुद्ध ही नहीं मानते। कुछ दोषों को वे गुणाभाव के रूप में देखते हैं, जिनका संकेत करते हुए उन्होंने गुण-विवेचन-प्रसंग में 'सूक्ष्म दोष की संज्ञा दी है।[13] इनके विवेचन की प्रेरणा उन्हें दंडी से मिली है। ऐसे दोष अर्थापत्ति से सुगमतापूर्वक समझे जा सकते हैं। अत: वामन उन्हें 'दोष दर्शन' नामक अधिकरण में स्थान नहीं देकर गुण-विवेचन के प्रकरण में रखते हैं। चूँकि गुण विपरीत दोषों को अर्थापत्ति से सरलता पूर्वक नहीं समझा जा सकता, इसलिए वे इसे दोष-दर्शन नामक अधिकरण में स्वतंत्र रूप से देखने का प्रयास करते हैं। इसमें वर्णित पद, वाक्य, अर्थ विषयक दोष स्थूल होने के कारण काव्य-सौंदर्य से अधिक हानि पहुँचाते हैं जबकि गुण-विपर्यय की दृष्टि से सूक्ष्म दोष गुण रहित होकर भी पाठक की पकड़ में नहीं आते। अत: उनसे काव्य-सौंदर्य की बहुत हानि का अनुभव भी नहीं होता। तात्पर्य यह कि वामन की दोष-धारणा-वैपरीत्य और गुणाभाव पर आधारित है। परिणामत: वामन के दोष-लक्षण में विपर्यय का अर्थ 'वैपरीत्य' और 'अभाव' दोनों है, न कि कोई एक।

वामन सम्भवत: प्रथम आचार्य हैं जो पद पदार्थ, वाक्य एवं वाक्यार्थ की श्रेणी में काव्य-दोषों को वर्गीकृत करके उनका निरूपण करते दिखाई देते हैं। वामन कुल बीस दोषों का प्रतिपादन करते हैं। उनमें पाँच पद दोष, पाँच पदार्थ दोष, तीन वाक्य दोष और सात वाक्यार्थ दोष है। इनमें कुछ दोष पुराने और कुछ नवीन हैं।

वामन द्वारा विवेचित पाँच दोष हैं—(1) असाधु, (2) कष्ट, (3) ग्राम्य, (4) अप्रतीत और (5) अनर्थक। असाधु दोष व्याकरण विरुद्ध दोष है जिसे उनके पूर्ववर्ती विद्वानों ने 'शब्दच्युत' या 'शब्दहीन' दोष कहा है। उनका कष्ट पद दोष भामह का 'श्रुतिकष्ट' ही है—'श्रुति विरतं कष्टम्'। लोकमात्र में प्रयुक्त पद को वामन ने 'ग्राम्य-दोष' कहा है। भरतमुनि ने इस ग्राम्यता को भिन्नार्थ के लक्षण में बताया है और दंडी ने भी इसे माधुर्य के विपर्यय 'वैरस्य' के रूप में उसका उल्लेख किया है, पर वामन ने इस स्वतंत्र दोष के रूप में महत्त्व दिया है। वामन का 'ग्राम्यत्व' दोष ज्यादा व्यापक है। शास्त्र मात्र में प्रयुक्त पद वामन की दृष्टि में 'अप्रतीत' दोष है। वैसे भामह ने भी अप्रत्यक्ष दोषों में अप्रतीत का उल्लेख अवश्य किया है। फिर भी वामन का लक्षण मौलिक है। वामन का 'अनर्थक' पद दोष नया दोष नहीं, वह भामह के बद्धपूरण का ही नया रूप है। यह वह दोष होता है जहाँ काव्य में पादपूर्ति के लिए 'खलु' जैसे निरर्थक शब्दों का प्रयोग होता है (पूरणार्थ मनर्थकं-काव्यालंकार सूत्र-2/1/9)।

अतः वामन समर्थित उक्त पाँच दोष पूर्णतः नवीन नहीं कहे जा सकते, पर सम्बन्ध-स्थापना की दृष्टि से उन्हें मौलिक ठहराया जा सकता है।

वामन के पाँच पदार्थ दोषों में 'अन्यार्थ' भामह से साम्य रखते हुए भी अधिक विशद और स्पष्ट है। वामन ने 'रूढ़िच्युत प्रयोग' को अन्यार्थ कहा है। वामन का नेयार्थ दोष भी भामह के नेयार्थ के समान ही है, पर वामन का विवेचन और उदाहरण अधिक स्पष्ट है। उन्होंने कल्पितार्थ को 'नेयार्थ' माना है। वामन का गूढ़ार्थ दोष मौलिक माना जा सकता है। वह भरत के 'गूढ़ार्थ' और भामह के 'गूढ़ शब्दाभिधान' से भिन्न है। वामन ने अश्लील के तीन मौलिक भेद किए हैं—व्रीड़ादायी, जुगुप्सादायी और अमंगलवाचक। यह वर्गीकरण महत्त्वपूर्ण है। वामन का दोष-लक्षण भामह से मिलता-जुलता है।

वामन के तीन वाक्य-दोष भिन्नवृत्त, यतिभ्रष्ट और विसन्धि हैं। वामन इनमें प्रथम दो दोषों को एक मानने के पक्ष में नहीं हैं। अश्लील आदि दोषों में वामन भामह से प्रभावित भी दीखते हैं। तीनों वाक्य दोषों के प्रतिपादन के बाद वामन अश्लीलत्व और क्लिष्टत्व को भी वाक्य-दोष कहते हैं। चूँकि पदार्थ दोष के साथ वे इन्हें वाक्यगत दोष रूप में भी देखते हैं, अतः प्रकारांतर से वामन पाँच वाक्य दोषों के पक्ष में प्रतीत होते हैं।

वामन समर्थित सात वाक्यार्थ दोष हैं—(1) व्यर्थ, (2) एकार्थ, (3) सन्धि, (4) अप्रयुक्त, (5) अपक्रम, (6) लोक विरुद्ध, और (7) विद्या विरुद्ध। इन दोषों में तीन दोष व्यर्थ, एकार्थ और अपक्रम भामह और दंडी द्वारा इसी रूप में विवेचित हो चुके हैं। 'सन्दिग्ध' दोष भी भामह का 'ससंशय' ही है। वामन की एक मौलिकता यह है कि भामह के देशकाल विरोधी, दोषों के साथ स्वभाव विरुद्ध को जोड़कर वामन 'लोक विरुद्ध' नाम देते हैं। विद्याविरुद्ध दोष भी नाम भर से मौलिक है। अतः वाक्यार्थ दोषों में वामन के नवीन दोष हैं—अप्रयुक्त, जिसका नाम भामह ने दिया है, पर लक्षण की दृष्टि से वामन मौलिक हैं। वे मायादि कल्पितार्थ को अप्रयुक्त दोष कहते हैं। वामन इसका उदाहरण विरल होने के कारण नहीं देते।

वामन गुण-विपर्यय स्वरूप दोषों का भी विवेचन करते हैं, पर वे दंडी का पूर्ण अनुगमन नहीं करते। वे प्रत्यक्ष या अप्रत्यक्ष रूप में गुण विपर्यय स्वरूप नौ दोषों की

ओर संकेत करते हैं। वे हैं—शैथिल्य, अमसृणत्व, वैषम्य, समास बाहुल्य, जरठत्व, अविकटत्व या अलीलायमानत्व, अर्थप्रत्यय विलम्ब, पुराणच्छाया और ग्राम्यत्व। इनमें पुराने दोषों को छोड़कर वामन के मौलिक दोष हैं—अमसृणत्व, समासबाहुल्य, अविकटत्व या अलीलायमानत्व, पुराणच्छाया।

उपमा दोषों के सम्बन्ध में वामन की दृष्टि कुछ मौलिक है। भामह सात उपमा दोष मानते हैं, पर वामन विपर्यय को अलग दोष न मानकर छह उपमा दोषों की ही मान्यता देते हैं। वे विपर्यय को अधिक और न्यून के अन्तर्गत ही उसका अन्तर्भाव करते हैं।

स्पष्ट है कि वामन के समय तक आते-आते वैचारिक क्रान्ति का घोष हो रहा था और दोष-निरूपण भी मौलिक और विकासोन्मुख हो रहा था। इस क्षेत्र में वामन की विशेषता यह है कि उन्होंने दोष-निरूपण में वर्गीकरण द्वारा व्यवस्था और नियमन का प्रयास किया। यद्यपि समान दोषों के सूक्ष्म अन्तर को स्पष्ट करने में सम्भवत: उन्हें पूरी सफलता नहीं मिल पाई, फिर भी नवीन दोषों की उद्‌भावना करके उनका विवेचन विकासोन्मुख प्रयत्न अवश्य कहा जा सकता है।

वृत्ति

'नाट्यशास्त्र' में 'वृत्ति' शब्द का प्रयोग हुआ है। इसका अर्थ है—रस विषयक व्यापार और यह मुख्यत: चित्त का व्यापार है, जो क्रमश: दर्शक के चित्त को विकास, विक्षेप, संकोच, विस्तार के रूप में अनुवर्तित करता है। भरत ने कैशिकी, सात्वती, आरभटी और भारती—ये चार वृत्तियाँ गिनाई हैं, जो इन चार चित्तवृत्तियों के प्रकाशन के लिए ही निर्दिष्ट की गई हैं। श्री कान्तिचन्द्र पांडे ने 'काम्परेटिव एस्थेटिक्स' (खंड-1 पृ. 466-77 तक) में यह समझाना चाहा है कि भोज ने सरस्वती कंण्ठाभरण में चित्त की चार अवस्थाएँ मानी हैं—विकास, विक्षेप, संकोच और विस्तार। अभिनव गुप्त ने 'अभिनव भारती' में दृश्य काव्य की वृत्तियों को 'माता' के रूप में अर्थात् 'सर्जयित्री' के रूप में देखा है। एक प्रकार से कायिक, वाचिक और मानसिक अवस्थाएँ ही अपने वैचित्र्य के कारण आकार ग्रहण करती हैं, इसलिए नाट्य के लिए वे विशेष उपयोगी होती हैं। भोज ने 'वृत्ति' की व्याख्या तीन प्रकार से करने का यत्न किया है—(1) वृत्ति रस-व्यापार है, (2) इसके द्वारा चित्तवृत्तियों का द्योतन होता है, (3) ये चित्तवृत्तियों को वर्त्तित करती है, इसलिए वृत्ति हैं। इसके अलावा उन्होंने शब्द-वृत्ति के रूप में भी वृत्ति को ग्रहण किया है और वहाँ अनुप्रास के प्रादेशिक भेदों (कर्नाटक, कौन्तेय आदि) का परिगणन किया है। जहाँ तक इसका प्रश्न है कि कौन-सी वृत्ति किस रस के अनुकूल है—इस सम्बन्ध में 'नाट्यशास्त्र' के आलोचकों में बड़ा मतभेद है।[14]

रीति और शैली

रीति का सामान्यत: शैली के अर्थ में प्रयोग होता है। शैली में व्यक्ति-तत्त्व, देश-काल और सांस्कृतिक पक्षों की अभिव्यक्ति होती है। प्रत्येक व्यक्ति में जैसे अपनी विशेषता होती है, वैसे ही महान् कवियों की निजी शैली प्रकट होती है। आधुनिक अर्थ में रीति और शैली को एक मानने के पक्ष में अनेक लोग हैं। डॉ. डे शैली को रीति का पर्याय

नहीं मानते। उनकी दृष्टि में रीति में व्यक्ति-तत्त्व का अभाव है, अत: उसे शैली मानना भ्रान्तिपूर्ण है। डॉ. नगेन्द्र रीति को शैली मानते हैं—'यूरोप के आचार्यों द्वारा निर्दिष्ट शैली के तत्त्व नामान्तर से रीति के तत्त्वों में अन्तर्भूत हो जाते हैं अथवा रीति के तत्त्वों का उपर्युक्त शैली तत्त्वों में अन्तर्भाव हो जाता है।" पर डॉ. बच्चन सिंह प्रभृति आलोचक पश्चिम की शैली के व्यक्तित्व पक्ष को महत्त्व देते हुए रीति-सिद्धान्त को इस अर्थ में नहीं लेते। उनकी दृष्टि में भारतीय रीति कहीं भी व्यक्ति-तत्त्व का निरूपण नहीं करती। वह काव्य-रचना की उन पद-भंगिमाओं का विवेचन करती है जो उसे कलात्मक बनाती हैं। काव्य की संरचना का यह विश्लेषण सर्वथा वस्तुनिष्ठ और निर्वैयक्तिक है।[15]

अत: स्पष्ट हो रहा है कि 'रीति' शब्द का प्रयोग केवल कवि की भाषा से ही संबद्ध नहीं है, वह शैली के लिए प्रयुक्त हुआ है। डॉ. सुशील कुमार डे 'रीति' शब्द को शैली के अर्थ के लिए अनुपयुक्त मानते हैं, क्योंकि 'शैली' शब्द में कवि-व्यक्तित्व भी अवस्थिति का बोध रहता है जो 'रीति' शब्द में अनुपलब्ध है।[16] इसका विवेचन करते हुए डॉ. विश्वंभरनाथ उपाध्याय मानते हैं कि 'कृष्ण चैतन्य शैली तत्त्व के अनुसन्धान का श्रेय कुन्तक को देते हैं जो कवि स्वभाव को शैली तत्त्व का निर्णायक मानते हैं। वी. राघवन और डॉ. नगेन्द्र अनेक प्रमाण देकर यह प्रमाणित करते हैं कि रीति में 'शैली शब्द' का अर्थ अन्तर्भूत है। वस्तुतः गुणों को केन्द्रीय महत्त्व प्राप्त हो जाने पर पद संघटना मात्र को रीति नहीं कहा जा सकता। विशिष्ट शब्द के प्रयोग से वामन ने 'रीति' शब्द के अर्थ में 'शैली' के अर्थ को भी समेट लिया है।[17]

आचार्य भरत की वृत्ति के चार प्रकार हैं—भारती, सात्वती, कैशिकी और आरभटी। ये विविध वाग् विकल्पों से संबद्ध हैं। रीति से इनका प्रत्यक्ष सम्बन्ध-स्थापन नहीं हो पाता, पर रीति प्रवृत्तियों से प्रभावित अवश्य प्रतीत होती है। पांचाली को दंडी ने मार्ग में और वामन ने रीति में समाहित किया है। बाणभट्ट के 'हर्षचरित' में भी इसका उल्लेख है। वाण ने पूरे देश को चार भागों में बाँटा—उदीच्य (दक्षिण भारत), प्रतीच्य (पश्चिमी भारत), दाक्षिणात्य (दक्षिण भारत) और गौड़ (पूर्व भारत)। इनमें उदीच्य श्लेष का, प्रतीच्य अर्थ के दाक्षिणात्य उत्प्रेक्षा के और गौड़ अक्षराडंबर के प्रेमी हैं। इन सभी रीतियों का प्रयोग काव्य को श्रेष्ठ बनाने के लिए होता है।

डॉ. नगेन्द्र रीति-सिद्धान्त के शैलीगत एवं विषयगत तत्त्वों का उद्घाटन करते हुए कहते हैं कि "अभिव्यंजना-कला की दृष्टि से रीति-सिद्धान्त की देन महनीय है। रीति-सिद्धान्त में आदर्श काव्य के मूल तत्त्व निम्नांकित हैं—

शैलीगत— अर्थ—वैमल्य (आनुगुणत्व), उक्ति-वैचित्र्य, प्रक्रम, अर्थ-प्रौढ़ि अर्थात् समास-शक्ति, व्यास-शक्ति तथा साभिप्राय विशेषण-प्रयोग।

विषयगत— अर्थ-गौरव, रस, परिष्कृत (अग्राम्यत्व) तथा स्वाभाविकता। ('काव्यालंकार सूत्र' की भूमिका, पृ. 188)

अत: रीति-सिद्धान्त के वैशिष्ट्य निम्नलिखित सूत्रों में उद्घाटित होते हैं—

1. शैली—तत्त्व या अभिव्यंजना-प्रणाली का महत्त्व।
2. गुण एवं अलंकार से 'भूषित' शब्द एवं अर्थ की योजना।
3. दोषों का अभाव एवं अलंकार तथा गुण के सद्भाव से सौंदर्य का समावेश।

4. काव्य में गुण की स्थिति की अनिवार्यता।
5. कान्ति गुण में रस के समावेश द्वारा रस के महत्त्व की स्वीकृति।
6. अलंकारों का वैकल्पिक महत्त्व।
7. गुण का काव्य—शोभा का उत्पादक होना और अलंकार को शोभावृद्धि का हेतु मानना।
8. रीति-सिद्धान्त में काव्य के दो प्रयोजन—प्रीति और कीर्ति।
9. रीति-सिद्धान्त में कवित्व का बीज प्रतिभा।
10. गद्य कवियों की कसौटी—गद्यं कवीनां निकषं वदन्ति।
11. प्रबन्ध-रचना में कवि के कवित्व के गौरव की पहचान।
12. वस्तु एवं रीति (शैली) में पद-रचना या शैली को स्वीकृति।

रीति के तीन प्रकार

वामन ने रीतियों के तीन प्रकार माने—वैदर्भी, गौड़ीया और पांचाली। इनमें वैदर्भी को सर्वश्रेष्ठ माना गया। गौड़ीया में ओज और कान्ति गुण का समावेश होता है और समास की बहुलता होती है। पांचाली का बंध शिथिल और शैली पौराणिक होती है। इसकी विशेषता है—माधुर्य और सौकुमार्य। आचार्य रुद्रट ने इन प्रकारों में लाटीया नामक रीति को जोड़ा है। राजशेखर अपनी 'काव्य मीमांसा' में वामन कृत रीतियों का ही समर्थन करते हैं। वैसे वे एक मैथिली नामक रीति का अलग से उल्लेख करते हैं। वैदर्भी गौड़ी और पांचाली के दो विरोधी ध्रुवों का सामंजस्य है, अतः वह रीति श्रेष्ठ है। भोजराज छह रीतियों की चर्चा करते हैं—वैदर्भी, पांचाली, लाटीया, गौड़ीया, अवन्तिका और मागधी। अन्ततः वामन प्रस्तावित रीतियों को ही महत्ता मिली और उन्हें स्वीकार किया गया।

रीतियों का नामकरण, भाषिक आधार और शैली

वामन रीतियों का नामकरण विविध देशों में प्रचलित काव्य-रीतियों के आधार पर इसलिए करते हैं कि वे तत्तद देशों में प्रचलित भाषा, अलंकार, रस आदि पद्धतियों के संकेत द्वारा काव्य की रचना-प्रक्रिया का संकेत करना चाहते हैं। देश-भेद से काव्य की रचना-प्रक्रिया एवं उनकी भाषा से उनके काव्य-स्वरूप और उनकी पद्धति का बोध होता है। काव्य-रीतियाँ काव्यात्मक अभिव्यक्ति के विविध रूपों का पता देती हैं और वे बाह्य स्वरूप और उनकी अनेकता का भी व्याख्यान करती हैं। इससे यह ज्ञात होता है कि काव्य-रचना की कोई बँधी-बँधाई एक लीक नहीं होती। वह देश-काल, वातावरण, परिस्थिति और लोक-संस्कृति से प्रभावापन्न होती हे। देखा जाए तो वामन ऐसे प्रथम आलोचक हैं जो कवि और काव्य के अन्तर्वर्ती तत्त्व के अतिरिक्त उसके बाह्य परिवेश पर भी ध्यान देते हैं। ये काव्य रीतियाँ समाज और देश के परिवेश को रेखांकित करती हैं। इनकी रूप-रचना के पीछे भरत के 'नाट्यशास्त्र' के देशकाल प्रवृत्ति वृत्ति का भी प्रभाव दिखाई पड़ता है। यह काव्य-भाषा देश-काल के नियामक की भाँति काव्य में व्यक्त होती है। तो स्पष्ट है कि वामन देश को महत्त्व नहीं देकर वहाँ की प्रचलित भाषिक रीतियों को महत्त्व देते हैं। आचार्य भामह ने देश-भेद के नाम पर काव्य-भेद का विरोध किया

था। भामह मानते हैं कि "दूसरे विद्वानों का मत है कि वैदर्भ नामक अन्य (काव्य-भेद) है, वही श्रेष्ठ है, अर्थ-सौष्ठव सम्पन्न भी दूसरा (काव्य-भेद) नहीं है। यह गौड़ है, यह वैदर्भ है, का ऐसा पार्थक्य सम्भव है? हाँ, गतानुगतिकता के कारण बुद्धिहीन ऐसा अवश्य कहते हैं।" भामह ने देश-भेद के नाम पर काव्य-भेदों की प्रकल्पना को अस्वीकार कर दिया था। कुन्तक भी प्रादेशिक नामों के आधार पर कवि मार्ग या रीति के नामकरण के विरोधी प्रतीत होते हें। वे कविता को देशज तत्त्व नहीं मानते। उन्होंने कवि-स्वभाव के अनुसार मार्गों का नामकरण किया है—सुकुमार मार्ग, विचित्र मार्ग और मध्यम मार्ग।

वामन की रीतियाँ निरुद्देश्य नहीं हैं। वे भिन्न-भिन्न संस्कृतियों, भाषाओं, भाषिक विशेषताओं और लोक-स्वभाव का पता देती हैं। कुन्तक जिसे कवि-स्वभाव कहते हैं, हमारी दृष्टि में उससे अधिक व्यापक शब्द है—लोक-स्वभाव। काव्य, नाटक, महाकाव्य जब तक सम्पूर्ण जन-जीवन और लोक स्वभाव, भिन्न भाषाओं और शैलियों से युक्त नहीं होंगे, तब तक वे जन प्रभावी नहीं हो सकते। काव्य-प्रयोग में एकरसता घातक सिद्ध हो सकती है। सम्पन्न और क्लासिकल भाषाओं के समानान्तर लोक भाषाओं, लोकगीतों, आंचलिक तत्त्वों का महत्त्व अनुपेक्षणीय है। वामन जो काम रीति-तत्त्व द्वारा कर रहे थे, वह आज हिंदी भाषा ही नहीं विश्व की अनेक भाषाओं में देश-प्रदेशों के रीति-रिवाज और भाषिक शक्तियों के नूतन प्रयोगों में लोकप्रिय हैं। उदाहरणत: हिंदी के किसी भी श्रेष्ठ उपन्यास के समकक्ष 'मैला आँचल' जैसे आंचलिक उपन्यास समान महत्त्व के अधिकारी हैं। जो बात वामन ने आठवीं-नवीं शताब्दी के बीच कही थी, आज व्यावहारिक रूप में उसका प्रभाव और प्रसार देखा जा सकता है।

अरस्तू आदि प्राचीन विचारक मानते हैं कि शैली सभी भाषाओं का स्वाभाविक रूप है। प्राय: कोई रचना शैलीविहीन नहीं होती। यह और बात है कि वह आकर्षक या अनाकर्षक हो सकती है। लेखकों की भिन्नता ही शैली की भिन्नता का कारण बनती है। बेन जॉन्सन का कथन है कि "बोलो, ताकि मैं तुम्हें जान सकूँ।" अभिव्यक्ति के साथ अभिव्यक्ति—विधि का ध्यान रखना तथा शैली के नितान्त वैयक्तिक रूप का इनके आदर्श से युक्त होना है कि यह प्राय: अनुकरणीय माना जाता रहा है। प्लेटो आदि ने माना है कि जब भाषा में लेखक की अन्तर्दृष्टि और आत्मदर्शन की सम्यक् अभिव्यक्ति होती है, तभी शैली का जन्म होता है।[18]

आचार्य नन्ददुलारे वाजपेयी[19] रीति और शैली को बहुत दूर तक समानार्थक मानते हैं। उनकी दृष्टि में रीति का मूल्य अर्थ-संघटना है। संघटना किसकी? यह प्रश्न उठने पर हम कह सकते हैं संघटना शब्दों और वाक्यों की, संघटना काव्य के वस्तु पक्ष के साधन रूप अभिव्यंजना की।...यद्यपि 'रीति' शब्द से कवि की वैयक्तिक और स्वभावगत विशेषताओं का भी आशय सैद्धांतिक रूप से रीतिवादियों ने स्वीकार किया है, परन्तु व्यावहारिक भूमिका पर रीति का उपयोग वैयक्तिक विशेषताओं के निर्धारण में अत्यल्प हुआ है। —आज 'शैली' शब्द का प्रयोग कला और शिल्प के समस्त उपकरणों की अभिव्यक्ति के लिए किया जाता है। 'रीति' और 'शैली' शब्द में बहुत दूर तक समानार्थकता है। 'रीति' शब्द में इतना सामर्थ्य है कि हम चाहें तो कवियों और लेखकों की रूपगत वैयक्तिक विशेषताओं तक रीति का प्रयोग कर सकते हैं।"

भारतीय काव्यशास्त्र में निरूपित 'रीति' और आधुनिक काव्यशास्त्रीय पदावली में गृहीत 'शैली', दोनों शब्द मुख्यतः कवि-मार्ग, कवि-व्यक्तित्व और कवि-वैशिष्ट्य के समर्थक हैं। आनन्दवर्धन ने 'ध्वन्यालोक' में विषय अर्थात् काव्य रूप का सम्बन्ध 'संघटना' रीति या शैली से सिद्ध किया है (ध्वन्यालोक, 3/7)।

आचार्य मम्मट ने रीति या वृत्ति को वर्ण-व्यापार माना है और वर्ण-संघटन या गुंपफ़ का गुण के साथ नित्य सम्बन्ध स्थापित किया है। मम्मट गुण-व्यंजक वर्ण-गुम्फ को रीति का मूल तत्त्व स्थिर करते हैं। वे मानते हैं कि रीति संघटनादि गुणों पर आश्रित होती है, पर कहीं-कहीं वक्ता, वाच्य तथा प्रबन्ध के औचित्य से रचना समास तथा वर्णों का अन्य प्रकार का प्रयोग भी उचित माना जाता है। आचार्य विश्वनाथ भी मम्मट के अनुगामी हैं, पर वे रीति को अधिक व्यापक स्वरूप प्रदान करते हैं। उनके मत में गुण, अलंकार और रीतियाँ काव्य की उत्कृष्टता के कारण होते हैं।[20] उन्होंने रीति को भी 'अवयव संस्थान विशेषवत्' कहा है। अतः वामन रीति और गुण को अभिन्न मानते हैं। ये दोनों एक ही हैं और परस्पर सहवर्ती और सहयोगी तत्त्व हैं। वामन की दृष्टि में गुण रीति के धर्म हैं।

वामन की एक अन्य विशेषता यह है कि उनके पूर्ववर्ती भामह दंडी तथा उत्तरवर्ती आचार्य रुद्रट, इन सबों ने अपने लक्षणों के उदाहरण स्वरचित रखे हैं, किन्तु वामन ने अधिकांश उदाहरण प्रसिद्ध काव्यों-महाकाव्यों से दिए हैं। वामन महाकवियों के उदाहरण देते हैं और प्रत्युदाहरण तथा दोष-प्रकरण का उदाहरण अज्ञात कवियों के देते हैं। इसका भी गहरा तात्पर्य है। वे होनहार भविष्णु कवियों के समक्ष काव्य का सही आदर्श प्रस्तुत करना चाहते हैं और एक प्रकार से उन्हें वास्तविक काव्य-रीति की शिक्षा देते हैं। महाकवियों का आदर्श अपना कर तथा स्वविवेक एवं संयम का उपयोग करके ही कोई सुकवि या महाकवि का पद प्राप्त कर सकता है। यही दृष्टिकोण आधुनिक दृष्टि में आभिजात्यवादी दृष्टिकोण है। यह रीति-सिद्धान्त कुन्तक के वक्रोक्ति-सिद्धान्त में विकसित होकर और भी मौलिक, और भी पुष्ट और भी समृद्ध हुआ है।

वस्तुतः भारतीय काव्यशास्त्र में रीति-तत्त्व की चर्चा काव्यात्मक अभिव्यक्ति के स्वरूप को स्थिर करने के उद्देश्य से हुई है। कवि की अभिव्यक्ति को रीति-सिद्धान्त ने व्यवस्था प्रदान की है। वहाँ रीति विषयक चर्चा के दो पक्ष स्पष्ट होते हैं। पूर्व ध्वनि-काल में वामनादि आचार्य अलंकार और अलंकार्य में भेद न कर शब्दार्थ-चमत्कार की रीति का तत्त्व मानते हैं। उनकी दृष्टि में रीति का बहिरंग आधार-तत्त्व पद-बंध है और आतंरिक तत्त्व गुण, रस, ध्वनि आदि। उत्तर ध्वनि-काल के आचार्यों ने रीति को रस की उपकर्त्री मानकर उसे बाह्यांग की प्रतिष्ठा दी है। रीति काव्य का माध्यम है जो अपने बहिरंग तत्त्व, वर्ण, संयोजन, पद-रचना (शब्द गुम्फ) तथा समास आदि बाह्य तत्त्वों तथा गुण रूप अन्तरंग तत्त्व के माध्यम से रसाभिव्यक्ति में समर्थ होती है।

मूल्यांकन

आचार्य वामन रीति-सम्प्रदाय के प्रवर्त्तक हैं। उन्होंने रीति को काव्य की आत्मा माना। उन्होंने सौंदर्य-प्रतीति को काव्य का रहस्य माना, गुण और अलंकारों का स्पष्ट विवेचन किया और रीति का विशेष अर्थ में प्रयोग किया।

1. वामन रीति सिद्धान्त के पुरोधा आचार्य हैं। रीति को विशिष्ट पद-रचना कहने से उनका तात्पर्य गुण-सम्पन्न काव्य शोभाकारक-धर्म से है। उनकी दृष्टि में काव्य शोभा को बढ़ानेवाली सम्यक् पद रचना ही रीति है। वे रीति को गुणों, विशेषकर अर्थ गुणों से जोड़कर उसके शोभाधायक तत्त्व को प्रकट करते हैं। वामन की विशिष्ट पद-रचना में विशिष्ट का अर्थ है गुण-सम्पन्न। एक प्रकार से शब्द और अर्थगत चमत्कार से युक्त पद-रचना का नाम रीति है अर्थात् सुन्दर पद-रचना ही रीति है।
2. वामन गुण और अलंकार—दोनों को शब्द और अर्थ का धर्म मानते हैं। गुण नित्य धर्म और अनिवार्य हैं, अलंकार अनित्य हैं। आनन्दवर्द्धन रीति को संघटना और कुन्तक दंडी की तरह रीति को मार्ग कहते हैं तो राजशेखर 'वचन विन्यास-क्रम' को रीति कहते हैं। भोजराज इसे मार्ग या पंथ कहते हैं तो मम्मट की दृष्टि में नियत वर्ण-व्यापार रीति है। आचार्यों ने रीति को रस उपकारक रूप में देखा। जगन्नाथ ने मम्मट की तरह वैदर्भी आदि रीतियों को उपनागरिका आदि वृत्तियों से अभिन्न मानकर रीति के महत्त्व को कम करने का ही काम किया। जो भी हो, वामन की सफलता इस बात में है कि गुण को रस का धर्म स्वीकार किया गया और रीति रस की अभिव्यक्ति का माध्यम बनी।
3. शैली तत्त्व या अभिव्यंजना-प्रणाली की दृष्टि से रीति-सिद्धान्त महत्त्वपूर्ण है। उसने गुण एवं अलंकार से युक्त शब्द एवं अर्थ की योजना को महत्त्व दिया, दोषों के अभाव तथा अलंकार और गुण के सद्‌भाव से सौंदर्य का समावेश किया गया। वामन ने अपने रीति-सिद्धान्त में कवित्व का बीज प्रतिभा में देखा, गद्य को कवियों की कसौटी कहा, प्रबन्ध-रचना में कवि के कवित्व के गौरव की पहचान की एवं पद्य-रचना या शैली को स्वीकृति दी।
4. वामन ने रीतियों के तीन प्रकार माने—वैदर्भी, गौड़ीया और पांचाली। इनमें वैदर्भी सर्वश्रेष्ठ मानी गई। 'गौड़ीया' में ओज, कान्तिगुण और समास की बहुलता थी तो पांचाली में माधूर्य और सौकुमार्य था। उसके 'बन्ध' शिथिल और शैली पौराणिक थी। रुद्रट ने इन भेदों में 'लाटीया' नामक रीति को जोड़ा। राजशेखर ने भी 'मैथिली' नामक एक रीति का अलग से उल्लेख किया। भोजराज ने 'अवन्तिका' और 'मागधी' नामक दो और रीतियाँ जोड़कर उसके भेदों की संख्या छह तक कर दी, पर वामन की प्रस्तावित रीतियाँ ही अधिक मान्य हुईं।
5. वामन ने रीतियों का नामकरण विविध प्रदेशों में प्रचलित काव्य-रीतिगों के आधार पर इसलिए किया है कि वे उन-उन देशों में प्रचलित भाषा अलंकार रस आदि के द्वारा काव्य की रचना-प्रक्रिया का संकेत करना चाहते हैं। काव्य-रीतियाँ काव्य रूपों की अनेकता बताती हैं। इससे यह भी सिद्ध होता है कि काव्य की कोई बँधी-बँधाई लीक नहीं होती। वामन काव्य के अन्तर्वर्ती तत्त्व के अलावा उसके देश-काल, समाज और बाहरी परिवेश पर भी ध्यान

देते हैं। मुख्य रूप से वे वहाँ की भाषिक रीतियों को महत्त्व देते हैं। यह अलग बात है कि भामह ने देश-भेद के नाम पर काव्य-भेद की परिकल्पना को स्वीकार नहीं किया था। कुन्तक ने भी प्रादेशिक नामों के आधार पर कवि मार्ग या रीति को मानने के बदले कवि-स्वभाव के अनुसार तीन मार्ग बताए थे—सुकुमार, विचित्र मार्ग और मध्यम मार्ग। कुन्तक जिसे कवि-स्वभाव कहते हैं, हमारी दृष्टि में उससे अधिक व्यापक शब्द है 'लोक-स्वभाव'। वामन जो बात आठवीं-नौवीं शताब्दी में कह रहे थे, वह आज हिंदी भाषा एवं विश्व की अनेक भाषाओं के आदान-प्रदान एवं आंचलिक तत्त्वों में देखी जा सकती है।

6. वामन ने काव्य-हेतु को काव्यांग कहा है। वे काव्य के तीन हेतु मानते हैं—(1) लोक-अर्थात् लोक-व्यवहार (2) विद्या—अर्थात् शास्त्रीय ज्ञान शब्दशास्त्र, दंडनीति, कला आदि। (3) प्रकीर्ण हेतु लक्ष्य ज्ञान, वृद्ध सेवा, अवेक्षण, प्रतिभान, अवधान आदि।
7. वामन पूर्वाचार्यों की तरह पद्य और गद्य के रूप में काव्य का विभाजन करते हैं। पद्य और गद्य के विवेचन में वामन की मौलिकता दिखाई पड़ती है। वे गुण की महत्ता के पक्षपाती हैं। उन्होंने कवि-विवेक और शब्दार्थ पर अधिकार को महत्त्व दिया है। उन्होंने अपने युग के विवेकहीन कवियों को भूसे के साथ अनाज खानेवाला कहा है। इसलिए जो विवेकी हैं, वे ही कवित्व एवं काव्यशास्त्र के लिए अधिकारी हैं। उन्होंने उस समय के साहित्यिक वितंडावाद को दूर करने के लिए शब्दगुण के साथ अर्थगुण की विवेचना की, व्याकरण का महत्त्व घोषित किया।
8. वामन का अलंकार-विवेचन इसलिए भिन्न है कि वे केवल उन्हीं अर्थालंकारों को मानते हैं, जिनके मूल में सादृश्य हो। वे सभी अलंकारों को 'उपमा-प्रपंच' सिद्ध करना चाहते हैं। इसी कारण वे पूर्ववर्ती आचार्यों के कई अलंकारों जैसे—पर्यायोक्त, प्रेय, रसवत् ऊर्जस्वी, उदात्त, भाविक तथा सूक्ष्म आदि अलंकारों को स्वीकार नहीं करते। उनकी एक विशेषता यह भी है कि वे स्वभावोक्ति, हेतु, सूक्ष्म, लेश आदि विवादग्रस्त अलंकारों को भी नहीं मानते। वे विरोध, क्रम, विशेषोक्ति, आक्षेप, समाहित आदि अलंकारों को नवीन रूप में रखने का प्रयत्न करते हैं। उनकी सर्वथा मौलिक अलंकार-रचना 'व्याजोक्ति' है।
9. वामन ने अपने रीति-सिद्धान्त में काव्य के दो प्रयोजन गिनाए हैं—प्रीति और कीर्ति। कवि का सद्तत्त्व काव्य के रूप में यह फल प्रदान करता है। वामन प्रबन्ध-रचना को कवि के गौरव का विषय मानते हैं। मुक्तक का स्फुट कलेवर काव्य के समस्त सौंदर्य का प्रकाशन नहीं कर सकता। इस दृष्टि से नाटक को वे काव्य का श्रेष्ठ रूप ठहराते हैं, जिसमें काव्य, संगीत आदि विविध कलात्मक तत्त्वों की सुसंबद्ध योजना होती है।
10. वामन के समय तक आते-आते वैचारिक क्रान्ति का घोष हो रहा था और

दोष-निरूपण भी मौलिक और विकासोन्मुख हो रहा था। वामन की विशेषता यह है कि उन्होंने दोष-निरूपण में वर्गीकरण द्वारा व्यवस्था लाने का प्रयास किया। वामन दोषों को केवल गुणविरुद्ध ही नहीं मानते। कुछ दोषों को वे गुणाभाव के रूप में देखते हैं। वामन कुल बीस दोषों का प्रतिपादन करते हैं, उनमें पाँच पद दोष, पाँच पदार्थ दोष, तीन वाक्य दोष और सात वाक्यार्थ दोष हैं। इनमें कुछ दोष पुराने और कुछ नए हैं।

इस प्रकार वामन के रीति-सिद्धान्त ने भारतीय चिन्तन-धारा को बहुत दूर तक प्रभावित किया है। देश-काल, वृत्ति, प्रवृत्ति, भाषा एवं रीति-रिवाज एवं गुण, अलंकार एवं रस का ऐसा सद्भाव कम ही देखने को मिलता है।

सन्दर्भ

1. मनोरथः शंखदत्तश्चटकः सन्धिमांस्तथा।
2. वभूवुः कवयस्तस्य वामनाद्याश्च मंत्रिणः॥ —कल्हण राजतरंगिणी, 4/497
3. चतुर्विद्या प्रवृत्तिश्च प्रोक्ता नाट्य प्रयोगतः।
   आवंती दाक्षिणात्या च पांचाली औड्र मागधी॥ —नाट्य शास्त्र, 14/36
4. द्रष्टव्यः डॉ. नगेन्द्र, काव्यालंकार सूत्र की भूमिका, पृ. 188
5. काव्यालंकार सूत्र, 1/3/16
6. काव्यसद् दृष्टा दृष्टार्थ प्रीति कीर्त्तिहेतुत्वात्। —वही 1/1/5
7. असंकलित रूपाणां काव्यानां नास्ति चारुता।
   न प्रत्येकं प्रकाशन्ते तैजसाः परमाणवः॥ —वही, वही
8. अरोचकिनः सतृणाभ्यवहारिश्च कवयः। पूर्वेशिष्याः विवेकित्वात्। नेतरे तद्विपर्ययात् न शास्त्रमद्रव्येष्वर्थवत् न कतकं पंक प्रसादनाय। —वही, 1/2/1-5
9. काव्य-मीमांसा, पृ. 124
10. तन्वी मेघ जलार्द्र पल्लवतया धौताधरे वाश्रुभिः,
    शून्येवाभरणैः स्वकालविरहाद विश्रन्त पुष्पोद्गमा।
    चिन्ता मौन मिवास्थिता मधुलिहां शब्दैर्विना लक्ष्यते
    चंडी मामवधूय पादपतितं जातानुतामेव सा॥
11. हिंदी काव्यालंकार सूत्र—वही, 4, 3, 29 पृ. 275, भूमिका भाग, पृ. 27
12. वही, पृ. 41
13. भारतीय काव्यशास्त्र, पृ. 274
14. ये त्वन्ये शब्दार्थदोषाः सूक्ष्मास्ते गुणविवेचन वक्ष्यन्ते। —काव्यालंकार-सूत्र, पृ. 112
15. पं. विद्यानिवास मिश्र, रीतिविज्ञान, पृ. 95
15. आलोचक और आलोचना, पृ. 123
16. संस्कृत काव्यशास्त्र का इतिहास, भाग-2, पृ. 92
17. भारतीय काव्यशास्त्र का अध्ययन, पृ. 226
18. द्रष्टव्य—डॉ. रामअवध द्विवेदी—साहित्य रूप, पृ. 170
19. रीति और शैली नामक निबन्ध।
20. काव्यप्रकाश, 8/77 पृ. 396

रुद्रट

(आठवीं शताब्दी का उत्तरार्द्ध)

संस्कृत काव्यशास्त्र के अलंकार-ग्रंथ 'काव्यालंकार' के प्रणेता रुद्रट भरत, भामह, दंडी, वामन से लेकर आनन्दवर्धन तक के बीच एक महत्त्वपूर्ण कड़ी सिद्ध होते हैं। रुद्रट का नाम भी कश्मीर निवासी विद्वानों की सूची में जोड़ा गया है। इनके टीकाकार नमि साधु के अनुसार, इनका द्वितीय नाम शतानन्द था और पिता का नाम भट्टवामुक था। 'काव्यालंकार' रुद्रट की एकमात्र कृति है, जिसमें आरम्भिक देव-वन्दना के आधार पर विद्वान् इन्हें शैव ठहराते हैं।

काल-निर्धारण और जीवन-वृत्त

रुद्रट का समय 8वीं सदी का उत्तरार्द्ध माना गया है। रुद्रट अपने 'काव्यालंकार' में कुल 5 शब्दालंकारों और अर्थालंकारों अर्थात् कुल 62 अलंकारों का निरूपण करते हैं। मोटे तौर पर आवृत्तियों को छोड़ देने पर विवेचित अर्थालंकारों की संख्या 53 ही ठहरती है। इन अलंकारों में से 26 अलंकार पूर्ववर्ती आचार्य, भरत, भामह, दंडी, उद्भट, वामन द्वारा वर्णित हुए थे। शेष 27 अलंकार रुद्रट की मौलिक उद्भावनाएँ हैं।

रुद्रट के 'काल-निर्धारण में कई तथ्य सहायक हैं—

1. 'काव्यालंकार' के टीकाकार प्रतिहारेन्दुराज ने रुद्रट की प्राय: तीन कारिकाएँ और अनेक उदाहरण (काव्यालंकार-7/35-36, 12/4) प्रस्तुत किए हैं।
2. 'शिशुपाल वध' के टीकाकार वल्लभ देव ने इस ग्रंथ की टीका में संकेत किया है कि उन्होंने रुद्रट के एक अलंकार-ग्रंथ की एक टीका प्रस्तुत की है।
3. कुछ विद्वान् रुद्रट और रुद्रभट्ट नामक कवि आचार्य को एक मानने के पक्ष में तर्क देते हैं और उनकी स्थापना मिशेल, वुलहर आदि के तर्कों से भी प्रेरित है पर आलंकारिक आचार्य के रूप में रुद्रट की अपनी विशिष्टता है जबकि रुद्र या रुद्रभट्ट रसवादी प्रतीत होते हैं। अत: दोनों को भिन्न मानना ही युक्ति संगत होगा।
4. रुद्रट के जीवन-वृत्त के सम्बन्ध में विशेष सामग्री उपलब्ध नहीं है।
5. रुद्रट प्रणीत 'काव्यालंकार' के तीन प्रसिद्ध टीकाकार हैं—वल्लभ देव, नमि साधु और आशाधर। वल्लभदेव की टीका अनुपलब्ध है, पर वे दशम शती के पूर्वार्द्ध में बताए गए हैं।
6. 'काव्यालंकार' पर नमिसाधु की टीका उपलब्ध है। निर्णय सागर प्रेस से

प्रकाशित इस टीका में नमिसाधु ने स्वयं को शालिभद्र का शिष्य बताया है जो जैन पंडित कहे गए हैं। नमिसाधु का समय 11वीं शती का माना गया है। बहुत हद तक यह टीका रुद्रट के मूल कथ्य को स्पष्ट करने का प्रयास करती है, विशेषकर अनुप्रास, यमक, श्लेष, चित्र, अर्थ श्लेष आदि अलंकारों के उदाहरणों को स्पष्ट करने में सहायक होती है। वैसे नमिसाधु की टिप्पणी को जटिल भी माना गया है। इसके अतिरिक्त एक टीकाकार आशाधर का उल्लेख पीटरसन ने किया है। आशाधर भी जैनाचार्य बताए गए हैं जो 1240 ई—तक जीवित थे।

काव्यालंकार: वर्ण्य वस्तु

'काव्यालंकार' में 16 अध्याय हैं, जिनमें 748 पद्य हैं। मुख्य रूप से सम्पूर्ण ग्रंथ आर्या छन्द में निबद्ध है। ग्रंथ का बहुलांश अलंकारों के विवेचन से संबद्ध है। ग्रंथ के कुल 748 पद्यों में से 394 पद्यों में अलंकारों का ही विवेचन मिलता है। इनके रस-विवेचन में 123 पद्य हैं। इनका विषयवार व्योरा इस प्रकार है—

प्रथम अध्याय— काव्य-प्रयोजन एवं काव्य हेतु। 22 पद्य हैं। मंगलाचरण, स्तुति के बाद कवि-महिमा की भी चर्चा है।

द्वितीय अध्याय— काव्य-लक्षण, शब्द-भेद, वृत्ति, वक्रोक्ति एवं अनुप्रास अलंकार। 32 पद्य हैं।

तृतीय/चतुर्थ/पंचम— यमक, श्लेष तथा चित्रलंकार का विशद विवेचन। क्रमश: 59 और 33 पद्य हैं।

षष्ठ अध्याय— काव्य दोष—47 पद्य हैं।

सप्तम अध्याय— अर्थ-लक्षण, वाचक शब्द-भेद, अर्थालंकार-वर्गीकरण, वास्तव मूलक 23 अलंकारों के लक्षण-उदाहरण के 11 पद्य हैं।

अष्टम एवं नवम अध्याय— औपम्यमूलक 21 अलंकार तथा अतिशयमूलक 12 अलंकारों का वर्णन। इसमें 110 और 55 पद्य हैं। इनमें क्रमश: औपम्यगत 21 अलंकारों का निरूपण हुआ है।

दशम अध्याय— अर्थ श्लेष के दस भेद।

एकादश अध्याय— 9 अर्थ दोषों का निरूपण जो 36 पद्यों में पूरे हुए हैं।

द्वादश से पंचदश अध्याय तक— रस-निरूपण। प्रथम तीन अध्यायों में तथा पंचदश अध्याय में वीर तथा अन्य रसों का विवेचन, पंचदश अध्याय में शान्त रस के अतिरिक्त प्रेयान् रस की चर्चा है।

षोडश अध्याय— बयालीस पद्यों में महाकाव्य, महाकथा, आख्यायिका, लघुकाव्य की चर्चा है। अन्त में भवानी, मुरारि और गणेश का स्तवन हुआ है।

रुद्रट के 'काव्यालंकार' में काव्य के रस संहित सभी अंगों का विवेचन किया गया है। ग्रंथ के 16 अध्यायों और 748 पद्यों में सारा विवेचन समाहित है। रुद्रट ने रीतियों को 'सन्निवेशचारुत्व' कहकर उसका सम्बन्ध रसों से जोड़ दिया है। वे लोक-मर्यादा को भी महत्त्व देते हैं। शब्दालंकारों पर विचार करते हुए वे कवियों को चेतावनी देते

हैं कि 'शब्दालंकारों के अधीन न होते हुए औचित्य से ही उनका प्रयोग होना चाहिए। अर्थ-विवेचन में वे कहते हैं कि 'केवल रस परतंत्र होकर कवि को व्यवहार में देश, काल आदि से निर्मित जाति, द्रव्य आदि पदार्थों के स्वरूप में मनचाही उथल-पुथल नहीं करनी चाहिए। सत्कवि परम्परा से जितना अन्यथा वर्णन निर्दोष माना गया हो, उतना ही करना चाहिए (काव्यालंकार-7/7, 8)।

अलंकारों का वैज्ञानिक वर्गीकरण

रुद्रट निश्चित सिद्धान्तों के आधार पर अलंकारों का वैज्ञानिक वर्गीकरण करते हैं। उनके आधार हैं—वास्तव, औपम्य, अतिशय और श्लेष।

डॉ. पी. वी. काणे द्वारा प्रस्तुत रुद्रट की कुछ विशेषताओं का उल्लेख महत्त्वपूर्ण है—

1. रुद्रट ने सर्वप्रथम वास्तव, औपम्य, अतिशय और श्लेष के रूप में अलंकारों के वर्गीकरण के आधार प्रस्तुत किए हैं।
2. नौ प्रसिद्ध रसों के अतिरिक्त प्रेयस् नामक दसवें रस (काव्यालंकार 12-3, 15, 17) का प्रतिपादन किया है।
3. रीतियों को विशेष महत्त्व नहीं दिया।
4. गुणों का स्वतंत्र और गम्भीर विवेचन नहीं किया।
5. भाव नामक अलंकार के प्रतिपादन में रुद्रट व्यंग्यार्थ के सिद्धान्त के समीप पहुँचते दिखाई देते हैं। (इसी कारण 'ध्वन्यालोक लोचन' में भाव (काव्यालंकार 7/38) का लक्षण और उदाहरण उद्धृत किया गया है।
6. 'संगीत-रत्नाकर' में रुद्रट को संगीताचार्य बताया गया है, पर इसके लिए कोई सुनिश्चित प्रमाण नहीं है कि ये 'काव्यालंकार' रचयिता रुद्रट ही हैं।

यह स्पष्ट हो जाता है कि रुद्रट अलंकार सम्प्रदाय के प्रतिनिधि आचार्य हैं। यद्यपि वे भरत द्वारा प्रस्तुत रस-सिद्धांत से परिचित हैं, और काव्य में रस की स्थिति पर बल देते हैं—(तस्मात् तत् कर्त्तव्यं यत्नेन महीयसा रसैर्युक्तम्—काव्यालंकार 12/2)। इस ग्रंथ में चार प्रकार की रीतियों का वर्णन है, परन्तु गुणों के लक्षण और उदाहरण नहीं दिए गए हैं। 'साहित्य दर्पण' (9/2) में वैदर्भी के विषय में रुद्रट से एक आर्या उद्धृत की गई है परन्तु वह 'काव्यालंकार' में नहीं मिलती।[1]

रुद्रट ने अपने अलंकार-ग्रंथ के कुल सात अध्यायों में अलंकारों का विवेचन किया है। दूसरे अध्याय से पाँचवें अध्याय तक सातवें से लेकर दसवें अध्याय तक कुल 414 पद्यों में यह निरूपण हुआ है।

अलंकार-विवेचन

अलंकार-विवेचन के प्रसंग में रुद्रट की मौलिक स्थापनाएँ निम्नलिखित रूप में रखी जा सकती हैं—

1. रुद्रट वक्रोक्ति अलंकार को एक शब्दालंकार मानकर उसके दो भेद करते हैं—श्लेष वक्रोक्ति और काकु वक्रोक्ति। इस स्थापना का समर्थन परवर्ती आचार्य मम्मट, विश्वनाथ आदि करते हैं ('काव्य प्रकाश' तथा 'साहित्य

दर्पण' 10/9) किन्तु राजशेखर अपने ग्रंथ 'काव्य मीमांसा' में काकु वक्रोक्ति को स्वीकार नहीं करते (द्रष्टव्य-7वाँ अध्याय)। भामह ने रुद्रट के पूर्व वक्रोक्ति को काव्य के सामान्य आधार-तत्त्व के रूप में महत्त्व दिया था, जिसका प्रभाव उनकी काव्य परिभाषा 'वक्राभिधेय शब्दोक्ति: इष्टावाचामलंकृति: (काव्यालंकार, 1/36) तथा दंडी के 'काव्यादर्श' में काव्य के शोभाकर धर्म के पर्यायवाची रूप में (काव्यादर्श, 2/363) में देखा जा सकता है।

2. रुद्रट के परवर्ती कुन्तक ने तो वक्रोक्ति को काव्य का जीवित-प्राण-तत्त्व ही स्वीकार कर लिया।
3. शब्दालंकार के रूप में वक्रोक्ति की कल्पना सर्वप्रथम रुद्रट ने ही की। वामन के 'काव्यालंकार सूत्र' में वक्रोक्ति की कल्पना अर्थालंकार के रूप में हुई है। रुद्रट ने श्लेष को शब्दालंकार तथा अर्थालंकार, दोनों मानकर एक ही नाम के दो अलंकारों की कल्पना की।
4. अलंकार-सम्प्रदाय के अग्रणी होकर भी रुद्रट ने रस को उपेक्षणीय नहीं माना था। इसका प्रमाण है कि 'काव्यालंकार' के दो अध्यायों में रस का विस्तृत विवेचन। यही कारण है कि रुद्रट ने रसवदादि अलंकार की सत्ता को अस्वीकार कर दिया। उन्होंने उपमेयोपमा, अनन्वय, प्रतिवस्तूपमा आदि अर्थालंकारों को उपमा में ही अन्तर्भुक्त मान लिया।
5. रुद्रट द्वारा किए गए अलंकारों के वर्ग-विभाजन में उनके द्वारा प्रस्थापित सर्वथा मौलिक अलंकार निम्नलिखित हैं—

वास्तव वर्ग में— समुच्चय, विषय, कारणमाला, सार, अन्योन्य, मीलित और एकावली अलंकार।

औपम्य वर्ग में— प्रत्यनीक नामक अलंकार।

अतिशय वर्ग में— विशेष, अधिक, विषम, असंगति और पिहित नामक अलंकार।

6. रुद्रट 57 अर्थालंकारों का विवेचन करते हैं। इनमें 31 अलंकार उनके मौलिक कहे गए हैं, शेष 26 अलंकार उनके पूर्ववर्ती आचार्य भरत, भामह, दंडी और उद्भट द्वारा विवेचित हुए हैं। अर्थालंकारों का वर्गीकरण इनका मौलिक प्रयत्न है, यद्यपि आगे चलकर यह सर्वमाम्य रूप से प्रचलित नहीं हुआ। वर्गीकरण की दृष्टि से रुद्रट के वास्तवमूलक अलंकारों की संख्या 23 है तो औपम्यमूलक अलंकारों की 21, अतिशयमूलक अलंकार 12 हैं तो श्लेषमूलक एक अलंकार है। कुछ अलंकार दो-दो वर्गों में रखे गए हैं, जैसे उत्तर अलंकार और समुच्चय अलंकार वास्तवमूलक और अतिशयमूलक हैं तो विषम अलंकार वास्तव और औपम्यगत है, उत्प्रेक्षा अलंकार औपम्यगत और अतिशयगत, दोनों हैं। इसी प्रकार विषम वास्तवगत भी है और अतिशयगत भी। अपने-अपने वर्गों की भिन्नता के कारण विद्वानों ने इनके द्वारा वर्णित अर्थालंकारों की संख्या 57 ही मानी है जो 53 में चार अलंकारों को जोड़ने से पूरी हुई है।

रस-चर्चा में नायक-नायिका भेद

रुद्रट ने अपने अलंकार-ग्रंथ में रस को महत्त्व तो दिया, पर उसके स्वरूप और उसकी निष्पत्ति पर विचार नहीं किया। रुद्रट ने नायक-नायिका भेद को रस का अंग माना है। रस से सम्बन्धित उनकी धारणा इस प्रकार है--

1. रुद्रट नायक-नायिका-भेद प्रसंग को रस का विषय मान कर उसे श्रृंगार रस के अन्तर्गत मानते हैं।
2. उन्होंने नायक के चार प्रकार बताए हैं—अनुकूल, दक्षिण, शठ एवं धृष्ट।
3. इन्होंने नायिका के भी स्वकीया, परकीया एवं गणिका नामक भेदों का उल्लेख किया तथा अगम्या नायिकाओं की भी चर्चा की।
4. रुद्रट ने वियोग श्रृंगार के चार भेद—प्रथमानुराग, मान, प्रवास और करुण का उल्लेख कर प्रथमानुराग जिसे पूर्वराग के रूप में जाना गया, के अन्तर्गत काम की दस दशाओं को स्थान दिया।
5. श्रृंगार के क्षेत्र में रुद्रट ने एक पक्षीय प्रेम को श्रृंगाराभास माना, प्रेम नहीं। वे मानते हैं कि उत्तम प्रकृति के पात्र ऐसा नहीं करते (काव्यालंकार, 14/36)।
6. रुद्रट आलंकारिक भी हैं और रसवादी भी। वे रस की चर्चा उस समय करते हैं जब काव्य और शास्त्र के क्षेत्र में अलंकारों का बोलवाला था। उनका युग एक संक्रान्ति काल की तरह दिखाई देता है जिसमें रस-सिद्धान्त और ध्वनि-सिद्धान्त का बीज-वपन होने ही वाला था।

रुद्रट का काव्य-लक्षण

रुद्रट ने संक्षिप्त काव्य-लक्षण प्रस्तुत किया है। उनके द्वारा कथित 'ननु शब्दार्थौं काव्यम्' को काव्य-लक्षण माना जाए तो यह अतिव्याप्ति दोष माना जा सकता है। इससे काव्य के स्वरूप की अवधारणा स्पष्ट नहीं होती। वस्तुतः यह वाक्य-खंड रुद्रट का काव्य-लक्षण है भी नहीं। वस्तुतः वे शब्द और अर्थ के स्वरूप का संकेत देते प्रतीत होते हैं। यही कारण है कि दूसरे अध्याय में शब्द से सम्बन्धित वृत्ति, रीति एवं वाक्य की चर्चा की गई है। 'काव्यालंकार' के तीसरे अध्याय का पहला सूत्र शब्दार्थौं काव्यम् है। भामह और रुद्रट, दोनों ही शब्दार्थ को काव्य के लिए महत्त्वपूर्ण मानते हैं। यद्यपि आलोचक रुद्रट की इस परिभाषा को अधिक महत्त्व नहीं देते, लेकिन विचार करने पर शब्द में अर्थ का सहभाव रहता ही है। अतः सार्थक शब्द से काव्य बनता है। इसे हम चाहें तो शब्दार्थवादी परम्परा का लक्षण मान सकते हैं।

वस्तुतः रुद्रट का काव्य-लक्षण काव्य के सामान्य स्वरूप की झांकी देता है क्योंकि उसके बाद ही रुद्रट शब्द और अर्थ के आधार पर विविध काव्य-तत्त्वों का निरूपण करते दिखाई देते हैं।

काव्य-प्रयोजन

रुद्रट काव्य-प्रयोजन को एक प्रकार से रस-निरूपण की भूमिका के तौर पर लेते हैं। वे आरम्भ में काव्य-प्रयोजन से चतुर्वर्ग की और मध्य में रस से युक्त-काव्य की महिमा

सिद्ध करते हैं। रुद्रट ने भी छह प्रयोजन गिनाए हैं—कवि को यश की प्राप्ति, काव्य-रचना द्वारा कवि के चरितनायक के यश का विस्तार, धन, सुख और अभीष्ट कामनाओं की प्राप्ति, देव-स्तुतियों द्वारा रोग-मुक्ति, अभीष्ट वर की प्राप्ति, चतुर्वर्ग अर्थात् धर्म, अर्थ, काम और मोक्ष की प्राप्ति। छठा प्रयोजन सहृदय श्रोता या पाठक से सम्बन्धित है। वस्तुतः काव्य से प्राप्त आनन्द सामान्य जीवन के सुखों से भिन्न विलक्षण होता है, इसलिए उसे अनेक रूपों में प्रस्तुत किया गया है। रुद्रट अपने विचार-क्रम में काव्य की महिमा का भी संकेत करते हैं—'ननु काव्येन क्रियते सरसानाम दमश्चतुर्वर्गे' तथा 'तस्म.त् तत् कर्त्तव्यं यत्नेन महीयसा रसैर्युक्तम् (काव्यालंकार, 12/1-2)। इस प्रसंग के बाद रुद्रट रस-विवेचन में रुचि लेते दिखाई पड़ते हैं।

काव्य-हेतु

काव्य-कारण के तीन पक्ष रुद्रट भी मानते हैं—प्रतिभा, व्युत्पत्ति और अभ्यास। प्रतिभा ही शक्ति है जो सहजा और उत्पाद्या के रूप में प्रकट होती है। कवित्व-प्रतिभा सहज और जन्मजात तो होती ही है, वह परिवेश, संस्कार और ज्ञान से उत्पाद्या भी होती है। वह सहजा प्रतिभा का संस्कार करने में सहायक होती है। 'काव्यालंकार' के प्रथम अध्याय के 14/15/16/17, 29 वें श्लोक में इसका विवेचन रुद्रट ने किया है। शक्ति, व्युत्पत्ति और अभ्यास के 'त्रितय' को वे महत्त्व देते हैं। रुद्रट कहते हैं—'अभिधेयस्य अनेकधा विस्फुरणम् यस्याम् असौ शक्तिः' अर्थात्-काव्य रचना की इस शक्ति में जगत् की नाना घटनाओं एवं वर्ण्य विषय का विस्फुरण होता है। यह विस्फुरण चित्त को समाधिस्थ कर देता है तभी अक्लिष्ट-सुन्दर पद शोभाशाली रूप में अभिव्यक्त होते हैं।[12] रुद्रट की यह मौलिक विशेषता है कि वे प्रथमतः प्रतिभा के सहज और उत्पाद्या रूप का विवेचन करते हैं। काव्य-कारण के दूसर पक्ष व्युत्पत्ति से रुद्रट का आशय है छन्द, कला, व्याकरण आदि का सम्यक् ज्ञान प्राप्त करना। यह व्युत्पत्ति प्रतिभा को धारदार बना देती है। कवि का विस्तृत अध्ययन और लोक-व्यवहार का ज्ञान उसकी व्युत्पत्ति में सहायक होता है। प्रतिभा का नैरन्तर्य अभ्यास में प्रकट होता है। किसी ज्ञानी या श्रेष्ठ गुरु के सान्निध्य में यह अभ्यास काव्य को चिरस्थायी बना देता है और यह काव्य में 'कल्पान्तर स्थायी' गुण आ जाते हैं। आचार्य हेमचन्द्र ने प्रतिभा पर विचार करते हुए इनका अनुगमन किया है।

दोष-निरूपण

रुद्रट का दोष-विवेचन आचार्य वामन की तरह वर्गीकृत होकर उससे किंचित् भिन्न है। रुद्रट पहले दोषों का शब्द-दोष और अर्थ-दोष के रूप में विभाजन करते हैं, फिर शब्द दोषों को पद-दोषों और वाक्य-दोषों के रूप में बाँटते हैं। इस प्रकार उनके द्वारा निरूपित किए गए छह पददोष हैं—असमर्थ, अप्रतीत, विसन्धि, विपरीत कल्पना, ग्राम्य तथा देश्य।[3] रुद्रट का असमर्थ दोष और वामन का अन्यार्थ दोष एक ही है। रुद्रट असमर्थ दोषों के चार प्रकार गिनाते हैं। वे सभी दोष परम्परा पोषित हैं। वे भामह के अप्रयुक्त, वामन के गूढ़ार्थ और अन्यार्थ तथा भरत के अर्थहीन के ही नवीन रूपांतर कहे जा

सकते हैं। रुद्रट का अप्रतीत नामक दोष वामन के अप्रतीत से भिन्न है। यह दोष भामह के अवाचक और ससंशय का मेल दिखाई देता है।

रुद्रट का अप्रतीत दोष नवीन सम्बन्धों की दृष्टि से मौलिक कहा जा सकता है। रुद्रट के अन्य दोष भी पूर्वाचार्यों द्वारा कल्पित काव्य-दोषों के अंशतः मेल से बनते दीखते हैं। जैसे रुद्रट का विपरीत कल्पना नामक दोष नाम से तो नया लगता है, पर भामह के व्यर्थ और वामन के सन्दिग्ध दोषों का मिश्रण ही है।

दोष-प्रकरण में रुद्रट ग्राम्य-दोष की व्याख्या में नूतनता प्रदर्शित करते है। उनकी दृष्टि में अनुचित पद ही ग्राम्य है। इस औचित्य के वे चार प्रकार भी गिनाते हैं। ग्राम्य दोष के व्यापक रूप की कल्पना रुद्रट की मौलिकता का प्रमाण है। उनका एक और मौलिक पद दोष देश्य है जो देशभाषा का शब्द होता है। यह दोष भी रुद्रट की मौलिक कल्पना है। रुद्रट द्वारा उल्लिखित तीन वाक्य दोष हैं—संकीर्ण, गर्भित और गतार्थ। रुद्रट की एक मौलिक कल्पना यह है कि वे अलंकार को दोष नहीं मानते—"यत् पुनरनलंकारं निर्दोषं चेति तन्मध्यम्"—पर जिस वाक्य में अलंकार न हो, उसे मध्यम कहते हैं। यह 'अनलंकार' शब्द अत्यन्त महत्त्वपूर्ण है। सम्भव है, मम्मट ने अपनी काव्य परिभाषा में 'तददोषौ शब्दार्थौ सगुणावनलंकृती पुनः क्वापि' में अनलंकृत शब्द के प्रयोग में रुद्रट का यह 'अनलंकार' शब्द भी प्रेरक रहा हो। रुद्रट के तीनों दोष मौलिक माने गए हैं।

रुद्रट द्वारा विवेचित नौ अर्थ दोष हैं—अपहेतु, अप्रतीत, निरागम, बाधयत्, असंबद्ध, ग्राम्य, विरस, तद्वत् और अतिमात्र। ये काव्यदोष भी वामन, दंडी से प्रेरित और प्रभावित हैं। ये नौ अर्थ दोष पूरी तरह नवीन नहीं माने जा सकते। कहीं नाम नवीन है तो कहीं लक्षण प्राचीन। अर्थ दोषों के क्षेत्र में उनका योगदान आंशिक ही कहा जाएगा। 'काव्यालंकार' के पंचम अध्याय में रुद्रट कुछ दोषाभाव रूप गुणों की चर्चा करते हैं। ऐसे दोष सात हैं—न्यूनपद, अधिक पद, अवाचक, अक्रम, अपुष्टार्थ, अशब्द और अचारुपद। इनमें दो ही दोष रुद्रट के नए हैं, वे हैं—अधिक पद और न्यूनपद। पूर्वाचार्यों द्वारा इनकी चर्चा नहीं हुई है। रुद्रट दंडी की भाँति उपमा दोषों की संख्या भी चार ही मानते हैं, पर उनमें भी नयापन है। वे हैं—सामान्य शब्द भेद, वैषम्य, असम्भव तथा अप्रसिद्ध।

अतः रुद्रट के दोष-विवेचन से पता चलता है कि कई दोष स्वरूप से पुराने ही हैं, पर उन्हें नया नाम दिया गया है। कुछ पुराने दोषों से वे सम्बन्ध-सूत्र भी जोड़ते हैं। रुद्रट की सर्वाधिक मौलिकता इस बात में है कि वे रस और औचित्य-चिन्तन को दोष से जोड़ कर देखते हैं। ग्राम्य दोष भी अनौचित्य के ही कारण होता है। रुद्रट काव्य शास्त्रीय चिन्तन के उस संक्रमण-बिन्दु पर खड़े दिखाई देते हैं जो एक ओर तो अलंकार, रीति, गुण आदि के महत्त्व से परिचित था तो दूसरी ओर रस-सम्प्रदाय की नवीनता का भी स्वागत कर रहा था।

डॉ. सुशील कुमार डे ने 'संस्कृत काव्यशास्त्र का इतिहास' भाग-2 (पृ. 82) में माना है कि 'भामह तथा दंडी की तरह रुद्रट का भी यही मत है कि स्थिति-परिवर्तन के कारण दोष भी गुण हो जाते हैं। ध्वनि के आचार्यों के आगमन के पश्चात् (गुणों की तरह) दोष प्रबन्धगत काव्य-रस के आश्रित माने जाने लगे और रस की निष्पत्ति में सहायक अथवा बाधक होना ही उनका लक्षण बताया गया। दोष-सिद्धान्त तथा उसके विपर्यय

अथवा विपक्षी, गुण सिद्धान्त का विवेचन केवल रस के दृष्टिकोण से ही किया जाने लगा। गुण तथा दोष निरपेक्ष तत्त्व नहीं रहे, बल्कि उन्हें रस-निष्पत्ति के सापेक्ष लक्षणों के रूप में अथवा लक्षण भाव के रूप में स्वीकार किया गया। रस का निरूपण करते हुए इन आचार्यों ने गुणों तथा दोषों को औचित्य-सापेक्ष बताया। "दोषों को सामान्यत: 'रसापकर्षक' कहा गया (विश्वनाथ), किन्तु विशिष्ट रस-दोषों के भी लक्षण दिए गए तथा उनका निरूपण किया गया। दोष नित्य हैं अथवा अनित्य हैं, इसका समाधान इस प्रकार किया गया कि रस-निष्पत्ति में बाधक होने के बदले यदि दोष रस-निष्पत्ति में सहायक हो तो वह भी कभी-कभी गुण हो जाता है।"

रस-विवेचन

आचार्य भरत के 'नाट्यशास्त्र' में रस की महत्ता घोषित हुई थी। भरत ने रस को नाटक के अनिवार्य धर्म के रूप में महत्त्व दिया था और कई काव्य-तत्त्वों, जैसे अलंकार, गुण, दोष के रस संश्रयत्व पर विचार किया था।[4] भरत के बाद भामह और दंडी ने रस-तत्त्व को महाकाव्य के लिए एक आवश्यक तत्त्व घोषित किया।[5]

भरत के 'नाट्यशास्त्र' में रस सम्बन्धी विवेचन छठे और सातवें अध्यायों में हुआ है। छठे में रस का तो सातवें में भाव के स्वरूप का विवेचन है।

आचार्य रुद्रट भरत द्वारा प्रतिपादित आठ रसों को स्वीकार करते हुए उसमें दो रस शान्त और प्रेयान् को जोड़ते हैं। श्रृंगार रस, नायिका-भेद, संयोग श्रृंगार, विप्रलम्भ श्रृंगार के चार भेदों का निरूपण, काम की दस दशाएँ भी निरूपित हुई हैं। श्रृंगाराभास की चर्चा के बाद श्रृंगार रस से संबद्ध रीतियों का संकेत हुआ है।

रुद्रट ने भरत के काल से लेकर अपने समय तक चली आती हुई रस परम्परा में हुए बदलावों और विकासों का सूक्ष्म अध्ययन किया था। उन्होंने प्रचलित रस विषयक दृष्टिकोण को अपने विचार का विषय बनाया।

भरत के रस-विवेचन को यथातथ्य रूप में रुद्रट सम्भवत: इसलिए भी स्वीकार नहीं कर पाते कि भरत का रसविषयक चिन्तन 'नाट्यशास्त्र' का विषय था और रुद्रट की मौलिकता इस अर्थ में मानी जानी चाहिए कि उन्होंने रस को 'काव्यशास्त्र' का विषय बनाया। काव्य के लिए रस की उपयोगिता को उन्होंने अपनी दृष्टि से ग्राह्य समझा। कुछ आधुनिक विचारक तो रुद्रट पर भरत के साक्षात् प्रभाव को स्वीकार नहीं करते।

रस को भामह और दंडी ने महाकाव्य के लिए आवश्यक तत्त्व माना था। भामह की दृष्टि में कटु औषधि के समान कोई शास्त्र-चर्चा भी रस के संयोग से मधुसिक्त हो जाती है। दंडी का माधुर्य गुण भी रसवत् ही है तथा इसकी रसवत्ता मधुपों के समान सहृदयों को प्रमत्त कर देती है।[6]

रुद्रट के रस-विवेचन के तीन पक्ष मुख्य माने गए हैं—(1) प्रेयान् रस, (2) श्रृंगार रस की उत्कृष्टता और (3) नायक-नायिका भेद।

वस्तुत: रस-विवेचन की परम्परा नीरस और दुरूह शास्त्रों की कठोर क्लिष्ट भाषा-शैली और उपदेशात्मक प्रवृत्ति के विरुद्ध खड़ी होती दिखाई पड़ती है। रुद्रट की मान्यता है कि रस के अभाव में शास्त्रों के समान काव्य में उद्वेग उत्पन्न हो जाता है।

काव्य की सरलता में शृंगार रस सहायक होता है।[7] इस प्रकार अलंकार-ग्रंथों में रुद्रट का 'काव्यालंकार' सर्वप्रथम रस-निरूपक ग्रंथ सिद्ध होता है। वस्तुत: रुद्रट रस की संख्या दस तक ही सीमित नहीं मानते, वे आस्वाद्यता देने वाली किसी भी वृत्ति को रस-स्वरूप समझते हैं। उनका रस-चिन्तन रसवद् अलंकार न होकर अपना स्वतंत्र अस्तित्व रखता है। महाकाव्य के लिए वे रस की युक्तियुक्तता प्रमाणित करते हैं।

रुद्रट के प्रेयान् रस का स्थायी भाव स्नेह है। निश्चल मनोवृत्ति स्नेह है, जो प्रकृति-साहचर्य अर्थात् स्वभाव की समानता के कारण तथा उपचार या शिष्ट व्यवहार के कारण उत्पन्न होती है (काव्यालंकार, 15/17-19)।

रुद्रट को रसवादी आचार्य नहीं कहा जा सकता, पर वे रस से प्रभावित और प्रेरित अवश्य प्रतीत होते हैं। नीरस शास्त्रों की अपेक्षा वे सरस काव्य को महत्त्व देते हैं। उन्होंने कवियों को प्रयत्नपूर्वक रसयुक्त काव्य-रचना का परामर्श दिया है (काव्यालंकार, 12/1, 2)। रुद्रट अलंकार ग्रंथ के रचयिता हैं, पर उनकी दृष्टि व्यापक है। अत: उन्हें एक संग्राहक आचार्य के रूप में देखा जा सकता है। इसका एक प्रमुख कारण यह भी है कि काव्यशास्त्रीय सिद्धान्तों की उत्पत्ति नहीं होती, उनका विकास होता है। कोई भी आचार्य सहसा कोई नूतन प्रस्थापना नहीं देता। वह परम्परा से चली आती हुई धारणा का ही नियमन, परिमार्जन और परिष्करण करता है। रुद्रट के काव्य-सिद्धान्तों में रस-ध्वनि सिद्धान्त की एक आहट सुनाई देती है। इस दृष्टि से भारतीय काव्यशास्त्र की स्वरूप-रचना के गठन में नवम शताब्दी का बहुत बड़ा योगदान दिखाई देता है। रुद्रट किसी से पीछे नहीं रहते। वे अपने काव्यालंकार को काव्य-विधान के संग्रह-ग्रंथ की तरह प्रस्तुत करते हैं। रुद्रट अपने युग के काव्य-सिद्धान्तों पर पैनी दृष्टि रखते हैं और उचित तत्त्वों का चुनाव करने हैं। क्रमबद्ध और सुनियोजित चिन्तन इनकी विशेषता है।

भरत के समय की अनेक शताब्दियों के बाद रुद्रट रस-तत्त्व की पुनर्स्थापना करते दिखाई देते हैं और रस को नाटक के क्षेत्र से बाहर निकाल कर काव्य-तत्त्व से जोड़ देते हैं। इसलिए विचारक मानते हैं कि उन्होंने नाट्य-रस को काव्य-रस में परिवर्तित किया है। उनकी रस सम्बन्धी अनेक मौलिक स्थापनाएँ पश्चाद्वर्ती आलोचकों द्वारा पूर्णत: ग्राह्य हुई हैं।

रुद्रट ने अपने रस-विवेचन के प्रसंग में कहा है कि "सरस प्रवृत्ति के जन को चतुर्वर्गों का ज्ञान काव्य के द्वारा सुलभता एवं मृदुता से प्राप्त होता है। नीरस शास्त्र उबाऊ होते हैं, अत: इनको निरन्तर रसयुक्त होना चाहिए अन्यथा वे काव्य से भी विमुख हो जाएँगे।" अत: रुद्रट की दृष्टि में शास्त्र से भी ज्यादा जनोपयोगी और आह्लादक काव्य की सरसता है। वे आगे यह भी कहते हैं कि 'आस्वाद्यता की अवस्था को प्राप्त कोई भी वृत्ति रसात्मक हो सकती है।' (वही, 12/29)। उनकी यह धारणा भी महत्त्वपूर्ण है कि कोई भी महाकवि मनुष्य जगत् की विविधता से आँखें नहीं मूँद सकता। जो महाकवि होते हैं, वे अपनी विवेक-दृष्टि से जीवन के सिद्धान्त ढूँढ़ निकालते हैं तथा 'त्रिजगत्' की जनता के जीवन का चित्रण करते हैं (वही, 14/29)। कवि का रस-बोध लोक-वृत्ति के अनुकूल ही होता है (वही, 14/12, 13)। "भामह तथा दंडी रसवत् काव्य को भी अलंकृत काव्य कहते हैं, तो रुद्रट रस को काव्य का मुख्य गुण मानते हैं।[8]" रुद्रट अपना

मत स्पष्ट रूप से प्रस्तुत करते हैं कि रस न होने से काव्य भी शास्त्र के समान शुष्क होता है। रस-विवेचन में रुद्रट के उन्मुख होने का कारण उनकी क्रान्त दर्शिता है। रुद्रट का युग ध्वनि की आहट सुन रहा था। उस युग में ध्वनि कारिकाओं की रचना प्रारम्भ हो गई थी। आनन्दवर्धन के 'ध्वन्यालोक' के विषय में डॉ. पी.वी. काणे लिखते हैं कि "अलंकार शास्त्र के इतिहास में 'ध्वन्यालोक' एक अत्यन्त महत्त्वपूर्ण ग्रंथ है। व्याकरण शास्त्र में पाणिनि की 'अष्टाध्यायी' का जो महत्त्व है अथवा वेदान्त शास्त्र में वेदान्त सूत्रों का जो महत्त्व है, कह सकते हैं कि वही महत्त्व अलंकार शास्त्र में 'ध्वन्यालोक' का है।[10]

महाकथा, आख्यायिका और लघुकथा

रुद्रट महाकाव्य, आख्यायिका और लघुकाव्य या क्षुद्रकाव्य के अतिरिक्त चार अन्य काव्यरूपों का भी उल्लेख करते हैं। वे हैं—वर्णक, प्रशस्ति, कुलक और नाटक (द्रष्टव्य-काव्यालंकार,—16/33), पर इन काव्य रूपों पर वे विशेष रूप से विचार नहीं करते। वे बहुभाषा संयुक्त काव्य और विविध काव्य रूपों के मेल से बने विचित्र काव्य की भी चर्चा करते हैं। ये प्रयोग, काव्य की भाँति नाटकों में भी सम्भव हैं, क्योंकि 'काव्यों में नाटक रम्य है। काव्येषु नाटकं रम्यम्' यह धारणा भी तो प्रचलित थी ही।

रुद्रट महाकथा, आख्यायिका आदि के स्वरूप-कथन में कवि-शिक्षा की पद्धति का अवलम्बन करते दिखाई देते हैं। महाकथा में वे प्रारम्भ में इष्ट एवं गुरुवन्दना के बाद अनुप्रास सहित एवं लघु अक्षर युक्त गद्य में कथा की रचना शृंगार रस के सभी रूपों का वर्णन, फल के रूप में कन्या-लाभ या राज्य-प्राप्ति के विधान को आवश्यक मानते हैं। वे मानते हैं कि संस्कृत की यह गद्य-रचना प्राकृत या अपभ्रंश या गाथा छन्द में प्रस्तुत हो।

इसी प्रकार आख्यायिका में महाकथा की भाँति ही आरम्भ करके कथा का प्रारम्भ होना चाहिए। राज्य-भक्ति, गुणवर्णन, गद्य-रचना की अनिवार्यता और कवि का वंश-परिचय होना चाहिए। इसमें अध्याय उच्छ्वास के रूप में हों। आचार्यों द्वारा श्लिष्ट अर्थ-विधान, अलंकार-रचना आर्या, मालिनी आदि में से किसी एक छंद का प्रयोग होना चाहिए। नायक का वर्णन, राज्यनाश से राज्यप्राप्ति तक दिखाकर उसके उद्योग और मोक्ष का विधान हो। लघुकथा या क्षुद्रकाव्य में भी नायक को आरम्भ में विपद्ग्रस्त दिखाकर अन्त में सुखी दिखाया जाए। करुण या वियोग शृंगार की प्रधानता हो।

इन कथा प्रयोगों में रुद्रट का मूल मंतव्य नायक के जीवन-संघर्ष के प्रदर्शन द्वारा अन्त में इच्छित फल-प्राप्ति दिखाना और सुखान्त रचनाओं का विधान प्रतीत होता है। सुखान्त की या कामदी की यह धारणा भारतीय मनोवृत्ति के अनुकूल है।

महाकाव्य

महाकाव्य के स्वरूप का प्रतिपादन आचार्य भामह ने ही कर दिया था और उसके द्वारा काव्य-चिन्तन की सशक्त परम्परा भी आरम्भ हो गई थी। इन सभी आचार्यों ने नाटक से स्वतंत्र काव्य की सत्ता घोषित की। कालिदास आदि कवियों के काव्य ने अपने-अपने युग के देश-काल, वातावरण और चरित्र आदि के माध्यम से भारतीय जीवन और समाज की मनोवृत्ति को प्रस्तुत करने का प्रयास किया था। महाकाव्य का मूल तात्पर्य

था कि जिसमें सब कुछ महान् हो। रुद्रट ने प्रबन्ध काव्य या महाकाव्य को उत्पाद्य और अनुत्पाद्य के नाम से दो भेद किए तथा इनके भी दो उपभेद लघु एवं महान् के रूप में किए गए। महाकाव्य तथा आख्यायिका महान् भेद के अन्तर्गत माने गए। उत्पाद्य महाकाव्य में किसी राज्य की श्रेष्ठ नगरी का वर्णन, नायक के उत्तम कुल की प्रशंसा, नायक में त्रिवर्ग अर्थात् धर्म, अर्थ, काम का होना, शक्ति त्रय अर्थात् प्रभु शक्ति, मंत्र शक्ति और उत्साह शक्ति का होना आवश्यक था। नायक सभी गुणों से युक्त हो, प्रजा का प्रिय एवं विजय की इच्छा रखनेवाला हो। महाकाव्य में ऋतुओं का वर्णन हो, उसका प्रतिनायक भी कुलीन और गुणवान हो। नायक की विजय-यात्रा में देश, पर्वत, नदी, सागर, मरुथल और द्वीप का वर्णन हो। प्रकृति का विविध सौंदर्य एवं शृंगार का प्रसंग के अनुसार वर्णन हो। अन्त में युद्ध में कष्ट सहता हुआ नायक विजय प्राप्त करे। उसके विविध प्रकरण सर्ग कहे जाएँ और पंचसन्धियों का निर्वाह इतनी कुशलता से हो कि सभी सर्ग संबद्ध हो जाएँ।

वस्तुतः महाकाव्य का रूप-विधान तत्कालीन युग की झाँकी प्रस्तुत करता है। राजतंत्र के प्रभाव के कारण उसका नायक भी राजवंश का माना गया है। इन कथाओं में समृद्ध देशों की महत्त्वाकांएँ और युद्धप्रियता उजागर हुई है। राजाओं की प्रवृत्ति और उनकी जीवनशैली का सूक्ष्म पर्यवेक्षण कवि के ज्ञान और अनुभव का साक्षी बनता है।

काव्य-गुण

आचार्य रुद्रट काव्य-गुण के स्वरूप पर विचार नहीं करके अपने 'काव्यालंकार' के द्वितीय अध्याय में सुन्दर वाक्य के कुछ लक्षण गिनाते हैं। उनके टीकाकार नमिसाधु ने उन्हें वाक्य-गुण माना है। वे छह गुण इस प्रकार हैं—

(1) अन्यूनाधिक वाचकत्व, (2) सुक्रमत्व, (3) पुष्टार्थशब्दत्व, (4) चारुपदत्व, (5) क्षोदक्षमत्व एवं (6) अक्षुण्णत्व।[11]

1. अन्यूनाधिक वाचकत्व— वस्तुतः काव्य शास्त्र में न्यूनपदता और अधिक पदता को दोष माना गया है। शब्दों का कम पड़ जाना या व्यर्थ के शब्दों के प्रयोग से अधिकपदता से काव्य को बोझिल बना देना दोष ही है। अपेक्षित अर्थ-बोध के लिए जितने जरूरी शब्द चाहिए, उतने ही शब्दों का वाक्य में प्रयोग अन्यूनाधिक वाचकत्व गुण है। यह दंडी और वामन के अर्थव्यक्ति और प्रसाद शब्द गुण के समान है। उनके टीकाकार नमिसाधु मानते हैं कि इस गुण के अभाव में कम शब्दों का प्रयोग अर्थ को बदल दे सकता है और अधिक शब्दों का प्रयोग पुनरुक्ति आदि दोष ला दे सकता है। वे कहते हैं कि थोड़ी कमीवेशी चल सकती है, पर अतिशयता दोष बन सकती है। पर पद के न्यून रहने पर ही असाधारण विशेषणों के प्रयोग आदि से काम्य अर्थ की प्रतीति हो जाए तो कम पदों का प्रयोग भी गुण बन जा सकता है। अधिक पदत्व में भी पद की अतिशय अधिकता का ही निषेध नमिसाधु ने किया है।

2. सुक्रमत्व— वाक्य में पद के दुष्क्रमत्व के विपरीत सुक्रमत्व गुण की कल्पना की गई है। वाक्य में जो पद जिस पद के साथ संबद्ध रहता है, उसे उसी के पास निश्चित क्रम में रखना सुक्रमत्व गुण है।

3. पुष्टार्थत्व—अपुष्टार्थ के विपरीत यह गुण प्रस्तुत हुआ है। एक ही शब्द से प्रतिपादित किए जा सकनेवाले अर्थ के लिए जहाँ अनेक शब्दों का प्रयोग होता है, वहाँ सभी शब्द अर्थ का पोषण नहीं करते, अत: वहाँ अपुष्टार्थ दोष होता है, पर पुष्टार्थत्व में अर्थ की पुष्टि करनेवाले पदों का ही प्रयोग होता है। वाक्य में युक्तिपूर्ण सुसंबद्धता तो होनी ही चाहिए।

4. चारुपदत्व—यह गुण दु:श्रवत्व दोष की विपरीत कल्पना है। काव्य में पद की चारुता तो सदैव वांछित रहती है।

5. क्षोदक्षमत्व—नमिसाधु ने इस गुण का अर्थ गाम्भीर्य युक्त माना है।

6. अक्षुण्णत्व—यह गुण सभी दोषों का त्याग और सभी गुणों के ग्रहण से सम्पन्न वाक्य की परिपूर्णता में देखा जाता है।

रुद्रट रचना की चारुता पर विशेष बल देते हैं। पदों के सन्निवेश की चारुता में सभी गुण आ जाते हैं।[12] आगे चलकर रुद्रट ने एक और स्थान पर 'गुण' शब्द का सामान्य अर्थ में प्रयोग किया है।[13]

रुद्रट और रुद्रभट्ट

अनेक विद्वान 'काव्यालंकार' के रचयिता रुद्रभट्ट और 'शृंगार तिलक' के रचयिता रुद्र या रुद्रभट्ट को एक ही मानते आए हैं, किन्तु बाद में अधिकांश विद्वानों ने इन्हें अलग-अलग व्यक्ति माना। अलग-अलग माननेवाले विद्वानों में डॉ. सुशील कुमार डे, डॉ. पी.वी. काणे और आर. मिशेल मुख्य हैं। इन दोनों को एक मानने का पहला कारण है—नाम साम्य, दूसरा कारण है—ग्रंथों की आंशिक नाम-साम्यता। रुद्रट के ग्रंथ का नाम है—'काव्यालंकार' और रुद्रभट्ट के ग्रंथ का नाम 'शृंगार तिलक' है, पर 'शृंगार तिलक' के तीनों अध्यायों के अन्त में इसे 'शृंगारतिलकाभिधान काव्यालंकार' कहा गया है। इन कारणों के साथ-साथ अनेक मिलते-जुलते उदाहरण के पदों से भी दोनों आचार्यों के एक ही होने का भ्रम पलता रहा है, किन्तु 'काव्यालंकार' ग्रंथ के टीकाकार नमिसाधु और वल्लभ ने स्पष्ट रूप से रुद्रट का नाम लिया है, जबकि 'शृंगार तिलक' के लेखक ने अन्त में श्लेष के द्वारा अपना नाम रुद्र लिखा है। दोनों आचार्यों के अन्तर के अनेक कारण गिनाए गए हैं जिनमें एक महत्त्वपूर्ण कारण यह भी है कि रुद्रट अलंकारवादी आचार्य हैं और रुद्रभट्ट या रुद्र रसवादी। रुद्रभट्ट ने केवल रस और उससे संबंद्ध नायक-नायिका भेद का विवेचन किया है।

रुद्रट और मम्मट प्राय: एक ही शताब्दी नवम शती के आस पास माने गए हैं, अत: माना जाता है कि अलंकारवादी रुद्रट ध्वनिवादी आनन्दवर्धन के बीच एक सेतु की तरह दिखाई देते हैं। यह वह समय रहा होगा जब अलंकार सम्प्रदाय के स्थान पर ध्वनि-सिद्धान्त का महत्त्व घोषित हो रहा होगा, अत: इस दृष्टि से रुद्रट एक संक्रमण काल के आचार्य के रूप में अवतरित होते दिखाई पड़ते हैं। रुद्रट के ग्रंथ 'काव्यालंकार' की एक अन्य मुख्य विशेषता विद्वानों ने यह बताई है कि रुद्रट का 'काव्यालंकार' काव्य-विधान का प्रथम संग्रह-ग्रंथ है। संग्रह-ग्रंथ होने का कारण उसे किसी एक वाद या सम्प्रदाय तक सीमित नहीं किया जा सकता। अलंकारवादी युग के आचार्य होते हुए

भी भी रुद्रट ने भरत के बाद विशेष रूप से रस-निरूपण करने का प्रयत्न किया। इन्होंने ही 'काव्यशास्त्र' में सर्व प्रथम 'प्रेयान् रस' की चर्चा की। इन्होंने ही नायक-नायिका भेद-प्रकरण को रस-प्रकरण के अन्तर्गत निरूपित किया। आगे चलकर भोज और विश्वनाथ ने इनका अनुगमन किया।

रुद्रट का वैशिष्ट्य इस बात में भी है कि उन्होंने नायक-नायिका भेद-विवेचन में स्वकीया, परकीया और सामान्या का उल्लेख प्रथम बार किया। रुद्रट ने ही 'वक्रोक्ति' को एक शब्दालंकार के रूप में विवेचित किया तथा अलंकारों के वर्गीकरण का प्रयास किया।

रुद्रट के संग्रह-ग्रंथ की भाँति उनके प्राय: ढाई सौ वर्ष बाद मम्मट का 'काव्य प्रकाश' उन्हीं की भाँति शब्द और अर्थ को आधार बनाकर व्यवस्थित रीति से प्रणीत हुआ। व्यवस्था, क्रमबद्धता और संयोजन की दृष्टि से रुद्रट का 'काव्यालंकार' निश्चय ही महत्त्व का अधिकारी है, इसमें सन्देह नहीं।

रुद्रट ने अपने 'काव्यालंकार' में प्राय: 140 पद्यों में काव्य-स्वरूप, काव्य-प्रयोजन, काव्य-हेतु, कवि-महिमा, शब्द-प्रकार, वृत्ति एवं रीति, वाक्य भेद, अर्थ, वाचक शब्द, महाकाव्य, महाकथा, आख्यायिका, लघुकाव्य, अन्य काव्यरूप, काव्य में निषिद्ध प्रसंग जैसे सोलह विषयों की संक्षिप्त, किन्तु सारगर्भित चर्चा की है। उन्होंने काव्य के परम्परा-प्राप्त दस अंग माने हैं—काव्य स्वरूप अर्थात् काव्य-लक्षण, काव्य-हेतु, काव्य-प्रयोजन, शब्द-शक्ति, ध्वनि, गुणीभूत व्यंग्य, रस, नायक-नायिका भेद, दोष, गुण, रीति और अलंकार। रुद्रट शब्द, वाचक शब्द तथा वाक्य की चर्चा तो करते हैं, पर शब्द शक्ति-प्रकरण अछूता रह गया है। यद्यपि ध्वनि-तत्त्व में बीज-वपन पहले से ही लक्षित हो रहा था। यहाँ तक कि रुद्रट ने भाव अलंकार में भी गुणीभूत व्यंग्य काव्य के रूप में प्रस्तुत किया था, पर गुणीभूत व्यंग्य या ध्वनि को काव्यांग के रूप में विवेचित नहीं किया। रुद्रट आनन्दवर्धन के पूर्ववर्ती थे। रुद्रट का समय यदि 825 ई. के आसपास कहा गया है तो आनन्दवर्धन नवम शती के मध्य भाग तक माने गए हैं। अत: प्रतीत होता है कि ध्वनि-सिद्धान्त की धारणा स्पष्ट रूप में रुद्रट के सामने नहीं आई थी।

मूल्यांकन

'काव्यालंकार' के रचयिता रुद्रट आचार्य भरत से लेकर आनन्दवर्धन के बीच एक मजबूत कड़ी की तरह दिखाई देते हैं। उनके ग्रंथ में काव्य के सभी रूपों का विवेचन हुआ है, जिसमें काव्य-प्रयोजन, काव्य हेतु, काव्य-लक्षण, अलंकार, काव्य-दोष, रस-निरूपण एवं महाकाव्य, आख्यायिका आदि विवेच्य विषय हैं। ग्रंथ के सोलह अध्यायों और 748 पद्यों में यह विवेचन प्रस्तुत हुआ है।

1. रुद्रट का संक्षिप्त काव्य-लक्षण 'ननुशब्दार्थौकाव्यम्' में अतिव्याप्ति दोष देखा गया है। इससे काव्य का स्वरूप स्पष्ट नहीं होता। इससे वे शब्द और अर्थ का संकेत करते प्रतीत होते हैं। भामह और रुद्रट, दोनों ने शब्दार्थ को काव्य के लिए आवश्यक माना है।
2. रुद्रट काव्य-प्रयोजन को रस-निरूपण की भूमिका के रूप में देखते हैं। वे

आरम्भ में काव्य-प्रयोजन से चतुर्वर्ग की और मध्य में रसयुक्त काव्य की महिमा सिद्ध करते हैं। उन्होंने भी छह काव्य-प्रयोजन गिनाए हैं। काव्य-रचना से कवि के चरित-नायक का यश-विस्तार, धन, सुख, और इच्छित कामनाओं की प्राप्ति, देवस्तुतियों से रोग-मुक्ति, चतुर्वर्ग की प्राप्ति और सहृदय श्रोता को विलक्षण आनन्द की प्राप्ति।

3. काव्य-हेतु के रूप में रुद्रट ने प्रतिभा, व्युत्पत्ति और अभ्यास को स्वीकार किया है। प्रतिभा जन्मजात भी होती है और उत्पाद्या भी। उत्पाद्या प्रतिभा सहजा प्रतिभा के संस्कार में सहायक होती है। रुद्रट शक्ति, व्युत्पति और अभ्यास के 'त्रितय' को महत्त्व देते हैं। व्युत्पत्ति से उनका आशय है छंद, कला, व्याकरण आदि का सम्यक् ज्ञान। यह व्युत्पत्ति प्रतिभा को धारदार बना देती है।
4. रुद्रट का दोष-निरूपण वामन की भाँति वर्गीकृत होकर भी कुछ भिन्न है। रुद्रट ने ग्राम्य-दोष की व्याख्या में नवीनता दिखाई है। वे अनुचित पद को ग्राम्य मानते हैं। उनकी एक मौलिक कल्पना है कि वे अलंकार को दोष नहीं मानते, पर जिस बात में अलंकार न हो, उसे वे मध्यम कहते हैं। सम्भव है कि उनके इस 'अनलंकार' शब्द से मम्मट को अपनी काव्य-परिभाषा देने में प्रेरणा मिली हो और उन्होंने 'अनलंकृती पुन: क्वापि' का प्रयोग किया हो।
5. रुद्रट के दोष-विवेचन में कई दोषों का रूप पुराना ही है, पर उन्हें नया नाम दिया गया है। उनकी मौलिक विशेषता इस बात में है कि वे रस और औचित्य-चिन्तन को दोष से जोड़कर देखते हैं। कुल मिलाकर रुद्रट 'काव्यशास्त्र' के चिन्तन के उस संक्रमण-बिन्दु पर दिखाई देते हैं जो अलंकार, गुण, रीति आदि के महत्त्व को भी समझता था तो दूसरी ओर रस-सम्प्रदाय की नवीनता का स्वागत भी कर रहा था।
6. रुद्रट वक्रोक्ति अलंकार को एक शब्दालंकार मानकर उसके श्लेष वक्रोक्ति, काकु वक्रोक्ति नामक भेद करते हैं। इनकी स्थापना का समर्थन राजशेखर को छोड़ मम्मट, विश्वनाथ आदि ने किया है। कुन्तक ने तो वक्रोक्ति को काव्य का प्राणतत्त्व ही मान लिया है। यह बात महत्त्वपूर्ण है कि शब्दालंकार के रूप में वक्रोक्ति की कल्पना सर्वप्रथम रुद्रट ने ही की।
7. रुद्रट ऐसे आलंकारिक हैं जो दो अध्यायों में रस का विवेचन करते हैं। उनके द्वारा विवेचित सर्वथा मौलिक अलंकारों में मुख्य हैं—समुच्चय, विषय, सार, अन्योन्य, मीलित, प्रत्यनीक, विशेष, अधिक, असंगति आदि। रुद्रट ने नायक-नायिक भेद के विषय को शृंगार के अन्तर्गत माना है। अन्तत: वे आलंकारिक हैं तो रसवादी भी।
8. रुद्रट ने भरत द्वारा प्रतिपादित आठ रसों में दो रस और जोड़े हैं। वे हैं—शान्त रस और प्रेयान् रस। रुद्रट की यह धारणा है कि जहाँ रस नहीं होता वहाँ काव्यशास्त्र के समान उद्वेग उत्पन्न करता है। काव्य की सरसता में शृंगार

सहायक होता है। रुद्रट तो आस्वाद प्रदान करनेवाली किसी भी वस्तु को रस-स्वरूप समझते हैं। यद्यपि उन्हें रसवादी आचार्य नहीं कहा जा सकता, पर वे रस से प्रभावित और प्रेरित प्रतीत होते हैं।

9. रुद्रट को एक संग्राहक आचार्य के रूप में देखा जा सकता है। इसका एक प्रमुख कारण यह भी है कि काव्यशास्त्रीय सिद्धान्तों की उत्पत्ति नहीं होती, उनका तो विकास होता है। रुद्रट रस को नाटक के क्षेत्र से बाहर निकालकर काव्यतत्त्व से जोड़ देते हैं, वहाँ नाट्य रस काव्य-रस बन गया है।
10. रुद्रट की दृष्टि में शास्त्र से भी ज्यादा लोकोपयोगी और आह्लादक काव्य की सरसता है। कवि का रस-बोध लोकवृत्ति के अनुकूल ही होता है।
11. रुद्रट रचना की चारुता पर विशेष बल देते हैं। वे मानते हैं कि पदों के सन्निवेश की चारुता में सभी गुण आ जाते हैं। रुद्रट के संग्रह-ग्रंथ के प्रायः ढाई सौ वर्षों के बाद मम्मट का काव्यप्रकाश उन्हीं की तरह शब्द और अर्थ को आधार बनाकर व्यवस्थित रीति से रचा गया। अतः रुद्रट के 'काव्यालंकार' को भी व्यवस्था, क्रमबद्धता और संयोजन की दृष्टि से महत्त्व का अधिकारी मानना ही पड़ता है।

सन्दर्भ

1. संस्कृत काव्यशास्त्र का इतिहास, पृ. 194
2. (क) मनसि सदा सुसमाधिनि विस्फुरणमनेकधाभिधेयस्य। अक्लिष्टानि पदानि च विभान्ति यस्यामसौ शक्तिः। —काव्यालंकार, 1/15
(ख) प्रतिभेत्यपरैरुदिता सहजोत्पाद्या च सा द्विधा भवति। पुंसा सह जातत्वादनयोस्तु ज्यायसी सहजा॥ —वही, 1/16
3. असमर्थमप्रतीतं विसन्धिविपरीत कल्पमं ग्राम्यम्।
अव्युत्पत्ति च देश्यं पदमिति सम्यग् भवेद दुष्टम्॥ —वही, 6/2
4. एतद रसेषु भावेषु सर्व कर्मक्रियासु च।
सर्वोपदेश जननं नाट्य मेतद् भविष्यति॥ —नाट्यशास्त्र, 1/110
5. (क) युक्तंलोकस्वभावेन रसैश्च सकलैः पृथक्। —काव्यालंकार, 1/21
(ख) अलंकृतमसंक्षिप्तं रस भाव निरन्तरम्। —काव्यादर्श, 1/18
6. वही, 1/51
7. अनुसरति रसानां रस्यतामस्य नान्यः
सकलमिदमनेन व्याप्तमाबाल वृद्धम्।
तदिति विरचनीयः सम्यगेष प्रयत्ना-
द्भवति विरसमेवानेन हीनं हि काव्यम्॥ —काव्यालंकार, 14/38
8. ननु काव्येन क्रियते सरसानामवगमश्चतुर्वर्गे।
लघु मृदु च नीरसेभ्यः तेहि त्रयस्यन्ति शास्त्रेभ्यः॥ —वही, 12/1
तस्मात् तत्कर्त्तव्यं यत्नेन महीयसा रसैर्युक्तम्।
उद्वेजनमेतेषां शास्त्र वदेवान्यथा भवति॥ —वही।
9. डॉ. गणेश त्र्यंबक देशपांडे, भारतीय साहित्यशास्त्र, पृ. 114-115

10. द्रष्टव्य—वही, पृ. 116
11. अन्यूनाधिक वाचक सुक्रमपुष्टार्थ शब्द चारुपदम्।
    क्षोदक्षममक्षणं सुमतिर्वाक्यं प्रयुंजीत॥ —रुद्रटप्रणीत-काव्यालंकार, 2/8
12. रचयेत्तमेव शब्दं रचनायाः यः करोति चारुत्वम्।
    सत्यमिति सकल यथोदित पद गुणा साम्येऽभिधानेषु॥
    रचना चारुत्वे खलु शब्दगुणः संनिवेश चारुत्वम्। —वही, 2/9-10
13. वही, 11/36

आनन्दवर्धन

(नौवीं शताब्दी का मध्य भाग)

भारतीय काव्यशास्त्र के विकास में आचार्य आनन्दवर्धन अप्रतिम स्थान के अधिकारी हैं। ये कश्मीर के राजा अवन्तिवर्मा के सभा पंडित थे। इनका समय नौवीं शताब्दी का मध्य भाग माना जाता है। उनका प्रसिद्ध ग्रंथ 'ध्वन्यालोक' ध्वनिवाद के सिद्धान्त की प्रतिस्थापना करता है। उसमें काव्यशास्त्र के तात्त्विक, मौलिक, सूक्ष्म और व्यापक सिद्धान्त का विवेचन हुआ है। 'ध्वन्यालोक' की इस महत्ता के पीछे आचार्य अभिनव गुप्त का योगदान महत्त्वपूर्ण है।

कल्हण ने अपनी 'राज तरंगिणी' में उन्हें कश्मीर नरेश अवन्तिवर्मा के शासनकाल अर्थात् 855-883 ई. के मध्य वर्तमान माना है।[1] कल्हण के अनुसार मुक्ताकण, शिवस्वामी, कवि आनन्दवर्धन और रत्नाकर ने अवन्तिवर्मा के साम्राज्य में कीर्ति अर्जित की थी। आनन्दवर्धन अवन्तिवर्मा के दरबार में कविरूप में समादृत थे। उन्होंने स्वयं अपने कई काव्य ग्रंथों 'अर्जुन चरित' (संस्कृत महाकाव्य), 'विषम वाणलीला' (प्राकृत काव्य) 'देवी शतक' (संस्कृत स्तोत्र काव्य) का उल्लेख किया है। उनके एक दार्शनिक ग्रंथ 'तत्त्वालोक' की भी चर्चा मिलती है। पर 'देवीशतक' ही एकमात्र ग्रंथ है जो उपलब्ध है। अन्य काव्य ग्रंथों की रचना के बाद ही 'ध्वन्यालोक' की रचना हुई होगी, क्योंकि उक्त ग्रंथों के कई पद्य उसमें उद्धृत हैं। यह स्पष्ट है कि आनन्दवर्धन ईसवी की नौवीं सदी के उत्तरार्द्ध में अवश्य विद्यमान थे और संस्कृत के साथ प्राकृत काव्य-रचना में भी उनकी रुचि थी। लोकभाषा के प्रति उनका यह आग्रह शास्त्र और लोक व्यवहार की एकता का समर्थक है। उनका यह मौलिक और उदार दृष्टिकोण 'ध्वन्यालोक' की रचना और ध्वनि-सिद्धान्त की स्थापना के मूल में परिलक्षित होता है।

'ध्वन्यालोक' में उद्‌भट को उद्धृत करने से स्पष्ट है कि ये उद्‌भट के परवर्ती रहे होंगे। राजशेखर की 'काव्य-मीमांसा' में भी 'ध्वन्यालोक' का उद्धरण प्राप्त होता है। अत: विचारक आनन्दवर्धन का समय 860 ई. से 890 ई. के मध्य मानते हैं। कवित्व और आलोचना-शक्ति, दोनों ही क्षेत्रों में उनका समान अधिकार था।

'ध्वन्यालोक' की रचना कारिका एवं वृत्ति या व्याख्या शैली में हुई है। इस बात पर विद्वानों में मतैक्य नहीं है कि कारिका एवं वृत्ति का रचनाकार एक ही व्यक्ति अर्थात् आनन्दवर्धन ही है। कुछ विद्वान् कारिका भाग का लेखक किसी अज्ञात नामा ध्वनिकार को मानकर आनन्दवर्धन को सिर्फ वृत्तिकार मानते हैं, पर महिम भट्ट, जल्हण और राजशेखर आनन्दवर्धन को ही कारिका और वृत्ति का रचयिता स्वीकार करते हैं।

कुछ विद्वान् 'ध्वन्यालोक' की कारिका और वृत्ति के रचयिता के सम्बन्ध में प्रश्न उठाते हैं कि ये दोनों दो भिन्न व्यक्तियों की कृतियाँ हैं। उनका तर्क है कि वृत्ति के प्रणेता तो आनन्दवर्धन हैं, पर कारिका अंश की रचना कोई अन्य सहृदय या व्यक्ति है, लेकिन हमारी दृष्टि में भी कारिका और वृत्ति, दोनों के प्रणेता आचार्य आनन्दवर्धन ही हैं। अभिनवगुप्त ने भी द्वितीय उद्योत की व्याख्या करते हुए एक स्थान पर कहा है—'वृत्ति कारेण सता कारिका कारेण एव मुच्यते' अर्थात् कारिकाकार ही वृत्तिकार होकर इस प्रकार के तर्क दे रहे हैं। अत: दोनों भाग आनन्दवर्धन की ही रचनाएँ हैं और आनन्दवर्धन ही ध्वनि-सिद्धान्त के प्रथम प्रस्तोता हैं।

'ध्वन्यालोक' के व्याख्या-भाग के कई नाम प्रचलित हैं—'ध्वन्यालोक', 'सहृदयालोक' एवं 'काव्यालोक'। पद्यमय कारिका द्वारा ध्वनि का विवेचन और गद्यमय रूप में वृत्ति अथवा कारिका की व्याख्या है और उदाहरण पद्यमय हैं। 'ध्वन्यालोक' की हस्तलिखित प्रतियों की पुष्पिकाओं में और भी कई नाम मिलते हैं, जैसे—'सहृदय हृदयालोक', 'काव्यालंकार'। कुछ विद्वान् मानते है कि मूल ग्रंथ का नाम 'काव्य ध्वनि' या 'सहृदयालोक' था। यह भी सम्भावना की गई है कि ध्वनि-प्रवर्त्तक की उपाधि 'सहृदय' रही हो।

आनन्दवर्धन के व्यक्तिगत जीवन के विषय में और अधिक सामग्री का पता नहीं चलता। उन्हें 'जोनोपाध्याय' कहा गया है। डॉ. डे के मतानुसार उनके पिता का नाम नोण ही शुद्ध प्रतीत होता है। हेमचन्द्र ने (टीका, पृ. 225) में लेखक को 'नोणसुत: श्रीमदानन्दवर्धननामा' कहा है। कैयट ने भी इन्हें नोणपुत्र कहा है और उनके दो ग्रंथों 'विषमबाणलीला' और 'अर्जुन चरित' का उल्लेख किया है।

ध्वन्यालोक : विषय-वस्तु

आनन्दवर्धन की एकमात्र काव्यशास्त्रीय कृति 'ध्वन्यालोक' है जो 'ध्वनि' तथा 'आलोक' शब्द से बना है। 'काव्यशास्त्र' के कई ग्रंथ प्रकाश, दृश्य, दर्शक, दर्पण आदि के वाचक प्रतीत होते हैं, जैसे दंडी का 'काव्यादर्श', मम्मट का 'काव्यप्रकाश' विश्वनाथ का 'साहित्यदर्पण', अभिनव गुप्त का 'ध्वन्यालोक-लोचन' आदि। 'ध्वन्यालोक' चार उद्योतों या खंडों में बँटा हुआ है। इनमें तृतीय उद्योत सबसे बड़ा और चौथा सबसे छोटा है। अपने विषय-विवेचन के लिए आनन्दवर्धन ने कारिका, वृत्ति और उदाहरण की पद्धति अपनाई है। आनन्दवर्धन ने पद्यात्मक कारिका द्वारा संक्षेप में प्रतिपाद्य का उपस्थापन किया है और गद्यात्मक वृत्ति में उसे स्पष्ट करते हुए उदाहरण द्वारा उसका समर्थन किया है। अन्य लेखकों के उद्धरण भी यथास्थान लिए गए हैं। पद्यात्मक कारिकाओं की संख्या प्राय: 116 है।

'ध्वन्यालोक' के बहुचर्चित और समादृत ग्रंथ होने के कारण उसके मर्म के सन्धान के लिए अनेक प्राचीन नवीन टीकाएँ और अनुवाद प्राप्त हैं, पर सबसे प्रसिद्ध अभिनव गुप्त की 'लोचन' नामक टीका है। 'लोचन' से ही आलोक का दर्शन भी सम्भव है। यह टीका मूल ग्रंथ की भाँति समादृत है, जैसे व्याकरण में 'अष्टाध्यायी' पर पंतजलि के महाभाष्य का या दर्शन में वेदान्त सूत्रधार शंकराचार्य के शारीरकभाष्य का महत्त्व है,

वही महत्त्व काव्यशास्त्र में 'ध्वन्यालोक लोचन' का माना जाता है।

भारतीय काव्यशास्त्र में 'ध्वन्यालोक' का महत्त्व इसलिए भी है कि वह एक मात्र ऐसा ग्रंथ है जो काव्य के एक ही तत्त्व ध्वनि का सविस्तार निरूपण करता है। काव्य के अन्य तत्त्वों जैसे अलंकार, गुण, रीति, दोष आदि की चर्चा ध्वनि के साथ उनके सम्बन्ध के विवेचन की दृष्टि से ही हुई है।

'ध्वन्यालोक' ग्रंथ में निरूपित विषयों की संक्षिप्त रूपरेखा इस प्रकार है—

प्रथम उद्योत— काव्य की आत्मा के रूप में ध्वनि की उपस्थापना, ध्वनि के स्वरूप का आख्यान, ध्वनि-विरोधी मतों यथा अभाववाद, अन्तर्भाववाद, अनिर्वचनीयतावाद का खंडन समासोक्ति, अप्रस्तुत प्रशंसा, आक्षेप, दीपक, अपह्नुति, पर्यायोक्त आदि व्यंग्य विशिष्ट अलंकारों में ध्वनि के गतार्थत्व का निराकरण, ध्वनि और अलंकार का भेद-दर्शन आदि।

द्वितीय उद्योत— लक्षण और उदाहरण के साथ ध्वनि के भेद का प्रतिपादन, रसादिध्वनि और रसवद् अलंकार का वैलक्षण्य-प्रदर्शन, अलंकार-प्रयोग विषयक कतिपय महत्त्वपूर्ण संकेत आदि।

तृतीय उद्योत— ध्वनि के भेदों का विस्तार, रस-ध्वनि के साथ गुण, रीति, वृत्ति आदि के सम्बन्ध का विवेचन।

चतुर्थ उद्योत— ध्वनि के संयोजन से काव्य-विषयों की अनन्तता तथा प्राचीन विषयों की चामत्कारिता का निदर्शन, संवाद के तीन भेदों, प्रतिबिम्बिवत्, आलेख्यवत्, तुल्यदेहिवत् का उल्लेख, उपसंहार।

आनन्दवर्धन के पूर्व शास्त्रीय दृष्टि से प्राय: एक हजार वर्षों तक भरत से लेकर उनके पूर्व तक रस, अलंकार, रीति, वक्रोक्ति का विशद विवेचन हो चुका था। भरत ने दृश्य काव्य के प्रसंग में रस की उद्भावना को महत्त्व दिया था। रुद्रट जैसे आलंकारिकों तक आते-आते श्रव्यकाव्य में भी उसकी उपादेयता स्वीकार कर ली गई थी। भामह, दंडी आदि आचार्यों ने महाकाव्य में रस की उपस्थिति स्पष्टत: स्वीकार कर ली थी। भामह उसे 'युक्तं लोक स्वभावेन रसैश्च सकलै: पृथक् (काव्यालंकार, 1/21) कहते थे तो दंडी ने 'काव्यादर्श' (1/18) में 'रसभावनिरन्तरम्' कहकर रस को सम्मान दिया था। इसके साथ ही अलंकारों की संख्या में दिनानुदिन वृद्धि हो रही थी। अलंकार केवल लक्ष्य ग्रंथों के आधार पर ही नहीं होकर कवि-कल्पना-प्रसूत भी नित्य नए रूप में जुटते जा रहे थे। दंडी ने तो स्वीकार किया था कि अलंकारों की कल्पना निरन्तर हो रही है। अत: समग्र रूप से उनका वर्णन कौन कर सकता है?

पूर्ववृत्त

आनन्दवर्धन को पूर्व परम्परा से एक समृद्ध शास्त्रीय पृष्ठभूमि मिली, जिसमें अलंकारों की भेद-बहुलता तो थी ही, वामन के रीति-सिद्धान्त तथा गुणों, वृत्तियों के महत्त्व का भी विवेचन हुआ था।

यह सत्य है कि उस समय तक शास्त्रीय पृष्ठभूमि सशक्त हो रही थी, पर काव्य का महत्त्व गौण-सा दिखाई दे रहा था। भट्टि का काव्य एक छन्दोबद्ध व्याकरण बनकर

चमत्कार उत्पन्न कर रहा था। उनका 'रावण वध' काव्य विद्वानों के लिए मानो रचा गया था। भट्टि ने घोषणा की थी कि "यह काव्य व्याख्या से ही समझ में आ सकता है। इससे विद्वानों को ही आनन्द मिलेगा। अल्पबुद्धि पाठक तो इसे ग्रहण नहीं कर पायेंगे, क्योंकि विद्वानों को ध्यान में रखकर ही इसकी रचना की गई है। उस युग में सरसता के बदले दुर्बोधता और बुद्धि चमत्कार को ही काव्यास्वाद की कसौटी मानने का जैसे चलन हो गया था और इसमें महाकाव्यों की बृहत् त्रयी—'किरातार्जुनीयम्', शिशुपालवध' और नैषधीय चरितम्' ने भी पूरा-पूरा साथ दिया। चमत्कार, दूर की उड़ान और क्लिष्टता को गुण की तरह स्वीकार किया जाने लगा। भवभूति ने भी अपनी रचना 'उत्तर राम चरित' पर की गई किसी विरुद्ध टिप्पणी से आहत होकर ही कहा था कि यह रचना सामान्य बुद्धिवालों के लिए है ही नहीं। "यदि मेरे समान कोई व्यक्ति जो उत्पन्न होगा, वही इसे समझने का अधिकारी होगा क्योंकि काल और पृथ्वी असीम हैं।" अपनी रचना की त्रुटि को गुण समझनेवाली यह प्रवृत्ति अलंकार प्रियता और चमत्कार को साध्य मानने के कारण ही उस युग में पैदा हुई होगी। भवभूति की समास बहुल रचना को देखकर ही सम्भवत: 'ध्वन्यालोक' के तृतीय उद्योत में आनन्दवर्धन ने कहा था कि लम्बे समासों से युक्त संघटना रसानुभूति में बाधा डालती है। इसलिए उसका आग्रह अच्छा नहीं है, खासकर अभिनेय काव्य (नाटक आदि) में यदि करुणा या विप्रलम्भ की व्यंजना अभीष्ट हो तो और भी नहीं, क्योंकि ये दोनों रस अत्यन्त कोमल होते हैं। अत: भाषा की थोड़ी भी अस्वच्छता से शन्द-अर्थ की प्रतीति मन्द पड़ जाती है (शब्दार्थयो: प्रतीति मंथरी भवति')।

भवभूति एक समर्थ और निष्णात कवि थे। 'एको रस: करुण एव' कहकर उन्होंने करुण रस की महत्ता सिद्ध की थी। यह भी सम्भव है कि करुण-रस की वेदना के प्रवाह को सहज सरल भाषा सँभाल नहीं पाई हो और भवभूति को इसके लिए समासबहुल शब्दावलियों का प्रयोग करना पड़ा हो, पर यह धारणा भवभूति का पक्षधर होने में कल्पित ही कही जा सकती है।

डॉ. पी. वी. काणे ने 'संस्कृत काव्यशास्त्र का इतिहास' में लिखा है कि "ध्वनि-सिद्धान्त रस का ही अभिवृद्ध रूप है। काव्य के क्षेत्र में इसने रस-सिद्धान्त को व्याप्त कर लिया। रस का सम्बन्ध पूर्णत: नाट्यकृति से था। नाट्य का प्रमुख प्रयोजन विभाव-अनुभाव आदि की सहायता से शृगार, करुण आदि रसों की निष्पत्ति करना है। इसके लिए विस्तृत रचना की आवश्यकता होती है, परन्तु यदि एक ही सुन्दर श्लोक हो तो उसमें इस प्रकार की रस-निष्पत्ति सम्भव नहीं है। यदि केवल रस को ही काव्य की आत्मा माना जाए तो इस प्रकार के स्फुट श्लोक काव्यत्व की परिधि से बाहर हो जाएँगे।" इसलिए विचारकों ने ध्वनि की सत्ता की सर्वग्राहिणी क्षमता देखकर उसे महत्त्व दिया।

ध्वनि-चिन्तन

ऐसा भी नहीं है कि ध्वनि विषयक चिन्तन एकाएक हुआ होगा। वह विचारों की एक विकासमान कड़ी के रूप में प्रकट होता है। तभी तो ध्वन्यालोक की पहली कारिका में कहा गया है कि 'काव्यस्यात्मा ध्वनिरिति बुधैर्य: समाम्नात् पूर्व:" अर्थात् काव्य की आत्मा ध्वनि है, ऐसा मेरे पूर्ववर्ती विद्वानों का भी मत है।" यह ठीक है कि भरत से लेकर

रुद्रट तक किसी के ग्रंथ में ध्वनि की चर्चा नहीं मिलती, पर अलंकारों की चमक-दमक और शोभा में यदि कोई प्रतीयमान अर्थ की बात भी करता तो सम्भवत: वह उपेक्षणीय ही होता। यह बात विचारणीय है कि जब कालिदास जैसे श्रेष्ठ कवियों का काव्य रचा जा रहा था तब अलंकार-युग प्रबल हो गया था और जब आगे-चलकर संस्कृत काव्य का ह्रास-युग शुरू हुआ और चमत्कार प्रधान काव्य रचे जाने लगे तब आनन्दवर्धन का 'ध्वन्यालोक' ध्वनि-सिद्धान्त या व्यंजना-व्यापार को लेकर अवतरित हुआ। सम्भव है प्राचीनों में से किसी ने व्यंजना-व्यापार को समझने-समझाने का प्रयत्न किया भी होगा तो उनकी स्थापना नक्कारखाने में तूती की आवाज की तरह दब गई होगी। जो भी हो, आनन्दवर्धन का 'बुधैर्य:समाम्नात् पूर्व:' हमें थोड़ा सोचने पर बाध्य अवश्य कर देता है। 'ध्वन्यालोक' में माना गया है कि काव्य-विशेष को सूरियों ने ध्वनि-काव्य कहा है। आनन्दवर्धन ने 'सूरिभि: ' का अर्थ 'काव्य-तत्त्वार्थदर्शी' किया है। केवल इन काव्य-तत्त्व जानकारों का पता नहीं चलता। 'ध्वन्यालोक' का अन्त: साक्ष्य आनन्दवर्धन के कथन को पुष्ट करता है।[2] डॉ. बच्चन सिंह का भी अनुमान है कि 'ध्वन्यालोक' एक मौलिक ग्रंथ है। ध्वनि सम्बन्धी विचारों के बीज दर्शन और व्याकरण के ग्रंथों में बिखरे हुए थे। ध्वनिकार को पुस्तक-रचना की प्रेरणा वहीं से मिली होगी।[3]

पर हमारी धारणा है कि ध्वनि की प्रेरणा केवल व्याकरण और दर्शन के ग्रंथों से ही नहीं अपितु पूर्ववर्ती काव्य शास्त्रीय ग्रंथों और काव्य-ग्रंथों से भी प्राप्त हुई होगी।

ध्वनि-सिद्धान्त ने काव्य में प्रयुक्त कृत्रिम शैली को नकार कर व्यंजना को स्थापित किया था। उन्होंने अपने पूर्ववर्ती आचार्यों की यमकप्रियता, चमत्कार-सृजन पर एक स्वस्थ भावबोध को प्रस्तुत किया था। इसमें इन्हें सफलता भी मिली, परन्तु काव्य में कृत्रिमता की यह प्रवृत्ति उनके बाद भी चलती रही। राज्याश्रय प्राप्त कवियों द्वारा राजाओं की सभाओं और विदग्ध गोष्ठियों में ऐसे ही चमत्कार-प्रवण काव्य की आवश्यकता थी जिसमें बुद्धि चमत्कृत हो जाए, आँखें खुली की खुली रह जाएँ, कल्पना का महावैभव चित्त को जड़ बना दे। यही कारण है कि आनन्दवर्धन के प्राय: दो सौ साल बाद भी 11वीं शताब्दी में श्री हर्ष के प्रसिद्ध महाकाव्य 'नैषधीयचरित' में पांडिल्य का प्रकर्ष अपने पूरे ताम-झाम के साथ व्यक्त हुआ। श्री हर्ष ने खुलकर कहा कि "इस काव्य में मैंने प्रयत्नपूर्वक कहीं-कहीं गाँठें डॉ. दी हैं, जिससे अपने को विद्वान् समझनेवाला और माथापच्ची करनेवाला खल इसमें न खोल सके (आनन्द न ले सके)। इस काव्य की रस-तरंग में मज्जन का सुख वही सज्जन प्राप्त कर सकता है, जिसने श्रद्धा से गुरु की आराधना कर दृढ़ ग्रंथियों को ढीला किया है।[4] इसी प्रकार बुद्धि-वैचित्र्य का एक उदाहरण कविराज के 'राघव पांडवीय' नामक महाकाव्य में मिलता है, जिसमें प्रत्येक श्लोक का अर्थ 'रामायण' और 'महाभारत' जैसी दो भिन्न कथाओं के रूप में मिलता है। इससे स्पष्ट है कि कालिदास के बाद की कविता पांडित्य और चमत्कार की आग्रही हो गई थी। अनुभूति पर बुद्धि और रस पर अलंकार का प्रभाव तथा अधिकार हो गया था।

आनन्दवर्धन ने अपने से पूर्व चली आती हुई परम्परा का सूक्ष्म अध्ययन किया था। उन्होंने पाया था कि पूर्व के सभी सिद्धान्त एकांगी थे। अलंकार और रीतिकाव्य

के बहिरंग तक सीमित थे, रस-सिद्धान्त भी ऐन्द्रिय आनन्द को सर्वस्व मानकर चलता दिखाई दे रहा था और बुद्धि तथा कल्पना के आनन्द के प्रति उदासीन था। प्रबन्ध काव्य की रस-चर्वणा का तालमेल प्राय: बैठ भी रहा था, पर स्फुट या मुक्तक छंदों में रस के संयोग और निष्पत्ति के लिए स्थान नहीं था। आनन्दवर्धन ने इन सीमाओं को पहचानने और उनका निराकरण करने की चेष्टा करते हुए शब्द की तीसरी शक्ति व्यंजना पर आधारित ध्वनि को काव्य की आत्मा सिद्ध किया।

आनन्दवर्धन ध्वनि के स्वरूप को स्पष्ट करने के लिए जो उदाहरण देते हैं, वह इस प्रकार है—"जैसे किसी युवती (अंगना) के सुन्दर अवयव और उनसे फूटता हुआ लावण्य एक पदार्थ नहीं है और जिस प्रकार दीप और उससे निसृत प्रकाश भी एक पदार्थ नहीं है, उसी प्रकार शब्द तथा अर्थ और उनसे अभिव्यक्त ध्वनि (व्यंग्य-अर्थ) भी एक पदार्थ नहीं है। शब्द और अर्थ काव्य के बाह्य उपकरण मात्र हैं, पर ध्वनि तो कोई अन्य अवर्णनीय पदार्थ है।[5] यह बात भी महत्त्वपूर्ण है कि व्यंग्यार्थ की प्रतीति शब्दार्थ की प्रक्रिया अर्थात् वाच्यार्थ के ज्ञानमात्र से नहीं हो जाती, अपितु यह केवल काव्यार्थ के तत्त्व को जाननेवालों को ही होती है।"[6]

इन कथनों से यह बात छनकर आती है कि ध्वनि या व्यंग्यार्थ शब्दार्थ से भिन्न तत्त्व है तथा लावण्य, लज्जा की भाँति आन्तरिक तत्त्व है अर्थात् वाच्यार्थ से भिन्न अर्थ व्यंग्यार्थ या ध्वनि है। इस ध्वनि के पर्याय हैं—ध्वन्यर्थ, व्यंग्य, व्यंग्यार्थ, व्यंजित अर्थ, प्रतीत अर्थ, प्रतीयमान अर्थ, अवगमित अर्थ आदि। यही व्यंग्यार्थ आनन्दवर्धन एवं उनके अनुकर्त्ता मम्मट, जगन्नाथ द्वारा समर्थित काव्य की आत्मा है।

काव्य का प्रतीयमान अर्थ

काव्य का प्रतीयमान अर्थ चर्वणीय और सरस होता है। यह लावण्य की भाँति कुछ और ही वस्तु है। यह विशिष्ट अर्थ प्रतिभा जन्य है, स्वादु है, वाच्य से अतिरिक्त कुछ दूसरी ही वस्तु है और प्रतीयमान है। उस स्वादु अर्थ वस्तु को बिखेरती हुई बड़े-बड़े कवियों की सरस्वती अलौकिक तथा अतिभासमान प्रतिभा विशेष को व्यक्त करती है।[7]

अभिनवगुप्त इसे स्पष्ट करते हुए कहते हैं कि सर्वत्र शब्द और अर्थ, दोनों का ही ध्वनन व्यापार होता है। यह काव्य विशेष का अर्थ है—अर्थ, या शब्द या व्यापार। वाच्य अर्थ भी ध्वनन करता है और शब्द भी। इसी तरह व्यंग्यार्थ भी ध्वनित होता है अथवा शब्द अर्थ का व्यापार भी ध्वनन है। अभिनव मानते हैं कि ध्वनि संज्ञा केवल काव्य को ही नहीं दी गई, वरन् शब्द, अर्थ और शब्द अर्थ के व्यापार इन सबको ध्वनि कहते हैं। ध्वनि का प्रयोग पाँच भिन्न किन्तु परस्पर संबद्ध अर्थों में होता है—(1) व्यंजक शब्द, (2) व्यंजक अर्थ, (3) व्यंग्य अर्थ, व्यंजना व्यापार और व्यंग्य प्रधान काव्य।

अर्थात् ध्वनि है व्यंग्य, परन्तु पारिभाषिक अर्थ में व्यंग्य वाच्यातिशायी होना चाहिए। विश्वनाथ 'साहित्य दर्पण' में कहते हैं—'वाच्यातिशायिनि व्यंग्ये ध्वनि:।' इस प्रधानता का आधार है चारुत्व अर्थात् रमणीयता का उत्कर्ष—जिसे आनन्दवर्धन 'चारुत्वोत्कर्ष निबन्धना हि वाच्यब्यंग्ययो: प्राधान्य विवक्षा' कहते हैं अर्थात् वाच्य से अधिक रमणीय व्यंग्य ही ध्वनि है।

ध्वनि के प्रेरणा-सूत्र

आनन्दवर्धन को ध्वनि या व्यंग्यार्थ की उद्‌भावना का संकेत व्याकरण से मिला था। वे स्वयं 'ध्वन्यालोक' की 16वीं कारिका की वृत्ति में इसका स्पष्ट उल्लेख करते हैं—"प्रथम प्रमुख विद्वान् वैयाकरण हैं क्योंकि व्याकरण ही सब विद्याओं का मूल है। वे उनके मत का अनुसरण करनेवाले कहते हैं। वैसे ही उनके मत का अनुसरण करनेवाले काव्य-तत्त्वज्ञ अन्य विद्वान् शब्द और अर्थ, दोनों के लिए 'ध्वनि' शब्द का प्रयोग करते हैं।"[8]

मम्मट ने अपने ग्रंथ 'काव्य प्रकाश' में आनन्दवर्धन के कथन को स्पष्ट करते हुए कहा है कि विद्वान् वैयाकरणों ने पहले प्रधानभूत स्फोट रस व्यंग्य के 'व्यंजक' शब्द के लिए ध्वनि का प्रयोग किया। उसके बाद उनके मत का अनुसरण करनेवाले दूसरे काव्यशास्त्रियों ने भी वाच्यार्थ को गौण बना देनेवाले व्यंग्यार्थ की अभिव्यंजना में समर्थ शब्द-अर्थ, दोनों के लिए ध्वनि शब्द का प्रयोग प्रारम्भ कर दिया। तात्पर्य यह कि वैयाकरणों ने पहले स्फोट को अभिव्यक्त करनेवाले शब्द को ध्वनि कहा। बाद में उनका अनुसरण और अर्थ-विस्तार करते हुए शब्द और अर्थ दोनों, को ध्वनि का विषय सिद्ध किया।

ध्वनि की परिभाषा का तात्पर्य

ध्वनि की परिभाषा का तात्पर्य है कि विद्वान् उसे काव्य-ध्वनि कहते हैं, जिसमें प्रयुक्त शब्द स्वयं को अप्रधान बनाकर व्यंग्यार्थ की अभिव्यक्ति करते हैं। शब्द से निकलनेवाला हर व्यंग्यार्थ ध्वनि नहीं कहला सकता। चमत्कारी व्यंग्य ही ध्वनि की संज्ञा पाता है। शाब्दिक परिभाषा से वह कुछ और है—अन्यत् एव को व्यंजित करता है। ध्वनि की इसी विशेषता के कारण ध्वन्यालोक की पहली कारिका में काव्य की आत्मा ध्वनि है, यह घोषित किया गया है। काव्य का वास्तविक अर्थ व्यंग्यार्थ ही प्रकट कर सकता है। इस अकथित प्रच्छन्न अर्थ को व्यक्त करना अभिधा और लक्षणा के वश की बात नहीं। इसका ज्ञान व्यंजना से ही सम्भव है। उसके प्रच्छन्न अर्थ में ही काव्य का सौंदर्य समाया रहता है। जैसे किसी घंटे पर चोट की जाए तो पहले टंकार की ध्वनि निकलती है, पर धीरे-धीरे स्वत: वह ध्वनि एक मीठी झंकार में परिणत हो जाती है। अत: यह टंकार रूप वाच्यार्थ का पहले बोध होता है, जो क्रमश: सहृदय हृदय आह्लादकारी गूढ़ व्यंजना के रूप में बदल जाता है। कुछ आलोचक मानते हैं कि व्यंजना की मान्यता के लिए ही व्याकरण के स्फोटवाद का आश्रय लिया गया था। अत: इसे व्यंजना के ध्वनि-सिद्धान्त की आधार-भूमि के रूप में देखा गया है।

'ध्वन्यालोक' की यह परिभाषा महत्त्वपूर्ण है कि जहाँ अर्थ अपने को अथवा शब्द को अभिव्यक्त करते हैं, उस काव्य-विशेष को विद्वान् लोग 'ध्वनि काव्य' कहते हैं।[9]

अत: यह स्पष्ट है कि महाकवियों के काव्य में प्रतीयमान अर्थ होता है और वह सहृदयों को प्रतीत भी होता है। काव्य में जब यह अर्थ प्रकट होता है तभी उन कवियों की अलोक सामान्य विलक्षण प्रतिभा भी प्रकट होती है। इस प्रतीयमान अर्थ और कवि-प्रतिभा का अनुभव सहृदय को ही हो पाता है। यह प्रतिभा ही सामान्य और प्रतिभासम्पन्न

कवि के लिए विभाजक-रेखा का काम करती है। यद्यपि यह प्रतीयमान अर्थ वाच्यार्थ से भिन्न और विलक्षण होता है, पर सहृदय में भी विशेष योग्यता आवश्यक है अन्यथा केवल शब्द-ज्ञान से ही वह अर्थ-ज्ञान पूरा हो जाता है, उसके लिए सहृदय का काव्यार्थ-तत्त्वज्ञ होना भी जरूरी है। अगर हम प्रकाश चाहते हैं तो दीपक तक जाना होगा—इसी को आनन्दवर्धन 'आलोकार्थी कथा दीपशिखायां यत्नवान् जन:' कहते हैं। अत: विद्वान मानते हैं कि जिस प्रकार काव्य में वाचक शब्द एवं वाच्य अर्थ गौण रहते हुए साधन के रूप में प्रतीयमान अर्थात् व्यंग्य अर्थ को प्रधानता से अभिव्यक्त करते हैं, उस काव्य विशेष को 'ध्वनि' अथवा 'ध्वनिकाव्य' की संज्ञा दी जाती है।

डॉ. गणेश त्र्यम्बक देशपांडे ने एक उदाहरण[10] द्वारा प्रतीयमान अर्थ को विस्तारपूर्वक स्पष्ट किया है। वासवदत्ता के जल जाने का समाचार जब वत्सराज उदयन ने सुना तब शोक के आवेश में कहने लगा—"भय से तुम कम्पित हो गई होगी। उस दशा में अंचल के छोर के गिरने का भी तुम्हें ध्यान न रहा होगा और वे तुम्हारी आँखें! कातर भाव से चारों ओर ताकती होंगी। इस अवस्था में भी अग्नि ने तुम्हें जला दिया, पर धुएँ से अन्धा अग्नि तुम्हें कैसे देखे?" इस छंद में 'ते लोचने'—'वे तुम्हारी आँखें' ये शब्द रसिक के समक्ष कितना विशाल अर्थ खड़ा कर देते हैं। वासवदत्ता की उन आँखों ने उदयन को कितनी बार गूढ़ सन्देश दिए होंगे, मन के विविध अभिप्राय उन आँखों ने अनन्त प्रकारों से सूचित किए होंगे। इन्हीं आँखों ने उज्जयिनी में उदयन को विद्ध किया था। क्षिप्रा तट के स्नानगृह से वत्स देश की ओर प्रस्थान करते समय माता-पिता के वियोग का दु:ख, पति की संगति का आनन्द और कहीं यह मेरी भूल तो नहीं जैसा संभ्रम एवं भय इन्हीं आँखों में तरंगित होता हुआ उदयन ने अनेक बार देखा होगा। वे आँखें आज स्मृति शेष हो गईं, जीवन का वह आनन्द नष्ट हो गया। वासवदत्ता के वह गाढ़ा स्नेह, वह क्रीड़ाप्रिय स्वभाव, वह साहसिकता, उसके सहवास का सुख आदि अनन्त अर्थ 'ते' इस एक छोटे-से शब्द में भर दिए गए हैं और वासवदत्ता की मृत्यु के उपरान्त उदयन के मन में कोलाहल करती उठती हुई वे स्मृतियाँ उदयन के शोक की तीव्रता रसिक को प्रतीत कराती हैं। 'उदयन को बहुत शोक हुआ, पूर्वकाल के सुखों की स्मृति से उनका शोक उगड़ आना आदि रूपों से इस अर्थ को कहने का प्रयास करने पर भी 'ते लोचने' इन दो शब्दों के द्वारा प्रतीयमान अर्थ और उसका स्वरूप उनमें स्पष्ट नहीं होगा। इसका अभिप्राय तो प्रतीतिगम्य ही है, शब्द वाच्य नहीं।' डॉ. देशपांडे ने इस प्रकार की आस्वाद्य प्रतीति वाले विषय के व्यंग्यार्थ को 'अलौकिक व्यंग्य' की संज्ञा दी है।

इस परिभाषा का तात्पर्य है कि विद्वान् उस काव्य को ध्वनि कहते हैं जिसमें कथित शब्द और अर्थ अपने को अप्रधान बनाकर व्यंग्यार्थ की अभिव्यक्ति करते हैं। किसी भी शब्द या वाक्य में कोई व्यंग्यार्थ ढूँढ़ा जा सकता है, पर हर व्यंग्यार्थ काव्य नहीं हो सकता—चमत्कारी व्यंग्य ही काव्य की महिमा पाता है। यह 'कुछ और अर्थ' ध्वन्यालोक' की पहली कारिका में घोषित किया गया है कि यही काव्य की आत्मा ध्वनि है। इस अकथित अर्थ का बोध व्यंजना-शक्ति द्वारा होता है।

यह व्यंग्यार्थ कई बार वैचित्र्यपूर्ण भी होता है। इस वैचित्र्य को अलंकार-ध्वनि भी माना गया है। आनन्दवर्धन प्रतीयमान अर्थ को वस्तु-ध्वनि के रूप में अविचित्र, अलंकार

ध्वनि के रूप में विचित्र और अलौकिक मानते हैं। इसे ही वस्तुध्वनि अलंकार ध्वनि और रसादिध्वनि की संज्ञा दी गई है। वैचित्र्य रूप व्यंग्यार्थ के एक प्राकृत उदाहरण में एक सखी कहती है "सखि, उस समय तुमने मेरा धीरज बँधाया। उस धीरज के बल पर मैं प्रियतम से रूठ गई। सोचा कि रूठे रहने में तुम्हारी बात सहायक होगी, मान-मनौवल का सुख मिलेगा, किन्तु प्रियतम के दर्शन मात्र से मन में जब उतावली होने लगी तो तुम्हारा बँधाया हुआ धीरज पता नहीं कहाँ भाग खड़ा हुआ?" अर्थात् प्रियतम के मनाने के पहले ही वह प्रसन्न हो गई।[11]

एक दूसरा उदाहरण 'अमरुक शतक' से लिया जा सकता है, जहाँ एक वयस्क सखी मुग्धा नायिका को मान और धैर्य धारण करने की सलाह देती है, पर मुग्धा सखी कहती है—अरी सखि! धीरे बोल, नहीं तो मेरे हृदय में बैठा मेरा प्राणेश्वर तुम्हारी इस सिखावन को सुन लेगा।[12]

ध्वनि के भेद

ध्वनि के दो मुख्य भेद हैं—(1) अभिधामूला ध्वनि और (2) लक्षणामूला ध्वनि। अभिधामूला को विवक्षित अन्य पर वाच्यध्वनि कहते हैं और लक्षणामूला को अविवक्षित वाच्य ध्वनि कहते हैं। अभिधा मूला ध्वनि के भी दो भेद हैं—असंलक्ष्यक्रम और संलक्ष्यक्रम। असंलक्ष्यक्रम ध्वनि में ही रस आदि की गणना होती है। लक्षणामूला ध्वनि के भी दो भेद हैं—अर्थान्तर संक्रमित वाच्य और अत्यन्त तिरस्कृत वाच्य। इनके भी भेद-प्रभेद गिनाए गए हैं। भेदोपभेदों के अनन्त विस्तार को जोड़ा जाए तो ध्वनि के प्रमुख 51 भेद बढ़ते-बढ़ते 10,455 भेदों तक पहुँच जाते हैं। इसे मानव-मस्तिष्क के बुद्धिविलास, प्रतिभा की सूक्ष्म कल्पक स्थिति एवं काव्य में अन्तर्निहित व्यंग्यात्मक क्षमता का उद्घाटन भी कह सकते हैं और इसके विस्तार को देखकर हम मुग्ध अथवा क्षुब्ध भी हो सकते हैं। इसे हम ध्वनि का विशाल वंश-वृक्ष भी कह सकते हैं—जिसे सूत्र रूप में इस प्रकार समझा जा सकता है—(1) ध्वनि—अभिधामूला अर्थात् विवक्षितान्य पर वाच्य ध्वनि, (2) लक्षणामूला—अर्थात् अविवक्षित वाच्यध्वनि।

अभिधामूला के दो भेद—असंलक्ष्य क्रम व्यंग्य ध्वनि और 2. संलक्ष्यक्रम व्यंग्य ध्वनि लक्षणामूला के दो भेद अर्थांतर संक्रमित वाच्य ध्वनि और अत्यन्त तिरस्कृत वाच्य ध्वनि हैं। अत: ध्वनि सिद्धान्त की मूल भित्ति रस है। कहा तो यह भी जाता है कि रस-सिद्धान्त का ही सूक्ष्म स्वरूप-विस्तार ध्वनि के रूप में हुआ है। यह रस असंलक्ष्यक्रम व्यंग्य ध्वनि है। असंलक्ष्यक्रम व्यंग्य का अर्थ है—जिस व्यंग्यार्थ की प्रतीति में व्यंजक रूप वाच्यार्थ की पूर्व प्रतीति सम्भव नहीं हो, वही काव्य रस भावादि ध्वनि काव्य है। इसमें वाच्य और व्यंग्य के पौर्वापर्य की प्रतीति व्यवहारत: नहीं होती, व्यंग्यार्थ की प्रतीति में त्वरा होती है। अत: वाच्यार्थ की ओर ध्यान ही नहीं जाता। वस्तुत: काव्यगत रस की प्रतीति सहृदय को ही हो सकती है।

ध्वनि-भेद के सूत्र

आनन्दवर्धन ने अपने ध्वनि-सिद्धान्त को आन्तरिक काव्य-तत्त्व घोषित किया है। ध्वन्यालोक के द्वितीय और तृतीय उद्योत में ध्वनि-भेदों पर विचार हुआ है। ध्वनिमत-

स्थापना के मूल में रस-सिद्धान्त का विशेष विस्तार देखा जा सकता है—(ध्वन्यालोक, 3/31 वृत्ति तथा 3/62)। ध्वनि-भेदों में काव्य की कोटियों का प्रभाव है।

ध्वनि के भेदों को निम्नांकित रेखि-चित्र द्वारा समझा जा सकता है—

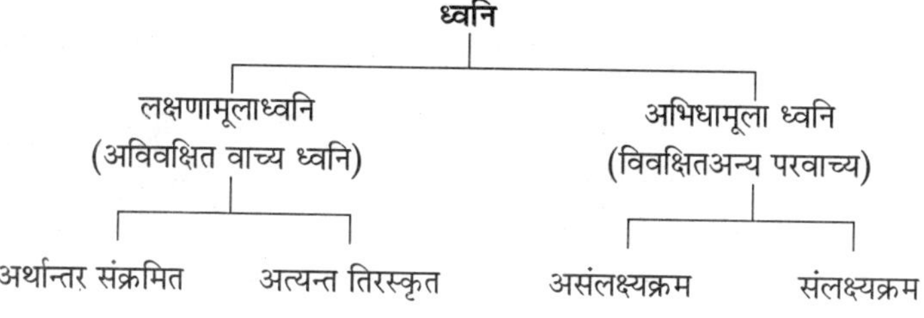

ध्वनि के भेद को समझने के सूत्र इस प्रकार बनते हैं—

लक्षणामूलाध्वनि

1. यह लक्षणा पर आश्रित है, यह अविवक्षित वाच्य ध्वनि है। इसमें वाच्यार्थ बाधित रहता है। उससे अर्थ-प्रतीति नहीं होती।

2. लक्षणामूला ध्वनि के दो भेद हैं—अर्थान्तर संक्रमित वाच्य ध्वनि और अत्यन्त तिरस्कृत वाच्य ध्वनि। यहाँ वाच्यार्थ अन्य अर्थ में बदल जाता है। अत्यन्त तिरस्कृत वाच्य ध्वनि में वाच्यार्थ अत्यन्त तिरस्कृत रहता है। यह ध्वनि पदगत और वाक्यगत मानी गई है। लक्षणामूला ध्वनि प्रयोजनवादी लक्षणा पर आश्रित रहती है।

अभिधामूला ध्वनि

यह ध्वनि अभिधा पर आधारित है। इसे विवक्षित अन्य पर वाच्य ध्वनि भी कहा गया है। यहाँ वाच्यार्थ का अपना अस्तित्व तो होता है, पर वह व्यंग्यार्थ का ही माध्यम होता है। अभिधामूला ध्वनि के दो भेद हैं—असंलक्ष्य क्रम और संलक्ष्यक्रम।

असंलक्ष्यक्रम ध्वनि में कौन पहले है, कौन बाद में, यह पूर्वापर क्रम लक्षित नहीं होता। उसमें क्रम होता है, उसका आभास भी होता है, पर वाच्यार्थ और व्यंयार्थ की प्रतीति का अन्तर अति स्वल्प होने के कारण 'शतपत्रभेदन्याय' से स्पष्ट नहीं दीखता।

किन्तु संलक्ष्यक्रम व्यंग्य ध्वनि में पूर्वापर क्रम ठीक से लक्षित होता है। कहीं वह शब्दाश्रित, कहीं अर्थाश्रित तो कहीं शब्द और अर्थ, दोनों के आश्रित होता है। इसके भी तीन भेद हैं—(1) शब्द शक्ति उद्भव (2) अर्थशक्ति उद्भव और शब्दार्थ उभयशक्ति उद्भव। संलक्ष्य क्रम के ध्वनि के ही अन्तर्गत वस्तु ध्वनि और अलंकार ध्वनि को गिना गया है क्योंकि वहाँ वाच्यार्थ और व्यंग्यार्थ का पूर्वापर क्रम दिखाई पड़ता है। आचार्यों ने ध्वनि के सूक्ष्मातिसूक्ष्म भेदों की विस्तृत गणना 10,455 से लेकर 4,51,920 तक कर दी है। यह और कुछ नहीं, ध्वनि की व्यापकता और सूक्ष्मता को ही प्रमाणित करता है।

रस, वस्तु और अलंकार की व्यंजनाओं में आनन्दवर्धन रसध्वनि को सर्वाधिक महत्त्व देते हैं। यह रसध्वनि अंगी है, रीति, गुण अलंकार आदि इसके अंग हैं। रसध्वनि के रूप में इनके चमत्कार का बोध हो पाता है, जैसे शौर्य आदि गुण मनुष्य की आत्मा

से संबद्ध हैं और रसास्वाद के समय वे स्पष्टतः अनुभूत हो जाते हैं। रीति काव्यात्मा रस ध्वनि की उपकर्त्री होती है। अलंकार, हारादि आभूषणों की तरह अनित्य और अस्थिर धर्म हैं। वे अप्रत्यक्ष रीति से कभी-कभी कल्पना-तत्त्व के सौंदर्य को चमत्कृत कर देते हैं। यों समझिए कि केवल अलंकार उक्ति-वैचित्र्य उत्पन्न करता है, पर रसध्वनि में वह उसे और प्रभावशाली बना दे सकता है।

आलोचक मानते हैं—'ध्वनि-सिद्धान्त' की धारणा शब्द-शक्तियों पर खड़ी दिखाई देती है। सिद्धान्ततः व्यंजना-व्यापार ही ध्वनि के सिद्धान्त की आधार-शिला माना जा सकता है; स्फोटवाद तो वास्तव में सादृश्य-पद्धति पर ध्वनि के स्वरूप का स्पष्टीकरण मात्र करता है।

व्यंग्यार्थ के महत्त्व के अनुसार काव्य के तीन भेद हैं—(1) उत्तम काव्य, (2) मध्यम काव्य, (3) अधम काव्य—

(1) उत्तम काव्य— यही ध्वनि काव्य है। इसमें व्यंग्यार्थ उत्कृष्ट होता है।

(2) मध्यम काव्य— इसे गुणीभूत व्यंग्य कहा गया है। इसमें व्यंग्यार्थ वाच्यार्थ के समान उत्कृष्ट या निकृष्टतर होने के कारण गौण या कम महत्त्व वाला होता है।

(3) अधम काव्य— इसे चित्र काव्य कहा गया है। इसमें किसी प्रकार का व्यंग्यार्थ नहीं रहता है, केवल अलंकारों का चमत्कार और कौतुक रहता है। ऐसे ही कवियों की परिभाषा यह कहकर दी गई है कि 'कौति करोति इति कविः'—अर्थात् कवि वह है जो कौतुक करे। आनन्दवर्धन इस चित्र काव्य को काव्य न कहकर 'काव्यानुकृति' मानते हैं।

आनन्दवर्धन इन तीनों प्रकार की कोटियों का स्पष्टतः उल्लेख नहीं करते, न वह गुणीभूत व्यंग्य को हेय मानते हैं, लेकिन वे ध्वनि को उत्कृष्ट काव्य मानकर काव्य-कोटियों का निर्धारण कर देते हैं। आचार्य मम्मट ने भी आनन्दवर्धन के संकेतानुसार उत्तम, मध्यम और अधम काव्य की तीन कोटियाँ मान ली थीं।

आचार्य विश्वनाथ काव्य को उत्तम, मध्यम आदि नामों से अभिहित न करके दो प्रकार के काव्यों—ध्वनि और गुणीभूत व्यंग्य का उल्लेख करते हैं। पंडितराज जगन्नाथ काव्य की चार कोटियाँ मानते हैं—(1) उत्तमोत्तम, (2) उत्तम, (3) मध्यम और (4) अधम। इनमें ध्वनि उत्तमोत्तम है, गुणीभूत व्यंग्य उत्तम, अर्थ चित्र मध्यम और शब्द चित्र अधम काव्य है।

प्रतीयमान अर्थ की विशिष्टता

आनन्दवर्धन ने वाच्य तथा लक्ष्य अर्थ से प्रतीयमान अर्थ को भिन्न करने के लिए अनेक तर्क दिए हैं। एक ही वाक्य से प्रतीत होता हुआ वाच्य अर्थ एक होता है और सन्दर्भ भेद से प्रतीयमान अर्थ अनेक होते हैं। वाच्यार्थ को तो प्रतिभाहीन व्यक्ति भी समझ लेता है, पर प्रतीयमान को प्रतिभा विदग्ध व्यक्ति ही समझ पाते हैं। वाच्यार्थ विधि रूप हो सकता है और प्रतीयमान निषेध रूप। "वाच्यार्थ तथा प्रतीयमान अर्थों की प्रतीति में पौर्वापर्य क्रम भी होता है। इन सब कारणों से प्रतीयमान अर्थ, वाच्यार्थ से सर्वथा भिन्न होता है। प्रतीयमान अर्थ शब्द-प्रमाण से ही प्राप्त होता है—अन्य प्रमाण से नहीं, फलतः वह शब्द का ही अर्थ है।[13] डॉ. राममूर्ति त्रिपाठी ने इसे और भी स्पष्ट करने का प्रयत्न करते हुए कहा है कि "शब्द का अपना अर्थ जो समय सापेक्ष होता है, वाच्यार्थ कहा

जाता है, पर समय—निरपेक्ष परकीय अर्थ के प्रकाशक शब्द को प्रकाशक या व्यंजक ही कहना चाहिए-वाचक नहीं। इस प्रकार काव्य की आत्मा के रूप में 'प्रतीयमान' अर्थ की स्थापना, प्रतीयमान को प्रसिद्ध अर्थ से अतिरिक्त सिद्ध करना तथा तदर्थ व्यंजना नाम की शक्ति की स्थापना का श्रेय आनंवर्धन को है। यह सही है कि वैयाकरणों के स्फोटवाद में व्यंजना का संकेत विद्यमान है और पूर्ववर्ती आलंकारिकों ने व्यंजन, अवगमन आदि शब्दों से उसकी ओर संकेत किया है, तथापि काव्य की आत्मा ध्वनि है—इसकी चतुष्पाद प्रतिष्ठा का श्रेय आनन्द को ही है।"[14]

व्यंजना की व्युत्पत्तिपरक व्याख्या

व्यंजना की अर्थ-प्रतीति व्यंग्यार्थ, ध्वनि या प्रतीयमान अर्थ है। प्रतीयमान का मतलब है—प्रतीतिगम्य अर्थ। ध्वनि शब्द प्राय: व्यंग्यार्थ के पर्याय के रूप में प्रयुक्त किया गया है। कभी-कभी भ्रमवश इसे व्यंजना के पर्याय के रूप में भी प्रयुक्त किया गया है। वास्तव में व्यंजना तो वह प्रक्रम है, जिससे व्यंग्यार्थ की निष्पत्ति होती है। ध्वनि काव्य को वह नाम इसलिए दिया गया है क्योंकि वाच्यार्थ की अपेक्षा व्यंग्यार्थ के आधिक्य के कारण इस काव्य से श्रेष्ठ व्यंग्यार्थ ही ध्वनित होता है। विश्वनाथ ने (पृ. 198) व्युत्पत्ति की दृष्टि से इस शब्द की व्याख्या इस प्रकार की है—"वाच्यावधिक चमत्कारिणि व्यंग्यार्थ ध्वन्यतेऽस्मिन्निति व्युत्पत्या ध्वनिर्नामोत्तम काव्यम्।"[15] यह बात तो प्रचलित ही है कि जैसे व्यंजनों से भोजन चमक जाता है वैसे ही व्यंजना से अर्थ चमक उठता है।

ध्वनि शब्द के व्युत्पत्तिपरक अर्थ

विद्वानों के अनुसार ध्वनि शब्द के व्युत्पत्तिपरक अर्थों से भी पाँचों भेद सिद्ध होते हैं—

1. ध्वनति य: स व्यंजक: शब्द: ध्वनि:—जो ध्वनित करे या कराए, वह व्यंजक शब्द ध्वनि है।
2. ध्वनति ध्वनयति वा य: स: व्यंजकोऽर्थ: ध्वनि:—जो ध्वनित करे या कराए, वह व्यंजक अर्थ ध्वनि है।
3. ध्वन्यते इति ध्वनि:—जो ध्वनित किया जाये, वह ध्वनि है। इससे शब्द-अर्थ के व्यापार-व्यंजना आदि शक्तियों का बोध होता है।
4. ध्वन्यते अनेन इति ध्वनि:—जिसके द्वारा ध्वनित किया जाए—वह ध्वनि है। इससे शब्द अर्थ के व्यापार-व्यंजना आदि शक्तियों का बोध होता है।
5. ध्वन्यतेऽस्मिन्निति ध्वनि:—जिसमें वस्तु, अलंकार, रसादि ध्वनित हो, उस काव्य को ध्वनि कहते हैं।

इस प्रकार ध्वनि का प्रयोग पाँच भिन्न-भिन्न परन्तु परस्पर संबद्ध अर्थों में होता है—(1) व्यंजक शब्द, (2) व्यंजक अर्थ, (3) व्यंग्य अर्थ, (4) व्यंजना व्यापार एवं (5) व्यंग्य प्रधान काव्य।

डॉ. नगेन्द्र इसे स्पष्ट करते हुए कहते हैं—"संक्षेप में ध्वनि का अर्थ है व्यंग्य, परन्तु पारिभाषिक रूप में यह व्यंग्य वाच्यातिशायी होना चाहिए; वाच्यातिशायिनि व्यंग्ये ध्वनि:' (साहित्य दर्पण)। इस आतिशय अथवा प्राधान्य का आधार है चारुत्व अर्थात् रमणीयता

का उत्कर्ष, 'चारुत्वोत्कर्ष निबन्धना हि वाच्य व्यंग्ययो: प्राधान्य विवक्षा (ध्वन्यालोक)। अतएव वाच्यातिशायी का अर्थ हुआ—वाच्य से अधिक रमणीय और ध्वनि का संक्षिप्त लक्षण हुआ वाच्य से अधिक रमणीय व्यंग्य को ध्वनि कहते हैं।"[16]

व्याकरण का स्फोट और ध्वनि

विचारकों ने यह माना है कि व्याकरण ग्रंथों का स्फोट-सिद्धान्त ही ध्वनि-सिद्धान्त है। स्फोट का अर्थ है कि जिस शब्द से अर्थ स्फुटित हो, वह स्फोट है—'स्फुटति अर्थ: 'अस्मात् इति स्फोट:'। स्फोट नित्य एक और अखंड है। भर्तृहरि कहते हैं कि स्फोट शब्द से उत्पन्न शब्द हैं—'य: संयोग वियोगाभ्यां करणैरुपजन्यते। स स्फोट: शब्दज: शब्दो ध्वनिरिति उच्यते बुधै:'। वक्ता के मुख से उच्चरित शब्दों से उत्पन्न शब्द हमारे मस्तिष्क में रहनेवाले स्फोट को जगा देते हैं, यही वैयाकरणों की ध्वनि है।

आनन्दवर्धन ने शब्द-साम्य और व्यापार-साम्य के आधार पर व्याकरण के ध्वनि-सिद्धान्त से प्रेरणा ग्रहण कर अपने ध्वनि-सिद्धान्त का स्वरूप गठन किया था।

आचार्य देवेन्द्रनाथ शर्मा का मत इस दृष्टि से मूल्यवान प्रतीत होता है कि वे आनन्दवर्धन के ध्वनि-सिद्धान्त की प्रेरणा के पीछे केवल व्याकरण के स्फोट को ही नहीं, अपितु व्यंग्य प्रधान अलंकारों को भी प्रेरक मानते हैं। "आनन्दवर्धन के पूर्व के आचार्य व्यंग्य नामक तत्त्व से अनवगत नहीं थे। उन्होंने व्यंग्य के चमत्कार को पहचाना था और उसे विभिन्न अलंकारों के द्वारा व्यक्त किया था। इसलिए आनन्दवर्धन का ही कथन कि "चिरंतन काव्य लक्षण विधायिना बुद्धिभि: अनुन्मीलित पूर्वम्' अर्थात् प्राचीन काव्य-लक्षणकारों की बुद्धि जिसे उन्मीलित नहीं कर पाई थी—वस्तु स्थिति का यथावत् आकलन नहीं है। मेरी मान्यता है कि व्याकरण से अधिक काव्यशास्त्र का प्राक्तन चिन्तन और अनेक व्यंग्य प्रधान अलंकारों का निरूपण ध्वनि-सिद्धान्त की उद्‌भावना में सहायक हुआ है।"[17]

तो इससे स्पष्ट होता है कि आनन्दवर्धन को व्याकरण के साथ-साथ 'काव्यशास्त्र' की अलंकार विषयक उन मान्यताओं से भी प्रेरणा मिली, जिनमें व्यंग्य की बड़ी भूमिका थी। 'काव्यशास्त्र' में निम्नलिखित अलंकार व्यंग्यमूलक दर्शाए गए हैं—(1) समासोक्ति, (2) अप्रस्तुत प्रशंसा, (3) व्याजस्तुति, (4) आक्षेप, (5) विशेषोक्ति, (6) अपह्नुति, (7) दीपक और (8) पर्यायोक्त।

उपर्युक्त अलंकारों में व्यंग्य की महत्ता मानी गई है। यहाँ यह बात भी ध्यान में रखने की है कि भामह से रुद्रट तक के आलंकारिकों ने रस की महिमा को समझा भी था और अनेक ने उसको मान्यता भी दी थी, पर आलंकारिकों की यह चेष्टा थी कि अलंकारों में ही रस और ध्वनि को समाहित कर दिया जाए, लेकिन आनन्दवर्धन ने तत्तत अलंकारों की व्यंग्य प्रधान वृत्ति को लक्षित कर उन्हें ध्वनि में ही अन्तर्भुक्त कर लिया। वास्तव में उन अलंकारों में ध्वनि का बीज प्रच्छन्न रूप से वर्त्तमान था, जिसका पल्लवन आनन्दवर्धन ने ध्वनि-सिद्धान्त के रूप में कर दिया। समासोक्ति अलंकार में प्रस्तुत वाच्य और अप्रस्तुत व्यंग्य होता है, अप्रस्तुत प्रशंसा अलंकार में अप्रस्तुत वाच्य और प्रस्तुत व्यंग्य होता है, व्याजस्तुति अलंकार में स्तुति वाच्य और निन्दा व्यंग्य अथवा

निन्दा वाच्य और स्तुति व्यंग्य होती है, आक्षेप में विवक्षित का निषेध होता है, विशेषोक्ति में कारण वाच्य न होकर व्यंग्य होता है, अपह्नुति या दीपक में उपमा व्यंग्य होती है।

पर्यायोक्त अलंकार में तो व्यंग्य ही प्रधान होता है और इस अलंकार की यह विशेषता भामह से लेकर बाद तक बनी रही है। भामह अपने 'काव्यालंकार' में मानते हैं कि कथ्य को साक्षात् न कहकर प्रकारान्तर या भंग्यन्तर से कहना पर्यायोक्त अलंकार है (3/8)। दंडी पर्यायोक्त वहाँ मानते हैं जहाँ अभीष्ट अर्थ को साक्षात् न कहकर उसी की सिद्धि के लिए प्रकारांतर से उसका कथन हो।[18]

उद्भट ने उससे भी दो कदम आगे बढ़कर पर्यायोक्त में न केवल अर्थ की व्यंग्यता को स्वीकार किया बल्कि 'अवगम' नामक व्यंजना वृत्ति का भी संकेत किया।[19] उद्भट इस कारिका के उत्तरार्द्ध में बताते हैं कि पर्यायोक्त में अन्य अर्थ की प्रतीति वाच्य-वाचक वृत्तियों से भिन्न 'अवगम' द्वारा होती है। अवगम का मतलब है—बोध। बिना साक्षात् कथन के भी जिससे अर्थान्तर का बोध हो जाए, वह अवगम है। यह अवगम ही व्यंजना है। यह अवगम वाच्य वाचक शून्य होता है। आचार्य देवेन्द्रनाथ शर्मा तो यहाँ तक मानते हैं कि 'सूक्ष्मता से देखने पर आनन्दवर्धन को 'यत्रार्थ:शब्दो वा तमर्थमुपसर्जनीकृत स्वार्थौ' उद्भट के 'वाच्य-वाचक वृत्तिभ्यां शून्येन के अनुवाद जैसा लगता है। पर्यायोक्त की व्यंग्यता आनन्दवर्धन भी स्वीकार करते हैं, किन्तु उसे ध्वनि का पर्याय या समकक्ष मानने को तैयार नहीं है। वे कहते हैं पर्यायोक्त में व्यंग्य प्रधान होता है, यह ठीक है, फिर भी वह ध्वनि का स्थान नहीं ले सकता। अधिक से अधिक उसे ध्वनि का एक भेद माना जा सकता है।[20] व्यंग्य से युक्त इन अलंकारों का चमत्कार अन्य काव्यालंकारों से अधिक बढ़ जाता है।[21] आनन्दवर्धन यहाँ तक कहते हैं कि यदि इन अलंकारों के उदाहरणों में व्यंग्यार्थ की प्रधानता हो भी तो उन्हें इन अलंकारों के स्थान पर ध्वनि का ही उदाहरण माना जाएगा।[22] क्योंकि काव्य-विशेष में ध्वनि ही अंगी है—मुख्य है और अलंकार, गुण, वृत्तियाँ उसके अंग भर हैं—

काव्य विशेषोऽङ्गी ध्वनिरिति कथित:, तस्य पुनरंगानि अलंकारा: गुणा: वृत्तयश्च।[23]

अत: आनन्दवर्धन ने अलंकार उन्हें माना जो शब्दार्थ के आश्रित रहकर कटक, कुंडल आभूषण के समान शब्दार्थ रूप काव्य-शरीर की शोभा वृद्धि करते हैं (ध्वन्यालोक, 2, 3)। ध्वनि के आन्तरिक वैशिष्ट्य को समाहित कर लेने की क्षमता अलंकारों में नहीं होती है, हाँ, अलंकारों में निहित व्यंग्यार्थ अवश्य ध्वनि के विराट् स्वरूप में समाहित हो जा सकते हैं।

अलंकारवादी आचार्य उद्भट के ग्रंथ 'काव्यालंकार सार संग्रह' के टीकाकार प्रतिहारेन्दुराज ने फिर भी अलंकारों का महत्त्व दिखाते हुए वस्तुगत, अलंकारगत और रसगत ध्वनि को विभिन्न अलंकारों में अन्तर्भूत करने का प्रयत्न किया और पर्यायोक्त अलंकार तथा अप्रस्तुत प्रशंसा-महत्त्व देने का प्रयास किया। ऐसा करके उन्होंने उद्भट के मत को समर्थन देने का प्रयास करना चाहा, पर आनन्दवर्धन का मंतव्य स्पष्ट था कि ध्वनि का चारुत्व किसी अन्य काव्य-तत्त्व से प्रकाशित नहीं किया जा सकता[24] अर्थात् जो चारुत्व प्रकाशित नहीं किया जा सकता उसको प्रकाशित करनेवाला, व्यंजना

व्यापार युक्त शब्द ही ध्वनि कहलाने का अधिकारी हो सकता है। अतः स्पष्ट हो रहा है कि आनन्दवर्धन की दृष्टि में प्रतीयमान अर्थ ही काव्य की आत्मा है जो प्रसिद्ध के अतिरिक्त है, वही रस ध्वनित होता है। चूँकि व्यंग्य व्यंजक भाव अनन्त होते हैं, अतः रसमय काव्य की रचना करते समय कवि को सजग रहकर आह्लादमय प्रतीयमान तत्त्व या अर्थ को केन्द्र मे रखकर सम्पूर्ण काव्य का चिन्तन करना होता है, क्योंकि यह प्रतीयमान शब्द के व्यंजना व्यापार में अनुभूत होता है।

आनन्दवर्धन काव्य के स्वरूप के विषय में कई वक्तव्य यथासमय देते हैं, उनमें एक है—'सहृदयहृदयाह्लादि शब्दार्थमयत्वमेव काव्य लक्षणम्'। काव्य वह शब्दार्थ है जिसमें सहृदय का हृदय आह्लाद या आनन्द की अनुभूति करे। काव्य का शब्दार्थ शरीर है और इस शब्दार्थमय शरीर में लालित्य गुण और अलंकार के उचित सन्निवेश से आता है। गुण और अलंकार से मंडित होकर वह ललित हो जाता है। आनन्दवर्धन ने इसीलिए इस आह्लाद के अनुभव के लिए किसी अतिरिक्त तत्त्व की आवश्यकता का संकेत किया जिससे आह्लाद अनुभवगम्य, अनुभव गोचर हो जाता है। इसलिए विचारक मानते हैं कि काव्य-वाक्य में कुछ-कुछ अतिरिक्त प्रतीयमान तत्त्व है जो काव्य की आत्मा है। इसी सार तत्त्व से चारुता का बोध होता है। गुण और अलंकार चारुत्व के प्रकाशक होते हैं, वे आश्रय नहीं होते। सौंदर्य या चारुता का स्रोत तो प्रतीयमान अर्थ ही है। यहाँ आनन्दवर्धन काव्य-चिन्तन को आस्वाद से खींचकर आस्वादयिता के आह्लाद तक ले जाते हैं। शरीर के विशिष्ट अंगों में झलकते लावण्य की तरह लावण्य जैसे उन अंगों से अतिरिक्त कुछ भिन्न होता है, उसी प्रकार प्रतीयमान अर्थ भी शब्दार्थमय काव्य-शरीर से तरंगित होता हुआ उनसे अतिरिक्त अनुभवगम्य हो जाता है। यह अतिरिक्त अनुभव सहृदयों के हृदय में स्वतः सहज भासित हो उठता है।

यह प्रतीयमान अर्थ शब्द से ही प्राप्त होता है, वह शब्द प्रमाण का ही विषय है और यह आह्लादपरक होता है। हर शब्द का एक निजी अर्थ होता है। वह वाच्यार्थ है, पर अन्य अर्थ के प्रकाशक शब्द व्यंजक और प्रकाशक होते हैं। वे वाच्य नहीं होते। आनन्दवर्धन ने इसी दृष्टि से काव्य की आत्मा के रूप में प्रतीयमान अर्थ की स्थापना करते हुए, प्रतीयमान को प्रसिद्ध अर्थ से अतिरिक्त सिद्ध करते हुए व्यंजना नामक शक्ति की स्थापना की थी। वैयाकरणों के स्फोटवाद, आलंकारिकों के अवगमन, व्यंजन शब्दों के संकेत के बावजूद ध्वनि को काव्य की आत्मा सिद्ध करने का श्रेय तो आनन्दवर्धन को ही जाता है।

आनन्दवर्धन ने ध्वनि शब्द का प्रयोग कई अर्थों में किया है—(क) व्यंजक शब्द एवं अर्थ। (ख) व्यंग्य अर्थ (ग) व्यंजन या ध्वनन व्यापार (घ) वह काव्य जहाँ ये सभी हों।

स्फोट और ध्वनि

डॉ. नगेन्द्र ने भी 'ध्वन्यालोक' की भूमिका में ध्वनि की प्रेरणा के रूप में स्फोट सिद्धान्त को स्वीकार किया है 'सूरिभिः कथितः।' यहाँ विद्वानों से उनका तात्पर्य वैयाकरणों से है जो पहले विद्वान् हैं और वे श्रूयमाण वर्णों में ध्वनि का व्यवहार करते हैं। लोचनकार ने इसे और भी स्पष्ट करते हुए वैयाकरणों के स्फोट सिद्धान्त के साथ आलंकारिकों के इस ध्वनि-सिद्धान्त का पूर्णतः सामंजस्य स्थापित कर ध्वनि के पाँचों रूप—व्यंजक शब्द,

व्यंजक अर्थ, व्यंग्य-अर्थ, व्यंजना-व्यापार और व्यंग्य-कार्य—सभी के लिए व्याकरण में निश्चित संकेतों को ग्रहण किया है।

अत: जिसके द्वारा अर्थ का प्रस्फुटन हो, उसे स्फोट कहते हैं। स्फोट का अर्थ है—स्फुटति अर्थो अस्मादिति स्फोट: अर्थात् जिस शब्द से अर्थ फूटता और अभिव्यक्त होता है, वह स्फोट है। वह नित्य एक और अखंड है। स्फोट शब्द का होता है, वाक्य का होता है, यहाँ तक कि समस्त प्रबन्ध का होता है।

शब्द के दो रूप कहे गए हैं—एक व्यक्त अर्थात् विकृत रूप, दूसरा अव्यक्त अर्थात् प्राकृत या नित्य रूप। व्यक्त का सम्बन्ध वैखरी वाणी से और अव्यक्त का मध्यमा वाणी से है, जो अधिक सूक्ष्मतर है। एक स्थूल ऐन्द्रिय रूप है, यह उच्चारण विधि से बदलता रहता है। दूसरा सूक्ष्म मानस रूप है जो नित्य और अखंड है, यह हमारे मन में सदैव वर्तमान रहता है और शब्द अर्थात् वर्णों के संघात विशेष को सुनकर उद्बुद्ध हो जाता है। इसको 'शब्द का स्फोट' कहते हैं। इस स्फोट का दूसरा नाम 'ध्वनि' है।

किन्तु इस सम्बन्ध में हमारा दृष्टिकोण है कि यह समझना आवश्यक है कि दूसरा शब्द का जो सूक्ष्म मानस रूप नित्य और अखंड रूप में हमारे मानस में विद्यमान रहता है, उसके अधिकारी सभी नहीं होते, इसलिए सहृदय की कल्पना की गई है। सहृदय ही स्फोट व ध्वनि की सहायता से व्यंग्यार्थ की प्रतीति कर पाने में समर्थ होता है। इसके लिए डॉ. नगेन्द्र ने 'कमल' शब्द का उदाहरण दिया है। कुछ विद्वान् 'घट' शब्द से भी इसकी व्याख्या करते हैं। शब्द 'स्फोट' के उदाहरण को इस तरह समझाया गया है जैसे 'घट' शब्द को लें। 'घ' के उच्चारण के बाद 'ट' का उच्चारण होता है। 'घ' के उच्चरित होने के समय 'ट' का उच्चारण नहीं हो सकता। जब 'ट' उच्चरित होता है तो 'घ' शून्य में विलीन हो चुका होता है। एक ही समय दोनों वर्ण उच्चरित नहीं हो पाते। अत: वैयाकरण एक नित्य शब्द की कल्पना करते हैं, जिसे 'स्फोट' कहते हैं। पृथक्-पृथक् वर्णों से अर्थ-बोध न होकर स्फोट से होता है। वस्तुत: स्फोट वर्ण से अभिव्यक्त होनेवाला अर्थ-प्रतीति करानेवाला, स्वयं वर्ण से पृथक् नित्य शब्द है। वर्ण नष्ट हो जाता है, लेकिन स्फोट शेष रहता है। जैसे-जैसे वर्ण उच्चरित होता है, वैसे-वैसे स्फोट स्पष्ट होता जाता है। अन्तिम वर्ण के उच्चारण के उपरान्त सभी स्फोट एकत्र होकर शब्दार्थ को अभिव्यक्त करते हैं। ध्वनि और गुणीभूत व्यंग्य के अन्तर को एक उदाहरण द्वारा स्पष्ट किया गया है कि न तो अगूढ़ व्यंग्य आंध्रप्रदेश की स्त्रियों के खुले वक्ष की तरह स्पष्ट तथा प्रकाशित होता है, न गुर्जर वधू के समान बिल्कुल दिखाई न देने वाला गूढ़ व्यंग्य चमत्कार पूर्ण होता है। वह तो महाराष्ट्र वधुओं के वक्ष-सौंदर्य की भाँति न बहुत खुला, न बहुत ढँका—'नाति पिहित नाति स्फुट' केवल सहृदय मात्र संवेद्य व्यंग्यार्थ ही शोभाशाली होता है। अत: न पूरी तरह ढके न पूरी तरह खुले-सौंदर्य के कारण गूढ़ व्यंग्य चमत्कार प्रधान होने के कारण ध्वनि-काव्य और शेष उदाहरण गुणीभूत व्यंग्य कहे जाएँगे।[25]

गुणीभूत व्यंग्य की चमत्कार-चर्चा

आचार्य मम्मट ने 'काव्य प्रकाश' के पंचम उल्लास में एक उदाहरण द्वारा व्यंग्य के चमत्कार की भी चर्चा की है। उन्होंने गुणीभूत व्यंग्य के आठ भेद गिनाए हैं। इनमें

अगूढ़ व्यंग्य अर्थात् स्फुट व्यंग्य और अस्फुट व्यंग्य अर्थात् गूढ़ व्यंग्य, दोनों प्रकार के काव्यों की गणना गुणीभूत व्यंग्य में भी की गई है। ध्वनि और गुणीभूत काव्यों का भेद सहृदयों के सम्बन्ध व्यंग्य ही ध्वनि काव्य होने के अधिकारी हैं। गुणीभूत व्यंग्य का चमत्कार-निरूपण 'कामिनी कुच कलशन्याय' से किया गया है।

ध्वनि का उत्कर्षक व्यंग्य

'काव्यशास्त्र' में 'ध्वनि' शब्द सामान्य स्वर का वाचक नहीं, यह एक काव्य-सिद्धान्त या आलोचना-सिद्धान्त के रूप में प्रतिष्ठित है। कहा गया है कि अथर्व (5/20/7) में लोक प्रचलित 'ध्वनि' शब्द प्रयोग में आया है। पंतजलि ने लोक में प्रतीत ध्वनि को शब्द की संज्ञा दी है एवं 'महाभाष्य' में एवं तर्हि स्फोटः शब्दः ध्वनि शब्द गुणः कहा गया है। (1/1/70)। मम्मट ने अपने काव्य प्रकाश के प्रथम उल्लास में 'ध्वनति स्फोटं व्यङ्क्तिइति ध्वनिः। ध्वनति व्यंग्यार्थं प्रकाशयति इति ध्वनिः' कहा है।

आनन्दवर्धन वाच्य से अधिक उत्कर्षक व्यंग्य को मानते हैं—'चारुत्वोत्कर्ष निबन्धना हि वाच्य व्यंग्ययोः प्राधान्य विवक्षा—(ध्वन्यालोक, 1/13 वृत्ति) मानते हैं। साहित्य दर्पणकार विश्वनाथ ने वाच्य से अधिक चमत्कारक व्यंग्य को उत्तम या ध्वनि काव्य कहा है—वाच्यातिशायिनि व्यंग्ये ध्वनिस्तत् काव्यमुत्तमम्—साहित्य दर्पण; 4/1)।

आनन्दवर्धन ध्वनि-परिभाषा और व्याख्या के अनेक सूत्र देते हैं। उन्होंने माना है कि जहाँ अर्थ अपने को गुणीभूत करके उस प्रतीयमान अर्थ की अभिव्यक्ति करते हैं, उस काव्य विशेष को विद्वान् लोग 'ध्वनि काव्य' कहते हैं।[26]

निश्चय ही, ध्वनि में वाच्यार्थ की अपेक्षा व्यंग्यार्थ अधिक चमत्कारी होता है। जहाँ व्यंग्यार्थ गौण होता है, वहाँ गुणीभूत व्यंग्य होता है। अव्युत्पत्ति अर्थात् लोकशास्त्र से अनभिज्ञता और अशक्ति के कारण स्खलित बंधवाला काव्य भी ध्वनि काव्य नहीं होता। उसमें प्रमुखता और अर्थ स्फुटता परमावश्यक है। इसी को प्रतीयमान अर्थ कहा जाता है। यह अर्थ प्रतीतिगम्य होता है। इसी प्रतीयमान अर्थ को आनन्दवर्धन किसी सुन्दरी के अंगों के लावण्य जैसे सर्वथा विलक्षण तत्त्व से जोड़कर देखते हैं, इसी प्रकार काव्य में भी यह प्रतीयमान काव्य के अन्य अंगों से भिन्न अतिशय चमत्कारपूर्ण होता है—यद्यत् प्रसिद्धावयवातिरिक्तं विभाति लावण्य मिवांगनासु।'

आनन्दवर्धन के ध्वनि-तत्त्व की प्रेरणा का विचार

पूर्वाचार्यों की काव्यशास्त्रीय दृष्टि और स्थापनाओं के साथ आनन्दवर्धन ने पूर्ववर्ती समृद्ध काव्य-परम्परा का भी अध्ययन किया था, जिसके परिणामस्वरूप उन्होंने ध्वनि-तत्त्व की उद्‌भावना की। वे एक स्वच्छ शब्दार्थ की प्रतीति करानेवाली भाषा को महत्त्व देना चाह रहे थे। उन्होंने अनुभव किया था कि सर्जनात्मक साहित्य ही किसी काव्यशास्त्रीय सिद्धान्त की प्रेरणाभूमि बनने योग्य होता है। अतः वे पूर्ववर्ती काव्यशास्त्र के ग्रंथों से उतने प्रेरित नहीं हुए जितने काव्य-ग्रंथों से। कालिदास के पश्चात् संस्कृत काव्य की सहजता, जीवन्तता, स्वाभाविकता और रसात्मकता क्षीण पड़ने लगी थी और उसके स्थान पर कृत्रिमता, आयास साध्यता तथा प्रदर्शनप्रियता बढ़ती जा रही थी। कुछ कवियों

ने इस प्रवृत्ति को सोल्लास ग्रहण किया और इसे अपना वैशिष्ट्य मानकर सगर्व घोषित भी किया। भट्टि कवि का 'रावण वध' महाकाव्य पाणिनीय व्याकरण के नियमों के उदाहरण के रूप में रचा गया। फलतः काव्य के बदले वह व्याकरण बन गया और भट्टि अपने इस व्याकरणिक महाकाव्य की विद्वत् प्रियता से सन्तुष्ट भी थे। उन्होंने सगर्व घोषित किया कि यह 'रावण वध' महाकाव्य व्याख्या से ही समझ में आ सकता है। अतः यह विद्वानों को ही आनन्द प्रदाता और रुचिकर होगा। अल्पबुद्धि पाठकों की तो खैर नहीं, क्योंकि मैंने विद्वानों को ही ध्यान में रखकर इसकी रचना की है। विद्वानों के बीच उत्सव सरीखा यह ग्रंथ काव्य के वास्तविक उद्देश्य की पूर्ति न कर सका। उसका वास्तविक उद्देश्य था शास्त्र की जटिलता से बचते हुए सरसतापूर्वक सुकुमारमति पाठकों को कर्त्तव्याकर्त्तव्य का ज्ञान कराना पर उसकी परिणति दुर्बोधता और क्लिष्टता में हुई और यह दुर्बोधता दोष के बदले गुण मान ली गई, जिसे हम संस्कृत महाकाव्यों की बृहत् त्रयी अर्थात् भारवि का 'किरातार्जुनीयम्', माघ का 'शिशुपालवध' और श्री हर्ष का नैषधीयचरितम्' कहते हैं, जिनमें चमत्कार-प्रदर्शन, क्लिष्टता और दूर की कौड़ी लाने का प्रयास जैसे कवि-कर्म को महत्ता दे दी गई। चमत्कार-प्रदर्शन की यह प्रवृत्ति क्रमशः बढ़ती ही गई। 'किरातार्जुनीयम्' और 'शिशुपालवध' के एकाक्षर श्लोक भारवि और माघ की व्याकरण पटुता के भले ही प्रमाण और परिचायक हों, पर वे काव्य की संज्ञा के अधिकारी नहीं हैं। प्रहेलिका काव्य भी इनकी तुलना में अधिक सरल होते थे। इसलिए ध्वनि-सिद्धान्त सही कविता की खोज की तरह उभरा, शब्दार्थ के वागाडम्बर से भिन्न वह सहज रसात्मक और प्रतीयमान काव्यार्थ की ओर प्रवृत्त हुआ।

महाकवि भवभूति ने अपनी रचना 'उत्तररामचरित' के लिए जो खीझ और उद्गार व्यक्त करते हुए कहा था कि जो लोग मेरी इस रचना के प्रति अनादर व्यक्त करते हैं, वे न जाने क्या समझकर ऐसा करते हैं? उन्हें ज्ञात होना चाहिए कि यह रचना उनके जैसे अपात्र व्यक्तियों के लिए है ही नहीं। यदि कोई मेरे जैसा समानधर्मा अर्थात् पद-पदार्थ का पारंगत विद्वान आज होगा तो वह मेरे इस काव्य को समझेगा नहीं तो भविष्य में इसे समझनेवाला जन्म लेगा क्योंकि काल और पृथ्वी, दोनों असीम हैं। कोई-न-कोई कहीं न कहीं पारखी विद्वान अवश्य मिलेगा। इससे स्पष्ट होता है कि भवभूति अपनी सीमा और त्रुटि का समर्थन करते हैं और गर्वपूर्वक अपनी कृति की महत्ता भी घोषित करते हैं।

भवभूति जैसे महाकवियों की समासबहुल या व्याकरणनिष्ठ भाषा को देखकर ही आनन्दवर्धन ने लिखा था[17] कि लम्बे समासों से युक्त संघटना रसानुभूति में बाधा डालती है, अतः उसका आग्रह उचित नहीं है, खासकर अभिनेय काव्य नाटक आदि में करुणा या विप्रलम्भ की व्यंजना अभीष्ट हो तब तो और भी नहीं, क्योंकि ये दोनों रस अत्यन्त कोमल होते हैं। अतः भाषा की थोड़ी-सी अस्वच्छता से शब्द अर्थ की प्रतीति मन्द पड़ जाती है। यह ध्यान में रखने की बात है कि आनन्दवर्धन 'स्वल्प अस्वच्छतामूलक' शब्दार्थ का स्पष्ट विरोध करते हैं क्योंकि भाषा की थोड़ी-सी भी अस्वच्छता से शब्दार्थ की प्रतीति मन्द पड़ जाती है।

आचार्य भामह ने भी अलंकारों के प्रयोग में, विशेषकर यमक के प्रयोग में अतिशय सावधानी बरतने की सलाह दी है। उन्होंने किसी राम शर्मा के 'अच्युतोत्तर' नामक काव्य

में यमक के प्रयोग की गूढ़ता को प्रहेलिका कहकर हेय सिद्ध किया है। इसी प्रकार सुबन्धु की 'वासवदत्ता' हो या दंडी का 'दशकुमार चरित' या बाण भट्ट की 'कादम्बरी' गद्य काव्य के ये शीर्ष उदाहरण कवित्व की प्रकर्षता और प्रौढ़ि के भले परिचायक हों, पर उनका 'प्रत्यक्षर श्लेषमय प्रपंच' अपनी क्लिष्टता और दीर्घ समासों के आग्रह से रस-बोध में तमाम चित्रात्मकता और वर्णनों की सजीवता के बाद भी व्यवधान डाल ही देता है। तभी तो विदेशी विद्वान बाणभट्ट की भाषा की उपमा घने जंगल से देते हैं, जिसमें प्रवेश कष्टकर होता है।

इतना तो अवश्य है कि आनन्दवर्धन कृत्रिमता और दुर्बोध प्रधान काव्य के विरुद्ध हैं। महाकवियों का पांडित्य-प्रकर्ष कृत्रिम प्रदर्शन में सहयोग भले करे पर, वह सहृदय तक सहज रूप में प्रेषणीय नहीं हो पाता। संस्कृत काव्यों के ह्रास युग में कृत्रिमता की यह प्रवृत्ति आनन्दवर्धन के बाद भी रुकी नहीं। श्रीहर्ष ने अपने महाकाव्य 'नैषधीय चरितम्' (22/152) में तो मानो डंका पीटकर घोषणा ही कर दी कि मैंने अपने काव्य में जानबूझकर कहीं-कहीं गाँठ डाल दी है, जिससे अपने को विद्वान् समझनेवाला कोई खल सरलता से न खोल सके, आनन्द न पा सके। इस काव्य में डूबने-उतराने और मज्जन-फल का सुख तो वही पा सकता है जिसने श्रद्धापूर्वक गुरु की आराधना से दृढ़ ग्रंथियों को ढीला करना सीखा है।

ऐसी स्थिति में जब काव्य लक्ष्य-च्युत हो गया हो, सहज चारुता पर पांडित्य-प्रदर्शन का बोझ लद गया हो और अलंकार एवं चमत्कार रस पर हावी हो गए हों, अनुभूति पर बुद्धि का शासन हो गया हो, यह दशा आनन्दवर्धन की सहृदय बुद्धि को स्वीकार्य नहीं थी। अतः काव्य को उसके मूल प्रयोजन से जोड़ने और रस-भाव की निरन्तरता को बनाए रखते हुए उन्होंने ध्वनि-सिद्धान्त का प्रवर्त्तन किया।

अतः ध्वनि काव्य के अवतरण के निम्नलिखित प्रेरणा-बिन्दु प्रतीत होते हैं—

1. अलंकार और चमत्कार प्रधान काव्यों में पांडित्य-प्रदर्शन की कृत्रिम प्रवृत्ति।
2. व्याकरण शास्त्र के ध्वनि अर्थात् व्यंग्यार्थ की प्रमुखता, प्रधानभूत स्फोट रस-व्यंग्य के व्यंजक शब्द के लिए ध्वनि का प्रयोग और व्यंग्यार्थ को अभिव्यक्त करने वाले शब्द और अर्थ, दोनों को ध्वनि मानना।
3. पूर्ववर्ती आचार्यों द्वारा अलंकार-सिद्धान्त में प्रयुक्त अनेक अलंकारों के मेल में ध्वन्यर्थ के व्यंग्य का प्रभाव समासोक्ति, अप्रस्तुत प्रशंसा, व्याजस्तुति, आक्षेप, विशेषोक्ति, अपह्नुति, दीपक और पर्यायोक्त जैसे व्यंग्यमूलक अलंकारों में ध्वनि-तत्त्व के बीज का सन्धान।

प्रस्तुत लेखक ने अनेकशः आचार्य देवेन्द्रनाथ शर्मा से विमर्श करते हुए प्राक्तन काव्यशास्त्रीय अलंकार चिन्तन, व्याकरण और कालिदास जैसे महाकवियों के काव्य की प्रबल प्रेरणा की चर्चा की है। ऐसा स्पष्ट प्रतीत होता है कि आनन्दवर्धन को ध्वनि-तत्त्व की सूक्ष्मता और रमणीयता का स्फुरण कालिदास जैसे महाकवियों के काव्य से ही हुआ होगा। सामान्य लोक-व्यवहार में भी तो व्यंजनात्मक प्रयोग देखे जा सकते हैं। शब्द के भीतर निहित अर्थों की अनन्त सत्ता है। ये ही अर्थ व्यंग्य या प्रतीयमान हैं अर्थात् ये वाक्यगत शब्दों से वाच्य नहीं बल्कि गम्य बोध्य या द्योत्य हैं। इस व्यंग्य अर्थ में ही

जब चारुत्व का प्रवेश होता है तब वह ध्वनि की संज्ञा पा लेता है और जिसमें ध्वनि होती है, वह उत्तम काव्य होता है, वही पंडितराज जगन्नाथ के शब्दों में 'उत्तमोत्तम काव्य' कहलाता है क्योंकि तभी उसमें सामान्य अर्थ के पीछे छिपा सूक्ष्म, रमणीय, चमत्कारी अर्थ प्रकट होकर उसे काव्यत्व से युक्त कर देता है।

काव्य में व्यंजना-शक्ति उसके भीतर छिपे अकथित अर्थ को द्योतित कराती है। अभिधा तथा लक्षणा जब अपने अर्थ का बोध कराकर विरत होती है तब व्यंजना-शक्ति या व्यापार से ही व्यंग्यार्थ का ज्ञान होता है। इस व्यंग्यार्थ के लिए 'ध्वन्यर्थ', 'सूच्यार्थ', 'आक्षेपार्थ', 'प्रतीयमानार्थ' आदि शब्दों का प्रयोग होता है। इस व्यंजना शक्ति का सहयोग इसलिए काव्य में महत्त्वपूर्ण है कि अभिधावृत्ति साक्षात् संकेतित अर्थ को बतलाती है, लक्षणा मुख्यार्थ के असिद्ध होने पर रूढ़ि के कारण या किसी प्रयोजन की सिद्धि के लिए मुख्यार्थ से सम्बन्धित किसी अन्य अर्थ को लक्षित करती है, किन्तु जब यह अभिधा और लक्षणा कवि के अभीष्ट अर्थ तक नहीं पहुँच पाती तो व्यंजना शक्ति आवश्यक हो जाती है। अभिधेय अर्थ स्पष्ट कहा जाता है, लक्ष्यार्थ सूचित कराया जाता है, किन्तु व्यंग्यार्थ का तो ध्वनन ही सम्भव होता है। यह व्यंजना-व्यापार शाब्दी और आर्थी व्यंजना के रूप में जाना गया है। एक व्यंग्यार्थ दूसरे व्यंग्यार्थ की, दूसरा तीसरे व्यंग्यार्थ की प्रतीति भी करा सकता है। अत: चमत्कारी व्यंग्य ही काव्य की प्रतिष्ठा पाता है। आनन्दवर्धन ने 'अन्यत् एव' शब्द का प्रयोग किया है। ध्वनि की इसी विशेषता के कारण 'ध्वन्यालोक' की पहली कारिका में ही ध्वनि को काव्य की आत्मा घोषित किया गया है।

काव्य का कोटि-विभाजन

ध्वनिवादियों की दृष्टि में काव्य के तीन वर्ग या कोटियाँ हैं—(1) उत्तम काव्य या ध्वनि काव्य, (2) गुणीभूत व्यंग्य, (3) चित्र काव्य। ये कोटियाँ उत्तम, मध्यम और अधम रूप में मानी गई हैं। आनन्दवर्धन इस वर्गीकरण का स्पष्ट उल्लेख नहीं करते तथा गुणीभूत व्यंग्य को भी हेय नहीं मानते, पर ध्वनि को उत्तम काव्य मानने में उन्हें कोई हिचक नहीं है। विश्वनाथ काव्य के दो प्रकार मानते हैं—ध्वनि और गुणीभूत व्यंग्य। आनन्दवर्धन कहते हैं—'प्रकारोऽयं गुणीभूत व्यंग्योऽपि ध्वनिरूपताम्'। वे यह मानते हैं कि कोई भी काव्य ऐसा नहीं है जो रस रहित हो। हर वस्तु किसी-न-किसी रस का विभाव है। जहाँ रस की व्यंजना करनी होती है वहाँ गुणीभूत व्यंग्य और ध्वनि के रूप भी रस के व्यंजक होते हैं। अत: आनन्दवर्धन के अनुसार वाच्य और व्यंग्य का निरूपण सावधानी से करना आवश्यक है।

ध्वनिवादी मम्मट के 'काव्य प्रकाश' में कहा गया है कि उत्तम काव्य वहाँ है जहाँ वाच्य से व्यंग्य अर्थ अधिक चमत्कारी हो, मध्यम काव्य वहाँ होता है जहाँ व्यंग्य की उपयुक्त स्थिति न हो तथा चित्र काव्य में अविवक्षित रूप से व्यंग्य की स्थिति हो।

काव्य में व्यंजना भी सम्बन्ध रूप होती है। व्यंजना के स्वरूप के विषय में डॉ. नगेन्द्र ने कहा है, "व्यंजना शब्द की वह शक्ति है, जो कल्पना (चित्र विधायिनी शक्ति) को उकसाए। अपनी कल्पना-शक्ति का नियोजन करके कवि भाषागत शब्दों को एक ऐसी शक्ति प्रदान करता है कि उन्हें सुनकर सहृदय को केवल अर्थ-बोध ही नहीं होता,

वरन् उसके मन में एक अतिरिक्त कल्पना भी जग जाती है जो परिणिति की अवस्था में पहुँच कर रस-संवेदन में विशेषतया सहायक होती है। शब्द की इस अतिरिक्त कल्पना जगानेवाली शक्ति को ही ध्वनिकार ने व्यंजना और रस के इस सम्बन्ध रूप को ही 'रस-ध्वनि' कहा है। ध्वनि-स्थापना के द्वारा वास्तव में ध्वनिकार ने काव्य में कल्पना-तत्त्व के महत्त्व की ही प्रतिष्ठा की है।"[27]

शास्त्रों का निर्माण केवल लक्ष्य ग्रंथों या मात्र फुटकल काव्य ग्रंथों से ही नहीं होता, लोक से भी शास्त्र उत्पन्न होते हैं। मनुष्य के दैनिक जीवन में भी व्यंजना के अनगिनत प्रयोग होते रहते हैं। वहाँ शब्द और कथन की भंगिमा ही ऐसी होती है कि एक वाक्य अनेक अर्थों का वाचक हो जाता है। 'गतोऽस्तमर्क:' अर्थात् सूरज डूब गया—इस एक वाक्य का उदाहरण व्यंजना की व्यापकता को सिद्ध करने में समर्थ है। इस एक वाक्य का अर्थ वक्ता, श्रोता, प्रकरण, देश, काल आदि के अन्तर से अनेक दूसरे अर्थों की प्रतीति कराता है। यात्रा करते समय यदि कोई सहयात्री बन्धु 'सूरज डूब गया' वाक्य का प्रयोग करता है तो वह रात्रि के पहले कहीं टिकने की सलाह देता है, किसी नदी में नौका खेते नाविक के लिए यह नाव को किनारे लगा देने का संकेत बन जाता है। इसी प्रकार स्थान और काव्य विशेष में शब्दों की अर्थ-भंगिमा बदलती चलती है। ये ही अर्थ व्यंग्य या प्रतीयमान हैं अर्थात् ये वाक्यगत शब्दों से वाच्य नहीं, बल्कि गम्य या बोध के द्योतक बन जाते हैं। इस व्यंग्य में चारुता के आने से वह ध्वनि का रूप ले लेता है और जिस काव्य में ध्वनि होती है, वह उत्तम काव्य-पद का अधिकारी हो जाता है। इससे स्पष्ट होता है कि स्थूल या सामान्य अर्थ का भी जो सूक्ष्म, चमत्कारी और रमणीय अर्थ झलकता है, वही काव्य की संज्ञा का अधिकारी भी होता है। अत: ध्वनि-सिद्धान्त की प्रस्थापना में आनन्दवर्धन को अवश्य ही निम्नलिखित स्त्रोतों से प्रेरणा मिली होगी। वे प्रेरणा-सूत्र हैं—कालिदास जैसे श्रेष्ठ कवियों का काव्य, लौकिक प्रयोग, व्याकरण शास्त्र और काव्यशास्त्र।

प्रतीयमान अर्थ की व्यंजक-शक्ति

प्रतीयमान अर्थ का अस्तित्व शब्द के भीतर छिपी हुई व्यंजक शक्ति से प्रकट होता है। सहृदय काव्य मर्मज्ञ यह मानते हैं कि यदि वाच्यार्थ से भिन्न किसी अन्य प्रकार के गूढ़ अर्थ का सम्बन्ध शब्द से न होता तो सभी शब्दों की शक्ति और सीमा वाच्यार्थ देने तक ही सीमित होती और काव्य में सभी पर्यायवाची शब्दों की सत्ता भी एक समान ही होती।

किन्तु विचारणीय बात यह है कि आखिर पर्यायवाची शब्दों की कल्पना ही क्यों हुई? एक शब्द एक ही नियत अर्थ का वाचक न होकर प्रसंग और प्रकरण के अनुसार अनेकार्थक हो जाता है। अलग-अलग शब्दों में अलग-अलग विशेषता पैदा हो जाती है और कवि किसी विशेष भाव-दशा को उद्बुद्ध करने के लिए विशिष्ट पर्यायवाची किसी एक शब्द को चुन लेता है, शब्द के भीतर निहित अर्थ की व्यंजकता के कारण ही वह शब्द काव्य में ग्राह्य और विशिष्ट हो जाता है। यही नहीं, उस शब्द को बदलते ही काव्यार्थ लड़खड़ा उठता है। 'रंचहि हि सो ऊँचो चढ़ै रंचहि सो नमि जाए काव्य के वाक्य का उदाहरण देखिए। रंचहि को न तो अल्पहि से या न थोड़हि से बदला जा

सकता है। अनेक पर्यायवाची शब्दों में से किसी एक उपयुक्त शब्द को चुन लेनेवाली कवि-प्रतिभा उस शब्द-सामर्थ्य को प्रकट कर देती है। देखा जाए तो यदि सभी शब्दों की सीमा वाच्यार्थ ही होती तो सभी बराबर महत्त्व रखते। कोई एक शब्द इतना महत्त्वपूर्ण न हो पाता। इससे यह स्पष्ट होता है कि किसी-किसी शब्द में वाच्यार्थ से कुछ और अधिक प्रदान करने की क्षमता होती है।

किसी काव्य के सहृदय-श्लाघ्य अर्थ के दो अंश हैं—वाच्य और प्रतीयमान। आनन्दवर्धन का आशय है कि वाच्य केवल वाच्य होने के कारण नहीं बल्कि अपने अन्तर्निहित सौन्दर्य के कारण मूल्यवान होता है जिसे हम प्रतीयमान कहते हैं। केवल समझने के लिए दोनों को आत्मा माना जा सकता है। सहृदय तो प्रतीयमान अर्थ तक पहुँचना चाहता है, वाच्यार्थ तो उसके सम्पर्क के कारण ही चमक उठता है। सामान्य व्यक्ति वाच्यार्थ के निहित सौंदर्य तक शीघ्र नहीं पहुँच पाते। अभिनव गुप्त ने भी कहा है कि—'तस्य भेदावशौ-इत्युक्तम्, न तु द्वावप्यात्मानौ काव्यस्येति—अर्थात् उस सहृदय श्लाध्य अर्थ के दो अंश हैं—वाच्य एवं प्रतीयमान।

डॉ. राममूर्त्ति त्रिपाठी मानते हैं कि "प्रतीयमान भी आत्म स्थानीय तभी हो सकता है—जब वह प्रधान हो और प्राधान्य की स्थिति में वह 'ध्वनि' कहा जाता है। इसी अभिप्राय से प्रतिपादन के अगले स्तर पर ध्वनि को 'काव्य की आत्मा' कहा गया है। ध्वनि के तीन भेद हैं—वस्तु, अलंकार एवं रस। इन तीनों में भी आत्मवत् सारवान तत्त्व है—रसध्वनि। काव्य के लक्ष्य (चर्वणोन्मुख) की दृष्टि से काव्य का सार तत्त्व रस ही जान पड़ता है—वस्तु एवं ध्वनि को भी जो रस के साथ-साथ की आत्मा कह दिया गया है, वह औपचारिक है—वास्तविक नहीं। ...इस प्रकार अन्ततः काव्य की आत्मा रस ही कहा जा सकता है—यही आनन्दवर्धन का प्रतिपाद्य है।"[28]

आचार्य विश्वनाथ ने 'रसना' व्यापार को भी रस ग्रहण का साधन माना है और कहा है कि व्यंजक का रस ग्रहण के माध्यम के रूप में जो कहीं-कहीं उल्लेख हुआ है—वह व्यंजना-स्थापन की प्रवृत्ति के कारण। व्यंजना के प्रति रसना की तुलना में जो आक्षेप या उपेक्षा का भाव है, उसका कारण है उसमें असंगति देखना। असंगति यह है कि व्यंजना सिद्ध अर्थ का प्रकाशन करती है और रस प्रतीति के पूर्व सिद्ध नहीं होता। अतः जो असिद्ध है वह व्यंजना कैसे? इसका उत्तर डॉ. राममूर्त्ति त्रिपाठी यह कहकर देते हैं कि "व्यंजना को दध्यादि न्याय से ग्रहण करनेवाले अव्यक्त दधि का दुग्ध में प्रकाशन मानने वाले रस प्रतीति या रसाभिव्यक्ति में व्यंजना को निमित्त मानने में कोई अड़चन नहीं देखते" (वही, पृ. 115)।

व्यंजना-व्यापार

व्यंजना-व्यापार काव्य की रसात्मक शक्ति को व्यक्त करता है। रसात्मकता की सृष्टि के लिए शब्दों की व्यंजकता या ध्वन्यात्मकता आवश्यक होती है। भारतीय काव्यशास्त्र में प्रतिपादित ध्वनि-सिद्धान्त प्रकारान्तर से काव्यात्म तत्त्व का पोषक है। रस ही काव्यार्थ है जिसमें विशेष प्रकार की सत्ता का बोध होता है। आचार्य आनंवदर्धन ने इस विशेष सत्ता का बोधन ध्वनि-सिद्धान्त के रूप में कराया है।[29]

शब्दशक्तियों में सर्वोत्तम व्यंजना ही है। लक्षक शब्द अपनी शक्ति से व्यंजना को प्रकाशित होने में सहयोग देते हैं। व्यंजना गूढ़ शब्दार्थों के प्रयोग से अधिक सहृदयाह्लादक शब्दों के प्रयोग में विश्वास रखती है। यह व्यंजना शक्ति काव्य में होती है। मम्मट ने भी 'स्याद् वाचको लाक्षणिक: शब्दोत्र व्यंजक स्त्रिधा' पर वृत्ति में टिप्पणी देते हुए कहा है कि 'अत्रेति काव्ये'। मम्मट ने काव्य-प्रकाश के द्वितीय उल्लास का नाम ही 'शब्दार्थ स्वरूप निर्णय' रखा है। उन्होंने वाच्य, लक्ष्य और व्यंग्य—तीन प्रकार के शब्द माने हैं। इन तीन प्रकार के शब्दों से तीन प्रकार के अर्थों की प्रतीति हेतु अभिधा, लक्षणा तथा व्यंजना नामक तीन प्रकार की शब्दशक्तियाँ मानी हैं। काव्य में विशेषतया व्यंजक शब्दों का प्रयोग अपेक्षित होता है। माना गया है कि काव्य व्यंजक शब्दों के अभाव में नीरस और चमत्कार शून्य रह जाता है। शब्द के तीन भेद—वाचक, लक्षण और व्यंजक का यह अर्थ नहीं होता कि अमुक शब्द केवल वाचक है, केवल लक्षक या केवल व्यंजक। वस्तुत: एक ही शब्द वाचक भी हो सकता है, लक्षक भी और व्यंजक भी, चूँकि यह व्यंजना काव्य-वस्तु से संबद्ध है, अत: व्यंग्यार्थ मुख्यत: काव्य-भाषा का ही ऐकान्तिक गुण माना गया है।

यह व्यंजना शब्द का सूक्ष्मतर अर्थ व्यंजित या ध्वनित करती है। आनन्दवर्धन ने अभाववादियों, लक्षणावादियों और व्यंजना को अनिर्वचनीय घोषित करनेवाले विचारों के मतों का खंडन करते हुए व्यंजना के सामर्थ्य का प्रतिपादन किया है। व्यंजना शब्द-वृत्ति के साथ अर्थ-वृत्ति भी है। मम्मट भी मानते हैं कि व्यंजना-व्यापार से युक्त शब्द 'व्यंजक शब्द' कहलाते हैं। वह व्यंजक शब्द दूसरे अर्थ के योग से अर्थात् अपने मुख्यार्थ का बोध न करने के बाद उस प्रकार का अर्थात् दूसरे अर्थ का व्यंजक होता है, अत: उसके साथ सहकारी रूप से अर्थ भी व्यंजक होता है। (काव्य प्रकाश, 3/23)। आचार्य मम्मट ने 'काव्य प्रकाश' के तृतीय उल्लास को 'अर्थ व्यंजकता निर्णय' नाम दिया है। वे कहते हैं कि वक्ता, बोद्धा, काकु, वाक्य, वाच्य, अन्यसन्निधि, प्रस्ताव, देशकाल आदि के वैशिष्ट्य से प्रातिभ सहृदयों को अन्यार्थ की प्रतीति करानेवाले अर्थ का जो व्यापार होता है, वह आर्थी व्यंजना ही है। आचार्य विश्वनाथ बताते हैं जहाँ एक शब्द या अर्थ व्यंजक होता है वहाँ दूसरा सहकारी कारण रहता है। शब्द अर्थ की और अर्थ शब्द की अपेक्षा करता है। अत: एक ही व्यंजकता में दूसरे की सहकारिता अवश्य माननी पड़ेगी।[30]

काव्य-रस की व्यंग्यरूपता

स्पष्ट है कि काव्य-रस व्यंग्य होता है। व्यंजना व्यापार या ध्वनि द्वारा 'अलौकिक ध्वनि' की विशिष्टता प्रमाणित होती है। अभिनव गुप्त ने 'लोचन' में कहा है कि 'प्रतीयमान' का जो भेद काव्य-व्यापार गोचर निर्दिष्ट किया गया है, वह स्वप्न में भी स्वशब्द से वाच्य नहीं होता और लौकिक के अन्तर्गत नहीं आता। वह वाच्यार्थ की अवस्था में नहीं आ सकता, अपितु शब्दों द्वारा समर्प्यमाण और सहृदयों के हृदय में संवाद या संगति रहने के कारण सुन्दर विभाव अनुभाव उनकी समुचित एवं पहले से रहनेवाली वासनाओं के अनुराग उद्‌बोध के द्वारा सुकुमार एवं सहृदय के संवित मन का, आनन्दमय चर्वणारूप व्यापार के द्वारा रसन या आस्वादन के योग्य रस है। काव्य के व्यापार का एकमात्र

गोचर रसध्वनि है और वह ध्वनि ही है, वह मुख्य रूप से आत्मा है।[31]

यह स्पष्ट है कि व्यंजना का प्रमुख उपकरण है शब्द और केवल शब्द व्यंजक नहीं होता। अभिधा और लक्षणा का सहयोग उसे पूर्णता प्रदान करता है। अभिधा और लक्षणा की कार्य-निवृत्ति के पश्चात् व्यंजना काव्यार्थ से प्रवृत्त होती है। यह काव्यार्थ बोधन और रसोद्बोधन का व्यापार बनती है। आचार्य विश्वनाथ ने अपने 'साहित्य दर्पण' में व्यंजना को परिभाषित करते हुए कहा है कि 'अपना-अपना अर्थ बोधन करके अभिधा आदि वृत्तियों के शान्त होने पर जिससे अन्य अर्थ का बोधन होता है, वह शब्द में तथा अर्थ आदि में रहनेवाली वृत्ति या शक्ति व्यंजना कहलाती है।'[32] आचार्य रामचन्द्र शुक्ल कहते हैं "व्यंजना शक्ति ऐसे अर्थ को बतलाती है जो अभिधा, लक्षणा या तात्पर्या वृत्ति द्वारा उपलब्ध नहीं होता। व्यंजना व्यापार का नाम ध्वनन, गमन और प्रत्यायन भी है।[33] उन्होंने व्यंजना के तीन रूप माने हैं—वस्तु व्यंजना, भाव-व्यंजना और अलंकार व्यंजना।

डॉ. गुलाब राय ने भी स्वीकार किया है कि "अभिधा और लक्षणा के विराम लेने पर जो एक विशेष अर्थ निकलता है, उसे 'व्यंग्यार्थ' कहते हैं और जिस वृत्ति या शक्ति के द्वारा यह अर्थ प्राप्त होता है, उसे 'व्यंजना' कहते हैं।[34] अत: इस व्यंजना के अर्थ-व्यापार में कुछ तो विशेष अर्थ की ध्वनि अवश्य है, जिसे सबने किसी-न-किसी रूप में स्वीकार किया है, जिसके व्यंग्यार्थ को हृदयंगम करने के लिए प्रतिभा, विदग्ध सहृदयों का साहचर्य और प्रकरण का ज्ञान आवश्यक हो जाता है क्योंकि इनके अभाव में वास्तविक व्यंग्यार्थ की प्रतीति नहीं हो पाती।"

डॉ. विश्वंभरनाथ उपाध्याय अपने भारतीय काव्यशास्त्र नामक ग्रंथ (पृ. 323) में कहते हैं कि "ध्वनिवाद काव्य में आत्मा के अनुसन्धान को आधार बनाकर चलता है। आनन्दवर्धन एक ऐसे सिद्धान्त की रचना करना चाहते थे कि काव्य के सम्बन्ध में भरत से वामन और तक उठाए गए सभी प्रश्नों के उत्तर मिल सकें, पूर्व सिद्धान्त की अपूर्णताएँ स्पष्ट हों तथा सिद्धान्त को केन्द्रीय स्थिति प्राप्त हो।" डॉ. उपाध्याय की यह स्थापना इस अर्थ में विचारणीय हो जाती है कि काव्यात्म-तत्त्व का अनुसन्धान केवल आनन्दवर्धन का ही प्रयत्न नहीं था। अन्य आलोचकों ने भी जैसे उनके पूर्ववर्ती वामन ने रीतिरात्मा काव्यस्य की घोषणा कर दी थी। यह महत्त्वपूर्ण है कि भारतीय काव्यशास्त्र के इतिहास में सर्वप्रथम वामन ने ही काव्य की आत्मा का प्रश्न उठाया था। वे रीतिवादी आचार्य थे और उन्होंने रीति को काव्य की आत्मा घोषित किया था। विशिष्ट पद-रचना को ही उन्होंने रीति कहा। उस विशिष्ट पद-रचना का अर्थ है गुणयुक्त—विशेषोगुणात्मा। अत: माना जाना चाहिए काव्यात्म-तत्त्व के अनुसन्धान की प्रवृत्ति भारतीय काव्यशास्त्र की स्वाभाविक प्रवृत्ति है जो आगे चलकर आनन्दवर्धन के ध्वनि-सिद्धान्त, कुन्तक के वक्रोक्ति सिद्धान्त आदि रूपों में दिखाई पड़ती है।

भारतीय चिन्तन में यह धारणा प्रारम्भ से ही रही है कि कविता के केन्द्रीय तत्त्व का अनुसन्धान किया जाए, उसकी धुरी खोजी जाए। अन्ततः काव्य-भाषा के माध्यम से ही यह खोज भी अपने चरम स्वरूप को प्राप्त करती है। काव्य शब्दों से बनता है। शब्द और उसमें निहित अर्थ-तत्त्व के विविध रूपों का विवेचन करने के क्रम में अलंकार, रीति, ध्वनि, वक्रोक्ति, रस, औचित्य आदि सिद्धान्त सामने आए और इन सबों की प्रस्थापना

से एक बात तो खास तौर पर छनकर निकली कि भारतीय काव्यशास्त्र के ये सभी प्रसिद्ध और प्रचलित सिद्धान्त निम्नलिखित अर्थों और रूपों में महत्त्वपूर्ण और विशिष्ट रहे—

1. कि ये सभी सिद्धान्त मौलिक हैं।
2. कि सभी सिद्धान्त एक दूसरे के पूरक हैं, मूलत: विरोधी नहीं।
3. कि ये सिद्धान्त काव्यानन्द को प्राप्त करने के सोपानों की भाँति प्रतीत होते हैं। सामान्यत: इनमें से किसी की भी सर्वथा अवहेलना नहीं की जा सकती। कुछ विद्वान काव्य या कविता को संकुल (कॉम्पलैक्स) अभिव्यक्ति मानते हैं, ऐसा उसकी बुनावट के कारण भी सम्भव हो पाता है। कवि के भीतर जो भाव या विचार-समूह उमड़ता है, उस सम्पूर्ण अनुभव को सहज रूप में व्यक्त करना, यथातथ्य चित्रित कर देना सरल काम नहीं होता। जो मन के भीतर है, वह उसी सरलता से बाहर प्रत्यक्ष नहीं हो पाता। इसलिए बाह्य कलात्मक संकेतों, प्रतीकों, बिम्बों, अलंकारों और रसावेश को उद्दीप्त करनेवाले भावों की आवश्यकता होती है। भाव की इसी अनन्तता की गिनती गिनाते समय आचार्य भरत उसकी संख्या 49 तक ले जाते हैं या अलंकारों अथवा ध्वनियों के सूक्ष्म भेद-प्रभेदों की प्रकल्पनाओं की गिनती सैकड़ों-हजारों तक पहुँच जाती है। इस अनन्त-भाव समृद्धि को सूक्ष्म शब्दाकृति में ढालना अरूप को रूप देने की भाँति होता है। हो सकता है, इसी अनन्त भाव-सम्पदा के प्रभाव के कारण नई समीक्षा के आलोचक सी—ब्रुक्स ने इसे समृद्ध अप्रत्यक्षता कहा हो। (द वैल रॉट अर्न—क्लींथ ब्रुक्स, लंदन, पृ. 68)।

ध्वनि पर विचार करते हुए विचारकों ने 'उत्प्लवन सिद्धान्त' की चर्चा करते हुए कहा है कि वस्तु, अलंकार और रसादि किस प्रकार ध्वनित होते हैं, इसे निर्देशित करने के लिए अभिधा और लक्षणा के आधार पर ध्वनि-भेद प्रस्तुत किए गए हैं। इस विभाजन की पृष्ठभूमि में उछाल का सिद्धान्त निहित है। मार्क्सवाद में उछाल के सिद्धान्त द्वारा परिमाण से गुण की उत्पत्ति दिखाई जाती है। वक्ता, बोध, प्रकरण आदि की सहायता से काव्य-श्रवण के समय अचानक विलक्षण सौंदर्य या आकर्षण का अनुभव होता है। यह गुण (क्वालिटी) काव्य-श्रवण के पूर्व अनुभव नहीं होता, किन्तु जब कोई सहृदय काव्य पढ़ता या सुनता है या नाटक देखता है अथवा अन्य ललित कलादि का साक्षात्कार करता है, तब भोक्ता के ध्यानावस्थित होते ही काव्य-कलादि की ध्वनन प्रक्रिया से उक्त काव्य गुण या चमत्कार की अनुभूति होती है, जिसके लिए काव्यादि का भावन किया जाता है।[35]

यहाँ डॉ. विश्वंभरनाथ उपाध्याय ने 'उत्प्लवन सिद्धान्त' से ध्वनन-प्रक्रिया को समझाने का प्रयत्न किया है। सौंदर्यशास्त्र में भी 'पिक्टोरियल लीप' के द्वारा चित्रात्मक उत्प्लवन को महत्त्व मिला है। वस्तुत: हम किसी चित्र या काव्य को देखते या पढ़ते समय अपनी ओर से बहुत कुछ उसमें जोड़ते हैं, उसमें हमारा लौकिक ज्ञान और हमारे निजी अनुभव तथा कवि का कथ्य—ये सभी मिलकर हमारी चेतना को प्रसरणशील और व्यापक बनाते हैं, यही तो रस्यता है—सरते इति रस:। डॉ. उपाध्याय मार्क्सवादी द्वन्द्वात्मक भौतिकवाद की दृष्टि से भारतीय काव्यशास्त्र का अध्ययन प्रस्तुत करते हैं,

नि:सन्देह उसमें उनके अनेक मौलिक चिन्तन अनुस्यूत हैं, पर विचारणीय पक्ष यह है कि हर युग की रचना-प्रवृत्ति अपने काल-खंड में मौलिक और नूतन होती है। आधुनिक शब्द केवल आज के अर्थ तक सीमित नहीं किया जा सकता। 'महाभारत' के रचयिता व्यास का युग भी अपनी दृष्टि में आधुनिक और अनेक दु:स्थितियों से भरा है। उसमें भी चरित्रों का उत्थान-पतन, घात-प्रतिघात और मनुष्य की हीन एवं उच्च-वृत्तियों का संघर्ष साफ झलकता है, वहाँ भी व्यास के कृष्ण असहाय नज़र आते हैं, जब वे कहते हैं कि मैं बाँहें उठा-उठाकर कह रहा हूँ, पर कोई मेरी बात ही नहीं सुनता—'ऊर्ध्व बाहु विरम्येष न कश्चित् श्रृणोति मे'। अत: केवल द्वन्द्वात्मक भौतिकवाद को ही आधुनिकता के समस्त श्रेय का अधिकारी कैसे माना जा सकता है?

प्रस्तुत लेखक ने इस पुस्तक की प्रस्तावना में संस्कृत काव्य और काव्यशास्त्र की सीमाओं और शक्तियों का किंचित् संकेत किया है। संस्कृत काव्य प्राय: 1200 वर्षों तक राजा-रानी की कथाओं मुख्यत: उच्च कुलोद्भव नायकों के क्रिया-कलापों तक सुखान्तवादी रचना-प्रवृत्ति का प्रत्यायक है। संस्कृत का काव्यशास्त्र इन्हीं लक्ष्य ग्रंथों तक आलोचकों की मौलिक कल्पनाओं, उनके द्वारा उठाए गए मौलिक पूर्वपक्षीय प्रश्नों पर विकसित होता हुआ दिखाई देता है।

यह ठीक है कि चित्तवृत्तियों में गतिमयता और छलांग की स्थिति हो सकती है, कविता की पंक्ति या वाक्य या एक शब्द भी हमें गतिशील बनाकर एक अनुभव को अनेक अनुभवों में परिणत कर सकता है, पर जब हमें उसका रस-बोध या विशेष अर्थ ज्ञान होता है तब एक संविद् चित्तविश्रान्ति का भाव अवश्य आ जाता है, तब हम स्थिर मनोदशा में उस गत्यात्मकता का अनुभव करते हैं, एक स्थिर अनुभव अनेक अनुभवों को जन्म देता जाता है। ध्वन्यालोक में रस के विशिष्ट रूप की चर्चा अनेक प्रकार से की गई है और कहा गया है कि रस ध्वनि का आत्मभूत या प्रधान रूप है (ध्वन्यालोक, 3/16)। अत: कवियों को चाहिए कि वे विविध अर्थों के अमृत रस से परिपूर्ण वाणी का प्रसार करें (प्रतायन्तां वाचो निमित्त विविधार्थामृतारसा—वही, 4/16, पृ. 363)।

यह तो स्पष्ट लग रहा है कि काव्य-बोध हरदम नया हो सकता है। हर युग का काव्य नया, मौलिक और आधुनिक हो सकता है। समय की दरारों से वह कमजोर नहीं पड़ सकता। आज यह भी कहा जाता कि आज के संकुल जीवन और जीवन की जटिल स्थितियों का बोझ रस-ध्वनि नहीं उठा सकती। यह आरोप भी लगता है कि रस-ध्वनि के प्राचीन नमूने आधुनिक युग की संकुलता के आगे आदिम प्रतीत होने लगे हैं। इस स्थिति में रसवाद नहीं, ध्वनि-सिद्धान्त ही इस ध्वनित संकुलता के रहस्य को स्पष्ट करने में सहायक हो सकता है।

ध्वनि के भीतर जो अर्थ के गहन स्तर हैं, वे कविता के निहितार्थ को पकड़ सकते हैं। इसका यह अर्थ नहीं कि रस-ध्वनि केवल आमोद-प्रमोद या रोचक तत्त्वों का आख्यान करती है। वहाँ रस-ध्वनि का कार्य है सन्तुलित, विश्रृंखलित और जटिल जीवन के बीहड़ मैदानों में भी आकर्षण पैदा करना, कवि द्वारा अभिव्यक्त विचारों के सूक्ष्म तहों तक पहुँचना और उसमें एक संगति तथा सामंजस्य बिठाना—यह संगति रस-ध्वनि का संकेत करती है।

ध्वनि-विरोधी मतों की परिकल्पना

ध्वनि-सिद्धान्त के विरोधी आचार्य वस्तुत: रस का नहीं व्यंजना का विरोध करते हैं। हम इसे पुन: दुहरा लें कि ध्वनि-सिद्धान्त का सर्वप्रथम उल्लेख आनन्दवर्धन के 'ध्वन्यालोक' में मिलता है। आनन्दवर्धन पहली कारिका में ही कहते हैं कि 'काव्यात्मा की ध्वनि रूप में चर्चा बुधजनों ने बहुत पहले से करनी आरम्भ कर दी थी, भले ही वह चर्चा लिपिबद्ध नहीं हुई और कहा—'काव्यस्यात्मा ध्वनिरिति बुधैर्य: समाम्नातपूर्व:' (ध्वन्यालोक, 1/1)। इस चर्चा की मौखिक परम्परा में आनन्दवर्धन के निजी विचार भी सम्मिलित प्रतीत होते हैं। आनन्दवर्धन ने 'ध्वन्यालोक' में किसी मनोरथ नामक विचारक का कथन उद्धृत कर इस मौखिक परम्परा के विरोध को दर्ज किया है। वे कहते हैं—'ध्वनि तत्त्व प्रवाद ही प्रवाद है। उसमें विवेचन या सार तत्त्व नहीं, न इसमें अलंकार है, न गुण। ऐसे कथन आनन्दवर्धन के लिए पूर्व पक्ष का कार्य करते हैं जिसका विधिवत् उत्तर और समाधान उन्होंने किया है।

यह ज्ञात होता है कि ध्वनि-तत्त्व का सद्भाव रस-तत्त्व के साथ रहा है। पंडितराज जगन्नाथ भी कहते हैं कि प्राचीन आलंकारिकों ने भले ही ध्वनि शब्द का प्रयोग नहीं किया, पर समासोक्ति, व्याजस्तुति, अप्रस्तुत प्रशंसा,पर्यायोक्ति जैसे अलंकारों के निरूपण द्वारा गुणीभूत व्यंग्य के कुछ प्रभेदों का उल्लेख वे अवश्य करते हैं। ('रसगंगाधर', 555-56)। 'गुणीभूत व्यंग्यभेदास्तैरपि निरूपिता:।'

आनन्दवर्धन ध्वनि विरोधी तीन मतों का उल्लेख करते हैं—अभाववादी, भक्तिवादी एवं अनिर्वचनीयतावादी। आनन्दवर्धन अभाववादियों के लिए 'जगदु:', भक्तिवादियों के लिए 'आहु:' तथा अनिर्वचनीयतावादियों के लिए 'ऊचु:' क्रिया का प्रयोग करते हैं। तात्पर्य यह कि अभाववादी एवं अनिर्वचनीयतवादी आनन्द की पूर्ववर्ती धारणाओं के प्रस्तावक हैं और भक्तिवादी उनके समसामयिक हैं। जिसे हम पूर्ववर्ती कह या समझ रहे हैं, वे दरअसल आनन्दवर्धन की बुद्धिवादी कल्पनाएँ हैं। ये मत सम्भावनापरक प्रतीत होते हैं। इसी प्रकार भक्तिवाद भी अपनी ओर से किसी भावी संभावित विरुद्ध मत के उत्तर में गढ़ा गया ही लगता है—"परिकल्प्यैव मुक्तम्।"

आनन्दवर्धन इन तीनों मतों का खंडन करते हैं। अभाववादी मानते हैं कि शब्द का एक ही प्रकार का अर्थ है जिसे संकेतित या अभिधेय कह सकते हैं। वे मानते हैं कि शब्द का कोई प्रतीयमान अर्थ है ही नहीं। अत: ध्वनि नाम की कोई वस्तु नहीं है। आनन्दवर्धन विशिष्ट पर्यायवादी शब्दों को ही आह्लाद और प्रतीयमान समझते हैं। वही शब्द जब सर्वातिशायी चमत्कार वहन करने की क्षमता पा लेता है तो ध्वनि का रूप लेता है।

भक्तिवादियों की दृष्टि में शब्द के दो ही प्रकार के अर्थ हो सकते हैं—मुख्य और अमुख्य। उसका कोई तीसरा प्रकार नहीं हो सकता।

अनिर्वचनीयतावादियों का मत है कि ध्वनि तत्त्व है और 'लक्ष्य-भिन्न' है, पर उसकी विशेषताएँ सूक्ष्मता के कारण पकड़ में नहीं आतीं। अत: उनका निर्वचन सम्भव नहीं है और चूँकि उनका निर्वचन नहीं हो सकता, इसलिए वह अनिर्वचनीय है।

आनन्दवर्धन इसका खंडन करते हुए कहते हैं कि उन्होंने स्वयं उसका निर्वचन

किया है, अतः वह तर्क निरस्त हो जाता है और यदि अनिर्वचनीयता प्रशंसापरक है तब तो यह विरोध रह ही नहीं जाता।

अन्य ध्वनि विरोधी आचार्यों में प्रमुख हैं—प्रतिहारेन्दुराज, भट्टनायक, धनिक, धनंजय, कुन्तक एवं महिमभट्ट। वैसे तो मुकुल ने भी समस्त ध्वनि प्रपंच को लक्षणा में समेटने का प्रयत्न किया है और उस लक्षणा को भी अभिधा का ही एक प्रकार माना है। इसी मुकुल के शिष्य प्रतिहारेन्दुराज कहे गए हैं जो आलंकारिक उद्भट के 'काव्यालंकार सार संग्रह' के टीकाकार हैं और अलंकार सम्प्रदाय के समर्थक हैं। इन्होंने वस्तु, अलंकार एवं रस-रूप ध्वनि का अन्तर्भाव पर्यायोक्त, श्लेष एवं रसवद् अलंकारों में क्रमशः कर लिया है। वे आनन्दवर्धन के ध्वनि-मत को इन्हीं अलंकारों से समाविष्ट मानते हैं।[36]

भट्टनायक रस-सम्प्रदाय के समर्थक हैं। रस निष्पत्ति विषयक इनके विचार यत्र-तत्र मिलते हैं। वे कहते हैं कि रस की व्यंजना नहीं होती, क्योंकि व्यंजना-व्यापार यहाँ सम्भव नहीं है। दूसरे 'लोचन' में अभिनव गुप्त ने जहाँ-तहाँ वस्तु-ध्वनि का खंडन भी किया है (लोचन, पृ. 17 द्वितीय संस्करण)। व्यंजना के स्थान पर ये भावना और भोग व्यापारों की कल्पना करते हैं।

धनिक एवं धनंजय ने भी 'दशरूपक' में यह सिद्ध करना चाहा है कि 'तात्पर्य' नामक शक्ति से ही सभी अभिप्रेत अर्थों की प्राप्ति हो सकती है। उसके लिए व्यंजना नामक अतिरिक्त व्यापार की कल्पना क्यों की जाए? वे तात्पर्य वृत्ति को निश्चित सीमा में नहीं रखना चाहते। यह तात्पर्य तराजू पर रखकर तौली हुई कोई वस्तु नहीं है—'तात्पर्यं न तुला धृतम्', अपितु वक्ता का अभिप्राय जहाँ तक जा सकता है, वहाँ तक यह तात्पर्य शक्ति जा सकती है। अतः व्यंजना के स्थान पर तात्पर्य को ही स्वीकृति मिलनी चाहिए।[37]

ध्वनिवादी मानते हैं कि तात्पर्य नामक वृत्ति पदों के अन्वितार्थ को बोध करा चुकने के बाद जब विश्रान्त हो जाती है तो व्यंग्यार्थ को द्योतित करने के लिए व्यंजना-शक्ति की आवश्यकता पड़ती है, पर तात्पर्यवादी इस 'विश्रान्ति' को स्वीकार नहीं करते।

कुन्तक यह मानते हैं कि लोक में जो भी शब्द-व्यवहार हो, पर काव्य के शब्द और काव्य के अर्थ काव्यात्मक चमत्कार की दृष्टि से कुछ और ही होते हैं। समर्थ कवि के शब्द को वे विचित्र अभिधा शक्ति से सम्पन्न मानते हैं -'वक्रोक्तिः प्रसिद्धाभिधान व्यतिरेकिनी विचित्रैवाविधा—वक्रोक्ति जीवित, पृ. 22)। व्यंजना का स्वरूप कुन्तक को ग्राह्य नहीं होता। उसकी जगह वे वक्रोक्ति को ही महत्त्व देते हैं।

महिमभट्ट मानते हैं कि शब्द के दो अर्थ है—वाच्य एवं अनुमेय। उनका प्रसिद्ध ग्रंथ है 'व्यक्तिविवेक', जिसमें वे ध्वनि-सिद्धान्त का खंडन करते और अभिधा शक्ति को मान्यता देते हैं। वे शब्द की कोई अन्यशक्ति ही नहीं मानते। वे शब्द शक्ति के रूप में व्यंजना को स्वीकार ही नहीं करते। महिमभट्ट सम्पूर्ण व्यंजना-व्यापार अर्थात् ध्वनि को अनुमान में अन्तर्भूत करने के लिए अपने ग्रंथ 'व्यक्ति विवेक' में अपनी स्थापना रखते हैं (व्यक्ति विवेक, 1/4)। उनका कहना है कि व्यंग्यार्थ वाच्यार्थ से ही संबद्ध रहता है। यदि वह वाच्यार्थ से संबद्ध न हो तो किसी भी शब्द से कोई भी अर्थ प्रतीत होने लगेगा।

अतः वे व्यंजना-व्यापार को अनुमान प्रमाण का विषय मानते हैं। स्पष्ट है कि महिम भट्ट का प्रसिद्ध ग्रंथ 'व्यक्तिविवेक' आनन्दवर्धन के ध्वनि-सिद्धान्त का निषेध करता है।

महिम भट्ट काव्य का मूल तत्त्व अनुमान को मानते हैं और वे न्याय की पद्धति से ध्वनि के सभी प्रकारों को अनुमान में अन्तर्भुक्त करते हैं (अनुमानेऽन्तर्भावं सर्वस्यैव ध्वने: प्रकाशयितुम् व्यक्तिविवेकं कुरुते प्रणम्य महिमा परां वाचम्।" (व्यक्तिविवेक, 1/1)

महिम भट्ट के ग्रंथ 'व्यक्तिविवेक' के तीन विमर्श हैं उनमें ध्वनि विषयक आनन्दवर्धन के लक्षण में दस दोष गिनवाए गए हैं। उन्होंने प्रतीयमान अर्थ को अनुमिति का विषय ठहराया और तीसरे विमर्श में 'ध्वन्यालोक' के चालीस उदाहरणों का विश्लेषण कर उन्हें भी अनुमान में अन्तर्निहित कर लिया। महिमभट्ट प्रतीयमान को 'काव्यानुमिति' कहते हैं। उनकी दृष्टि में शब्द की एकमात्र शक्ति अभिधा है। वे रस को काव्य की आत्मा मानकर भी उसे 'अनुमान का ही विषय मानते हैं तथा रसौचित्य का निरूपण करते हैं। वे औचित्य के अभाव में रस की सिद्धि नहीं मानते। ध्वनिवादियों ने इन सब तर्कों का समाधान करते हुए व्यंजना (ध्वनि) की ही सुदृढ़ स्थापना की है।

ध्वनि-विरोधी मतों की समीक्षा

आनन्दवर्धन ने अपने 'ध्वन्यालोक' में ध्वनि-सिद्धान्त का प्रवर्त्तन भले किया, पर वे उसकी पहली कारिका में ही स्वीकार करते हैं कि काव्यात्म की ध्वनिरूप में चर्चा बुधजनों ने बहुत पूर्व से ही प्रारम्भ कर दी थी—काव्यास्यात्मा ध्वनिरिति बुधैर्य: समाम्नात् पूर्व: (ध्वन्यालोक 1/1)। ध्वनि की यह चर्चा निश्चय ही पूर्व में मौखिक ही रही होगी। आनन्दवर्धन ने अपने समसामयिक मनोरथ कवि के ध्वनि-विरोधी कथन का उल्लेख किया है कि 'ध्वनि तत्त्व प्रवाद ही है, उसमें विवेचन योग्य सार तत्त्व कुछ नहीं है। न इसमें अलंकार है, न गुण'। मनोरथ का यह कथन तत्कालीन युग के मौखिक विरोध का सूचक है। भले ही पहले ध्वनि शब्द का प्रयोग न हुआ हो, पर समासोक्ति, पर्यायोक्त आदि अनेक अलंकारों में उसकी झलक अवश्य मिलती है।

यह कहा जा चुका है कि आनन्दवर्धन ने ध्वनि-तत्त्व की प्रस्थापना के पूर्व तीन विरोधी मतों का उल्लेख किया है। वे मत हैं—अभाववादी, भक्तिवादी' तथा अनिर्वचनीयतावादी। अनुमान होता है कि अभाववादी एवं अनिर्वचनीयतावादी मत उनके पूर्व से ही बौद्धिक चर्चा में थे। ऐसा रहा हो या न रहा हो, लोचनकार अभिनवगुप्त कहते हैं कि 'सम्भाव्य दूषयिष्यन्ते अत: परोक्षत्वम्' अर्थात् अभाववादियों का पक्ष सुना नहीं गया है। केवल अपनी सम्भावना से केवल खंडन के लिए वह धारणा उत्पन्न हुई है ताकि भविष्य में कोई ऐसा पक्ष या तर्क नहीं उठा पाए।

दूसरे मत भक्तिवाद के बारे में भी आनन्दवर्धन कहते हैं—'परिकल्प्यैवमुक्तम्' अर्थात् शब्द से कोई आलंकारिक ध्वनि का भक्ति में अन्तर्भाव करते हुए स्वयं उठाया गया प्रतीत होता है। शास्त्रों में प्रश्नोत्तर की इस क्रिया को 'पूर्व पक्ष' और 'उत्तर पक्ष' कहते हैं अर्थात् स्वयं ही प्रश्न उठाना और स्वयं ही उसका समाधान करना। ध्वनि विरोधियों के मतों और तर्कों की कल्पना कर आनन्दवर्धन ने ध्वनि विरोधियों की जड़ को समूल नष्ट करने का प्रयत्न किया। इसलिए विचारकों ने यह निष्कर्ष निकाला कि ध्वनिकार से पहले भी ध्वनि-तत्त्व का इन रूपों में विरोध होता था, यह सर्वथा भ्रमपूर्ण है।

अभाववादियों के तर्क के उत्तर में आनन्दवर्धन सिद्ध करते हैं कि वाच्यार्थ से भी अतिरिक्त प्रतीयमान अर्थ कई हैं, जिसके सम्पर्क से अनेक पर्यायवाची शब्दों में से कोई शब्द ही सहृदयश्लाघ्य होता है, ऐसे ही अर्थ प्रतीयमान हैं और वही शब्द जब सर्वातिशायी चमत्कार से युक्त होता है तो ध्वनि कहलाने का अधिकारी होता है। यह प्रतीयमान अर्थ निर्बाध, असंकेतित, प्रतीयमान या व्यंग्य होता है जबकि भक्तिवादियों का अमुख्य अर्थ या लक्ष्य अर्थ सबाध प्रतीत होता है।

अनिर्वचनीयतावादी मत मानता है कि ध्वनि तत्त्व है और 'लक्ष्य भिन्न' है, पर उसकी विशेषताएँ इतनी सूक्ष्म हैं कि पकड़ में नहीं आतीं, अत: निर्वचन सम्भव नहीं है। इसे स्पष्ट करते हुए डॉ. राममूर्त्ति त्रिपाठी का मानना है कि "आलोककार का कहना है कि यदि अनिर्वचनीयता प्रशंसा पर्यवसायिनी है, तब तो कोई बात ही नहीं और यदि वास्तव है तो इसलिए व्यर्थ है कि उन्होंने स्वयं ध्वनि का निर्वचन किया है।"

इस प्रकार उन्होंने ध्वनि विरोधियों का खंडन कर, ध्वनि की सत्ता स्थिर की है और उसका लक्षण यों बताया है—"जहाँ अर्थ अपने आप को और शब्द अपने अर्थ को अप्रधान रखते हुए उस प्रतीयमान अर्थ की प्रधानत: व्यंजना करे, वहाँ सूरियों ने (विद्वानों ने) ध्वनि नामक काव्य विशेष लक्षित किया है।"[38]

तात्पर्यावृत्ति

कुमारिल भट्ट और उनके मतानुयायी मीमांसक अभिहितान्वयवादी कहे गए हैं। वे तात्पर्यवृत्ति में व्यंजना शक्ति का अन्तर्भाव देखते हैं। अभिधा और लक्षणा के अतिरिक्त वे तात्पर्य को भी एक प्रकार की शब्द शक्ति मानते हैं। तात्पर्यवादी आचार्यों में धनंजय और धनिक महत्त्वपूर्ण हैं। अभिहितान्वयवादी वाक्यवादी हैं। उनके अनुसार शब्द एक दूसरे से अन्वित होकर वक्ता के वास्तविक तात्पर्य को व्यक्त कर पाते हैं। वाक्य से अलग और असंबद्ध पद इस तात्पर्यार्थ को व्यक्त नहीं कर सकते। योग्यता, सन्निधि या समीपता और आकांक्षा से युक्त पद-समूह ही 'वाक्य' कहलाता है। अभिहितान्वयवादी मीमांसकों का मानना है कि इन तीन बातों से युक्त होने पर जब शब्दों का तर्कसंगत सम्बन्ध ज्ञात होता है, तभी शब्दों का वास्तविक अर्थ स्पष्ट होता है। अत: तात्पर्यवृत्ति का विशेष महत्त्व है।

धनिक[39] ने 'दशरूपक' में स्पष्ट किया है कि जैसे कोई लौकिक वाक्य वक्ता के कथ्य और तात्पर्य पर आधारित होता है, वैसे ही काव्य भी कवि के तात्पर्य पर आश्रित रहता है। यह तात्पर्य कोई तराजू के पलड़े पर रखा पदार्थ नहीं है कि जिसके विषय में कहा जा सके कि इसकी विश्रान्ति या सीमा यहाँ तक ही है।

प्रभाकर मत के अनुयायी अन्य मीमांसक अन्विताभिधानवादी कहे गए हैं क्योंकि वे पदों से ही अन्वित अर्थ का परिज्ञान करते हैं। वे अभिहितान्वयवादियों की तात्पर्यवृत्ति का विरोध करते हैं। वे मानते हैं कि वाक्य द्वारा प्रस्तुत सुसंबद्ध अर्थ स्वयं शब्दों द्वारा भी व्यक्त होता है। ये मीमासंक अन्वित अर्थ में ही शक्ति मानते हैं। 'काव्य प्रकाश' के द्वितीय उल्लास में उपर्युक्त दोनों मतों का संक्षिप्त उल्लेख मिलता है। मम्मट अभिहितान्वयवाद को स्वीकार कर वाक्य को महत्त्व देते हैं, लेकिन तात्पर्यार्थ को मानते हुए भी ध्वनि के

आचार्य उसे व्यंजना के समतुल्य नहीं मानते। उनके अनुसार अमिधा, लक्षणा की तरह तात्पर्य शक्ति भी व्यंग्यार्थ का बोध कराने में असमर्थ मानी गई है।

अत: तात्पर्यवादी वाक्यार्थ मात्र से आगे प्रतीयमान अर्थ के लिए भी तात्पर्य शक्ति को स्वीकार करते है, पर ध्वनिवादी व्यंजना शक्ति को मानते हैं। चूँकि तात्पर्य शक्ति वाक्यार्थमात्र का बोध करा चुकने के बाद विरत हो जाती है, अत: प्रतीयमान अर्थ के बोध के लिए किसी अन्य शक्ति की आवश्यकता होती है। तात्पर्यवादी भले ही उसे तात्पर्य शक्ति कहें, पर उसे व्यंजना शक्ति मानना ही अधिक उपयुक्त है।

तात्पर्य वृत्ति की भाँति व्यंग्यार्थ का अन्तर्भाव लक्षणा में माननेवाले भट्ट उद्भट जैसे लक्षणावादी आचार्य ध्वनि को लक्षणागम्य या भाक्त मानते हैं, परन्तु आनन्दवर्धन ने ध्वनि को स्वतंत्र प्रतिष्ठा दी है और स्पष्ट कर दिया है कि व्यंजना को लक्षणा में अन्तर्भूत नहीं किया जा सकता। इसी प्रकार महिमभट्ट द्वारा अपने ग्रंथ 'व्यक्तिविवेक' में व्यंजना-व्यापार को अनुमान में अन्तर्भूत करने के सिद्धांत का खंडन किया गया है। ध्वनिवादी मानते हैं कि ध्वनि-काव्य कवि की कल्पना पर आश्रित होने के कारण असद् हेतु से भी युक्त होता है, जबकि अनुमान की व्याप्ति सद् अर्थात् निश्चित हेतु से ही सम्भव है, असद् या अनिश्चित हेतु से नहीं। इस प्रकार ध्वनिवादियों द्वारा विरोधी पक्षों का तर्कपूर्ण खंडन कर व्यंजना या ध्वनि को प्रतिष्ठा प्रदान की गई है। इसी कारण 'अलंकार सर्वस्व' के व्याख्याकार जयरथ द्वारा उठाई गई बारह प्रतिपत्तियों का उत्तर ध्वनिवादियों ने दिया है।

जयरथ का विरोध पक्ष

ध्वनि काव्य की आत्मा है। इसके विरोध में अनेक आचार्य उठ खड़े हुए थे और देखा गया कि आनन्दवर्धन के बाद भी प्राय: दो सौ वर्षों तक उसका विरोध किसी-न-किसी रूप में किया जाता रहा, लेकिन आनन्दवर्धन का ध्वनि-सिद्धान्त प्रचलन और प्रबलता के कारण भले ही विरोधियों से घिर गया हो, पर उनका उत्तर देने के लिए आनन्दवर्धन को आगे आना पड़ा। इन विरोधियों में तीन वर्ग प्रमुख थे—

(1) अभाववादी, (2) भक्तिवादी या भाक्तवादी, (3) अलक्षणीयतावादी या अनिर्वचनीयतावादी। (ध्वन्यालोक, 1/1)

इनमें प्रथम वर्ग को ध्वनि की सत्ता ही स्वीकार्य नहीं है। द्वितीय वर्ग ध्वनि को भाक्त अर्थात लक्षणागम्य अत: गौण मानता है। तृतीय वर्ग इसकी सत्ता स्वीकार करता हुआ भी इसे अनिर्वचनीय कहता है। इन विरुद्ध पक्षों की कल्पना के दो आधार प्रतीत होते हैं—एक तो शास्त्र-विवेचन करते समय पूर्वपक्ष द्वारा स्वयं ही प्रश्न उठाना और सभी शंकाओं का उचित समाधान करना। दूसरे, काव्य-विदग्ध गोष्ठियों में प्रश्नोत्तर के रूप में उठाए गए प्रश्नों और विवादों का सम्यक् समाधान करना।[49] इस कारण आनन्दवर्धन के समकालीन रुद्रट आदि तक ध्वनि विरोधी चर्चा का सूत्रपात नहीं दिखाई देता। आनन्दवर्धन के बाद ध्वनि-सिद्धान्त के विरोधी आचार्यों की एक श्रृंखला अवश्य मिलती है।

अत: उपर्युक्त ध्वनि विरोधी तीन वर्गों में बँटे गए हैं—(1) अभाववादी, (2) दीर्घ अभिधावादी, (3) तात्पर्यवादी। आनन्दवर्धन इस बात से सावधान थे कि जैसे मीमांसकों

ने स्फोट का विरोध किया था, उसी प्रकार उनके मत का भी बड़ा विरोध हो सकता है। अतः ऐसा भी अनुमान है कि उन्होंने ध्वनि-विरोधियों के संभाव्य तर्कों का स्वयं उल्लेख कर उनका खंडन किया होगा। उन्होंने अभाववादी भाक्तवादी (ध्वनि को गौण, लक्षणा गम्य माननेवाले) और अनिर्वचनीयतावादी की चर्चा की (प्रथम उद्योत-कारिका-1)। रुय्यक के 'अलंकार सर्वस्व' के टीकाकार जयरथ ने विमर्षिणी में दो कारिकाएँ उद्धृत की हैं, जिनमें ध्वनि-विरोधी बारह मतों का वर्णन मिलता है—

तात्पर्या शक्ति रभिधालक्षणानुमितो द्विधा।
अथपित्ति क्वचित् तंत्रं समासोक्त्याद्यलंकृतिः ॥
रसस्य कार्यता योगो व्यापारान्तर बाधनम्।
द्वादशेत्थं ध्वनेरस्यस्थिता विप्रतिपत्तयः ॥

(रुय्यक अलंकार सर्वस्व, विमर्षिणी सहित, पृ. 11)

ये बारह मत इस प्रकार हैं[40]—

1. तात्पर्य—इसका अनुमोदन मीमांसकों ने किया है अर्थात् ध्वनि का अन्तर्भाव तात्पर्य शक्ति में होता है।
2. अभिधा—यह अति प्राचीन मीमांसकों द्वारा अनुमोदित है अर्थात् ध्वनि का कोई कार्य नहीं होता है। यह ध्वनिवादियों की कष्ट-कल्पना ही है।
3. और 4. दो प्रकार की लक्षणा है—अजहत् स्वार्था और जहत्स्वार्था अर्थात् इसे अभिधा में ही अन्तर्भुक्त किया जाना चाहिए।
5. और 6. दो प्रकार के अनुमान—इनके सम्बन्ध में कुछ भी कहना सम्भव नहीं है (नैयायिक ध्वनि का अन्तर्भाव दो तरह के अनुमान में मानते हैं)
7. अर्थापत्ति—अनुमान पक्ष का थोड़ा सुष्ठु रूप।
8. तंत्र—श्लेषालंकार की भाँति द्वयर्थक अभिव्यक्ति।
9. समासोक्ति आदि अलंकार—प्रतीयमान अलंकारों में ध्वनि को अन्तर्भुक्त कर देनेवाला मत (अर्थात् समासोक्ति, पर्यायोक्ति में ही ध्वनि का अन्तर्भाव करना)।
10. रसकार्यता—रस-निष्पत्ति की व्याख्या में भट्ट लोल्लट आदि का उत्पत्तिवादी मत, जो रस-ध्वनि का विरोधी है।
11. भोग—रसकार्यता की भाँति यह भी भट्टनायक आदि का रस ध्वनि के विरोध में भुक्तिवादी मत है (भट्टनायक के मत से रस ध्वनित नहीं होता। भोग-व्यापार द्वारा इसका अनुभव किया जाता है)।
12. व्यापारांतर बाधनम्—डॉ. वी. राघवन् का अनुमान है कि सम्भवतः इसका संकेत कुन्तक की वक्रोक्ति की ओर है।

महामहोपाध्याय कुप्पु स्वामी-शास्त्री की धारणा है कि यह अनिर्वचनीयतावाद की ओर संकेत है।[41] (अर्थात् ध्वनि अनिर्वाच्य है।)

डॉ. बच्चन सिंह जैसे आलोचकों ने ध्वनि सम्प्रदाय पर एक प्रश्न[41] उठाया है कि काव्यत्व रहता कहाँ है, वाच्यार्थ में या व्यंग्यार्थ में? काव्य का मूल कथ्य वाच्यार्थ ही

है। वे आचार्य शुक्ल का एक उद्धरण देते हैं कि "वाच्यार्थ के अयोग्य और अनुपपन्न होने पर योग्य और उपपन्न अर्थ प्राप्त करने के लिए लक्षणा और व्यंजना का सहारा लिया जाता है। अब प्रश्न यह है कि काव्य की रमणीयता किसमें रहती है, वाच्यार्थ में या लक्ष्यार्थ में या व्यंग्यार्थ में? इसका बेधड़क अर्थ यही है: "वाच्यार्थ में चाहे वह योग्य हो, उपपन्न हो अथवा अयोग्य और अनुपपन्न।"

शुक्लजी ने 'साकेत' का एक उदाहरण दिया है—"आप अवधि बन सकूँ कहीं तो क्या कुछ देर लगाऊँ। मैं अपने को आप मिटाकर जाकर उनको लाऊँ।" इस पर उनकी टिप्पणी है—"इसका वाच्यार्थ बहुत ही अत्युक्त, व्याहत तथा बुद्धि को सर्वथा अग्राह्य है। उर्मिला जब आप ही मिट जाएगी, तब अपने प्रियतम लक्ष्मण को वन से लाएगी क्या? पर सारा रस, सारी रमणीयता इसी व्याहत और बुद्धि को अग्राहय वाच्यार्थ में है, इस योग्य और बुद्धि ग्राह्य व्यंग्यार्थ में नहीं कि उर्मिला को अत्यन्त औत्सुक्य है। इससे स्पष्ट है कि वाच्यार्थ ही काव्य होता है, व्यंग्यार्थ या लक्ष्यार्थ नहीं।"

इस प्रसंग में कहा गया है कि "वाच्यार्थ का बाधित होना काव्य-सौंदर्य का सर्जक है। यह वक्तव्य बुद्धि ग्राह्य भी नहीं है और तर्क से खंडित भी हो जाता है। अत: काव्य-न्याय का सहारा लेना पड़ता है। महिम भट्ट ने भी अमिधा शक्ति को ही महत्ता दी है। ध्वन्यार्थ भी अभिधा पर आधारित है, लेकिन इससे प्रश्न हल नहीं होता कि रमणीयार्थ या चमत्कार क्या है? वाच्यार्थ और प्रतीयमान अर्थ के बीच एक प्रकार का तनाव उत्पन्न होता है। यह तनाव ही काव्यार्थ की सही सृष्टि करता है। पाठक के हृदय पर जो प्रभाव पड़ता है, इसी तनाव का पड़ता है। इसी को चमत्कार, चारुता, हृद्यता, सौंदर्य विच्छित्ति, भणिति आदि नामों से पुकारा जाता है।"

वस्तुत: कवि और काव्य का मूल कथ्य या मंतव्य वाच्यार्थ ही है जो वह अपने सहृदय तक प्रेषणीय बनाना चाहता है, किन्तु एक साधारण पाठक और प्रबुद्ध सरस सहृदय की ग्राहिका शक्ति में अन्तर होता है। सहृदय के लिए व्यंग्यार्थ भी सरलता के साथ वाच्यार्थ की तरह ग्राह्य हो जाता है, तभी तो रसिक श्रोता किसी काव्य, गीत, गजल को सुनते समय अगली पंक्ति को बिना सुने समझ जाता है, वह अश्रुत पंक्ति उसे सहज ही ग्राह्य हो जाती है। इसलिए उसके लिए व्यंग्यार्थ दूरारूढ़ नहीं होता, वह सहज ग्राह्य होता है।

डॉ. सिंह वाच्यार्थ और व्यंग्यार्थ के बीच एक कड़ी की तरह जिस तनाव की बात करते हैं, हमारी समझ में वह तनाव अंग्रेजी आलोचक एलेन टेट के 'तनाव सिद्धान्त' पर आधारित है, वह तनाव भी एक प्रकार की शक्ति ही है, पर हम इसे तनाव न कहकर अर्थ की सूक्ष्मता—एक अनुगूँज भी कह सकते हैं। उसी को व्यंग्यार्थ, विच्छित्ति, चमत्कार, चारुता, हृदय संवेद्यता, सौंदर्य या वैदग्ध्य भंगीभणिति कहना अधिक उपयुक्त होगा। इसलिए जैसे अलंकारों को ध्वनि-सिद्धान्त अपने विशाल दायरे में समेट लेता है, वैसे ही अभिधामूलक ऐसे प्रश्न भी विन्दु की तरह सिन्धु में समा जाते हैं।

व्यंग्यार्थ की समृद्ध परम्परा पर विचार

आनन्दवर्धन ने 'ध्वन्यालोक' की पहली कारिका में ही स्पष्ट कर दिया है कि 'काव्य

के आत्मभूत जिस तत्त्व को विद्वान् लोग ध्वनि नाम से कहते आए हैं, कुछ लोग उसका अभाव मानते हैं। दूसरे लोग उसे भाक्त (गौण, लक्षणागम्य) कहते हैं और कुछ लोग उसके रहस्य को वाणी का अविषय अर्थात् अवर्णनीय, अनिर्वचनीय बतलाते हैं। अतएव हम ध्वनि के विषय में नाना विप्रतिपत्तियों के होने के कारण उनका निराकरण कर ध्वनि-स्थापना द्वारा सहृदयों के मन की प्रसन्नता अर्थात् हृदयाह्लाद के लिए उस ध्वनि के स्वरूप का निरूपण करते हैं।[43]

विद्वानों ने 'समाम्नात्' शब्द पर भी टीका-टिप्पणी की है। कई यह मानते हैं कि ध्वनि-मत की पूर्व चर्चा नहीं हुई, क्योंकि भामह, वामन के उपलब्ध ग्रंथों में 'इसका नामोनिशान नहीं मिलता।' लेकिन हमारा मानना है कि कई-कई शताब्दियों की दीर्घ परम्परा में कई महत्त्वपूर्ण ग्रंथों का लुप्त हो जाना कठिन नहीं था। दूसरे, कोई भी मत प्रथमत: बीज रूप से ही उद्भूत होता है, जिसका पल्लवन धीरे-धीरे होता चलता है। ध्वनि-सिद्धान्त के सूत्र कई रूपों में उपलब्ध होते हैं, जैसे—(1) अलंकार ग्रंथों में विवेचित अलंकारों के व्यंग्यार्थ का संकेत, (2) काव्य के विलक्षण एवं अनिवर्चनीय आनन्द से प्रेरित, (3) लौकिक जीवन और समाज में वचन-भंगी का चमत्कार, (4) कालिदास आदि महाकवियों के काव्य के शब्दार्थ से उत्पन्न सहृदय का हृदयाह्लाद और विलक्षण रसानुभूति, (5) व्याकरण के स्फोटवाद का सीधा प्रभाव।

अभिनवगुप्त भी मानते हैं कि विद्वन्मंडली में ध्वनि-सिद्धान्त चर्चित होता रहा है और मौखिक रूप से यह परम्परा आनन्दवर्धन तक पहुँची होगी। यह कथन इसलिए भी सत्य प्रतीत होता है कि भारतीय चिन्तन अधिकांशत: मौखिक और श्रुतिप्रधान ही रहा है। यहाँ तक कि वेदों को भी इसी कारण श्रुति कहकर पुकारा गया। स्वयं आनन्दवर्धन का भी अन्त: साक्ष्य इस चर्चा को पुष्ट करता है कि काव्य-विशेष को विद्वानों ने ध्वनि-काव्य कहा है। वे 'सूरिभि:' का अर्थ 'काव्य तत्त्वार्थदर्शी' करते हैं। भारतीय चिन्तन ने विनम्रतापूर्वक अपने से पूर्व चली आती हुई परम्परा को सहर्ष शिरोधार्य किया है। यह मात्र रूढ़ि नहीं है, परम्परा का सम्मान है। डॉ. बच्चन सिंह भी कहते हैं कि "आज की तरह प्रत्येक लेख और पुस्तक को लेकर मौलिकता का दावा करनेवाले लेखकों का झुंड यहाँ कभी भी नहीं रहा। सम्भवत: भारतीय परम्परा की शालीनता इस तरह के दावे को अनुचित समझती है। मेरा अनुमान है—'ध्वन्यालोक' एक मौलिक ग्रंथ है। ध्वनि सम्बन्धी विचार-बीज दर्शन और व्याकरण के ग्रंथों में बिखरे हुए थे। ध्वनिकार को पुस्तक-रचना की प्रेरणा वहीं से मिली।"

वास्तव में संस्कृत में परम्परा और प्रमाण का आधार लेकर ही कुछ कहने की परिपाटी रही है। नई-से-नई बात करते समय भी लेखक यह अवश्य कहेगा कि इसे मेरे पहले भी लोगों ने कहा है। यहाँ तक कि शंकराचार्य, रामानुजाचार्य, वल्लभाचार्य जैसे महान् दार्शनिकों ने भी अपने मत के प्रतिपादन के लिए 'ब्रह्मसूत्र' को आधार बनाया और सर्वथा स्वतंत्र, एक-दूसरे से असंबद्ध ही नहीं, परस्पर विरुद्ध बातों को भी कहने में संकोच नहीं किया। अपनी बातों का पारम्परिक आधार लेकर उन्हें प्रामाणिक बनाने का कार्य किया। वैयाकरणों को ध्वनि की अवधारणा के लिए श्रेय देना इसी प्रवृत्ति का सूचक है। यह भी सत्य है कि आनन्दवर्धन को अनेक ध्वनि-विरोधी मतों से जूझना था। वे

मत प्राचीन और प्रसिद्ध भी थे, उनका खंडन ज्ञान के किसी अनुशासन का आधार लेकर ही किया जा सकता था। अत: आनन्दवर्धन ने व्याकरण का सहारा लिया। वे भी मानते थे कि सभी विद्यास्थानों में व्याकरण की श्रेष्ठता सर्व स्वीकृत है—'व्याकरण मूलत्वात् सर्व विद्यानाम्'। मर्तृहरि ने भी वाक्यपदीप में 'पवित्रं सर्व विद्यानाम् अधिविद्यं प्रकाशते' कहा है। सम्भवत: इसीलिए आनन्दवर्धन ने व्याकरण को भी ध्वनि की अवधारणा का मुख्य आधार मान लिया। अन्य आधारों में उनका दूसरा आधार काव्यशास्त्र था, जिसके अलंकार-विवेचन में उन्होंने 'व्यंग्य' के दर्शन किए और छिटपुट रूप से कहे गए इन विचारों को उन्होंने एक अभिनव सिद्धान्त के रूप में समाहित कर ध्वनि की प्रतिष्ठा की।

ध्वनि और रस

सामान्य दृष्टि से देखने पर सामान्य पाठक को ध्वनि-सम्प्रदाय रस-सम्प्रदाय का विरोधी प्रतीत हो सकता है, पर वस्तु-स्थिति कुछ और ही है। आनन्दवर्धन ने रस को भी ध्वनि के अन्तर्गत ही लेने का प्रयास किया। यह रस सदा व्यंग्य हुआ करता है। ठीक है कि उन्होंने रस को ध्वनि में अन्तर्भुक्त करके उसे अति व्यापक स्वरूप प्रदान नहीं किया हो, पर रस-ध्वनि, वस्तु-ध्वनि और अलंकार-ध्वनि आदि में उन्होंने रस-ध्वनि को ही महत्त्वपूर्ण माना है। यद्यपि वे ध्वनि की काव्यात्मकता में विश्वास रखते हैं, पर रस की काव्यात्मकता की ओर भी उन्होंने संकेत किया है।[44] अत: ध्वनि-सम्प्रदाय के अन्तर्गत रस-सिद्धान्त का भी निरूपण हो जाता है। तात्पर्य यह कि व्यंग्यार्थमूलक ध्वनि-सिद्धान्त के भीतर रस को उत्कृष्ट तथा श्रेष्ठ स्थान अवश्य मिला, पर भरत या विश्वनाथ की भाँति 'रसात्मकम्' की व्यापकता सम्भवत: नहीं प्राप्त हो सकी। जैसे आचार्य रुद्रट ने रूपकों और काव्यों में समान रूप से रसों की आवश्यकता स्वीकार की, उसी प्रकार आनन्दवर्धन ने भी नाट्य और काव्य रस, दोनों को महत्त्व दिया। इस दृष्टि से ध्वनि-सम्प्रदाय रस-सम्प्रदाय का विरोधी नहीं ठहरता।

आनन्दवर्धन के पूर्व भी भामह, दंडी एवं उद्भट आदि ने अलंकारों के बीच रस की सामान्य रूप से चर्चा की थी। वामन ने गुण के द्वारा दोषों के प्रसंग में तथा काव्य लक्षण विवेचन में रस का नाम लिया था। वामन ने काव्येषु दश रूपकंश्चेय: (काव्यालंकार सूत्रवृत्ति) के रूप में रस के महत्त्व को दर्शाया। रुद्रट ने चार-पाँच परिच्छेदों में रस की चर्चा की और उसके प्रभेदों पर विचार किया। उस समय से ही रस-विवेचन के सम्बन्ध में अनुकूल-प्रतिकूल, पक्ष-विपक्ष बनते दीखने लगते हैं। रुद्रट निर्वेद को रस मानने के पक्ष में दिखाई देते हैं और रस की संख्या दस तक ले जाते हैं।

प्राय: सभी मानते हैं कि आनन्दवर्धन ने ही दृश्य काव्य के साथ श्रव्य काव्य में अर्थात् नाटक के साथ काव्य में रस की प्रतिष्ठा की। कुछ विद्वान् मानते हैं कि रुद्रभट्ट ने 'यथामति मयाप्येषा काव्यं निगद्यते' कहकर काव्य में रस की महत्ता का संकेत कर दिया था, पर हमारी समझ में उसको पूरा समर्थन और महत्त्व तो आनन्दवर्धन के द्वारा ही मिला। आनन्दवर्धन द्वारा रस-भाव की पुष्टि, व्यंजना की महत्ता और ध्वनि—मत की स्थापना में उनके व्याख्याता अभिनवगुप्त के प्रदेय को कभी भुलाया नहीं जा सकता। इन दोनों के कारण ही काव्य या साहित्य शास्त्रों के समकक्ष उच्चासन पर विराजित

होने का श्रेय प्राप्त कर सका। आनन्दवर्धन ने काव्य-पुरुष की सुसंगत और संश्लिष्ट व्याख्या की, जिसे परवर्ती विचारकों को अन्ततः स्वीकृत करना ही पड़ा। जो ध्वनि विरोधी सामने खड़े हुए, वे भी सम्भवतः उनके पांडित्य और स्थापना-कौशल की विद्वत्ता के आगे झुकते चले गए।

यद्यपि ध्वनिवाद के प्रवर्तक के रूप में आनन्दवर्धन सर्वमान्य हैं, पर 'ध्वन्यालोक' के तृतीय उद्योत, पृ. 364 (चौखंबा) में उन्होंने स्पष्ट किया है कि मैंने यह सारा प्रयत्न जो आरम्भ किया है, वह केवल ध्वनि मात्र में अभिनिवेश की दृष्टि से नहीं बल्कि यह बतलाने के लिए कि काव्य श्रव्य हो या दृश्य, उसमें जो कुछ भी निबद्ध हो, वह एकमात्र रस की दृष्टि से हो। यहाँ उन्होंने रसादि रूप व्यंग्य तात्पर्य मेवैषां, युक्तमिति यत्नोऽस्याभिरारब्धो न ध्वनि मात्र भिनिवेशन' कहा है। उन्होंने ध्वनि मात्र को नहीं अपितु रस-ध्वनि को ही काव्य की आत्मा के रूप में स्वीकार किया। यह भी कहा गया (प्रथम उद्योत) कि काव्य की आत्मा वस्तुतः रस ही है—'काव्यस्यात्मा स एवार्थः। ये प्रतीयमान को तो महत्त्व देते ही हैं, पर काव्य का इतिहास बताते हुए वाल्मीकि और क्रौंच घटना का उल्लेख करते हुए 'रस' को महत्त्व देना नहीं भूलते। अतः वे दृश्य काव्य की भाँति श्रव्य काव्य के भी सर्वस्व रस को सिद्ध करते हैं।

आनन्दवर्धन को 'काव्यशास्त्र' में एक व्यवस्थित पद्धति का सूत्रपात करनेवाले एक पुरोधा के रूप में देखा गया है। वे काव्य पुरुष की आत्मा रस मानते हैं और शब्दार्थ को उसका शरीर। शब्दार्थ या शब्द की जगह रस अलंकार्य बनता है और अलंकार उसके शोभावर्द्धक तत्त्व। गुण भी अंग में नहीं, रस रूप अंगी में माने गए। इस प्रकार वे रस के उत्कर्षक धर्म हो गए। यह भी देखा जाने लगा कि रस की निष्पत्ति में वृत्तियाँ और रीतियाँ आदि कितनी सहयोगिनी हैं?

विद्वानों ने यह प्रश्न भी उठाना चाहा है कि भट्टनायक भी तो काव्य में एकमात्र रस के महत्त्व के समर्थक हैं, पर वे ध्वनिवाद के विरोधी क्यों माने जाते हैं? इसका कारण क्या है? तो इसका उत्तर यह कहकर दिया गया है कि भट्टनायक व्यंजना विरोधी हैं और आनन्दवर्धन भोगवाद या भुक्ति के। रस की सर्वातिशायी स्थिति तो दोनों मानते हैं, पर रस के निष्पादक व्यापार दोनों के भिन्न-भिन्न हैं। ध्वनिवादी आचार्य पूर्वग्रह लेकर नहीं चलते। यही कारण है कि आनन्दवर्धन काव्य के चमत्कार और प्रभाव के लिए केवल रस को नहीं, अलंकार या वस्तु को भी स्वीकार कर अपनी विचार-सीमा का विस्तार कर लेते हैं। वे मानते हैं कि काव्य के अर्थ की अनन्तता वास्तव में कवि-प्रतिभा की अनन्तता को ही सूचित करती है। वे बताते हैं कि कवि को एकमात्र रसादिमय व्यंग्य व्यंजक भाव में सावधान रहना चाहिए—रसादिमय एकस्मिन् कविः स्यादवधानवान्।'

आनन्दवर्धन के पूर्वाचार्यों ने काव्य में रस की स्थिति सर्वप्रधान न मानकर अलंकार या गुण जैसे बहिरंग तत्त्वों को ही महिमा प्रदान कर रखी थी; वहाँ रस रसवदलंकार या कान्ति नामक गुण में ही अन्तर्भूत था। भरत ने कान्ति को अयत्नज अलंकारों में गिना था, यह सात्विक अलंकारों का ही एक विभाजन था। इस कान्ति को भी अलंकार कहा गया। 'अग्निपुराण' में यह कान्ति एक अल्प प्रसिद्ध अलंकार है। वामन रसों को कान्ति गुण के अन्तर्गत समेट लेते हैं—'दीप्त रसत्वं कान्तिः (काव्यालंकार, 3/2/15)। जिस

रचना में शृंगार आदि रस दीप्त हो, वह दीप्त रस है। इसी का भाव दीप्त रसत्व कान्ति नामक अर्थ गुण है। —वही, सूत्र की वृत्ति आनन्दवर्धन ने काव्यगुण को रस का धर्म एवं अलंकार को शब्दार्थ का धर्म स्वीकार किया। यह ठीक है कि रस-ध्वनि काव्य में आत्मा की भाँति है, किन्तु शब्द और अर्थ अंग रूप हैं। मम्मट' ने आनन्दवर्धन के आधार पर ही अपने मत का प्रतिपादन किया है।

आनन्दवर्धन यह नहीं कहते कि रस सब प्रकार से प्रधान होता है, बल्कि वे यह स्थापना देते हैं कि रस को प्रधान होना चाहिए। कवियों की रचनाओं में रस कहीं 'अप्रधान होता है, कहीं स्फुट और कहीं अस्फुट, यहाँ तक वह स्फुटतर या अस्फुटतर भी हो जाता है, पर रस की सर्वोत्तम स्थिति तब होती है जब वह इतना स्फुट हो—स्पष्ट हो कि उसे केवल सहृदय मात्र ही ग्रहण कर सकें और जो किसी का अंग न हो, वह हो तो परिपूर्ण हो। ऐसा ही रस काव्य का सर्वस्व कहलाने का अधिकारी हो सकता है और उसी को परिपुष्ट करने के लिए काव्य के अन्य तत्त्व सहयोगी बनते हैं।

अलंकारवादी आचार्य रस प्रधान है या अप्रधान, यह न सोचकर सर्वत्र रसवदालंकार को ही महत्त्व देते थे। वे काव्य के लिए अलंकार को अपेक्षित मानते थे और ये अलंकार भी दो प्रकार के थे—रसवदालंकार एवं उपमादि अन्य अलंकार। आनन्दवर्धन को यह विभाजन मान्य नहीं हुआ। उन्होंने रसध्वनि और रसवद् अलंकार का अन्तर स्पष्ट करते हुए कहा कि जहाँ चारुता लानेवाले शब्दालंकार और अर्थालंकार, दोनों ही एकमात्र रस के निष्पादन में प्रयुक्त हैं, वहाँ स्वत: रस की प्रधानता होने से रस-ध्वनि माननी चाहिए और जहाँ कोई अर्थ वाच्य से प्रधानत: ज्ञात हो तथा रस अंग हो, वहाँ रसवदालंकार मानना चाहिए। अत: रसध्वनि, रसवदालंकार या उपमादि अलंकार आदि के विषय भिन्न-भिन्न होते हैं। (वाच्य-वाचक चारुत्व हेतूनां विविधात्मवान्। रसादि परता यत्र स ध्वनेर्विषयो मत:—ध्वन्यालोक, 2/4)। वास्तव में रस-ध्वनि काव्य में अलंकार उनके सहयोगी, अनुगामी और उनके परिपोषक होते हैं। रस-ध्वनि काव्य के पीछे-पीछे चलकर भी उन्हें चमत्कार युक्त करते एवं उनकी प्रभावशालिता में वृद्धि करते हैं। आनन्दवर्धन की दृष्टि में रस हो या अलंकार, जो भी भेद-प्रभेद और व्यंजक सामग्री हैं, वे सब अनन्त हैं। उदाहरण स्वरूप केवल एक रस शृंगार को ही लें तो उसके संयोग और वियोग रूपों के अनन्त भेद हो जाते हैं। विचारक बताते हैं कि पहले तो शृंगार में संयोग और विप्रलम्भ या वियोग दो भेद हुए संयोग के भी पूर्वराग, सुरत, विहरण, जलक्रीड़ा आदि भेद हैं। काम सूत्र इन भेदों और रूपों की लम्बी सूची गिनाता है और चौंसठ भेदों तक चला जाता है। एक-एक भाव के आठ-आठ भेद होते चले गए हैं। इन भेदों से में से प्रत्येक विभाव, अनुभाव और संचारी के भेद से भिन्न होंगे। इसमें कोई आश्चर्य नहीं होना चाहिए जब उन सबकी संख्या सहस्राधिक हो जाए।

आनन्दवर्धन 'ध्वन्यालोक' के तृतीय उद्योत में रस-व्यंजक सामग्री का मौलिक विचार करते हैं। आनन्दवर्धन ने व्यंजना शक्ति की पूर्ण प्रतिष्ठा करके रस के व्यंजक तत्त्वों की रचना की। वे तत्त्व थे—वर्ण, पद, पदांश, वाक्य, संघटना एवं प्रबन्ध (ध्वन्यालोक, 3/2)।

अत: यह स्पष्ट हो रहा है कि ध्वनि-सम्प्रदाय का मूलाधार रस है। कई विद्वानों की तो धारणा है कि रस-सिद्धान्त का ही विस्तार ध्वनि-सिद्धान्त है। आनन्दवर्धन रस

के हिमायती तो अवश्य हैं। वे बार-बार हमारा ध्यान रस की ओर ले जाने का प्रयत्न भी करते हैं। यह रस असंलक्ष्यक्रम व्यंग्य ध्वनि है, यहीं कवि-प्रतिभा अपनी सम्पूर्ण शक्ति और चारुता से प्रकट होती है। यह ध्वनि वहाँ होती है जहाँ जिस व्यंग्य अर्थ की प्रतीति में व्यंजक रूप वाच्य अर्थ की पूर्व प्रतीति सम्भव न हो, वही काव्य रस भावादि ध्वनि काव्य है। संलक्ष्य क्रम व्यंग्य ध्वनि में वाच्य और व्यंग्य के पौर्वापर्य या वाक्य का बोध पहले होता है, व्यंग्यार्थ की प्रतीति बाद में। असंलक्ष्यक्रम व्यंग्य ध्वनि में व्यंग्यार्थ की प्रतीति तीव्रता से होती है, उसमें पौर्वापर्य का क्रम नहीं होता। इसमें विभाव, अनुभाव आदि से जो रस की प्रतीति होती है, उनका क्रम लक्षित नहीं होता। यह अनुभव 'झटित्येव भासते' की भाँति होता है अर्थात् काव्य पढ़ते ही रस-प्रतीति हो जाती है। यही ध्वनि असंलक्ष्यक्रम क्रम व्यंग्य ध्वनि है। वस्तु-ध्वनि और अलंकार-ध्वनि संलक्ष्यक्रम ध्वनियाँ है। जैसा कि नाम से ही स्पष्ट है, वस्तु और अलंकार के ध्वनित होने पर वाच्य और ध्वनि का क्रम लक्षित होता है।

लक्षणामूला ध्वनि का प्रथम भेद है—अर्थान्तर संक्रमित वाच्य ध्वनि। इसमें वाच्यार्थ अपने अर्थ को छोड़कर अन्य अर्थ में संक्रमित हो जाता है। उसका द्वितीय भेद है—अत्यन्त तिरस्कृत वाच्य ध्वनि। इसमें वाच्यार्थ अनुपपन्न होने से अत्यन्त तिरस्कृत हो जाता है। विपरीत लक्षणा के प्रयोग में जैसे 'घन्य हो प्रभो'! जैसे वाक्य में वाच्य अत्यन्त तिरस्कृत हो जाता है। लौकिक व्यवहार में ऐसे शताधिक प्रयोग बातचीत में होते रहते हैं।

आनन्दवर्धन ने काव्यगत इतिवृत्त और वृत्ति अर्थात् शैली को 'काव्य का शरीर' कहा है और रस उसकी आत्मा है। कुछ लोग तो मानते हैं कि वृत्ति आदि में तो रस पहले से ही समाविष्ट रहता ही है, वाच्यार्थ और रस को अलग-अलग नहीं करना चाहिए। वाच्यार्थ का ही गुण रस है, जैसे शरीर की उज्ज्वलता उसका गुण है। आनन्दवर्धन मानते हैं कि कोई सहृदय हो या न हो, पर शरीर की गौर वर्ण कान्ति को वह सरलता से देख सकता है। विभाव आदि कारण हैं और रस कार्य है। रस-प्रतीति में कारण और कार्य का क्रम संलक्षित होता है, पर यह सम्बन्ध इतना सूक्ष्म है कि यह विश्लेषित नहीं हो सकता। यह एक प्रकार से असंलक्ष्यक्रम ही होता है। रस-ध्वनि केवल शब्दों या वाक्यों से ही प्रकट नहीं होती अपितु वर्ण, संघटना और प्रबन्ध का भी उसमें स्थान-स्थान पर महत्त्व है जबकि वामन और कुन्तक गुण को संघटनाश्रित मानते हैं। प्रबन्ध में रस केन्द्रीय तत्त्व के रूप में प्रतिष्ठित होता है, अत: कवि को सावधान चित्त होना पड़ता है।

मुक्तक काव्य पूर्वापर निरपेक्ष एक स्वत: पर्यवसित पद्य-रचना है। किसी प्रबन्ध काव्य में पिरोया हुआ वह मुक्तक ऐसा पद्य होता है जो प्रबन्ध से अलग कर दिए जाने के बाद भी रस-दान की क्षमता रखता हो (ध्वन्यालोक, पृ. 323, नि—सा—प्रेस)। स्वतंत्र पद्य को ही 'मुक्तक' कहते हैं। 'मुक्त' शब्द से संज्ञा अर्थ में 'कन्' प्रत्यय है—'यदि वा प्रबन्धेऽपि मुक्तकस्यास्तु सद्भाव:, पूर्वापर निरपेक्षेणाऽपि हि येन रस चर्वणाक्रियते, तदेव मुक्तकम्' (ध्वन्यालोक लोचन, पृ. 326)। अत: मुक्तक एक काव्य-प्रकार है। यह शंका नहीं होनी चाहिए कि मुक्तक के छोटे-से कलेवर में विभाव, अनुभाव, संचारी भावों का सन्निवेश कैसे होगा? संयोग और निष्पत्ति भला कैसे सम्भव है? इसके

उदाहरण में अमरुक शतक के एक-एक मुक्तक को देखा जा सकता है। उदाहरणार्थ—

आलक्तकं शतदलाधिक कान्ति रम्यं
रत्नौघ धाम निकरारुण नूपुरं च।
क्षिप्तं भृशं कुपितया तरलोत्पलाक्ष्या
सौभाग्य-चिह्न मिव मूर्ध्नि पदं विरेजे॥

'अमरुक शतक' की एक खंडिता नायिका का चित्र है। वह पाँवों में आलता लगाकर श्रृंगार किए बैठी है, किन्तु नायक अन्यत्र से आता है तो रुष्ट होकर वह भींगी आँखों से प्रीतिस्निग्ध रोष से कुपित होकर नायक के माथे पर चरण-प्रहार करती है, जिससे नायक के माथे पर मानो सौभाग्य-चिह्न बन जाता है।

'अमरुक शतक' के मुक्तकों के एक-एक श्लोक में रस की जो धारा प्रवाहित होती है, उसी को लक्षित कर कहा गया कि अमरुक का एक-एक पद्य सौ प्रबन्धों के समान है। 'अमरुक कवेरेकैकं पद्यं प्रबन्ध शतायते।'

सहृदय-तत्त्व

भारतीय काव्यशास्त्रीय चिन्तन में सहृदय की योग्यता को पर्याप्त महत्त्व दिया गया है क्योंकि काव्य में प्रयुक्त सम्पूर्ण शब्द समूह अपनी शक्तियों के साथ उसी में उद्भासित होते हैं। कवि ने जिन मानस-बिन्दुओं पर स्थित होकर काव्य की रचना की, उन्हीं बिन्दुओं का आधार ग्रहण कर सहृदयों को रसास्वादन करना होता है। 'अभिनव भारती' में सामाजिक या सहृदय की योग्यता के सूचक 'सहृदय संस्कार सचिवे' और 'हृदय संवाद तन्मयी भवन सहकारिणा' ये दो महत्त्वपूर्ण विशेषण दिए गए हैं। एक और विशेषण है, प्राक्प्रवृत्त लौकिक प्रत्यक्षानुमानादि जनित संस्कार सहाये'[45] उपर्युक्त दोनों विशेषण पद सामाजिक की योग्यता या विशेषता के सूचक हैं। अभिनव गुप्त यह भी कहते हैं कि 'काव्य का अभ्यास करने तथा पूर्वजन्म के पुण्य और संस्कारों के प्रभाव से सहृदयों को स्वरूप विभावादि के प्रकाशन से ही स्पष्ट एवं साक्षात्कारात्मक काव्यार्थ या रस की प्रतीति होती है—"तेन ये काव्याभ्यास प्राक् पुण्यादि हेतु बलादिभिः सहृदयास्त्रेषां परिमित विभावाद्युन्मीलने अपि परिस्फुट एव साक्षात्कल्पः काव्यार्थ स्फुरति।"—(अभिनव भारती, पृ. 492 आचार्य विश्वेश्वर।) मम्मट ने 'तत्काल विगलित परिमित प्रमादृ भाववशी न्यसित वेद्यान्तर सम्पर्क शून्य परिमित भावेन प्रभावा सकल सहृदय संवाद भाजा" इन विशेषणों द्वारा सामाजिक की कई विशेषताओं को सूचित किया है।

साहित्यशास्त्र में यह प्रश्न उठाया गया है कि सहृदय कौन है? काव्यों के अनुशीलन के अभ्यासवश जिनके विशदीभूत मन के दर्पण में वर्णनीय वस्तु के साथ तन्मय हो जाने की योग्यता हो, वे अपने-अपने हृदय के साथ मात्र संवाद करनेवाले जन सहृदय हैं। तन्मयता द्वारा प्राप्त आनन्द ही हृदय-संवाद है। कहा भी गया है कि जो अर्थ हृदय के साथ संवाद रखनेवाला होता है, उसका भाव रस की अभिव्यक्ति का कारण होता है। वह सहृदय के अस्तित्व को उसी प्रकार व्याप्त कर लेता है जिस प्रकार सूखे काष्ठ को अग्नि।[46]

वस्तुतः काव्य में हृदय का तन्मयी भाव और चित्तवृत्ति की निमग्नता का सहयोग होता है। यह काव्य गुण और अलंकारों के कारण शब्दार्थ रूप शरीरवाला होता है। 'अभिनव भारती' में एक स्थान पर कहा गया है कि श्रव्य काव्य में गुण तथा अलंकारों से मनोहर शब्द तथा अर्थ रूप शरीर वाले और प्राणरूप लोकोत्तर रसवाले श्रव्य काव्य में भी हृदय-संवाद और चित्तवृत्ति की निमग्नता हो जाती है, किन्तु दृश्य काव्य की भाँति उसमें प्रत्यक्ष जैसी साक्षात्कारात्मक प्रतीति नहीं हो पाती।[47] 'अभिनव भारती' की उपर्युक्त चर्चा में श्रव्य काव्य और दृश्य काव्य का मूल अन्तर खोजा जा सकता है कि श्रव्य काव्य में सहृदय को गुण-अलंकार एवं मनोहर शब्दों के कारण चित्तवृत्ति में निमग्नता और आनन्द रूप रस का बोध होता है जबकि दृश्य काव्य में मुख्य रूप से प्रत्यक्ष बोध होता है। काव्य में भाषा के संकेत चित्तवृत्ति को कल्पनात्मक आनन्द प्रदान करते हैं। अभिनव श्रव्य काव्य की विशेषताओं का भी लगे हाथ उद्‌घाटन करते हैं। एक वाक्य में कहें कि दृश्य काव्य में प्रत्यक्ष साक्षात्कार प्रतीति होती है और श्रव्य काव्य में प्रतीति-ग्रहण मुख्य होता है।

काव्य के आस्वादन में ग्राहक या भावक को 'सहृदय' कहा गया है। यही सहृदय सामाजिक या रस-भोक्ता है। भरत ने 'अथर्ववेद' से ही 'रस' को लिया है। उपवेद आयुर्वेद में भी रस भाव का विवेचन है। यह रसायन तंत्र भवभूति द्वारा राम के करुण रस के 'पुटपाक प्रतीकाश' जैसे प्रयोग में भी मिलता है। यह भी कहा गया है कि समान हृदयवाला होने से सहृदय होता है, वस्तुतः सहृदय का अर्थ 'समान हृदयता' ही है। अभिनव गुप्त के गुरु भट्टतोत ने कहा है कि 'नायकस्य कवेः श्रोतुः समानोनुभवस्ततः' 'नाट्यशास्त्र' में यही सहृदय सुमनस् या प्रेक्षक है। अभिनवगुप्त ने 'ध्वन्यालोक' का सहारा लेकर तंत्रवाद के भी आलोक में सहृदय की मार्मिक व्याख्या की है। यह व्याख्या 'अभिनव भारती', 'ध्वन्यालोक लोचन' के साथ-साथ 'तंत्रालोक', 'ईश्वर प्रत्यभिज्ञा विवृतिविमर्शिनी', 'परात्रिंशिका' आदि ग्रंथों में भी प्राप्त होती है। चैत्य या चिति की विशेष दशा में कवि की चित्त-दशा और सहृदय की चित्त-दशा का अन्तर मिट जाता है। दोनों की अनुभूति समान हो जाती है। अतः यह सहृदयता हृदय की एक योग्यता और उत्कर्ष का नामान्तर है। उस दशा में साधारणीकृत भाव-भूमि पर आत्म-परामर्श होने लगता है और यही आत्म-परामर्श आनन्द या चमत्कार है। सहृदयता के कारण यह सब सम्भव हो पाता है।

डॉ. राममूर्ति त्रिपाठी की सहृदय विषयक एक शास्त्रीय व्याख्या महत्त्वपूर्ण है। वे कहते हैं कि 'हृदय की यह योग्यता एक-दो दिन में नहीं आती। अभ्यास[48] अर्थात् काव्यानुशीलनात्मक अभ्यास अपेक्षित होता है। अभ्यास के लिए कालगत दैर्घ्य भी अपेक्षित होता है। अभ्यास के लिए कालगत दैर्घ्य भी अपेक्षित है और नैरन्तर्य[49] भी। बहुत समय तक और निरन्तर काव्यानुशीलन चलताा रहे, तब ग्राहक के हृदय में वह योग्यता उदित होती है—जिसे सहृदयता कहते हैं। अभिनवगुप्त मानते हैं कि केवल तथाविध अभ्यास ही पर्याप्त नहीं है—इसके लिए 'प्राक्तन पुण्य का परिपाक[50] भी अपेक्षित है। अभिनव गुप्त ने कहा है कि तथाविध योग्यता की उपलब्धि के लिए तीसरा कारण है—'हृदयगत नैर्मल्य' अर्थात् सहृदय समुन्नतमनस्क होना चाहिए। नाट्य परिवेश और

गीत, वाद्य, गणिका आदि नाट्य सामग्री उन्हीं लोगों के हृदय को निर्मल रखती है—जो प्रकृत्या समुन्नतमनस्क हैं—जिनका राग ऊर्ध्वगामी है—जो देह की आवश्यकताओं की परिधि से ऊपर उठे हुए हैं अर्थात् जो तथाविध योग्यता से शून्य हैं, उनमें यही सामग्री व्यसनिता[51] पैदा करती है—वे लोग निम्नगामी राग की रस्सी से छूट नहीं पाते। इस सहृदयता के लिए चौथी चीज अपेक्षित है—सुकुमारता। इसे स्पष्ट करते हुए अभिनव ने एक उदाहरण दिया। कहा कि जैसे कोई सुकुमार चेता रमणी किसी प्रिय व्यक्ति को कंकरीले पथ पर चलते देखकर सिहर-सिहर उठती है—लगता है, जैसे उसकी सारी चेतना उसी व्यक्ति में प्रविष्ट हो गई है—वैसी ही स्थिति सहृदय प्रेक्षक की होनी चाहिए। हिंदी रीति कवि बिहारीलाल की 'सतगई' में भी ऐसा ही भाव मधुरता से व्यक्त हुआ है—

नाक चढ़ा सीबी करै जितै छबीली छैल।
फिरि फिरि भूलि वहै चलै, पिय कँकरीली गैल॥

अतः सहृदय भी अनुभूति गोचर मात्र के सुख-दुःख के साथ-साथ निर्मल मनोभूमिका पर साक्षात्कार करता चले, इस "सहृदयता के उन्मेष के लिए प्राक्तन पुण्य परिपाक—'अभ्यास', नैर्मल्य' या 'सुकुमारता' के साथ-साथ विमल प्रतिभानशालिता भी अपेक्षित है।"[52]

वस्तुतः प्रतिभान और प्रतिभा, दोनों समान अर्थ के ही वाचक हैं। अभिनव ने कवि और शिव, दोनों की शक्ति को प्रतिभा कहा है और दोनों को 'अपूर्वार्थ निर्माणशाली' कहा है। यह प्रतिभा या प्रज्ञा कवि और शिव की तीसरी आँख है। तन्मयी भवन की योग्यता इस प्रतिभान शक्ति की अपेक्षा करती है और तन्मयी भवन की यह योग्यता ही सहृदयता है, यह तन्मयी भवन ही आस्वाद बन जाता है। अतः सहृदय शब्द एक रचनात्मक सौंदर्य का भी बोध कराता है।

शुक्लजी कहते हैं—'वाच्यार्थ के अयोग्य और अनुपपन्न होने पर योग्य उपपन्न अर्थ प्राप्त करने के लिए लक्षणा और व्यंजना का सहारा लिया जाता है। अब प्रश्न यह है कि काव्य की रमणीयता किसमें रहती है? वाच्यार्थ में अथवा लक्ष्यार्थ में या व्यंग्थार्थ में? इसका बेधड़क उत्तर यही है; 'वाच्यार्थ में' चाहे वह योग्य हो या उपपन्न हो अथवा अयोग्य और अनुपपन्न।"[53]

डॉ. नगेन्द्र ने इस कथन पर विचार करते हुए कहा है कि 'रमणीयता का प्रत्यक्ष-अप्रत्यक्ष सम्बन्ध अनिवार्यतः रस के साथ है और रस कथित नहीं हो सकता, व्यंजित ही हो सकता है। शुक्लजी के शब्दों से ऐसा मालूम होता है कि वे लक्ष्यार्थ और व्यंग्यार्थ को अनुपपन्न अर्थ को उपपन्न करने का साधन मानते हैं, परन्तु वास्तव में स्थिति इसके विपरीत है। वाच्यार्थ स्वयं ही अपने चमत्कार के साथ व्यंग्य (रस) का साधन या माध्यम है। मैं उपर्युक्त विवेचन को शुक्लजी का एक हलका-सा दिशान्तर-भ्रमण मानता हूँ, यह उनके अपने काव्य-सिद्धान्त के ही विरुद्ध है।[54]

'ध्वन्यालोक' के अध्याय-4 के अन्त में और अभिनवगुप्त की टीका के आरम्भ में 'सहृदय' तथा 'कवि-सहृदय' शब्दों का प्रयोग ग्रंथ के एक वैकल्पिक नाम 'सहृदयालोक' को पुष्ट करता है। सहृदय शब्द-एक सुरुचि सम्पन्न साहित्य-सौंदर्य के पारखी तथा

रस-मर्मज्ञ व्यक्ति को परिलक्षित करता है। स्वयं आनन्दवर्धन ने अपनी वृत्ति (पृ. 160) में 'सहृदयत्व' की चर्चा की है और अभिनव गुप्त ने सहृदय की परिभाषा इस प्रकार की है (पृ. 11)—

येषां काव्यानुशीलनाभ्यासवशाद विशदीभूते मनोमुकुरे।
वर्णनीय तन्मयी 'भवन योग्यता, ते हृदय संवादभाजः सहृदयाः।

यह परिभाषा इतनी मान्यता प्राप्त हो गई कि हेमचन्द्र ने बिना किसी कठिनाई का अनुभव किए, इसको शब्दशः उद्धृत कर लिया (टीका, पृ. 03)। मम्मट ने भी 'काव्यप्रकाश' पृ. 10) के आरम्भ में ही 'कवि' और 'सहृदय' शब्दों का उल्लेख किया है। मम्मट और विश्वनाथ का कथन है कि सहृदय ही काव्य रस का प्रत्यक्ष ज्ञान प्राप्त कर सकता है।

इस प्रकार भारतीय काव्यशास्त्र के सिद्धान्त तमाम विरुद्ध तर्कों एवं दार्शनिक मतवादों के अन्तर के बावजूद विचारों के विकास की दृष्टि से एक सोपान-पंक्ति की तरह दिखाई देते हैं। वे समानान्तर चलते हुए भी अपनी स्वतंत्र सत्ता बनाए रखते हैं। इन सिद्धान्तों में ध्वनि-सिद्धान्त अपनी मौलिकता और वैचारिक सूक्ष्मता के कारण आलोचकों के द्वारा स्वीकार किया गया है। ध्वनि-सिद्धान्त ने काव्य को सूक्ष्म स्तर तो प्रदान किया ही है, साथ ही महिम भट्ट आदि प्राचीन विचारकों और आधुनिक आलोचकों में भी आचार्य रामचन्द्र शुक्ल आदि के द्वारा अभिधा को भी महत्त्व प्रदान करने की चेष्टा हुई है।

सहृदय के चित्त में काव्य रस या मर्म शीघ्रता से अभिधा के साक्षात् संकेतित अर्थ की तरह पहुँच जाता है। कविता तक की यह पहुँच या प्रेषणीयता सहृदय की समझ की शक्ति को सिद्ध करती है। काव्य की चारुता और हृद्यता, उसका सौंदर्य और चमत्कार सहृदय के चित्त में वाच्यार्थ और व्यंग्यार्थ को क्षण भर में समान कर देता है—यह समान हृदयता ही तो सहृदयता है।

अन्त में आनन्दवर्धन के ध्वनि-सिद्धान्त के कुछ सूत्र संक्षेप में इस प्रकार सुनिश्चित किए जा सकते हैं—

1. ध्वनि—एक सार्वभौमिक चिन्तन।
2. ध्वनि में कल्पना-तत्त्व की प्रतिष्ठा—प्रतीयमान अर्थ का वैशिष्ट्य।
3. शब्दार्थ के सूक्ष्म स्तरों तक व्यंजना की पहुँच तथा विशेष अर्थ की खोज—चर्वणा का महत्त्व।
4. रस की व्यंग्यरूपता (ध्वनि की कल्पना और रस के भाव-तत्त्व का योग)।
5. काव्यात्म-तत्त्व के रूप में रस-ध्वनि की प्रतिष्ठा।

अतः स्पष्ट हो रहा है कि भारतीय चिन्तन को रस-सिद्धान्त और ध्वनि-सिद्धान्त ने बहुत दूर तक प्रभावित किया है। सरल भाषा में कहें कि रस-तत्त्व ने हमारी आनन्द-भावना को और ध्वनि-तत्त्व ने हमारे सूक्ष्म संवेदनशील विचारों को प्रभावित किया है और अन्ततः पुराने आलोचकों ने तर्क और मतभेद मिटाकर रसध्वनि को काव्य की आत्मा के रूप में स्वीकार किया है। रस में तरलता का गुण है और ध्वनि में विस्तार एवं व्याप्ति का। इस इक्कीसवीं शताब्दी में आनन्दवर्धन के लगभग बारह सौ वर्षों के

बाद भी वर्त्तमान साहित्यिक प्रवृत्तियों और जीवन व्यापार की जटिलताओं और साहित्य की ग्रंथियों को अब नए सिरे से समझने का प्रयत्न किया जा रहा है।

आनन्दवर्धन के द्वारा प्रयुक्त कई शब्द पुनर्व्याख्या की माँग कर रहे हैं, विशेषकर—'प्रतीयमान', चर्वणा, हृदयसंवाद, अखंड अनुभव आदि। मुख्य प्रश्न है—अखंड-बोध और खंडबोध का भी। अखंडबोध हमारी 'तन्मयी भवन' की योग्यता है, एक तान और एक लय होने की कला है जिसका अनुभव रस-बोध में होता है। पुराने चिन्तकों ने चर्वणा को भी बड़े गहरे अर्थ में लिया था। जैसे चर्वित वस्तु हर क्षण नए स्वाद का अनुभव कराती है, वैसे ही काव्य से हमें इकहरा अर्थ प्राप्त नहीं होता। शब्द की इसी शक्ति को देखते हुए प्राचीनों ने पयार्यवाची शब्दों की रचना की। हर पर्यायवाची शब्द अपने आप में स्वतंत्र और विशिष्ट अर्थ रखता है। इसलिए चर्वणा सिर्फ स्वाद भी नहीं है, एक अनुगूँज है जो बहुत देर तक टिकी रहती है और यही कारण है कि श्रेष्ठ काव्य हमारी स्मृति में सुरक्षित रह जाता है।

आज के सन्दर्भ में आनन्दवर्धन के 'प्रतीयमान' शब्द की व्याख्या कैसे की जाए? यह एक ज्वलन्त प्रश्न है और इसका समाधान भी जरूरी है। हमारे पूर्व चिन्तक अखंडता की बात करते हैं और हमारा आज का जीवन खंडित, विश्लिष्ट या टुकड़ों में बँटा है तो ऐसी स्थिति में स्वप्रकाशानन्द उस अखंड आनन्द की क्या कल्पना भर की जा सकती है?

हमारा कहना है कि कला अपने आप में एक अखंड और अद्वय अनुभूति मानी गई है। इसलिए खंड दृष्टि से भी जीवन का स्वाद कम नहीं होता। किसी वस्तु का छोटा-से-छोटा भाग भी स्वतंत्र इकाई हो सकता है। 'प्रपानक-रस' की एक घूंट या किसी मिष्टान्न का छोटा-सा टुकड़ा भी किसी अखंड या परिपूर्ण वस्तु की तरह ही स्वाद देता है। यही कारण है कि जीवन की साधारण और निरर्थक समझी जाने वाली घटना को कवि या कथाकार विशेष अर्थ प्रदान कर देता है। आनन्दवर्धन के सिद्धान्त में रस और ध्वनि, दोनों तत्त्व मिलकर अखंडता को अखंड अनुभूति में रूपान्तरित कर देते हैं।

मूल्यांकन

ध्वनिवाद के सिद्धान्त के उद्भावक आनन्दवर्धन का 'ध्वन्यालोक' भारतीय काव्यशास्त्र के क्षेत्र में एक अवदान और आविष्कार की तरह दिखाई देता है। 'ध्वन्यालोक' की रचना कारिका एवं वृत्ति या व्याख्या शैली में हुई है। 'ध्वनि' तथा 'आलोक' शब्द से 'ध्वन्यालोक' शब्द बना है। कई काव्यशास्त्रीय ग्रंथ प्रकाश और दृश्य की अवधारणा से बने है—जैसे—दंडी का 'काव्यादर्श', मम्मट का 'काव्यप्रकाश', विश्वनाथ का 'साहित्य दर्पण', अभिनव गुप्त का 'ध्वन्यालोक लोचन' आदि। अभिनव गुप्त की 'लोचन' टीका सर्वाधिक महत्त्वपूर्ण है, जिससे इस प्रकाश का दर्शन सम्भव होता है।

1. 'ध्वन्यालोक' ही एकमात्र ऐसा ग्रंथ है जो काव्य के एक ही तत्त्व 'ध्वनि' का विस्तारपूर्वक निरूपण करता है। काव्य के अन्य तत्त्वों जैसे—अलंकार गुण, रीति, दोष आदि की चर्चा ध्वनि के साथ उनके सम्बन्ध-विवेचन की दृष्टि से हुई है। आनन्दवर्द्धन के पूर्व रुद्रट तक आते-जाते रस-तत्त्व श्रव्य काव्य में अपना महत्त्पपूर्ण स्थान बना चुका था। उससे भी पूर्व

दंडी और भामह और भरत ने उसे पर्याप्त आदर दिया था। आनन्दवर्द्धन के पूर्व की शास्त्रीय पृष्ठभूमि में अलंकारों की भेद-बहुलता, रीति-गुण आदि का प्रभाव था। व्याकरण और पांडित्य-प्रदर्शन, दुर्बोधता और बुद्धि-चमत्कार को काव्य की कसौटी मानने का चलन हो गया था, जिसके उदाहरण थे—'किरातार्जुनीयम्', 'शिशुपालवध' तथा 'नैषधीयचरितम्' जैसे महाकाव्य। भवभूति का 'उत्तररामचरित' भी पीछे नहीं था। सम्भवत: इसीलिए 'ध्वन्यालोक' में कहा गया कि लम्बे समासों से संयुक्त संघटना रसानुभूति में बाधा डालती है, विशेषकर करुण या विप्रलम्भ रस अत्यन्त कोमल होते हैं। अत: भाषा की थोड़ी भी अस्वच्छता से शब्दार्थ की प्रतीति मन्द पड़ जाती है।

2. वस्तुत: ध्वनि विषयक चिन्तन विचारों की एक विकासमान कड़ी के रूप में दिखाई देता है। तभी तो आनन्दवर्धन 'ध्वन्यालोक' की पहली कारिका में कहते हैं कि काव्य की आत्मा ध्वनि है, ऐसा मेरे पूर्ववर्ती विद्वानों का भी मत है। यह भी सत्य है कि अलंकारों की चमक-दमक के उस युग में यदि कोई ध्वनि के प्रतीयमान अर्थ की बात करता तो वह 'नक्कार खाने में तूती' की आवाज होती। विचारणीय बात तो यह है कि जब कालिदास जैसे श्रेष्ठ कवियों का काव्य रचा जा रहा था तो उस समय 'काव्यशास्त्र' अलंकारों की चकाचौंध में पड़ा था, और जब आगे चलकर संस्कृत काव्य के ह्रासयुग में चमत्कार प्रधान काव्य रचे जाने लगे तब आनन्दवर्द्धन का 'ध्वन्यालोक' ध्वनि-सिद्धान्त और व्यंजना-व्यापार को लेकर अवतरित हुआ। यह भी अनुमान है कि ध्वनि सम्बन्धी विचारों का बीज दर्शन व्याकरण से ही मिला हो।

3. आनन्दवर्द्धन के ध्वनि-सिद्धान्त ने काव्य में प्रयुक्त कृत्रिम शैली को नकार कर पूर्व आचार्यों की यमक प्रियता, चमत्कार-रचना और प्रहेलिका आदि काव्य-शैलियों के स्थान पर एक स्वस्थ भावबोध को प्रस्तुत किया। हमारी दृष्टि में काव्य में चमत्कार-प्रदर्शन की प्रवृत्ति का पोषण राजदरबारों में राज्याश्रय प्राप्त कवियों की एक विवशता थी, क्योंकि चमत्कार-प्रदर्शन का सम्बन्ध उनकी जीविका से था। दूसरे, विदग्ध गोष्ठियों में पांडित्य-प्रदर्शन का अच्छा अवसर मिल जाता था। चमत्कार का यह प्रभाव इतना जबर्दस्त था कि आनन्दवर्द्धन के दो सौ साल के बाद भी 'नैषधीय चरित' के रचयिता ने खुल कर कहा था—"इस काव्य में मैंने प्रयत्नपूर्वक कहीं-कहीं गांठें डाल दी हैं, जिससे अपने को विद्वान् समझने वाला कोई 'खल' इसका आनन्द न ले सके। इस काव्य की रस-तरंग में मज्जन का सुख वही सज्जन प्राप्त कर सकता है जिसने श्रद्धा से गुरु की आराधना कर अपनी दृढ़ ग्रंथियों को ढीला किया है।" आनन्दवर्द्धन ने अपने से पूर्व के सिद्धान्तों का अध्ययन किया। उनकी दृष्टि में अलंकार और रीति काव्य के बहिरंग तक सीमित थे, रस-सिद्धान्त ऐन्द्रिय आनन्द को सर्वस्व मान रहा था, प्रबन्ध-काव्य

का रस भाव समृद्ध था, पर मुक्तकों में उसकी निष्पत्ति के लिए स्थान नहीं था। सम्भवत: इसीलिए ध्वनि को काव्य की आत्मा सिद्ध किया और यह बात छनकर आई कि ध्वनि या व्यंग्यार्थ शब्दार्थ से भिन्न लावण्य तत्त्व की भाँति आतंरिक तत्त्व है। इस ध्वनि के पर्याय हैं—ध्वन्यर्थ, व्यंग्य, व्यंग्यार्थ, व्यंजित अर्थ, प्रतीत अर्थ, प्रतीयमान अर्थ, अवगमित अर्थ आदि।

4. काव्य का प्रतीयमान अर्थ सरस, चर्वण योग्य होता है। यह लावण्य की भाँति कुछ और ही वस्तु है। यह विशिष्ट अर्थ प्रतिभाजन्य है, स्वादु है, वाच्य से अतिरिक्त कुछ दूसरी ही वस्तु है और प्रतीयमान है। उस स्वादु अर्थवस्तु को बिखेरती हुई बड़े-बड़े कवियों की सरस्वती अलौकिक तथा अतिभासमान प्रतिभा विशेष को व्यक्त करती है। कहा गया है कि व्याकरण ग्रंथों का स्फोट सिद्धान्त ही ध्वनि-सिद्धान्त है। जिस शब्द से अर्थ स्फुटित हो, वह अर्थ है। विचार करने पर यह भी प्रतीत होता है कि ध्वनि के प्रेरक व्यंग्य-प्रधान अलंकार भी रहे हैं। कुछ विद्वानों ने व्याकरण से अधिक काव्य-शास्त्र के प्राक्तन-चिन्तन और अनेक व्यंग्य-प्रधान अलंकारों के निरूपण को ध्वनि-सिद्धान्त की उद्भावना में सहायक माना है। काव्य-शास्त्र के वे व्यंग्यमूलक अलंकार हैं—(1) समासोक्ति, (2) अप्रस्तुत प्रशंसा, (3) व्याजस्तुति, (4) आक्षेप, (5) विशेषोक्ति, (6) अपह्नुति, (7) दीपक और (8) पर्यायोक्त।

5. प्राचीन आलंकारिकों की यह चेष्टा थी कि अलंकारों में ही रस और ध्वनि को समेट लिया जाए, पर आनन्दवर्द्धन ने उन-उन अलंकारों की व्यंग्य प्रधान वृत्ति को लक्षित कर उन्हें ध्वनि में ही अन्तर्भुक्त कर लिया। आनन्दवर्द्धन ने अलंकार उन्हें माना जो शब्दार्थ के आश्रित रहकर कटक-कुंडल आभूषण के समान शब्दार्थ रूप काव्य-शरीर की शोभा-वृद्धि करते हैं। वे काव्य के स्वरूप के विषय में विचार करते हुए उसे वह शब्दार्थ मानते हैं, जिसमें सहृदय का हृदय आह्लाद या आनंद का अनुभव करता है। गुण और अलंकार चारुत्व के प्रकाशक होते हैं और इस सौंदर्य या चारुता का स्रोत तो प्रतीयमान अर्थ ही है।

6. ध्वनिवादियों की दृष्टि में काव्य की तीन कोटियाँ हैं—(1) उत्तम काव्य, (2) मध्यम काव्य या गुणीभूत व्यंग्य, (3) चित्रकाव्य या अधम काव्य। उत्तम काव्य ही ध्वनि काव्य है। इसी प्रकार गुणीभूत व्यंग्य को मध्यम कोटि का और चित्रकाव्य को अधमकोटि का कहा गया है। वे गुणीभूत व्यंग्य को हेय नहीं मानते, पर ध्वनि की उत्तमता को स्वीकार करते हैं। इसी प्रकार मम्मट, विश्वनाथ और जगन्नाथ तक आते-आते क्रमश: तीन, दो और चार कोटियाँ सामने आ जाती हैं। प्रश्न है कि क्या इस प्रकार काव्य की श्रेणियाँ निर्धारित की जा सकती हैं? काव्य अगर काव्य है तो उसे सदैव उत्तम ही होना चाहिए अन्यथा वह अकाव्य या कुकाव्य बन जाता है। ऐसा प्रतीत होता है कि आनन्दवर्धन ने काव्य-रचना में एक सामंजस्यमूलक दृष्टिकोण

रखा है और तब प्रतिभा, व्युत्पत्ति और क्षमता के आधार पर व्यावहारिक सुविधा के लिए काव्य की कोटियाँ निर्धारित की जा सकती हैं।

7. आनन्दवर्धन ध्वनि-सिद्धान्त की प्रस्थापना के क्रम में तीन विरोधी मतों की चर्चा करते हैं। वे हैं (1) अभाववादी, (2) भक्तिवादी और (3) अनिर्वचनीयतावादी। ये तीनों मत आनन्दवर्धन की कल्पना की उपज हैं। उन्होंने पूर्वपक्ष के रूप में प्रश्न उठाकर उत्तर दिए हैं। अभाववादियों का पक्ष ऐसा है जो सुना नहीं गया है। इस धारणा का उत्तर वे इसलिए देते हैं कि भविष्य में ऐसा प्रश्न नहीं उठे। वे यह सिद्ध करते हैं कि वाच्यार्थ से भी अतिरिक्त कोई प्रतीयमान अर्थ है जो सर्वातिशायी चमत्कार से युक्त होता है और ध्वनि कहलाने का अधिकारी होता है। विरोधी पक्ष का द्वितीय वर्ग ध्वनि को भक्ति अर्थात् लक्षणागम्य अत: गौण मानता है। भक्ति शब्द का अर्थ है—लक्षणा, जहाँ मुख्य अर्थ को तोड़कर नवीन अर्थ-रचना की जाए। किसी विशेष प्रयोजन से ही यह लक्षणा होती है। भक्तिवादी गुण वृत्ति के भीतर ध्वनि का अन्तर्भाव मानते हैं। तीसरा वर्ग इसे अनिर्वचनीय कहता है। इस वर्ग के आचार्य मानते हैं कि ध्वनि का तत्त्व वाणी से प्रकाशित नहीं किया जा सकता। ध्वनि की सत्ता है, पर उसकी मीमांसा शब्दों से नहीं की जा सकती। मीमांसक आचार्य वाक्यवादी हैं। वे अभिहितान्वयवादी कहे गए हैं। तात्पर्यवादी वाक्यार्थ मात्र से प्रतीयमान अर्थ के लिए तात्पर्य शक्ति को स्वीकार करते हैं, पर ध्वनिवादी व्यंजना शक्ति को मानते हैं। आनन्दवर्धन ने उद्भट और महिमभट्ट के मतवादों का खंडन किया है और व्यंजना और ध्वनि को प्रतिष्ठा प्रदान की है। ध्वनिवादियों ने 'अलंकार सर्वस्व' के व्याख्याकार जयरथ द्वारा उठाई गई बारह प्रतिपत्तियों का उत्तर भी दिया है। यह प्रश्न भी उठाया गया है कि काव्यत्व वाच्यार्थ में रहता है या व्यंग्यार्थ में? सदियों से यह प्रश्न उठता रहा है। इसी कारण महिमभट्ट ने भी अभिधाशक्ति को महत्त्व दिया था। वस्तुत: एक प्रबुद्ध सहृदय के लिए व्यंग्यार्थ जिसे हम हृदय संवेदन, चमत्कार आदि नामों से जानते हैं, वह सहृदय के लिए सहजबोध्य है। आनन्दवर्धन का 'प्रतीयमान' अर्थ 'काव्यतत्त्वार्थदर्शी' के लिए है।

8. आनन्दवर्धन अपने ध्वनि-सिद्धान्त के लिए व्याकरण और काव्यशास्त्र को आधार के रूप में ग्रहण करते हैं। ध्वनि के व्यंजना-व्यापार और व्यंग्य-कार्य-सभी के लिए व्याकरण के निश्चित संकेतों को ग्रहण किया गया है। अर्थ का यह स्फुटन ही स्फोट है। इस स्फोट का दूसरा नाम ध्वनि है। यहाँ तक पहुँचने के लिए ही सहृदय की कल्पना की गई है। गुणीभूत व्यंग्य के चमत्कार निरूपण में मम्मट ने उसे 'काव्य प्रकाश' के पंचम उल्लास में 'कामिनी कुच कलश न्याय' से समझाना चाहा है। आनन्दवर्धन वाच्य से अधिक उत्कर्षक व्यंग्य को ध्वनि मानते हैं। वे इसकी व्याख्या के अनेक सूत्र देते हैं, जैसे—जहाँ अर्थ अपने की गुणीभूत करके उस प्रतीयमान अर्थ

की अभिव्यक्ति करते हैं, उस काव्य विशेष को विद्वान लोग ध्वनिकाव्य कहते हैं। जहाँ व्यंग्यार्थ गौण होता है, वहाँ गुणीभूत व्यंग्य होता है।

9. आनन्दवर्धन ने रस को भी ध्वनि के अन्तर्गत लेने का प्रयास किया। उन्होंने रस-ध्वनि, वस्तु-ध्वनि आदि रूपों में रस-ध्वनि को महत्त्वपूर्ण स्थान दिया। उन्होंने नाट्य-रस और काव्य-रस, दोनों को महत्त्व दिया। प्राय: सभी मानते है कि आनन्दवर्धन ने ही दृश्य काव्य के साथ श्रव्य काव्य में अर्थात् नाटक के साथ काव्य में रस की प्रतिष्ठा की। उन्होंने ध्वनि मात्र को नहीं बल्कि रस-ध्वनि को ही काव्य की आत्मा के रूप में स्वीकार किया। वे दृश्य काव्य की भाँति श्रव्य काव्य का सर्वस्व रस को सिद्ध करते हैं।
10. अलंकारवादी आचार्य रस की प्रधानता या अप्रधानता को न सोचकर सर्वत्र रसवदलंकार को महत्त्व देते थे। वे काव्य के लिए अलंकार को आवश्यक मानते थे। वे अलंकार थे रसवदलंकार और उपमादि अलंकार। आनन्दवर्धन यह विभाजन नहीं मानते थे। उन्होंने रस-ध्वनि और रसवद् अलंकार का अन्तर स्पष्ट करते हुए कहा कि जहाँ चारुता लानेवाले शब्दालंकार और अर्थालंकार, दोनों ही एकमात्र रस के निष्पादन में प्रयुक्त हों तो वहाँ स्वत: रस की प्रधानता होने से रस-ध्वनि माननी चाहिए और जहाँ कोई अर्थ वाच्य से प्रधानत: ज्ञात हो तथा रस अंग से, वहाँ रसवदालंकार मानना चाहिए। अत: ध्वनि-सम्प्रदाय का मूलाधार रस है। कोई विद्वान् तो रस-सिद्धान्त का ही विस्तार ध्वनि-सिद्धान्त को मानते हैं।
11. काव्यशास्त्रीय चिन्तन में सहृदय की भूमिका महत्त्वपूर्ण रही है। मम्मट ने कई विशेषणों द्वारा सामाजिक की विशेषताओं को प्रकट किया है। अपने हृदय के साथ संवाद करनेवाले जन सहृदय हैं, उनका भाव रस की अभिव्यक्ति का कारण होता है। वह सहृदय के अस्तित्व को उसी प्रकार व्याप्त कर लेता है जैसे सूखे काष्ठ के अस्तित्व को अग्नि। सहृदयता के लिए चाहिए सुकुमारता। अभिनव गुप्त ने इसे पर्याप्त महत्त्व दिया है। अन्तत: आनन्दवर्धन ध्वनि-सिद्धान्त को एक सार्वभौम चिन्तन की भाँति प्रस्तुत करते हैं। वे शब्दार्थ के सूक्ष्म स्तरों तक व्यंजना की पहुँच और विशेष अर्थ की खोज करते हैं, रस की व्यंग्यरूपता का उद्घाटन करते हैं और काव्यात्म-तत्त्व के रूप में रस-ध्वनि की प्रतिष्ठा करते हैं।

सन्दर्भ

1. मुक्ताकण: शिव स्वामी कविरानन्दवर्धन:।
   प्रथां रत्नाकरश्चागात् साम्राज्योऽवंतिवर्मण:॥ —राजतरंगिणी, 5/34
2. यत्रार्थ: शब्दो वा तमर्थमुपसर्जनीकृत स्वार्थौ।
   व्यङ्क्त: काव्यविशेष: स ध्वनिरिति सूरिभि: कथित:॥ —ध्वन्यालोक, 1/13 पृ. 37
3. आलोचक और आलोचना, पृ. 128-129
4. नैषधीय चरितम् 22/152

5. प्रतीयमानं पुरनन्यदेव वस्त्वस्ति वाणीषु महाकवीनाम्।
यत्तत् प्रसिद्धावयवातिरिक्तं विभाति लावण्यमिवांगनासु॥ —ध्वन्यालोक, 1/4
6. काव्यार्थ तत्त्वज्ञैरेव केवलम्। वही, 1/7
7. सरस्वती स्वादुतदर्थवस्तु निःष्यंदमाना महतां कवीनाम्।
अलोकसामान्यमभिव्यनक्ति परिस्फुरन्तं प्रतिभा विशेषम्॥ —वही, 1/6
8. प्रथमे हि विद्वांसो वैयाकरणाः, व्याकरण मूलत्वात् सर्वविद्यानाम्।
ते च श्रूयमाणेषु वर्णेषु ध्वनिः इति व्यवहरिन्ति। तथैव अन्यैः
तन्मतानुसारिभिः सूरिभिः काव्य तत्त्वार्थ दर्शिभिः वाच्य-वाचक
संमिश्रः शब्दात्मा काव्यम् इति व्यपदेश्यः व्यंजकत्व साम्याद् ध्वनिः इति उक्तः।
—वही, कारिका-13, पृ. 53
9. वही, पृ. 53
10. उत्कंपिनी भय परिस्खलितां सुकान्ता
ते लोचने प्रतिदिशं विधुरे क्षिपन्ती।
क्रूरेण दारुणतया सहसैव दग्धा
धूमान्धितेन दहनेन न वीक्षितासि॥
11. सहि विरइऊण माणस्स मज्झ धीरत्तणेण आसासम्।
पियदंसण विहलंख लखणम्मि सहसति तेण ओसरिअम्॥ —उद्धृत भारतीय साहित्य शास्त्र, पृ. 215
12. मुग्धे! मुग्धतयैव नेतु मखिलः कालः किमारभ्यते,
मानं धत्स्व धृतिं वधान, ऋजुतां दूरे कुरु प्रेयसि।
सख्यैवं प्रतिबोधिता प्रतिवचस्तामाह भीतानना
नीचैः शंस हृदि स्थितोऽपि ननु मे प्राणेश्वरः श्रोष्यति॥ —अमरुकशतक
13. डॉ. राममूर्ति त्रिपाठी, भारतीय काव्यशास्त्र के नए क्षितिज, पृ. 19
14. वही, पृ. वही
15. डॉ. सुशील कुमार डे, संस्कृत काव्यशास्त्र का इतिहास, भाग-2, पृ. 137
16. ध्वन्यालोक-भूमिका भाग, पृ. 3
17. आचार्य देवेन्द्रनाथ शर्मा से ध्वनिविषयक विमर्श में लेखक की धारणा, जनवरी, 1984
18. अर्थम् इष्टम् अनाख्याय साक्षात् तस्यैव सिद्धये।
यत् प्रकारांतराख्यानं पर्यायोक्तं तदिष्यते॥ —काव्यादर्श, 2/295
19. पर्यायोक्तं यदन्येन प्रकारेणाभिधीयते।
वाच्यवाचक वृत्तिभ्यां शून्येनावगमात्मना॥ काव्यालंकार सार संग्रह, 4/6
20. ध्वन्यालोक, 2/37
21. वही, 3/37
22. वही, पृ. 191
23. वही पृ. 47
24. उक्तन्तरेणाऽशक्यं यत् तच्चारुत्वं प्रकाशयन्।
शब्दो व्यंजकतां विभ्रद ध्वन्युक्तेर्विषयी भवेत्॥ —वही, 1/15 पृ. 61
25. नान्ध्री पयोधर इवातितरां प्रकाशो
नो गुर्जरीस्तन इवातितरां निगूढः।
अर्थोगिरामपिहितः पिहितश्च कश्चित्
सौभाग्यमेति मरहट्ट वधू कुचाग्रः॥ —काव्यप्रकाश, पृ. 196

26. ध्वन्यालोक, 1/13
27. वही, भूमिका भाग, पृ. 17
28. काव्यतत्त्व-विमर्श, पृ. 112, वाणी प्रकाशन, प्रथम संस्करण 2008
29. विशेष विवेचन के लिए द्रष्टव्य लेखक की पुस्तक, काव्य भाषा के सिद्धान्त, पृ. 151 से 155, स्वराज प्रकाशन, नई दिल्ली, प्रथम संस्करण, 2009
30. (क) शब्दबोध्यो व्यनक्त्यार्थः शब्दोप्यर्थान्तराश्रयः।
एकस्य व्यंजकत्वे तदन्यस्य सहकारिता॥ —साहित्यदर्पण, विमला टीका, 2/18
(ख) यतः शब्दो व्यंजकत्वेऽर्थान्तर मपेक्षते, अर्थोपि शब्दम् तदेतस्य व्यंजकत्वेन्यस्य सहकारिता नश्यमंगो कर्त्तव्या। —वही, पृ. 45
31. यस्तु स्वप्नेऽपि न स्वशब्दवाचे न लौकिक व्यवहार पतितः किं तु शब्द समर्प्यमाण हृदय संवाद सुन्दर विभावानुभाव समुचित प्राग् विनिविष्टि रत्यादि वासनानुराग सुकुमार स्व संविदानन्द चर्वणा व्यापार रसनीय रूपो रसः स काव्य व्यापारैक गोचरो रस ध्वनिरिति स च ध्वनिरेवेति स एव मुख्यतयात्मेति। —ध्वन्यालोक लोचन, 50, जगन्नाथ पाठक, चौखंबा।
32. विरतास्वभिधाद्यासु यथाऽर्थो बोध्यते परः।
सा वृत्ति व्यंजना नाम शब्दस्यार्थादिकस्य च॥ —साहित्य दर्पण, विमला टीका, 2/12 पृ. 39
33. रस-मीमांसा, पृ. 312
34. सिद्धान्त और अध्ययन, पृ. 258-259
35. भारतीय काव्यशास्त्र का अध्ययन, पृ. 342
34. सिद्धान्त और अध्ययन, पृ. 258-259
35. भारतीय काव्यशास्त्र का अध्ययन, पृ. 342
36. द्रष्टव्यः काव्यालंकार सार संग्रह, पृ. 79
37. एतावत्येव विश्रान्तिस्तात्पर्यस्येति किं कृतम्।
यावत् कार्य प्रसारित्वात् तात्पर्यं न तुलाधृतम्॥ —दशरूपक, 3/37
38. भारतीय साहित्य दर्शन, पृ. 261
39. दशरूपक, 4/37 (वृत्ति) एवं 3/37
40. रुय्यक, अलंकार सर्वस्व, विमर्षिणी सहित, पृ. 11
41. डॉ. वी. राघवन, भोजाज शृंगार प्रकाश, भाग-1, पृ. 149
42. डॉ. बच्चन सिंह, आलोचक और आलोचना पृ. 136-137
43. काव्यस्यात्मा ध्वनिरिति बुधैर्यः समाम्नात पूर्व-
स्तस्याभावं जगदुरपरे भाक्तमाहुस्तमन्ये।
केचिद वाचां स्थितमविषये तत्वमूचुस्तदीयं
तेन ब्रूमः सहृदय मनः प्रीतये तत्स्वरूपम्॥ —ध्वन्यालोक, प्रथम उद्योत, 1/1 पृ. 3
44. काव्यास्यात्मा स एवार्थः तथा चादिकवेः पुरा।
क्रौंचेर्द्वंद्व वियोगात्थः शोकः श्लोकत्वमागतः॥ —वही, 1/5
45. अभिनव भारती, प्रथम संस्करण, पृ. 195
46. ध्वन्यालोक लोचन, पृ. 40
47. अभिनव भारती, पृ. 185
48. वही, पृ. 287
49. योगदर्शन-पतंजलि, 14वाँ सूत्र, 'स तु दीर्घकाल नैरन्तर्य पृ. 18
50. अभिनव भारती, पृ. 287

(क) विमल मुकुर कल्पीभूत निज हृदय-अभिनव भारती, पृ. 33

(ख) न व्यसनितायै पर्यवत्स्यंति—वही, पृ. 28

51. सुकुमारता हि वैमल्यापर पर्याया—वही, भाग-2 पृ. 339

द्रष्टव्य—सहृदय शब्द—अभिनवगुप्त द्वारा दी गई नई अर्थदीप्ति शीर्षक निबन्ध पृ. 13 नया आलोक अंक-6 सम्पादक—महेंद्र मधुकर

53. ध्वन्यालोक की भूमिका, पृ. 10 (आचार्य शुक्ल का इन्दौर भाषण)

54. डॉ. नगेन्द्र, वही, पृ. 13

राजशेखर

(10वीं सदी का पूर्वार्द्ध 920 ई. के लगभग)

राजशेखर का बहुचर्चित प्रसिद्ध काव्यशास्त्रीय ग्रंथ 'काव्य मीमांसा' एक आकर ग्रंथ के रूप में मान्य रहा है। सत्रह अध्यायों में रचित यह ग्रंथ राजशेखर की बहुमुखी प्रतिभा का प्रमाण है।

राजशेखर के जीवन के विषय में प्रामाणिक और प्रभूत सामग्री प्राप्त होती है। माना गया है कि राजशेखर गुर्जर-प्रतिहार महेन्द्रपाल और महीपाल के शासन-काल में कान्यकुब्ज में थे। वे कुछ समय तक कलचुरि नरेश युवराज देव की राजधानी 'त्रिपुरी' में भी रहे। राजशेखर के प्रपितामह अकालजलद महाराष्ट्र के सम्मान्य व्यक्ति थे। कुछ विद्वान् उनका जन्म स्थान मध्यप्रदेश तो कुछ दक्षिण प्रदेश में मानते हैं। राजशेखर स्वयं को 'सर्वाभाषा विचक्षण' कहते हैं। वे 'काव्य मीमांसा' में काव्य-पुरुष को विदर्भ देश में उत्पन्न और वैदर्भी रीति से आकृष्ट बताते हैं। उनकी कल्पना ने साहित्य-विद्या वधू का विवाह स्थल विदर्भ भूमि को चुना है। उनके 'कर्पूरमंजरी' नामक सट्टक की नायिका भी विदर्भ देश की ही है। विदर्भ को इतना गौरव देकर वे अपने जन्म-स्थान का भी सम्भवत: संकेत करते हैं। उनके आदर्श कवि भवभूति भी विदर्भ देश में ही उत्पन्न हुए थे।

राजशेखर का वंश यायावर था और वे ब्राह्मण थे जो निरन्तर गतिमान रहे। वह यायावर हैं। गृहस्थ के रूप में यह कोटि शालीन से श्रेष्ठ थी। इनके पिता का नाम दुर्दुक या दुहिक और माता का नाम शीलवती था। इनका अनुलोम विवाह चौहानवंशीय कन्या अवन्ति सुन्दरी के साथ हुआ था जो संस्कृत और प्राकृत की विदुषी पंडिता थी।

'काव्य मीमांसा' में अवन्ति सुन्दरी के मतों का तीन बार उल्लेख हुआ है। एक में उन्होंने वामन के पाक विषयक मत का खंडन किया है, दूसरे शब्द हरण के सम्बन्ध में अवन्ति सुन्दरी का मत महत्त्वपूर्ण है और तीसरा मत रस-परिपाक से संबद्ध है। राजशेखर स्वयं विद्वान् थे और वे मानते थे कि कवि के लिए शास्त्रज्ञान, लोकज्ञान, सभी प्रकार के शास्त्र, प्रकृति, पशु-पक्षी, चौंसठ कलाओं और अन्य श्रेष्ठ कवियों की रचनाओं का परिज्ञान आवश्यक है। काव्य-पुरुष की उनकी विराट् कल्पना वैदिक पुरुष सूक्त पर आधारित है। वेद-वेदान्त के साथ वे व्याकरण के भी अधीत विद्वान् थे। उनके 'कवि रहस्य' का छठा अध्याय व्याकरण-शास्त्र के नियमों से ही प्रेरित है। पुराणों में भी इनकी गहरी रुचि है। वे स्मृतियों के भी अध्येता थे। इनकी 'विद्धशाल भंजिका' और 'काव्य मीमांसा' में 'मनुस्मृति' का श्लोक उद्धृत हुआ है। उनके 'बाल रामायण' में

अनेक प्रदेशों और जनपदों का वर्णन मिलता है। उनका जबर्दस्त भौगोलिक ज्ञान उनकी यायावरी वृत्ति का पुष्ट प्रमाण है।

राजशेखर की पाँच रचनाएँ उपलब्ध हैं—

(1) बाल रामायण, (2) बाल भारत, (3) कर्पूर मंजरी, (4) विद्धशाल भंजिका और (5) 'काव्य मीमांसा'। इनमें प्रथम दो नाटक, 'कर्पूरमंजरी सट्टक', 'विद्धशाल भंजिका नाटिका' तथा 'काव्य-मीमांसा' काव्यशास्त्रीय ग्रंथ हैं।

क्षेमेन्द्र के 'औचित्य विचार चर्चा, नामक ग्रंथ में राजशेखर से सम्बन्धित एक मनोरंजक श्लोक मिलता है, जो देश सम्बन्धी अनौचित्य के उदाहरण के रूप में प्रस्तुत हुआ है। क्षेमेन्द्र कहते हैं—'कर्णाट सुन्दरियों के दन्तक्षत से चिह्मित, महाराष्ट्र की कामिनियों के तीक्ष्ण कटाक्षों से आहत, प्रौढ़ आंध्र रमणियों के स्तनों से पीड़ित, प्रियतमाओं के भ्रू-भंग से वित्रस्त, लाट-ललनाओं की भुजाओं से आलिंगित और मलय देश की अंगनाओं की तर्जनियों से तर्जित राजशेखर कवि अब वृद्धावस्था में वाराणसी जाना चाहता है।'[1]

राजशेखर के नाट्य-ग्रंथ

राजशेखर ने दो नाटकों की रचना की थी—'बाल रामायण' और 'बाल भारत'। इनके मूल स्रोत 'रामायण' और 'महाभारत' थे। ऐसा माना गया है कि इनकी रचनाओं पर वाल्मीकि 'रामायण' तथा भवभूति के 'महावीर चरित्र' का प्रभाव अवश्य पड़ा होगा। राजशेखर के 'बाल भारत' के केवल दो अंक उपलब्ध हैं। उनका 'बाल रामायण' नाटक दस अंकों का है, जिसमें सीता स्वयंवर से राम के राज्याभिषेक तक की कथा ली गई है। इनकी कथा-योजना पर भवभूति के 'महावीर चरित्र' का प्रभाव देखा जा सकता है।

राजशेखर का 'बाल भारत' अपूर्ण नाटक है जिसमें 'महाभारत' की कथा के साथ-साथ उनकी समकालीन राजनैतिक परिस्थितियों का भी संकेत मिलता है।

राजशेखर की एक और महत्त्वपूर्ण रचना 'विद्धशालभंजिका' है। इसमें तत्कालीन ऐतिहासिक घटना को नाटिका के रूप में पिरोया गया है। चार अंकों की इस नाटिका की तुलना कालिदास के 'मालविकाग्निमित्र' और हर्ष की 'रत्नावली' से भी की जाती है। राजशेखर की एक अन्य रचना 'कर्पूर मंजरी' नाट्य-कोटि की 'सट्टक' में गिनी जाती है। यह भी एक प्रकार की नाटिका है। आचार्य विश्वनाथ ने आचार्य भरत और धनंजय के आधार पर इसके लक्षण गिनाए हैं। राजशेखर इस अर्थ में मौलिक हैं कि उन्होंने नाटिका के अंक की जगह 'जवनिका' शब्द का प्रयोग किया तथा 'सट्टक' का नामकरण नायिका के नाम पर रखकर नृत्य और केवल प्राकृत भाषा का व्यवहार किया। उनकी इस मौलिकता को आगे भी महत्त्व मिला।

राजशेखर की काव्यात्मक प्रतिभा को पर्याप्त आदर मिला है। उनके समकालीन कवि कृष्णशंकर वर्मा का कथन प्रसिद्ध है कि यदि 'कानों को रसायन पान कराना चाहते हो या सज्जनों द्वारा समर्थित वचनों की रचना करना चाहते हो या विशेष ज्ञान प्राप्त करने के इच्छुक हो, रस-स्रोत की पराकाष्ठा को पाना चाहते हो, जीवन-रूपी वृक्ष के मधुर फल का आस्वादन करना चाहते हो तो भाई, राजशेखर की सुधावर्षिणी सूक्तियों को सुनो।' इसी प्रकार 'सोड्ढल' का कहना है कि 'यायावर राजशेखर के

काव्य में रसमयी नटी के नृत्य की तरह पदों की शोभा नर्त्तन करती दिखाई देती है—ऐसा राजशेखर गुणीजनों द्वारा प्रशंसित है।'

काव्य-मीमांसा में आचार्यत्व की मौलिकता

राजशेखर काव्य-सिद्धान्त विवेचन, कवि-शिक्षा सम्प्रदाय की दृष्टि से एक मौलिक आलोचक सिद्ध होते हैं। वे वाक्य को काव्य मानते हैं—(गुणवदलंकृतंच वाक्य मेवकाव्यम्—काव्य-मीमांसा, अध्याय-6, पृ. 24)। यद्यपि इस परिभाषा में अतिव्याप्ति दोष है, पर वे गुण और अलंकार को महत्त्व देते हैं। साथ ही, वे रस को काव्य की आत्मा मानते हैं-–रसवत एवं निबन्धोयुक्तोननीरसस्य'—(वही अध्याय-9, पृ. 45)।

राजशेखर प्रतिभा या प्रतिभानम्, अभियोग के लिए 'अभ्यास' और अवेक्षण के लिए 'दृढ़ता' शब्द का प्रयोग करते हैं। वे वामन के काव्यांगों पर विचार करते हैं। राजशेखर दंडी के काव्यांगों से भी प्रभावित नज़र आते हैं। दंडी ने 'निसर्गजात प्रतिभा, निर्मल-लोकशास्त्र-ज्ञान और अमन्द अभियोग—' इन तीनों को काव्य-सम्पदा कहा है। राजशेखर ने भी इन तीनों को स्वीकार किया है—द्रष्टव्य-काव्य-मीमांसा अध्याय-8)। राजशेखर ने पूर्वाचार्यों के मतों को स्वीकार करते हुए स्वयं भी चार काव्य-स्रोतों की कल्पना की है। वे काव्य-स्रोत हैं—(1) उचित संयोग, (2) योक्तृ संयोग, (3) उत्पाद-संयोग एवं संयोग-विकार।

राजशेखर काव्य-शास्त्र की परम्परा में एक मौलिक चिन्तक और उद्भावक के रूप में प्रकट होते हैं। काव्य के ब्रह्मास्वाद सहोदर और अलौकिक आनन्द को व्यक्त करने के लिए वे काव्य पुरुष की कल्पना करते हैं, कवियों के भेद और उपभेद गिनाते हैं, काव्य-पाक की महत्ता घोषित करते हैं। यही नहीं वे 'काव्यहरण' अर्थात् कविता की चोरी को भी विचार का विषय बनाते हैं। वे मानते हैं कि कवि और क्रय-विक्रय करनेवाले व्यापारी, ये दोनों चोर न हों, ऐसा सम्भव नहीं है। इनमें कम या अधिक चौर्यवृत्ति मिलती है, पर ऐसी चोरी पर प्रतिभा की मुहर लग जाए तो वह भी प्रशंसा के योग्य है। इसे वे 'हरण' नाम से पुकारते हैं। उनमें ऐसी मौलिकता का साहस है।

राजशेखर ने कवि-समय की कल्पना द्वारा 'मिथकीय तत्त्वों' को महत्त्व दिया है। साहित्य में कुछ भी मिथ्या नहीं होता। अंग्रेजी के 'मिथ' शब्द को डॉ. हजारी प्रसाद द्विवेदी के द्वारा 'मिथक' कहा गया है। इस मिथक में मिथ्यात्व का भाव होता है जो हमें भरपूर आनन्द देता है। अत: राजशेखर अपनी मौलिक स्थापनाओं के द्वारा कवि और काव्य का निजी मनोलोक रचते हुए दिखाई देते हैं, इसमें सन्देह नहीं।

काव्य-मीमांसा: आलोचना की दिशा में मौलिक प्रयत्न

'काव्य मीमांसा' अठारह अधिकरणों के ग्रंथ के रूप में प्रसिद्ध रहा है, पर अब तक इसका कवि-रहस्य नामक प्रथम अधिकरण ही उपलब्ध है और वही साहित्य-जगत् में 'काव्य-मीमांसा' नाम से प्रचलित एवं प्रथित है। ग्रंथ के प्रथम अध्याय में काव्य शास्त्र का इतिहास वर्णित है जो ब्रह्मा से आरम्भ होकर विविध अठारह आचार्यों द्वारा अठारह भागों में प्रस्तुत हुआ था। काव्य पुरुष नामक ब्रह्मा के सर्वश्रेष्ठ शिष्य ने अठारह

अधिकरणों वाली विद्या का उपदेश दिया, जिस पर उनके अठारह शिष्यों ने अठारह विषयों पर पृथक्-पृथक् ग्रंथों की रचना की, जिनमें सहस्राक्ष, उक्ति, सुवर्णनाभ, यम, प्रचेता, चित्रांगद, शेष, पुलस्त्य, औपकायन, पराशर, उतथ्य, कुबेर, कामदेव, भरत, नन्दिकेश्वर धिषण, उपमन्यु, कुचमार नामक ऋषियों द्वारा विभिन्न काव्यशास्त्रीय सिद्धान्तों और सूत्रों की रचना की कल्पना की गई है। इन विषयों में कवि रहस्य से लेकर रीति, यमक, अनुप्रास, चित्रकाव्य, शब्दश्लेष, स्वभावोक्ति, उपमा, रूपक, रस, दोष, गुण आदि महत्त्वपूर्ण विषयों के नाम दिए गए हैं। उपर्युक्त 18 अधिकरणों में केवल 'कवि रहस्य' अधिकरण ही उपलब्ध है। कालान्तर में इन विद्याओं का संकलन राजशेखर ने 'काव्य मीमांसा' में किया। वे हैं—(1) शास्त्र संग्रह, (2) शास्त्र निर्देश, (3) काव्य पुरुषोत्पत्ति, (4) पद-वाक्य-विवेक, (5) पाठ-प्रतिष्ठा, (6) अर्थानुशासन, (7) वाक्य विधयः, (8) कवि विशेष, (9) कविचर्या, (10) राजचर्या, (11) काकुप्रकार, (12) शब्दार्थ हरणोपाय, (13) कवि साक्ष्य, (14) देशकाल विभाग, (15) भुवनकोश का वर्णन।

1-2. दूसरे अध्याय में शास्त्र का निर्देश हुआ है तथा वाङ्मय के दो प्रकार माने गए हैं—काव्य और शास्त्र। काव्य-ज्ञान के लिए शास्त्र दीपक का कार्य करते हैं। शास्त्र के भी दो विभाग हैं—पौरुषेय एवं अपौरुषेय। आन्वीक्षिकी, त्रयी, वार्त्ता एवं दंडनीति को चार विद्याओं के रूप में जाना गया है, राजशेखर पाँचवीं विद्या साहित्य को मानते हैं। इसी अध्याय में सूत्र, वृत्ति, भाष्य, टीका, कारिका, वार्तिक आदि के भी लक्षण प्रस्तुत हुए हैं।

3. तीसरे अध्याय में काव्य पुरुष की उत्पत्ति का वर्णन हैं तथा रीति, वृत्ति, प्रवृत्ति आदि के स्वरूप और भेद का निरूपण हुआ है।

4. चौथे अध्याय में कवि-रहस्य वर्णन है, जिसमें पद-वाक्य विवेक का विवेचन है। इसमें कवि के दो प्रकार बताए गए हैं—बुद्धिमान तथा आहार्यबुद्धि। राजशेखर काव्य के लिए कवि-प्रतिभा को महत्त्व देते हैं।

5. पाँचवें अध्याय का नाम 'काव्य पाक-कल्प' है। इसमें कवियों की अनेक अवस्थाओं एवं विविध पाकों का वर्णन है।

6. छठे अध्याय का नाम पदवाक्य—विवेक है। इसमें पद और वाक्य की व्याख्या हुई है। इसमें वाक्यों के दस भेद भी बताए गए हैं।

7. सातवें अध्याय का विषय भी वाक्य-विवेचन से सम्बन्धित है और इसके तीन भेद किए गए हैं—ब्राह्म, शैव और वैष्णव। इनके अतिरिक्त काकु एवं रीतित्रय का भी विवेचन हुआ हे।

8. आठवें अध्याय में काव्य-योनि या काव्य के स्रोत का विवेचन है तथा काव्यार्थ की सोलह योनियाँ कही गई हैं।

9. नौवें अध्याय में अर्थ के सात प्रकारों और काव्य के मुक्तक, प्रबन्ध आदि भेदों का विवेचन है।

10. दसवें अध्याय में कविचर्या एवं राजचर्या का वर्णन किया गया है। कवि का आचार, व्यवहार एवं काव्य-पाठ इसका मुख्य विषय है और कवि बनने के लिए शरीर-शुद्धि, वाणी की शुद्धि और विचार-शुद्धि की आवश्यकता

बताई गई है। यहाँ तक कि कवि के निवास, परिवेश और लेखन-सामग्री की भी चर्चा है।

11. ग्यारहवें अध्याय का विषय हरण है। कवि का शब्द-हरण और विशेष परिस्थितियों में इसके क्षम्य होने का कथन हुआ है। कवि की चार कोटियाँ हैं—उत्पादक, परिवर्त्तक, आच्छादक और संवर्गक।
12. बारहवें अध्याय में तीन प्रकार के अर्थ-हरण की चर्चा है—अन्ययोनि, निह्नुतयोनि एवं अयोनि। इनके भी भेद गिनाए गए हैं।
13. तेरहवें अध्याय में भी तीन प्रकार के अर्थ हरण वर्णित हैं—आलेख्य प्रश्न, तुल्य देहितुल्य और परपुर प्रवेश। इनमें से भी प्रत्येक के आठ-आठ भेद गिनाए गए हैं।
14. चौदहवाँ, पन्द्रहवाँ एवं सोलहवाँ अध्याय कवि-समय के महत्त्वपूर्ण विवेचन से संबद्ध है।
17. सत्रहवाँ एवं अठारहवाँ, ये दोनों अध्याय देश-काल का वर्णन करते हैं तथा ये भारत के भूगोल को दर्शाते हैं।

काव्य-सिद्धान्त

राजशेखर ने काव्य-लक्षण, काव्य-हेतु, काव्य-प्रयोजन, काव्य की आत्मा, काव्य-भेद, काव्यार्थ के स्रोत, परिधि एवं काव्य में सत्य, शिव और सुन्दर की अभिव्यक्ति पर विचार किया है।

राजशेखर का काव्य लक्षण है—'गुणवदलंकृतं च वाक्यमेव काव्यम्।[2] इनकी काव्य—परिभाषा वामन की परिभाषा[3] 'काव्य शब्दोऽयं गुणालंकार संस्कृतयोः शब्दार्थयोवर्तिते' से प्रभावित प्रतीत होती है। विचारकों ने राजशेखर की काव्य परिभाषा में अतिव्यप्ति दोष के दर्शन किए हैं, पर राजशेखर गुण और अलंकार के साथ रस को भी महत्त्व देते हैं—

रसवत एवं निबन्धो युक्तो न नीरसस्य (अध्याय-9, पृ. 45)। यहाँ तक माना जाता है कि मम्मट, भोज, हेमचन्द्र भी राजशेखर की परिभाषा से प्रभावित थे।[4]

काव्य-हेतु

काव्य-हेतु या काव्य-कारण पर राजशेखर ने विस्तारपूर्वक विचार किया है। वे शक्ति या प्रतिभा को ही काव्य-हेतु मानते हैं।[5] वे शक्ति का विस्तार प्रतिभा और व्युत्पत्ति से मानते हैं। वे कहते हैं कि शब्दों में जो बुद्धि सार्थक शब्द-समूह को, अलंकार-तंत्र को, कहने के ढंग को हृदय में प्रतिभासित करती है, उसे प्रतिभा कहते हैं। इस शक्ति का विस्तार प्रतिभा और व्युत्पत्ति द्वारा होता है। राजशेखर का मत रुद्रट से समानता रखता है। राजशेखर का कथन है—'शक्ति शब्दश्चायमुपचरितः प्रतिभाने वर्त्तते।'[6] वे प्रतिभा के दो भेद मानते हैं—(1) कारयित्री और (2) भावयित्री। कारयित्री प्रतिभा के तीन भेद हैं—(1) सहजा, (2) आहार्य और औपदेशिकी। ऐसा ही प्रतिभा से सारस्वत आभासिक और औपदेशिक कवियों का निर्माण होता है। जन्मजात प्रतिभा सहजा, काव्य और

शास्त्र के अध्ययन से उत्पन्न प्रतिभा आहार्या और तंत्र-मंत्र आदि के उपदेश से उत्पन्न प्रतिभा औपदेशिकी है।

भावक या आलोचक में भावयित्री प्रतिभा होती है। आलोचक दो प्रकार के होते हैं—(1) अरोचकी तथा (2) सतृष्णाभ्यवहारी। आचार्य मंगल उपर्युक्त दो प्रकार मानते हैं, पर राजशेखर ने आलोचक की चार कोटियाँ मानी हैं—(1) अरोचकी, (2) सतृष्णाभ्यवहारी (3) मत्सरी एवं (4) तत्त्वाभिनिवेशी। अरोचकी आलोचक को सर्वोत्कृष्ट रचना भी प्रिय नहीं लगती। सतृष्णाभ्यवहारी आलोचक अच्छी-बुरी सभी रचनाओं की समान भाव से प्रशंसा करता है। मत्सरी आलोचक वह होता है जो ईर्ष्यावश किसी श्रेष्ठ रचना को भी नापसन्द करता है और कुछ-न-कुछ दोष निकालने की प्रवृत्ति रखनेवाला आलोचक तत्त्वाभिनिवेशी होता है। तत्त्वाभिनिवेशी को निन्दक नहीं मानकर किसी रचना का मूल्यांकनकर्त्ता और गुणग्राही के अर्थ में लेना अधिक युक्तिसंगत प्रतीत होता है। राजशेखर ने कवि-कर्म के महत्त्व, प्रसार एवं रसास्वादन की दृष्टि से आलोचना-कर्म पर गम्भीरता से विचार किया है। वे भावाभिव्यक्ति की दृष्टि से भावकों के तीन भेद करते हैं—(1) वाग्भावक, (2) हृदयभावन, और (3) अनुभाव भावक। उन्होंने 'काव्य मीमांसा' के चौथे अध्याय (पृ. 15) में भावक या आलोचक की महत्ता का गुणगान करते हुए कहा है कि 'भावक कवि का स्वामी, मित्र, मंत्री, शिष्य, आचार्य—सभी होने की क्षमता रखता है। काव्य का रसग्रहण करते समय उसके मुख पर जो अलौकिक भाव प्रकाशित होता है, उसका अनुभव करने में सृष्टिकर्ता ब्रह्मा भी समर्थ नहीं है।'

राजशेखर ने कवि के तीन भेद किए हैं—शास्त्र कवि, काव्य कवि और उभय कवि। वे इन सभी वर्गों के कवियों को श्रेष्ठ ठहराते हैं। उन्होंने शास्त्र कवि की तीन कोटियाँ—शास्त्र-निर्माता, काव्य में शास्त्र का निवेशक और काव्य में शास्त्रीय अर्थों का योजक के रूप में गिनाईं। इसी प्रकार उन्होंने काव्य कवि के आठ भेद किए—रचना-कवि, शब्द-कवि, अर्थ-कवि, अलंकार-कवि, उक्ति-कवि, रस-कवि, मार्ग-कवि एवं शास्त्रार्थ-कवि। इसी प्रकार उन्होंने कवि की भी दस अवस्थाएँ बताईं। ये सारे भेद कवि की रचना-प्रवृत्ति, परिवेश, ज्ञान और देशकाल के परिचय से जुड़े हैं। विस्तृत ज्ञान-भूमि पर ही कवि या आलोचक की सही परीक्षा होती है।

राजशेखर की 'काव्य-मीमांसा' के सम्बन्ध में डॉ. सुशील कुमार डे का कथन है कि यद्यपि राजशेखर कृत 'काव्य-मीमांसा' काल्पनिक शैली में लिखी गई है और उसमें किसी क्रमबद्ध सिद्धान्त का प्रतिपादन नहीं हुआ है। फिर भी उसका यहाँ उल्लेख आवश्यक है, क्योंकि इसमें कवि-शिक्षा और मुख्य काव्य शास्त्र के विषय में संयुक्त रूप से कथ्य प्रस्तुत किए गए हैं। साथ ही, उसमें विविध प्रकार के असंबद्ध विषयों का बहुत कुछ निरुद्देश्य प्रतिपादन भी हुआ है।[7]

राजशेखर का वाङ्मय के प्रति दो प्रकार की दृष्टि मिलती है—ईश्वरीय और मानवीय। यद्यपि काव्य और कवि के प्रति उनका वर्गीकरण तर्कसम्मत नहीं कहा जा सकता, पर कवि को सांसारिक ज्ञान के प्रति सचेष्ट रहने का संकेत अवश्य मिलता है। कवि भी प्रजापति और रचयिता है। साहित्य को भी उन्होंने एक परीक्षा की तरह लिया है, जिसमें उत्तीर्ण कवि ही 'महाकवि' या 'कविराज' के सम्मान का अधिकारी होता है।

काव्य-पाक

राजशेखर की दृष्टि में काव्य-पाक उसे कहते हैं, जिसमें निरन्तर अभ्यास से कोई सुकवि वाक्य परिपक्वता की प्राप्ति करता है—'सततं अभ्यासवशतः सुकवेः वाक्यं पाकमायाति'—(अ. 5, पृ. 20)। वे वामन के मत का भी उल्लेख करते हैं कि पदपरिवृत्ति असहिष्णुता को शब्द पाक कहते हैं। यद्यपि राजशेखर की पत्नी अवन्ति सुन्दरी इस मत को नहीं मानतीं। उनकी दृष्टि में रसानुरूप शब्दार्थों से की गई पद-रचना ही पाक है—इसका भी उल्लेख 'काव्य-मीमांसा' में ही हुआ है। अवन्ति सुन्दरी की दृष्टि में ऐसा पाक कवि की शक्ति है। वे रसानुरूप शब्दार्थ से पद्य रचना को काव्य-पाक कहती हैं। राजशेखर पाक का निर्णय सहृदयों पर छोड़ते हैं। वस्तुतः जहाँ रस, अलंकार और गुणों का सुन्दर क्रम हो, वह वाक्य पाक है। सरसता और स्वाद के आधार पर वे काव्य पाक के भी नौ भेद करते हैं। राजशेखर ऐसे प्रथम आलंकारिक हैं, जो काव्य-पाक की विस्तृत चर्चा करते हैं।

आचार्य वामन ने भी 'गुणों की स्फुटता और पूर्णता को काव्य-पाक कहा है। इसकी उपमा उन्होंने आम के परिपक्व रूप से दी है।[8] वामन ने बैंगन जैसी परिपक्वता—'वृन्ताक पाक' का भी उल्लेख किया है अर्थात् जिसमें नाम पद एवं क्रिया पद के संस्कार सारभूत हों और वस्तु या अर्थ गुण क्लिष्ट हो तो वैसा काव्य वृन्ताक पाक होता है और लोग इसे पसन्द नहीं करते।[9]

राजशेखर के वे नौ पाक हैं—(1) पिचुमन्द पाक जो आदि और अन्त में अस्वादु हो, (2) बदरपाक—जो आरम्भ में अस्वादु, पर अन्त में मध्यम कोटि का हो, (3) मृद्वीका पाक जो प्रारम्भ में अस्वादु, पर परिणाम में स्वादु हो, (4) वार्ताक पाक जो आदि में मध्यम और परिणाम में अस्वादु हो, (5) तिन्तिडीक पाक—जो आदि अन्त में मध्यम कोटि का हो, (6) सहकार पाक—जो प्रारम्भ में मध्यम, पर अन्त में स्वादु हो, (7) क्रमुक पाक—जो आदि में उत्तम, पर अन्त में अस्वादु हो, (8) त्रपुसपाक—जो आदि में उत्तम, परन्तु अन्त में मध्यम हो, (9) नारिकेल पाक—जो प्रारम्भ से अन्त तक स्वादु हो।[10]

राजशेखर ने कवि शिक्षोपयोगी विविध विषयों शास्त्र-परिचय, पद-वाक्य-विवेक, पाठ-प्रतिष्ठा, काव्य के स्रोत, अर्थ-व्याप्ति, कवि-चर्या, राज-चर्या, काव्य हरण, कवि-समय, देश-विभाग, काल-विभाग का वर्णन किया है। क्षेमेन्द्र का प्रसिद्ध ग्रंथ 'कवि कंठाभरण' परवर्ती आचार्यों के कवि-शिक्षा विषयक विवेचन में सहायक रहा है। उन्होंने भी अपनी पुस्तक 'औचित्य विचार चर्चा' में कवि-शिक्षा पर प्रकाश डाला है कि कवि बनने के अभिलाषी अधिकारी शिष्य को साहित्य-मर्मज्ञ गुरु की सेवा करनी चाहिए, वाक्यार्थ-शून्य पदों के सन्निवेश से पद्य-रचना का अभ्यास करना चाहिए, प्रसिद्ध कवियों के काव्य का अनुशीलन करना चाहिए, तथा नाट्य शिल्पियों के कौशल, सुन्दर चित्र, प्राणियों के स्वभाव, समुद्र, नदी, पर्वत आदि विभिन्न स्थानों का निरीक्षण करना चाहिए।[11]

कवि-वर्ग

राजशेखर कवियों के पाँच वर्ग मानते हैं—(1) भ्रामक, (2) चुम्बक, (3) कर्षक,

(4) द्रावक एवं (5) चिन्तामणि कवि। (काव्य मीमांसा, अध्याय-12. पृ. 64) वे कवियों की दस अवस्थाओं का भी वर्णन करते हैं। वे हैं—(1) काव्यविद्या स्नातक, (2) हृदय कवि, (3) अन्यापदेशी, (4) सेविता, (5) घटमान, (6) महाकवि, (7) कविराज, (8) आवेशिक, (9) अविच्छेदी और (10) संक्रामयिता। राजशेखर आलोचक के लिए 'भावक' शब्द का प्रयोग करते हैं। भावकों के भी वे तीन भेद बताते हैं—(1) वाग्भावक, (2) हृदयभावक और (3) अनुभाव भावक।

राजशेखर ने प्राचीन आचार्यों द्वारा कथित चार विधाओं—आन्वीक्षिकी, त्रयी, वार्ता और दंडनीति के अतिरिक्त इन विधाओं का निष्यन्द सार होने के कारण साहित्य को पंचमी विद्या ठहराया है—पंचमी साहित्य विद्या।'

राजशेखर का कवि-शिक्षा-सम्प्रदाय कवि के व्यक्तित्व एवं कर्त्तव्य की दिशा सुनिश्चित करता है। उन्होंने कवि शिक्षा के अन्तर्गत—(1) काव्य पुरुष, (2) कवि, (3) भावक या आलोचक, (4) काव्यपाक, (5) काव्यानुहरण तथा (6) कवि-समय का विवेचन किया है।

काव्यपुरुष

काव्यपुरुष राजशेखर की मौलिक परिकल्पना है। दंडी ने 'काव्यशरीर' की कल्पना की थी। उसमें आत्म-तत्त्व की प्रतिष्ठा वामन से शुरू हुई और उन्होंने 'रीतिरात्मा काव्यस्य की घोषणा की। आनन्दवर्धन ने ध्वनि-तत्त्व को काव्यात्मा का दर्जा दिया। इसी प्रकार सम्प्रदाय और सिद्धान्त बनते गए। राजशेखर ने लौकिक आधार लेते हुए अलौकिक काव्यपुरुष की कल्पना की। काव्यपुरुष का जन्म, भारत देश का भ्रमण और विवाह की रोचक कथा बुनी गई। सरस्वती का पुत्र ही काव्यपुरुष है, वह 'सारस्वतेय' नाम से प्रसिद्ध हुआ है। माता सरस्वती ने उसकी प्रशंसा करते हुए कहा, "शब्द और अर्थ तुम्हारा शरीर है। संस्कृत भाषा मुख, प्राकृत भुजा, अपभ्रंश जघन, पैशाची चरण तथा मिश्र भाषा तुम्हारा वक्षःस्थल है। तुम्हारी वाणी उत्कृष्ट है। रस तुम्हारा आत्मा, छंद तुम्हारे रोम, प्रश्नोत्तर आदि वाक् क्रीड़ा, उपमा, अनुप्रास आदि अलंकार हैं।" उस काव्यपुरुष की वधू साहित्य-विद्या की प्रीति-कल्पना के रूपक से यह पूरा शास्त्र और लोक का वितान ताना गया है। भारतीय भूगोल की परिक्रमा करते हुए काव्यपुरुष और साहित्य-वधू का विवाह विदर्भ में सम्पन्न होता है।

काव्य-हरण

इसका सम्बन्ध काव्य की चौर्यकला से है। राजशेखर यह भी मानते हैं कि कवि और वणिक चोर नहीं हों, यह हो नहीं सकता (अध्याय 11, पृ. 63)। कुछ विद्वान् इसे ग्राह्य तो कुछ त्याज्य मानते हैं। प्रश्न मौलिकता और नूतन अर्थच्छवियों के साथ उसे नूतन बनाने की कला में निहित है। राजशेखर शब्द-हरण के पाँच भेद बताते हैं—(1) पदहरण, (2) पादहरण, (3) श्लोकार्द्धहरण, (4) वृत्तहरण और (5) प्रबन्धहरण। वस्तुतः प्राचीन आचार्य एक-दो पदों के हरण को हरण नहीं मानते, लेकिन राजशेखर के मत में केवल दो अर्थवाले पद का हरण दोष नहीं है अथवा श्लिष्ट पद का अपहरण उचित है। उदाहरण

के लिए, किसी प्राचीन कवि के पद या पाद का हरण वास्तव में स्वीकरण है। मूल्य देकर किसी का काव्य लेना उनकी दृष्टि में अयश का विषय है। इसी प्रकार बारहवें अध्याय में वे अर्थ-हरण की मीमांसा करते हैं। यह गम्भीर विवेचन है। तेरहवाँ अध्याय भी अर्थ-हरण से ही जुड़ा हुआ है। राजशेखर अर्थ-हरण के 32 भेद बताते हैं और इनके त्याग और ग्रहण की उचित शिक्षा प्रदान करते हैं।

कवि-समय

'काव्य मीमांसा' के चौदहवें, पन्द्रहवें और सोलहवें अध्याय में कवि-समय का वर्णन हुआ है। इन अध्यायों में देश, वृक्ष, पौधे, पुष्प आदि से संबद्ध कवि समय अर्थात् कवियों द्वारा निश्चित संकेतों का निरूपण किया गया है। इसमें हास्य, कीर्ति आदि भावों के स्पृश्य अथवा दृश्य स्वरूपों की कल्पना करके उनके शुभ्र आदि वर्णों के निरूपण की पद्धति का विवेचन किया गया है।

इन अध्यायों के आगे सत्रहवें अध्याय में देश के भू-भागों का वर्णन है। भारत की चार दिशाओं में फैले हुए विभिन्न प्रान्तों, नदियों और पर्वतों का निरूपण है, साथ ही इनमें कौन-कौन-सी विशिष्ट वस्तुएँ उत्पन्न होती हैं तथा यहाँ के लोगों का वर्ण किस प्रकार का है, इत्यादि बातों का वर्णन हुआ है। अठारहवें अध्याय का नाम काल-विभाग है। इसमें ऋतु, हवाएँ, पुष्प, पक्षी आदि का विवेचन है और विभिन्न ऋतुओं के अनुरूप अपेक्षित काव्य-व्यापार का निरूपण है। तभी तो डॉ. पी. वी. काणे मुग्ध भाव से कह उठते हैं कि "काव्य मीमांसागत इन विषयों से प्रतीत होता है कि यह ग्रंथ विविध विषयों के सम्बन्ध में जानकारी देनेवाला खजाना है।"[12]

राजशेखर का मानना है कि कवियों की वर्णन-क्षमता के लिए कवि-समय का ज्ञान भी एक अत्यावश्यक विषय है। कवि-समय कवियों का एक परम्परागत साम्प्रदायिक नियम है। कवि कुछ ऐसा वर्णन करते हैं जो शास्त्र और लोक, दोनों से सर्वथा विपरीत होते हैं, किन्तु नियमानुसार कवियों को ऐसे वर्णन करने पड़ते हैं। इस सम्बन्ध में राजशेखर ने प्राचीन और अर्वाचीन विद्वानों के स्थूल रूप से नियमों का निर्देश किया है। उन्होंने अपनी वैज्ञानिक शैली से उनके अनेक भेद और अवान्तर भागों का भी सूक्ष्म विवेचन किया है। उनके परवर्ती कवियों ने भी इस विषय को आगे बढ़ाने का प्रयास किया है। इस सम्बन्ध में राजशेखर की एक विशेषता यह है कि वे परम्परा का पालन भी करते हैं और समसामयिक वितंडावाद या कुछ धूर्तों द्वारा नवीन परम्परा के प्रचलन का विरोध भी करते हैं और उचित व्यवस्था भी करना उचित समझते हैं।

राजशेखर ने तीन प्रकार के कवि-समय बताए हैं—(1) स्वर्गीय, (2) भौम और (3) पातालीय। इनमें भौम या पार्थिव कवि-समय चार प्रकार का होता है—जातिरूप, गुणरूप, क्रियारूप और द्रव्यरूप। इन चारों में प्रत्येक के तीन-तीन भेद हैं—(1) असत् या अस्तित्व विहीन बातों का वर्णन जैसे सभी पर्वतों में रत्न उत्पन्न नहीं होते और न सभी जलाशयों में हंस निवास करते हैं, पर कवि को उनका वर्णन करना आवश्यक होता है।

दूसरे, सत्—अस्तित्व युक्त वस्तु का अपलाप करना जैसे, वसन्त में मालती का अस्तित्व नहीं मानना, अशोक में फल का नहीं होना आदि। तीसरी कोटि है नियम—जैसे

चन्दन अन्य पर्वतों में भी होता है, पर उसका वर्णन मलय पर्वत पर ही करना है। इसी प्रकार मकर बड़ी-बड़ी नदियों और झीलों में भी होते हैं, किन्तु समुद्र में ही उनकी स्थिति का वर्णन करना आदि। भौम कवि-समय बारह प्रकार का माना गया है। स्वर्ग्य कवि-समय स्वर्ग लोक की बातों से सम्बद्ध है, जैसे चन्द्रमा के कलंक को खरगोश या हिरण मानना, कामदेव की ध्वजा में मकर या मीन का वर्णन करना, शिव के मस्तक पर स्थित चन्द्रकला को हमेशा बालरूप प्रदान करना, कामदेव को मूर्त्त तथा अमूर्त्त, दोनों रूपों में वर्णन करना आदि। पातालीय कवि-समय के अन्तर्गत नागों एवं असुरों को एक मानने का उल्लेख है। यह कवि-समय राजशेखर द्वारा ही वर्णित हुआ है, किन्तु संस्कृत नाटकों और काव्यों में इनके प्रचुर उदाहरण मिलते हैं।

काव्य-मीमांसा का यह कवि-शिक्षा सम्प्रदाय केवल राजशेखर की कपोल-कल्पना नहीं बल्कि शास्त्र और काव्य-वर्णित कवि-कल्पना का एक संग्रहणीय स्तबक जैसा प्रतीत होता है। कालिदास जैसे अनेकानेक श्रेष्ठ कवियों की कल्पना और 'निरंकुशाःकवयः' अर्थात् कवियों की निरंकुश मनोवृत्ति का वह एक उदाहरण है। महान् कवियों ने बँधे-बँधाए नियमों को तोड़ा है और प्रकृति का मुक्त भाव से आलोड़न किया है। एक ओर तो प्राचीन महाकवि बन्धनों को तोड़ते और अपनी कल्पना का चमत्कार प्रदर्शित कर हमें विस्मय-विमुग्ध करते दिखाई देते हैं, वहीं इस विषय को राजशेखर कवि-शिक्षा के लिए ग्राह्य बताते हैं, लेकिन यह पूर्व कवियों का अन्धानुकरण मात्र प्रतीत होता है।

यह आवश्यक प्रतीत नहीं होता कि कवियों द्वारा कवि-कल्पना से किए गए वर्णनों का ऐसा रूढ़ नियम बना दिया जाए जिसका हर युग में अनुकरण और दुहराव किया जाए। कवि-समय ऐसी ही रूढ़ पद्धति का एक उदाहरण है। किसी युग के स्वतंत्र चेता कवि के लिए उसका दुहराव आवश्यक नहीं माना जा सकता।

मूल्यांकन

1. कवि-शिक्षा के अन्तर्गत राजशेखर प्रथमवार—(1) कविचर्या। (2) काव्य-गोष्ठी, (3) कवि-सम्मेलन, (4) काव्य-पाठ, (5) अनुहरण और कवि-समय की चर्चा करते हैं, जिसके द्वारा भारतीय परम्परा में कवि, काव्य और काव्य-गोष्ठी या विदग्ध रसिकों की मनोवृत्ति का परिचय मिलता है। वे वात्स्यायन की नागरिक चर्चा को सामने रखकर कवि-चर्चा पर विस्तार पूर्वक प्रकाश डालते हैं। डॉ. हजारी प्रसाद द्विवेदी ने 'प्राचीन भारत के कलात्मक विनोद' जैसी अपनी कृति के द्वारा कवि-चर्या पर कलात्मक प्रकाश डाला है और कवि की समृद्ध जीवन-तालिका के आकर्षक रूपों का वर्णन किया है।
2. राजशेखर वेदों के छह अंगों के समान अलंकार शास्त्र को उसका सातवाँ अंग मानते हैं (सप्तमंगं इति यायावरीयः)। उन्होंने कई ऋषियों द्वारा अनुप्रास, यमक, चित्र, शब्दश्लेष, वास्तव, औपम्य आदि अनेक अलंकारों के प्रतिपादन की चर्चा की है। अलंकार उनकी दृष्टि में अनिवार्य तत्त्व भी हैं।
3. राजशेखर काव्य मीमांसा में सुवर्णनाभ को रीति-निर्णय का जनक मानते हैं।

रीति निर्णय अधिकरण अनुपलब्ध है पर उनके कथन से तीन रीतियों वैदर्भी गौड़ी और पांचाली की पुष्टि होती है। वामन भी रीतियों की संख्या तीन ही मानते हैं। 'बाल रामायण' में राजशेखर ने अर्थ-चमत्कार को आधार बनाकर मैथिली रीति का उल्लेख किया है। उनकी यह उद्‌भावना सर्वथा नवीन और मौलिक है। राजशेखर ने समास के साथ-साथ अनुप्रास को रीति का मूल तत्त्व माना है। वामन के बाद रुद्रट ने समास को रीति का मूल तत्त्व माना। भोज ने राजशेखर का अनुगमन करते हुए रीति के मूल तत्त्वों में समास और गुण, दोनों की गणना करते हुए राजशेखर के योगवृत्ति नामक आधार भेद को और व्यापक बना दिया।

4. राजशेखर काव्य-मीमांसा में ध्वनि-सम्प्रदाय का स्पष्ट उल्लेख तो नहीं करते, पर उसके सिद्धान्तों को यथास्थान महत्त्व अवश्य देते हैं। इस दृष्टि से कुछ लोग उनके औक्तिक प्रकरण को महत्त्व देते हैं। अर्थ-हरण पर विचार करते हुए उन्होंने 'केचित्' शब्द के प्रयोग द्वारा सम्भवत: आनन्दवर्धन की विचारधारा की ओर संकेत किया है। कवि प्रभेद के अन्तर्गत वे उक्ति कवि का विचार करते हैं और उक्ति वैचित्र्य की महत्ता को स्वीकार करते हैं। इसे भी ध्वनि-सिद्धान्त के अनुकूल माना गया है।
5. कुन्तक ने वक्रोक्ति को काव्यात्म-तत्त्व के रूप में स्वीकार किया था। राजशेखर ने उनके 'काव्यस्याप्येष जीवितम्' उक्ति को मान्यता दी। यह वाक्य वक्रोक्ति के बीज-भाव की तरह देखा गया है। राजशेखर ने भी काव्य में 'भणिति गुण' को महत्त्व दिया है। राजशेखर की वक्रोक्ति विषयक धारणा लोक, काव्य और शास्त्र—तीनों क्षेत्रों से संबद्ध दिखाई देती है।
6. रस विषयक धारणा का सूत्रपात भरत के 'नाट्यशास्त्र' में मिलता है। भरत नाट्य क्षेत्र में रस-चर्चा को प्रमुखता देते हैं। इधर राजशेखर ने काव्य मीमांसा के प्रथम अध्याय में भरत को 'रूपक निरूपक' तथा नन्दिकेश्वर को 'रस का आद्याचार्य' कहा है। वात्स्यायन, अभिनव गुप्त एवं आधुनिक कई विद्वान् भी नन्दिकेश्वर को 'रसाचार्य' की महिमा प्रदान करते हैं, राजशेखर भी उन्हें ही रसाचार्य स्वीकार करते हैं। राजशेखर 'कवि-रहस्य' अधिकरण के तीसरे अध्याय में काव्य-पुरुष के सजीव वर्णन के द्वारा रस को काव्यात्म-तत्त्व स्थिर करते हैं ('रस आत्मा')। इनके प्राय: चार सौ वर्षों के बाद विश्वनाथ ने 'वाक्यं रसात्मकं काव्यम्' की घोषणा की, इससे भी राजशेखर का मत पुष्ट हुआ है। वास्तव में कवि की सरसता ही काव्य में रस-संचार करती हे। एकाधिक स्थानों पर राजशेखर ने लोल्लट का भी समर्थन किया है।
7. आनन्दवर्धन के 'ध्वन्यालोक' में अनुहरण का संकेत मिलता है, पर राजशेखर उसकी विस्तृत मौलिक व्याख्या करते हैं। इसी प्रभाव से कवि-समय, कवि और आलोचक, काव्य-पाक, काव्य-हेतु में शक्ति या प्रतिभा-तत्त्व के महत्त्व की दृष्टि से राजशेखर प्रचलित परम्परा और लीक से अलग अपनी विशिष्ट शैली और मौलिक दृष्टिकोण के साथ प्रस्तुत होते हैं।

8. हमारी दृष्टि में कवि-समय और शिक्षा का रुढ़िपालन विदग्ध-गोष्ठियों या दरबारी संस्कृति के चमत्कार का विषय भले ही रहा हो, पर काव्य की निरंकुशता पर यह अंकुश और दबाव ही माना जाएगा। इसी प्रभाव से हिंदी का रीतिकाल भी ग्रस्त दिखाई देता है। काव्य की स्वतंत्रता पर ऐसा बन्धन वांछनीय नहीं कहा जा सकता।
9. 'साहित्य मीमांसा' एक ऐसी सामंजस्य मूलक मौलिक कृति है, जिसमें भारत का सम्पूर्ण भूगोल उभरकर आया है, और कवि-कर्म को एक बृहत् ज्ञान-क्षेत्र का विषय माना गया है, जो कवि और काव्य, दोनों की प्रतिष्ठा में वृद्धि करता है।

सन्दर्भ

1. कर्णाटी दशनांकितः शितमहाराष्ट्री कटाक्ष क्षतः,
प्रौढ़ान्ध्री स्तनपीड़ितः प्रणयिनी भ्रूभंग वित्रासितः।
लाटी बाहु विवेष्टितश्च मलयस्त्री तर्जनी तर्जितः
सोऽयं सम्प्रति राजशेखर कवि र्वाराणसीं वांछति॥ —क्षेमेन्द्र, औचित्य विचार चर्चा
2. काव्य-मीमांसा, अध्याय-6, पृ. 24
3. काव्यालंकारसूत्र, 1/1/7
4. (क) मम्मट, काव्यप्रकाश, 1/4/1
(ख) भोज, सरस्वती कंठाभरण (निर्दोषंगुणवत् काव्यम् अलंकारैरलंकृतम्।)
(ग) हेमचन्द्र—सगुणौ सालंकारौ—काव्यानुशासन, पृ. 16
5. तावुभावपि शक्तिमुदभासयतः। सा केवलं काव्ये हेतुः
इति यायावरीयः। —काव्यमीमांसा, अध्याय-4, पृ. ॥
6. वही, पृ. वही।
7. संस्कृत काव्यशास्त्र का इतिहास, भाग-2,पृ. 266
8. काव्यालंकार सूत्र, 3/2 का श्लोक।
9. वही, 3/2/2
10. वही, अध्याय-5
11. कवि कंठाभरण, सन्धि 1/2
12. संस्कृत काव्यशास्त्र का इतिहास, पृ. 263

अभिनवगुप्त

(950 ई. से 1025 ई. तक)
(दसवीं शताब्दी के मध्य से ग्यारहवीं शताब्दी के प्रारम्भ तक)

डॉ. पी. वी. काणे ने अपने ग्रंथ 'संस्कृत काव्यशास्त्र का इतिहास' में लिखा है कि "अभिनव गुप्त मध्यकालीन भारत के महान् व्यक्तियों में से एक थे। वे तीव्र प्रतिभावान तथा प्रकांड पंडित थे। वे बहुत बड़े ज्ञानी थे। वे बहुत से ग्रंथों के प्रणेता समझे जाते हैं। उनके कतिपय ग्रंथों से हमें उनके पूर्वजों के विषय में संक्षिप्त परिचय परात्रिंशिका की टीका के अन्त में तथा 'ईश्वर प्रत्यभिज्ञाविवृति विमर्शिनी' के अन्त में दिया मिलता है।" (पृ. 295) यों तो अभिनव नाम के चार आचार्यों का उल्लेख मिलता है, पर हमारे प्रतिपाद्य अभिनव गुप्त जिन्होंने 'लोचन' तथा 'अभिनव भारती' नामक काव्यशास्त्रीय तथा नाट्शास्त्रीय टीका लिखी। इनके पूर्वज मध्यदेश के अन्तर्वेदी में कान्यकुब्ज जनपद के निवासी थे। उस समय उस जनपद पर यशोवर्मा नामक राजा राज्य कर रहा था। ललितादित्य ने उसे पराजित कर दिया और वह विद्वत् शिरोमणि अभिनव गुप्त को अपने साथ कश्मीर ले गया।

परिचय

अभिनव गुप्त के देश, काल और जीवन-वृत्त का परिचय बहुलता से प्राप्त है। इनके ग्रंथ 'परात्रिंशिका विवरण' से ज्ञात होता है कि इनके पितामह का नाम वराहगुप्त और पिता का नाम 'चुखल' या 'चुक्खल' था। तंत्रालोक में चुखुल अथवा चुलुखक मिलता है। बुहलर की कश्मीर रिपोर्ट में 'विचुलख' तथा 'अभिनव भारती' के तीसरे भाग में दुःखल' मिलता है। अभिनव के पिता का नाम सुखल अथवा नृसिंह गुप्त भी प्राप्त होता है। डॉ. काणे का मानना है कि इनमें कुछ अशुद्धियाँ लिपि के ठीक प्रकार से न पढ़ पाने के कारण भी हुई हैं। 'तंत्रालोक' में जयरथ ने कहा है कि अभिनव के पिता का नाम नरसिंह गुप्त और माता का नाम विमला या विमल कला या दुस्सला था तथा अभिनव गुप्त परम शिव के अवतार थे। अभिनव ने 'अभिनव भारती' के भाग-1 में अपने चाचा वामन गुप्त का पद्य उद्धृत किया है। इसी प्रकार वे कहते हैं कि उनके पिता के ममेरे दादा यशोराग एक अत्यन्त प्रसिद्ध व्यक्ति थे। इनका उल्लेख उन्होंने गर्व से किया है। अभिनव की विशेषता यह भी है कि उनके विविध शास्त्रों के भिन्न-भिन्न लगभग 25 गुरु थे। इनके शैव दर्शन के गुरु लक्ष्मण गुप्त थे। 'लोचन' में इन्होंने अपने अलंकार शास्त्र के गुरु

भट्टेन्दुराज की चर्चा की है। उन्हें विद्वत कवि 'सहृदय चक्रवर्ती' कहकर स्मरण किया है। अभिनव ने अपनी 'लोचन टीका' में अपने गुरु के मत और श्लोकों को अनेकश: उद्धृत किया है। 'ध्वन्यालोक' के कई सन्दिग्ध स्थलों की शंकाओं का निवारण इस प्रकार हुआ है मानो गुरु मुख से उन्होंने व्याख्या सुनी हो। इसी प्रकार 'नाट्यशास्त्र' की टीका 'अभिनव भारती' की प्रेरणा इनके अन्य महान् साहित्य गुरु भट्टतोत या भट्टतौत से प्राप्त हुई। वे अपने ग्रंथ में गुरु का स्मरण बड़े आदर भाव से करते हैं। यह भी कहा जाता है कि भट्टतोत के ग्रंथ 'काव्य कौतुक' पर अभिनव ने 'विवरणा' नामक टीका लिखी थी, पर ये दोनों ग्रंथ अनुपलब्ध हैं।

काल-निर्धारण एवं रचनाएँ

अभिनव गुप्त के काल का सीमा-निर्धारण 950 ई. से लेकर 1025 ई. तक माना गया है। इनका पूरा नाम 'अभिनव गुप्त पादाचार्य' था। इसमें सम्मान सूचक 'आचार्य' शब्द लगाया गया है। अभिनव गुप्त के पूर्वज अत्रि गुप्त को ललितादित्य कन्नौज से कश्मीर ले गए। अभिनवगुप्त के परिवार की महान् विद्वत्ता से प्रभावित होकर उन्होंने वितस्ता के किनारे कुबेरपुर चारु में भवन निर्मित कराया और एक बड़ी जागीर दी। अभिनव गुप्त के पिता का नाम नृसिंह गुप्त और दादा का नाम वराहगुप्त था। इनके पिता नरसिंह गुप्त को लोग 'चुलुखक' नाम से भी जानते थे। अभिनव ने अपने गुरुओं का उल्लेख किया है, जिनमें उन्होंने अपने पिता से व्याकरण, लक्ष्मण गुप्त से प्रत्यभिज्ञा, इन्दुराज से ध्वनि-सिद्धान्त और भट्टतोत से नाट्यशास्त्र की शिक्षा ली थी। इनके अतिरिक्त भी इनके 13 से अधिक गुरु और हुए, जिनसे उन्होंने अलग-अलग विषयों की शिक्षा ली।

अभिनव प्रकांड विद्वान्, शिवभक्त और तंत्रशास्त्र के ज्ञाता थे। माता-पिता के नहीं रहने पर इनका जीवन वैराग्य की ओर मुड़ गया। गुरुओं की भाँति इनके ग्रंथों की संख्या भी बड़ी है। इनके 41 ग्रंथ मिलते हैं, जिनमें 11 कृतियाँ ग्रंथ रूप में प्रकाशित हैं। तंत्रशास्त्र की दृष्टि से इनके 'ईश्वर प्रत्यभिज्ञा विमर्शिणी' 'परात्रींशिका', 'मालिनी विजयवार्तिक', 'तंत्रालोक', 'तंत्रसार' आदि ग्रंथ अत्यन्त महत्त्वपूर्ण हैं। भरत के 'नाट्यशास्त्र' की टीका 'अभिनव भारती' तो 'काव्यशास्त्र' का मानक ग्रंथ है ही। अभिनव ने मौखिक रूप से कहे गए भट्टतोत के नाट्य वेद के तत्त्वार्थ को अपूर्व रूप प्रदान किया। 'ध्वन्यालोक लोचन' आनन्दवर्धन के 'ध्वन्यालोक' की टीका है। इन टीका ग्रंथों की मौलिकता के समक्ष अनेक मौलिक ग्रंथ नहीं ठहर सकते, वे घटकर्पर में पानी भरते नजर आते हैं—'तस्मैवहेयमुदकं घटकपरेण'।

ऐसा भी कहा गया है कि अभिनवगुप्त आजीवन ब्रह्मचारी रहे। वे शैव थे। उनकी रचनाओं का एक वर्ग तंत्र विषयक है। 'तंत्रालोक' उनकी एक विशाल रचना है। इसमें आगम तंत्रों का विवेचन हुआ है। दूसरे वर्ग में इनकी रचनाएँ स्तोत्रमूलक हैं, वे हैं 'भैरवस्तव', 'क्रमस्तोत्र' आदि तथा 'बोध पंचाशिका' जैसे लघु ग्रंथ भी हैं। इनकी रचनाओं का तृतीय वर्ग काव्यशास्त्रीय तथा नाट्य शास्त्रीय ग्रंथों से सम्बन्धित है। 'काव्यशास्त्र' में इनके गुरु इन्दुराज थे। 'ध्वन्यालोक लोचन' और 'अभिनव भारती'—ये दो रचनाएँ इनके समीक्षा-कौशल और साहित्य-सौंदर्य-बोध की साक्षी हैं। महिमभट्ट के अतिरिक्त

अनेक प्रसिद्ध लेखकों ने इनका अनुसरण किया है। अभिनव की रचनाओं का चौथा वर्ग कश्मीर के शैवाद्वैत दर्शन (प्रत्यभिज्ञाशास्त्र) से संबद्ध है। इनके गुरु लक्ष्मण गुप्त थे, जिनकी गुरु परम्परा में त्र्यम्बक से लेकर शिव दृष्टि के व्याख्याकार सोमानन्द, उसके पुत्र उदयाकर और लक्ष्मण गुप्त तक यह परम्परा पहुँचती है। अभिनव गुप्त ने प्रत्यभिज्ञा शास्त्र पर दो महत्त्वपूर्ण रचनाएँ की हैं।

अभिनव गुप्त के अन्त: साक्ष्य से उनके ग्रंथों में किए गए उल्लेख के आधार पर उनके काल-निर्णय को उचित आधार मिलने में संशय नहीं दीखता। उनके अपने संकेतों के साथ परवर्ती ग्रंथकारों द्वारा भी ये सादर स्मरण किए गए हैं। अभिनव कृत प्राय: 45 ग्रंथों की सूची मिलती है। साहित्य-कृति के रूप 'ध्वन्यालोक लोचन' और 'अभिनव भारती' मूलत: टीका होने के बाद भी मौलिक ग्रंथ के रूप में समादृत हैं। इनके 'क्रमस्तोत्र', 'भैरव स्तोत्र' और 'ईश्वर प्रत्यभिज्ञाविवृति विमर्शिनी' का रचनाकाल क्रमश: 990-991, 92-993 तथा 1014-15 माना गया है। इस प्रामाणिक कालावधि के आधार पर इनके जीवन-काल की अन्तिम सीमा 1030 के आसपास मानी जा सकती है और जीवन की पूर्व सीमा का निर्धारण 950 को ठहराया जा सकता है। डॉ. राममूर्त्ति त्रिपाठी भी इस पक्ष में हैं कि अभिनवगुप्त की स्थिति 950-1030 के बीच मानी जा सकती है।'

अभिनव गुप्त का सम्पूर्ण परिवार, उनके पूर्वज परम माहेश्वर अथवा शैव थे। ऐसे शिव-शिवा रूप पिता-माता की सन्तान होने के कारण इन्हें 'योगिनी भू' भी कहा गया है। अल्पवय में माता की मृत्यु और पिता के विरागी होने का प्रभाव अभिनव पर भी पड़ा और वे भी विरक्त हो गए। उनके गृहस्थाश्रम में प्रविष्टि के कोई संकेत नहीं मिलते। अभिनव ने अपने से पूर्व चली आता हुई 1200 वर्षों की विशाल 'ज्ञान समृद्ध परम्परा का भली भाँति उपयोग किया। जन श्रुति और शिष्यों द्वारा रचित श्लोकों से ज्ञात होता है कि वे कश्मीर के श्रीनगर और गुलमर्ग के बीच किसी भीरुआ नामक गांव और उसके समीप की ही गुफा में 'भैरव स्तोत्र' का पाठ करते हुए अपने शिष्यों के साथ मोक्ष-मार्ग का अवलम्बन करते हुए समाधिस्थ हो गए। डॉ. त्रिपाठी इसकी पुष्टि में एक श्लोक उद्धृत करते हैं, जिसका भावार्थ है कि "अभिनव सच्चे अर्थों में सद्गुरु हैं। सारस्वत क्षेत्र में तो सूर्य ही हैं, अज्ञानान्धकार के विनाशक। आराधक शिष्यों का हृदकमल इस सूर्य की रश्मियों से उत्फुल्ल हो जाता है। परिणाम यह होता है कि हृदय-कमल को मोक्ष-लक्ष्मी ने स्वयं अपना लिया है।"

डॉ. पी. वी. काणे कहते हैं कि अभिनव गुप्त काश्मीर परम्परा के अनुसार अपने 12 सौ शिष्यों 'सहित भैरव स्तोत्र' का पाठ करते हुए एक गुफा में प्रविष्ट हुए और अन्तर्धान हो गए। डॉ. ग्रियर्सन के मतानुसार यह गुफा बीरु अथवा प्राचीन नाम बहुरूपा में स्थित है जो श्रीनगर से 13 मील दक्षिण-पश्चिम की ओर है।[1]

नि:सन्देह अभिनव गुप्त एक दार्शनिक, काव्य-मर्मज्ञ, संगीत-निष्णात, नाट्य-रसिक तथा शिव के अनन्य उपासक भक्त थे। साहित्य चिन्तन को दार्शनिक आभा से मंडित करने का श्रेय इसी विद्वान् को है।[2]

अभिनव गुप्त के ग्रंथों की सूची कहीं 45 तो कहीं 41 बताई गई है, जिनमें अभी

तक 11 ग्रंथ प्रकाशित हैं। वे हैं—(1) बोधपंचदशिका, (2) परात्रींशिका विवरण, (3) मालिनी विजयवार्तिक, (4) तंत्रालोक, (5) तंत्रसार, (6) तंत्रवट धानिका, (7) ध्वन्यालोक लोचन, (8) अभिनव भारती, (9) भगवद्गीतार्थ संग्रह, (10) परमार्थ सार, तथा (11) ईश्वर प्रत्यभिज्ञाविवृति विमर्शिनी। इनमें 'अभिनव भारती' भरत कृत 'नाट्यशास्त्र' की टीका है एवं 'लोचन' आनन्दवर्धन कृत 'ध्वन्यालोक' की। ये दोनों ग्रंथ मौलिक मूल्य के हैं और साहित्य-शास्त्र में इन्हें गम्भीर प्रतिष्ठा प्राप्त है।

रसवाद की प्रतिष्ठा

अभिनव गुप्त काव्य में रस-तत्त्व की मुख्यता प्रदर्शित करते हैं। अलंकार, गुण, औचित्य आदि रस के सहायक हैं। अलंकार बाह्य भूषण और रस के अस्तित्व के लिए उपयोगी सिद्ध होते हैं। रस आत्मा है और अलंकार भूषण हैं। वे यह भी मानते हैं कि रस की व्यंजना के लिए कभी-कभी अलंकारों की आवश्यकता ही नहीं पड़ती और मृतक शरीर पर धारण किए गए अलंकारों की भाँति काव्य में इनका प्रयोग निरर्थक हो जाता है। काव्य का आत्मतत्त्व तो रस ही है।

अभिनव गुप्त ने भरत सूत्र को 'काव्यार्थान् भावयन्ति इति भावा:' को आधार बनाकर काव्यगत पदार्थ और वाक्यार्थ अन्ततः रस में समाहित होते हैं, यह स्वीकार किया है। रस काव्य का असाधारण और प्रधान धर्म है। अत: रस ही काव्यार्थ है। रस काव्यार्थ से ही व्याप्त होता है, क्योंकि रस स्वशब्द से वाच्य नहीं हो सकता। रस का भावन भाव से होता है। स्थायी और व्यभिचारी रस-निष्पादक भाव हैं। इनके कारण एक आस्वाद योग्य अलौकिक अर्थ निष्पन्न होता है। कोई भी सहृदय पहले विभाव, अनुभाव या संचारी भावों से सम्पृक्त होता है और तब काव्य पढ़ने या नाट्य देखने पर साधारण्य की प्रतीति होने पर वह उसका आस्वाद लेता है।

भरत के 'नाट्यशास्त्र' के सन्दर्भ में इसे और भी स्पष्ट करते हुए इस प्रकार समझा जा सकता है—

1. आचार्य भरत के कथनानुसार जो काव्य के अर्थों को प्रकाशित करता है, वही काव्यार्थ रस है।
2. उनमें ये रस स्वसाक्षात्कारात्मक आस्वादन रूप ज्ञान के आनन्दमय होने से सुख प्रधान होते हैं जैसाकि केवल लोकानुभूति के आस्वादन में भी उसके निर्विघ्न विश्रान्ति रूप होने से लोक में स्त्रियों को भी हृदय की विश्रान्ति या आनन्द की प्राप्ति होती है। अविश्रान्ति ही दु:ख है। अत: सांख्यदर्शन के मानने वाले कपिल के अनुयायियों ने रजोगुण की वृत्ति कहकर चंचलता अर्थात् अविश्रान्ति को ही दु:ख का प्राण कहा है। इसलिए सभी रस आनन्दमय हैं—'इत्यानन्द रूपा सर्वरसानाम्।'[1]
3. तब विभावादि क्या है? चर्वणा में उपयोगी इस विभावादि का व्यवहार अलौकिक है।
4. अलौकिक चमत्कार स्वरूप रसास्वाद स्मृति, अनुमान, लौकिक, प्रत्यक्ष आदि से भिन्न या विलक्षण होता है।

5. लोक-व्यवहार में कार्य-कारण सहकारी रूप लिंगों अर्थात् अनुमापक, हेतुओं को देखकर रति आदि रूप स्थायी भावात्मक, अन्य व्यक्ति की चित्तवृत्ति के अनुमान के अभ्यास की तीव्रता के कारण, उन्हीं उद्यान, कटाक्ष-वीक्षण आदि अनुभावों द्वारा जो नाटकों में कारणत्व आदि रूप को छोड़कर विभावना, अनुभावना एवं समुपरंजकत्व मात्र रूप को प्राप्त इसलिए अलौकिक विभावादि नामों से कहे जाने वाले कारणादि रूप पुराने संस्कारों के उपजीवित्व के द्योतन के लिए विभावादि नाम से निर्दिष्ट किए जानेवाले और भावाध्याय यानी सप्तम अध्याय में जिनका स्वरूप आगे कहेंगे, इस प्रकार के विभाव, अनुभाव और व्यभिचारी भावों के सामाजिक की बुद्धि में गुण प्रधान भाव से भली प्रकार से योग अर्थात् सम्बन्ध अथवा एकाग्रता को प्राप्त हुए विभावादि के द्वारा अलौकिक तथा निर्विघ्न संवेदन रूप चर्वणा रति आदि रूप को विषय बनाया गया अर्थ जिसका चर्वणा एकमात्र सार है न कि घट आदि के समान। पहले से सिद्ध अर्थात् विद्यमान स्वरूपवाला अर्थात् केवल उस चर्वणा के काल में ही रहनेवाला अर्थात् चर्वणा से अतिरिक्त काल में न रहनेवाला स्थायी भाव से विलक्षण रस होता है।[3]

आचार्य अभिनव गुप्त के उक्त लम्बे उद्धरण के वक्तव्य को सूत्र रूप से समझने का प्रयत्न करें—

1. रस काव्य का अर्थ है अर्थात् काव्य का लक्ष्य रसानुभूति है।
2. रस आत्म विश्रान्तिमयी आनन्दानुभूति है। विश्रान्ति का अर्थ है 'सुख'। अविश्रान्ति ही दुख है।
3. अविश्रान्ति रजोगुणी वृत्ति है। सहृदय की मन:स्थिति के अविश्रान्तिमय रजोगुणयुक्त होने पर रस-प्रतीति सम्भव नहीं है। इसे यों कहें कि सत्वगुण युक्त विश्रान्ति दशा में सहृदय सहजात से रसानुभूति कर सकता है।
4. रस अखंड अनुभूति है। विभावादि की अलग-अलग अनुभूतियाँ भी रसानुभूति की स्थिति में एक और अखंड हो जाती हैं। वे अलौकिक विभावन व्यापार की शक्ति में सहृदय की बुद्धि को एकाग्र करने में समर्थ होती हैं।
5. रस अनिवार्यत: आनन्दात्मक अनुभूति है। सभी रस आनन्दात्मक होते हैं।
6. काव्य में अलौकिक विभावादि अर्थात् विभाव, अनुभाव, संचारी की निर्विघ्न संवेदन रूप चर्वणा ही रस है।
7. यह रस स्थायी भाव से भिन्न तथा चर्वणा से अभिन्न होता है। वह आस्वाद्य का विषय नहीं स्वयं आस्वाद होता है।[4] स्थायि विलक्षण एव रस:।
8. रस चमत्कारपूर्ण अलौकिक अनुभूति है। वह न लौकिक अनुभूति है, न मिथ्या, न अनिर्वचनीय, न लौकिक सदृश, न लौकिक अनुभूति द्वारा आरोपित ही है। वह तो स्मृति, अनुमान एवं प्रत्यक्ष लौकिक अनुभवों से विलक्षण लोकोत्तर चमत्कारपूर्ण रसास्वाद है। (अलौकिक चमत्कारात्मा रसास्वाद:)।

इन स्थापनाओं से यह बात भी निकलती है कि अभिनव गुप्त मानते हैं कि रसानुभूति

काव्यास्वाद का विषय न होकर स्वयं काव्यास्वाद है और दूसरे रस अनुकार्यगत अथवा नटगत न होकर कविगत एवं प्रमातृगत हैं।[5]

रस-प्रतीति के विघ्न

अभिनव गुप्त ने प्रतीति में अनुभूत सात प्रकार के विघ्नों की चर्चा की है। निर्विघ्नता से होनेवाली प्रतीति के लिए ही लौकिक व्यवहार में भी चमत्कार, निर्देश, योग, समापत्ति, लय, विश्रान्ति आदि पर्याय प्रयुक्त हुए हैं। ये पर्याय रस-मीमांसा में भी प्रयुक्त किए गए हैं। रस प्रतीति कवि-रसिक-हृदय-संवाद रूप व्यापार है। काव्य या नाट्य के माध्यम से यह प्रतीति होती है। निर्विघ्न रसगत प्रतीति में बाधक कविगत, काव्य गत, नटगत या सहृदय रसिकगत—कोई भी अर्थ रस-विघ्न हो सकता है।

अभिनव ने सात प्रकार के रस-विघ्नों का निर्देश दिया है—(1) सम्भावना-विरह, (2) स्वर पर गत देश-काल विशेषावेश, (3) निज सुखादि विवशी भाव, (4) प्रतीति उपाय वैकल्य, (5) स्फुटत्वाभास, (6) अप्रधानता तथा (7) संशय योग।

रस-विघ्न को रसभंग भी कहा गया है। इसके कारणों का विवेचन कवि और सहृदय, दोनों ही दृष्टियों से किया गया है। आनन्दवर्धन ने कवि दृष्टि से रसभंग के मुख्य पाँच कारण माने हैं। वे हैं—

1. विरोधी रस के सम्बन्धी विभाव आदि का ग्रहण
2. रस से संबद्ध होने पर भी अन्य वस्तु का विस्तृत वर्णन।
3. असमय में रस की समाप्ति या अनवसर में उसका प्रकाश।
4. रस का पूर्ण परिपोष हो जाने पर भी बार-बार उद्‌दीपन करना तथा
5. व्यवहार का अनौचित्य।[6]

रसभंग के उपर्युक्त कारण आगे चलकर रस-दोष के रूप में देखे गए, जिसकी विस्तृत चर्चा मम्मट ने अपने 'काव्य-प्रकाश' में की। मम्मट ने जिन व्यवधानों की चर्चा की, उनमें तीन-चार ही नए थे।

उपर्युक्त रस-विघ्नों का सन्धान मुक्तक के साथ प्रबन्ध काव्य में भी सम्भव है। इनसे संयुक्त दस रस दोष निम्नलिखित हैं—(1) स्वशब्द वाच्यता, (2) विभावों और अनुभावों की कष्ट कल्पना, (3) विवक्षित रस के प्रतिकूल विभाव आदि का वर्णन, (4) रस की बार-बार दीप्ति, (5) अनवसर में विस्तार, (6) अनवसर में रस का विच्छेद, (7) अंग की अत्यन्त विस्तृति, (8) अंगी की उपेक्षा, (9) प्रकृति का विपर्यय और (10) अनंग-कथन।

मम्मट ने अपनी 'कारिका' में ये ही या इतने ही रस-दोष हैं, ऐसा न कहकर यह कहा है कि—इस प्रकार के रस-दोष होते हैं (दोषाः स्युरीदृशाः 7/62)।

यह कहकर वे रस-दोष के अन्य कारणों और संभावित प्रकारों का संकेत दे देते हैं। रस-विघ्न अनौचित्य के विविध रूप ही प्रतीत होते हैं। आनन्दवर्धन स्पष्ट रूप से घोषित करते हैं कि अनौचित्य रस-भंग का कारण है और औचित्य रस का परिपोषक।[7] इसी का आधार लेकर महिम भट्ट दोष के लिए 'अनौचित्य' शब्द का प्रयोग करते हैं और क्षेमेन्द्र औचित्य-सिद्धान्त का विकास करते हैं।

रस-विघ्न का प्रभावशाली विवेचन अभिनव ने सहृदय की दृष्टि से अपनी कृति 'अभिनव भारती' में किया है। वे बताते हैं कि प्रत्येक स्थिति में आस्वादमूलक एवं निर्विघ्न प्रतीति से ग्राह्य भाव ही रस है—'सर्वथा रसनात्मवीत विघ्न प्रतीति ग्राह्यो भाव एव रस:'। वे रसभंग या रसविघ्न के सात रुपों की सूक्ष्म व्याख्या करते हैं।

1. *प्रतिपत्तावयोग्यता सम्भावना विरहो नाम स्वगत पर गतत्व नियमेन देशकाल विशेषा वेशो निज सुखादि विवशी भाव: प्रतीत्पु पाय वैकल्यम् स्फुटत्व भावो अप्रधानता संशय योगश्च।*

(हिंदी अभिनव भारती, पृ. 474 दिल्ली विश्वविद्यालय)

पंडितराज जगन्नाथ भी मानते हैं कि रसभंग से तभी बचा जा सकता है जब अनौचित्य से बचा जाए।[8] वे जाति देश काल, वर्णाश्रम, वय अवस्था, प्रकृति, व्यवहार आदि के औचित्य की व्यवस्था के सम्बन्ध में लोक और शास्त्र को आधार बनाकर व्यापक भावना को स्वीकार करते हैं।[9] वे औचित्य का पूर्ण ध्यान व्यवहार में भी रखते हैं।[10] संक्षेप में, पंडितराज औचित्य को एक परिवर्तनशील और गतिशील तत्त्व के रूप में देखते हैं, जिसमें परिस्थिति विशेष में अनौचित्य भी औचित्य का रूप ले लेता है।

सहृदय की दृष्टि से रस-विघ्न

आचार्च विश्वेश्वर ने दिल्ली विश्वविद्यालय से डॉ. नगेन्द्र के सम्पादकत्व में प्रकाशित 'हिंदी अभिनव भारती' के छठे अध्याय में सात विघ्नों के नाम गिनाए हैं—(1) ज्ञान (प्रतीति) के अयोग्य होना अर्थात् रस की सम्भावना का अभाव, (2) स्वगत (सामाजिकगत) रूप से अथवा परगत (नटगत) रूप से देशकाल विशेष का सम्बन्ध, (3) अपने व्यक्तिगत सुखादि के वश (सामाजिक का) हो जाना, (4) प्रतीति के उचित उपायों का अभाव, (5) स्फुट प्रतीति का न होना, (6) अप्रधानता तथा (7) संशय का योग।[11]

अभिनव स्पष्ट करते हैं कि लोक में होनेवाले समस्त विघ्न से रहित वह प्रतीति ही चमत्कार, निर्वेश, रसन, आस्वादन, भोग, समापत्ति, लय, विश्रान्ति आदि शब्दों से कही जाती है और 'रस-प्रतीति' में सात विघ्न होते हैं—'विघ्नाश्चास्यां सप्त'।

1. प्रतीति की अयोग्यता अथवा सम्भावना-विरह— जहाँ सहृदय के मन मे वर्ण्य विषय की प्रतीति न हो, वह उसे असम्भव समझे और उसे समझने या स्वीकार करने में असमर्थ रहे तो रसानुभूति सम्भव नहीं होती। इस सम्भावना विरह का अर्थ कल्पना का अभाव कहा गया है। जो काव्यवस्तु या नाट्यवस्तु की कल्पना ही नहीं कर सकता, उसे भला रसास्वाद कैसे होगा? कवि निर्मित वस्तु संवेद्य होती है। पाठक इसे ठीक तरह से समझ जाए तभी रस-प्रतीति सम्भव है। कविता में यह दोष अशक्ति के कारण होता है, पर किसी प्रमाता में अगर कल्पना-शक्ति का अभाव हो तो उसका 'हृदय संवाद' नहीं हो पाता। कवि इसी कारण लोक-सामान्य कथावस्तु का चुनाव करता है ताकि सामान्य पाठक भी उसका रसास्वादन कर सके। भरत ने भी अपने 'नाट्यशास्त्र'

में इसे दशरूप विभाग द्वारा समझाना चाहा है। यह पहला विघ्न है। इसलिए आचार्य विश्वनाथ भी देशकाल के विरुद्ध उसके अन्यथा वर्णन से असत्यता के आभास में पाठक उसकी ओर उन्मुख नहीं होता। कवि की ऐसी कल्पना रस-विघ्न पैदा करती है।

दूसरा रस-विघ्न

स्वगत भाव से देशकाल का आवेश—नाट्य देखते समय यदि सामाजिक को अपने सुखःदुख की प्रतीति होने लगे तो उसकी रसानुभूति बाधित हो जाएगी। उस समय लौकिक इच्छाएँ और प्रतिक्रियाएँ चित्त में जगकर किसी कटु भाव में मधुर भाव की इच्छा जगाकर उसके अपने राग-द्वेष को प्रधान बनाकर चित्त की विश्रांति को भंग कर दे सकती हैं और रस-विघ्न उत्पन्न कर सकती हैं। यह विघ्न रसिकगत है। व्यक्ति अपने व्यक्तिगत सुख-दुख का तो आस्वाद करते हैं, पर व्यक्तिगत के अतिरिक्त सुख-दुख की घटनाओं में उन्हें दिलचस्पी नहीं रहती। किसी काव्य या नाटक में केवल अपने जीवन को टटोलना और उसमें अनुकूलता का अनुभव करना भ्रामक है। भरत द्वारा पूर्व रंग का विधान ऐसे विघ्नों से बचाने का यत्न है।

तीसरा रस-विघ्न

परगत भाव से देशकाल का आवेश—रस की प्रतीति परगत भाव से होने पर भी रसानुभूति में विघ्न उत्पन्न हो जाएगा। दर्शक रंचमंच के नट के भावों से भी आन्दोलित हो जा सकता है। दूसरे का सुख-दुख उसके भीतर प्रत्यक्ष संवेदन जगाकर चित्त की विश्रान्ति को भंग कर सकता है। इसका निराकरण साधारणीकरण से सम्भव हो पाता है। गुणालंकार एवं अभिनय के चतुर्विध साधन कवि या नट की कल्पना से उद्भूत होकर सामाजिक की चेतना को देशकाल के नाट्य कौशल से आविष्ट दर्शक को यह प्रतीत नहीं होता कि "तस्मिन् हि सति अस्यैव, अत्रैव, एतह्यैंव, च सुखं दुखं वे ति न भवति"—क्योंकि उसके होने पर इसी नट को, यहाँ ही और इसी से सुख या दुःख होता है, यह नहीं कहा जा सकता है।[12]

चौथा रस-विघ्न

सामाजिक का अपने व्यक्तिगत सुखादि के वश हो जाना—अपने व्यक्तिगत सुख-दुःख में निमग्न प्रमाता या रसिका या रसिक काव्यार्थ का आनन्द नहीं ले पाता। उसे संविद् विश्रांति नहीं होती तथा रसास्वादन का सुख नहीं मिल पाता। निज सुखादि का आवेश-दर्शक यदि अपने ही सुख-दुख से चालित है तो वह विवश व्यक्ति किसी काव्य या अन्य नाट्य में एकचित्त-एकाग्र कैसे हो सकता है? अपनी पीड़ा से पूर्वग्रह ग्रस्त व्यक्ति प्रेक्षागृह या काव्य के मनन में रसलिप्त नहीं हो सकता। इस पूर्वग्रह से उसकी सहृदयता दूषित हो जाएगी। अतः रसास्वाद सम्भव नहीं होगा, लेकिन सहृदय के चित्त में विशदता का गुण होता है। वह नृत्य, गीत, सौंदर्य-बोध आदि से अपने चित्त में एक परिवर्तन का अनुभव करता है और व्यक्तिगत सुख-दुख से ऊपर उठ जाता है। इसे निज सुखादि विवशी भाव भी कहा गया है।

विभावानुभाव ही रस-प्रतीति के कारण होते हैं। इसलिए उनमें उचित संगति होनी चाहिए। इसके अभाव में रसास्वाद की प्रतीति सम्भव नहीं होती।

अत: कहा गया कि पहला पक्ष है—विभावादि को देश-काल के बन्धन से मुक्त करना और दूसरा पक्ष है—प्रमाता या दर्शक के चित्त को व्यक्ति-संसर्ग से ऊपर उठाना।

पाँचवाँ रस विघ्न

स्फुटत्वाभास— उपायों की अक्षमता और परिणामत: प्रतीति की स्फुटता का अभाव प्रतीति के उपाय हैं। अभिव्यक्ति के साधन काव्य में व्यंजना के रूप में और नाट्य में रंग-कौशल और अभिनय के रूप में व्यक्त होते हैं। रस शब्द से नहीं व्यंजना द्वारा साक्षात्कारात्मक प्रतीति से अनुभूत होता है। इन उपायों की अपूर्णता और अभिव्यक्ति की असमर्थता से रस-विघ्न पैदा हो जाता है।

काव्य में विभाव, अनुभाव की प्रतीति स्फुट रूप में होनी चाहिए। यदि स्फुट नहीं है तो रसास्वाद भी सम्भव नहीं। भट्टतौत ने इसे ही 'भावा: प्रत्यक्षवत् स्फुटा:' कहा है। वात्स्यायन भाष्य में भी कहा गया है—'सर्वाचेयं प्रतीति: प्रत्यक्षपरा'। अस्फुटता और प्रतीति उपायों के वैकल्य विघ्नों को मिटाने के लिए भरत मानते हैं कि अभिन्न को लोकधर्मी होना चाहिए, वृत्ति और प्रवृत्ति का आधार होना चाहिए। विभाव आदि की विकलता समाप्त हो जाती है और अभिनय से प्रत्यक्ष बोध होकर वह स्फुट रूप में प्रतीत होता है। ये दोनों दोष प्राय: कवि और नट में देखे जाते हैं।

अत: रसास्वाद की प्रक्रिया में अभिव्यजंना का महत्त्व स्वीकार करना ही पड़ता है। पाश्चात्य विचारक क्रोचे आदि अभिव्यंजनावादियों ने उसे ही कला का पर्याय माना है। उसकी पूर्णता सौंदर्य है और अपूर्णता विकृति। कवि का काव्य अभिव्यक्ति है और हृदय प्रतीति-कर्त्ता है।

छठा रस-विघ्न

अप्रधानता— यह छठा रस-विघ्न वहाँ होता है जहाँ रस की अप्रधानता का अनुभव होता है। अत: किसी कारण अगर स्थायी भाव गौण हो जाए और सम्यक् रूप से उद्बुद्ध न हो सके तो वहाँ भी रस बाधित होता है। अभिनव विभाव की अपेक्षा भाव पर बल देते दिखाई पड़ते हैं। आनन्दवर्धन और मम्मट आदि ने भी संबद्ध होने पर भी अन्य वस्तु का विस्तार से वर्णन अथवा अंगी को छोड़कर अंग का अत्यन्त विस्तार से वर्णन खटकने लगता है। आनन्दवर्धन ने कहा है कि कभी-कभी कवि विप्रलंभ शृंगार आदि का वर्णन आरम्भ कर चमत्कार प्रदर्शन के मोह विस्तार के साथ पर्वत आदि के वर्णन में प्रवृत्त हो जाते हैं और रस-हानि कर बैठते हैं।

काव्य में जो प्रधान अंगी है उसे छोड़कर अप्रधान वस्तु को महत्त्व देना रस-प्रतीति में विघ्न कारक हो जाता है। गौण वस्तु का स्वतंत्र महत्त्व नहीं होता, वह प्रधान वस्तु में ही पर्यवसित होती है। अत: काव्य या नाटक का स्थायी भाव या अंगी भाव ही चर्वणा का विषय बनना चाहिए। आचार्य भरत ने स्थायी भावों का निरूपण कर रसों का सामान्य

लक्षण बता कर के भी 'स्थायिभावान रसत्वमुपनेष्यामः' कहकर रस-विशेषों के लक्षणों का विधान किया था।

अतः अभिनवगुप्त रस-परिपाक में बहुत-सी बातों को ध्यान रखने पर जोर देते हैं, जैसे गुण या अलंकार प्रमुख हो जाएँ या कृत्रिम वर्णनों की भरमार हो जाए और प्रधान रस पीछे छूट जाए तो रस-प्रतीति में विघ्न का उत्पन्न हो जाना स्वाभाविक हो जाता है।

सातवाँ रस-विघ्न

संशय योग— रस के अवयवों की वास्तविक स्थिति में यदि शंका हो जाए तो वहाँ भी रस-प्रतीति बाधित हो जाती है।

यह बात महत्त्वपूर्ण है कि विभाव, अनुभाव या संचारी भावों के स्थान नियत नहीं होते, जैसे एक ही अनुभव 'कम्प' को लें तो उसका कारण भयानक, श्रृंगार जैसे परस्पर विरोधी रसों से हो सकता है। यह कंप व्याघ्र को देखकर भी हो सकता है, 'गीता' में हताश निराश अर्जुन को भी 'वेपथुश्च शरीरे मे रोमहर्षश्च जायते' में हो सकता है और हिंदी रीति काव्य में कृष्ण को देखकर किसी गोपिका के सात्विक भावोदय के रूप में भी हो सकता है जहाँ वह कहती है—'कारे बरन डरावनो कत आवत इहि गेह। कै वा लख्यो सखि लखे लगै थरथरी देह' तो वह कम्प प्रीतिभाव के कारण भी सात्विक भावोदय के रूप में प्रकट होता है। सम्भवतः इसी कारण भरत ने रसनिष्पत्ति के प्रसंग में 'संयोग' शब्द का प्रयोग किया था, क्योंकि संयोग से सन्दर्भ-रचना होती है और संशय या बाधा के लिए अवकाश नहीं होता।

हर स्थायी भाव का अलग विभाव, अनुभाव और संचारी है। एक विभाव दूसरे विभाव का कारण हो सकता है, व्याघ्र भय का भी विभाव हो सकता है और क्रोधादि का भी चिन्ता और दैन्य जैसे शोक के संचारी भाव होंगे वैसे ही वियोग श्रृंगार के भी। इन्हें पृथक् रूप में देखने पर सन्देह होगा और वह रस-प्रतीति में विघ्न होगा। पर ये तीनों उचित रीति से संयोजित हों तो वे रसास्वाद के विषय हो जाएँगे।

प्रमाता की निजी असमर्थता और परिस्थिति विरोध से भी रस विघ्न संभावित है। अतः रस-विघ्न की स्थिति कवि और सहृदय, दोनों में उभयत्र हो सकती है पर यदि कवि में अभिव्यक्ति-सामर्थ्य हो और सहृदय में अनुभूति सामर्थ्य हो तो रस-दोष या रस-विघ्न की सत्ता ही नही रह जाती।

भाव-विवेचन

भाव-विवेचन की परम्परा भरत के नाट्य-शास्त्र के सप्तम अध्याय से ही आरम्भ हो जाती है। वहीं यह प्रश्न उठाया गया है कि जो होते हैं वे भाव हैं अथवा जो भावित करते हैं, वे भाव विभावों द्वारा 'निष्पन्न होते हैं, अभिनय द्वारा कवि के हृद्गत भाव को सहृदय समाज के चित्त में व्याप्त करते हैं और अभिनयों, रसों और काव्यार्थों को भावित कर व्याप्त कर देते हैं। विभावादि सामग्री को वे संवेद्य तत्त्व बनाकर सहृदय तक पहुँचा देते हैं। मूलतः ये विभाव, अनुभाव और संचारियों से ही संबद्ध होते हैं। आज तक इनका

प्रयोग विभाव और संचारी भावों के लिए होता आ रहा है। लौकिक मनोविकारों से भिन्न ये काव्यगत मनोविकार ही हैं।

अभिनव गुप्त ने काव्यगत भाव या रसव्यंजक भाव को चित्तवृत्ति रूप माना है—भावशब्देन तावत् चित्तवृत्ति विशेष एव विवक्षिता:—अभिनव भारती, (पृ. 393) अभिनव इसे स्पष्ट करते हुए कहते हैं कि—"स्थायी भाव वासना रूप से प्रमाता के चित्त में विद्यमान रहता है। करण के अनुपस्थित रहने पर भी उसकी सत्ता रहती है, जैसा कि पतंजलि ने लिखा है : चैत्र किसी एक स्त्री के प्रति अनुरक्त है, इसका अभिप्राय यह नहीं है कि वह अन्य स्त्रियों के प्रति विरक्त है। (अर्थात् उसमें अव्यक्त रूप से राग हो सकता है।[12] स्थायी भावों का सम्बन्ध जीव की मूल वृत्तियों के साथ संबद्ध होने के कारण पुरुषार्थ-चतुष्टय के साथ सहज ही जुड़ जाता है। अत: स्थायी भाव संचारियों की अपेक्षा पुरुषार्थों—धर्म, अर्थ, काम, मोक्ष से अधिक सम्बन्ध रखते हैं।"[13] तात्पर्य यह कि संचारी भावों से स्थायी भाव का महत्त्व अधिक माना गया है। तो भरत के भाव-विवेचन का सामान्य अर्थ हुआ कि भाव उसे कहेंगे जिसमें काव्यार्थ सात्विक, आंगिक, वाचिक और आहार्य—इन चारों प्रकार के अभिनयों द्वारा प्रकट होता है। यह भाव मूलत: स्थायी भाव है जो रस रूप में प्रकट होता है और रस निष्पत्ति का आधार भी बनता है। धनंजय, भानुदत्त भाव को ऐसा विकार मानते हैं जो रस-निष्पत्ति में सहायक होता है। मम्मट ने भाव की संकल्पना का रूप निश्चित करना चाहा है कि रति का विषय कोई देव अथवा ऐसा ही अन्य कोई अधिष्ठाता होता है तथा इसके अपने व्यंजित व्यभिचारी भाव भी होते हैं—रति र्देवादि विषया व्यभिचारी तथां जित: '। गोविन्द ने इसकी व्याख्या इस प्रकार की है कि 'रति' शब्द का तात्पर्य यहाँ उस स्थायी भाव से है, जो रस की अवस्था को प्राप्त न हुआ हो[14] तात्पर्य यह कि जब व्यभिचारी भाव किसी साहित्यिक रचना में प्रमुख रस के रूप में अभिव्यक्त किए जाते हैं तो उन्हें रस नहीं कहते, बल्कि भाव कहते हैं। डॉ. सुशील कुमार डे मानते हैं कि इस परिभाषा को परवर्ती सभी लेखकों ने स्वीकार किया है।[15]

आचार्य विश्वनाथ ने 'प्रधानता से प्रतीयमान निर्वेद आदि संचारी तथा देवता, गुरु आदि के विषय में अनुराग एवं सामग्री के अभाव में रस रूप की अप्राप्त उद्‌बुद्ध मात्र रति, हास आदि स्थायी ये सब भाव कहलाते हैं।[16] अर्थात् विशेष रूप में भाव के तीन अर्थ हैं—(1) प्रधानता से व्यंजित निर्वेद आदि संचारी भाव, (2) देवादि विषयक रति भाव, तथा उद्‌बुद्ध मात्र स्थायी भाव।

चूँकि अभिनव गुप्त रसवादी हैं, अत: वे रस के कारण ध्वनि की महत्ता को अतिशय रूप में ग्रहण करते हैं। उनके अनुसार रस-भाव आदि की प्रतीति व्यंग्य द्वारा ही सम्भव है एवं रस का रहस्य व्यंजना शक्ति के द्वारा ही स्पष्ट हो सकता है। इसलिए काव्य में शब्दार्थ, गुण, अलंकार की संयुक्त रसात्मकता चाहिए। ऐसी रसात्मक सौंदर्य सम्पन्न ध्वनि ही काव्य है।

अभिनव गुप्त का मौलिक चिन्तन

संस्कृत काव्य-विधा के विवेचन एवं विश्लेषण में आचार्य अभिनव गुप्त एक मौलिक

चिन्तक दिखाई देते हैं। उन्होंने आनन्दवर्धन के 'ध्वन्यालोक' की अपनी सुप्रसिद्ध टीका 'लोचन' में सिद्धान्त-पक्ष की व्याख्या में अपना ध्यान जमाए रखा, इसी प्रकार भरत के 'नाट्यशास्त्र' का गम्भीर अध्ययन उपस्थित कर 'अभिनव भारती' नामक ग्रंथ की रचना की। नाट्य और काव्याश्रित रस की उत्पत्ति और शक्ति से सम्बन्धित विभिन्न सिद्धान्तों का भी आकलन किया। मम्मट, हेमचन्द्र आदि आचार्य उनकी रसविषयक मान्यताओं को महत्त्व देते हैं। उन्होंने यह व्यक्त करने का प्रयत्न किया है कि ध्वनि-आचार्यों द्वारा प्रतिपादित व्यक्ति अथवा व्यंजना का रस की अभिव्यक्ति पर भी प्रयोग किया जा सकता है। अभिनव ने रस का स्वरूप-निरूपण करते हुए काव्य-सिद्धान्तों में उसके स्थान का निर्धारण भी करने की चेष्टा की। उन्होंने रस को काव्य का एकमात्र तत्त्व या सौंदर्यात्मक सिद्धान्त के रूप में प्रस्थापित किया। ध्वनिवादियों ने प्राचीन नाटक तथा नाट्य सिद्धान्तों के आधार पर काव्य तथा काव्य-सिद्धान्त में रस का समावेश किया था, किन्तु जैसे-जैसे काव्य में भाव को महत्त्व मिलने लगा वैसे-वैसे सौंदर्यात्मक आधार के रूप में रस का भी महत्त्व बढ़ता गया। अभिनव गुप्त जब रस-पक्ष का समर्थन करते हैं तो वे रस के अंगी भाव को ही पुष्ट करते दिखाई देते हैं। अपने सिद्धान्त को एक तर्क संगत रूप देते हुए वे रस को काव्य का जीवन-घोषित करते हैं—'रसे नैव जीवति काव्यम्'। —वे रस के बिना काव्य की कल्पना नहीं करते—(न हि तत् शून्यं अर्थात् रस शून्यं काव्यं किंचिदस्ति)।

अभिनव कहते हैं कि वस्तु तथा अलंकार पर आश्रित ध्वनि के अन्य दो रूप अन्ततः रस-ध्वनि जो वस्तुतः काव्य की आत्मा है, में ही विलीन हो जाते हैं—(रस एव वस्तुतः आत्मा, वस्त्वलंकार ध्वनि तु सर्वथा रसं प्रति पर्यवस्यते)। इसी प्रेरणा से विश्वनाथ ने अपने काव्य-सिद्धान्त का निर्माण कर 'वाक्यं रसात्मकं काव्यम्'—रसात्मक वाक्य ही काव्य है का सिद्धान्त घोषित किया। पंडितराज जगन्नाथ भी रस-ध्वनि के पक्षधर प्रतीत होते हैं। जगन्नाथ ने तो यहाँ तक कह दिया कि ध्वनिकारों ने काव्य के आगामी लेखकों के अनुसरणार्थ 'ध्वनिकृतां आलंकारिक सरणिवस्थापकत्वात्)।

अभिनव गुप्त के व्यक्तित्व में ज्ञान के बहुविध क्षेत्रों का समावेश था। दर्शन, काव्यशास्त्र, नाट्यशास्त्र, तंत्रशास्त्र आदि ज्ञान-विज्ञान के क्षेत्रों में उनकी अबाध गति थी। डॉ. कांतिचन्द्र पांडेय ने अपने 'स्वतंत्र कलाशास्त्र' नामक ग्रंथ (पृ. 113) में लिखा है कि—"इस विपुल ज्ञान राशि को आत्मसात् करने के कारण ही वे रस-सिद्धान्त की समस्याओं का समापन करने के लिए नए दृष्टिकोण तथा नई साधन विधि को अधिक स्पष्ट रूप से समझने एवं अपने सिद्धान्त की रचना में उसका उपयोग करने में पूर्ण रूप से सक्षम थे। अपनी बौद्धिक सक्षमता के कारण उन्होंने शैवमत के आभासवादी दृष्टिकोण को अपना कर एक नए रस-सिद्धान्त की स्थापना विशद रूप में की भी जिसमें आज भी कोई मूल संशोधन करना अत्यन्त कठिन है।"

रस-निष्पत्ति

भारतीय काव्यशास्त्र में रस-निष्पत्ति को पर्याप्त महत्त्व मिला है। रस-विवेचन का आधार ही रस-निष्पत्ति विचार है। भरत ने रस की निष्पत्ति का सूत्र देते हुए कहा है—विभावानुभाव

व्यभिचारि संयोगाद्रस निष्पत्तिः (नाट्यशास्त्र, काव्यमाला, पृ. 93) अर्थात् विभाव, अनुभाव और व्यभिचारी भावों के संयोग से रस की निष्पत्ति होती है। इस सूत्र में प्रयुक्त 'संयोग' और 'निष्पत्ति' शब्दों की व्याख्या परवर्तीकाल तक होती रही। भरत ने रस की निष्पत्ति, द्रव्यों, व्यंजनों और औषधियों से षाड्वादि रसों का बनना और विभिन्न भावों से संयुक्त होकर स्थायी भावों का रसरूप को प्राप्त होना ये तीन स्थितियाँ बनती हैं[17] अर्थात् विभाव, अनुभाव और व्यभिचारी भावों का स्थायी भाव के साथ संयोग या संसर्ग होने पर रस की सिद्धि होती है। स्थायी भाव ही रस बनते हैं। "भरत का उत्पत्ति 'शब्द एक प्रकार से निर्मिति है। 'निर्मिति का अर्थ नूतन सृष्टि नहीं है—संस्कार आदि क्रियाओं और व्यंजन आदि पदार्थों के संयोग से 'नवरूप-प्राप्ति' ही है।"[18]

भरत के उपर्युक्त सूत्र के चार व्याख्याकार मुख्य हैं—भट्टलोल्लट, शंकुक, भट्टनायक और अभिनवगुप्त।

भट्टलोल्लट का उत्पत्तिवाद

भट्टलोल्लट की रस विषयक मान्यता के तीन बिन्दु हैं—(1) स्थायी भावों का विभाव आदि से पुष्ट होना, (2) कारण-कार्य द्वारा रसोत्पत्ति और (3) रस की स्थिति केवल अनुकार्य और अनुकर्त्ता में होना। अनुकार्य राम आदि की अनुरूपता की प्रतीति के कारण गौण रूप से नट में भी रहता है। भट्ट लोल्लट सामाजिक की रस-प्रतीति के विषय में मौन हैं। सम्भव है, नट के माध्यम से उन्होंने अन्य सामाजिकों की भी परिकल्पना की हो, किन्तु आचार्य शंकुक को स्थायी भावों की पुष्टि में रस है, इस स्थापना में त्रुटि की सम्भावना प्रतीत हुई। उन्होंने स्थायी भाव और रस को एक दूसरे से भिन्न माना रति आदि स्थायी भाव रस नहीं हैं। यदि पहले से उनमें रस की स्थिति होती तो रस-निष्पत्ति सिद्धान्त की आवश्यकता ही क्या थी? अतः शंकुक ने इनके सिद्धान्त का खंडन कर 'अनुमितिवाद' या अनुकरणवाद की स्थापना की। (द्रष्टव्य अभिनव भारती, भाग-1, 273)।

अभिनव गुप्त ने अपनी पुस्तक में लोल्लट का नाम प्रायः दस बार लिया है। लोल्लट के सिद्धान्त को उद्धृत कर उन्होंने उनके सिद्धान्त को उत्पत्तिवाद कहा है। यह प्रसिद्ध है कि लोल्लट का समय सातवीं शती का उत्तरार्द्ध या आठवीं का आरम्भिक है।

लोल्लट 'नाट्यशास्त्र' के टीकाकार थे। अभिनव गुप्त के अतिरिक्त मम्मट, हेमचन्द्र, गोविंद ठक्कर ने भी इनकी चर्चा की है। हेमचन्द्र और राजशेखर ने उनके कुछ श्लोकों को 'आपराजिति' नाम से उल्लेख किया है। डॉ. बलदेव उपाध्याय इनके पिता का नम 'अपराजित' सिद्ध करते हैं (भारतीय काव्यशास्त्र, पृ. 23)। लोल्लट कश्मीरी विद्वान् प्रतीत होते हैं। अभिनव ने लोल्लट का समय उद्भट के बाद माना है। डॉ. कान्तिचन्द्र पांडेय ने भी इन्हें कश्मीरी दार्शनिक कल्लट का समसामयिक (नवीं शती) माना है।

अभिनव गुप्त ने लोल्लट द्वारा रस-निष्पत्ति के सूत्र का विवेचन करते हुए कहा कि विभाव, अनुभाव और संचारी भावों के संयोग से रस की निष्पत्ति अर्थात् उत्पत्ति होती है। रस के मूल कारण विभाव अर्थात् आलम्बन और उद्दीपन हैं। इनके द्वारा स्थायी भाव की 'उपचित' अवस्था का नाम रस है। यह रस मूल रूप से रामादि ऐतिहासिक पात्रों में ही होता है, किन्तु उनके रूप आदि ग्रहण करने के कारण नट या अभिनेता में

भी उत्पन्न होता है। अतः विभाव, अनुभाव आदि से परिपुष्ट स्थायी भाव ही रस है और जो अपुष्ट है, वह स्थायी भाव ही रहता है। आनन्दवर्धन ने इसके लिए 'परिपोष' शब्द का प्रयोग किया है। मम्मट ने भी विभावदि से पुष्ट या उपचित अनुकरण या अभिनय का मूल रूप मुख्य रूप से राम आदि नायकों में होता है, ऐसा माना है किन्तु नट जब राम के स्वरूप का अनुभव करता है तो उसमें भी स्थायी भाव रस के रूप में उत्पन्न हो जाता है। अतः यह स्पष्ट है कि अभिनव गुप्त लोल्लट के सिद्धान्त की व्याख्या इस रूप में करते हैं कि विभाव, अनुभाव एवं व्यभिचारी भावों से जब स्थायी भाव पुष्ट या उपचित होता है तभी रस की उत्पत्ति या निष्पत्ति होती है। इसलिए लोल्लट ने विभावादि को रस का कारण मानकर स्थायी भाव के साथ उसका उत्पाद्य-उत्पादक भाव का सम्बन्ध स्वीकार किया है। इस शास्त्रीय भाषा के अनुसार अनुभावों का सम्बन्ध अनुमाप्य एवं अनुमापक भाव का है तथा व्यभिचारी का सम्बन्ध पोष्य-पोषक भाव का। सच पूछिए तो नट या अभिनेता रामादि पात्रों के स्वरूप का अनुसन्धान करनेवाला अनुकर्त्ता होता है। संस्कृत आचार्यों ने अनुसन्धान के कई अर्थ बताए हैं—आरोप, अभिमान और योजन आदि। इनके आधार पर जब अभिनेता अभिनय करते समय शुद्ध अनुसन्धान करता है कि 'मैं राम हूँ' तो वह लोल्लट के 'शिवोऽहम्' वाले शैवदर्शन को ही पुष्ट करता है।

मम्मट ने इस धारणा में थोड़ा परिवर्तन कर नट या अभिनेता में प्रतीयमान स्थायीभाव को 'रस' कहा है। इसलिए यह प्रतीयमान शब्द अपने व्यापक अर्थ में नट के साथ-साथ दर्शकों या सामाजिकों को भी होता है।

लोल्लट के मत में दर्शकों या सामाजिकों का प्रत्यक्ष उल्लेख नहीं मिलता, पर अभिनेता के अभिनय-कौशल का प्रभाव तो सीधे दर्शकों पर पड़ता है। दर्शकों को नट में प्रतीयमान रस का सीधा अनुभव होता है। यही कारण है कि दर्शकों के मन में नट के प्रति राम की भावना उत्पन्न हो जाती है और वह अभिनेता के वास्तविक रूप या परिचय को भूलकर उसमें राम की प्रतीति कर लेता है। वास्तव में यह प्रतीयमान शब्द गम्भीर अर्थ रखता है, तभी तो आनन्दवर्धन ने ध्वनि की परिभाषा में 'प्रतीयमानम्पुनरन्यदेव' (ध्वन्यालोक, 1/4) द्वारा ध्वनि या प्रतीयमान अर्थ को ही काव्य की आत्मा माना है।

लोल्लट का कोई ग्रंथ उपलब्ध नहीं है। इनके रस सम्बन्धी उद्धरण पहली बार अभिनव गुप्त के ग्रंथ 'अभिनव भारती' में तथा उन्हीं के 'ध्वन्यालोक लोचन' में प्रस्तुत हुए हैं। उन उद्धरणों के आधार पर ही रस-निष्पत्ति के सूत्र में प्रयुक्त 'संयोग' और 'निष्पत्ति' के सूत्र की व्याख्या का सिलसिला आरम्भ होता है। मम्मट के 'काव्य प्रकाश' में भी लोल्लट का संक्षिप्त मंतव्य जो किंचित् भिन्न और परिवर्द्धित प्रतीत प्राप्त होता है। डॉ. नगेन्द्र ने भी मम्मट के द्वारा किए गए संशोधित मंतव्य की पुष्टि की है। वे कहते हैं—"इनके अतिरिक्त दूसरा आधार है मम्मट के 'काव्यप्रकाश' में उद्धृत लोल्लट का मंतव्य, जो और भी संक्षिप्त है तथा 'अभिनव भारती' में उद्धृत मंतव्य से थोड़ा भिन्न भी है। इस विषय में दो सम्भावनाएँ हैं—एक तो यह कि मम्मट ने भी लोल्लट का ग्रंथ देखा हो और उसके आधार पर उपर्युक्त मंतव्य उद्धृत किया हो, दूसरा यह कि उनका आधार तो अभिनव गुप्त के ग्रंथों के तद्विषयक उद्धरण ही रहे हों, परन्तु अपने समय तक विकसित 'रस-सिद्धान्त' के प्रकाश में उन्होंने अभिनव की व्याख्या में थोड़ा-सा

संशोधन कर दिया हो। समस्त परिस्थितियों पर विचार करने पर दूसरा मत ही ग्राह्य प्रतीत होता है। परवर्ती सभी आचार्यों ने प्राय: मम्मट के वक्तव्य की पुनरावृत्ति की है।"[19]

मम्मट की व्याख्या में 'अनुसन्धान' शब्द का प्रयोग महत्त्वपूर्ण है। मम्मट के अनुसार लोल्लट संयोग का अर्थ सम्बन्ध मानता है। स्थायी भाव के साथ विभाव अनुभाव और व्यभिचारी का सम्बन्ध विभावों के कारण वासना रूप से स्थित स्थायीभाव की उत्पत्ति होती है। विभाव उत्पादक और स्थायी भाव उत्पाद्य हैं। अनुभावों से स्थायी की प्रतीति होती है अर्थात् वह गम्य होता है। अनुभाव गमक है और स्थायी गम्य। व्यभिचारी भावों से स्थायी उपचित या परिपुष्ट होता है। अत: व्यभिचारी पोषक और स्थायी पोष्य हुआ। विभाव आदि ही स्थायी को पुष्ट (उपचित) कर रस में परिणत कर देते हैं।

अभिनव गुप्त लोल्लट के मत का स्वरूप इस रूप में मानते हैं कि स्थायी भाव ही विभावादि के द्वारा उपचित होकर रस बनता है। वह रस दोनों में है—मुख्य रूप से अनुकार्यगत और अनुकर्त्ता नट में सामाजिक द्वारा तद्रूपता के अनुसन्धान वश। अभिनव गुप्त 'लोचन' में भी संक्षिप्त मत प्रस्तुत करते हैं कि अनुपचित अवस्था में स्थायी भाव ही व्यभिचारी आदि से परिपुष्ट होकर अनुकार्यगत ही रस होता है। नाट्य में प्रयुक्त होने के कारण ही उसे 'नाट्य रस' कहते हैं।

लोल्लट भरत से भिन्न मत नहीं देते। उनकी दृष्टि में स्थायी भाव उपचित या पुष्ट होकर रस बनता है। यह रस व्यक्तिनिष्ठ है—रामादि का है। वेशभूषा आदि के कारण सामाजिक नट की क्रियाओं को राम की क्रियाएँ मान लेता है। तीसरी बात कि इसमें नट भी रस का आस्वादन करता है और चौथी बात कि सामाजिक नाट्य प्रयोग में साक्षात् नहीं जुड़ता, वह दूर से ही रस की प्रतीति करता है।

अभिनव गुप्त ने लोल्लट के मत का उल्लेख करते हुए सामाजिक के पक्ष से कोई चर्चा नहीं की है। परवर्ती मम्मट एवं हेमचन्द्र आदि कहते हैं कि 'तद्रूपता अनुसन्धान वशात् नर्त्तकेऽपि प्रतीयमान:' अर्थात् रामादि रूपता के अनुसन्धानवश नर्तक में भी वह रस सामाजिक को प्रतीयमान होता है। डॉ. राममूर्त्ति त्रिपाठी विचार करते हैं कि—"इन लोगों ने सामाजिक पक्ष से भी उनके मत को देखा। अभिनवगुप्त ने तो 'अभिनव भारती' ही में एक जगह यह कहा है कि लोल्लट के मत में सामाजिक नाट्य से बाह्य है (भावानां ग्रहण स्वभावात्)। हो सकता है कि बाद के लोगों ने औचित्यवश यह सोचा हो कि समस्त नाट्य की तैयारियाँ जिस सामाजिक के लिए हो रही हैं—उसकी दृष्टि से इन पर न सोचना ठीक नहीं। अत: अपनी ओर से ऐसा कर लिया हो।[20]

अत: नट में रस की गौण स्थिति मानी जाए या सामाजिक द्वारा नट में रस की प्रतीति दोनों में 'अनुसन्धान' शब्द का प्रयोग हुआ है। मम्मट के व्याख्याकारों ने 'तद्रूपतानुसन्धान' का अर्थ 'रामत्वाभिमानात्' किया है और अन्य टीकाकारों (सार बोधिनी और उद्योतकार ने) रामत्वारोपात् किया है। काव्य प्रकाश के एक टीकाकार प्रदीपकार ने तद्रूपता की जगह—'तुल्यरूपता' का प्रयोग किया है। अभिमान और आरोप इन दो शब्दों में आरोप शब्द अधिक प्रचलित हुआ। इसी कारण सामाजिक की दृष्टि से लोल्लट के मत को 'आरोपवाद' के नाम की भी प्रसिद्धि मिली और यह कहा गया कि मूल नायक के समान वाक् वेश आदि के प्रयोग से उत्पन्न उभयगत सादृश्य के काण सामाजिक एक भ्रान्त देश

में पहुँच जाता है और भ्रमवश ही वह नट में मूल राम का आरोप कर लेता है—फलतः जो चमत्कार उत्पन्न होता है वही सामाजिक के लिए 'रस' बन जाता है। 'आरोप' शब्द से यह ध्वनि निकलती है कि सामाजिक के मन में नट की चेतना लुप्त नहीं होती। उसे यह ज्ञान थोड़ा बना रहता है कि यह नट है जो राम के रूप में अभिनय कर रहा है।

अतः लोल्लट की रस-दृष्टि यथार्थवादी एवं वस्तुपरक है, आत्मवादी एवं व्यक्तिपरक नहीं। इस दृष्टि से अभिनव गुप्त के उद्धरण अधिक मान्य और प्रामाणिक प्रतीत होते हैं, न कि मम्मट के संशोधनपरक परवर्ती आत्मवादी रस-कल्पना के परिणाम।

लोल्लट के मत की सीमा भी पर्याप्त चर्चित रही है। 'अभिनव भारती' के अनुसार ही शंकुक ने उत्पत्तिवाद के विरुद्ध आठ आक्षेप किए हैं (द्रष्टव्य 'हिंदी अभिनव भारती', षष्ठ अध्याय, पृ. 445)। मूलतः शंकुक के ये आक्षेप मान्य नहीं माने गए। क्योंकि स्थायी भाव ही रस में परिणत होता है, यह सिद्धान्त तो आरम्भ से अन्त तक मान्य रहा है। भरत ने भी 'नानाभावोपगता अपि स्थायिनो भावा रसत्व माप्नुवन्ति' (नाट्यशास्त्र, पृ. 93) कहकर तथा परवर्ती विश्वनाथ आदि ने भी इसे यथावत् ही स्वीकार कर लिया है—'रसतामेति रत्यादिः स्थायिभावः सचेतसाम् (साहित्य दर्पण, 3/1)।

लोल्लट के विवेचन का सबसे दुर्बल पक्ष कदाचित यह है कि वे अनुकार्य का स्थायी भाव, और अनुकार्य के विषय में वे मूल पात्र और कवि निबद्धपात्र का भेद स्पष्ट नहीं कर पाए। दूसरा दोष यह है कि रस की स्थिति प्रत्यक्ष ऐन्द्रिक मानसिक भाव से अभिन्न और तदनुसार सुख-दुःखात्मक हो जाती है, जो मान्य नहीं है।

लोल्लट के उत्पत्तिवाद विषयक समीक्षा के निष्कर्ष सूत्र इस प्रकार लिए गए हैं—

1. निष्पत्ति का अर्थ है उपचिति, क्योंकि स्थायी की उपचित अवस्था ही रस है।
2. यह उपचिति एक मिश्र प्रक्रिया है जिसमें विभाव, अनुभाव और व्यभिचारी योग देते हैं।
3. विभावों से स्थायी भावों की उद्बुद्धि या उत्पत्ति होती है।
4. उत्पत्ति का यहाँ अर्थ है—अरूप को रूप देना, अभाव में भाव की कल्पना नहीं।
5. स्थायी भाव विभावों के कारण रसनात्म रूप लेते हैं, अनुभावों से उनकी प्रतीति होती है। मम्मट और अभिनव, दोनों इसे मानते हैं, व्यभिचारियों से उसकी पुष्टि होती है। अतः उपचित की प्रक्रिया में उद्बुद्धि या उत्पत्ति, प्रतीति और पुष्टि—इन तीनों का योग होता है ये मिलकर उपचिति या पुष्टि की प्रक्रिया को पूर्ण करते हैं।
6. अतः निष्पत्ति का अर्थ है बनना—निर्मित—एक तरह से 'प्रिपेरेशन'। इसके लिए 'उत्पत्ति' शब्द का प्रयोग केवल इस अर्थ में हो सकता है कि रस के द्वारा स्थायी-भाव, विभाव आदि से उपचित होकर एक नवीन रूप ग्रहण करता है। रस के रूप में किसी अभूत पदार्थ का उद्‌भव नहीं होता।
7. संयोग का अर्थ है विभाव आदि के साथ स्थायीभाव का संयोग—'विभावादिभिः संयोगोऽर्थात् स्थायिनस्ततो रसनिष्पत्तिः।' ये विभाव आदि

स्थायी भाव को उपचित कर रस रूप में परिणत कर देते हैं—अत: विभाव आदि उपचायक हैं और स्थायी भाव उपचेय, अर्थात् स्थायी भाव तथा विभाव आदि में उपचेय-उपचायक सम्बन्ध है। इस प्रकार संयोग का अर्थ है—उपचेय-उपचायक सम्बन्ध। विभावों से स्थायी भाव की उत्पत्ति होती है। अत: विभावों के साथ उसका उत्पाद्य-उत्पादक सम्बन्ध—है, अनुभावों से उसकी प्रतीति होती है, अत: अनुभावों के साथ उसका गम्य-गमक सम्बन्ध है और व्यभिचारी भावों से उसकी पुष्टि होती है, अत: व्यभिचारियों के साथ उसका पोष्य-पोषक सम्बन्ध अर्थात् उपचेय-उपचायक सम्बन्ध, उत्पाद्य-उत्पादक, गम्य गमक़, पोष्य पोषक सम्बन्धों का समवाय है। सूत्र हुआ—संयोग = उपचेय उपचायक सम्बन्ध = उत्पाद्य—उत्पादक, गम्य गमक, पोष्य—पोषक सम्बन्ध।[21]

डॉ. बच्चन सिंह भी इसका गणितीय समीकरण कुछ इसी प्रकार करते हैं—संयोग = उपचय-उपचायक सम्बन्ध—उत्पाद्य—उत्पादक, गम्य—गमक, पोष्य-पोषक।

शंकुक का अनुमितिवाद

रस-निष्पत्ति विषयक लोल्लट की धारणा से शंकुक सहमत नहीं हैं। उनके द्वारा उठाए गए आठ-आठ आक्षेपों में छह स्थायी भाव और रस की एकता—'स्थाय्येव रस: ' अर्थात् स्थायीभाव ही रस का निषेध करते हैं और अन्तिम दो स्थायी भाव की उपचिति-स्थायी भाव उपचित होकर रस बन जाता है—'स्थाय्येव उपचितो रस' का। उनकी दो आपत्तियाँ विचारणीय रही हैं। एक यह कि स्थायी का पूर्व ज्ञान स्वीकार नहीं किया जा सकता, दूसरी यह कि एक ही भाव अनुपचित अवस्था में स्थायी होता है और उपचित अवस्था में रस होता है, इस पर आपत्तियाँ उठाई गई हैं।

शंकुक कहना चाहते हैं कि (1) नट अभिनय कृत्रिम है, पर सुखद भ्रम के कारण वह कृत्रिम प्रतीत नहीं होता, (2) विभाव आदि के संयोग से स्थायी भाव का अनुमान होता है, यह स्थायी रामादि का अनुकरण होता है, (3) अनुकरण होने से ही स्थायी भाव रस होता है—'भावानुकरणं रस:, (4) नट में रामत्व की प्रतीति चित्र तुरग न्याय से होती है, अर्थात् यह विलक्षण कलात्मक प्रतीति होती है।

अभिनव के गुरु भट्टतोत द्वारा अनुमितिवाद का खंडन

भट्टतोत ने रस को अनुव्यवसाय मानते हुए शंकुक के अनुकरण सिद्धान्त का खंडन किया है। नट नाट्य के समय व्यक्ति विशेष का अनुकरण नहीं करता, बल्कि उसकी सामान्य अवस्थाओं का, उदात्तता आदि का अनुकरण करता है और उसकी लौकिक संबद्धता नष्ट हो जाती है। उदात्तता आदि तत्त्व नट में पूर्व से ही विद्यमान होते हैं। दर्शक जब-जब नाट्य देखता है तब अपने संस्कारों की सहायता से सुख-दुखादि रूप में चित्रित अपनी चित्तवृत्ति के साक्षात् द्वारा आनन्द का अनुभव करता है। यही अनुव्यवसाय कहलाता है, जो आनन्दमय है। इसी को रसन, चमत्कार, चर्वण, भोग, आस्वाद आदि अनेक नामों से जाना गया है।

आलोचकों के मत में शंकुक का यह अनुकरण सिद्धान्त न तो सामाजिक की दृष्टि से, न नट की दृष्टि से सिद्ध होता है। नट की वेशभूषा, उसके आहार्य से चित्तिवृतियों का अनुकरण सिद्ध नहीं होता। वेशभूषा दृष्टिग्राह्य है, किन्तु चित्तवृत्तियाँ मानसिक व्यापार हैं, अत: इनमें अनुकरण सिद्ध नहीं होता। स्थायी के अनुकरण को तो भरत भी नहीं मानते। अनुकरण की यदि रसपरक व्याख्या की जाए तो यह मानना होगा कि सामाजिक अपने पूर्व अनुभवों से प्राप्त अनुभव या वासना का पुनः साक्षात्कार और ज्ञान प्राप्त करता है—यही अनुकरण या अनुव्यवसाय है। अभिनवगुप्त एक प्रकार से यही निष्कर्ष निकालते हैं।

शंकुक के अनुमितिवाद की समीक्षा प्रेक्षक, नट, वस्तु स्थिति के विवेचक और भरत की दृष्टि से भी की गई है। प्रेक्षक प्रमाण के बिना यह अनुभव नहीं कर सकता कि नट राम का अनुकरण कर रहा है। प्रेक्षक को यदि लगे कि नट-नटी का व्यवहार कृत्रिम है तो उसे रति की भ्रांति ही मात्र हो सकती है और यदि वह उनके व्यवहार को वास्तविक समझता है तो रति की प्रतीति भी वास्तविक होगी, उसमें रति का अनुकरण क्या होगा? अत: प्रेक्षक की दृष्टि से यह अनुकरण सिद्ध नहीं होता। इसी प्रकार नट की दृष्टि से भी स्थायी भाव का अनुकरण असिद्ध है। अनुकरण सदृशकरण व्यापार है जो मूल व्यक्ति को देखे बिना सम्भव नहीं। यदि रत्यादि व्यापार का अनुभव बाद में हो तब तो कोई भी लौकिक भावानुभूति रस कही जाएगी। वस्तु स्थिति का विवेचन करने पर भी रस की अनुकरण रूपता सिद्ध नहीं होती। अभिनव गुप्त मानते हैं कि बाद में प्रतीत होने वाले को वस्तुवृत्त नहीं कह सकते। वस्तुत: कोई दृश्य घटित होता है तो उसके बाद ही उसका अनुकरण हो सकता है, लेकिन काव्य का रस तो मम्मट की भाषा में कहें कि 'सद्य:परनिर्वृतये' है। काव्य-रस की अनुभूति त्वरित और झटिति एव भासित' होती है, उसमें विलम्ब का अवकाश नहीं होता। नाट्य दृश्य देखते या काव्य-प्रसंग पढ़ते ही चित्त तन्मय हो जाता है, यह तन्मयी भाव आनन्दात्मक अनुभूति को तीव्रता से अनुभव करता है। अत: तत्त्व दृष्टि से रस अनुकरण मूलक नहीं माना गया है। स्वयं भरत ने भी स्थायी भाव का अनुकरण रस है, ऐसा कोई संकेत नहीं दिया है, अत: शंकुक का अनुकृतिवाद असिद्ध ठहराया गया है।

अभिनव शंकुक के अनुकरण शब्द को सामर्थ्य बताते हैं। बहुत पहले अरस्तू ने भी यूनान में 'अनुकरण' या 'इमिटेशन' को ग्रीक भाषा में मिमेसिस (Mimesis) कहा गया है। पिछले ढाई हजार वर्षों में उसकी न जाने कितनी व्याख्याएँ हुई हैं और अन्तत: उसका अर्थ हुआ 'कल्पनात्मक पुनः सृजन'। आचार्य देवन्द्रनाथ शर्मा कहते हैं—'अरस्तू ने अनुकरण का अर्थ किया "आदर्शीकृत प्रतिरूपण' (Idealized representation) और बताया कि कवि प्रकृति का या मानव-जीवन का हू-ब-हू चित्रण (नकल) नहीं करता, उसमें अपनी ओर से कुछ जोड़ता है और यथार्थ को रमणीयतर बनाकर प्रस्तुत करता है। सदा प्रकृति से अर्थात् बाहर वे ही वह काव्य का उपादान ग्रहण करे, यह भी आवश्यक नहीं; वह कल्पना की सहायता से मानस-सृष्टि भी कर सकता है। इसीलिए अरस्तू ने अनुकरण में आदर्शीकरण का योग किया।[22]

इस चर्चा से एक बात तो स्पष्ट हो जाती है कि शंकुक का अनुकरण केवल दृष्टि

सापेक्ष नहीं है, वह भाव-सापेक्ष भी है। सामाजिक या सहृदय रामादि रूप नट को देखकर केवल आँखों को ही तृप्त नहीं करता, वह दृश्य उसके भीतर के सुप्त संस्कारों को भी जगाता है, उसके अनुभवों को भी पुन: स्मृत करता है, इसलिए नट के हाव-भाव या बाह्य अभिनय से ही उसे तृप्ति नहीं मिलती। उसका अपना अनुभव, आत्म-साक्षात्कार भी रस-बोध में सहायक होता है। दर्शक जो प्रत्यक्ष देखता है, वही भावित होकर पुन: उसकी स्मृति को उद्दीप्त कर उसकी अनुमिति का विस्तार करता है, इसलिए शंकुक के अनुकरण या अनुमिति सिद्धान्त को सहसा असिद्ध कर देना दृष्टि-भेद का ही उदाहरण होगा।

वस्तुत: रस-बोध का दारोमदार सहृदय के अनुभव की रमणीयता और कल्पनाशीलता पर भी निर्भर होता है। इस कल्पनात्मक अनुभूति से रस का सही स्वरूप-विश्लेषण हो पाता है। लोल्लट और शंकुक के मत में यह एक मौलिक अन्तर है कि लोल्लट प्रेक्षक को महत्त्व नहीं देते, वे उसे बिलकुल छोड़ देते हैं, जबकि शंकुक का प्रेक्षक अधिक सक्रिय, अधिक कल्पना-प्रवण, भाव-प्रवण है। सारा नाट्य-प्रपंच तो अन्तत: सामाजिकों के लिए—दर्शकों के लिए ही तो है। अत: नैयायिक शंकुक प्रेक्षक के पक्षधर बनते हैं और उसकी भी सत्ता को उपयोगी सिद्ध करते हैं।

भट्टनायक : भुक्ति का सिद्धान्त

भरत सूत्र के तीसरे प्रमुख व्याख्याकार के रूप में भट्टनायक का भुक्तिवाद पर्याप्त चर्चित रहा है। अभिनव गुप्त ने 'अभिनव भारती' और 'ध्वन्यालोक लोचन', दोनों ग्रंथों में इनके मत के खंडनात्मक विवेचन के सम्बन्ध में अपना पक्ष रखा है।

रससूत्र की व्याख्या के प्रसंग में भट्टनायक मानते हैं कि रस न तो प्रतीत होता है, न उत्पन्न होता और न अभिव्यक्त होता है। इस प्रकार भट्टनायक लोल्लट के उत्पत्तिवाद और शंकुक के अनुमितिवाद का तो खंडन करते ही हैं, साथ ही आनन्दवर्धन के ध्वनि और व्यंजना के सिद्धान्त को अग्राह्य मानकर वे यह भी मानते हैं कि रस की प्रतीति सामाजिक को होनी चाहिए। यदि सामाजिक में उसकी अनुभूति नहीं होकर किसी अन्य नट आदि में हुई तो वह सामाजिक के लिए व्यर्थ है। 'लोचन' में भट्टनायक के मत का प्राय: बत्तीस पंक्तियों में खंडनात्मक विवेचन है, पर 'अभिनव भारती' की अपेक्षा उसमें कोई नवीनता नहीं है। मम्मट ने 'काव्य प्रकाश' (पृ. 106-107) में भट्टनायक के मत का महत्त्वपूर्ण विश्लेषण करते हुए विभावादि के साधारणीकरण द्वारा भावकत्व नामक व्यापार से साधारणीकृत स्थायी भाव, सत्त्वोद्रेक, प्रकाश और आनन्दमय ब्रह्मास्वाद के समान भोजकत्व व्यापार से आस्वाद्य रस की बात की है।

भट्टनायक रस की भुक्ति मानते हैं और वे इसकी पुष्टि के लिए अभिधा भावकत्व और भोजकत्व नामक तीन व्यापारों की कल्पना करते हैं। 'अभिधा' शब्द का प्रथम सामान्य व्यापार है, जिससे काव्य के शब्दार्थ का बोध होता है। दूसरा व्यापार भावकत्व है। इसका सम्बन्ध काव्य और नाट्य से है। इसमें सहृदय व्यक्तिगत रागद्वेष से मुक्त हो जाता है, अपने-पराए की भावना मिट जाती है और तब स्थायी भाव भावित होकर रस में बदल जाता है। यही रस-निष्पत्ति है। तीसरा व्यापार है भोजकत्व, जिसके द्वारा सहृदय

भावकत्व द्वारा सिद्ध रस का भोग करता है। अतः रस भोग्य या आस्वाद्य है, मात्र आस्वाद रूप नहीं है। भोजकत्व व्यापार सहृदय को महत्त्व देता है जो काव्य-भाषा की प्रेषणीयता से रस-चर्वणा का आनन्द लेता है। रस-भोग की इस अवस्था में सत्वगुण का उद्रेक होता है। यही भावित रस दशा निष्पत्ति है। अतः भट्टनायक के कथ्य के तीन पक्ष है—

1. काव्य में अभिधा, भावकत्व और भोजकत्व नामक तीन व्यापारों की कल्पना,
2. रसास्वादन के लिए विभावादि का साधारणीकरण और
3. रसास्वादन में सहृदय की महत्त्वपूर्ण आस्वादक भूमिका का महत्त्व।

भट्टनायक को डॉ. देशपांडे ने अभिनव गुप्त का 'वृद्ध समसामयिक'[23] कहा है। उन्होंने आनन्दवर्धन के 'रस ध्वनित होता' इस मत के खंडन के लिस 'हृदयदर्पण' नामक ग्रंथ लिखा था। इनका स्पष्ट मत था कि रस उत्पन्न नहीं होता, अनुमित नहीं होता, अथवा अभिव्यक्त भी नहीं होता, अपितु भावकत्व नामक व्यापार से साधारणीकरण द्वारा रस भावित होता है और भोजकत्व नामक व्यापार द्वारा रसिक उसका आस्वाद लेता है। भोग की अवस्था सत्वमय आनन्द की अवस्था है। यहीं सहृदय को पर-प्रत्यक्ष या कहें 'ब्रह्मस्वादसविद्य' अर्थात् ब्रह्मानन्द के समतुल्य अनुभूति होती है।

भट्टनायक एक महत्त्वपूर्ण बात कहते हैं कि रसास्वाद के लिए विभावादि का साधारणीकरण होना चाहिए। लोल्लट और शंकुक की स्थापना में सहृदय सामाजिक बाह्य है, पर भट्टनायक उसे रस का आस्वादक सिद्ध कर देते हैं।

अभिनव कहते हैं कि जब भट्टनायक का कथ्य व्यंजना-व्यापार से पूरा हो जाता है तब भावकत्व और भोजकत्व व्यापारों की अलग से कल्पना करने की आवश्यकता ही क्या थी? वैसे भी विचारक कहते हैं कि भोजकत्व में तो भोग का भाव पहले से ही विद्यमान है ही। अभिनव गुप्त अन्ततः रस को प्रतीयमान ही ठहराते हैं (प्रतीयमान एव हि सः)। वे भावकत्व और भोगीकरण, दोनों को व्यंजना में ही अन्तर्भुक्त मानते हैं। यहाँ यह बात भी ध्यान देने योग्य है कि अभिनव गुप्त पूर्वाचार्यों के मतों को खंडन न कहकर संशोधन कहते हैं (मतानि तान्येव तु शोधितानि)।

साधारणीकरण-सिद्धान्त

रस-निष्पत्ति की मौलिक योजना साधारणीकरण है। काव्य में वर्णित विशिष्ट रामादि पात्रों के भाव 'सहृदय साधारण' होकर आस्वाद्य बनते और साधारणीकरण की मान्यता को पुष्ट करते हैं। कहा जाता है कि मनुष्य के मन पर ही असंख्य बन्धन पड़े होते हैं, जागतिक विक्षेपों के कारण उसका चित्त प्रायः विक्षुब्ध रहता है। ऐसी स्थिति में मन की एकलयता और एकतानता कैसे स्थिर रह सकती है? देश की व्यापकता और काल की अनन्तता में ममत्व-परत्व की भावना को भूलकर मानवीय लघुता-क्षुद्रता को शाश्वतता कैसे दी जा सकती है—आदि अनेक प्रश्नों का प्रामाणिक समाधान है—भारतीय काव्य शास्त्र में प्रतिपादित साधारणीकरण का सिद्धान्त।

आचार्य भरत के 'नाट्यशास्त्र' में यह 'साधारणीकरण' शब्द उपलब्ध नहीं होता। वैसे एक स्थल पर चर्चा मिलती है—'एभ्यश्च सामान्य गुण योगेन रसा निष्पद्यन्ते (नाट्यशास्त्र, पृ. 349) अर्थात् उनचास भावों (स्थायी, संचारी एवं सात्विक) से रस निष्पन्न होते हैं, पर

सामान्य गुण-योग वश। यहाँ 'सामान्यगुण योग' शब्द विचारणीय है। पर्याय की दृष्टि से 'साधारण्य' और 'सामान्य' तो एक हैं और प्रकाशकार ने 'साधारण्येन प्रतीतेः' में इसी 'साधारण्य' शब्द का प्रयोग किया भी है। अतः स्पष्ट हो रहा है कि उपर्युक्त भाव विशेष गुण योग सम्पन्न न होकर सामान्य गुण योग सम्पन्न होकर रस-निष्पादक हो सकते हैं।

भट्टनायक की स्थापनाओं से साधारणीकरण के सम्बन्ध में निम्नलिखित निष्कर्ष निकलते हैं—

1. साधारणीकरण विभावादि का होता है,
2. साधारणीकरण भावकत्व व्यापार की मूल एवं अभिन्न शक्ति है,
3. साधारणीकरण का अर्थ रस का भाव्यमान (साधारणीकृत) होना है।
4. साधारणीकरण रसास्वाद की पूर्व प्रक्रिया है जो वस्तु को उसकी विशिष्टता से मुक्त कर सत्वगुण के प्राधान्य से प्रकाश तथा आनन्दमय साक्षात्कार में विश्रान्ति रूप एवं पर ब्रह्म के आस्वाद सदृश भोजकत्व व्यापार के द्वारा अनुभव या भोग कराती है।
5. भावकत्व व्यापार की चार मुख्य विशेषताएँ हैं—(क) श्रव्य काव्य में भाषा का भाव प्रवण कलात्मक प्रयोग, दोषाभाव, गुणालंकार की योजना तथा दृश्य-काव्य में चतुर्विध अभिनय कौशल, (ख) विभावादि का साधारणीकरण—इसी महत्त्व के कारण साधारणीकरण को भावकत्व की आत्मा कह दिया गया है—विभावादि साधारणीकरणात्मना, (ग) भावकत्व व्यापार का परिणाम है निज मोह संकट निवारण अर्थात् प्रमातृ-चेतना के मोहावरण का नाश, (घ) यह भावकत्व अभिधा के बाद का द्वितीय व्यापार है।
6. लोचन की अपेक्षा 'अभिनव भारती' में साधारणीकरण के विषय में कुछ अधिक विवेचन हुआ है। 'अभिनव भारती' में भावकत्व व्यापार और साधारणीकरण पर्याय रूप में प्रयुक्त हैं।
7. अभिनव गुप्त के काव्य-रस का अधिकारी वास्तव में सहृदय है जिसकी परिभाषा देते हुए आगे उन्होंने कहा है कि निर्मल प्रतिभाशाली हृदयवाला सहृदय पुरुष काव्यार्थ-ज्ञान का अधिकारी है। (अधिकारी मात्र विमल प्रतिभानशालि हृदयः'—अभिनव भारती, पृ. 470)।

वस्तुतः सहृदय की चेतना का साधारणीकरण या निर्मुक्ति रसास्वादन की आधारभूत क्रिया है। विभावादि के साधारणीकृत या भाव्यमान रूप में उपस्थित होने से अन्ततः प्रमाता की चेतना भी स्व-पर की भावना से मुक्त एकतान हो जाती है। पं. केशव प्रसाद मिश्र का मत द्रष्टव्य है कि "चित्त के एकतान और साधारणीकृत होने पर उसे (प्रमाता को) सभी कुछ साधारण प्रतीत होने लगता है।[24] आचार्य विश्वनाथ के अनुसार विभावादिक भी पहले साधारणतया प्रतीत होते हैं, रसास्वाद के समय विभावादिकों का ये (विभावदि) मेरे हैं अथवा मेरे नहीं हैं—अन्य के हैं अथवा अन्य के नहीं हैं, इस विशेष रूप से परिच्छेद अर्थात् सम्बन्ध-विशेष का स्वीकार अथवा परिहार नहीं होता। इस व्याख्या में दर्शक या प्रमाता को ही मुख्यता प्राप्त हो जाती है। इसमें तादात्म्य और अतादात्म्य का भी प्रश्न नहीं रहता।"[25]

डॉ. प्रेम स्वरूप गुप्त के विचारों के आधार पर साधारणीकरण का अर्थ हुआ "असाधारण का साधारण बन जाना।"[26] डॉ. राममूर्ति त्रिपाठी के मत में साधारणीकरण का शाब्दिक अर्थ है—असाधारण को साधारण बनाना—विशेष को सामान्य बनाना, पर इसी सामान्य का अर्थ सर्वसाधारण बनाना नहीं है—बल्कि इस रूप में बनाना है कि जिससे सामाजिक की प्रसुप्त वासना परिष्कृत रूप में आंदोलित हो सके।[27] डॉ. गुप्त जिसे भाषा का कलात्मक प्रयोग मानते हैं, उसे डॉ. त्रिपाठी भावमय प्रयोग एवं सहृदय की सहानुभूति कहते हैं। सहृदयता के कारण विभावादि में साधारण्य निर्विशेष रूपता रसोपयोगी रूपता आ जाती है और फिर समानुभूति या रसानुभूति होती है।[28]

डॉ. त्रिपाठी की यह समन्वयात्मक धारणा डॉ. नगेन्द्र के साधारणीकरण विषयक निष्कर्षों पर आधारित है।[29] डॉ. नगेन्द्र ने स्पष्ट करना चाहा है कि साधारणीकरण कवि की अपनी अनुभूति का होता है।[30]

उनके निष्कर्षों का विचार निम्नलिखित तथ्यों में हो सकता है—

(क) साधारणीकरण कवि की अपनी अनुभूति का होता है।

(ख) कवि में साधारणीकरण की शक्ति होती है, जिससे वह अपनी अनुभूति द्वारा सबके हृदयों में समान अनुभूति जगा सकती है।

(ग) अनुभूति सबमें होती है, किन्तु साधारणीकरण की योग्यता सबमें नहीं होती।

(घ) केवल अनुभूति और अभिव्यक्ति की सम्पन्नता कवित्व नहीं है, अनुभूति का साधारणीकरण कवित्व है।

(ङ) अनुभूति के साधारणीकरण का अर्थ है लोक हृदय की पहचान। अत: जो अर्थ विभावादि रूप वस्तु हृदय के साथ संवाद रखनेवाला होता है, उसका भाव रस की अभिव्यक्ति का कारण होता है। वह सहृदय के सम्पूर्ण अस्तित्व को उसी प्रकार व्याप्त कर लेता है जैसे सूखे काष्ठ को अग्नि। (लोचन, पृ. 40) में यह कहा गया है—

योऽर्थो हृदय संवादी तस्य भावो रसोद्भवः।
शरीरं व्याप्यते तेन शुष्कं काष्ठं मिवाग्निना॥

अभिनव गुप्त का अभिव्यक्तिवाद

भट्टनायक के भुक्तिवाद का खंडन या संशोधन कर अभिनव गुप्त ने अभिव्यक्तिवाद की स्थापना की। अभिनव का मानना था कि 'सर्वथा रसात्मक तथा वीतविघ्न, (विघ्न रहित) प्रतीति से ग्राह्य भाव ही रस है। उनके पूर्व रस आस्वाद्य अर्थात् वस्तुनिष्ठ माना गया था, पर अभिनव ने उसे आस्वाद स्वरूप या व्यक्तिनिष्ठ का दर्जा दिया। वे रस और रसभोग में अन्तर नहीं देखते। उनकी दृष्टि में तो प्रतीति ही भुक्ति या भोजकत्व व्यापार है। अभिनव भावकत्व और भोजकत्व, दोनों को ध्वनि में समेट लेते हैं। रस का आस्वादन करते समय सहृदय देशकाल और व्यक्तिगत राग द्वेष से मुक्त होकर एक विशेष प्रकार के आनन्द की प्रतीति करता है। साधारणीकरण के द्वारा यह प्रतीति सम्भव होती है।[31]

अभिनव ने रस-निष्पत्ति विषयक अपने अभिव्यक्तिवाद सिद्धान्त में भरत-सूत्र के संयोग का अर्थ व्यंग्य-व्यंजक सम्बन्ध या प्रकाश्य-प्रकाशक सम्बन्ध तथा निष्पत्ति का

अर्थ अभिव्यक्ति स्थिर किया। अभिनवगुप्त मानते हैं कि रति हास आदि स्थायी भाव सामाजिकों के अन्त:करण में वासनात्मक संस्कार के रूप में पूर्व से ही विद्यमान रहते हैं। काव्य के श्रवण या नाटक के दर्शन से सहृदय के मनोगत स्थायी भावों का विभावादि के साथ संयोग होता है और वे सुप्त स्थायी भाव ही रस रूप में अभिव्यक्त हो जाते है। रसाभिव्यक्ति के पहले सामाजिक और सहृदय विभावन नामक एक अलौकिक व्यंजना-व्यापार के द्वारा उन विभावादिकों के साथ साधारणीकरण भी कर लेता है। रस-निष्पत्ति की इस प्रक्रिया में विभावादि हुए व्यंजक या प्रकाशक और रस हुआ व्यंग्य का प्रकाश्य। स्थायी भाव की रस-रूप में अभिव्यक्ति उसी प्रकार होती है, जैसे मिट्टी के पात्र में पूर्वत: स्थित गंध जल के संयोग से अभिव्यक्त हो जाती है।[31] रस की व्यंजना या अभिव्यक्ति के कारण ही इनका सिद्धान्त अभिव्यक्तिवाद है।

वस्तुत: अभिनव गुप्त साधारणीकरण तो मानते हैं, पर भट्टनायक की तरह उसे भावना-व्यापार का परिणाम न बताकर व्यंजना के विभावन-व्यापार का परिणाम स्वीकार करते हैं।[32] अभिनव रस की स्थिति न तो मूल नायक में मानते हैं न अनुकर्त्ता नट में, प्रत्युत सामाजिक या सहृदय में मानते हैं। भट्टनायक जहाँ भावना और भोग नामक दो नवीन शब्द-व्यापारों की कल्पना करते हैं, वहाँ अभिनव व्यंजना के विभावन व्यापार से ही रस की व्याख्या प्रस्तुत करते हैं। वस्तुत: अभिनव ने भट्टनायक के भोगवादी सिद्धान्त की सीमाओं और त्रुटियों का परिमार्जन कर उसे सर्वग्राह्य बना दिया।

अभिनवगुप्त रस-बोध की दृष्टि से अत्यन्त मौलिक आलोचक सिद्ध होते हैं। उन्होंने भरत सूत्र की अभिनव व्याख्या करते हुए रस का सम्बन्ध सामाजिक से जोड़ दिया। आचार्य शंकुक स्थायी भाव के अनुमान मात्र से आनन्द मानने लगे थे, उनके लिए स्थायी भाव ही रस बन गया था जबकि अभिनव ने स्पष्ट कर दिया कि रस स्थायी भाव मात्र से विलक्षण होता है—'स्थायिविलक्षणो रसा:'। डॉ. आनन्द प्रकाश दीक्षित कहते हैं कि शंकुक तथा अभिनव के प्रतिपादन में आकाश-पाताल का अन्तर है। दोनों की कोई समता नहीं। शंकुक अँधेरे में टटोलते हुए व्यक्ति के समान हैं, जबकि अभिनव की व्याख्या एक सजग और सुचिन्त व्यक्ति की व्याख्या ज्ञात होती है।[32]

डॉ. नगेन्द्र ने अभिनव गुप्त के लिए महत्त्वपूर्ण बात कही है—

1. अभिनव के रस-विवेचन की एक प्रमुख सिद्धि है समष्टिगत रस की प्रकल्पना। अभिनव का दर्शन मूलत: व्यक्तिवादी है, किन्तु उन्होंने रस-चक्र की पूर्णता अन्तत: सामूहिक रस-चेतना में ही सिद्ध की है। जिस सामाजिक कलानुभूति की स्थापना आधुनिक युग में साम्यवाद अथवा समाजवाद के प्रभाव के द्वारा हुई है, अभिनव ने अपने ढंग से उसका अपूर्व व्याख्यान किया है।"
2. अभिनव गुप्त की प्रतिभा को प्रखर मगर उनकी शैली को विचारकों ने निविड़ माना है। कभी-कभी उनकी आलोचना-पद्धति वागाडम्बर से आक्रान्त हो जाती है। उन्होंने भरत के मत को भी अपने विचारों के सूत्र से इतना कस दिया कि उसका मूल स्वरूप ही छिप गया लगता है। आधुनिक काल में रसानुभूति को जीवनानुभूति के सन्दर्भ में रखकर देखना आवश्यक प्रतीत

होता है। रसास्वाद केवल माधुर्य या शृंगार में नहीं है, जीवन की विरुद्ध स्थितियों को भी अनुकूल बना लेने की वह एक विशिष्ट कला है। तभी शायद नौ-दस या ग्यारह रसों की विविधा और उनका परस्पर विरोध और अन्तर जीवनानुभूति के भीतर निहित रस-भाव का संकेत करता है।

डॉ. नगेन्द्र की एक उक्ति भरत के व्याख्याताओं, विशेषकर अभिनव गुप्त के सन्दर्भ में अधिक महत्त्वपूर्ण हो जाती है—"भरत के व्याख्याताओं के साथ भी यही व्यवहार किया गया है—वास्तव में उनकी स्थिति और भी दयनीय हो जाती है। जैसाकि हमने लोल्लट के प्रसंग में स्पष्ट किया है, अत्यन्त विरल उद्धरणों के आधार पर भी यह मानना कठिन नहीं है कि लोल्लट का मत भरत-मत के अत्यन्त सन्निकट था, पर अभिनव ने उसे इस प्रकार प्रस्तुत किया है कि वह सर्वथा अग्राह्य बन गया है। श्री शंकुक के विवेचन में भी कला-सम्बन्धी अनेक मूल्यवान संकेत हैं, परन्तु अभिनव ने भट्टतोत की सहायता से दर्शन के अखाड़े में उन्हें ऐसा पछाड़ा है कि उनके गुण भी मिट्टी में मिल गए हैं। भट्टनायक के सिद्धान्तों के विश्लेषण से यह स्पष्ट है कि वे अत्यन्त पुष्ट-गम्भीर आधार-भूमि पर स्थित हैं, काव्य-चिन्तन के विकास में उनका योगदान अभूतपूर्व है, स्वयं अभिनव उनके आधारभूत सिद्धान्तों को यथावत् स्वीकार कर लिया है—फिर भी उन्हें इस बुरी तरह रगड़ा गया कि एक हजार वर्ष तक भट्टनायक का महत्त्व प्राय: नगण्य ही बना रहा।[34]

मूल्यांकन

भारतीय आलोचनाशास्त्र में अभिनवगुप्त साहित्य-शास्त्र, दर्शन और तंत्र के क्षेत्र में अप्रतिम हैं। इनकी 'अभिनव भारती' और 'ध्वन्यालोक लोचन' टीका-ग्रंथ होकर भी अपना मौलिक महत्त्व रखते हैं। दर्शन, काव्य, संगीत, नाट्य एवं तंत्र-विद्या का एकत्र सन्निवेश 'अभिनव' में मिलता है। उनके द्वारा रचित 41-45 ग्रंथों की सूची उनके अगाध और अपरिमित ज्ञान की साक्षी है।

1. अभिनव गुप्त काव्य में रस-तत्त्व की मुख्यता स्वीकार करते हैं। अलंकार, गुण, औचित्य आदि इसके सहायक हैं। जैसे—मृतक शरीर पर धारण कराए गए अलंकार निरर्थक होते हैं, वैसे ही कभी-कभी तो रस की व्यंजना के लिए अलंकारों की आवश्यकता नहीं भी पड़ती है। अभिनव भरत-सूत्र को आधार बनाकर काव्यगत पदार्थ और वाक्यार्थ को अन्तत: रस में समाहित देखते हैं। यह रस काव्य का असाधारण और प्रधान धर्म है। रस ही काव्यार्थ है। यह भाव से व्यक्त होता है। स्थायी और संचारीभाव रस के निष्पादक हैं। अविश्रान्ति ही दुख है और निर्विघ्न विश्रान्ति आनन्द। अत: सभी रस आनन्दमय हैं—'इति आनन्दरूपा सर्वरसानाम्'।
2. अभिनव बताना चाहते हैं कि काव्य का लक्ष्य रसानुभूति है। विश्रान्ति की दशा में सहृदय सहजता से रसानुभूति कर पाता है। यह रस अखंड अनुभूति है। विभाव आदि की अलग-अलग अनुभूतियाँ भी रसानुभूति की दशा में एक और अखंड हो जाती हैं। सभी रस आनन्ददायक होते हैं। वह आस्वाद का विषय नहीं, स्वयं आस्वाद्य होता है। यह चमत्कारपूर्ण अलौकिक अनुभूति

स्मृति, अनुमान एवं प्रत्यक्ष लौकिक अनुभवों से विलक्षण लोकोत्तर चमत्कार पूर्ण रसास्वाद है।

3. अभिनव ने रस-प्रतीति में अनुभूत सात प्रकार के विघ्नों की चर्चा की है। निर्विघ्नता से होनेवाली प्रतीति ही चमत्कार, भोग, लय, विश्रांति आदि रूपों में जानी गई। रस प्रतीति रसिक के हृदय संवाद का व्यापार है। काव्य या नाटक से यह प्रतीति सहज होती है। अभिनव द्वारा निर्दिष्ट सात प्रकार के रस-विघ्न हैं—(1) सम्भावना-विरह—अर्थात् रस की सम्भावना का अभाव। (2) स्वगत (सामाजिक गत) रूपसे अथवा परगत (नटगत) रूप से देशकाल विशेष का सम्बन्ध। (3) सामाजिक का अपने व्यक्तिगत सुखादि के वश हो जाना। (4) प्रतीति के उचित उपायों का अभाव। (5) स्फुटत्वाभास, अर्थात् स्फुट प्रतीति का न होना (6) अप्रधानता तथा (7) संशय का योग।

ये रस-विघ्न रसभंग भी कहे गए हैं। कवि और सहृदय, दोनों की दृष्टियों से इनके कारणों का विवेचन हुआ है। आनन्दवर्धन ने भी कवि-दृष्टि से रसभंग के मुख्य पाँच कारण गिनाए थे—(1) विरोधी रस के सम्बन्धी विभाव आदि का वर्णन (2) रस से संबद्ध होने पर भी अन्य वस्तु का विस्तृत वर्णन, (3) असमय में रस की समाप्ति या अनवसर में उसका प्रकाशन, (4) रस का पूर्ण परिपाक हो जाने पर भी बार-बार उद्दीपन की चेष्टा तथा (5) व्यवहार का अनौचित्य। रसभंग के ये कारण आगे चलकर रस-दोष के रूप में देखे गए—जिनमें से अधिकांश की चर्चा मम्मट के 'काव्यप्रकाश' में मिलती है।

4. अभिनव गुप्त सहृदय की दृष्टि से रस-विघ्न का प्रभावशाली विवेचन 'अभिनव भारती' में करते हैं। वे बताते हैं कि प्रत्येक स्थिति में आस्वादमूलक एवं निर्विघ्न प्रतीति से ग्राह्य भाव ही रस है। पंडितराज जगन्नाथ ने भी माना है कि रसभंग से तभी बचा जा सकता है जब अनौचित्य से बचा जाए। वास्तव में ये रसविघ्न या रस-दोष कवि-कर्म के ही दोष होते हैं जो किसी से हृदय की प्रतीति में भी बाधा उत्पन्न कर देते हैं, पर यदि कवि में अभिव्यक्ति-सामर्थ्य हो और सहृदय में अनुभूति-सामर्थ्य हो तो रस विघ्न या रस-दोष की सम्भावना ही नहीं रह जाती।

5. भरत के 'नाट्यशास्त्र' से ही भाव-विवेचन आरम्भ हो जाता है। वहाँ यह प्रश्न भी उठा है कि जो होते हैं, वे भाव हैं या जो भावित करते हैं, वे भाव हैं। 'भावन' का अर्थ है व्याप्ति और यही अर्थ मान्य हुआ है। अभिनव गुप्त भाव को चित्तवृत्ति रूप मानते हैं। वहाँ स्थायी भावों का महत्त्व अधिक माना गया है। रस का रहस्य व्यंजना से ही स्पष्ट हो सकता है। अत: काव्य में शब्दार्थ, गुण, अलंकार की संयुक्त रसात्मकता चाहिए। ऐसी रसात्मक सौंदर्य-सम्पन्न ध्वनि काव्य का रूप लेती है।

6. अभिनव गुप्त आलोचना शास्त्र में एक मौलिक चिन्तक के रूप में अवतरित होते हैं। एक ओर वे भरत के 'नाट्यशास्त्र' का गम्भीर अध्ययन उपस्थित करते हैं तो साथ ही 'ध्वन्यालोक' की 'लोचन' टीका में सिद्धान्त पक्ष की सुचिन्तित व्याख्या करते हैं। नाट्य और काव्य-रस की उत्पत्ति और शक्ति

से सम्बन्धित विभिन्न सिद्धान्तों का आकल्पन करते हैं। उन्होंने रस के स्वरूप-निरूपण के साथ काव्य-सिद्धान्त में उसके स्थान के निर्धारण की भी चेष्टा की। उन्होंने रस को काव्य का जीवन घोषित किया—रसशून्यकाव्य भी क्या काव्य है? वे मानते हैं कि वस्तु तथा अलंकार पर आश्रित अन्य दो रूप काव्य की आत्मा रस-ध्वनि में समाहित हो जाते हैं। सम्भवत: इन्हीं से प्रेरित होकर विश्वनाथ ने 'रसात्मक वाक्य ही काव्य है' का सिद्धान्त घोषित किया होगा। पंडितराज भी रसध्वनि के पक्षधर हैं। वे तो यहाँ तक कहते हैं कि ध्वनिकारों ने काव्य के परवर्ती लेखकों के अनुसरण के लिए मार्ग की व्यवस्था कर दी। भरत के रस-सूत्र विभाव, अनुभाव और व्यभिचारी भावों के संयोग से रस की निष्पत्ति में प्रयुक्त संयोग और निष्पत्ति शब्द की व्याख्या के लिए चार व्याख्याकारों के मत सामने आए। वे थे—भट्टलोल्लट, शंकुक, भट्टनायक और अभिनव गुप्त। अभिनव ने अपनी पुस्तक में भट्टलोल्लट का नाम प्राय: दस बार लिया। उन्होंने लोल्लट के सिद्धान्त को उत्पत्तिवाद कहा। लोल्लट के अनुसार विभाव, अनुभाव और व्यभिचारी भावों से जब स्थायी भाव 'पुष्ट' या 'उपचित' होता है, तभी रस की निष्पत्ति होती है। लोल्लट विभाव आदि को रस का कारण मानकर स्थायीभाव के साथ उसका उत्पाद्य-उत्पादक सम्बन्ध स्वीकार करते हैं। लोल्लट के मत में सामाजिकों का उल्लेख प्रत्यक्ष नहीं मिलता।

7. रस-निष्पत्ति विषयक लोल्लट की धारणा से शंकुक सहमत नहीं होते। अभिनव के गुरु भट्टतोत ने रस को अनुव्यवसाय मानते हुए शंकुक के अनुकरण सिद्धान्त का खंडन किया है। नट अपने नाट्य के समय जो अभिनय करता है तो दर्शक अपने संस्कारों की सहायता से सुख-दु:ख आदि के रूप में चित्रित अपनी चित्तवृत्ति के साक्षात् के द्वारा आनन्द का अनुभव करता है—यही अनुव्यवसाय कहलाता है जो आनन्दमय होता है। शंकुक के अनुमितिवाद या अनुकृतिवाद को अभिनव सामर्थ्यहीन बताते हैं। लोल्लट दर्शक को महत्त्व नहीं देते, जबकि शंकुक प्रेक्षक के पक्षधर प्रतीत होते हैं। शंकुक का अनुकरण केवल दृष्टि सापेक्ष नहीं है, वह भाव सापेक्ष भी है। वस्तुत: रस-बोध सहृदय के अनुभव की रमणीयता और कल्पनाशीलता पर टिका होता है।
8. रस-निष्पत्ति के सम्बन्ध में भट्टनायक के भुक्तिवाद पर अभिनवगुप्त ने अपने ग्रंथ 'अभिनव भारती' और 'ध्वन्यालोक लोचन' में अपने खंडनात्मक विवेचन का अपना पक्ष प्रस्तुत किया है। भट्टनायक रस की भुक्ति मानते हैं और इसकी पुष्टि के लिए अभिधा, भावकत्व और भोजकत्व नामक तीन व्यापारों की कल्पना करते हैं। वे विभावादि का साधारणीकरण और रसास्वादन में सहृदय की महत्त्वपूर्ण भूमिका को महत्त्व देते हैं। अभिनवगुप्त अन्तत: रस को प्रतीयमान ही ठहराते हैं तथा भावकत्व और भोजकत्व, दोनों को व्यंजना में ही अन्तर्भुक्त मानते हैं।
9. अभिनव गुप्त ने भट्टनायक के भुक्तिवाद का संशोधन कर अभिव्यक्तिवाद

की स्थापना की। उनकी दृष्टि में सर्वथा रसात्मक तथा विघ्नरहित प्रतीति से ग्राह्य भाव ही रस है। उनकी दृष्टि में प्रतीति ही भुक्ति है। अभिनव भावकत्व और भोजकत्व, दोनों को ध्वनि में समेट लेते हैं। रस का आस्वादन करते समय सहृदय देशकाल और व्यक्तिगत राग द्वेष से मुक्त होकर एक विशेष प्रकार के आनन्द की प्रतीति करता है। यह प्रतीति साधारणीकरण के द्वारा सम्भव होती है। अभिनव गुप्त साधारणीकरण तो मानते हैं, पर भट्टनायक की तरह उसे भावना-व्यापार का परिणाम न बताकर व्यंजना का विभावन व्यापार मानते हैं। वे रस की स्थिति मूल नायक या अनुकर्त्ता नट में न मानकर सामाजिक या सहृदय में मानते हैं। उन्होंने भरत-सूत्र की नई व्याख्या करते हुए रस का सम्बन्ध सामाजिक से जोड़ दिया है।

10. आलोचकों ने अभिनवगुप्त की प्रतिभा को प्रखर किन्तु उनकी शैली को निविड़ माना है। डॉ. नगेन्द्र की एक उक्ति व्याज स्तुति की तरह अभिनवगुप्त के सन्दर्भ में महत्त्वपूर्ण हो जाती है—"यह मानना कठिन नहीं है कि लोल्लट का मत भरत-मत के अत्यन्त सन्निकट था, पर अभिनव ने उसे इस प्रकार प्रस्तुत किया है कि वह सर्वथा अग्राह्य बन गया है। श्री शंकुक के विवेचन में भी कला-सम्बन्धी अनेक मूल्यवान संकेत हैं, परन्तु अभिनव ने भट्टतोत की सहायता से दर्शन के अखाड़े में उन्हें ऐसा पछाड़ा है कि उनके गुण भी मिट्टी में मिल गए हैं। भट्टनायक के सिद्धान्तों के विश्लेषण से यह स्पष्ट है कि वे अत्यन्त पुष्ट गम्भीर आधारभूमि पर स्थित हैं, काव्य-चिन्तन के विकास में उनका योगदान अभूतपूर्व है, स्वयं अभिनव ने उनके आधारभूत सिद्धान्तों को यथावत् स्वीकार कर लिया है—फिर भी उन्हें इस बुरी तरह रगड़ा गया कि एक हजार वर्ष तक भट्टनायक का महत्त्व प्रायः नगण्य ही बना रहा।" (रस-सिद्धान्त पृ. 177)

सन्दर्भ

1. संस्कृत काव्यशास्त्र का इतिहास, पृ. 302
2. भारतीय काव्यशास्त्र के नए क्षितिज, पृ. 27
3. (क) हिंदी अभिनव भारती, पृ. 478
   (ख) वही, पृ. 483
4. वही, षष्ठ अध्याय, पृ. 483
5. (क) तदेव मूलबीज स्थानीयः कविगतो रसः। —वही, पृ. 515
   (ख) ततो वृक्षस्थानीयं काव्यम्। तत्रदि पुष्पादि स्थानीयोऽभिनयादि
   नट व्यापारः। तत्र फल स्थानीयः सामाजिक रसास्वादः —वही, पृ. वही
6. ध्वन्यालोक, 212-213 (ज्ञानमंडल)
7. अनौचित्यादृते नान्यद् रसभंगस्य कारणम्
   औचित्योपनिबन्धस्तु रसस्योपनिषत् परा॥ —वही,
8. अनौचित्यं तु रस-भंग हेतुत्वात् परिहरणीयम्।
   भंगश्च पानकादि रसादौ सिकतादि निपातजनितेवा रुन्तुदता।

तच्च जाति देश काल वर्णाश्रम-वयोऽवस्था-प्रकृति व्यवहारपदे:
प्रगंचजातस्य तस्य यल्लोक शास्त्र सिद्धमुचित द्रव्य गुण क्रियादि तद्भेद:।

—रसगंगाधर, पृ. 321

9. वही, पृ. 51 से 52
10. वही, पृ. 52
11. हिंदी अभिनव भारती, पृ. 474, प्रथम संस्करण, 1960
12. वही, पृ. 475
13. वही, पृ. वही
14. पुमर्थोमयोगित्वेन रंजनाधिक्येन वा इयतामेवो पदेश्चत्वात्।
तेन रसांतर सम्भवेऽपि चार्ष प्रसिद्धया संख्या नियम इति
यदन्यैरुक्त तत्प्रयुक्तम्। भावाध्यायेऽपि चैतद् वक्ष्यते। —वही, पृ. वही
15. रतिरिति स्थायि-भावोपलक्षणम् देवादि विषये त्यप्य प्राप्त रसावस्थो पलक्षणम्सं
संस्कृत काव्यशास्त्र का इतिहास, भाग-2 पृ. 252, —काव्यप्रकाश की टीका, गोविन्द ठक्कुर
16. संचारिण: प्रधानानि देवादि विषया रति।
उद्बुद्ध मात्र: स्थायी च भाव इत्यभिधीयते॥ —साहित्य दर्पण, 3/260
17. यथाहि नाना व्यंजनौषधि द्रव्य संयोगाद्रस निष्पति र्भवति,
यथाहि गुडादिभिर्द्रव्यं व्यंजनैरोषधिश्च षाडवादयो रसा
निर्वर्त्यन्ते, तथा नाना भावोपगता अपि स्थायिनो भाषा
रसत्व माप्नुवन्तीति। —नाट्यशास्त्र, अध्याय-6
18. डॉ. नगेन्द्र रस-सिद्धान्त, पृ. 138
19. वही, पृ. वही।
20. रस-विमर्श, पृ. 139
21. आलोचक और आलोचना, पृ. 113
22. पाश्चात्य काव्यशास्त्र, पृ. 65 नेशनल पब्लिशिंग हाउस, दिल्ली।
23. भारतीय साहित्यशास्त्र, पृ. 289।
24. डॉ. श्यामसुन्दर दास, साहित्यालोचन, पृ. 285
25. (क) परस्य न परस्येति ममेति न ममेति च। —साहित्य दर्पण, 3/12
(ख) तदास्वादे विभावादे: परिच्छेदो न विद्यते। —वही, वही
26. 'रसगंगाधर' का शास्त्रीय अध्ययन, पृ. 151-152
27. रस-विमर्श, पृ. 165
28. वही, पृ. 180
29. रस-सिद्धान्त, पृ. 213
30. वही, पृ. 111
31. वही, पृ. 175
32. अभिनव भारती, प्रथम भाग, पृ. 284
33. रस-सिद्धान्त: स्वरूप-विश्लेषण, पृ. 98, राजकमल प्रकाशन, 1960
34. रस-सिद्धान्त, पृ. 177

कुन्तक

(दसवीं शताब्दी का अन्तिम चरण)

भारतीय काव्यशास्त्र के एक मौलिक काव्य-सिद्धान्त के रूप में कुन्तक का वक्रोक्ति सिद्धान्त प्राय: एक सहस्त्र वर्षों से प्राचीन एवं अधुनातन नवीन काव्यालोचन को प्रेरित करता रहा है। उक्ति की वक्रता में ही सारा चमत्कार छिपा होता है। 'ध्वन्यालोक लोचन' में अभिनवगुप्त ने भी शब्द तथा अर्थ की वक्रता का तात्पर्य उनका लोकोत्तर रूप से अवस्थित होना माना है—'शब्दस्य हि वक्रता अभिधेयस्य च वक्रता लोकोत्तीर्णेन रूपेणाव स्थानमिति अयमेवासौ अलंकारा स्यालंकारान्तर भाव: (लोचन, पृ. 208)। वक्रोक्ति सिद्धान्त को प्रस्थापित करते हुए कुन्तक ने एक मौलिक दृष्टिकोण का उन्मीलन किया है।

भारतीय काव्यशास्त्र के जितने भी सिद्धान्त हैं, उनके केन्द्रीय अभिधान जैसे अलंकार, रस, वक्रोक्ति ध्वनि, रीति, औचित्य आदि केवल लक्षण ग्रंथों में ही नहीं, लक्ष्य ग्रंथों अर्थात् काव्य-ग्रंथों में भी आए हैं। 'वक्रोक्ति' शब्द का भी प्रयोग इसी प्रयोग-परम्परा में आता है। बाण की 'कादम्बरी' के अनेक स्थलों पर वक्रोक्ति शब्द प्रयोग—'वक्रोक्ति निपुणेन विलासि जनेन' (कादंबरी, पृ. 113), एवं एषाऽविबुध्यात एवैतावर्ती वक्रोक्ति (वही, पृ. 405) आदि द्रष्टव्य हैं। इसमें वक्रोक्ति का अर्थ कुटिला वचन पद्धति' अर्थात् विदग्धोक्ति का प्रयोग परिहास गर्भित वचन के लिए हुआ है। ये प्रयोग वक्रोक्ति की वचन-भंगिमा का संकेत करते हैं।

आद्याचार्य भामह भी 'वक्रोक्ति' शब्द को व्यापक अर्थ प्रदान करते हैं और मानते हैं कि वक्रोक्ति के बिना अर्थ न तो विभाव रूपता को प्राप्त करता है, न उसमें रंजकता आती है—वे 'सैषा सर्वैव वक्रोक्तिरनयार्थो विभाव्यते' (काव्यालंकार, 2/85) के रूप में इसकी घोषणा करते हैं। वे वक्रोक्ति को अलंकार मात्र का उपलक्षण मानते हैं। साथ ही वे अतिशयोक्ति को समग्र वक्रोक्ति अर्थात् अलंकार-प्रपंच का विषय मानते हैं, इससे अर्थ में रमणीयता आती है। इसी कारण भामह ने वक्रोक्तिहीन उक्ति को 'वार्ता' कहा है। 'सूर्य अस्त हो गया; चन्द्रमा चमक रहा है; पक्षी घोंसलों में जा रहे हैं—ऐसी भी उक्ति क्या काव्य है? इसे वार्ता कहते हैं।' भामह चमत्कारहीनता को काव्य नहीं मानते। यहाँ तक कि उन्होंने हेतु, सूक्ष्म और लेश अलंकारों के खंडन के प्रसंग में भी 'अतिशयोक्ति' का नाम नहीं लेकर यह कहा कि ये अलंकार इसलिए स्वीकार्य नहीं हैं कि इनमें वक्रोक्ति नहीं रहती—'वक्रोत्यनभिधानत:'। 'काव्यालंकार' के पंचम परिच्छेद में भामह पुन: अपना मंतव्य दुहराते हैं कि' वाचां वक्रार्थ शब्दोक्तिरलंकारस्य कल्पते (वही, 5/66)। अत: ये प्रमाण संकेत करते हैं क़ि भामह अलंकारवादी से अधिक वक्रोक्तिवादी थे।

आचार्य देवेन्द्रनाथ शर्मा ने 'आचार्य भामह विरचित काव्यालंकार' की भूमिका में स्पष्ट किया है कि "वक्रोक्ति को काव्यत्व का निष्पादक तत्त्व बताकर भामह ने काव्य के एक अनिवार्य और व्यापक वैशिष्ट्य को प्रस्तुत किया। ध्वनि-सिद्धान्त की प्रतिष्ठा के बाद भी वक्रोक्ति-सिद्धान्त को कुन्तक के जैसी कृति और विवेचनशील समर्थक मिला—यह स्वयं उसकी सबलता और ग्राह्यता का प्रमाण है। वक्रोक्ति निःसन्देह ऐसा तत्त्व है जिसकी काव्य में उपेक्षा नहीं हो सकती।" (पृ. 48)

इससे स्पष्ट होता है कि अलंकार मात्र के मूल में रहनेवाली वस्तु वक्रोक्ति है। भामह वक्रोक्ति और अतिशयोक्ति को समानार्थक और पूरक मानते हैं। अतिशयोक्ति को वे एक 'लोकातिक्रांत गोचर वचन' बताते हैं। यह बात इसलिए महत्त्वपूर्ण है कि इस अर्थ में 'वक्रोक्ति' शब्द की मान्यता बहुत दूर तक ग्राह्य होती रही-–'निमित्ततो वचोयत्तु—लोकातिक्रान्त गोचरम् मन्यन्तेऽतिशयोक्ति 'तामलंकार तया यथा'—(वही, 2/8)।

दंडी वक्रोक्ति की चर्चा करते समय उसे वाङ्मय के विशेष अर्थ में लेते हुए स्वभावोक्ति तथा वक्रोक्ति के रूप में उसका विभाजन करते हैं। वाङ्मय से उनका अभिप्रेत काव्य ही है। ऐसा प्रतीत होता है कि दंडी वक्रोक्ति के साथ-साथ स्वभावोक्ति को स्थान देकर वक्रोक्ति का स्वरूप किंचित् सीमित कर देते हैं। भामह की दृष्टि में वक्रोक्ति की परिधि में सम्पूर्ण काव्य ही समा जा सकता था, पर दंडी ने उसकी सीमा-रेखा तय कर दी।

आचार्य वामन ने वक्रोक्ति की सीमा का और भी संकोच करते हुए कहा—'सादृश्याल्लक्षणा वक्रोक्तिः' अर्थात् सादृश्यगर्भ पर निर्भर रहनेवाली लक्षणा वक्रोक्ति है यह वक्रोक्ति सादृश्यगर्भ लक्षणा है। दंडी ने भी कुछ इसी तरह की बात समाधि गुण के विवेचन में कही है। समाधि गुण की परिभाषा में उन्होंने कहा है कि जहाँ लोक-व्यवहार का पालन करनेवाला कवि एक वस्तु के गुण, क्रिया आदि धर्म का दूसरी वस्तु पर आधान करता है, वहाँ समाधि गुण माना जाता है (काव्यार्थ—1/93)। प्रभा टीका में दंडी के समाधि गुण लक्षण की व्याख्या करते हुए टीकाकार ने सम्यक् आधान को साध्यवसाना लक्षणा से अभिन्न मानकर समाधि को अन्वर्थ संज्ञा कहा है। इसी लक्षणा के प्रभाव से समाधि गुण में भी प्रस्तुत के धर्म का कथन न होकर केवल अप्रस्तुत के धर्म का कथन होना चाहिए। दंडी का यह समाधि गुण अतिशयोक्ति से अभिन्न प्रतीत होता है। वे समाधि गुण को 'काव्य सर्वस्व' कहकर गुणों में सर्वोच्च स्थान देते हैं। (वही, 100)।

वक्रोक्ति का जो स्वरूप संकोच की ओर बढ़ रहा था, वह पुनः आनन्दवर्धन और अभिनव गुप्त द्वारा उन्नत होने लगा। आनन्दवर्धन ने तो भामह की कारिका 'सैषा सर्वत्र वक्रोक्तिः को उद्धृत किया (ध्वन्यालोक, तृतीय उद्योत) और उसे अपना समर्थन भी दिया। दोनों में अन्तर केवल रस की सर्वातिशायी प्रतिष्ठा को लेकर है। रुद्रट ने तो वक्रोक्ति को एक अलंकार विशेष भर माना और उसके दो भेद किए—काकु वक्रोक्ति और श्लेष वक्रोक्ति।

आचार्य मम्मट अपनी समाहारवादी प्रवृत्ति का परिचय वक्रोक्ति-विवेचन में भी करते हैं। वे एक ओर भामह की उक्ति 'सैषा सर्वत्र वक्रोक्तिः' को भी उद्धृत करते हैं,

और अन्यत्र रुद्रट प्रस्तुत दो भेदों की भी चर्चा करते हैं (द्रष्टव्य-काव्य प्रकाश, दशम उल्लास एवं नवम उल्लास)।

वक्रोक्ति के इसी संकोच और विस्तार-युग की खींचातानी में कुन्तक का उदय होता है और वे व्यापक अर्थ में वक्रोक्ति का विवेचन करते हैं। कुन्तक कहते हैं कि लोकोत्तर चमत्कारी वैचित्र्य की सिद्धि के लिए वैदग्ध्य भङ्गी भणिति ही वक्रोक्ति है (वक्रोक्ति जीवित, प्रथम उन्मेष)। इस वक्रता के कारण ही 'समन्यि' शब्द एवं अर्थ का साहित्य अर्थवान होता है, यही साधारण को असाधारण बना देता है। 'वक्रोक्ति जीवित' में ही कुन्तक ने वक्रोक्ति को विचित्र गुण एवं अलंकार का 'धाराधिरोह उत्कर्ष कहा है।

कुन्तक वक्रोक्ति को विचित्र अभिधा कहकर अभिधा का दूसरा रूप मानते हैं। इसे शास्त्र या लोक प्रसिद्ध-कथन या उक्ति से अतिशय सुन्दर विचित्र उक्ति कहा गया। यह विच्छित्ति काव्य-कौशल ही है। इस विच्छित्ति द्वारा कथित उक्ति वक्रोक्ति है जो प्रसिद्ध अर्थ के अलावा भिन्न अर्थ का संकेत करती है अर्थात् यह वक्रता काव्य-सौंदर्य या कवि-कौशल का बोध कराती है।

'वक्रोक्तिः काव्य जीवितम्'

आचार्य कुन्तक का दूसरा नाम 'कुन्तल' भी प्रसिद्ध रहा है। उन्होंने वक्रोक्ति को काव्य का जीवित आत्म तत्त्व मानकर उसे काव्य-व्यापार की समग्रता के रूप में व्यक्त किया। कुन्तक के पूर्व रुद्रट ने अलंकार और अलंकार्य का भेद किया था। इसे ध्वनिवादियों की भी स्वीकृति मिली थी, किन्तु कुन्तक अलंकार और अलंकार्य का भेद नहीं मानते। उनकी दृष्टि में काव्य अपनी सम्पूर्णता में ही ग्राह्य है—खंड रूप में नहीं। चाहे पद वक्रता हो या वाक्य वक्रता, सभी इस सम्पूर्ण को चारुतर बनाने में योग देते हैं। यह ध्यान में रखना चाहिए कि भामह ने भी 'चारुता' को अत्यन्त महत्त्व प्रदान किया था।

कुन्तक के ग्रंथ 'वक्रोक्ति जीवित' में चार उन्मेष हैं। ग्रंथ कारिका, वृत्ति शैली में प्रणीत है। प्रथम उन्मेष में 58 कारिकाएँ हैं, द्वितीय उन्मेष में 35, तृतीय उन्मेष में 46 और चतुर्थ उन्मेष में 26, इस प्रकार कुल 165 कारिकाएँ हैं। इसके अतिरिक्त उसमें अन्य काव्यशास्त्रीय ग्रंथों, काव्य, नाटक आदि से जो पद्य या कारिकाएँ ली गई हैं, उनकी संख्या प्राय: 250 है। ग्रंथ का मूल उद्देश्य है 'वक्रोक्ति' नामक काव्य-तत्त्व का प्रतिपादन और उसकी काव्य जीवित के रूप में स्वीकृति। कुन्तक ने वक्रोक्ति को एक ओर 'काव्य का अपूर्व अलंकार' कहा तो दूसरी ओर इसे 'विचित्र अभिधा' भी कहा।[1]

वक्रोक्ति के भेद

कुन्तक ने वक्रोक्ति के छह भेद किए—

(1) वर्ण विन्यास वक्रता, (2) पद-पूर्वार्द्ध वक्रता, (3) पद पदार्थ वक्रता, (4) वाक्य वक्रता, (5) प्रकरण-वक्रता और (6) प्रबन्ध वक्रता। कुन्तक ने इन्हीं छह भेदों के आधार पर काव्य की संरचना को समग्रता में प्रस्तुत करना चाहा। कुन्तक ने शब्द के लघुतम खंड वर्ण और महत् खंड प्रबन्ध को अपने विवेचन में शामिल कर इनके बीच पड़नेवाले विन्यासों का विवेचन किया।

वर्ण विन्यास वक्रता का तात्पर्य है—वर्णों के विन्यास पर आधारित वक्रता। सभी शब्दालंकार, विशेषत: अनुप्रास और यमक के भेदों का चमत्कार इसी में अन्तर्भुक्त है। वे कहते हैं कि इनकी योजना वर्ण्य के अनुरूप होनी चाहिए। इसमें कोई पूर्वग्रह नहीं होना चाहिए। ऐसा होने पर ही वह काव्य का अन्तरंग तत्त्व बन सकता है। तब वर्ण-वक्रता में कृत्रिमता नहीं आएगी और काव्य भी शोभाशाली हो जाएगा। साथ ही उसमें नवीन वर्ण मैत्री भी जरूरी है। वर्ण विन्यास वक्रता के भी छह भेद गिनाए गए हैं। एक या दो या अधिक वर्णों की कुछ अन्तर से आवृत्ति आदि इसी के अन्तर्गत गण्य हैं। पद-पूर्वार्द्ध वक्रता यह मूल शब्द की वक्रता से सम्बन्धित है। इसमें कहा गया है कि जहाँ धातु से सम्बन्धित वक्रता मानी जाती है। इसका अभिप्राय प्रातिपदिक वक्रता से है। पदों के दो रूप होते हैं—प्रकृति रूप एवं प्रत्यय रूप। प्रकृति को ही पद पूर्वार्द्ध वक्रता कहा गया है।

इसके आठ भेद हैं—(1) रूढ़ि वैचित्र्य वक्रता, (2) पर्याय वक्रता, (3) उपचार वक्रता, (4) विशेषण वक्रता, (5) संवृत्ति वक्रता, (6) वृत्ति वक्रता, (7) लिंग, वैचित्र्य वक्रता, (8) क्रिया-वैचित्र्य वक्रता।

कुछ आलोचक पद-पूर्वार्द्ध वक्रता के ग्यारह भेद मानते हैं और उपर्युक्त आठ भेदों के अतिरिक्त—(1) प्रत्यय वक्रता, (2) आगम वक्रता और भाव वक्रता का परिगणन करते हैं।

1. रूढ़ि वैचित्र्य वक्रता-प्रसिद्ध—अर्थ के वैचित्र्य पर आधारित होती है।
2. उपचार वक्रता—सर्वथा भिन्न स्वभाव वाले भी प्रस्तुत पर उस अप्रस्तुत के आरोप द्वारा होती है जिसके सामान्य धर्म का प्रस्तुत के साथ लेश मात्र ही सम्बन्ध हो।
3. संवृति वक्रता गोपन वक्रता है। इसमें वैचित्र्य पैदा करने के लिए किसी विषय का गोपन किया जाता है।
4. वृत्ति वक्रता में नाम धातुओं के प्रयोग से चमत्कार उत्पन्न होता है। समास जन्य चमत्कार भी इसी के अन्तर्गत आते है।
5. वस्तु वक्रता वर्त्तमान में अधिक मौजूँ है। वस्तु के स्वभाव का वक्रतापूर्ण वर्णन इसमें होता है। वक्रता अलंकार है और वस्तु का स्वभाव अलंकार्य।
6. वाक्य-वक्रता में कवि का कौशल व्यक्त होता है। शब्द, अर्थ, गुण, अलंकार आदि के सौंदर्य से विशिष्ट शैली से कथन वाक्य-वक्रता है।
7. प्रकरण वक्रता का तात्पर्य है—प्रबन्ध के किसी अंग या प्रसंग का वैचित्र्यपूर्ण कथन। इसके भी नौ भेद बताए गए हैं।
8. प्रबन्ध वक्रता में महाकाव्य, खंडकाव्य नाटक आदि में वस्तु सम्बन्धी कौशल या वक्रता का कथन होता है। इसमें रस का समावेश होता है। इस दृष्टि से कुन्तक रस के पोषक आचार्य दिखाई देते हैं।

अनेक भेदोपभेदों के साथ कुन्तक वक्रोक्ति का क्रमिक एवं वैज्ञानिक विभाजन करते हैं। प्रबन्ध वक्रता के अन्तर्गत ही महाकाव्य, खंडकाव्य, नाटक आदि के वस्तु सम्बन्धी कौशल या वक्रता का कथन होता है। वक्रोक्ति का यह व्यापक क्षेत्र है। इसके

भी छह भेद गिनाए गए हैं। रस-नियोजन की दृष्टि से वक्रोक्ति के इस भेद का महत्त्व है।

कुन्तक ने वक्रोक्ति को महत्त्व देते हुए भी रस, औचित्य और ध्वनि को महत्त्व दिया और रस, ध्वनि आदि का अन्तर्भाव वक्रोक्ति में किया। उनका यह सिद्धान्त ध्वनि-सिद्धान्त के खंडन के लिए उठ खड़ा हुआ था, पर इसमें वे कृतकार्य नहीं हो सके और यह सिद्धान्त सर्वग्राह्य नहीं हो सका। विश्वनाथ आदि आचार्यों ने तो वक्रोक्ति को शब्दालंकार की कोटि में परिगणित कर दिया।

कुन्तक की विशेषता इस बात में भी है कि उन्होंने परम्परा से विचाराश्रित वक्रोक्ति-तत्त्व को काव्य के जीवित (आत्मा) रूप में ग्रहण किया। डॉ. राघवन ने क्षेमेन्द्र के औचित्य-चिन्तन के प्रसंग में रस को आत्मा और औचित्य को जीवित के रूप में ग्रहण करके यह बताना चाहा है कि क्षेमेन्द्र ध्वनिवादी अभिनवगुप्त के विरोधी नहीं हैं अन्यथा यदि—'औचित्यं रस सिद्धस्य स्थिरं काव्यस्य जीवितम्' के 'जीवितम्' शब्द को आत्मा के अभिन्न अर्थ में माना जाता है तो क्षेमेन्द्र अभिनव के विपक्ष में चले जाते। निष्कर्ष यह कि काव्यात्मवाद के सन्दर्भ में डॉ. राघवन ने 'सम कनसेप्ट्स ऑफ अलंकार शास्त्र' शीर्षक पुस्तक में संकलित 'हिस्ट्री आफ संस्कृत पोयटिक्स' शीर्षक लेख में आत्मा को 'सोल' तथा जीवित को 'लाइफ' के अर्थ में लेकर अभिनव और क्षेमेन्द्र के बीच एक संगति बैठाई है, लेकिन उदाहरण में भले ही आत्मा और जीवित को भिन्न समझा जाए पर काव्य में दोनों शब्द समान अर्थ के वाचक हैं। अत: स्पष्ट है कि काव्यास्यात्मा स (रस) एवार्थ:' काव्यस्यात्मा ध्वनि:', रीतिरात्मा काव्यस्य' की भाँति आत्मा शब्द और वक्रोक्ति-सिद्धान्त का जीवित' शब्द एक माना जाना चाहिए।

डॉ. राममूर्ति त्रिपाठी[2] का मंतव्य इस दृष्टि से महत्त्वपूर्ण है—"शास्त्र और व्यवहार की पिटी-पिटाई पद्धति से अलंकार-निर्माण के लिए अपेक्षित वक्रता कुछ और ही होती है। उक्ति में यह वक्रता सौंदर्यानुभूति की अभिव्यक्ति के प्रातिभ आवेश में फूटती है। उक्ति की काव्यात्मक परिणति के लिए अलंकारवादी, वक्रता गर्भ अलंकारों की अनिवार्यता मानता है और रीतिवादी गुणों की। एक अलंकारों में सभी सौंदर्य-स्रोतों को समाविष्ट करना चाहता है और दूसरा गुणों में। सौंदर्य दोनों को अभीष्ट है। उस तरह का प्रभाव दोनों उत्पादित करना चाहते हैं, पर एक सहज दूसरा कृत्रिम। लोचनकार ने इसी आशय को व्यक्त करते हुए कहा था—'चारुत्वं द्विविधं स्वरूप निष्ठं, संघटनानिष्ठं च' अर्थात् चारुत्व या सौंदर्य उक्ति के स्वरूप में भी है और संघटना में भी। स्वरूपनिष्ठ सौंदर्य का स्रोत अलंकार है और संघटना (रीति) निष्ठ सौंदर्य का स्रोत गुण। इन अलंकार और रीतिवादी आचार्यों की दृष्टि में श्रव्य काव्य के अन्तर्गत 'रस' को वह सर्वातिशायी मान्यता प्राप्त नहीं थी, जो आनन्दवर्धन तथा अभिनवगुप्त के मत से आगे चलकर हुई।'

ध्वनि-मत का खंडन

कुन्तक ने ध्वनि का प्रबल विरोध किया था। यह भी माना गया है कि वे आनन्दवर्धन के समसामयिक रहे होंगे। आनन्दवर्धन के 'ध्वन्यालोक' के समानान्तर एक महत्त्वपूर्ण सिद्धान्त को प्रतिष्ठित करना उनका आन्तरिक उद्देश्य अवश्य रहा होगा। दूसरे वे

चारुता, आह्लाद और वक्रता के पक्षधर थे, अतः काव्य के त्वरित प्रभाव के लिए वे शब्दार्थ और वैचित्र्य को महत्त्व देते थे। ध्वनिवादियों ने अलंकार को साधनभूत माना था, पर कुन्तक साध्य-साधन के भेद में विश्वास करते नहीं दीखते। डॉ. बच्चन सिंह ने एक वाक्य में अपना मंतव्य देते हुए एक सूक्ति का प्रयोग किया है कि ध्वनिवाद के आत्म-तत्त्व के विरुद्ध इसे देह-तत्त्व का विरोध कह सकते हैं।[3] पर विचारणीय बात यह है कि अलंकार-सिद्धान्त की भाँति या बाह्य कटक-कुंडल की भाँति क्या वक्रोक्ति तत्त्व मात्र देहवादी धारणा है? हमारी दृष्टि में वह काव्य-शरीर में वक्रोक्ति के आत्म-तत्त्व की प्रतिष्ठा है। यह वक्रोक्ति एकार्थक नहीं, वह संघटना कौशल है, वह उक्ति-वैचित्र्य मात्र नहीं उक्ति का सारगर्भित स्वरूप भी है। यह विदग्धता अन्यथाकरण की शक्ति रखती है। केवल देहवादी कहकर इसे सीमित और संकीर्ण नहीं बनाया जा सकता। कुन्तक ने कहा था कि मैं उन दोनों प्रकार के कवियों की वंदना करता हूँ जो वस्तु में निहित स्वभाव-सिद्ध अव्यक्त सुभगत्व को वाणी के सहारे उभार देते हैं अथवा जो कथ्य को अपनी क्षमता से सुन्दर बना देते हैं अर्थात् कवि लीन सौंदर्य को प्रकट भी करता है और अपनी प्रतिभा के चमत्कार से उसे श्रेष्ठता भी प्रदान करता है और यह सब कवि-व्यापार से ही सम्भव हो पाता है। वर्ण्य वस्तु में लीन सुभगत्व का आशय है कि सौंदर्य में लोकोत्तर चारुता तो उसमें स्वभावतः है ही, पर न तो वह सर्व सामान्य की आँखों में आता है, न ही वर्ण्य बन पाता है। उसके लिए कवि की तीसरी आँख की आवश्यकता होती है, जिससे वह सब कुछ को देख सकता है, जिसे साधारण आँखोंवाले नहीं देख पाते। "यह कवि की प्रतिभा नामक तीसरी आँख है, जिससे वह त्रैलोक्यवर्ती और त्रिकालवर्ती पदार्थ समुदाय को देख लेता है।" —येन साक्षात् करोत्येव भावांस्त्रैलोक्य वर्तिनः।[4]

काव्य-प्रयोजन

कुन्तक काव्य-प्रयोजन पर तीन दृष्टियों से विचार करते हैं—(1) चतुर्वर्गफल प्राप्ति, (2) व्यवहार औचित्य का ज्ञान और (3) अन्तश्चमत्कार की प्राप्ति। वे वक्रोक्ति-जीवित की तीसरी, चौथी और पाँचवीं कारिका और वृत्तियों में काव्य-प्रयोजन का स्पष्ट निरूपण करते हैं। उनके अनुसार काव्य उच्चकुल में समुत्पन्न हृदय को आह्लादित करनेवाला और कोमल मृदुल शैली में वर्णित धर्मादि सिद्धि का मार्ग है।[5] इसके तुरन्त बाद कुन्तक व्यावहारिक लौकिक पुरुषों को नित्य नूतन औचित्य से युक्त, व्यवहार-चेष्टा आदि का सौंदर्य सत्काव्य के परिज्ञान से प्राप्त होने की बात करते हैं।[6] पुनः वे काव्य-रस के रसिक सहृदयों के अन्तःकरण में चतुर्वर्ग रूप के आस्वाद से भी अभिमत चमत्कारोत्पत्ति की चर्चा करते हैं।[7]

अतः कुन्तक काव्य-प्रयोजन का एक पक्ष सुकुमार उच्चकुलोत्पन्न राजन्य वर्ग के लिए मानते हैं तो दूसरी ओर वे सहृदयों के अन्तःकरण में चतुर्वर्ग के कलास्वाद से भी अधिक अन्तश्चमत्कार को महत्त्व प्रदान करते हैं। इस प्रकार कुन्तक तीन काव्य-प्रयोजनों का निश्चय करते हैं—(1) चतुर्वर्गफल-प्राप्ति, (2) व्यवहार औचित्य का परिज्ञान और (3) चतुर्वर्ग फलास्वाद से भी अधिक अन्तश्चमत्कार की प्राप्ति।

कुन्तक काव्य-प्रयोजन में अभिजातवर्ग और लौकिक व्यवहार द्वारा सामान्य वर्ग को समेटने की चेष्टा करते हैं। चतुर्वर्ग फल-प्राप्ति प्रायः सभी महत्त्वपूर्ण आचार्यों का विचार-क्षेत्र रहा है। भामह, रुद्रट, विश्वनाथ आदि सबने चतुर्वर्ग की चर्चा करके काव्य-प्रयोजन के क्षेत्र को अत्यन्त विस्तृत कर दिया है। कुन्तक ने शास्त्र-सन्दर्भ को कटु, कठिन और दुरूह माना है और काव्य को सुकुमार। डॉ. नगेन्द्र की कल्पना है कि सम्भव है यही सुकुमार भाव मम्मट के काव्य-प्रयोजन के 'कान्तासम्मित तयोपदेश' में ध्वनित हुआ हो।

वस्तुतः कुन्तक काव्य की परम सिद्धि आनन्द में मानते हैं। वे स्पष्ट करते हैं कि काव्य अपने अध्ययन-आस्वादन काल में और उसके बाद भी आह्लाद प्रदान करता है। साधना और परिणाम, दोनों में ही वह रुचिकर होता है।

कुन्तक काव्य-प्रयोजनों पर सहृदय की दृष्टि से ही विचार करते हैं। यह भी स्पष्ट है कि वे आनन्द के लिए 'अन्तश्चमत्कार' शब्द का प्रयोग करते हैं।

कुन्तक काव्य-प्रयोजन की दिशा में कोई सर्वथा नया सिद्धान्त प्रस्तुत नहीं करते। चतुर्वर्ग प्रयोजन की चर्चा उनसे पूर्व भी हो चुकी थी। भामह, रुद्रट आदि इसकी स्पष्ट चर्चा कर चुके थे। कुन्तक ने अर्थ, यश आदि प्रयोजनों को महत्त्व नहीं दिया, पर उनकी दृष्टि मूलभूत प्रयोजनों पर अवश्य रही।

काव्यहेतु

'वक्रोक्तिजीवित' में काव्य-हेतु का स्वतंत्र विवेचन नहीं मिलता। कुन्तक ने काव्य-मार्ग के प्रसंग में कवि-स्वभाव की व्याख्या के क्रम में शक्ति, व्युत्पत्ति और अभ्यास का संकेत किया है। वे मानते हैं कि सुकुमार स्वभाव वाले कवि की उसी प्रकार की सहनशक्ति उत्पन्न होती है। शक्ति तथा शक्तिमान के अभिन्न होने से और उस सुकुमार शक्ति से उसी प्रकार की सौकुमार्य रमणीय (सुकुमार) व्युत्पत्ति की प्राप्ति होती है। उन दोनों से सुकुमार मार्ग से अभ्यास किया जाता है।[8] अतः स्वभाव के अनुसार ही कवि की शक्ति या प्रतिभा होती है—उसी के अनुसार वह लोक तथा शास्त्र का ज्ञानार्जन करता है और उसी के अनुकूल उसकी अभ्यास-प्रक्रिया होती है। कुन्तक वक्रता के वैचित्र्य में तीन गुण मानते हैं—(1) लोक-व्यवहार तथा शास्त्र में रूढ़ शब्द-प्रयोग से भिन्नता, (2) कवि-प्रतिभा-जन्य चमत्कार, और (3) सहृदय के मनः प्रसादन की क्षमता। डॉ. नगेन्द्र स्वीकार करते हैं कि "कुन्तक के अनुसार वक्रोक्ति उस उक्ति अथवा कथन शैली का नाम है जो लोक व्यवहार तथा शास्त्र में प्रयुक्त शब्द अर्थ के उपनिबन्ध से भिन्न, कवि-प्रतिभाजन्य चमत्कार के कारण सहृदय आह्लादकारी होती है।[9]"

अलंकार-विवेचन

'वक्रोक्ति जीवित' में अलंकार-विवेचन का स्वरूप कुछ मौलिक दिखाई पड़ता है। कुन्तक का मुख्य प्रतिपाद्य तो उक्ति की वक्रता है, यही वक्रता जीवित तत्त्व है। इस वक्रता या चमत्कार के कारण अलंकार-सम्प्रदाय के आचार्यों से उनका दृष्टि-भेद स्वाभाविक था। कुन्तक की एक महत्त्वपूर्ण उपलब्धि अलंकार और अलंकार्य का भेदाभेद निरूपण है।

कुन्तक अलंकारों की संख्या और उनके भेदोपभेदों को महत्त्व नहीं देते। प्राचीन आचार्यों से सहमत या असहमत होकर वे अलंकार-निर्णय करते हैं।

कुन्तक 28 अलंकारों का उल्लेख कर उनके अलंकारत्व का परीक्षण करते हैं। कुन्तक कई अलंकारों को महत्त्व नहीं देते, उनमें यथासंख्य, आशीः विशेषोक्ति, हेतु, सूक्ष्म, लेश, उपमारूपक वैसे वे कुल मिलाकर 28 अलंकारों को स्वीकृति देते हैं।" सहोक्ति जैसे अलंकारों में उन्होंने नया दृष्टिकोण रखने का प्रयत्न किया पर वह परवर्ती विचारकों को मान्य नहीं हुआ। आचार्य विश्वेश्वर ने हिंदी 'वक्रोक्ति जीवित' में कहा है कि "कुन्तक ने भामह के सहोक्ति-लक्षण का खंडन करके जो अपना लक्षण प्रस्तुत किया है, वह एकदम नया दृष्टिकोण है,[10] पर कुन्तक का सहोक्ति-अलंकार लक्षण आगे चलकर अमान्य ही रहा।"

कुन्तक बताना चाहते हैं कि वक्रता या वैचित्र्य साधन है जो वस्तु के स्वभाव का उत्कर्ष बढ़ाता है, अतः वक्रोक्ति विचित्र अभिधान है और वैचित्र्य की सिद्धि उसका प्रयोजन है। उसे शास्त्रीय एवं व्यवहार-अभिधान से विलक्षण माना गया है। यह वक्रोक्ति अलंकरण है। विचारकों ने 'विचित्र अभिधा' को 'विचित्र अभिधान' कहा है। वस्तु के स्वभाव में स्वतः काव्योचित सौंदर्य नहीं होता। वह कल्पना के सहयोग से आता है और लोकोत्तर आह्लादकारी होता है। यह भी सत्य है कि वक्रोक्ति-सिद्धान्त की अपनी सीमाएँ भी हैं। ध्वनि-सम्प्रदाय की तरह यहाँ भी रस को पर्याप्त महत्त्व दिया गया, पर जैसे ध्वनि में अपेक्षित रसध्वनि को ही सर्वातिशायी एवं अखंड स्थान प्रदान किया गया, वैसी स्पष्टता वक्रोक्ति सम्प्रदाय में नहीं रही। लेकिन कुन्तक ने कवि-व्यक्तित्व का महत्त्व उद्घोषित किया। उन्होंने कवि-व्यापार को अखंड एक रस मानते हुए उसकी विशेषताओं का उद्घाटन किया। यह वक्रोक्ति काव्य-व्यापार की समग्रता है। वे अलंकार और अलंकार्य में भेद नहीं मानते। यह अलंकरण अपृथक् होकर उत्पन्न होता है बाद में अलंकरण नहीं किया जाता। इसे वे 'तत्त्वं सालंकारस्य काव्यता अर्थात् सालंकार शब्दार्थ में ही काव्यता है, यही यथार्थ तत्त्व है। इसे ही वे कवि का कर्म मानते हैं। अतः 'अलंकृत' शब्द अर्थ का ही काव्यत्व है, न कि अलंकार का काव्य में योग होता है। अतः अलंकार भी काव्य का स्वरूपाधायक धर्म बन जाता है।

कुन्तक ने काव्य की परिभाषा देते हुए कहा है कि काव्यमर्मज्ञों के आह्लादकारक वक्र कवि व्यापार से युक्त रचना जिसे वह 'बंध' कहता है, में शब्द और अर्थ व्यवस्थित रूप से मिलकर काव्य कहलाते हैं।

इस कथन में तीन बातें मुख्य हैं—

1. वक्र कवि व्यापार शालिनी अर्थात् वक्र कवि व्यापार युक्त।
2. बंधे व्यवस्थितौ अर्थ-बंध में समग्रतः-सुव्यवस्थित, और
3. तद्विदाह्लादकारिणि अर्थात् काव्य रसिकों के लिए आह्लादक।

इस कवि-व्यापार में शब्द और अर्थ का सहभाव एक व्यवस्थित बंध के रूप में प्रकट होता है। कुन्तक कहते हैं कि जैसे प्रत्येक तिल में तेल रहता है वैसे ही शब्दार्थ में आह्लादकारी काव्यत्व होता है। यह किसी एक में नहीं होकर सर्वातिशायी होता है।

समन्वयशील सिद्धान्त के रूप में वक्रोक्ति

कुन्तक का वक्रोक्ति सिद्धान्त एक समन्वयशील सिद्धान्त के रूप में लक्षित होता है। इसके निम्नलिखित कारण हैं—

1. वक्रोक्ति सिद्धान्त की उद्‌भावना के मूल में अलंकार-सिद्धान्त की परम्परा के साथ ध्वनि-सिद्धान्त के कई सूत्र है।
2. यह रस की प्रतिष्ठा को स्वीकार करता है।
3. कुन्तक कला-पक्ष पर बल देते हुए भी व्याख्या करते समय वस्तु-पक्ष और भाव-पक्ष का समाहार करते हैं।
4. रस अथवा भाव के दीप्त होने पर उक्ति स्वत: दीप्त हो उठती है, अत: यह नहीं कहा जा सकता कि रस-निष्पत्ति में वक्रता का अभाव हो सकता है। इस दृष्टि से कुन्तक वक्रता को व्यापार परिदृश्य प्रदान करते हैं।
5. कुन्तक उक्ति-वैचित्र्य को केवल शब्दार्थ की क्रीड़ा नहीं मानते। वे कवि-प्रतिभा और कवि-कौशल को काव्य के अनिवार्य तत्त्व के रूप में देखते हैं। इन आधारों पर भी कुन्तक वक्रोक्ति को काव्य का प्राण-तत्त्व घोषित करते हैं।
6. वक्रोक्ति-चिन्तन की परम्परा अत्यन्त प्राचीन हैं—वाण, सुबन्धु से इसके सन्दर्भ प्राप्त होते हैं। भामह, दंडी से लेकर आनन्दवर्धन तक वक्रोक्ति विचार का विषय बनी रही है। आनन्दवर्धन ने इसकी स्वतंत्र व्याख्या नहीं की, पर उन्होंने इसे विशिष्ट अलंकार मानकर भी ध्वन्यालोक के तीसरे उद्योत में इसके सामान्य तथा व्यापक रूप का संकेत अवश्य किया। आनन्दवर्धन ने वक्रोक्ति और अतिशयोक्ति को पर्याय माना और सभी अलंकारों के मूल में अतिशयोक्ति की स्थिति की कल्पना की। यही अतिशयता काव्य में अनिर्वचनीय शोभा का कारण होती है, इन्हीं अलंकारों को भी शोभातिशयता प्राप्त होती है—अभिनव गुप्त ने भी वक्रोक्ति के सामान्य रूप को स्वीकृति दी है। उनके अनुसार शब्दार्थ की वक्रता का आशय है, उसकी लोकोत्तर स्थिति और इस लोकोत्तर का अर्थ अतिशय ही है। बाद के आचार्यों ने तो वक्रोक्ति की अवस्थिति अर्थालंकार या शब्दालंकार में मान ली है।

कुन्तक के पूर्व भामह, दंडी आदि के ग्रंथों में वक्रोक्ति अतिशयोक्ति का पयार्य या एक अंग है और इसके बिना कोई अलंकार सम्भव नहीं है (भामह कृत काव्यालंकार—1/30, 1/36, 2/81, 2/85, 2/86, 2/87) दंडी का काव्यादर्श (2/8ए 2/363) में इस स्थापना की पुष्टि मिलती है। इससे भिन्न वामन, रुद्रट और आनन्दवर्धन वक्रोक्ति को केवल अलंकार के रूप में स्वीकार करते हैं (वामन कृत काव्यालंकार सूत्र वृत्ति, 4/3/8, रुद्रट कृत काव्यालंकार—2.14 तथा 16, आनन्दवर्धन कृत ध्वन्यालोक 2.21 की वृत्ति। भोजराज के 'सरस्वती कंठाभरण' (5/8) में भी वक्रोक्ति को व्यापक अर्थ में स्वीकृति प्रदान की गई है।

अन्य काव्य-तत्त्व और वक्रोक्ति

कुन्तक के पूर्व ही अलंकार-सिद्धान्त काव्य का सर्वस्व घोषित हो चुका था। वामन का

रीति-सिद्धान्त, भरत और आनन्दवर्धन समर्थित रस-तत्त्व घोषित हो चुके थे। कुन्तक ने वामन द्वारा प्रस्तुत रीति-सिद्धान्त को नि:सार मान लिया—'तद् अलमनेन नि:सार वस्तु परिमल व्यसनेन (वक्रोक्ति जीवित 1/24 वृत्ति)। अलंकार-सिद्धान्त में वे 'तत्त्वं सालंकारस्य काव्यता' को महत्त्व देना नहीं भूले और सम्भवत: यही कारण है कि उन्होंने वक्रोक्ति को भी एक अपूर्व अलंकार के रूप में भी देखा 'काव्यस्यायमलंकार: कोऽप्यपूर्वो विधीयते'। वक्रोक्ति को वे विचित्र अभिधा कहकर ध्वनि के समान महत्त्व देते हैं, इसमें ध्वनि-मत को स्वीकारने की एक प्रच्छन्न मति भी दृष्टिगोचर होती है। वे वक्रोक्ति के भेदों की रचना भी ध्वनि-भेदों का आधार लेकर करते दिखाई देते हैं और अधिकतर उदाहरण भी 'ध्वन्यालोक' से लेते हैं। वे सम्भवत: यह प्रयत्न करना चाहते हैं कि वक्रोक्ति-सिद्धान्त ध्वनि-सिद्धान्त का विकल्प और तदनुरूप ग्राह्य है। कुन्तक रस-तत्त्व को स्वीकार करते हैं। अनेक भेदोपभेदों में रस के महत्त्व की चर्चा करके भी वे काव्य का जीवित तत्त्व वक्रोक्ति को मानना नहीं भूलते।

वक्रोक्ति-सिद्धान्त का विरोध

वक्रोक्ति को अनुकूल और प्रतिकूल चर्चा के आधार पर भले ही सम्प्रदाय भी कहा गया, पर आगे चलकर वक्रोक्ति-सिद्धान्त का समर्थन और अनुगमन आचार्यों द्वारा नहीं हो सका। रस और ध्वनि जैसे आन्तरिक काव्य-बंध की तुलना में वक्रोक्ति का बाह्य और अपेक्षाकृत कम व्यवस्थित तत्त्व प्रचलन में नहीं ठहर सका। महिम भट्ट ने अपने 'व्यक्ति विवेक' नामक ग्रंथ में (पृ. 124-26) वक्रोक्ति का खंडन करते हुए कहा है कि इस सिद्धान्त को अनुमानवाद में ही अन्तर्भूत मानना चाहिए। कुन्तक ने ध्वनि के अनेक उदाहरणों को वक्रोक्ति का उदाहरण मानकर ध्वनि का अन्तर्भाव अप्रत्यक्ष रूप से वक्रोक्ति में करने का प्रयत्न किया था, पर इससे उन्हें उनके उद्देश्य की पूर्ति नहीं हो सकी और उनका सिद्धान्त निस्तेज होता चला गया।

कुन्तक के वक्रोक्ति-सिद्धान्त को आगे चलकर भले मान्यता नहीं मिली हो, पर परवर्ती आचार्यों ने उनकी अलंकार-धारणा के महत्त्व को समझा। कुन्तक अलंकार को अभिधा प्रकार विशेष मानते हैं, किन्तु वह वैचित्र्य परक है। कवि-कौशल कुन्तक की वक्रोक्ति का प्राणभूत तत्त्व दीखता है। वे मानते हैं कि कोई उक्तिविशेष अलंकार तब होता है जब कवि-कौशल से उसमें वैचित्र्य का समावेश हो जाए। आनन्दवर्धन मानते थे कि रस और भाव इत्यादि का तात्पर्य का आश्रय लेकर सन्निवेश करना ही सभी अलंकारों की अलंकारता को सिद्ध करता है अर्थात् जो अंगी रस के शब्द तथा अर्थ रूप अंग में आश्रित रहनेवाले हैं, वे कटकादि के समान अलंकार कहे जाते है (ध्वन्यालोक, 2/6)। ऐसे अलंकार मात्र वाग्विकल्प हैं जो रसाक्षिप्त नहीं हैं, अर्थात् अलंकार रस भाव रूपी आत्मा को शोभा प्रदान करते हैं। मम्मट ने भी यत्र-तत्र 'वैचित्र्य' शब्द का प्रयोग किया—वैचित्र्य चालंकार:[11]। मम्मट ने तो भामह की तरह अतिशयोक्ति को वक्रोक्ति मानते हुए उसे अलंकार का प्राण कह दिया है।[12] कुन्तक कहते हैं कि कोई उक्ति-विशेष अलंकार तब होता है, जब कवि-कौशल के संस्पर्श से उसमें वैचित्र्य का संचार हो जाता है। यह कवि-कौशल कुन्तक का वक्रोक्ति जीवित प्रतीत होता है।

इस दृष्टि से अलंकार के दो विधायक तत्त्व हैं—(1) विच्छित्ति, वैचित्र्य, चारुत्व, चमत्कार, सौंदर्य आदि। (2) अलंकार जो कवि प्रतिभा से उत्थित होते हैं अर्थात् मुख्य वस्तु कवि-कर्म ही है, अलंकार रचना का यह केन्द्रवर्ती तत्त्व है। महिमभट्ट की अलंकार-परिभाषा में भी भंगी-भणिति शब्दों का प्रयोग हुआ। (हिंदी व्यक्ति विवेक, पृ. 22, 39, 316) पंडितराज जगन्नाथ तो काव्य में रहनेवाली कवि-प्रतिभा को ही विच्छित्ति मानते हैं और यह विच्छित्ति ही अलंकारों में एक दूसरे को पृथक्, करनेवाली विलक्षणता का कारण होती है।[13] इस विच्छित्ति को 'चारुत्व' भी कहा गया है।

दोष-धारणा

कुन्तक की दोष-धारणा पूर्ववर्ती आचार्यों से भिन्न दिखाई देती है। उन्होंने दोष का पृथक् प्रतिपादन नहीं किया है। काव्य-परिभाषा में प्रयुक्त शब्द और अर्थ में ही दोषों की सत्ता की झलक प्राय: मिलने लगती है, इसलिए वे शब्द और अर्थ का विशिष्ट लक्षण करते हैं। ऐसे कुन्तक का मानना है कि विशिष्ट शब्दार्थ का जब काव्य में प्रयोग होता है तब नेयार्थ, अपार्थ आदि दोष स्वयं हट जाते हैं। अत: वे दोषों के पृथक् वक्तव्य की अपेक्षा का निषेध करते हैं।[14] काव्य वाच्यार्थ का सुन्दर वैशिष्ट्य है जो सहृदयों के हृदय का आह्लादकारी और अपने स्वभाव से सुन्दर है—'अर्थ:सहृदयाह्लादकारि स्वस्पन्द सुन्दर:'।[15] अत: जिस काव्य में शब्दार्थ का उक्त विशिष्ट प्रयोग नहीं हुआ है, उसका काव्यत्व ही खंडित है। कुन्तक एक पॉजिटिव-सकारात्मक विवेचक की मुद्रा में दिखाई पड़ते हैं। वे ऐसे काव्य को कुकाव्य या दुष्ट काव्य के रूप में स्वीकार नहीं करते। पर ऐसा तभी सम्भव है जब काव्य आदर्श और श्रेष्ठ हो।

कुन्तक ने महान् कवियों के काव्य से भी ऐसी पंक्तियाँ उद्धृत की हैं जो शब्दार्थ के विशिष्ट प्रयोग से वंचित हैं। अत: जहाँ पर कुन्तक ने 'शोभाहानि', शोभा परिहारिकारिता जैसे शब्दों का प्रयोग किया है, वहाँ-वहाँ दोष-धारणा का स्वरूप प्रकट हुआ है। वे इससे सम्बन्धित असमर्थ विशेषणों की भी चर्चा करते हैं (तत्प्रतिपादनपर विशेषण शून्यतया शोभा हानि निरुत्पद्यते (वही, पृ. 42)। कुन्तक ने दोष के सम्बन्ध में एक महत्त्वपूर्ण बात कही है कि प्रबन्ध के एक प्रकरण में भी औचित्य का अभाव होने पर सारा काव्य वैसे ही दूषित हो जाता है जैसे एक स्थान पर जल जाने पर कोई कपड़ा सम्पूर्णत: दूषित हो जाता है (वही, पृ. 194) फिर आगे वे रस गत अनौचित्य के स्वरूप पर भी विचार करते हैं, वहाँ वे अनौचित्य को शोभाहानि का मूल कारण बताकर दोष के सम्बन्ध में आनन्दवर्धन का समर्थन करते ही दिखाई पड़ते हैं।[16] अत: काव्यगत शब्दार्थ का विशिष्ट लक्षण लेने के कारण कुन्तक ने विशिष्ट दोषों के अलग-अलग प्रतिपादन को अनावश्यक समझकर छोड़ दिया है, पर कुछ उदाहरणीय पदों की आलोचना करके वे उसके दोषत्व का विचार अवश्य करते दीखते हैं।

वक्रोक्ति का तात्पर्य

वक्रोक्ति से कुन्तक का तात्पर्य 'विचित्र विन्यास क्रम है, जिसे शास्त्रदि प्रसिद्ध "शब्दार्थोपि निबन्ध व्यतिरेकी" कहा गया है। डॉ. डे. कहते हैं 'अतएव वक्रोक्ति में, काव्य विशिष्ट

वैचित्र्य' अथवा 'भंगी-भणिति' अथवा भणिति प्रकार' के हेतु प्रसिद्ध अर्थात् प्रतिष्ठित लोक शब्द-व्यापार तथा सामान्य अर्थ में शब्द-प्रयोग ऐसी वक्रता अथवा 'वक्रभाव' पर आधारित होता है। इस प्रकार यहाँ शास्त्रदि तथा काव्य के अतिरिक्त स्वभावात्मक तथा कलात्मक अभिव्यक्ति का परस्पर भेद अभिप्रेत है।[17]

अतः कुन्तक सालंकार शब्द तथा अर्थ को काव्य मानते हैं और यह अलंकार वक्रोक्ति है। शोभाकर रूप भी अलंकार ही हैं। वे वक्रोक्ति के ही रूप हैं और उन्हें वक्रोक्ति की व्यापक परिधि में समेटा भी गया है। इसी प्रकार कुन्तक ध्वनि तथा रस को भी वक्रोक्ति में ले लेते हैं। कुन्तक, भामह की वक्रोक्ति परम्परा को आगे चलकर एक मौलिक व्यापक रूप प्रदान करने का प्रयत्न करते हैं। यह वक्रोक्ति कवि-कर्म या कवि-व्यापार पर आश्रित होती है। कुन्तक इसका यथार्थ स्वरूप नहीं बताते। सम्भवतः वे उसकी अनिवार्यता से परिचित थे, पर उन्होंने इसके सूक्ष्म विवेचन का प्रयास अवश्य किया। वर्ण, पद पूर्वार्द्ध परार्ध वाक्य, प्रकरण तथा प्रबन्ध के आश्रित छह विभिन्न क्षेत्रों में इसका भेद-निरूपण किया। पहले अध्याय के भूमिका खंड को छोड़कर शेष प्रायः सम्पूर्ण ग्रंथ में उन्होंने कवि-व्यापार वक्रता' के इन भेदों का लक्षण-निरूपण, भेद-निरूपण और उदाहरण देकर काव्यात्मक शब्द के विभिन्न रूपों का विवेचन किया। आनन्दवर्धन ने कहा था कि 'अनन्त हि वाग्विकल्पास्तप्रकारा एवं अलंकाराः' इसके विपरीत कुन्तक ने काव्य में ऐसे अलंकारों को अलंकार के रूप में स्थान दिया है और कहा है कि उनका यह महत्त्व अवाच्य से सम्बन्धित होने या न होने पर निर्भर नहीं करता, क्योंकि यह महत्त्व तो उनके वैचित्र्य गुण के कारण है और स्वतः सिद्ध है। वैत्रित्र्य अपने प्रभाव के लिए किसी अन्य वस्तु का आश्रय नहीं लेता। उन्होंने वैचित्र्य, विच्छित्ति या वक्रता से युक्त अलंकार को ही अलंकार माना, जो वक्रोक्ति का ही दूसरा नाम है।

कुन्तक का एक मौलिक दृष्टिकोण यह भी है कि वे दंडी और वामन कृत मार्ग या रीति भेद को स्वीकार नहीं करते। वे जानते हैं कि रीति देश धर्माश्रित नहीं होती, किसी विशिष्ट प्रदेश के अनुसार उनका विभाजन वांछनीय नहीं है। ऐसा होने पर देशों-प्रदेशों की असंख्य संख्या के अनुसार तो रीतियों के भी असंख्य भद मानने पड़ेंगे। फिर रीतियों का उत्तम, मध्यम, अधम विभाजन भी ग्राह्य नहीं है। जो उत्तम है वह ग्राह्य है। मध्यम या अधम को मानदंड कैसे माना जा सकता है? अतः कुन्तक कवि-स्वभाव को ही प्रयास मानते हैं, वह कवि प्रतिभा ही कुन्तक के लिए मान्य तत्त्व है।

डॉ. सुशील कुमार डे ने अपने ग्रंथ 'संस्कृत काव्यशास्त्र का इतिहास' में लिखा है कि "अलंकार साहित्य में कुन्तक 'वक्रोक्ति जीवितकार' की उपाधि से अधिक प्रसिद्ध हैं क्योंकि वे वक्रोक्तिजीवितम्' में लेखक थे। उनके ग्रंथ का यह नाम इसलिए पड़ा कि इसमें वक्रोक्ति ही काव्य की आत्मा है।[18] वस्तुतः कुन्तक के पूर्व के आचार्यों ने भी वक्रोक्ति के व्यापक अर्थ की कल्पना की है। बाणभट्ट की 'कादम्बरी' में 'वक्रोक्ति निपुणेन' जैसे शब्द का व्यवहार हुआ है। काव्यशास्त्र में वक्रोक्ति का आरम्भिक नियमित विवेचन भामह के काव्यालंकार में मिलता है और यही वक्रोक्ति की व्यापक कल्पना का मूल है। भामह ने वक्रोक्ति के प्रयोग द्वारा एक प्रकार से काव्य का लक्षण भी स्पष्ट कर दिया है—'वक्राभिधेय शब्दोक्तिः इष्टावाचामलंकृतिः (काव्यालंकार, 1/6)। इसके द्वारा

वे शब्द और अर्थ की वक्रता पर ज़ोर देते हैं। वे अतिशयोक्ति और वक्रोक्ति में अन्तर नहीं मानते। 'सैषा, सर्वत्र वक्रोक्तिः' (2/85)। इसी वक्रता और अतिशयता के मेल से अलंकारों की सृष्टि होती है। जिस अभिव्यक्ति में वक्रोक्ति नहीं होती, उसे भामह वार्ता जैसा हीन काव्य ठहराते हैं। अतः उनकी दृष्टि में वक्रोक्ति का गुण है—शब्द और अर्थ का वैचित्र्य और उसका प्रयोजन है—अर्थ का विचित्र रूप से खुलना और उसी के कारण अलंकार के अलंकारत्व का होना।

भारत आरम्भ से ही बहुभाषी और बहुसंस्कृति प्रधान देश रहा है। भिन्नता इसका गुण और स्वभाव है। किसी अभिव्यक्ति के विचार-सूत्रों पर देशकाल आदि का प्रभाव किसी-न-किसी रूप में पड़ता है। अतः वैदर्भी, गौड़ी आदि भेद केवल व्यावहारिक सुविधा के लिए किए गए होंगे। डॉ. नगेन्द्र ने भी इस मान्यता का समर्थन किया है, जो उनके एक लम्बे उद्दरण से स्पष्ट होता है "इसमें सन्देह नहीं कि काव्य-शैली का भौगोलिक आधार मानना संगत नहीं है और न उसे देश-धर्म ही माना जा सकता है। इसमें भी सन्देह नहीं कि प्रत्येक कवि की अपने स्वभाव (आज का आलोचक उसे व्यक्तित्व कहना पसन्द करेगा) के अनुसार अपनी शैली होती है, परन्तु क्या स्थूल रूप से, काव्य-शैली के प्रादेशिक आधार पर वर्ग-भेद करना एकांत अनर्गल है? हमारे देश में अभी राष्ट्रभाषा का देशव्यापी प्रचार नहीं हुआ—इसलिए इस प्रश्न का सीधा व्यावहारिक उत्तर देना कठिन है, पर थोड़ा पीछे मुड़कर अंग्रेजों की स्थिति पर विचार किया जा सकता है। क्या बांग्ला, पंजाबी और दाक्षिणात्य भारतीय की अंग्रेजी शैली में—केवल उच्चारण आदि में ही—स्पष्ट अन्तर नहीं है? और यदि है तो इसे प्रादेशिक प्रभाव किसी-न-किसी रूप में मानना ही पड़ेगा। इन प्रश्नों के उत्तर नकार में देना सम्भव नहीं है और यदि ऐसी स्थिति है तो शैली का प्रादेशिक आधार—चाहे वह कितना ही दूरस्थ और बाह्य स्थूल क्यों न हो—एकदम अनर्गल नहीं माना जा सकता है। कुन्तक की स्वभाव सम्बन्धी स्थापना ठीक ही है—उसमें शंका नहीं की जा सकती, परन्तु स्वभाव अथवा व्यक्तित्व पर भी तो देश-काल का अप्रत्यक्ष प्रभाव अस्वीकृत नहीं किया जा सकता।[19]"

कुन्तक के पूर्व मार्ग-भेद के प्रादेशिक और गुणात्मक मार्ग भेद मान्य थे। इनका नामकरण प्रादेशिक आधार पर हुआ था। भामह ने प्रादेशिक मार्गों के तारतम्य का निषेध किया था, वैदर्भी और गौड़ीय के भेद को भी मानने के पक्ष में वे नहीं थे। उनकी दृष्टि में वैदर्भ को श्रेष्ठ और गौड़ीय को निकृष्ट मानना अंधगतानुगतिकता है। वामन के अनुसार रीतियों पर प्रदेश का कोई प्रभाव नहीं पड़ता। रीतियाँ तो गुणात्मक अर्थात् शब्द और अर्थगत सौंदर्य पर आश्रित हैं। कुन्तक काव्य-रचना में मार्ग का वास्तविक आधार स्वभाव को ठहराते हैं। काव्य के तीनों हेतु—शक्ति, व्युत्पत्ति और अभ्यास भी स्वभाव पर आश्रित होते हैं। प्रत्येक कवि का स्वभाव विशिष्ट है, अतः कवि-स्वभाव के भेद भी अनन्त हो सकते हैं, पर उनके तीन सामान्य वर्ग माने जा सकते हैं—वे हैं सुकुमार विचित्र और मध्यम। अतः काव्य रीतियों का वर्गीकरण स्वभाव या व्यक्तित्व पर ही करना उचित प्रतीत होता है।

कुन्तक के सुकुमार मार्ग का वैशिष्ट्य है—सहज प्रतिभा-स्फुरण, सहज सौंदर्य, आहार्य कौशल का अभाव, रसज्ञों के मन के अनुरूप सरसता, अलौकिक तथा अविचारित

विदग्धता, शब्द और अर्थ का प्रतिभायुक्त चमत्कार, अनायास अलंकारों के प्रवेश द्वारा विविधता का सृजन। विचित्र मार्ग का वैशिष्ट्य है—शब्द और अर्थ का प्रतिभाजनित चमत्कार, अलंकार-सज्जा, उक्ति-वैचित्र्य, प्रतीयमान अर्थ का चमत्कार और वक्रोक्ति की अति रंजना। महाकवियों के उदाहरणों से यह भी स्पष्ट होता है कि इस विचित्र मार्ग का ओज से कोई विशेष सम्बन्ध आवश्यक नहीं होता। मध्यम मार्ग में सहज तथा आहार्य शोभा के अतिशय से युक्त विचित्र तथा सुकुमार मार्ग परस्पर मिश्रित होकर शोभा पाते हैं, जहाँ माधुर्य आदि गुण सौंदर्य को पुष्ट करते हैं, जहाँ दोनों मार्ग अपने प्रभाव का स्पर्धापूर्वक प्रदर्शन करते हैं, चित्र-विचित्र भूषा के प्रति रसिक नागरिकों के समान आदर के पात्र होते हैं—वही मध्यम मार्ग होता है। इसमें सहज तथा आदर्श शोभा के उत्कृष्ट रूपों का सुन्दर समन्वय होता है तथा मध्यम वृत्ति का अवलम्बन किया जाता है।

कुन्तक ने रीति को 'मार्ग' कहा और इस चिन्तन-धारा में क्रान्ति भी पैदा की। उन्होंने काव्य में कवि-स्वभाव को मुख्य मानकर रीतियों के प्रादेशिक वर्ग-विभाजन को अस्वीकार कर दिया। वे रीति को प्रस्थान-हेतु कहते हैं। इसका अर्थ है—विधि या शैली और वे इसमें कवि स्वभाव को प्रमुखता देते हैं। लगभग इसी रूप में भोज ने भी रीति का अर्थ 'कवि गमन मार्ग' कहा।

आचार्य वामन अपनी रीति की परिभाषा में जिस 'विशिष्टता' शब्द का प्रयोग करते हैं, उसे विचारकों ने वक्रता से भी जोड़ा है। वे भी वक्रता के द्वारा 'लोकोत्तर चमत्कार' को महत्त्व देते हैं। वामन के विपरीत रुद्रट ने वक्रोक्ति को 'वाक्छल' पर आश्रित शब्दालंकार सिद्ध किया और उसके दो भेद किए—काकु वक्रोक्ति और भंग श्लेष वक्रोक्ति। आनन्दवर्धन, रुय्यक आदि आचार्य वक्रोक्ति को अर्थालंकार मानते हैं तथा अतिशयोक्ति और वक्रोक्ति को समान अर्थ में देखते हैं। उनकी दृष्टि में तो सभी अलंकारों की चमत्कार जननी वक्रोक्ति है। आनन्दवर्धन इस चमत्कार को कवि-प्रतिभा से उत्पन्न मानते हैं। वे यह भी बताते हैं कि वक्रता या अतिशयता का प्रयोग विषय के अनुकूल होना चाहिए।

डॉ. नगेन्द्र ने 'वक्रोक्ति जीवित' में ध्वनि-सिद्धान्त की झलक देखी है—वक्रोक्ति जीवितम् के अनेक प्रसंग ऐसे हैं जहाँ ध्वनि-सिद्धान्त की प्रतिध्वनि स्पष्ट सुनाई देती है। उदाहरण के लिए, वक्रोक्ति का विस्तार भी ध्वनि की भाँति वर्ण तथा प्रत्यय, विभक्ति आदि से लेकर सम्पूर्ण प्रबन्ध काव्य तक माना गया है: वर्ण विन्यास-वक्रता और वर्ण-ध्वनि, पद-वक्रता और पद-ध्वनि में कोई मौलिक भेद नहीं है। अनेक चमत्कार भेद तो ऐसे हैं, जिनमें केवल ध्वनि और वक्रोक्ति का नाम-भेद मात्र है—आनन्दवर्धन ने उसे ध्वनि कहा है, कुन्तक ने वक्रोक्ति। इस दृष्टि से 'ध्वन्यालोक' 3/16 की उक्ति को देखा जा सकता है। विचार करने पर प्रतीत होता है कि प्रबन्ध-वक्रता और प्रबन्ध-ध्वनि के मूल रूप भी तत्त्वत: भिन्न नहीं है और यही बात अंशत: प्रबन्ध-वक्रता और प्रबन्ध ध्वनि के विषय में भी कही जा सकती है। प्रबन्ध-वक्रता के अन्तिम रूप को स्पष्ट करते हुए कुन्तक ने लिखा है—"नए-नए उपायों से सिद्ध होने वाले नीतिमार्ग का उपदेश करनेवाले महाकवियों के सभी (प्रबन्ध काव्य तथा नाटक आदि) ग्रंथों में (अपना-अपना कुछ अपूर्व) सौंदर्य (वक्रभाव) रहता ही है।" (हिंदी वक्रोक्तिजीवित, 4/26)। इसको

आधुनिक आलोचना-शास्त्र में मूलार्थ कहते हैं, भोज ने इसे महावाक्यार्थ कहा है और यही ध्वनिकार की प्रबन्ध-ध्वनि है। इस प्रकार यह सिद्ध है कि कुन्तक ने आनन्दवर्धन की ध्वनि-कल्पना से निश्चय ही वक्रोक्ति के संकेत ग्रहण किए गए हैं।[20]"

कुन्तक—काव्य—सर्जना के अनुसन्धाता

कुन्तक कई अर्थों में क्रान्तिकारी विचारक हैं। वे जैसे मानते हैं कि पुराना सबकुछ ग्राह्य नहीं होता, अतः वे 'वस्तु वक्रता' के प्रसंग में 'रसवत्' का विवेचन करते हैं। उन्होंने भामह, दंडी एवं आचार्यों के रसवत् अलंकार के स्वरूप-निरूपण की आलोचना की। वे मानते थे कि रसवत् न तो 'स्पष्ट श्रृंगारादि रस है, न रसपेशल है, वह तो 'रसेन तुल्यं वर्त्तमानं' है, अतः यह अलंकार नहीं, अलंकार्य है। कुन्तक रस को प्रबन्ध-वक्रता में स्वीकार करते हैं।

कुन्तक काव्य-सर्जना के सार-तत्त्व के अनुसन्धाता हैं। कवि-व्यापार या कवि-कर्म का पारस-स्पर्श ही सौंदर्य की निष्पत्ति में सहायक होता है। उसकी वक्रता वस्तु के काव्योचित स्वभाव का एक अविच्छेद्य वैशिष्ट्य है।[21] कुन्तक रस की महत्ता को स्वीकार करते हैं और मानते हैं कि वस्तु तथा अलंकार की तरह वह वाच्य नहीं होता। वह तो आह्लाद तक पहुँचाता है और काव्यार्थ की सिद्धि करता है।

कुन्तक रस के महत्त्व को स्वीकार करते हैं। वे रस को काव्य का अमृत एवं अन्तश्चमत्कार का वितानक मानते हुए प्रकारान्तर से उसे सर्व प्रमुख काव्य-प्रयोजन ठहराते हैं।[22] उन्होंने रसवत् अलंकार को सब अलंकारों का जीवित कहते हुए एक प्रकार से रस की उत्कृष्टता ही घोषित की है—'यथा स रसवत्रास सर्वालंकार जीवितम्' (वही 3/14) तथा प्रकरण-वक्रता और प्रबन्ध वक्रता के लिए रस की अनिवार्यता भी घोषित की है (वही, 4/4 तथा 8/10) साथ ही वे उपसर्ग—वक्रता और निपात वक्रता के प्रसंग में भी रस-चर्चा करते हैं। सब कुछ होते हए भी वे काव्य का साधनभूत जीवित तत्त्व वक्रोक्ति को ही मानते हैं।

कुन्तक वक्रोक्ति को विचित्र अभिधा कहकर अपनी ध्वनि विषयक धारणा का भी संकेत करते हैं। उन्होंने ध्वनि के कई भेदोपभेदों को आधार बनाकर वक्रोक्ति के भी अनेक भेदों की रचना की है तथा अनेक उदाहरण ध्वन्यालोक से लिए हैं। इसके बावजूद वे वक्रोक्ति के महत्त्व के ही समर्थक हैं।

कुन्तक की आलोचना-पद्धति स्वमत की दृढ़ स्थापना के बावजूद एक सद्भावमूलक आलोचना प्रतीत होती है। वे अपने सिद्धान्त पर अडिग रहते हैं, कभी विचलित नहीं होते, पर रस या ध्वनि विषयक स्थापनाओं को अंशतः स्वीकार करते हुए भी वे उन्हें अपने सिद्धान्त में अन्तर्भुक्त कर देते हैं। वक्रोक्ति को काव्य की आत्मा मानते हुए भी वे रस, औचित्य और ध्वनि की महत्ता को स्वीकार करते चलते हैं और उनका लक्ष्य होता है—वक्रोक्ति में सबका अन्तर्भाव। वे एक ऐसे अद्भुत खिलाड़ी की तरह हैं जो वृक्ष भी देखता है, पत्र-पुष्प फल और वहाँ बैठी चिड़िया भी, पर सब कुछ देखते हुए भी उसकी नज़र चिड़िया की आँख अर्थात् अपने लक्ष्य पर एकाग्र होती है।

विद्वान् मानते हैं कि शब्द और अर्थ मानो एक-दूसरे के प्रतिस्पर्धी होते हैं, तभी

उनकी शोभाशालिता में वृद्धि भी होती है। भरत हों या भामह, अति प्राचीन काल से काव्य शब्दार्थ की रचना का उदाहरण बनता आया है। शब्द और अर्थ पर अनेक प्रश्न भी उठते रहे हैं, शब्द का शब्द से अर्थ का अर्थ से क्या सम्बन्ध हैं? प्राचीन विद्वान् इसकी पर्याप्त विवेचना करते आए हैं। 'महाभाष्य' में पंतजलि ने तो कह दिया है कि "एक: शब्द: सम्यक् ज्ञात: सुष्ठु प्रयुक्त: स्वर्गे लोके च कामधुग् भवति' अर्थात् एक शब्द भी ठीक से जान लिया जाए, उसका सुन्दर प्रयोग समझ लिया जाए तो वह इहलोक हो या स्वर्ग, सर्वत्र कामना-पूर्त्ति करता है। विचारकों ने तो शब्द को ब्रह्म तक कह दिया। शब्द की इसी महत्ता से पंडितराज जगन्नाथ ने काव्य की परिभाषा में रमणीयार्थ प्रतिपादक शब्द को महत्त्व दिया।

काव्य का व्यवस्थित बंध उसकी वाक्य-रचना में प्रकट होता है। पाश्चात्य विचारक अरस्तू से लेकर अब तक शब्द और अर्थ का विचार चलता आया है। कवि मेलार्मे कविता को शब्द कहते हैं तो "रास्ट भी मानते हैं कि कविता का अनुवाद सम्भव नहीं है। हमारे प्रतिपाद्य आलोचक कुन्तक ने काव्यगत शब्द का तात्पर्य विवक्षित या काम्य अर्थ को देखनेवाला माना है। जो अभीष्ट अर्थ को पूर्णत: व्यक्त कर सके, वही काव्य में 'शब्द' कहा जाता है। यह शब्द-पाक इतना सार्थक होता है कि कोई भी दूसरा पर्यायवाची शब्द उसका स्थान नहीं ले सकता। ऐसे ही शब्द काव्य के आह्लादक तत्त्व बनते हैं। कुन्तक यह मानते हैं कि रमणीयता की दृष्टि से शब्दार्थों की अन्यून और अनतिरिक्त स्थिति होनी चाहिए—न तो वे कम हों, न अधिक हों।"

"शब्द और अर्थ का, शब्द और शब्द का एवं अर्थ और अर्थ का पारस्परिक शोभा बढ़ानेवाला सौंदर्यशाली अवस्थान ही काव्य में अभिप्रेत साहित्य है।" कुन्तक रसोचित शब्दार्थ-विन्यास को परस्पर सुभगावस्थान मानते हैं। अत: कुन्तक की दृष्टि में एक ओर 'स्वभाव' और 'रस' अलंकार्य है तो दूसरी ओर शब्दार्थ भी अलंकार्य है। (वक्रोक्ति जीवित, पृ. 20)। वे वस्तु सांकर्य और रसवत्ता या लोकात्तराह्लाद पर भी बल देते हैं, पर इन सबका मूल वक्रता को ही सिद्ध करना है।[23]

डॉ. राममूर्ति त्रिपाठी का कथन द्रष्टव्य है कि "आनन्दवर्धन ने कहा था कि अभीष्ट चारुता के प्रकाशक सटीक शब्द को, जिसका कोई पर्याय किसी अन्य शक्ति से उसे समर्पित न कर सके, व्यंजक या ध्वनि शब्द कहते हैं। ध्वनिवादियों की धारणा ही हो गई थी—'न तादृशोऽस्ति कोऽपि वाच्यार्थो यो मनागनामृष्ट प्रतीयमान: स्वत: एव चमत्कारमाधातुं प्रभवति (पंडितराज जगन्नाथ: रसगंगाधर प्रथम आनन, पृ. 94)—अर्थात् ऐसा कोई वाच्यार्थ हो ही नहीं सकता, जो प्रतीयमानार्थ की अपेक्षा किए बिना स्वयं चमत्कारोपादन में सक्षम हो सके। कुन्तक इस सम्भावना का विस्तार करते हुए काव्य भाषा मात्र से उसे जोड़ना चाहते हैं। यह अवश्य है कि वे काव्य में न तो शब्द-भेद स्वीकार करते हैं, न ही अर्थ-भेद, किन्तु व्यवहार और शास्त्र की जड़भाषा से काव्य-भाषा का व्यतिरेक दिखाने के लिए उसे 'वक्र' या विचित्र कहना चाहते हैं। उनका 'विचित्रैवाविधा वक्रोक्ति' प्रमाणभूत वक्तव्य है।[24]

कुन्तक की वक्रोक्ति के सम्बन्ध में हम अपनी धारणा को पुन: स्पष्ट कर लें—कुन्तक शब्द और अर्थ को अलंकार्य और वक्रोक्ति को अलंकार मानते हैं। वक्रोक्ति

की परिभाषा कुन्तक ने देते हुए कहा है कि प्रसिद्ध कथन से भिन्न विचित्र अभिधा अर्थात् वर्णन-शैली ही वक्रोक्ति है। यह वक्रोक्ति कैसी है वैदग्ध्य पूर्ण शैली द्वारा कथित उक्ति ही वक्रोक्ति है। वैदग्ध्य का अर्थ है विदग्धता—कवि का कौशल या कवि-व्यापार उसकी भंगिमा या शोभा या चारुता और उसपर आश्रित उक्ति अर्थात् विचित्र अभिधा या वर्णन-शैली का नाम ही वक्रोक्ति है।[25] कुन्तक ने अभिधा के 'विचित्र' विश्लेषण में समस्त काव्य-व्यापार को अन्तर्भूत करने का प्रयत्न किया है।

वक्रोक्ति शब्द का अनुसन्धान

कुन्तक ने नि:सन्देह भारतीय काव्यशास्त्र को वक्रोक्ति के रूप में एक नया शब्द दिया है। भारतीय काव्य-चिन्तन के आधारभूत सिद्धान्तों में दर्शनशास्त्र और व्याकरण शास्त्र का प्रभूत प्रभाव रहा। उसकी अवहेलना नहीं की जा सकती। डॉ. बच्चन सिंह जैसे आलोचकों ने अनेकत्र कुछ ऐसी स्थापनाएँ दी हैं जो विचारणीय प्रतीत होती है। वे कहते हैं कि 'कुन्तक रस समाहित चित्त कहकर अपने पूर्ववर्ती आचार्यों की हँसी उड़ाता है। काव्य को एक संकीर्ण घेरे से बाहर निकाल कर व्यापक बनाता है।" वे आगे कहते हैं कि "जिस काव्य में जीवन अपनी अनेक विरोधी जटिलताओं में चित्रित हुआ हो, उसे पढ़कर पाठक भाव-विभोर या वेद्यान्तर स्पर्श शून्य कैसे हो सकता है? आज की नई कविता हमें भाव विभोर नहीं करती, बल्कि झकझोरती है, प्रश्न उठाती है, तनाव में डालती है। फिर सवाल होगा कि कुन्तक के आह्लाद शब्द में यह सब कैसे अँटेगा? सम्भवत: इसे उसने व्यापक अर्थ में प्रयुक्त किया है—आत्म विस्तार के अर्थ में जिसमें वेद्यांतर स्पर्श शून्य भी अन्तर्भुक्त हो जाता है।"

डॉ. बच्चन सिंह के उठाए गए प्रश्न उनकी स्वानुभूति की उपज प्रतीत होते हैं। आज की नई कविता के तनाव की तुलना आठवीं-नौवीं शताब्दी के काव्य-विवेचन की भाषा से नहीं की जा सकती। दोनों में कालभेद है, वस्तु भेद है और चिन्तन भेद है। वह युग नए शास्त्र और उसकी नई पदावली की खोज कर रहा था, दूसरे, देश उस समय समृद्ध और सुखी था, एक प्रकार से स्वर्ण युग का ही अन्तिम दौर चल रहा था। वैसी स्थिति में वेद्यान्तर स्पर्श शून्य या रस समाहित चित्त की स्थिति सम्भव थी। अन्तत: आधुनिक युग में भी शुक्लजी को कविता क्या है के विवेचन में 'मुक्तहृदय' शब्द का प्रयोग करना ही पड़ा था। हमारे विचारणीय आलोचक कुन्तक के 'भाव-विभोर' और 'आह्लाद' शब्द पर भी जोरदार टिप्पणी की गई है। वस्तुत: किसी भी रस या भाव में जहाँ हमें 'नवता' की अनुभूति होती है, वहाँ एक प्रकार के आह्लाद का अनुभव होता है। यह आह्लाद एक स्फूर्त्ति है, तन्मयता है जो हमें सोचने पर विवश करती है। तभी तो पुराने साहित्य शास्त्रियों ने जितना रस शृंगार या हास्य में देखा, उतना ही करुण, भयानक और वीभत्स में भी। सहृदय ही इस अनुभूति-चक्र से गुज़र सकता है, साधारण आदमी इस वैचित्र्य का अनुभव भला कैसे कर सकता है?

पर सभी प्रश्नों और तर्कों के बावजूद डॉ. बच्चन सिंह की कुन्तक विषयक धारणा की प्रशंसा करना अवश्य महत्त्वपूर्ण है, खासकर जब वे कहते हैं कि—"संस्कृत काव्यशास्त्र में आचार्यों की लम्बी सूची का अभाव नहीं है। योरोप की समूची काव्यशास्त्रीय परम्परा

में भरत, मम्मट, भामह, पंडितराज जैसी मेधाओं का मिलना दुर्लभ है। संस्कृत की आचार्य परम्परा में कुन्तक का विशिष्ट स्थान है। उसकी विशिष्टता केवल आचार्य होने में ही नहीं है बल्कि एक अत्यन्त प्रतिभा सम्पन्न आलोचक होने में है। अपनी इस विशिष्टता के कारण वह समूची परम्परा में एक ज्योतिर्मय नक्षत्र की तरह चमकता हुआ दिखाई पड़ता है। कुन्तक के अतिरिक्त अन्य सभी आचार्य सिद्धान्त-निरूपक (थ्योरिस्ट) हैं, पर कुन्तक व्यावहारिक आलोचक है। 'वक्रोक्ति जीवित' में जहाँ वह उदाहरित श्लोकों की व्याख्या करता है, वहाँ उसकी आलोचनात्मक प्रतिभा, गहरी सूझ-बूझ और अद्भुत पकड़ दिखाई देती है। शब्दों, पदों, वाक्यों, विशेषणों आदि की वक्रता को उद्घाटित करते हुए वह उन्हें केन्द्रीय अर्थवत्ता के साथ संबद्ध करता चलता है। अमरीकी नई आलोचना कुन्तक से बहुत कुछ सीख सकती है, क्योंकि वह शुद्ध टेक्नोलॉजिकल हो गई है, कुन्तक टेक्नोलॉजिकल होकर भी नहीं है, पर विदेशियों से पहले हमारे देश के उन आलोचकों को भी कुन्तक से बहुत कुछ सीखना होगा, जो विदेशी उच्छिष्ट को खाकर निर्लज्जतापूर्वक डकारते रहते हैं।"[26]

विरोधी मत

डॉ. विजेन्द्रनारायण सिंह तो कुन्तक की समाहारवादी प्रवृत्ति का समर्थन करते हुए कहते हैं कि "वक्रोक्ति सिद्धान्त मूल्यांकन का एक सन्तुलित सिद्धान्त है। कुन्तक जब काव्यमार्ग को सुकुमार क्रमोदित बतलाते हैं, तब उनका तात्पर्य यह है कि 'वक्रोक्ति जीवितम्' शिल्प अथवा जीवन-दर्शन किसी एक पर अधिक बल देने के दोष से पूरी तरह मुक्त है। भाव और भाषा की परस्पर स्पर्धा के सिद्धान्त को इसी कोण से देखने पर उसकी महिमा ठीक से हृदयंगम की जा सकती है। कुन्तक ने पुरानी वक्रोक्ति के क्षेत्र का बहुत विस्तार किया और उसमें उन सारी चीजों का समाहार प्रस्तुत किया जो कविता के संगठन में समाहित रहते हैं। इसी अर्थ में वक्रोक्ति ही कविता है।[27]"

आचार्य विश्वनाथ ने 'वक्रोक्तिः काव्य जीवितम्' इस कथन को स्वीकार नहीं किया क्योंकि वे वक्रोक्ति को एक अलंकार मात्र मानते थे (साहित्य दर्पण, प्रथम परिच्छेद), लेकिन कुन्तक द्वारा विवेचित अर्थ की व्यापकता के समक्ष विश्वनाथ का द्वारा प्रस्तुत यह कथन ग्राह्य नहीं लगता। कुन्तक की मौलिक स्थापनाएँ प्रभावित करती हैं, जैसे— (1) वे अलंकार को शब्दार्थ रूप काव्य शरीर का आभूषण धर्म नहीं मानते अपितु उसका अविभाज्य धर्म मानते हैं। (2) वे स्वभावोक्ति को अलंकार न कहकर वस्तु-वक्रता कहते हैं (3) बंध के अन्तर्गत प्रतिपादित तीन काव्य-मार्ग-सुकुमार, विचित्र और मध्यम और उनसे संबद्ध छह गुण इन्होंने पहली बार प्रस्तुत किए हैं जो दो वर्गों में विभक्त हैं— (1) औचित्य और सौभाग्य तथा (ख) माधुर्य, प्रसाद लावण्य और आभिजात्य। (वक्रोक्ति जीवित,—1/57, 30, 40, 31, 41, 46, 32, 47, 33 तथा 48)।

वक्रोक्ति और अभिव्यंजनावाद

1. क्रोचे के अभिव्यंजनावाद और कुन्तक के वक्रोक्ति-सिद्धान्त का एक मौलिक साम्य यह है कि दोनों अभिव्यंजना को ही काव्य का प्राण-तत्त्व सिद्ध करते

हैं। दोनों ही अभिव्यंजना को कला मानते हैं। दोनों ने ही उसके स्तर निर्धारित नहीं किए हैं, पर दोनों की अभिव्यक्ति के स्वरूप में पर्याप्त भिन्नता है। क्रोचे की अभिव्यक्ति मानसिक अभिव्यक्ति है। बाह्य रूपाकार ग्रहण करने पर वह अभिव्यक्ति नैतिकता आदि से संबद्ध हो जा सकती है, लेकिन क्रोचे अपने अभिव्यंजनावाद में जिस मानसिक अभिव्यक्ति की बात करता है, उसका स्वरूप निश्चित नहीं किया जा सकता। यदि किसी रूप की कल्पना भी की जाए तो वह कल्पना अधूरी होगी। दूसरी ओर कुन्तक कला के मानसिक रूप पर विचार ही नहीं करता।

2. डॉ. नगेन्द्र कुन्तक की उक्ति या भणिति को दूसरे शब्दों में अभिव्यंजना मानते हैं। जैसे कुन्तक की उक्ति या भणिति से आशय वाक्य मात्र का न होकर समस्त कवि-व्यापार या काव्य-कौशल का है, उसी प्रकार क्रोचे की अभिव्यंजना की परिधि में सभी प्रकार का रूप-विधान आ जाता है। इस दृष्टि से दोनों कलावादी आचार्य माने जा सकते हैं।
3. क्रोचे और कुन्तक, दोनों ही अभिव्यंजना अथवा उक्ति को मूलत: अखंड, अविभाज्य और अद्वितीय मानते हैं। कुन्तक तत्त्व की दृष्टि से उक्ति को अखंड मानते हैं तथा उसके अलंकार और अलंकार्य का भेद नहीं देखते। शब्द-प्रयोग की यह विशिष्टता ही अभिव्यंजना की अद्वितीयता है।
4. कुन्तक काव्य-मार्गों में प्रकार का भेद मानते हैं, सौंदर्य की मात्र का भेद नहीं मानते। क्रोचे भी सफल अभिव्यंजना को अभिव्यंजना मानते हैं, वहाँ असफल शब्द के लिए अवकाश ही नहीं है। वहाँ भी सौंदर्य की मात्र या श्रेणी का भेद नहीं होता।

डॉ. नगेन्द्र ने क्रोचे और कुन्तक के सिद्धान्तों में साम्य की अपेक्षा वैषम्य ही अधिक देखा है—

कुन्तक और क्रोचे के अन्तर का विवेचन इस तरह किया गया है—

1. क्रोचे दार्शनिक हैं। वे सम्पूर्ण अलंकार शास्त्र का निषेध करते हैं, जबकि कुन्तक मूलत: आलंकारिक हैं। वे लोकोत्तर चमत्कारी वैचित्र्य के समर्थक हैं। अत: दोनों के दृष्टिकोण की भिन्नता स्पष्ट है।
2. क्रोचे उक्ति को मूल आधार मानते हैं जिसमें वक्रता, ऋजुता या वार्ता का भेद नहीं होता। इस दृष्टि से वे वक्रोक्ति को भी सहज उक्ति मानते हैं जबकि कुन्तक वक्रता वार्ता और चमत्कारहीन उक्ति में भेद मानते हैं। वे तो चमत्कारहीन अलंकारों को भी स्वीकार नहीं करते।
3. क्रोचे के मत में काव्य की आत्मा सहजानुभूति है और कुन्तक के मत में कवि-व्यापार। निश्चय ही कवि-व्यापार का क्षेत्र व्यापक है। कुन्तक की वक्रता का महत्त्व इस बात से भी बढ़ जाता है कि वह सौंदर्य मूलक होकर प्रतिभा द्वारा अन्त: स्फुरित होती है। (वक्रोक्ति जीवित, 1/24)।

क्रोचे बाह्य रचना-एक्सटरनलाइजेशन की सत्ता को स्वीकार करते हैं, पर उसे आनुषंगिक भी मानते हैं। वह सहानुभूति और स्मृति का सहायक अवश्य

है, पर काव्य का अनिवार्य अंग नहीं है जबकि कुन्तक प्रतिभा, व्युत्पत्ति और अभ्यास को अनिवार्य हेतु घोषित करते हैं। अत: क्रोचे सहजानुभूति पर जोर देते हैं और कुन्तक कवि के रचना-कौशल को महत्त्व देते हैं। क्रोचे में दार्शनिक तत्त्व दृष्टि प्रधान है तो कुन्तक में शास्त्रीय व्यवहार-दृष्टि प्रबल है।

4. क्रोचे मानता है कि सौंदर्य और उसकी प्रतिरूप अभिव्यंजना अपना उद्देश्य आप ही है जबकि कुन्तक आनन्द को सौंदर्य की सिद्धि ही नहीं, कारण भी मानते हैं। सौंदर्य का निर्णायक आह्लादकत्व है। उसके मूल में अर्थ की रमणीयता है। क्रोचे काव्य का उद्देश्य आत्मा का विशदीकरण मानते हैं जबकि कुन्तक परम आनन्दवादी हैं। यह आनन्द धर्म, अर्थ, काम, मोक्ष से भी बढ़कर है।
5. कुन्तक के मत में वस्तु-तत्त्व अधिक प्रबल है। क्रोचे उसे प्रकृत सामग्री मात्र मानते हैं जो अभिव्यंजना के द्वारा ही काव्य के महत्त्व का कारण होता है।

डॉ. नगेन्द्र मानते हैं कि क्रोचे के अभिव्यंजना-सिद्धान्त का वक्रता के साथ प्रत्यक्ष सम्बन्ध नहीं है। वह वास्तव में अभिव्यंजना का दर्शन है, काव्यशास्त्र है भी नहीं।[28]

आचार्य देवेन्द्रनाथ शर्मा[29] ने क्रोचे के अभिव्यंजनावाद और कुन्तक के वक्रोक्तिवाद पर गम्भीर विचार करते हुए कहा है कि "आचार्य रामचन्द्र शुक्ल ने अभिव्यंजनावाद को वक्रोक्तिवाद का विलायती उत्थान क्या कह दिया कि सिद्धान्त-वाक्य की तरह उसकी उद्धरणी होने लगी। वक्रोक्तिकार (कुन्तक) का यह दुर्दैव-विलास ही कहेंगे कि उनके मत को लेकर आचार्य शुक्ल जैसे सूक्ष्मदर्शी और विवेकी आलोचक को भ्रम हो गया। 'साहित्य दर्पण' के लेखक कविराज विश्वनाथ (14वीं शताब्दी) भी वक्रोक्ति को लेकर भ्रम में पड़ गए; उसे केवल अलंकार मान बैठे और काव्य-लक्षणों की समीक्षा के क्रम में बिना समुचित विचार किए उपेक्षापूर्वक 'वक्रोक्तिः अलंकार रूपत्वाद्' कहते हुए आगे बढ़ गए। कुन्तक की वक्रता न तो केवल अलंकार है, जैसा विश्वनाथ ने कह दिया और न हलकी-फुलकी मनोरंजक उक्ति का पर्याय, जैसा शुक्लजी ने मान लिया। वह एक अत्यन्त सूक्ष्म, व्यापक और परिनिष्ठित काव्य-सिद्धान्त है जो आसानी से रस सिद्धान्त या ध्वनि-सिद्धान्त के समकक्ष खड़ा हो सकता है। विनियोग (Practical application) के निकष पर तो कुन्तक किसी भी भारतीय आचार्य से बीस ही पड़ेंगे। व्यावहारिक आलोचना का जो स्वच्छ आदर्श उन्होंने प्रस्तुत किया है, वह संस्कृत के काव्यशास्त्र की पूरी परम्परा में विरल है।"

आचार्य शर्मा की इस विवेचना से निम्नलिखित सूत्रों की प्राप्ति होती है—

1. शुक्लजी ने 'वक्रोक्तिः काव्य जीवितम्' को कुन्तक के वचन के रूप में लिया है, पर कुन्तक आत्मा या प्राण के पचड़े में पड़े ही नहीं। 'वक्रोक्तिः काव्यजीवितम्' यह वाक्य भी कुन्तक का नहीं है। सत्य तो यह है कि उनके ग्रंथ का नाम 'काव्यालंकार' है, 'वक्रोक्ति-जीवित' नहीं। 'वक्रोक्ति जीवित' शब्द ग्रंथ के प्रथम तीन उन्मेषों की पुष्पिकाओं में ही मिलता है। अत: कुछ विद्वान कारिका-भाग का नाम 'काव्यालंकार' और वृत्ति भाग का नाम 'वक्रोक्ति जीवित' मानते हैं।

2. अभिव्यंजनावाद और वक्रोक्तिवाद में साम्य नगण्य ही है।
3. क्रोचे कलामात्र को विचार-क्षेत्र मानता है जबकि कुन्तक का क्षेत्र काव्य तक सीमित है।
4. क्रोचे का विवेचन मुख्यतः कला के सर्जन से संबद्ध है, कुन्तक का काव्य के आस्वादन या विश्लेषण से।
5. क्रोचे के अनुसार कला का कोई प्रयोजन नहीं हुआ करता। वह अपना प्रयोजन आप ही है अर्थात् कला कला के लिए है, पर कुन्तक काव्य के अनेक प्रयोजन जैसे चतुर्वर्ग की प्राप्ति, लौकिक, व्यवहार-ज्ञान, परम आनन्द रूप प्रयोजन मानते हैं। क्रोचे कलावादी हैं तो कुन्तक उपयोगितावादी।
6. क्रोचे कला में किसी प्रकार का विभाजन या वर्गीकरण नहीं चाहते। वे यहाँ तक कहते हैं कि कला की पद्धतियों और वर्गीकरण के निरूपक सभी ग्रंथों को यदि जला भी दिया जाए तो कोई हानि नहीं होगी। इसके विपरीत कुन्तक का सारा विवेचन वक्रोक्ति, गुण, अलंकार आदि के वर्गीकरण पर आधारित है।
7. कुन्तक के काव्य-लक्षण में कवि-व्यापार की वक्रता, काव्यज्ञों का आनन्द और शब्दार्थ का सामंजस्य माना गया है, पर क्रोचे के कला-दर्शन में कवि व्यापार या सचेत प्रयास के लिए स्थान नहीं। वहाँ तो कला का स्वतः स्फुरण होता है, पर कुन्तक काव्य को कवि-कौशल या काव्य-व्यापार का परिणाम मानते हैं।

क्रोचे और कुन्तक का साम्य बहुत ढूँढ़ने पर इतना भर दीखता है कि दोनों अलंकार की बाह्यता का खंडन करते हैं। आभूषण की भाँति काव्य का अलंकार ऊपर से आरोपित वस्तु नहीं है। वह काव्य की अभिव्यंजना के साथ निष्पन्न होता है, अर्थात् वह अभिव्यंजना का ही अभिन्न अंग है। दूसरे दोनों मानते हैं कि एक अर्थ का वाचक एक ही शब्द होता है। शब्द के पर्यायों में भी कुछ-न-कुछ भेद देखा जा सकता है। अतः स्पष्ट है कि क्रोचे और कुन्तक एकमत नहीं हैं, उनमें वैमत्य अधिक है। अतः अभिव्यंजना को वक्रोक्तिवाद का विलायती उत्थान कहना तर्क संगत नहीं है।

अन्त में हम डॉ. पी.वी. काणे के इस कथन से कुन्तक के वक्रोक्ति-सिद्धान्त के सम्बन्ध में यह धारणा पुष्ट करना चाहेंगे कि 'वक्रोक्ति जीवित' एक अत्यन्त मूल्यवान कृति है। यह अत्यन्त उपेक्षित अवस्था में पड़ी हुई है। इसका उद्धार आवश्यक है। 'वक्रोक्ति जीवित' को काव्य की आत्मा मानने के सिद्धान्त के विषय में तथा कुन्तक द्वारा प्रस्तुत विचित्र संज्ञा परिभाषाओं के विषय में चाहे कोई कुछ भी सोचे, परन्तु यह ग्रंथ मौलिकता, महान साहित्यक कुशाग्रता और सुन्दर विचारों से परिपूर्ण है। भट्टतोत तथा इनकी मान्यता में समानता है कि उत्तम का उत्स कवि की निजी प्रतिभा ही है। उन्होंने अत्यन्त उपयुक्त उदाहरण चुने हैं और अपने क्षेत्र का बहुत विस्तार कर दिखाया है। उन्होंने अधिकांश रूप में कालिदास के ही उदाहरण प्रस्तुत किए हैं। इस ग्रंथ में पाँच सौ से अधिक उदाहरण हैं। कारिकाओं की रचना बहुत ही सरल और स्पष्ट पद्धति में की गई है और वृत्तियों की रचना उच्च साहित्यिक शैली में की गई है, जिसमें माधुर्य और सरस गुण है। कुन्तक ने भामह और दंडी के ग्रंथ से अधिकांश अवतरण लिए हैं और

इनसे कुछ कम उद्‌भट की रचना से। इन्होंने अलंकारों की अपने वक्रोक्ति-सिद्धान्त से संगति बैठाने का प्रयत्न किया है। इन्होंने अपने पूर्ववर्ती किसी भी आचार्य का अंधानुसरण नहीं किया है, उन सबकी आलोचना ही की है। फिर भी कुन्तक आनन्दवर्धन, भामह दंडी के प्रशंसक रहे हैं।[30]

मूल्यांकन

आज से प्राय: एक हजार साल पहले आचार्य कुन्तक ने भारतीय काव्यशास्त्र की विकास-परम्परा में वक्रोक्ति-सिद्धान्त के रूप में एक मौलिक दृष्टिकोण का उन्मीलन किया था। वक्रोक्ति वाणी की विशिष्ट कला है जो लोक-व्यवहार और काव्य-रचना में भी प्रयुक्त होती रही है। इसे विदग्धउक्ति और वचनभंगिमा के रूप में भी देखा गया है।

1. 'वक्रोक्ति' शब्द का प्रयोग लक्ष्य ग्रंथों एवम् लक्षण ग्रंथों में हुआ है। भामह भी वक्रोक्ति को एक व्यापक अर्थ प्रदान करते हैं और मानते हैं कि वक्रोक्ति के बिना अर्थ न तो विभावरूपता को प्राप्त करता है न उससे रंजकता आती है। वे तो वक्रोक्ति को अलंकार मात्र का उपलक्षण मानते हैं, साथ ही वे अतिशयोक्ति को समग्र वक्रोक्ति अर्थात् अलंकार-प्रपंच का विषय मानते हैं। इससे अर्थ में रमणीयता प्राप्त होती है। वे वक्रोक्तिहीन उक्ति को वार्ता कहते हैं अर्थात् जहाँ चमत्कार नहीं वहाँ काव्य नहीं। ऐसे प्रमाण भामह को वक्रोक्तिवादी ठहराते हैं। दंडी और वामन ने वक्रोक्ति की सीमा थोड़ी संकुचित की, पर आनन्दवर्द्धन और अभिनव गुप्त ने वक्रोक्ति को अपना समर्थन दिया है। वहीं कुन्तक का उदय वक्रोक्ति को व्यापक रूप प्रदान करता है।
2. कुन्तक की दृष्टि में लोकोत्तर चमत्कार और वैचित्र्य पाने के लिए वक्रोक्ति आवश्यक है, जिसे कुन्तक 'वैदग्ध्य भंगी भणिति' कहते हैं। यही वक्रता साहित्य को अर्थवान बनाती है और साधारण को असाधारण बना देती है। इसलिए कुन्तक ने वक्रोक्ति को 'धाराधिरोह उत्कर्ष' कहा है। वे वक्रोक्ति को विचित्र अभिधा कहकर अभिधा का दूसरा रूप मानते हैं। यह अतिशय सुन्दर विचित्र उक्ति विच्छित्ति अर्थात् काव्य-कौशल है जो प्रसिद्ध अर्थ के अलावे भिन्न अर्थ का भी संकेत करती है।
3. कुन्तक का 'वक्रोक्ति जीवित' ग्रंथ कारिका वृत्ति शैली में रचित है। इसमें चार उन्मेष हैं, जिनमें कुल मिलाकर एक सौ पैंसठ कारिकाएँ हैं। अन्य ग्रंथों से जो पद्य या कारिकाएँ गृहीत हैं, उनकी संख्या भी प्राय: 250 है। ग्रंथ का उद्देश्य है 'वक्रोक्ति' नामक काव्य-तत्त्व की प्रतिष्ठा और काव्य जीवित के रूप में उसकी स्वीकृति। कुन्तक ने वक्रोक्ति के छह भेद किए हैं और उनके आधार पर काव्य की संरचना को सम्पूर्णता में प्रस्तुत करना चाहा है। वे वर्ण-विचार से लेकर प्रबन्ध तक का निरूपण करते हैं। प्रबन्ध में रस के समावेश से वे रस के पोषक आचार्य प्रतीत होते हैं। उन्होंने रस, औचित्य और ध्वनि को महत्त्व दिया और रस-ध्वनि आदि का अन्तर्भाव वक्रोक्ति

में कर दिया। वास्तव में कुन्तक का वक्रोक्ति-सिद्धान्त ध्वनि-सिद्धान्त के खंडन के लिए उठ खड़ा हुआ था, पर कुन्तक इसमें कृतकार्य नहीं हो सके और उनका सिद्धान्त सर्वग्राह्य नहीं हो सका।

4. कुन्तक की यह विशेषता मानी जानी चाहिए कि उन्होंने परम्परा से चली आती हुई वक्रोक्ति की विचारधारा को काव्य जीवित या काव्य के आत्म तत्त्व के रूप में प्रतिष्ठा दी। कुन्तक ने ध्वनि का प्रबल विरोध किया था। यह भी माना गया है कि वे आनन्दवर्धन के समसामयिक रहे होंगे। वे चारुता और आह्लाद और वक्रता के लिए शब्दार्थ और वैत्रिर्य को महत्त्व देते थे। विचारक तो यहाँ तक मानते हैं कि कुन्तक के वक्रोक्तिवाद को ध्वनिवाद के आत्म तत्त्व के विरुद्ध देह तत्त्व का विरोध कहा जाना चाहिए। हमारी दृष्टि में वह काव्य-शरीर में वक्रोक्ति के आत्मतत्त्व की प्रतिष्ठा है। यह वक्रोक्ति एकार्थक नहीं बल्कि संघटना कौशल है, वह उक्ति वैचित्र्य मात्र नहीं उक्ति का सार गर्भित स्वरूप भी है।
5. कुन्तक की दोष धारणा पूर्ववर्ती विवेचन से किंचित् भिन्न है। वे दोष का पृथक् प्रतिपादन नहीं करते। काव्य-परिभाषा में प्रयुक्त शब्दार्थ में ही दोषों की सत्ता झलकने लगती है। अत: उनकी दृष्टि में विशिष्ट शब्दार्थ का जब काव्य में प्रयोग होता है तो कई दोष स्वयं हट जाते हैं। वे दोषों की पृथक् चर्चा का निषेध करते हैं। उनकी दृष्टि में तो काव्य वाच्यार्थ का सुन्दर वैशिष्ट्य है सहृदयों के लिए आह्लादकारी है और स्वभाव से ही सुन्दर है। जहाँ ऐसे शब्दार्थ नहीं होंगे, वहाँ काव्यत्व भी नहीं होगा। यहाँ वे सकारात्मक विवेचक की मुद्रा में दिखाई पड़ते हैं। वे कुकाव्य या दुष्टकाव्य को पसन्द नहीं करते।
6. कुन्तक ने दोष के सम्बन्ध में एक महत्त्वपूर्ण बात कही है कि प्रबन्ध के एक प्रकरण में भी औचित्य का अभाव होने पर सारा काव्य वैसे ही दूषित हो जाता है जैसे एक स्थान पर जल जाने पर कोई कपड़ा सम्पूर्णत: अप्रयोज्य हो जाता है।
7. कुन्तक का एक मौलिक दृष्टिकोण यह भी है कि वे दंडी और वामन के मार्ग या रीति-भेद को स्वीकार नहीं करते। उनका मानना है कि रीति देश या धर्म पर आश्रित नहीं होती। अत: किसी विशिष्ट प्रदेश के अनुसार उनका विभाजन वांछनीय नहीं है क्योंकि तब तो प्रदेशों की असंख्य संख्या से रीतियाँ भी असंख्य हो जाएँगी। वे रीतियों के उत्तम मध्यम या अधम विभाजन को भी ग्राह्य नहीं मानते। कई अर्थों में वे क्रान्तिकारी हैं। वे पूर्ववर्ती आचार्यों के रसवत् अलंकार के स्वरूप-निरूपण को स्वीकार नहीं करते।
8. कुन्तक काव्य-सर्जना के सार-तत्त्व के अनुसन्धाता हैं। कवि-व्यापार या कवि-कर्म ही सौंदर्य बोध का सहायक है। वे रस की महत्ता को स्वीकार करते हैं, पर वह वस्तु और अलंकार की तरह वाच्य नहीं होता। वे रस को काव्य का अमृत एवं अन्तस्-चमत्कार का वितानक मानकर उसे सर्वप्रमुख

काव्य-प्रयोजन ठहराते हैं। वक्रोक्ति को विचित्र अभिधा कहकर अपनी ध्वनि विषयक धारणा का भी संकेत करते हैं, ध्वनि के कई भेदोपभेदों को आधार बनाकर वक्रोक्ति के अनेक भेदों की भी रचना करते हैं। वे 'ध्वन्यालोक' से अनेक उदाहरण भी लेते हैं, पर इन सब के बावजूद वे वक्रोक्ति का ही समर्थन करते हैं।

9. कुन्तक की आलोचना-पद्धति अपने मत की दृढ़ स्थापना का प्रबल पक्षधर होकर भी एक सद्भाव मूलक पद्धति है। वे अपने सिद्धान्त से पीछे नहीं हटते, पर रस या ध्वनि विषयक स्थापनाओं को अंशत: स्वीकार करके भी अन्तत: उन्हें अपने सिद्धान्त में समेट लेते हैं। उनका लक्ष्य है—वक्रोक्ति में सबका अन्तर्भाव। वे एक ऐसे अद्भुत धनुर्धर की तरह हैं जो वृक्ष भी देखता है, पत्र, पुष्प, फल और वहाँ बैठी चिड़िया भी। पर उसकी एकाग्र दृष्टि चिड़िया की आँख अर्थात् अपने लक्ष्य पर ही होती है।
10. संस्कृत की आचार्य परम्परा में उनकी विशिष्टता का कारण उनका प्रतिभा सम्पन्न आलोचक होना है। वे सिद्धान्त-निरूपक से ज्यादा व्यावहारिक आलोचक हैं। वे शब्दों, वाक्यों आदि की वक्रता को उद्घाटित करते हुए उसे केन्द्रीय अर्थवत्ता से जोड़ते चलते हैं।
11. अलंकार-विवेचन के क्षेत्र में कुन्तक कुछ मौलिक दिखाई पड़ते हैं। उनकी महत्त्वपूर्ण उपलब्धि अलंकार और अलंकार्य का भेद निरूपण है। वे बताते हैं कि वक्रता या वैचित्र्य साधन है जो वस्तु के स्वभाव का उत्कर्ष बढ़ाता है। यह वक्रोक्ति अलंकरण और काव्य की समग्रता है। कवि-व्यापार में शब्द और अर्थ का सहभाव एक व्यवस्थित 'बन्ध' के रूप में प्रकट होता है। कुन्तक कहते हैं कि जैसे प्रत्येक तिल में तेल रहता है, वैसे ही शब्दार्थ में आह्लादकारी काव्यत्व होता है। यह किसी एक में नहीं होकर सर्वातिशायी होता है। वस्तुत: कुन्तक का वक्रोक्ति-सिद्धान्त एक समन्वयशील सिद्धान्त दिखाई पड़ता है। उनमें ध्वनि-सिद्धान्त के भी सूत्र हैं, रस की प्रतिष्ठा की स्वीकृति है उनका उक्ति-वैचित्र्य केवल शब्दार्थ की क्रीड़ा न होकर कवि-प्रतिभा का प्रमाण है।
12. कुन्तक के वक्रोक्ति-सिद्धान्त को भले ही आगे बहुत मान्यता नहीं मिली हो, पर उनकी अलंकार-धारणा और व्यावहारिक आलोचना-पद्धति को नकारा नहीं जा सकता। वस्तुत: कवि-कौशल कुन्तक की वक्रोक्ति का प्राणभूत तत्त्व दिखाई देता है। उनकी विच्छिति कवि-प्रतिभा और विलक्षणता का कारण है, जिसे पंडितराज जगन्नाथ भी स्वीकार करते हैं और विच्छित्ति को चारुत्व कहते हैं।
13. आलोचकों ने आचार्य रामचन्द्र शुक्ल द्वारा अभिव्यंजना को वक्रोक्तिवाद का विलायती उत्थान के कथन की समीक्षा करते हुए क्रोचे और कुन्तक में मतैक्य से ज्यादा वैमत्य देखा है। क्रोचे का विवेचन जहाँ कला के सर्जन से जुड़ा है, वहाँ कुन्तक का काव्य के आस्वादन और विश्लेषण से। क्रोचे

कला को स्वयं अपना प्रयोजन मानते हैं अर्थात् कला, कला के लिए है, पर कुन्तक अनेक प्रयोजन गिनाते हैं। क्रोचे कलावादी हैं तो कुन्तक उपयोगितावादी। अतः कुल मिलाकर दोनों में साम्य बहुत कम मिलता है। अतएव डॉ. नगेन्द्र, आचार्य देवेन्द्रनाथ शर्मा जैसे आलोचक आचार्य शुक्ल द्वारा अभिव्यंजनावाद को वक्रोक्तिवाद का विलायती उत्थान कहने को तर्क संगत नहीं मानते हैं।

सन्दर्भ

1. वक्रोक्तिः प्रसिद्धाभिधान व्यतिरेकिणी विचित्रैवाविधा। कीदृशी? वैदग्ध्य भंगी भणितिः। वैदग्ध्यं विदग्ध भावः, कवि कर्म-कौशलम् तस्य भंगी विच्छितिः, तया भणितिः-विचित्रैवाविधा—वक्रोक्तिरित्युच्यते।
   —वक्रोक्तिजीवित, 1/10 वृत्ति।
2. भारतीय काव्यशास्त्र के नए क्षितिज, पृ. 64।
3. आलोचक और आलोचना, पृ. 140
4. महिमभट्ट, व्यक्तिविवेक, पृ. 391, चौखंबा।
5. धर्मादिसाधनोपायः सुकुमार क्रमोदितः।
   काव्यबन्धोऽभिजातानां हृदयाह्लाद कारकः॥ वही, 1/3
6. व्यवहार परिस्पन्द सौन्दर्य व्यवहारिभिः।
   सत्काव्याधि मयादेव नूतनौचित्यमाप्यते॥ वही, 1/4
7. चतुर्वर्ग फलास्वादमप्यति क्रम्य तद्विदाम्।
   काव्यामृतरसेनान्तश्चमत्कारो वितन्यते॥ वही, 1/5
8. हिंदी वक्रोक्तिजीवित, 1/24 वीं कारिका की वृत्ति, पृ. 30
9. वही, पृ. 33
10. वही, पृ. 463
11. काव्यप्रकाश, पृ. 339
12. अतिशयोक्तिरेव प्राणत्वेनावतिष्ठते तां विना प्राएणालंकारत्वायोगात्।
    —डॉ. सत्यव्रतसिंह-हिंदी काव्य प्रकाश, पृ. 440
13. हिंदी रसगंगाधर, तृतीय भाग, पृ. 571
14. तदेवंविधं विशिष्टमेव शब्दार्थयोर्लक्षणा मुपादेयम्। तेन नेयार्था पार्थदियो दूरोत्सारितावात् पृथङ्—न वक्तव्याः।
    —वक्रोक्तिजीवित प्रथम उन्मेष, पृ. 50
15. वही, पृ. 38
16. रस परिपोषपेशलायाः प्रतीतेर्विभावानुभाव व्यभिचार्यों नित्य व्यतिरेकेण प्रकारान्तरेण प्रतिपत्तिः प्रस्तुत शोभा परिहारि कारितामानहति।
    —वही, पृ. 299
17. संस्कृत काव्यशास्त्र का इतिहास, भाग-2, पृ. 167
18. संस्कृत काव्य शास्त्र का इतिहास, भाग-1, पृ. 117
19. रीति-सिद्धान्त, पृ. 43. 44
20. वक्रोक्ति जीवित—भूमिका भाग, पृ. 9. 10

21. उदारस्व परिस्पन्द सुन्दरत्वेन वर्तनम्।
वस्तुनो वक्र शब्दैक गोचरत्वेन वक्रता॥ —वही, पृ. 125
22. काव्यामृत रसेनान्तश्चमत्कारो वितन्यते। —वही, 1/5
23. लोकोत्तराह्लादकारि वैचित्र्य सिद्धये।
काव्यस्यायमलंकार: कोऽय पूर्वो विधीयते॥ —वही, पृ. 2
24. भारतीय काव्यशास्त्र के नए क्षितिज, पृ. 67
25. वक्रोक्ति जीवित—वृत्ति भाग—1/10
26. आलोचक और आलोचना, पृ. 150
27. वक्रोक्ति-सिद्धान्त और छायावाद, पृ. 272
28. हिंदी वक्रोक्ति जीवित, भूमिका भाग, पृ. 247
29. पाश्चात्य काव्यशास्त्र, पृ. 178
30. (क) संस्कृत काव्यशास्त्र का इतिहास पृ. 292. 293
(ख) डॉ.—काणे ने डॉ. नगेन्द्र द्वारा सम्पादित और आचार्य विश्वेश्वर की हिंदी टीका से युक्त हिंदी 'वक्रोक्ति जीवित' की कठोर आलोचना की है, मुद्रण के अशुद्धि-दोष के साथ वे प्रश्न उठाते हैं कि यह स्पष्ट नहीं होता कि यह ग्रंथ किस मूल पांडुलिपि अथवा संस्करण के आधार पर प्रकाशित किया गया है? यद्यपि डॉ.—काणे के प्रश्न से प्रस्तुत लेखक सहमत नहीं है।

क्षेमेन्द्र

(11वीं शताब्दी)

आचार्य क्षेमेन्द्र की प्रसिद्धि कवि और आचार्य, दोनों रूपों में रही है। ये कश्मीर निवासी थे और उनका समय 11वीं सदी रहा है। 11वीं सदी के उत्तरार्द्ध में विद्यमान क्षेमेन्द्र आचार्य मम्मट के समकालीन थे। इनका मुख्य नाम व्यास दास, इनके पिता का नाम प्रकाशेन्द्र और पितामह का नाम सिन्धु बताया गया है। इनके विद्यागुरु के रूप में अभिनव गुप्त का नाम लिया जाता है। क्षेमेन्द्र के अनेक ग्रंथों में 1050 ई. के राजा अनन्तदेव का उल्लेख मिलता है।

क्षेमेन्द्र के काव्य-सिद्धान्तों का प्रतिनिधि ग्रंथ 'औचित्य विचार चर्चा' है। क्षेमेन्द्र ने इस ग्रंथ में ही 'रत्नसिंह' को अपना 'सुहृत्' कहा है। इससे ज्ञात होता है कि राजा रत्नसिंह से लेकर राजा कलश तक के कार्यकाल में इन्हें पर्याप्त सम्मान मिला होगा। क्षेमेन्द्र ने कवित्व-सम्पादन की विधियों का वर्णन अपने 'कविकंठाभरण' में किया है। 'औचित्य विचार चर्चा' तो उनकी महती प्रतिभा की देन है, जिसमें वे 'औचित्य सिद्धान्त' के व्यवस्थापक के रूप में दृष्टिगत होते हैं। 'सुवृत्ततिलक' नामक ग्रंथ को भी औचित्य-विचार का पूरक ग्रंथ माना गया है क्योंकि इन्होंने 'वृत्तौचित्य' विषय का सुन्दर विवेचन किया है। 'समयमातृका' नामक ग्रंथ का विषय दामोदर गुप्त विरचित 'कुट्टनीमत' के समान है। 'अवदानकल्पलता' नामक ग्रंथ में इन्होंने बौद्ध महापुरुषों की जीवनी और उससे शिक्षा लिखी है। क्षेमेन्द्र पहले शैव थे, परन्तु बाद में वैष्णव संन्यासी के साथ होने के कारण वे वैष्णव हो गए। बहुत लोगों का यह भी कहना है कि वैष्णवता से मुँह मोड़कर बौद्ध हो गए थे।

क्षेमेन्द्र की रचनाएँ—प्रो. एस. के.डे ने अपने ग्रंथ 'द हिस्ट्री ऑफ संस्कृत पोएटिक्स' के पृ. 132-133 में क्षेमेन्द्र के निम्नलिखित ग्रंथों की सूची प्रस्तुत की है—(1) अमृत तरंग, (2) औचित्य विचार चर्चा, (3) अवसरसार, (4) कनक जानकी, (5) कलाविलास, (6) कवि कंठाभरण, (7) कवि कर्णिका, (8) क्षेमेन्द्र प्रकाश, (9) चतुर्वर्ग संग्रह, (10) चारुचर्या, (11) चित्र भारत नाटक, (12) दर्पदलन, (13) दशावतार चरित, (14) देशोपदेश, (15) दानपारिजात, (16) नर्ममाला, (17) नीति कल्पतरु, (18) पद्मकादम्बरी, (19) पवन पंचाशतिका, (20) वृहत् कथामंजरी, (21) बौद्धावदानकल्पलता, (22) भारत मंजरी, (23) मुक्तावली काव्य, (24) मुनिमत मीमांसा, (25) राजावली, (26) रामायण मंजरी, (27) ललितरत्नमाला, (28) लोक प्रकाश, (29) लावण्यवती काव्य, (30) वात्स्यायनसूत्रसार, (31) विनयवल्ली,

(32) वेतालपंचविंशति, (33) व्यासष्टिक, (34) शशिर्वशमहाकाव्य, (35) समयमातृका, (36) सुवृत्ततिलक तथा (37) सेव्यसेवकोपदेश।

क्षेमेन्द्र की ये रचनाएँ उनकी बहुमुखी प्रतिभा को व्यक्त करती हैं। इनकी विशेषता काव्यशास्त्रीय ग्रंथ-रचना के साथ-साथ महाकाव्य और खंडकाव्य के सृजन में भी प्रकट हुई है। क्षेमेन्द्र को संस्कृत साहित्य में हास्य रस के एक प्रतिनिधि कवि के रूप में गिना गया है। इनके आख्यान उपदेश प्रदान, हास्यप्रधान हैं, विशेषकर 'देशोपदेश' तथा 'नर्ममाला' ऐसी ही कथाएँ हैं। क्षेमेन्द्र की इन रचनाओं का एक उदात्त उद्देश्य दिखाई देता है—वह है तत्कालीन राजनैतिक दुर्बलताओं को दिखलाकर उसके निराकरण का मार्ग ढूँढ़ना। हास्य के द्वारा वे ऐसी युक्तियाँ देते हैं, जिससे पाठक या श्रोता दोषों या बुराइयों से बचने की प्रेरणा पाता है। इसलिए 'देशोपदेश' में गौड़ छात्र पर तथा 'नर्ममाला' में राज्य के अधिकारियों जैसे कायस्थ, नियोगी, चाक्रिक आदि पर मीठी चोट की गई है। क्षेमेन्द्र की एक अन्य विशाल कलात्मक रचना है—'बोधिसत्वावदान कल्पलता', जिसमें भगवान् बुद्ध से सम्बन्धित जन्मों और आख्यानों का पद्यात्मक वर्णन है, वहाँ अवदान का अर्थ है—शुभ चरित्र।

क्षेमेन्द्र की एक अन्य विशेषता उनकी विनयशीलता है। उन्होंने स्वयं को 'सर्वमनीषि-शिष्य:' कहा है तथा वे वाल्मीकि और गुणाढ्य से इतने प्रभावित हैं कि उनके दूसरे नाम 'व्यासदास' पर उसका प्रभाव देखा जा सकता है। उनकी विनम्रता इस बात से भी झलकती है कि 'औचित्य विचारचर्चा' में अनौचित्य सम्बन्धी अनेक दोषों के उदाहरण अपनी रचनाओं से भी देते हैं।

क्षेमेन्द्र की जितनी कृतियाँ गिनाई गई हैं, उनमें विद्वानों की गवेषणा के बाद तैंतीस रचनाओं का पता चल चुका है। उन में अठारह प्रकाशित हैं और पन्द्रह रचनाओं का निर्देश प्रकाशित ग्रंथों के भीतर है। क्षेमेन्द्र की प्रकाशित रचनाएँ निम्नलिखित हैं—(1) रामायण मंजरी, (2) भारत मंजरी, (3) वृहत्कथामंजरी, (4) दशावतार, (5) बौद्धावदान-कल्पलता, (6) चारुचर्याशतक, (7) सेव्यसेवकोपदेश, (8) दर्पदलन, (9) चतुर्वर्ग संग्रह, (10) कलाविलास, (11) देशोपदेश, (12) नर्ममाला, (13) कविकंठाभरण, (14) सुवृत्त तिलक, (15) औचित्य विचार चर्चा, (16) लोकप्रकाश कोष, (17) नीतिकल्पतरु और (18) व्यासाष्टक।

शेष 15 निर्दिष्ट रचनाएँ इस प्रकार हैं—

(क) राजतरंगिणी में (कल्हण की रचना)—(1) नृपाली।

(ख) 'कविकंठाभरण' में—(2) शशिवंश महाकाव्य, (3) पद्य कादम्बरी, (4) चित्र भारत नाटक, (5) लावण्यमंजरी, (6) कनक जानकी, (7) मुक्तावली और (8) अमृत तरंग।

(ग) 'सुवृत्ततिलक' में—(9) पवनपंचाशिका,

(घ) 'औचित्य विचार चर्चा' में—(10) विनयवल्ली, (11) मुनिमत मीमांसा, (12) नीतिलता, (13) अवसर सार, (14) ललितमाला और (15) कविकर्णिका का उल्लेख हुआ है।

औचित्य-सिद्धान्त-विवेचन

साहित्य में औचित्य-तत्त्व सौंदर्य, संगति, व्यवस्था और अनुशासन के लिए गृहीत हुआ। उचित का चुनाव और पालन ही औचित्य है। इसलिए अनौचित्य को दोषमूलक, रसापकर्षक और उद्वेगजनक माना गया है। लोक व्यवहार और सामाजिक आचार-विचार के लिए भी औचित्य का महत्त्व स्वीकार किया गया है। यही औचित्य सामाजिक आचरण की कसौटी पर मनुष्य के चरित्र का निर्धारण करता है। औचित्य का समाजशास्त्रीय पक्ष उसे व्यापक रूप प्रदान करता है। साहित्य की रचना भी सामाजिकों-सहृदयों के लिए होती है। औचित्य के व्यावहारिक पक्ष की जब भी बात की जाती है, उसका सामाजिक महत्त्व प्रकट होने लगता है।

औचित्य की महत्ता सौंदर्य की दृष्टि से भी मानी गई है। वस्तुओं का आनुगुण्य सौंदर्य (प्रोपोर्शनेट ब्यूटी) तभी सामने आता है जब सभी चीजें यथास्थान हों, कुछ न्यूनाधिक न हो। कालिदास की शकुन्तला इसलिए भी सुन्दर है, क्योंकि जिस अंग-प्रदेश में जितना सौंदर्य होना चाहिए, वहाँ उतना ही है—'यथाप्रदेशंविनिवेशितेन'।

संस्कृत काव्यशास्त्र में औचित्य एक व्यापक तत्त्व है, जिसकी आवश्यकता प्राय: सभी सिद्धान्तों में देखी गई है। औचित्य का न होना अनौचित्य है। अनौचित्य का अर्थ है औचित्य का अभाव और क्षेमेन्द्र मानते हैं कि उचित का भाव ही औचित्य है।[2] उचित की व्याख्या करते हुए क्षेमेन्द्र ने कहा है कि जिसके सदृश अर्थात् अनुरूप हो, उसको प्राचीन आचार्य उचित कहते हैं। डॉ.—कुप्पू स्वामी ने भी अपनी प्रसिद्ध पुस्तक 'हाइवेज एंड बाई वेज ऑव लिटररी क्रिटिसिज्म इन संस्कृत' के पृ. 36 पर एक उद्धरण द्वारा स्पष्ट किया है कि औचित्य सभी वादों और सिद्धान्तों के केन्द्र में है। यह औचित्य सहृदय के सुरुचि भाव से पोषित एक ऐसा काव्यात्मक प्रहरी (पोएटिक सेंसर) के रूप में सामने आता है, जो काव्यास्वाद में सबसे अधिक सक्रिय रहता है। इस औचित्य के उल्लंघन के साथ-साथ ही काव्य दोषपूर्ण हो जाता है। तब अनौचित्यमूलक उद्देश्य प्रतीति विघात को दोष कहते हैं।

कई विचारकों ने जिनमें पी. बी. काणे भी हैं, उन्होंने 'हिस्ट्री ऑफ संस्कृत पोएटिक्स' में औचित्य-सिद्धान्त को छोड़कर शेष पाँच सिद्धान्तों की ही चर्चा की है। इसका कारण यह है कि यह औचित्य-तत्त्व पाँचों सिद्धान्तों के साथ मिलकर छठे सिद्धान्त के रूप में स्थापित होता है। कहीं-कहीं चमत्कारवाद का भी उल्लेख मिलता है। इसे जोड़कर सात सिद्धान्त हो जाते हैं।

डॉ. बलदेव उपाध्याय का अभिमत है—"संस्कृत आलोचना का सबसे अधिक व्यापक तत्त्व 'औचित्य' ही है। औचित्य का साम्राज्य बड़ा ही व्यापक विस्तृत तथा विशाल है। औचित्य का अर्थ है—उचित का भाव। जो वस्तु जिसके अनुकूल होती है, उसे हम औचित्य कहते हैं और उचित का भाव ही 'औचित्य' कहलाता है। इसे किसी वस्तु के साथ संबद्ध या जुड़ी हुई वस्तु के अनुरूप, अनुकूल या उचित कहना चाहिए। बेढंगी वस्तु के लिए साहित्य का क्षेत्र नहीं होता, व्यवहार में भी यही वस्तु देखी जाती है। मोतियों का हार पहना जाता है गले में तथा नूपुर बाँधे जाते हैं पैर में। यदि मोतियों

का हार गले को छोड़कर दूसरी जगह (जैसे हाथ में) पहना जाए तो बड़ा ही बेढंगा तथा कुरूप लगता है उससे उस अंग का सौन्दर्य कभी नहीं बढ़ता। उससे तो देखने वाले को हँसी ही आती है।[3]

डॉ. गणेश त्र्यंबक देशपांडे ने भारतीय साहित्यशास्त्र में स्पष्ट किया है कि अनौचित्य ही काव्यदोष है। आचार्य आनन्दवर्द्धन का भी कथन है—'अनौचित्यादृते नान्यद्रसभंगस्य कारणम्। प्रसिद्धौचित्यबन्धस्तु रसस्योपनिषत्परा॥ अर्थात् उनके अनुसार 'काव्य में रसानुराग में आए हुए अलंकार ही शब्दार्थों में व्यंजकता का सामर्थ्य निर्माण करते हैं, किन्तु यदि इस सीमा का त्याग किया गया और कवि कल्पना तथा अलंकारों के वश में हो गया, तब उसका प्रयास निश्चय ही रसभंग का कारण होता है—स एवमुपनिबध्यमानोऽलंकार रसाभिव्यक्ति हेतु: भवति। उक्तप्रकारातिक्रमे तु नियमेनैव रसभंगहेतु सम्पद्यते।'

आचार्य क्षेमेन्द्र का औचित्य सिद्धान्त वस्तुत: औचित्य पर विचार और उसकी चर्चा है। इसलिए इस ग्रंथ का नाम 'औचित्य विचार चर्चा' रखा गया है। संस्कृत के आचार्यों की विशेषता इस बात में है कि उनका कोई भी सिद्धान्त रूढ़ नहीं है। वह निरन्तर गतिशील है। उसमें नए विचारों को जोड़ने और घटाने की पूरी गुंजाइश है।

क्षेमेन्द्र मानते हैं कि काव्य में प्रयुक्त अलंकार और गुण आदि तभी चमत्कारोत्पादक हैं, जब तक उनमें औचित्य का विधान नहीं होता। जैसे शरीर में जीवन स्थिर होता है, वैसे ही काव्य में रस का पूर्ण परिपाक होता है। ऐसे काव्य का स्थिर जीवित औचित्य ही है। बिना औचित्य के काव्य में जीवन का संचार नहीं होता भले ही उसमें गुण एवं अलंकार का सन्निवेश किया जाए। क्षेमेन्द्र ने स्पष्ट किया है कि अलंकार तभी अलंकार हैं, जब वे उचित स्थान पर पहने जाएँ और गुण भी तभी गुण होते हैं जब उचित स्थान पर लाए जाएँ। क्षेमेन्द्र ने इसके लिए एक उदाहरण देकर समझाना चाहा है कि—

कण्ठे मेखलया नितम्बफलके तारेण हारेण वा,
पाणौ नूपुरबन्धनेन, चरणे केयूरपाशेन वा।
शौर्येण प्रणते रिपौ करुण्या नाऽयांतिके हास्यताम्?
औचित्येन बिना रुचिं प्रतनुते नोऽलंकृतिर्नोगुणा:॥

'कण्ठ में करधनी, नितम्ब पर दीप्तिमान् हार, हाथों में नूपुर की योजना, चरण में केयूर पाश की बंधान से तथा शौर्यपूर्वक झुके हुए शत्रु पर करुणा करने से कौन व्यक्ति उपहास का पात्र नहीं हो सकता? (अर्थात् अस्थान पर वस्तुओं का प्रयोक्ता उपहासास्पद होता है।) ठीक है, औचित्य के बिना न तो अलंकार और न गुण ही शोभा उत्पन्न कर सकते हैं। गुण और अलंकार, दोनों के काव्य तत्त्व होने में औचित्य ही स्वरूपाधायक है—

उचित-स्थान विन्यासादलऽकृतिरलंकृति:।
औचित्यादच्युता नित्यं भवन्त्येव गुणा गुणा:॥

—औ. वि.च. श्लोक-6

क्षेमेन्द्र का तात्पर्य है कि गुण तथा अलंकार से युक्त होने पर भी काव्य निर्जीव ही रहता है। रस के कारण ही काव्य की प्रसिद्धि सार्थक होती है। ऐसे काव्य का अविनश्वर

जीवित-स्थायी प्राण-औचित्य ही है। औचित्य का विचार काव्य से संबद्ध सभी तत्त्वों के साथ किया गया है। काव्यास्वाद के लिए तीन कार्य माने जा सके हैं—सृजन, आलोचना और आस्वादन। इन तीनों दृष्टियों से औचित्य का विचार होता रहा है। डॉ. राममूर्ति त्रिपाठी[4] ने इसी काव्य से सम्बन्धित कार्य को सर्जन, ग्रहण और समीक्षण कहा है। डॉ. त्रिपाठी ने इस विचार-परम्परा में डॉ. रामपाल और डॉ. राघवन द्वारा उत्पादित भ्रांतियों या असंगतियों का खंडन करते हुए कहा है—'काव्यार्थ के गुण में सहृदयता होनी चाहिए, अर्थात् जिस प्रकार रसज्ञ युवा-युवती को दुलार-पुचकार कर अनुकूल करता हुआ आस्वाद ग्रहण करता है, उसी प्रकार काव्यार्थ-ग्रहीता भी रचयिता से सहानुभूतिवश तादात्म्यापन्न होकर उसी की प्रतिभा की आँख से उसकी कृति का सौंदर्य ग्रहण करें। ग्रहण उस शुष्क तार्किक की तरह नहीं होना चाहिए, जो काव्य का आस्वाद लेने के बदले उसका सर्वनाश कर दे। ठीक वैसे ही जैसे प्रेत तरुणी का आस्वाद लेने में प्रवृत्त तो होता है, पर ऐसा चूसता है कि उसके प्राण ही निकल जाते हैं।

काव्यं कवीनामुपलालयन् हि भुङ्क्ते रसज्ञो युवतीं युवेव।
तामेव भुङ्क्ते ननु तार्किकोऽपि प्राणान् हरन् भूत इव प्रविष्टः॥

क्षेमेन्द्र आनन्दवर्द्धन कृत 'ध्वन्यालोक' की 'लोचन टीका' के रचयिता आचार्य अभिनवगुप्त के सिद्धान्त-समर्थक शिष्य थे। कहा जाता है कि उनके शास्त्रीय सिद्धान्तों का प्रतिपादन उनके 'कविकर्णिका' नामक ग्रंथ में हुआ है, जो अब अनुपलब्ध है। इनका दूसरा ग्रंथ 'कविकंठाभरण' कवित्व-सम्पादन की विधियों का ग्रंथ है। इनके 'औचित्य विचार चर्चा' नामक ग्रंथ में औचित्य के तत्त्व को काव्य के सर्वातिशायी रूप में प्रतिष्ठित करने का यत्न हुआ है। 'सुवृत्ततिलक' नामक ग्रंथ भी वृत्तौचित्य के विषय के विवेचन की तरह औचित्य-विवेचन भी एक प्राचीन विचार है।

काव्यार्थ यद्यपि लौकिक अर्थ के समान दिखाई देता है तथापि विभावादि अलौकिक उपायों से वह अभिव्यक्त होता है, इसलिए वह आस्वाद्य अर्थात् रसनीय होता है और इसलिए वह लौकिक अर्थ न होकर लोकोत्तर अर्थ है। अतएव काव्यगत रसना यद्यपि अन्य प्रतीतियों के समान एक प्रतीति है तथापि उपायों की अलौकिकता के कारण एक अलौकिक प्रतीति है।[5] अभिनवगुप्त भी मानते हैं कि—'रसना च बोधरूपा एव किन्तु बोधान्तरेभ्योलौकिकेभ्यो विलक्षणा एवं उपायानां विभावादीनां लौकिकवेलक्षण्यात्धतेन विभावादि संयोगात् रसना यतो निष्पद्यते, ततः तथाविधरसनागोचरः लोकोत्तरोऽर्थः रसः तात्पर्य सूत्रस्य।'

आचार्य क्षेमेन्द्र भी रस-सिद्धान्त के पक्ष में प्रतीत होते हैं और रससिद्ध काव्य को ही वास्तविक काव्य-पद का अधिकारी समझते हैं। वे 'ध्वन्यालोक' में प्रस्तुत आनन्दवर्द्धन के मत 'प्रसिद्धौचित्यबन्धस्तुरसस्योपनिषत्परा' को महत्त्व देते हैं। (हिंदी ध्वन्यालोक, पृ. 259) क्षेमेन्द्र 'रसौचित्य' का विवेचन विस्तारपूर्वक करते हैं। उनकी दृष्टि में रस के समस्त अवयवों—आलम्बन, उद्दीपन, अनुभाव, संचारी, भाव आदि के वर्णन में औचित्य का पूर्ण निर्वाह होना चाहिए तथा रसों के परस्पर सम्बन्ध में औचित्य की पूर्णतः रक्षा होनी चाहिए।

डॉ. नगेन्द्र की दृष्टि में क्षेमेन्द्र भी रस को ही काव्य का प्रमुख तत्त्व मानते हैं, किन्तु रस का आधार उनकी दृष्टि में औचित्य ही है। डॉ. राघवन का मानना है कि 'काव्य में औचित्य जीवित है तो रस है आत्मा।'[6] डॉ. राममूर्ति त्रिपाठी ने डॉ. राघवन के इस तर्क को परिष्कृत करते हुए कहा है कि रस और औचित्य, दोनों ही जीवित हैं। पहला विनश्वर तथा दूसरा अविनश्वर। पहला जीवित तथा दूसरा जीवित का भी जीवित... रससिद्ध काव्य को स्थायित्व प्रदान करनेवाला औचित्य ही है।[7] डॉ. त्रिपाठी इस कथन से निम्नलिखित निष्कर्ष निकालते हैं—

1. औचित्य काव्य का स्थिर जीवित है अर्थात् रससिद्ध काव्य की जान है, जो उसे स्थिरता प्रदान करता है।
2. औचित्य स्वयं साध्य नहीं है, पर साध्य को भी स्थिरता प्रदान करने के कारण महत्त्वपूर्ण है।
3. औचित्य की तुलना में अलंकार, बहिरंग और गुण अस्वभावगत अर्जित धर्म हैं।

क्षेमेन्द्र जब औचित्य की व्याख्या करते हुए यह कहते हैं कि आचार्यों ने उसे ही उचित कहा है जो उसके सदृश हो। उचित का यह भाव ही उनकी दृष्टि में औचित्य है तो इस कथन के द्वारा वे अपने से पूर्व चली आ रही आचार्य परम्परा का स्मरण कराते हैं और साथ ही औचित्य एक पूर्ववर्ती और परम्परागत धारणा है—इसका भी संकेत करते हैं। उन्होंने औचित्य को एक सुव्यवस्थित रूप दिया। उन्होंने कहा कि काव्य के प्रत्येक अंग और उपांग, शब्द और अर्थ, पद और वाक्य, गुण और रस आदि औचित्य की व्याप्ति के कारण हैं। 'औचित्य विचार चर्चा' के तीसरे श्लोक में उन्होंने निर्दिष्ट करते हुए कहा है कि 'चारुचर्वणा' में निमित्तभूत तथा चमत्कारोत्पादक उस औचित्य का विचार प्रस्तुत करते हैं, जो रस का भी जीवित है।

'औचित्य विचार चर्चा' के अन्त में क्षेमेन्द्र ने औचित्य के भेदों की अनन्तता का संकेत किया है। उनकी स्थापना है कि औचित्य के भेद अनन्त हैं तथा काव्य के प्रत्येक अंग और उपांग पर इसका व्यापक प्रभाव है।[8]

क्षेमेन्द्र ने औचित्य के मुख्य 27 भेदों का निर्देश और विवेचन अपने ग्रंथ में किया है। ये निम्नलिखित हैं—(1) पद, (2) वाक्य, (3) प्रबन्धार्थ, (4) गुण, (5) अलंकार, (6) रस, (7) क्रिया, (8) कारक, (9) लिंग, (10) वचन, (11) विशेषण, (12) उपसर्ग, (13) निपात, (14) काल, (15) देश, (16) कुल, (17) व्रत, (18) तत्त्व, (19) सत्त्व, (20) अभिप्राय, (21) स्वभाव, (22) सार संग्रह, (23) प्रतिभा, (24) अवस्था, (25) विचार, (26) नाम, (27) आशी: (आशीर्वाद)।

पदौचित्य

भारतीय चिन्तन में पद या शब्द का महत्त्व घोषित हुआ है। पतंजलि के व्याकरण 'महाभाष्य' का आरम्भ शब्दानुशासन से हुआ है। उनके अनुसार शब्द का अर्थ है—ध्वनि। व्यवहार में पदार्थ का ज्ञान करानेवाली ध्वनि को लोक में 'शब्द' कहा जाता है। (महाभाष्य 1/11)। पतंजलि के मत में, 'सम्यक् ज्ञात, शास्त्रयुक्त तथा अच्छी तरह

प्रयुक्त एक शब्द स्वर्ग और लोक में कामधेनु होता है—'एक:शब्द:सम्यक् ज्ञातः सुष्ठु प्रयुक्तः स्वर्गे लोके च कामधुग् भवति।'

बाह्य जगत् के पदार्थों के लिए शब्द प्रतीक का कार्य करते हैं। ये प्रतीकात्मक शब्द श्रोता के चित्त में बाह्य जगत में स्थित पदार्थों का प्रक्षेपण करते हैं। इससे आन्तरिक भावों की प्रतीति में भी सहायता पहुँचती है। इन शब्दों की व्याकरणिक व्यवस्था भाषा का रूप ग्रहण करती है। मनुष्य की भाषा उसके सम्पूर्ण भाव का वहन नहीं कर पाती। अतः छंद, सुर, लय आदि विशिष्ट शक्तियों के संयोग से शब्द को अधिक प्रभावपूर्ण और शक्ति पूर्ण बनाना पड़ता है।[9]

राजशेखर ने अपनी 'काव्य मीमांसा' में लिखा है—व्याकरणशास्त्र द्वारा अच्छी तरह निर्धारित किया गया 'शब्द' अभिधान आदि कोषों में निर्दिष्ट होता है। किसी शब्द का जो अभिधेय है, वह उस शब्द का अर्थ है। वह शब्द तथा उसका अर्थ, दोनों मिलकर पद बनता है।

आचार्य भामह ने 'काव्यालंकार' में स्पष्ट किया है कि एक भी रमणीय पद अच्छा है, उसके विपरीत महान् प्रबन्ध भी नहीं, वैपरीत्य के कारण वह काव्य यश को भी विपर्यस्त कर देता है।[10] अशुद्ध असुन्दर शब्दों से प्रस्तुत महान ग्रंथ की अपेक्षा एक भी सुन्दर शब्द का प्रयोग ही अच्छा है। अरमणीय शब्दों के प्रयोग से कवि को यश के बदले अयश मिलता है। भामह ने 'निबन्धन' शब्द का प्रयोग प्रबन्ध के अर्थ में ही किया है। वास्तव में लोक-जीवन में जितने शब्द प्रयोज्य हैं, ऐसे शब्द विभिन्न भाषाओं में अनन्त अर्थों के बोधक होकर विद्यमान हैं। इनकी सीमा कौन निर्धारित कर सकता है? (काव्यालंकार, 6.22)।

क्षेमेन्द्र ने पदौचित्य को औचित्य के भेदों में प्रथम स्थान दिया है। काव्य में जब सारा सौंदर्य एक ही पद में समाविष्ट हो जाता है तब वह पद कविता-कामिनी की शोभा की मुख्य धुरी बनकर वैसे ही प्रकट होता है, जैसे चन्द्रमुखी सुन्दरी के माथे की चन्दन-कस्तूरी की बिन्दिया। निम्नलिखित शब्द में भोली शब्द के द्वारा सम्पूर्ण श्लोक प्रभावशाली हो जाता है—

मग्नानि द्विषितां कुलानि समरे त्वत्खड्गधाराकुले।
नाथाऽस्यिन्निति वन्दिवाचि बहुशो देवश्रुतायांपुरा॥
मुग्धा गुर्जरभूमिपालमहिषी प्रत्याशया पाथसःकान्तारे
चकिता विमुंचति मुहः पत्युः कृपाणो दृशौ॥

'हे देव! चारणों से मैं कब की सुनती आ रही हूँ कि तुम्हारे इस खड्ग की धारा में न जाने शत्रु के कितने कुल डूब मरे'—यह कहती हुई मुग्धा गुर्जरराज की पत्नी प्यास मिटाने की आशा से जंगल में चकित होकर उसी कृपाण-धारा की ओर देखती रही—देखती रही।

वाक्यौचित्य

क्षेमेन्द्र कहते हैं कि औचित्यपूर्वक रचित वाक्य काव्य मर्मज्ञों को सदा सम्मत और

अभीष्ट होता है—'औचित्यं रचितं काव्यम्, सततं सम्मतं सताम्'—(औचित्य विचार चर्चा,-12)

वाक्य से पूर्णभाव की अभिव्यक्ति होती है और उनमें अर्थ की अन्विति आ जाती है। पंतजलि ने 'महाभाष्य' में तथा स्फोटवादियों ने भी कहा है, 'वाक्यं स्फोटयति निष्कर्षे तिष्ठतीति मनस्थिति—महाभाष्य-11044 । आचार्य विश्वनाथ ने माना है कि 'उस उच्चारित आकांक्षा, योग्यता और सन्निधि से युक्त होकर किसी एक अर्थ का बोध कराने में समर्थ हो।[11]

आचार्य विश्वनाथ ने वाक्य के दो भेद माने हैं—वाक्य और महावाक्य। आकांक्षादि युक्त वाक्यों के समूह को महावाक्य कहते हैं—'वाक्योच्चयो महावाक्यम् (साहित्य दर्पण, 2/9)। आचार्य के अनुसार मुक्तक काव्य वाक्य है और प्रबन्ध काव्य महावाक्य। भर्तृहरि के वाक्यपदीय में कहा गया है कि 'वाक्य में पद-स्थापन का बड़ा महत्त्व है क्योंकि पदों का विशेष क्रम ही तो वाक्य है।[12] वे मानते हैं कि वाक्य वह है जो एक ही क्रिया के द्वारा अभिहित अर्थ की प्रतीति कराता हो।[13] आधुनिक भाषा विज्ञान भी अन्विताभिधानवाद या वाक्यवाद का समर्थक है क्योंकि भाषा की न्यूनतम पूर्ण सार्थक इकाई में वर्ण या वाक्य में पद नहीं होते। तात्पर्य यह है कि वाक्य की ही सत्ता वास्तविक है, पद या वर्ण की काल्पनिक । वस्तुतः भाषा का उपयोग है भाव या विचार की पूर्ण अभिव्यक्ति जो वाक्य से ही सम्भव है, पद से नहीं।

प्रबन्धौचित्य

क्षेमेन्द्र ने प्रबन्धौचित्य में ऐसे अर्थ को उपन्यस्त करना चाहा है जिससे समस्त प्रबन्ध वैसे ही चमक उठता है, जैसे गुण के प्रभाव से भव्य लगनेवाले वैभव से सज्जन।[14] काव्य-रचना में मूल अर्थ की प्रतीति और वर्णन की चारुता आवश्यक है। क्षेमेन्द्र ने प्रबन्धौचित्य के लिए कालिदास के 'मेघदूत' का एक श्लोक उद्धृत किया है—कालिदास के मेघदूत का यक्ष सन्देश-निरूपण करते समय मेघ के कई रूपों का स्मरण कर रहा है। वह मेघ के पुष्कर और आवर्तक जैसे उच्च वंश की प्रशंसा करता है तथा इंद्र को प्रधान पुरुष मानकर मेघ की कामरूपता का वर्णन करता है। यक्ष ऐसे ही दूत को चुनता है जो अलका तक अपनी निर्विघ्न यात्रा पूरी कर सके। यक्ष मेघ को अपने विषय में बताते हुए कहता है कि विधि के विधानवश अपनी भार्या से दूरबन्धु हो गया है। बन्धुत्व में समानता होती है। इस सख्यता में चित्तवृत्तियों का आदान-प्रदान होता है। कालिदास ने अर्थांतरन्यास अलंकार के द्वारा श्लोक की अन्तिम पंक्ति में एक सूत्र दिया है कि अधिक गुण वाले व्यक्ति के प्रति की गई प्रार्थना निष्फल होते हुए भी अच्छी है पर नीच से की गई प्रार्थना सफल होकर भी अच्छी नहीं होती। यहाँ 'अधिगुण' और 'अधम' शब्द महत्त्वपूर्ण है। इस छंद के द्वारा 'मेघदूत' की प्रबन्धौचित्य उक्ति पर प्रकाश डाला गया है। कालिदास के 'कुमार सम्भवम्' के आठवें सर्ग में शिव-पार्वती की विलास-क्रीड़ा क्षेमेन्द्र की दृष्टि में पामर दम्पति के सम्भोग वर्णन के समान है। इससे प्रबन्धार्थ में अनौचित्य का समावेश होता है।

गुणौचित्य

अर्थ पर दृष्टि रखकर ही काव्यों में गुणों का सन्निवेश किया जाता है। वीर पुरुष की ओजस्वी उक्तियों में ओजगुण विशेष प्रकर्षशाली होता है। विप्रलम्भ शृंगार की अभिव्यंजना के लिए माधुर्य तथा सौकुमार्य गुणों का निवेश सर्वथा हृदयाह्लादक होता है।

कुन्तक के अनुसार, जो स्पष्ट रूप से पदार्थ के उत्कर्ष का पोषण करता है, वह उचित है अर्थात् स्वभावानुरूप वर्णन करने वाला गुण औचित्य कहा जाता है।[16] भामह, दंडी आदि ने औचित्य को गुण तो नहीं माना है, पर वह गुण-दोष-निर्धारण का एक महत्त्वपूर्ण तत्त्व अवश्य माना गया है। कुन्तक ने यह भी कहा है कि जहाँ वक्ता और भावक के स्वभाव से प्रतिपाद्य वस्तु रमणीयता के साथ आयत्त कर ली जाए, वहाँ भी औचित्य गुण माना जाता है।

'अर्थवैमल्य' नाम से क्षेमेन्द्र ने स्वतंत्र गुण की कल्पना की है। वामन ने अर्थ की विमलता को अर्थगत प्रसाद की संज्ञा दी है। क्षेमेन्द्र का 'अर्थवैमल्य' वामन के 'अर्थ प्रसाद' से नाम से भिन्न होने पर भी प्रकृति से अभिन्न है। रसवैमल्य गुण के लिए क्षेमेन्द्र प्रकृत्यौचित्य को अनिवार्य मानते थे। प्रकृति के अनुरूप वर्णन न होने से रसकालुष्य दोष होता है, जो रसवैमल्य गुण का विपर्यास है। प्रकृत्यनौचित्य में रसकालुष्य दिखाने के लिए भट्टनारायण के वेणीसंहार की एक घटना का उदाहरण दिया गया है। नकुल जन्तु को स्वप्न में देखकर भानुमती के मन में नाम-साम्य से पांडव नकुल के साथ सम्भोग की भावना का जाग्रत होना राजमहिषी की प्रकृति के अनुरूप नहीं है। अत: इस वर्णन में प्रकृत्यनौचित्य का वर्णन होने से रसकालुष्य दोष है।[17]

क्षेमेन्द्र ने औचित्य को रस का जीवित तत्त्व माना है। जो जिसके सदृश या अनुरूप होता है, वह उसके लिए उचित होता है। रस में प्रकृत्यौचित्य का अभिप्राय है—आलम्बन, आश्रय, आदि की प्रकृति के अनुरूप वर्णन होना। प्रकृति का उचित वर्णन होने पर रसवैमल्य गुण होता है अन्यथा रसकालुष्य-दोष माना जाता है।

क्षेमेन्द्र आनन्दवर्द्धन के सिद्धान्त के अनुयायी थे। रसकालुष्य को दोष मानना आनन्दवर्द्धन की मान्यता के अनुरूप ही है।

'औचित्य विचार चर्चा' में औचित्य को रस का आत्मा मान लेने पर प्रकृति आदि के औचित्य से उत्पन्न रस की विमलता को गुण-मात्र मान लेना समीचीन नहीं जान पड़ता। रस की विमलता को काव्य में प्रधान तत्त्व के रूप में स्वीकृति मिलनी चाहिए। आनन्दवर्द्धन आदि ने गुण को रस में उत्कर्ष का आधान करने वाला धर्ममात्र माना है, पर क्षेमेन्द्र ने रस के वैमल्य या उसके उत्कर्ष को ही रसगत गुण मान लिया है।

क्षेमेन्द्र ने जिन तीन नवीन गुणों के स्वरूप का विवेचन किया है, उनसे पूर्ववर्ती आचार्य अपरिचित नहीं थे। शब्द-वैमल्य को गुण के रूप में पहले भी स्वीकृति मिल चुकी थी, यद्यपि उनकी संज्ञा भिन्न थी। रसवैमल्य के महत्त्व पर भी 'ध्वन्यालोक' में अन्य प्रसंग में विस्तार से विचार हो चुका था। क्षेमेन्द्र ने उक्त तथ्य को नवीन नाम से गुण-वर्ग में रखकर उस पर विचार किया, यही उनकी मौलिकता और नूतनता है।

अलंकारौचित्य

औचित्य-विचार-चर्चा में क्षेमेन्द्र ने अलंकारौचित्य के सम्बन्ध में कहा है कि प्रस्तुत अर्थ के अनुरूप अलंकार-विन्यास होने से कवि की उक्ति उसी प्रकार चमत्कृत होती है, जैसे—पीन स्तनों पर रखे हुए हार से हरिणी-सी आँखोंवाली सुन्दरी।[18]

भारतीय काव्यशास्त्र में अलंकार का वास्तविक अर्थ सौन्दर्य माना गया है। काव्यशास्त्र में 'रमणीयता' शब्द का प्रयोग भी सौंदर्यात्मक भाव के अर्थ में हुआ है। पंडितराज जगन्नाथ ने इस सौन्दर्यात्मक भाव को 'रमणीयता च लोकोत्तराह्लाद जनकज्ञानगोचरता' कहा है।

आचार्य भामह ने 'सैषासर्वैव वक्रोक्तिः' कहकर वक्रोक्ति और अतिशयोक्ति को एक-दूसरे का पर्याय माना है, पर दोनों में मौलिक अन्तर भी है। अतिशयोक्ति का अर्थ है—बढ़ा-चढ़ाकर कहना और वक्रोक्ति का अर्थ है—घुमा-फिरा कर कहना। यह सौंदर्य-चेतना विशिष्ट मानसिक दशा है जिसमें सौंदर्य आस्वादनीय होकर रस बन जाता है।[19]

सौंदर्य की इसी शक्ति से प्रभावित होकर दंडी, वामन आदि ने अलंकार को 'काव्यशोभाकर धर्म (काव्यशोभाकरान् धर्मान् अलंकारान् प्रचक्षते—काव्यादर्श) और सौंदर्य (सौंदर्यमलंकारः) माना था।

क्षेमेन्द्र ने अलंकारों के औचित्य-विधान के लिए मुख्यतः उपमा, उत्प्रेक्षा और रूपक को महत्त्व दिया है। हर्ष के एक श्लोक की वे प्रशंसा करते हैं, जिसमें उदयन की उपमा 'कुसुमचाप' से दी गई है और इसके कारण श्रृंगार भाव चित्त में चमत्कार पैदा करता है। क्षेमेन्द्र इसके अलावा चन्दक और राजशेखर के दो उदाहरण प्रस्तुत करते हैं, जिनमें औचित्य का पालन नहीं होता। उद्वेग जनक अलंकार अनौचित्य की सीमा में आ जाते हैं।

भामह के अनुसार अलंकार का मूल तत्त्व है—अतिशयोक्ति और अतिशयोक्ति का अर्थ है—लोकातिक्रान्तगोचर वचन। भामह की इस मान्यता का उत्तरवर्त्ती आलंकारिकों ने भी मुक्त कंठ से समर्थन किया है। दंडी ने दृढ़तर शब्दों में कहा है कि 'बृहस्पति द्वारा प्रशंसित यह अतिशयोक्ति अन्य अलंकारों का भी प्रधान और सर्वश्रेष्ठ आधार है।'

आनन्दवर्द्धन ने भी उसकी उपादेयता स्वीकार करते हुए कहा है कि 'पहले तो सभी अलंकारों की अतिशयोक्तिगर्भिता सम्भव है। महाकवियों के द्वारा प्रयुक्त होकर ही वह अवर्णनीय काव्यशोभा को पुष्ट करता है। विषय के औचित्य के अनुरूप अतिशयोक्ति का उपनिबन्ध काव्य में उत्कर्ष क्योंकर न लाएगा?' 'काव्य प्रकाश' के दशम उल्लास में 'विशेष' अलंकार का अतिशयोक्ति नामक अलंकार नहीं बल्कि अलंकारत्व का बीजभूत तत्त्व है।

रसौचित्य

क्षेमेन्द्र ने रस के निर्वाह में औचित्य की भूमिका को महत्त्वपूर्ण माना है। वे मानते हैं कि जैसे वसन्त अशोक के वृक्ष को अंकुरित कर देता है, वैसे ही औचित्य युक्त रस सहृदयों

के मन को अंकुरित कर देता है। औचित्य से समन्वित शृंगार आदि रस सहृदयों के चित्त में फैल जाता है। उन्होंने अपनी कारिका में अनुरूप कथन से सुशोभित रस को नवोन्मेष का कारण माना है। वे वसन्त के लिए 'मधुमास' शब्द का प्रयोग करते हैं। आनन्दवर्द्धन ने भी अपने 'ध्वन्यालोक' में 'मधुमास इवद्रुमाः' का प्रयोग किया है। क्षेमेन्द्र ने रसौचित्य विवेचन में शृंगार और वीर आदि रसों की चर्चा की है।

रसौचित्य के प्रसंग में क्षेमेन्द्र शृंगार विशेषकर वियोग शृंगार के लिए श्रीहर्ष कालिदास आदि का उदाहरण लेते हैं। कालिदास के ही काव्य में जहाँ वे एक ओर औचित्य की चारुता देखते हैं, वहीं वे दूसरी ओर अनौचित्य का भी वर्णन करते हैं। हास्य रस के विषय में क्षेमेन्द्र ने अपने दो काव्यात्मक उदाहरण दिए हैं और उनमें औचित्य का चामत्कारिक प्रभाव सिद्ध किया है, पर श्यामल कवि के हास्य रस के उदाहरण में वे स्पष्टतः अनौचित्य देखते हैं, जिसमें हास्य में वीभत्स का समावेश हो गया है। करुण रस के औचित्य के लिए क्षेमेन्द्र ने अपनी 'मुनिमत मीमांसा' के उदाहरण को औचित्य के अनुरूप सिद्ध किया है।

रौद्र रस के आयोजन में वे भट्ट नारायण का श्लोक उद्धृत करते है और उसे रसौचित्य के अनुकूल मानते हैं, पर इसके विपरीत कवि प्रवरसेन की रचना में औचित्य वैसा नहीं दिखाई देता। क्षेमेन्द्र का यह भी मानना है कि किसी भी रस प्रतिपादन में जब तक उचित और प्रधानभूत रस की सिद्धि नहीं होती तब तक वह रस निखरकर सामने नहीं आता। इसलिए प्रवरसेन की रचना में रौद्र रस का पूर्ण परिपाक नहीं मिलता। क्षेमेन्द्र जब आगे वीर रस के विषय में विचार करते हैं तो इसकी प्रभावशीलता के लिए वे नीतिलता और राजशेखर का एक-एक उदाहरण प्रस्तुत करते हैं और सिद्ध करते हैं कि ये रचनाएँ वीर स्वभाव के अनुरूप वर्णित हैं, पर कवि महाकवि भवभूति के उदाहरण में वे श्रीहर्ष का एक उचित उदाहरण सामने रखते हैं। पर राजपुत्र मुक्तापीड के उदाहरण में भयानक का वह संचार नहीं हो पाता। वीभत्स रस के प्रकरण में कवि क्षेमेन्द्र ने अपनी 'मुनि मतमीमांसा' के उदाहरण द्वारा—'जुगुप्सा वैराग्य भावना आदि से वीभत्स के रसौचित्य के वीभत्स चित्र प्रस्तुत करते हैं, पर चन्दक की रचना में वीभत्स रस के अनौचित्य का चित्रण हुआ है। अद्भुत रस के सम्बन्ध में भी चन्दक का एक औचित्यपूर्ण उदाहरण प्रस्तुत हुआ है, पर क्षेमेन्द्र ने अपनी ही 'मुनिमत मीमांसा' में अद्भुत रस का अनौचित्य देखा है। शान्त रस के लिए वे अपना उदाहरण उपस्थित करते हैं और उसमें औचित्य का समावेश करते हैं। साथ ही वे अपनी 'मुनिमत मीमांसा' से एक दूसरा उदाहरण प्रस्तुत कर शान्त रस का औचित्य प्रस्तुत करते हैं पर इसी क्रम में वे 'उत्पलराज' के उदाहरण में अनौचित्य का दोष देखते हैं।

क्षेमेन्द्र ने रसों के मिले-जुले रूप में औचित्य-अनौचित्य का संकेत किया है। महर्षि व्यास के एक उदाहरण में वे शान्त और शृंगार का संयोग देखते हैं। वीर और करुण के सांकर्य के लिए क्षेमेन्द्र ने अपने 'मुनिमत मीमांसा' से उदाहरण देकर औचित्य-बोध कराया है। वे शान्त, शृंगार, करुण एवं वीभत्स के सांकर्य के लिए अपना एक उदाहरण प्रस्तुत करते है, जिसमें शान्त रस की मुख्यता दिखाकर चमत्कार का सृजन करते हैं तथा परम औचित्य भी प्रदर्शित करते हैं।

क्षेमेन्द्र ने अमरुक कवि के उदाहरण में शान्त एवं शृंगार रस के संकर भाव में अनौचित्य देखा है। ऐसे छंदों में जहाँ संसार की निस्सारता का घोर वर्णन होता है, उसे पढ़कर सहृदय का उत्साह ही भंग हो जाता है और उसमें दिखाया गया शान्त भाव कहीं-न-कहीं विरस और अशान्त ही कर देता है। आचार्य आनन्दवर्द्धन ने कहा है कि यदि अंगीरस भिन्न हो तो उसके अंग रूप में स्थित भिन्न रस को चाहे वे विरोधी हों या अविरोधी, बहुत अधिक विस्तार नहीं देना चाहिए। ऐसे उदाहरणों में रस का पोषण नहीं हो पाता। क्षेमेन्द्र स्पष्टत: इस बात का समर्थन करते हैं कि यदि विरोधी का समर्थन कर दिया जाए तो स्थायी उसी प्रकार भ्रष्ट हो जाता है जैसे गड्ढे में कोई हाथी गिर पड़ा हो और वह पुन: सिर उठाने का साहस न कर पाए। क्षेमेन्द्र ने विचार की गुंजाइश हमेशा छोड़ी है। इसलिए वे अपना मत देते हैं कि इस तरह रस सांकर्य के और-और भेदों की विवेचना स्वयं कर लेनी चाहिए। यहाँ इससे अधिक विचार करना व्यर्थ है।

क्षेमेन्द्र का रसौचित्य विवेचन कई दृष्टियों से महत्त्वपूर्ण है—

1. रस के प्रति इनका दृष्टिकोण अंगीभाव और अंगभाव, दोनों दृष्टियों से दिखाई पड़ता है।
2. रसौचित्य विवेचन के आरम्भ में ही क्षेमेन्द्र औचित्य से युक्त शृंगार आदि रसों से अंकुरण की बात सहृदयों के हृदय में कहते हैं। रस का भाव निरन्तर वर्त्तमान और निरन्तर अनुभवगम्य है। सम्भवत: इसीलिए भारतीय आचार्यों ने 'रसचर्वणा' शब्द का प्रयोग किया है।
3. क्षेमेन्द्र शृंगार विशेषण विप्रलंभ और संयोग, दोनों का हास्य रस, वीभत्स रस से युक्त हास्य रस का, करुण रस के औचित्य का वीर रस, भयानक रस, वीभत्स रस, अद्भुत रस, शान्त रस का वर्णन करते हैं। क्षेमेन्द्र की मौलिकता इस बात में है कि वे विशेष रूप से रससांकर्य द्वारा सौंदर्य-बोध और औचित्य विषयक चमत्कार का उद्घाटन करते हैं। साथ ही, वे आग्रह करते हैं कि रससांकर्य में अर्थात् रसों के पारस्परिक मिश्रण से अनौचित्य दोष आ जाए तो अधिक व्याघात होता है और काव्य का प्रभाव छिन्न-भिन्न हो जाता है।
4. क्षेमेन्द्र ने अन्य औचित्य विषयक तत्त्वों के प्रतिपादन की भाँति रसौचित्य में भी प्राय: वही औचित्य और अनौचित्यमूलक उदाहरणों की प्रवृत्ति अपनाई है। अन्तर यही है कि वे रसौचित्य में रससांकर्य को एक कलात्मक ऊँचाई देते हैं। अलंकार सिद्धान्त में शब्दालंकार और अर्थालंकार के अतिरिक्त तीसरी कोटि उभयालंकार की है, जिनमें संसृष्टि और संकर नामक अलंकारों का विवेचन हुआ है। रसभाव में संकरता की कल्पना मौलिक है और वह अनुकूलता और प्रतिकूलता के सामंजस्य का एक विशिष्ट प्रकार है। सिद्ध कवि की वाणी प्रतिकूल भावदशा में भी रस का सृजन कर सकती है, विरुद्ध को अपने अनुकूल बना सकती है। यही अनुरूपता ही तो क्षेमेन्द्र के औचित्य सिद्धान्त का केन्द्रवर्ती तत्त्व भी है।

माना जाता है कि औचित्य सम्प्रदाय और सिद्धान्त के विवेचन का प्रथम प्रयास

डॉ. राघवन ने किया। इन्होंने संस्कृत काव्य-शास्त्र के इतिहास में औचित्य की इतनी सक्षम खोज की। ऐतिहासिक दृष्टि से उनका महत्त्व सर्वोपरि है। यद्यपि औचित्य सिद्धान्त की मौलिक स्थिति उनसे अधिक उनके गुरु महामहोपाध्याय श्री कुप्पुस्वामी ने ही प्रकट कर दी थी।

क्रिया-औचित्य

संस्कृत में क्रिया का संयोगात्मक रूप मिलता है। क्रिया शब्द का सम्बन्ध 'कृ' धातु से है, जिसका अर्थ है—कुछ करना या कर्म । क्षेमेन्द्र काव्य में क्रिया पदों की शक्ति को पहचानते हैं। वे क्रिया का व्यावहारिक रूप भी देखते हैं जैसे किसी सज्जन व्यक्ति की क्रिया उसके आचार, गुण उसकी व्यवहार-कुशलता और लघुता का परिचय देती है, वैसे ही काव्य में भी अगर क्रिया उचित ढंग से विन्यस्त हो तो काव्य में गुण संगति और व्याप्ति का आधान हो जाता है। क्षेमेन्द्र के शब्दों में 'क्रिया' के उचित होने पर जैसे सुजन में गुण, आचार एवं साधुता मानी जाती है तो उसी प्रकार यदि काव्य में भी क्रियापद ठीक हो तो वह काव्य गुणमय, संगीतमय तथा प्रशस्त माना जाता है। वे कहते हैं कि यदि औचित्ययुक्त क्रियापद का प्रयोग काव्य में किया जाए तो उसमें माधुर्य आदि गुण वसन्ततिलका आदि छंद तथा व्याकरणिक प्रौढ़ि के गुण और अधिक निखर जाते हैं। क्रियापद के औचित्य का उदाहरण नीतिलता से प्रस्तुत हुआ है।

क्षेमेन्द्र के विवेचन की यह एक अलग विशेषता है कि वे गुण पक्ष के साथ दोष-पक्ष पर भी दृष्टिपात करते हैं, अर्थात् कहाँ औचित्य होगा और कहाँ अनौचित्य हो जाएगा, इसका भी संकेत वे उदाहरणों द्वारा करते चलते हैं। क्षेमेन्द्र ने अपनी पुस्तक 'औचित्य विचार चर्चा' की कारिका 20 तथा 21 में अपनी ही रचना में दोष दिखाए है। इस भाँति इनसे पूर्व आचार्य दंडी भी एक उग्र आलोचक की तरह दिखाई देते हैं, जिन्होंने कवियों को चेतावनी दी है कि सूक्ष्म दोष भी काव्य के महत्त्व को घटा देता है।[20]

क्षेमेन्द्र ने अपने 'कविकण्ठाभरण' में दोषों का संक्षिप्त एवं स्थूल संकेत किया है। वे अपने शब्द-वैमल्य, अर्थ-वैमल्य नामक गुणों के प्रतिलोम शब्द-कालुष्य, अर्थ-कालुष्य तथा रसकालुष्य नामक तीन दोष प्रतिपादित करते हैं।[21] इनका लक्षण न देकर उन्होंने उदाहरण मात्र दिया है।

काव्य में पूर्ण निर्दोषता सम्भव है या नहीं, इस प्रश्न के पीछे मूल प्रश्न है कि मनुष्य में निर्दोषता सम्भव है या नहीं, चूँकि काव्य मानवीय सृष्टि है, जिसमें स्वभावत: मानवीय औदात्य के साथ-साथ सीमाओं और दुर्बलताओं की भी अभिव्यक्ति का होना सम्भव है।

कारकौचित्य

संस्कृत में आठ विभक्तियां और प्रत्येक विभक्ति में तीन रूपों और वचनों को मिलाकर प्रत्येक संज्ञा में चौबीस रूपान्तर घटित होते हैं।

‘कारक’ शब्द का सम्बन्ध ‘कृ’ (= करना) धातु से है और इसका अर्थ है ‘करनेवाला’। व्याकरण में ‘कारक’ उस संज्ञा या सर्वनाम आदि को कहते हैं, जिसका क्रिया से सीधा सम्बन्ध हो।

क्षेमेन्द्र काव्य में कारकों का औचित्य प्रदर्शित करते हुए कहते हैं कि उचित कारकों की पारस्परिक संगति से वाक्य में एक निखार आ जाता है, जैसे परम्परागत कुलीनता और ऐश्वर्य उदार चरित के संयोग से विभासित हो उठते हैं। तात्पर्य यह कि कारकों के साथ वाक्य की शोभा बढ़ जाती है, जैसे कुलीनवंश से शोभाशाली ऐश्वर्य सत्पात्र के योग से सुशोभित हो जाता है।

लिंगौचित्य

क्षेमेन्द्र ने लिंगौचित्य को काव्यभाषा के तंत्र की दृष्टि से तो उपयोगी माना ही है, साथ ही भाषा के प्रयोग में भी लिंग का औचित्य देखा है। लिंगवाचक शब्द से भी मनुष्य के चित्त का गहरा सम्बन्ध है। भावों को व्यक्त करने के लिए कवि जब अनुकूल शब्द चुनता है तो इस प्रकार के शब्दों का लिंग विधान जरूरी होता है, जिससे नायक या नायिका की मनोदशा का ठीक-ठीक वर्णन हो सके।

क्षेमेन्द्र की धारणा है कि उचित लिंग का प्रयोग होने से काव्य में चारुता आती है। यह उसी प्रकार से होता है जैसे साम्राज्य सूचक शुभ चिह्नों से शरीर सुशोभित होता है।[22] क्षेमेन्द्र ने अपनी रचना ‘ललित रत्नमाला’ से एक उदाहरण देते हुए रत्नावली की विरह दशा का चित्रण किया है।

संस्कृत व्याकरण के अनुसार शब्दों के तीन लिंग होते हैं, यह तो प्रसिद्ध ही है। परन्तु साधारण जन इस बात से अवगत नहीं हैं। कभी-कभी एक ही शब्द के तीन लिंगों में रूप हुआ करते हैं यथा ‘तट’ शब्द। इसका प्रयोग तीनों लिंगों में हुआ करता है—तटः तटी, तटम्। इन तीनों लिंगों में से प्रकृत अर्थ के पोषक विशिष्ट लिंगवाले शब्द का चुनाव करना सत्कवि का कार्य है। यही क्षेमेन्द्र का ‘लिंगौचित्य’ है। इसके उदाहरण में उन्होंने अपना ही पद्य प्रस्तुत किया है।

रत्नावली के विरह से विधुर राजा उदयन की विरहावस्था का सुन्दर वर्णन इस पद्य में किया गया है। राजा रत्नावली के ध्यान में इतना निमग्न है कि स्त्रीलिंगवाची शब्दों के नाम को भी नहीं सह सकता, स्त्रियों की तो बात ही न्यारी है। वह निद्रा को स्पर्श करता, उसने धृति को छोड़ दिया है, वह कहीं भी स्थिति नहीं धारण करता, दीर्घकथा को व्यथा समझता है, सब प्रकार से वह निवृति (आनन्द) को नहीं भजता। रत्नावली में उसकी इतनी अधिक अनुरक्ति है कि वह निद्रा, धृति, स्थिति, कथा तथा निवृति जैसे स्त्रीलिंग द्योतक नाम से भी घृणा करता है।

वचनौचित्य

क्षेमेन्द्र ने औचित्य-चर्चा के प्रसंग में व्याकरण के ‘वचन’ को महत्त्व दिया है। वचन चारुता ही औचित्य का कारण है। कवि को यह देखना होता है कि कहाँ एकवचन, कहाँ द्विवचन और कहाँ बहुवचन का प्रयोग वांछनीय हो सकता है। कभी-कभी एक शब्द भी

बहुवचनपरक होता है, जैसे सेना आदि। प्राय: सम्मानसूचक शब्दों और क्रियाओं के प्रयोग में बहुवचन की शोभा होती है। इसी प्रकार सज्जनता और दीनता प्रदर्शित करने के लिए 'एकवचन' का प्रयोग किया जाता है।

सामाजिक परम्पराओं के अध्ययन से यह पता चलता है कि एकवचन व्यक्तिवाची है और बहुवचन समूहवाची है। साहित्य का भी सारा ध्यान समूह की ओर है। एक व्यक्ति की तृप्ति उसका लक्ष्य नहीं है। हम जब भी सामाजिक की बात करते हैं तो इसका तात्पार्य समाज के बहुलांश से होता है।

विशेषण-औचित्य

काव्य-रचना में कवियों ने सदैव विशेष और अधिक गुणों का आदर किया है। कम को अधिक से और लघुता को महिमा से मंडित करना आलंकारिक प्रयत्न होता है। इसलिए विशिष्टता की खोज ही आलंकारिक उक्ति का सृजन करती है। इसी आधार पर काव्य में उपमा रूपक आदि साम्यमूलक अलंकारों की कल्पना की गई है। उपमान सदैव उपमेय से श्रेष्ठ होता है। यों कभी-कभी काव्यात्मक अभिव्यक्ति में उपमेय को भी श्रेष्ठता प्रदान की जाती है।

क्षेमेन्द्र मानते हैं कि समुचित विशेषणों के प्रयोग से विशेष्य की शोभा उसी तरह बढ़ जाती है जैसे गुण से उदार सज्जन की शोभा अधिक गुणवाले मित्रों से और भी बढ़ जाती है। विशेषण की खोज वस्तुत: श्रेष्ठता की खोज है।

उपसर्ग-औचित्य

उपसर्ग को अंग्रेजी में 'प्रेफिक्स' कहते हैं। इस शब्द का अर्थ है—समीप छोड़ा हुआ। 'उप+सृज्+घञ्' से इसकी व्युत्पत्ति है। इस शब्द का प्राचीनतम प्रयोग 'ऐतरेय ब्राह्मण' में हुआ है, जिसका अर्थ था—जोड़ना। अतिरिक्त जोड़ने को ही उपसर्ग माना गया। कालान्तर में किसी शब्द या क्रिया के पहले जोड़े हुए शब्द को उपसर्ग कहा गया है।

उपसर्ग अव्यय का एक भेद माना गया है। 'अष्टाध्यायी' में कहा गया है 'उपसर्गा: क्रिया योगे'। वार्तिककार कात्यायन ने कहा 'क्रिया विशेषको उपसर्ग: । पर अब शब्द के पहले जो वर्ण या वर्णों का समूह अर्थ में कुछ परिवर्तन लाने के लिए जोड़ा जाता है, उसे उपसर्ग कहते हैं। उपसर्ग के कारण हार शब्द को प्रहार, आहार, संहार आदि अनेक अर्थों तक ले जाया जाता है। उपसर्ग की विशेषता यह है कि कभी तो अर्थ बदल दिया जाता है, कभी जैसा का तैसा रहता है। प्राय: उपसर्ग स्वयं अपना कोई अर्थ नहीं रखते। डॉ. भोलानाथ तिवारी मानते हैं कि वस्तुत: ऐसा मानना उचित नहीं कहा जा सकता कि उपसर्गों का अपना अर्थ नहीं होता। उनका अपना अर्थ होता है और इसी कारण वे अन्य शब्दों से मिलकर उनका अर्थ परिवर्तित कर पाते हैं। इतना ही नहीं, मेरा अपना विचार तो यह है कि अधिकांश उपसर्ग मूलत: स्वतंत्र शब्द थे। वर्तमान रूप मूल शब्द का संक्षिप्त या घिसा हुआ रूप है।[23]

संस्कृत में 'प' आदि 22 उपसर्गों की संख्या मिलती है। ऋग्वेद 'प्रातिशाख्य' में उपसर्गों की संख्या 20 और तैत्तरीय प्रातिशाख्य में प्राय: 10 है। क्षेमेन्द्र ने व्याकरण के इस पक्ष—उपसर्ग को भी कलात्मकता दी है। उपसर्ग का औचित्य प्रदर्शित करते हुए वे

कहते हैं कि योग्य उपसर्ग के संसर्ग से निष्प्रतिद्ध गुणों वाली सूक्ति वैसे ही उदीयमान और वृद्धिगत दिखाई देती है, जैसे कि सन्मार्ग पर गमन करने से सम्पत्ति बढ़ती है।[24]

क्षेमेन्द्र संकेत करते हैं कि 'प्र' आदि उचित उपसर्गों के कारण सूक्ति उन्नत हो जाती है। काव्यशास्त्र में व्याकरणशास्त्र का महत्त्व इस अर्थ में भी है कि भाषा की शक्ति का और शब्द के निर्माण प्रयोग का व्यवहार हुआ है। सम्पूर्ण काव्यशास्त्र शब्दार्थ रस और अलंकार के मुख्य तीन पक्षों में फैला हुआ है। काव्यशास्त्र का मूल लक्ष्य सही भाषा की खोज प्रतीत होता है। इसके निर्धारण में अन्य शास्त्रों को भी सहयोगी बनाया गया है। गणेश त्र्यंबक देशपांडे ने व्याकरणस्य पुच्छम्' के विचार के अन्तर्गत कहा है कि शब्दार्थों की विवेचना करने में 'व्याकरण, न्याय और मीमांसा शास्त्र सम्मुख आते हैं। अपने मन्दिर को सजाने में काव्यशास्त्र ने इन तीनों में से आवश्यक वस्तुएँ अपनाई हैं, किन्तु उनमें भी व्याकरणशास्त्र से काव्यशास्त्र का जितना सम्बन्ध रहा है, उतना न्याय और मीमांसा से नहीं रहा। अतएव कहा जाता है कि "अलंकार शास्त्र व्याकरण का पुच्छ" है। 'व्याकरणस्य पुच्छम्' का अर्थ है—व्याकरण का परिशिष्ट। व्याकरण शब्दों का साधुत्व और असाधुत्व निर्धारित करता है, परन्तु अलंकार शास्त्र उसके भी आगे बढ़कर शब्दों की 'सम्यक् प्रयोग योग्यता' निर्धारित करता है।[25]

निपात-औचित्य

भारतीय काव्यशास्त्र में व्याकरणशास्त्र, तर्कशास्त्र, न्यायशास्त्र आदि अन्य शास्त्रों और अनुशासनों का यथास्थान उपयोग किया गया है। औचित्य अनेक पक्षों से उद्घाटित होता है। इसलिए क्षेमेन्द्र ने क्रिया, कारक, लिंग, वचन, विशेषण, उपसर्ग और निपात जैसे औचित्य-बोध को भी पर्याप्त महत्त्व दिया है।

'निपातौचित्य' के लिए क्षेमेन्द्र कहते हैं 'च' आदि उपादेय निपातों का जब उचित पद के साथ सम्बन्ध कर दिया जाता है तो काव्य की अर्थसंगति असन्दिग्ध हो जाती है—वे निपात अर्थ-बोध में पद के सच्चे सहायक हो जाते हैं। (औचित्य विचार चर्चा 25) कुछ वैयाकरणों के मत से 'निपात' ऐसे शब्दों को कहते हैं, जिनके बनने के नियम का पता न हो, अर्थात् जो व्याकरण के नियमों से सिद्ध न हो। अत: व्याकरणों में 'अनियमित रूप', 'अनियमितता' तथा 'अपवाद' आदि अर्थों में इसका प्रयोग मिलता है। निपात का प्रयोग सभी अव्ययों के लिए हुआ है।

उद्भट कहते है—'केचन निपाता: सार्थका: केचन निरर्थका:' सच पूछा जाए तो निपातों का यद्यपि सामान्य सार्थक शब्दों का स्पष्ट अर्थ प्राय: नहीं होता, किन्तु साथ ही उनको निरर्थक भी नहीं कहा जा सकता।

कालगत औचित्य

क्षेमेन्द्र कालगत औचित्य के निर्वाह से अर्थोत्कर्ष द्वारा काव्य में चारुता का प्रवेश मानते हैं। यह उसी प्रकार सम्भव होता है, जैसे लोगों को आकृष्ट करने वाले भूषणों से सज्जनों का शरीर सुशोभित होता है। यहाँ क्षेमेन्द्र ने कालगत औचित्य का सम्बन्ध अर्थ और वाक्य से जोड़ा है। इसके लिए वे उदाहरण प्रस्तुत करते हैं कि उस अहीर के छोकरे के

लिए जो कभी दूध-दही और मक्खन चुराता था, आज जगत्पति हरि और मुरारि जैसे विशेषणों द्वारा स्तुति का पात्र बन गया है। यहाँ क्रोधित शिशुपाल द्वारा कृष्ण के प्रति यह कथन कि समय की बलिहारी है, वह महान् आश्चर्यों की भूमि है, वह बदले हुए कालखंड में पशुचारण करने और गोबर बटोरने वाले कृष्ण को अपने क्रोध के कारण एक बड़ी भूमिका में देख नहीं पाता।

व्याकरण में काल क्रिया के उस रूपान्तर या व्याकरणिक रूपान्तर को कहते हैं, जिससे क्रिया के घटित होने से समय का ज्ञान होता है, जैसे 'वह जा रहा है' इस वाक्य से ज्ञात होता है कि यह क्रिया वर्तमान में घटित हो रही है। इसी तरह 'वह जाएगा' से क्रिया के भविष्यत् काल का पता चलता है। संस्कृत कालों के लिए लकार जिसे आजकल (टेन्स) तथा अर्थ (मूड) कहते हैं। उसके लिए संस्कृत पंडितों में 'लकार' शब्द का एक सामूहिक नाम के रूप में प्रचलन रहा है। 'लकार' नाम का आधार है—संस्कृत के 10 या 11 कालों एवं अर्थों में 'लट्' का आना। कुछ लोगों का अनुमान है कि 'काल' शब्द पहले से आ रहा था। उसी से पाणिनि ने 'ल' लिया। मूल स्वर अ, इ, उ हैं और मूल काल भी तीन ही है वर्तमान, भूत और भविष्य।

देशौचित्य

क्षेमेन्द्र ने देशगत औचित्य का उपयोग काव्यात्मक अभिव्यक्ति की रुचिरता, काव्यभाषा और काव्यार्थ संवाद की दृष्टि से किया है। वस्तु और दृश्य के साथ एकात्मकता और परिचय की प्रतीति के लिए देशगत औचित्य का प्रयोग होता है।

देशगत औचित्य के कारण काव्यार्थ हृदय संवादी होकर उसी प्रकार सुशोभित होता है जैसे सज्जनों का पारस्परिक व्यवहार परिचय सूचक होता है।

भवभूति के 'उत्तर रामचरित' से एक उदाहरण लिया गया है—जहाँ पहले नदियों की धारा बहती थी—वहाँ आज भूमिभाग है, वृक्षों के झुरमुटों का भी विपर्यास दिखाई पड़ता है—जहाँ घनापन था वहाँ विरलता है और जहाँ विरलता थी, वहाँ घनापन आ गया है। बहुत दिन हो गए इस वन को देखे—सो, लगता है जैसे मैं दूसरा ही वन देख रहा हूँ। यह तो केवल पर्वतों की जैसी की तैसी स्थिति है जो उसी वन की निश्चयात्मक प्रत्यभिज्ञा करा रही है। इस युक्ति में चिरकाल के परिवर्तन से संस्थान-विपर्यय का वर्णन किया गया है, जो हृदय संवादी जान पड़ता है और परम औचित्य का प्रकाशन करता है।

औचित्य का देश, वेश-भूषा और भाषा-प्रयोग तथा जातीय वैशिष्ट्य से गहरा सम्बन्ध है। आचार्य भरत ने भी रस भाव आदि के अनुरूप वेश-विन्यास आदि पर ज़ोर दिया है। इसके अतिरिक्त देश-विदेश के अनुरूप भाषा प्रयोग को भी वांछनीय माना है। काव्य या नाट्य में देशकाल पात्र आदि की प्रकृति के अनुरूप वेशभूषा आदि को शोभा के अनुरूप रखा गया है। उसके प्रतिकूल होने पर सुन्दर वेश भी हास्यास्पद हो जाता है।[26] आचार्य दंडी ने भी देशकाल, कला, आदि के विरोध रूप, दोष को लक्ष्य कर कहा है कि ये सभी विरोध कवि के कौशल से गुण बन जाते हैं।[27] अर्थात् कवि अपने कौशल से देशकाल विरोध का भी इस प्रकार वर्णन करता है कि वे उचित लगने लगते हैं और वे दोष नहीं गुण बन जाते हैं। लोक जीवन और देश के आधार पर भारतीय

समाज का लेखा-जोखा नाटकीय समाज के माध्यम से किया जाता है। भट्टतौत ने माना है कि इस मानव लोक की समस्त संवेदना से नाटक का सृजन रस-पोषण और आनन्द-सृजन के लिए होता है।

कुलौचित्य

क्षेमेन्द्र के कुलौचित्य का सम्बन्ध लोक-जीवन से संबद्ध प्रतीत होता है। 'कुल' शब्द परम्परा का वाचक है। परम्परा शब्द का अर्थ ही परम्+अपरा अर्थात् पहली से दूसरी वस्तु का श्रेष्ठ होना, निरन्तर श्रेष्ठ होते जाना है। सामाजिक दृष्टि से कुल-गोत्र एक दूसरे के समर्थक शब्द हैं। कुछ विद्वानों की दृष्टि में 'गोत्र' शब्द का अर्थ 'गोष्ठ' है। सभ्यता के आरम्भिक काल में जितने कुटुम्बों की गाएँ रहती थीं, उनका एक कुल गोत्र होता था, लेकिन मुख्यतः कुल शब्द मनुष्य-परम्परा का ही द्योतक है। वास्तविक या कल्पित आदि पुरुष या कश्यप, शांडिल्य आदि ऋषियों से इसकी वंश परम्परा आरम्भ होती है। मनु ने अपनी 'मनुस्मृति' में 24 गोत्रों का वर्णन किया है तो 'कुल दीपिका' में उद्धृत धर्म प्रदीप के अनुसार 40 गोत्र बताए गए हैं जिसमें पराशर, गर्ग, शांडिल्य, कौशिक, गौतम आदि प्रधान हैं।

क्षेमेन्द्र ने लोक परम्परा के इस कुल शब्द के द्वारा शब्द-प्रयोग में भी समान, उपयोगी और उचित वर्णों की व्यवस्था को महत्त्व दिया है। यही व्यवस्था तो सौंदर्य है। सारा सौंदर्य शब्द-पाक में है। शब्दों का उचित रख-रखाव और उसे सही जगह पर विन्यस्त करना ही काव्यकला है। यहीं उचित का उचित से मेल होता है।

क्षेमेन्द्र का 'कुल' शब्द समाजशास्त्रीय शब्द है। कुलौचित्य का अर्थ है—शब्द में सामाजिक संस्कार को कूट-कूट कर भरना। इस दृष्टि से काव्य का कोई भी शब्द न निरर्थक होता है, न व्यर्थ, न अग्राह्य। प्रत्येक शब्द की निजी विशेषता होती है। श्रृंगारिक रस-प्रसंग में 'कठोर' शब्द और वीर रसात्मक वर्णन में 'कोमल' शब्दों का विन्यास आनन्ददायक नहीं होता। इसीलिए कुल वंश की तरह शब्दों में समानता की खोज होती है। यही शब्द की योग्यता की परख होती है। जैसे व।क्य-रचना में योग्यता का महत्त्व है, वैसे ही कुल शब्द की योग्यता को प्रमाणित करता है।

आचार्य क्षेमेन्द्र ने कहा है कि 'कुल से बढ़ाया हुआ औचित्य विशेष उत्कर्ष का कारण होता है, जैसे काव्य पुरुष प्रायः सहृदयों को प्रिय होता है।[28] इसके लिए क्षेमेन्द्र ने कालिदास का एक श्लोक उद्धृत किया है। भरत के 'नाट्यशास्त्र' में भी 'आनुवंश्य' या 'अनुवंश' शब्द का प्रयोग मिलता है। 'महाभारत' के आदि पर्व और वन पर्व में भी 'अनुवंश' शब्द आया है। अभिनव गुप्त इसे शिष्य और आचार्य परम्परा से जोड़ते हैं।[29]

व्रतौचित्य

क्षेमेन्द्र ने लोक-जीवन से काव्य के सम्बन्ध को स्थिर करने के लिए व्रतौचित्य की कल्पना की है। व्रत का अर्थ है संकल्प, प्रतिज्ञा या नियम-निर्वाह। कवि अपने काव्य-तत्त्व का निर्धारण कर अपनी प्रतिज्ञा को मंगलाचरण के द्वारा व्यक्त किया करता है। संस्कृत में तीन प्रकार के

मंगलाचरण हैं—नमस्कारात्मक, आशीर्वादात्मक और वस्तुनिर्देशात्मक। आगे काव्य में कवि का कौन-सा उद्देश्य प्रस्फुटित होने वाला है, यह बात भी उसके व्रत से निष्पन्न होती है।

व्रत का दूसरा पक्ष है—सामाजिक आचार और लोक-पक्ष, जिसमें किसी घटना या चरित्र की गुणवत्ता प्रकट होती है। मन, वचन और कर्म की इसी एकता से महान् चरित्रों का निर्माण होता है। व्रत का तीसरा पहलू है—पर्व, त्योहार, उत्सव और मनोरंजन। व्रत को तप भी कहा गया है। उपनिषदों में उग्र कर्म को तप कहते हैं। यह तपोमूलक व्रत कुछ विशेष धार्मिक कृत्यों चांद्रायन आदि कठोर आचरण वाले कृत्यों के लिए व्यवहृत होता है। धर्मसूत्रों और मनुस्मृतियों में ऐसे तप गिनाए गए हैं। 'कृत्य रत्नाकर' 16 में तप को संयम कहा गया है। ऐसे व्रत, उपवास, कठोर आचरण और शरीर को संतप्त करने से सम्बन्धित होते हैं। 'महाभारत' के अनुशासन पर्व में उपवास को बड़ा तप और व्रत माना गया है।

व्रत से क्षेमेन्द्र का तात्पर्य है—सद्व्रत। क्योंकि सत्वभाव से ही औचिंत्य का निर्वाह होता है। क्षेमेन्द्र मानते हैं कि सद्व्रत विषयक औचित्य के निर्वाह से काव्यार्थ साधुवाद का पात्र बन जाता है और विशेष विधानवश जनमानस को संतुष्ट कर देता है। कवि क्षेमेन्द्र ने अपनी मुक्तावली रचना का औचित्यमूलक उदाहरण दिया है। 'पादप ऐसे लग रहे हैं—मानो तपस्वी हों—कारण, दोनों वल्कल युक्त होते हैं, दोनो पलाश (पुष्प और दंड) धारण करते हैं, दोनों ही पुष्प रेणु तथा भस्म धारण करते हैं—एक पर चंचल भ्रमरावली मंडराती रहती है तो दूसरा उसी आकार की अक्षमाला ग्रहण करता है।

तत्त्वौचित्य

क्षेमेन्द्र की दृष्टि में काव्य-रचना में तात्त्विक बातों की उद्भावना होती है। महान् व्यक्तियों, अवतारों दिव्यपुरुषों, राजाओं या उच्च चरित्र वालों की क्रियाओं के विश्लेषण से जो मानवीय आदर्श स्थापित होते हैं, उनका तत्त्वौचित्य के रूप में विचार किया जाता है। तत्त्व किसी भी वस्तु की आन्तरिक सत्ता या उसके भीतरी सत्य का प्रकाशक होता है। दार्शनिक दृष्टि से प्रकृति के विकास तथा पुरुष को लेकर 26 तत्त्व गिनाए गए हैं। 'त्रिक्' सिद्धान्त के अनुसार 36 तत्त्व हैं जिनका स्वरूप उस समय ज्ञात होता है जब शिव की 'चित्' शक्ति के विलास के रूप में विश्व का सृजन होता है। इस प्रक्रिया की 'आभास' कहा गया है।

क्षेमेन्द्र तत्त्वगत औचित्य के लिए कहते हैं—हृदयसंवादी काव्य सत्प्रत्यय के निश्चय से तत्त्वौचित्य के कथनवश उपादेय हो जाता है।

सत्वौचित्य

क्षेमेन्द्र के अनुसार कवि की वाणी में पात्र का सत्व उतर आता है अर्थात् किसी वस्तु के अन्तर्बल के अनुरूप कवियों की वाणी विवेकानुमोदित होकर सुधी जनों के उदात्त चरित्र की तरह अपूर्व चमत्कार प्रदान करती है। कारिका की व्याख्या करते हुए कहा गया है कि सत्व के अनुरूप वर्णन से कवि की सूक्ति उसी प्रकार अपूर्व आनन्द प्रदान करती है, जैसे विचार करने पर सुन्दर प्रतीत होने वाला सज्जनों का उदात्त चरित्र।

'साहित्य दर्पण' (14वीं.श.ई.) के अनुसार 'सत्व स्वात्मविश्राम' अर्थात् रस को प्रकाशित करने वाला आन्तर धर्म है। इससे सम्बन्ध रखने के कारण ही इन अनुभावों को 'सात्विक भाव' भी कह दिया जाता है। (3:133, 34)।

हेमचन्द्र के अनुसार 'सत्व' का अर्थ है—प्राण। स्थायी भाव ही प्राण तक पहुँचकर सात्विक का रूप धारण कर लेते हैं। स्तम्भ, स्वेद, रोमांच, स्वरभंग, कम्प, वैवर्ण्य, अश्रु तथा प्रलय नाम से इनके आठ भेद हैं।

अभिप्राय-औचित्य

क्षेमेन्द्र ने अभिप्राय को औचित्य से इसलिए जोड़ा है कि काव्य का सहज प्रेषणीय होना आवश्यक है। मम्मट ने काव्य-प्रयोजन में इसे 'सद्य:पर निर्वृतये' कहा है। क्षेमेन्द्र का कथन है कि बिना क्लेश के अर्थ समर्पित करनेवाली सूक्ति अपनी ओर आकर्षित करती है, जैसे सज्जनों की निष्कपट सरलता। क्षेमेन्द्र ने अनुकूल और प्रतिकूल का एक-एक उदाहरण प्रस्तुत किया है, जिससे कवि का अभिप्राय ज्ञात होता है और औचित्य-अनौचित्य का उदाहरण भी प्राप्त होता है।

अभिप्राय को 'मोटिफ' कहा जाता है जिसके लिए 'कथानक-रूढ़ि' शब्द का भी प्रयोग होता है। अभिप्राय उस शब्द अथवा उस साँचे में ढले हुए विचार को कहते हैं, जो समान परिस्थितियों में अथवा समान मन:स्थिति और प्रभाव उत्पन्न करने के लिए किसी एक कृति अथवा एक ही जाति की विभिन्न कृतियों में बार-बार आता है। विभिन्न कलारूपों के अपने अलग-अलग अभिप्राय भी होते हैं।[30] क्षेमेन्द्र के 'अभिप्राय' का तात्पर्य मूलत: सहज प्रेषणीयता है जिसकी चर्चा भारतीय आचार्यों और पाश्चात्य विचारकों में मुख्य रूप से आई.ए. रिचर्ड्स ने अपने सम्प्रेषण-सिद्धान्त के अन्तर्गत की है।

स्वभावौचित्य

रचनाकार की अन्तर्वृत्ति और अन्तर्दृष्टि के लिए क्षेमेन्द्र ने 'स्वभावौचित्य' का विचार किया है। स्वभाव का अर्थ है—अपना भाव या मानसिक विचार। 'उज्ज्वलनीलमणि' में स्वभाव की व्याख्या इस तरह की गई है कि जो किसी बाहरी कारण की अपेक्षा न रखे, उसी को स्वभाव कहा जाता है। भारतीय चिन्तन ने साधारणीकरण के सिद्धान्त द्वारा व्यक्ति के सामान्य होने की बात कही है। आचार्य भरत ने इस साधारणीकरण को सामान्यीकरण कहा—एभ्यश्च सामान्यगुणयोगेन रसानिष्पद्यन्ते (नाट्यशास्त्र, पृ. 349)। आचार्य अभिनव गुप्त ने अपने अभिव्यक्तिवाद के द्वारा मनुष्य के अन्दर छिपे हुए इसी रूप के प्रकाशन को अभिव्यक्तिवाद की संज्ञा दी। मन में जो भाव स्वभाव के रूप में विद्यमान है, उसे सीधे-सीधे कह पाना बड़ा कठिन है। उस एक अनुभव को दूसरे तक संक्रान्त करने के लिए ही, प्रेषणीय बनाने के लिए ही अलंकार, रस, रीति, वक्रोक्ति, ध्वनि, औचित्य आदि का सहारा लेना पड़ता है। मनुष्य की यह काव्यात्मक भाषा आलंकारिक है। आलंकारिक भाषा ही उसकी स्वाभाविक भाषा है। यही कारण है कि लौकिक और ग्रामीण जीवन में भी लोकोक्ति और मुहावरों की कथन-भंगिमाओं और शैलियों की एक लम्बी फेहरिस्त मिलती है। यह आलंकारिक भाषा ही लाक्षणिक भाषा है।

अलंकार-शास्त्र में अर्थालंकार के अन्तर्गत स्वभावोक्ति अलंकार का विवेचन हुआ है। आचार्य रुय्यक का मानना है कि वस्तु का यथावत् वर्णन स्वभावोक्ति अलंकार है। आचार्य देवेन्द्रनाथ शर्मा के मत में 'यहाँ यह प्रश्न सहज ही उठता है कि किसी वस्तु के यथावत् वर्णन में अलंकार कैसे सम्भव है—जो पदार्थ जैसा है—उसके वैसे ही चित्रण में चमत्कार कहाँ से आएगा और चमत्कार के अभाव में अलंकारता कैसी?' इस विषय को लेकर प्राचीन आचार्यों में काफी तर्क-वितर्क हुए हैं। कुछ ने तो इसे अलंकार मानना भी अस्वीकार किया है, पर यदि ठीक से विचार किया जाए तो किसी पदार्थ का कल्पना की सहायता से, नमक-मिर्च लगाकर अतिरंजनापूर्ण वर्णन करना उसके स्वाभाविक वर्णन से कहीं आसान है। किसी वस्तु का सच्चा वर्णन करने का अर्थ है, उसका शब्द-चित्र प्रस्तुत कर देना—उस वर्णन के पढ़ते-पढ़ते वर्णनीय वस्तु के वास्तविक चित्र का मानस प्रत्यक्ष होना, साथ ही उसमें सरसता और चमत्कार का आधान कर देना जो अलंकार की सबसे बड़ी और पहली शर्त है। यह बड़ा कठिन कार्य है। इसके लिए उच्चकोटि की कलात्मकता अपेक्षित है। सूक्ष्म पर्यवेक्षण-शक्ति के साथ चमत्कारपूर्ण वर्णन के उपयुक्त समर्थ प्रतिभा और वाणी का मणिकांचन-योग हुए बिना स्वभावोक्ति का उदाहरण खड़ा करना कठिन है। इसलिए स्वभावोक्ति को अलंकार मानना सर्वथा न्याय्य है।[31]

सार-संग्रहगत औचित्य

क्षेमेन्द्र सार-संग्रहगत औचित्य के द्वारा काव्य-फल के निश्चित अर्थ का संकेत करते हैं। सार-संग्रह कवि के जीवनव्यापी अनुभवों का कोष होता है। उसमें देशकाल, समाज, राजनीति, धर्मनीति, अर्थनीति, ज्योतिषशास्त्र, वैद्यकशास्त्र आदि अनेक शास्त्रों और अनुशासनों का ज्ञान आवश्यक है।

सार-संग्रह की दूसरी विशेषता है—कवि का दृष्टिकोण जिसको आई.ए. रिचड्र्स ने 'अभिवृत्ति' या 'इंटेंशन' कहा है। यह बात जाहिर होनी चाहिए कि कवि चाहता क्या है? मुख्य पात्रों की सहायता से उसका कथ्य क्या है? अपने काव्य में वह घटनाओं की बुनावट और प्रस्तुति कैसे करता है और अन्त में क्या वह अपने लक्ष्य में सफल हो पाता है? क्या उसकी रचना हृदयग्राही होकर जनमानस में स्थान पाती है? इन सभी प्रश्नों का उत्तर सार-संग्रहगत औचित्य में देखा जा सकता है।

प्रतिभौचित्य

कवि की प्रतिभा का उचित प्रयोग जब काव्य को चमत्कारयुक्त बना देता है तो वहाँ प्रतिभौचित्य का पालन होता है। इसलिए कवि प्रतिभा को मम्मट ने शक्ति की संज्ञा दी है। वाग्भट ने 'वाग्भटालंकार' 1/3 में कहा है कि प्रतिभा काव्य का कारण है, व्युत्पत्ति विभूषण है और अभ्यास उसके सर्जन को बढ़ानेवाला है, ऐसा आद्य कवियों का कथन है। काव्यानुशासन 1/4 में हेमचन्द्र का कथन है कि प्रतिभा काव्य का हेतु है तथा व्युत्पत्ति और अभ्यास मिलकर प्रतिभा का संस्कार करते है। मम्मट की तरह रुद्रट भी प्रतिभा का संस्कार करते है। मम्मट की तरह रुद्रट ने भी प्रतिभा के लिए 'शक्ति' शब्द का प्रयोग किया है। (काव्यालंकार 1/15) 'काव्यप्रकाश (1/3) में मम्मट की घोषणा है कि शक्ति

कवित्व का बीज रूप कोई संस्कार विशेष है जिसके बिना काव्य की रचना नहीं होती और यदि हो भी जाए तो वह काव्य उपहास के योग्य होता है।

आचार्य कुन्तक ने अपने 'वक्रोक्ति जीवितम्' में प्रतिभा की विस्तृत व्याख्या की है। कवि जगत् में व्याप्त वस्तु की सत्ता का वर्णन कर उसमें अनिर्वचनीयता उत्पन्न कर देता है। एक प्रकार से कवि वस्तु की पुनर्रचना करता है। राजशेखर ने प्रतिभा के दो भेद माने हैं—कारयित्री और भावयित्री । कारयित्री प्रतिभा कविकर्म से सम्बन्धित है। इसके भी दो भेद हैं—

1. सहजा और
2. व्युत्पाद्या।

प्रस्फुटित प्रतिभा सहजा होती है, कारयित्री और व्युत्पद्या अर्जित की जाती हैं। पूर्व जन्म के संस्कार से प्राप्त प्रतिभा को सहजा, इस जन्म के संस्कार से प्राप्त प्रतिभा को आहार्या और शास्त्र आदि के उपदेश से प्रतिभा को औपदेशक कहा गया है। लोचनकार ने इस प्रतिभा को 'प्रख्या' कहा है।

अवस्थागत औचित्य

अवस्थागत औचित्य का निर्वाह क्षेमेन्द्र ने सौंदर्य-बोध के लिए किया है। सौंदर्य की विशेषता है—उसकी समानुरूपता, उसका आनुगुण्य, कम या अधिक का न होना। सौंदर्य को सभी अवस्थाओं में महत्त्व दिया है—'सर्वावस्थासुरमणीयत्वम्'। अभिनव गुप्त ने भी चारुत्व प्रतीति को काव्य की आत्मा स्वीकार किया है। क्षेमेन्द्र का कथन है कि कवि अवस्थागत औचित्य का निर्वाह करने से काव्य-संसार में उसी प्रकार पूज्य होता है, जैसे विचार करने पर उत्तम जान पड़नेवाले विद्वानों के कर्तव्य।

अवस्थागत औचित्य के विवेचन से निम्नलिखित बिन्दु स्पष्ट होते हैं—

1. वय: सन्धि के कारण होनेवाले शारीरिक और मानसिक परिवर्तन।
2. दूसरे मानसिक भावों, हर्ष-विषाद जैसे परिवर्तन।
3. नाट्य में अनुकृति द्वारा उत्पन्न अवस्थाएँ।
4. बाह्य परिस्थिति और आन्तरिक भाव के संघर्ष से उत्पन्न अवस्था का चित्रण।

विचारौचित्य

विचारौचित्य की गणना क्षेमेन्द्र ने इसलिए की है कि काव्य में उचित विचारों का समावेश उसे सुन्दर और ग्राह्य बनाता है। उन्होंने अपने ग्रंथ का नाम भी 'औचित्य विचार चर्चा' रखा है। विचार में पुनरुत्पादन की क्षमता होती है। दूसरे, उसमें स्वपक्ष और परपक्ष को देखने की प्रवृत्ति होती है। औचित्य के विविध भेदों पर विचार करते हुए उन्होंने औचित्य और अनौचित्य, दोनों की मीमांसा की है।

नामौचित्य

आचार्य क्षेमेन्द्र ने 'नाम विषयक' औचित्य को भी महत्त्व दिया है। वे कहते हैं कि कर्मानुरूप नाम के द्वारा गुण एवं दोष की अभिव्यक्ति अच्छी हो सकती है, ठीक वैसे ही जैसे कर्म

के अनुसार यदि किसी व्यक्ति का नाम रख दिया जाए तो वह उचित जान पड़ता है। नाम ही सृष्टि की विविधता का रहस्य है। 'अमरकोष' पर्यायवाची शब्दों का कोष है, जिसमें एक वस्तु या व्यक्ति के अनेक नाम परिगणित किए जाते हैं। ये सारे नाम निरर्थक नहीं होते। हर नाम में एक विशिष्ट गुण का आधान होता है। कभी-कभी परिवार में किसी अघटित घटना के भय से अप्रचलित और टेढ़े नाम भी रखे जाते हैं ताकि अशुभ से बचा जा सके। इसलिए नामौचित्य एक सामाजिक आधारशास्त्र या समाजशास्त्र का उदाहरण है।

साहित्य में 'नामौचित्य' शब्द की ऐसी विशेषता है कि उसका कसा हुआ अर्थ दूसरे शब्द से व्यक्त न हो सके। क्षेमेन्द्र ने कालिदास का एक श्लोक उद्धृत किया है—

इदमसुलभवस्तुप्रार्थनादुर्निवार: प्रथममपि मनोमे पञ्चवाण:क्षिणोति।
किमुत मलयवातान्दोलिता पांडुपत्रै-उपवनसहकारैर्दर्शितेष्वं कुरेषु?

अर्थात् आरम्भ में ही जब दुर्लभ वस्तु की ओर झुकाव वाले इस दुर्निवार काम ने मेरे मन की यह दशा कर रखी है तब उन दिनों का क्या कहना जबकि क्रीड़ोद्यान के रसाल मलयानिल से बालपल्लव को हिला-हिला कर नए-नए अंकुरों को दिखाएँगे? यहाँ मदन के लिए जो पंचवाण शब्द का प्रयोग किया गया हैं—वह सार्थक और उचित ही है।

आशीर्वचनौचित्य

आशी: विषयक औचित्य को आशीर्वचनौचित्य, आशीर्वादौचित्य के रूप में जाना गया है। आशीर्वाद से जैसे अभ्युदय होता है, वैसे ही काव्य तभी सम्मान का पात्र बनता है, जब उसका पूर्ण अर्थ विद्वानों और सहृदयों में प्रस्फुटित हो जाए। मनीषियों के सन्तोष में ही काव्य की सार्थकता है।

आचार्य भरत के 'नाट्यशास्त्र' में जिस नांदी पाठ का संकेत किया गया है, उसका भी सम्बन्ध आशीर्वचनात्मक कृत्य से जोड़ा जा सकता है, जिसमें शुभ संकेतों की कामना होती है। अभिनवगुप्त ने इस क्रम में 16 अंगहारों के नाम गिनाए हैं, जो इस प्रकार हैं—उत्थापन, परिवर्तन अवकृष्टा, गान, नांदी पाठ, शुष्कावकृष्ट, जर्जर श्लोक, ध्रुवा, रंग, द्वार, अड्डिता आर्यापाठ, ध्रुवा, रौद्रा श्लोक पाठ, नरकुटक त्रिगत तथा प्रलोचना। नांदीपाठ के अन्तर्गत नृत्तविधान का उल्लेख है।[32]

आचार्य विश्वनाथ ने अपने 'साहित्य दर्पण' में नांदी के महत्त्व को स्वीकार करते हुए रंगद्वार नामक पूर्व रंग के अंग को महत्त्व दिया है, उनकी दृष्टि में यह केवल कवि कर्तव्य नही प्रयोक्ता का प्रतिपाद्य है। 'विक्रमोर्वशीयम्' में देवानामिदम् नामक श्लोक नांदी नहीं रंगद्वार है क्योंकि रंगद्वार से ही कवि निमित्त नाट्य का आरम्भ होता है।[33]

आशीर्वचनौचित्य की कल्पना औचित्य के सत्ताईसवें एवं अन्तिम भेद के रूप में की गई है। क्षेमेन्द्र इन भेदों को अन्तिम नहीं मानते। वे औचित्य के अन्य रूपों की सम्भावना से इनकार नहीं करते। उनका मानना है कि इस प्रसंग में छूटे हुए अन्य काव्यात्मक अंगों में भी औचित्य की उत्प्रेक्षा कर लेनी चाहिए। उनके उदाहरणों को दे देने से केवल ग्रंथ की कलेवर वृद्धि ही होगी, अत: उन्हें नहीं दिखाया गया। इस प्रसंग को यहाँ तक लाकर क्षेमेन्द्र समाप्त करते हैं।[34]

वृत्तौचित्य

क्षेमेन्द्र ने औचित्य के सत्ताईस प्रकारों के अतिरिक्त अपने ग्रंथ 'सुवृत्ततिलक' में विस्तारपूर्वक वृत्त या छंद के औचित्य का विचार किया है। हर भाषा में छंद-रचना की एक विशिष्ट प्रवृत्ति पाई जाती है। 'वृत्तशास्त्र' या 'छंदशास्त्र' को 'पिंगलशास्त्र' भी कहा जाता है। छंद वेदांग और वेदों का चरण माना जाता है। भरत के 'नाट्यशास्त्र' में भी छंदों का संक्षिप्त निरूपण है। क्षेमेन्द्र का 'सुवृत्ततिलक' ग्यारहवीं शताब्दी की रचना है। इसके बाद बारहवीं शताब्दी में आचार्य हेमचन्द्र की रचना 'छंदानुशासनम्' प्रसिद्ध हुई। चौदहवीं शताब्दी में प्राकृत और अप्रभ्रंश के छंद सम्बन्धी ग्रंथों में 'प्राकृत पैंगलम्' चर्चित है, जो अनेक व्यक्तियों के योग से रचित मानी गई है।

'मेघदूत' में मन्दाक्रान्ता छंद का प्रयोग हुआ है। मन्दाक्रान्ता मंथर गति का छंद है। वर्षाकाल में मेघों के कारण साधारण प्रवासियों का पथ भी आर्द्र हो जाता है। उस पथ पर धीमी गति से ही चला जा सकता है। आचार्य क्षेमेन्द्र ने अपनी कृति 'सुवृत्ततिलक' में बताया है कि वर्षा और प्रवास में मन्दाक्रान्ता ही शोभा देती है—'प्रावृट् प्रवास व्यसने मन्दाक्रान्ता विराजते।' वृत्तरत्नाकर में भी 'मन्दाक्रान्ता' भवति कविता कामिनी कौतुकाय" कहकर इस मन्दाक्रान्ता को मृदु चरणों से क्रीड़ा करती हुई स्निग्ध और मंथरगतिवाली सिद्ध किया गया है।

क्षेमेन्द्र की स्थापना है कि जैसे शरीर के किसी एक मर्म स्थल के नष्ट हो जाने पर जीवन समाप्त हो जाता है, ठीक वैसे ही उपर्युक्त सत्ताईस भेदों में से किसी एक के नष्ट हो जाने पर काव्य तथा उसके जीवनभूत औचित्य की भी समाप्ति हो जाती है।[35]

आचार्य आनन्दवर्द्धन ने संघटनौचित्य की बात की है। संघटना का अर्थ पदों की सम्यक् घटना या रचना है। संघटना प्रायः तीन प्रकार की होती है—असमासा, मध्यमसमासा एवं दीर्घसमासा। इसका सम्बन्ध गुण से होता है। आनन्दवर्द्धन ने संघटना को गुणों के आधार पर रहने वाली तथा रसों को अभिव्यंजित होने वाली बताया है। इस संघटना में मुख्यता रस के औचित्य की होती है पर उसके साथ वे तीन और तत्त्व की अपेक्षा रखते है, वे हैं—(1) वक्ता, (2) वाच्य, (3) विषय।

काव्यशास्त्र में औचित्य-चिन्तन की परम्परा का संकेत

क्षेमेन्द्र का औचित्य विषयक विचार पहले से चली आती हुई चिन्तन परम्परा का ही विकास है जो कविता को व्यावहारिक बनाता है। डॉ. बलदेव उपाध्याय का मत है कि—'संस्कृत आलोचना केवल सिद्धान्त के विवेचन में ही व्यस्त नहीं रहती है। प्रत्युत व्यवहार को भी भली-भाँति समझाती है।...सचमुच संस्कृत आलोचना विषय के विवेचन में एकदम बेजोड़ है। उसने तीन ऐसे सिद्धान्तों को संसार के आलोचकों के सामने प्रस्तुत कर रखा है, जिसका मूल्यांकन अभी तो नहीं भविष्य में होनेवाला है। विश्व साहित्य के आलोचना-संसार के सामने हमारी तीन महती देन है—औचित्य, रस तथा ध्वनि के सिद्धान्त।[36]

भारतीय काव्यशास्त्र में रुद्रट ने काव्यालंकारों की विवेचना करते हुए औचित्य

पद की व्याख्या दोष-विवेचन के प्रसंग में की है। अनुचित भाव को छोड़ने वाले को उन्होंने उचित पद माना है।[37]

राजशेखर ने विवेक को उचित-अनुचित का आधार मानकर व्युत्पत्ति की है। जिसे विवेक उचित माने, वही औचित्य है।[38] आचार्य अभिनवगुप्त ने भी उचित शब्द से रस विषयक औचित्य का ही समर्थन किया है और इसे रसध्वनि का जीवित माना है।[39]

भोज ने 'श्रृंगार प्रकाश' नामक कृति में औचित्य की व्याख्या करते हुए 'यशोवर्मन' के 'रामाभ्युदय' नाटक से उद्धरण देते हुए औचित्य की स्थिति का स्पष्टीकरण किया है। यशोवर्मन ने औचित्य की परिभाषा दृढ़ शब्दों में की है। उनका कहना है कि प्रकृत्यनुगत वचन, पात्रानुकूल रस की स्वावसर-परिपुष्टि, कथामार्ग में अनतिक्रमता, प्रस्तुत संविधानाविघ में शुद्धि तथा शब्दार्थ की प्रौढ़ि ही औचित्य है। सावधानी से विद्वानों द्वारा इनका प्रयोग करना चाहिए।[40]

कुन्तक ने गुणों की विवेचना में औचित्य का लक्षण दिया है। औचित्य (गुण) के निरूपण में कहा गया है कि उचित वर्णन ही जिसका प्राण है। जिस तरह के स्वभाव का महत्त्व स्पष्ट रूप से जिसके द्वारा पुष्ट होता है, वह औचित्य (साधारण गुण) है। औचित्य का लक्षण देते हुए कहा है कि जिससे वक्ता और श्रोता (बोद्धा) के शोभातिशायी स्वभाव से वाच्यार्थ को आच्छादित कर दिया जाता है, वह भी औचित्य (गुण) ही है।[41] अन्यत्र आचार्य कुन्तक ने औचित्य को वस्तु स्वभावोत्कर्ष रूप में वर्णित किया है।[42] 'अग्निपुराण' में औचित्य शब्द अलंकारांतर्गत स्वीकार किया गया है। औचित्यालंकार की परिभाषा में कहा गया है कि रीतिवस्तु के अनुकूल वृत्ति रसानुकूल होती है। ऊर्जस्वित और मृदु सन्दर्भ में औचित्य उत्पन्न होता है।[43]

वास्तव में औचित्य का विचार सिद्धान्त से अधिक व्यवहार का विषय है—जैसे सामाजिक कार्य में मनुष्य की क्रियाओं के लिए कोई स्पष्ट नियम नहीं बनाया जो सकता, उसी प्रकार औचित्य के लिए नियमों की सीमा नहीं बाँधी जा सकती। एक स्थान पर जो नियम या अनुशासन प्रभावित करता है, वही दूसरे स्थान पर दोष बन जाता है। जैसे—सामाजिक नियम परिवर्तनशील हैं वैसे ही औचित्य के नियम भी समाज सापेक्ष हैं। यही कारण है कि अलंकार, रीति, वक्रोक्ति की भी महत्त्वपूर्ण भूमिका हो जाती है। इन्हीं बातों को लक्षित कर आचार्य क्षेमेन्द्र ने अपने ग्रंथ को समाप्त करते समय कहा था कि 'इस क्रम से और भी छूटे हुए काव्य के अन्य अंगों में भी स्वयं औचित्य की उत्प्रेक्षा कर लेनी चाहिए। उनके उदाहरणों की देन से केवल ग्रंथ की कलेवर-वृद्धि ही होगी। इसलिए उन्हें नहीं दिखाया गया। यह कहकर क्षेमेन्द्र अपने ग्रंथ 'औचित्य विचार चर्चा' का समापन करते हैं।

भरत की नाट्यविद्या मूलतः एक सामाजिक विद्या है। इसलिए वह विधि-निषेध का ज्ञान कराने वाली विद्या है। नाटक के तीन पक्ष हैं—कवि, नट और सामाजिक। नाट्य सामाजिकों में रसबोध की शिक्षा देता है। औचित्य को समझने के लिए यह 'लोकप्रमाण' जरूरी है। आचार्य भरत ने भी अपने 'नाट्यशास्त्र' में अनेक बार 'रसोपयोगों' नाट्य-सामग्री के संचयन में 'लोक प्रमाण' की चर्चा की है।[44] भरत का 'नाट्यशास्त्र' मानव-जीवन और समाज के प्रतिबिंब के रूप में प्रस्तुत हुआ है। भरत का कहना है कि 'न कोई ऐसा ज्ञान है, न शिल्प है, न विद्या, न ऐसी कोई कला है,

न कोई योग है और न कोई कर्म है, जिसका उपयोग नाट्य में न होता हो।[45]

संस्कृत का काव्यशास्त्र यथास्थिति का रक्षक है, अतएव वह सामन्ती समाज में स्थित मानवीय सम्बन्धों में परिवर्तन की कल्पना न कर उनके औचित्य पर ध्यान देता है। कुन्तक के अनुसार साधारण जन को लोकाचार के अनुष्ठान का सौंदर्य-बोध और अनुभव, काव्य परिज्ञान से ही हो सकता है। यह व्यवहार-सौन्दर्य औचित्य में रहता है (नूतनौचित्यम्)। तात्पर्य यह कि राजा आदि के व्यवहार का वर्णन करने पर उनके अंगभूत प्रधानमंत्री आदि सबके अपने-अपने उचित कर्तव्य और व्यवहार में निपुण रूप में ही वर्णन होने से, उनके पाठ अन्य समस्त जनों को उचित व्यवहार की शिक्षा देनेवाले होते हैं।

क्षेमेन्द्र ने औचित्य-विवेचन में सदृश को महत्त्व दिया है—'सदृशां किलयस्ययत्' अर्थात् जो जिसके सदृश हो, परस्पर उचित हो, एक दूसरे के अनुरूप हो। आचार्य भरत ने भी इसी मुद्रा में इसे पहले ही कह दिया था—'यादृश्योयस्यकर्तव्या'।[46] औचित्य विचार चर्चा में क्षेमेन्द्र भी इसी भाव को लेते हैं।[47] स्पष्ट है कि औचित्य सिद्धान्त का आदि प्रवर्तन भरत के नाट्यशास्त्र में हो चुका था।

आचार्य भरत का औचित्य-दर्शन

भरत ने अपने 'नाट्यशास्त्र' के वाचिक अभिनय विवेचन के प्रसंग में 15 वें अध्याय के पूर्वार्द्ध में स्वर, व्यंजन, शब्द, पद, संज्ञा, क्रिया, वचन, पुरुष उपसर्ग, निपात, प्रत्यय, विभक्ति, सन्धि और समास आदि का वर्णन किया है और उत्तरार्द्ध में छंदों का, व्याकरण के तत्त्वों का प्रभाव क्षेमेन्द्र के औचित्य-सिद्धान्त पर देखा जा सकता है।

अदेशजो हि वेषस्तु न शोभां जनयिष्यति।
मेखलोरसि बन्धे च हास्यायैवोपजायते॥

अर्थात्, जिस देश के पात्रों का वर्णन अभीष्ट हो, उस देश का ही वेष दिखाना चाहिए। इसलिए विभिन्न प्रांतीय वेशभूषा की समग्रता के लिए भरत ने चार प्रकार की 'प्रवृत्ति' मानी है। देश से प्रतिकूल वेष कभी शोभा उत्पन्न नहीं कर सकता, जैसे—गले में मेखला और हाथ में नूपुर का पहनना। इसी उदाहरण को ग्रहण कर क्षेमेन्द्र ने औचित्य के तत्त्व की पुष्टि की है। आचार्य भरत नाटक में लोकप्रकरण को सर्वाधिक महत्त्व देते हैं 'लोकसिद्धंभवेतसिद्धं नाट्यं लोकस्वभावजम्' (26/120)।

आचार्य भरत के प्रतिपादन के निष्कर्ष निम्नलिखित हैं—

1. आचार्य भरत नाट्य विद्या को सामाजिक विद्या मानते हैं जो विधि-निषेध का ज्ञान कराती है।
2. इसका विधि सम्मत रूप औचित्य में दिखाई देता है। वास्तव में वे योग्यता को औचित्य समझते है, जिसका निर्धारण लोक-व्यवहार द्वारा होता है। इसलिए नाट्य में लोकानुकरण और लोकस्वभाव का संयोग होता है। इस साक्षात्कारात्मक विधा को तभी पंचम वेद की संज्ञा दी गई है और अभिनवगुप्त ने भी इसे 'सर्वकर्मानुदर्शन' माना है। जन समाज की कला-चेतना और रसचेतना नाट्य के द्वारा अपने सर्वोत्तम रूप में प्रकट होती है। क्षेमेन्द्र जिस

'सदृश' को औचित्य-विचार में महत्त्व देते हैं, उसे पहले ही भरत घोषित कर देते हैं और लोक, वेद तथा अध्यात्म को प्रमाण सिद्ध करते हैं।

भामह ने चारुता की दृष्टि से औचित्य पर विधेयात्मक और निषेधात्मक, दोनों रूपों में विचार किया है। औचित्य के लिए उन्होंने 'न्याय्य' और 'युक्तता' जैसे नाम दिए हैं। भरत की तरह वे लोक-स्वभाव को औचित्य का प्रेरक तत्त्व मानते हैं।[48]

आचार्य देवेन्द्रनाथ शर्मा का प्रस्तुत कथन महत्त्वपूर्ण है—"महाकाव्य को लोक-स्वभाव से युक्त होना चाहिए, यह कहकर भामह ने एक बहुत महत्त्वपूर्ण अंश को प्रस्तुत किया। यहाँ लोक-स्वभाव केवल लौकिक आचार-व्यवहार का बोधक नहीं, उस तत्त्व का भी व्यंजक है, जिसे आनन्दवर्द्धन ने औचित्य कहा। सच तो यह है कि लोक-स्वभाव और औचित्य इतने संश्लिष्ट हैं कि उन्हें पृथक् करके देखना कठिन है। लोक-स्वभाव के पालन को ही ही औचित्य कहते हैं और उल्लंघन को ही अनौचित्य। जो जैसा है या जैसा होना चाहिए, उससे भिन्न वर्णन में अनौचित्य आता है और वह रस-भंग का अनन्य हेतु है। इस विश्लेषण के द्वारा भामह की सूक्ष्म अन्तर्दृष्टि का पता चलता है।"

अत: आचार्य भामह चारुता की दृष्टि से औचित्य पर विधेयात्मक और निषेधात्मक, दोनों रूपों में विचार करते हैं। लोक-स्वभाव का पालन औचित्य है और उल्लंघन अनौचित्य। लोकव्यवहार का पालन कई दृष्टियों से होता है—

(क) काव्य का अलंकार युक्त होना

(ख) काव्य का ग्राम्यता रहित होना

(ग) अर्थवान होना

(घ) न्याय संगत होना।

न्याय्य और औचित्य में कोई अन्तर नहीं होता।

भामह दोषों को भी गुण में बदलना सिखाते हैं। वे प्रत्यक्ष और अप्रत्यक्ष, दोनों रूपों में औचित्य का विचार करते हैं। उनके अनुसार साधु-असाधु प्रयोग से काव्य के गुण-दोष प्रकट होते हैं।

दंडी के 'काव्यादर्श' में औचित्य विचार की भूमिका वहाँ दिखाई देती है, जहाँ वे प्राय: अन्तिम परिच्छेद में दोष को अनौचित्य के रूप में देखते हैं। वे यह मानते हैं कि दोष तभी होता है जब अनौचित्य होता है। 'काव्यादर्श' के अन्तिम परिच्छेद में वे 'विधिदर्शित मार्ग' के द्वारा औचित्य का संकेत करते दिखाई देते हैं। ग्रंथ के तीसरे परिच्छेद के 141वें श्लोक में भी दंडी ने 'एवासौनदोष: तत्रतद्यथा' कहकर अनौचित्य के निवारण की भी बात की है। उन्होंने अपने विवेचन में समाधिगुण पर विचार करते हुए लोकसीमा के पालन की भी बात की है। (लोकसीमानुरोधिना-काव्यादर्श 1/93)

आठवीं शती के उत्तरार्द्ध में वामन ने अपने ग्रंथ काव्यालंकार सूत्रवृत्ति में रीति-सिद्धान्त के द्वारा—'रीतिरात्माकाव्यस्य' के सिद्धान्त की स्थापना की थी। उन्होंने रीतियों का आधार भौगोलिक तत्त्व सिद्ध किया था। डॉ. राममूर्ति त्रिपाठी का मानना है कि 'उन्होंने चारुता या सौन्दर्य घटक के विभिन्न तत्त्वों-दोषाभाव, गुण, अलंकार, सद् एवं असद् शब्द का विचार करते हुए भी औचित्य-तत्त्व की ओर इंगित करनेवाले कोई चिह्न नहीं दिए। दोषों का निरूपण किया, पर यह नहीं कहा कि अमुक स्थिति में दोष-गुण हो जाते

हैं अर्थात् अनौचित्यात्मक दोषों का तो विचार किया पर उनकी दोषरूपता भी किसी स्थिति में निवृत्त होती है या नहीं, यह नहीं बताया। इस प्रकार सभी तत्त्वों का मशीनी रंग से वर्णन-विश्लेषण कर दिया, पर उनके संतुलित नियोजन की, जिससे काव्य में जीवंतता आती है—कोई उल्लेख नहीं है। उसका कारण रस-दृष्टि की अवहेलना ही है।[49]

वामन दोष की परिभाषा गुण-विपर्यय के रूप में करते हैं, जो भरत की धारणा के विरुद्ध है। वामन स्पष्टत: औचित्य का विचार नहीं करके परोक्षरूप से दोषों की चर्चा करते हैं।

रुद्रट के 'काव्यालंकार' में काव्य के रस सहित सभी अंगों की चर्चा हुई है। इस ग्रंथ में 16 अध्याय हैं और 748 पद्य। रुद्रट ने रीतियों को 'संनिवेषचारुत्व' कहकर उसका सम्बन्ध रसों से जोड़ दिया है। उन्होंने लोकमर्यादा को औचित्य की दृष्टि से देखा है। वे कवियों को चेतावनी देते है कि शब्दालंकारों के अधीन न होते हुए औचित्य से ही उनका प्रयोग करना चाहिए। अर्थ-विवेचन के प्रसंग में वे महत्त्वपूर्ण विचार प्रस्तुत करते हैं। उनके शब्दों में केवल रस परतंत्र होकर कवि को व्यवहार में देश, काल आदि से निर्मित जाति, द्रव्य आदि पदार्थों के स्वरूप में मनचाही उथल-पुथल नहीं करनी चाहिए। सत्कवि परम्परा से जितना अन्यथा वर्णन निर्दोष माना गया हो उतना ही करना चाहिए।" (काव्यालंकार—7/7, 8)। इस प्रकार वे वक्रोक्ति को लोकमर्यादा से जोड़ते हैं।

रुद्रट का दोष-विवेचन औचित्य की दृष्टि से महत्त्वपूर्ण है। उन्होंने ग्राम्यत्व और विरस, दोषों के सम्बन्ध में विचार करते हुए कहा है कि ग्राम्यत्व माधुर्य का विरोधी है। इस ग्राम्यत्व का उद्गम अनौचित्य में है। ऐसा प्रतीत होता है कि इसी कल्पना को आगे चलकर आनन्दवर्द्धन ने अपने 'ध्वन्यालोक' में 'औचित्यादृतेनान्यद् रसभंगस्य कारणम्' को कारिका में प्रस्तुत किया है। उनका विरस दोष-विषयक विवेचन भी अनौचित्य का समर्थक है। रुद्रट ने 14वें अध्याय में लोकवृत्ति को महत्त्व दिया है।

आचार्य आनन्दवर्द्धन

'ध्वन्यालोक' को 'काव्यालोक' अथवा 'सहृदयालोक' भी कहा गया है। आनन्दवर्द्धन काव्य के रसबंध में औचित्य की आवश्यकता बताते हैं। वे मानते हैं कि वृत्तियों का रस के अनुसार औचित्य का अवश्य अनुसरण करना चाहिए।[50]

आनन्दवर्द्धन ने रसबंध के औचित्य को सर्वत्र आवश्यक माना है। यहाँ तक कि छंद के नियम से रहित गद्य-रचना में भी यह औचित्य आवश्यक है। 'ध्वन्यालोक' के तीसरे उद्योत (10, 11, 12, 13, 14) में उन्होंने विभाव, अनुभाव और संचारी से कथा-शरीर के निर्माण की बात की है। साथ ही, वे अनौचित्य प्रसंगों की भी चर्चा करते चलते हैं। उन्होंने घोषणा की है कि अनौचित्य के अतिरिक्त रसभंग का कोई कारण नहीं है और प्रसिद्ध औचित्य का अनुसरण ही रस का परम रहस्य है।

अनौचित्यादृते नान्यद् रसभंगस्य कारणम्
प्रसिद्धौचित्यबन्धस्तु रसस्योपनिषत् परा॥

आनन्दवर्द्धन ने रसाभिनिवेश के लिए काव्य (पद्य और गद्य) में औचित्य की आवश्यकता पर बल दिया है। उनके औचित्य-विवेचन के निम्नलिखित पक्ष है—

(1) अलंकारौचित्य, (2) गुणौचित्य (3) संघटनौचित्य, (4) प्रबन्ध ध्वनि अर्थात् प्रबन्धौचित्य, (5) व्याकरणौचित्य (सुप्, तिङ्, वचन, कारक, आदि से संबद्ध औचित्य), (6) रीत्यौचित्य, (7) रसौचित्य

1. आनन्दवर्द्धन की औचित्यमूलक दृष्टि समन्वयपरक प्रतीत होती है।
2. उन्होंने अलंकार, गुण संघटना, रीति, प्रबन्ध, रसौचित्य आदि के द्वारा औचित्य के विविध पक्ष निर्धारित किए हैं अर्थात् औचित्य केवल भाषा में ही नहीं भाव में भी होना चाहिए।
3. प्रबन्ध या महाकाव्य की कल्पना करते समय जिस परिस्थिति में काव्य का क्षेत्र विस्तृत होता है, उस परिस्थिति में औचित्य का मर्यादित स्वरूप चरित्रों और घटनाओं की पृष्ठभूमि को दृढ़ करता है।
4. यदि ध्वनि-सिद्धान्त या विशेषकर रसध्वनि को महत्त्व का अधिकारी माना जाए तो उसके साथ-साथ औचित्य का भी महत्त्व स्वयं सिद्ध हो जाता है।

आचार्य अभिनवगुप्त

अभिनवगुप्त औचित्य-सिद्धान्त के व्यवस्थापक आचार्य आनन्दवर्द्धन के 'ध्वन्यालोक' की 'लोचन टीका' के रचयिता हैं एवं उन्हें आचार्य क्षेमेन्द्र के आचार्य गुरु होने का गौरव भी प्राप्त है। आनन्दवर्द्धन ने संघटना के द्वारा औचित्य के विमर्श को एक विशेष स्वरूप प्रदान किया। अभिनव ने उनके सिद्धान्तों को एक व्यवस्था दी।

रसध्वनि के साथ औचित्य का गाढ़ मौलिक सम्बन्ध है। इसका निर्देश अभिनव ने एक दूसरे स्थल पर स्पष्ट शब्दों में किया है। औचित्य सदा ही रसध्वनि के ऊपर आश्रित रहता है। रस-ध्वनि का अर्थ है—रस की अभिव्यंजना। बिना इसके औचित्य का काव्य में प्रवाह ही नहीं हो सकता। औचित्य काव्य के रस, भाव आदि से जुड़ा हुआ है। अभिनवगुप्त औचित्य के बिना रस की सत्ता को स्वीकार नहीं करते क्योंकि औचित्य आनन्द का मूल बीज है। 'लोचन' में कहा गया है—'विभावाद्यौचित्यमेवद्यौहि सद्यतः प्रीतेर्निदान मित्य सहृदवोचाम्' (ध्वन्यालोक लोचन, 336/337)। वास्तव में रस के विचार का अर्थ है—औचित्य का विचार। प्रकारांतर से वे वृत्तिगत औचित्य का संकेत करते हैं।

1. अभिनव मुख्यतः रसवादी विचारक हैं। अतः इन्होंने रस के कारण ही ध्वनि की महत्ता प्रतिष्ठित की है।
2. अभिनव के अनुसार रस-भाव आदि की प्रतीति व्यंग्य द्वारा ही सम्भव है एवं रस का रहस्य व्यंजना शक्ति के द्वारा ही स्पष्ट हो सकता हैं
3. अभिनव के अनुसार काव्य में 'शब्दार्थगुणालंकार संयुक्त रसात्मकता की चारुता का रहना परमावश्यक है।
4. अभिनव रसात्मक सौंदर्य से युक्त ध्वनि को ही काव्य मानने के पक्ष में है, न कि केवल ध्वनि को और इसका सारा सौंदर्य तभी प्रकट होता है जब इसमें औचित्य का सन्निवेश हो।
5. अतः अभिनव गुप्त औचित्य को काव्य-तत्त्व का एक स्थिर स्तम्भ सिद्ध करते हैं।

राजशेखर

राजशेखर का महत्त्व इस बात में भी है कि उन्होंने 'काव्यमीमांसा' में पर्यायवाची शब्दों द्वारा आचार्य क्षेमेन्द्र के नामौचित्य तथा व्याकरणिक उपादानों को महत्त्व देकर औचित्य का समर्थन किया है।

राजशेखर ने प्रबन्ध में दो प्रकार के औचित्य की चर्चा की है।

1. प्रबन्धानौचित्य या वृत्त का अनौचित्य अर्थात् इतिहास सम्मत तथ्यों के विपरीत वृत्त का अनौचित्य प्रकट करना।
2. अवस्थानौचित्य। इन दोनों के उदाहरण उन्होंने अपने नाटक 'बाल रामायण' से ही दिए हैं । दोष-विचार करते हुए उन्होंने अन्य दोषों के साथ-साथ रस दोष एवं व्याकरण दोष की भी चर्चा की है।

कुन्तक

कुन्तक वक्रोक्ति सम्प्रदाय के पुरोधा आचार्य हैं। उन्होंने अपने 'वक्रोक्ति जीवितम्' में अपने काव्य-सिद्धान्त को स्पष्ट करते हुए साहित्य आदि कई शब्दों के पारिभाषिक अर्थ का विचार किया है तथा औचित्य और स्वभाव जैसे साधारण गुणों का भी उल्लेख किया है। औचित्य की परिभाषा देते हुए कुन्तक ने कहा है कि 'उचित वर्णन ही, जिसका प्राण है, ऐसे स्वभाव का महत्त्व जिसके द्वारा पुष्ट किया जाता है, वह औचित्य है।'[51] स्वभाव के उल्लेख में उचित आख्यान जरूरी है। क्षेमेन्द्र ने कहा है कि उचित का भाव ही औचित्य है—'उचितस्य च यो भाव: तदौचित्यं प्रचक्षते'। कुन्तक भी मानते है कि स्वभाव का स्पष्ट रूप परिपोषण ही वक्रता का परम रहस्य है।

औचित्य में लोक-स्वभाव की चर्चा होती है और वक्रता में लोक से वैलक्षण्य का भाव होता है; इसका अर्थ है कि वक्रोक्ति में ग्राम्यता न हो। लोक विलक्षण होने का अर्थ लोक स्वभाव का अतिक्रमण नहीं होता। वक्रोक्ति जीवितम् (2/1) में तो औचित्य और वक्रता को पर्याय के रूप में माना गया है। वे शब्द और अर्थ की उचित स्थिति पर बार-बार बल देते हैं।

कुन्तक ने साहित्य के स्वरूप को स्पष्ट करते हुए वृत्तौचित्य का उल्लेख किया है। इस औचित्य का सम्बन्ध नाट्यवृत्तियों या अनुप्रासों से होता है।

कुन्तक मानते है कि वर्णों को 'प्रस्तुत करने के औचित्य' से युक्त होना ही चाहिए—'प्रस्तुत औचित्य शोभिन:। प्रस्तुतं वर्ण्यमानं वस्तुतस्य यदौचित्यं उचित भाव: तेन शोभन्ते ये ते यथोक्ता:।'

अलंकारौचित्य के विषय में उनकी धारणा है कि रचना आग्रहपूर्वक नहीं होनी चाहिए। ऐसा होने से औचित्य की हानि होती है, शब्द और अर्थ की स्पर्द्धा घटती है और साहित्य का अभाव हो जाता है। कुन्तक औचित्य का उल्लेख वस्तु, रस, या प्रस्तुत के प्रसंग में करते हैं तथा वे इसे प्रस्तुतौचित्य, स्वभावौचित्य आदि नाम देते हैं। कुन्तक ने कालौचित्य पर विचार करते हुए बताया है कि इससे काव्य वैचित्र्य और रमणीयता को प्राप्त होता है—'औचित्यांतरतम्येन समयोरमणीयताम्' (2/26)।

कुन्तक ने लिंग वक्रता, स्वभाव वक्रता, काल वैचित्र्य वक्रता आदि वक्रताओं के

द्वारा एक प्रकार से औचित्य के विविध प्रकारों, जैसे लिंगौचित्य, स्वभावौचित्य आदि का निर्देश किया है। 'वक्रोक्तिजीवित' के तृतीय उन्मेष में उन्होंने अनेक जीवों और वस्तुओं के स्वभावौचित्य पर विचार किया है। कुन्तक का 'व्यवहार औचित्य' लोकवृत्त की योग्यता रखता है।

डॉ. नगेन्द्र भी मानते हैं कि प्रकरण तथा प्रबन्ध वक्रता के सन्दर्भ में भी कुन्तक ने अनेक प्रकार से औचित्य को स्पष्ट करना चाहा है।[52] विचारकों का यह मानना है कि 'वक्रोक्ति सिद्धान्त औचित्य से पूरी तरह अनुशासित है। वक्रता के लगभग सभी प्रकारों में औचित्य वस्तु अथवा रस के सम्बन्ध से उद्‌भासित हुआ है। वक्रोक्ति औचित्य का ही दूसरा नाम है। पदौचित्य को पदवक्रता के नाम से अभिहित करते हुए कुन्तक स्वयं इसे स्वीकार करते हैं—'तत्र पदस्य तावत् औचित्यं बहुविधं भेद भिन्नौ वक्राभाव:' (हिंदी वक्रोक्ति जीवितम्—पृ. 163)।

आचार्य महिमभट्ट ने अपने 'व्यक्ति विवेक' में वक्रता पर विचार करते हुए माना है कि वक्रता का लोकोत्तर अभिधान या तो औचित्य है या व्यंजकता। महिमभट्ट ध्वनिवाद के विरोधियों में गिने जाते हैं। उन्होंने व्यंजना का विरोध किया और वाच्यार्थ को महत्त्व दिया। इनका आग्रह निश्चय ही रस के प्रति था। इनकी विशेषता इस बात में है कि उन्होंने अनौचित्य चर्चा के द्वारा अनौचित्य का विचार किया है। ग्रंथ के द्वितीय विमर्श में उन्होंने माना है कि 'काव्य में अनौचित्य दो प्रकार का होता है—अर्थ विषयक और शब्द विषयक। अर्थ विषयक अनौचित्य अन्तरंग है और शब्द विषयक बहिरंग। चूँकि अर्थ विषयक अनौचित्य की चर्चा आनन्दवर्द्धन आदि ने कर दी थी, इसलिए महिमभट्ट ने केवल शब्द विषयक बहिरंग अनौचित्य पर ही विचार किया। व्यक्ति विवेक के प्रथम विमर्श (पृ. 133) में उन्होंने स्पष्टत: कहा है कि दोष मात्र अनौचित्य है और अनौचित्य रस का विघातक है।

मम्मट

मम्मट ने अपने 'काव्य प्रकाश' में औचित्य के सम्बन्ध में कुछ विचार व्यक्त किए हैं। ग्रंथ के सातवें और आठवें उल्लास में औचित्य विषयक चर्चा भी हुई है। मम्मट ने 'काव्य प्रकाश' के द्वितीय उल्लास में शाब्दी व्यंजना के अन्तर्गत 'औचित्य' कहते है, उसे वामन आदि ने योग्यता कहा है। मम्मट और क्षेमेन्द्र, दोनों औचित्य के सम्बन्ध में अन्तत: कवि और आलोचक के विवेक को ही प्रमाण मानते हैं। वे गुण, दोष, वृत्ति, रीति, संघटना एवं प्रबन्ध औचित्य में इसका महत्त्व स्वीकार करते हैं।

आचार्य विश्वनाथ

आचार्य विश्वनाथ के 'साहित्य दर्पण' के तृतीय परिच्छेद में अनौचित्य विषयक चर्चा में कहा गया है कि रस और भाव आदि अनौचित्य से प्रवृत्त हुए हों तो उन्हें यथाक्रम रसाभास और भावाभास कहते हैं। 263 से लेकर 267 के श्लोकों के बीच अनौचित्य के अंशों के उदाहरण दिए गए हैं। अनौचित्य के ये उदाहरण सामाजिक परिप्रेक्ष्य के हैं, जैसे नायक के अतिरिक्त किसी अन्य पुरुष में नायिका का अनुराग अनौचित्य है।

इसी प्रकार गुरु पत्नी या प्रतिनायक आदि में शृंगार अनौचित्य के कारण रसाभास है। विश्वनाथ ने अनौचित्य की व्याख्या सामाजिक सन्दर्भों में की है।

पंडितराज जगन्नाथ

पंडितराज जगन्नाथ ध्वनिवादी आचार्य हैं तथा आनन्दवर्द्धन की आलोचना दृष्टि के समर्थक हैं। पंडितराज जगन्नाथ ने आनन्दवर्द्धन की तरह ही औचित्य को व्यापक धरातल पर स्वीकार किया है। उनकी औचित्य विषयक धारणाएँ इस प्रकार हैं—

1. रस विरोध का निर्णय, विरोधी रसों एवं रसांगों का निर्णय एवं उनका उचित समन्वय तभी सम्भव है जब औचित्य का सही निर्वाह किया जाए (रसगंगाधर, पृ. 46-49)।
2. औचित्य ही रस-दोषों की व्यवस्था में मानदंड के रूप में प्रयुक्त हुआ है। (वही, पृ. 50-51)
3. रसभंग के लिए औचित्य का प्रश्न ही सामने आता है। रसभंग से बचाव तभी सम्भव है जब अनौचित्य से बचा जाए।
4. पंडितराज जगन्नाथ जाति, देश, काल वर्णाश्रम, वय, अवस्था, प्रकृति व्यवहार आदि के औचित्य की व्यवस्था के सम्बन्ध में लोक और शास्त्र को आधार बनाकर व्यापक भावना को स्वीकार करते हैं।
5. उन्होंने औचित्य का पूर्ण ध्यान व्यवहार में भी रखा है।

पंडितराज ने औचित्य के विवेचन में 'सन्निवेशौचित्य' की चर्चा की है। रस की निष्पत्ति के लिए वे काव्य के वाह्य विधान का औचित्य आवश्यक मानते हैं। सन्निवेश का यह औचित्य दो रूपों में संभव होता है—

1. लालित्य
2. औचित्य

पंडितराज की विशेषता यह है कि वे रस-बोध के लिए अनौचित्य का स्वागत कर सकते हैं। वे औचित्य को विधि और निषेधों में नहीं बाँधकर रस की अपेक्षा में स्वीकार करते हैं। वे औचित्य उसे मानते हैं, जो रस का परिपोषक हो। पंडितराज ने रसाभास का विवेचन करते हुए एक महत्त्वपूर्ण बात कही है कि लोक-व्यवहार औचित्य और अनौचित्य का निर्णायक है।

पंडितराज जगन्नाथ ने विषम अलंकार के विवेचन में ही 'अनुरूप' शब्द का अर्थ किया है—'योग्यतापूर्ण' और विरूप का अर्थ किया है—'योग्यता रहित'। इस तरह उनकी दृष्टि में योग्यता, औचित्य और अनुरूपता पर्यायवाची शब्द की तरह व्यवहृत हुए है। यह 'अनुरूप' शब्द आचार्य भरत की देन है।

स्पष्ट है कि पंडितराज जगन्नाथ अपने 'रसगंगाधर' में आनन्दवर्द्धन की भाँति औचित्य को व्यापक धरातल पर स्वीकार करते हैं। वे मानते हैं कि विरोधी रसों का निर्णय और उचित समन्वय औचित्य के सही निर्वाह से ही सम्भव है। इस प्रकार रसदोषों में मानदंड के रूप में औचित्य का प्रयोग हुआ है। (1) अनौचित्य न हो तो रसभंग भी नहीं होता। (2) लोक और शास्त्र को आधार बनाकर पंडितराज ने जाति, देश, काल,

वर्णाश्रम वय, अवस्था, प्रकृति और व्यवहार आदि में औचित्य की व्यवस्था व्यापक रूप में की है। (3) पंडितराज जगन्नाथ की क्रान्तिकारी धारणा यह है कि रस परिपाक के लिए उपेक्षित और अनौचित्य को लेना यदि आवश्यक है तो उसे स्वीकार करने में कोई बाधा नहीं, जैसे विदूषक की वाणी उल्टी ओर अनौचित्यपरक होने पर भी हास्य की सृष्टि करती है। पंडितराज ने औचित्य को विधि-निषेधों से न बाँधकर अनौचित्य को भी रस की आवश्यकता के अनुसार स्वीकार किया है। (4) पंडितराज ने सन्निवेशौचित्य के द्वारा लालित्य और औचित्य की विशेष चर्चा की है।

भारतीय काव्यशास्त्र के सिद्धान्त काव्यात्मक कसौटी के रूप में दिखाई देते हैं, जिनमें अलंकार, रीति, वक्रोक्ति, रस, ध्वनि की भाँति औचित्य-सिद्धान्त की भी परिकल्पना हुई है। मूलत: औचित्य की धारणा सभी काव्य-सिद्धान्तों में व्यापक रूप से दिखाई पड़ती है।

मूल्यांकन

आचार्य क्षेमेन्द्र ने 11वीं शताब्दी में अपने प्रसिद्ध ग्रंथ 'औचित्य विचार चर्चा' के द्वारा औचित्य-सिद्धान्त का प्रवर्त्तन किया। ये कश्मीर निवासी थे और इनकी प्रसिद्धि कवि और आचार्य, दोनों रूपों में थी। उनके प्राय: 37 ग्रंथ उनकी बहुमुखी प्रतिभा को व्यक्त करते हैं। इनमें 33 रचनाएँ परिज्ञात हैं। इनका औचित्य-सिद्धान्त साहित्य में सौंदर्य, संगति, व्यवस्था और अनुशासन के लिए प्रयुक्त हुआ।

1. क्षेमेन्द्र उचित के चुनाव और पालन को औचित्य कहते हैं। अत: अनौचित्य दोषमूलक रसापकर्षक और उद्वेगजनक होता है। लोक-व्यवहार और सामाजिक आचरण में भी औचित्य की महिमा है। वास्तव में औचित्य संस्कृत काव्यशास्त्र का व्यापक तत्त्व है, जो सभी सिद्धान्तों के लिए आवश्यक है। उचित का भाव ही औचित्य है। मोतियों का हार गले में पहना जाता है और नूपुर पाँव में बांधे जाते हैं। अगर इनका स्थान परिवर्तन कर दिया जाए तो वहाँ अनौचित्य होगा। यह अनौचित्य ही काव्य-दोष है। अन्य काव्य सिद्धान्तों की तरह औचित्य-सिद्धान्त भी निरन्तर गतिशील है। उसमें नए विचारों को जोड़ लेने की क्षमता है। क्षेमेन्द्र का ग्रंथ औचित्य पर विचार और चर्चा है। इसलिए उस ग्रंथ का नाम औचित्य विचार चर्चा है। क्षेमेन्द्र मानते हैं कि औचित्य के विधान से ही काव्य में प्रयुक्त अलंकार और गुण चमत्कार उत्पन्न करते हैं।
2. क्षेमेन्द्र ने अपने एक प्रसिद्ध उदाहरण से इसे स्पष्ट किया है—"कंठ में करधनी नितम्ब पर दीप्तिमान हार, हाथों में नूपुर की योजना, चरण में 'केयूरपाश' की बँधान से तथा शौर्यपूर्वक झुके हुए शत्रु पर करुणा करने से कौन व्यक्ति उपहास का पात्र नहीं हो जाता है?" क्षेमेन्द्र रस सिद्धान्त के पक्षधर हैं। वे 'ध्वन्यालोक' में प्रस्तुत आनन्दवर्द्धन के मत 'प्रसिद्धौचित्य बन्धस्तु रसस्योपनिषद्परा' के रसौचित्य विचार चर्चा के तीसरे श्लोक में उन्होंने कहा है कि—'चारु चर्वणा में निमित्त भूत तथा चमत्कारोत्पादक' उस औचित्य का विचार हम प्रस्तुत करते हैं जो रस का भी प्राण है। अपने ग्रंथ के अन्त में उन्होंने औचित्य के

भेदों की अनन्तता का संकेत किया है। वे यह भी मानते हैं कि काव्य के हर अंग और उपांग पर उसका प्रभाव है।

3. क्षेमेन्द्र औचित्य के मुख्य 27 भेदों का निर्देश और विवेचन करते हैं। वे हैं— (1) पद, (2) वाक्य, (3) प्रबन्धार्थ, (4) गुण, (5) अलंकार, (6) रस, (7) क्रिया, (8) कारक, (9) लिंग, (10) वचन, (11) विशेषण, (12) व्रत, (18) तत्त्व, (20) अभिप्राय, (21) स्वभाव, (22) सारसंग्रह, (23) प्रतिभा, (24) अवस्था, (25) विचार, (26) नाम, (27) आशी:/आशीर्वाद।
4. क्षेमेन्द्र आनन्दवर्द्धन के सिद्धान्त के अनुयायी थे। आनन्दवर्द्धन ने कहा था कि यदि अंगीरस भिन्न हो तो उसके अंगरूप में स्थित रस को बहुत विस्तार नहीं देना चाहिए। ऐसे उदाहरण रस का पोषण नहीं करते। क्षेमेन्द्र इस बात से सहमत हैं कि यदि विरोधी का समर्थन कर दिया जाए तो स्थायी उसी प्रकार भ्रष्ट हो जाता है जैसे गड्ढे में कोई हाथी गिर पड़ा हो और वह पुन: सिर उठाने का साहस न कर पाए। क्षेमेन्द्र ने विचार की गुंजाइश हमेशा छोड़ी है। रसभाव में सांकर्य की कल्पना मौलिक है। सिद्ध कवि की वाणी प्रतिकूल भावदशा में भी रस का सृजन कर विरुद्ध को अनुकूल बना सकती है और यही अनुरूपता तो क्षेमेन्द्र के औचित्य सिद्धान्त का केन्द्रवर्ती तत्त्व है।
5. जैसे भामह ने अपने 'काव्यालंकार' में व्याकरण को महत्त्व देकर शब्द की शुद्धता पर विचार किया था। प्राय: वैसे ही क्षेमेन्द्र ने अपने ग्रंथ में कारक औचित्य, लिंग-औचित्य, वचन-औचित्य, विशेषण-औचित्य, उपसर्ग औचित्य, निपात-औचित्य, कालगत-औचित्य के रूप में व्याकरण को महत्त्व दिया है।
6. क्षेमेन्द्र औचित्य चिन्तन को व्यापक रूप देते हैं। उन्होंने लोकजीवन और देश के आधार पर देशौचित्य की धारणा और लोकजीवन, वंशपरम्परा, गोत्र परम्परा जैसे समाजशास्त्रियों के प्रयोग द्वारा 'कुलौचित्य' की बात की है। भरत के 'नाट्यशास्त्र' में भी 'अनुवंश' या 'आनुवंश्य' शब्द का प्रयोग मिलता है। 'महाभारत' के आदि पर्व और वनपर्व में भी 'अनुवंश' शब्द आया है। क्षेमेन्द्र लोकजीवन से ही सम्बन्धित व्रत के औचित्य की चर्चा करते हैं। व्रत का सम्बन्ध पर्व त्योहार, सामाजिक आचार, तप और उत्सव से है। क्षेमेन्द्र व्रत को सद्व्रत कहते हैं। क्योंकि सत्वभाव से ही औचित्य का निर्वाह होता है। वे अपनी मुक्तावली का एक उदाहरण देते हैं "वृक्ष ऐसे लग रहे हैं मानो तपस्वी हों। दोनों वल्कलयुक्त होते हैं, दोनों पलाश अर्थात् पुष्प और दंड धारण करते हैं, दोनों ही पुष्परेणु तथा भस्मधारण करते हैं। एक पर चंचल भ्रमरों का दल मंडराता है तो दूसरा रुद्राक्ष की माला धारण करता है।"
7. क्षेमेन्द्र ने औचित्य को मनुष्य के क्रिया-कलापों, विचारों और सामाजिक सम्बन्धों से जोड़ा है। वे तत्त्व औचित्य, सत्त्व औचित्य, अभिप्राय औचित्य, स्वभाव औचित्य आदि के द्वारा आत्मिक उच्चता, सात्विकता, भावों की सहज प्रेषणीयता, अन्तर्वृत्ति और अन्तर्दृष्टि की चर्चा करते हैं। कवि के जीवन व्यापी

अनुभवों का कोश सार संग्रह औचित्य' में दिखाई पड़ता है। क्षेमेन्द्र ने कवि की प्रतिभा और शक्ति को ही औचित्य में महत्त्वपूर्ण स्थान दिया है।

8. क्षेमेन्द्र ने अवस्थागत औचित्य के द्वारा कई अवस्थाओं का संकेत किया है। जैसे वय: सन्धि के कारण होनेवाले शारीरिक और मानसिक परिवर्तन, हर्ष विषाद जैसे परिर्वतन, नाट्य में अनुकृति द्वारा उत्पन्न अवस्थाओं तथा बाह्य परिस्थिति और आन्तरिक भावों के संघर्ष से उत्पन्न अवस्था का चित्रण। वे काव्य में उचित विचारों के समावेश को विचार का औचित्य कहते हैं। इस विचार में 'स्वपक्ष' और 'परपक्ष' को देखने की प्रवृत्ति होती हैं। क्षेमेन्द्र नाम के औचित्य को भी महत्त्व देते हैं। कभी ये नाम सार्थक होते हैं, कभी गुणवाचक तो कभी निरर्थक। 'अमरकोश' के पर्यायवाची शब्द एक वस्तु या व्यक्ति के अनेक नाम गिनाते हैं। ये नाम निरर्थक नहीं होतं। इसी प्रकार आशीर्वचन को काव्य के महत्त्व का सूचक बताया गया है। इसमें शुभ संकेतों की कल्पना होती है। इसी प्रक्रिया में भरत द्वारा 'नान्दीपाठ' की योजना की गई है। आशीर्वचन का यह औचित्य 27वाँ और अन्तिम भेद है, पर क्षेमेन्द्र इन भेदों को अन्तिम नहीं मानते। वे औचित्य के अन्य रूपों की उद्‌भावना से इन्कार नहीं करते।

9. अत: क्षेमेन्द्र का औचित्य-सिद्धान्त मात्र सिद्धान्त नहीं वह एक सतत प्रवाही चिन्तन-परम्परा है। सच पूछिए तो वह सिद्धान्त से अधिक व्यवहार का विषय है। जैसे सामाजिक कार्य में मनुष्य की क्रियाओं के लिए स्पष्ट नियम निर्धारित नहीं किए जा सकते, वैसे ही औचित्य के लिए नियमों की सीमा नहीं बाँधी जा सकती क्योंकि एक स्थान पर जो नियम होता है, वह दूसरी जगह कहीं दोष भी बन जाता है। औचित्य को समझने के लिए लोक-प्रमाण जरूरी है। आचार्य भरत ने भी अनेक बार रसोपयोगी नाट्य सामग्री के संचयन में लोक-प्रमाण की चर्चा की है। अत: यह स्पष्ट होता है कि भारतीय काव्यशास्त्र के सिद्धान्त काव्यात्मक कसौटी के रूप में दिखाई देते हैं, जिनमें अलंकार, रीति, वक्रोक्ति, रस और ध्वनि की भाँति औचित्य-सिद्धान्त की भी परिकल्पना हुई है। मूलत: औचित्य की यह धारणा सभी काव्य-सिद्धान्तों में व्यापक रूप से दिखाई देती है।

सन्दर्भ

1. चरित्र कोश—सं. श्री नारायण चतुर्वेदी, प्रकाशक, नेशनल पब्लिशिंग हाऊस, दिल्ली, प्रथम संस्करण, 1983, पृ. 119
2. उचितस्य च यो भाव: तदौचित्यं प्रचक्षते। औचित्य विचारचर्चा कारिका-7
3. संस्कृत आलोचना, हिंदी समिति सूचना विभाग, उ.प्र. द्वितीय संस्करण, 1963
4. भारतीय साहित्य शास्त्र, (औचित्य विचार), बलदेव उपाध्याय, प्रसाद परिषद् काशी प्रकाशन, द्वितीय संस्करण, पृ. ३३
5. भारतीय साहित्यशास्त्र, गणेश त्र्यंबक देशपांडे,
6. सम कांसेप्ट्स ऑफ अलंकार शास्त्र (ग्रंथ, पृ. 332-333 आडयार, मद्रास) में संकलित

'हिस्ट्री ऑफ औचित्य इन संस्कृत पोएटिक्स' शीर्षक लेख, 1942

7. भारतीय काव्यशास्त्र के नए क्षितिज, पृ. 84-85
8. अन्येषु व काव्यांगेषु अनयैव दिशा स्वयमौचित्यमुत्प्रेक्षणीयम/तदुदाहरणानि आनन्त्यान्न प्रदर्शितानि इत्यलमति प्रसंगेन।
9. काव्यभाषा के सिद्धान्त, डॉ. महेन्द्र मधुकर, स्वराज प्रकाशन, प्रथम संस्करण, 2004, पृ. 48
10. पदमेकंपरं साधु नार्वाचीन निबन्धनम्। वैपरीत्याद्‌ विपर्यासं कीर्त्तेरपि करोति तत्॥

—काव्यलंकार 5/61
11. वाक्यं स्यात् योग्यताकाक्षांसत्तियुक्तः पदोच्चयः। —साहित्यदर्पण, 2 परिच्छेद
12. वाक्य पदीय, 2.52, पुण्यराज
13. वाक्यं तदपि मन्यते यत्पदं चरितक्रियम्—तदप्येवं समाप्तार्थ वाक्यमित्यभिधीयते-वाक्यपदीय 2. 326. 27
14. उचितार्थविशेषण प्रबन्धार्थः प्रकाश्यते।
गुणप्रभावभव्येन विभवेनेव सज्जनः॥ —औचित्य विचार चर्चा, 13
15. औचित्य विचार चर्चा, पृ. 120
16. आज्जसेन स्वभावस्य महत्त्वं येन पोष्यते।
प्रकारेण तदौचित्यमुचिताख्यान जीवितम्॥ —वक्रोक्ति जीवित 1/53
17. रसकालुष्यं यथा भट्टनारायण वेणी संहारे-भानुमत्या
नकुलपाणिस्वप्न दर्शने पांडवनकुलस्वैरसघ्रामेर्ष्या-
सद्भावः चक्रवर्तिमहिष्याः सामान्यनीचवनितावत्। —कविकंठाभरण, क्षेमेन्द्र, पृ. 133
18. औचित्यवता सूक्तिरलंकारेण शोभते,
पीनस्तन स्थितेमेव हारेण हरिणेक्षणा।'—
श्लोक—15 (औचित्यविचार चर्चा क्षेमेन्द्र)
19. The real meaning of Sanskrit Term Alankara is Beauty—
Studies in Sanskrit Aesthetics. P. 1
20. तदल्पमपिनोपेक्ष्यं काव्ये दुष्टं कथंचन।
स्यादवपुः सुन्दरमपिश्वित्रेणैवेन दुर्भगम्—काव्यादर्श 1/7
21. शब्दकालुष्यमर्थकालुष्यं रसकालुष्यामिति काव्यदोषाः —क्षेमेन्द्र कृत कविकंठाभरण, पृ. 131
22. उचितेनैव लिंगेन काव्यामायाति भव्यात्।
साम्राज्यसूयकेनैव शरीरं शुभलक्ष्मणा—औचित्य विचार चर्चा।
23. भाषा विज्ञान, पृ. 114
24. योग्योवसर्ग संसगैर्निर्गल गुणोचिता।
सेक्तिर्विवर्धते संयत् सन्मार्गमनैरिव॥—औचित्य विचार चर्चा
25. भारतीय साहित्यशास्त्र, पृ. 151/152
26. अदेशजो हि वेषस्तु नशोभांजयीणास्ति/मेखलोरसिषन्धे चहास्यायैवोप जाएते॥

नाट्यशास्त्र, भरत, 69
27. विरोधः सकलोप्येषकदाचित कवि कौशलात् / उक्रम्य दोषगनां गुणवीथीं विगाहेत॥

—कांव्यादर्श 3/179
28. कुलोपचितमौचित्यं विशेषोत्कर्षकारणम्।
काव्यस्य पुरुषस्येव प्रियं प्रायः सचतसाम्॥ —औचित्य विचार चर्चा,
29. संस्कृत काव्यशास्त्र का इतिहास, पी. बी. काणे, पृ. 20/21
30. हिंदी साहित्य कोश, भाग-1, पृ. 205

31. अलंकारमुक्तावली, आचार्य देवेन्द्रनाथ शर्मा, पृ. 170
32. द्रष्टव्य-भरत का नाट्यशास्त्र, सम्पादक—डॉ. रघुवंश, मोतीलाल बनारसी दास, प्रथम संस्करण, 1964, पृ. 238
33. साहित्य दर्पण 6/11 (गद्यभाग)
34. अन्येषु वा काव्यांगेषु अनयैवदिशा स्वयमौचित्यमुत्प्रेक्षणीयम्। तदुदाहरणानि आनन्त्यान्न प्रदर्शितानि इत्यलमति प्रसंगेन—औचित्य विचार चर्चा।
35. एतेषु वद प्रभृतिषु स्थानेषु मर्मस्वीव काव्यस्य
    सकल शरीर व्यापि जीवितमौचित्य स्फुटत्वेन स्फुरदव भासते। —औचित्य विचार चर्चा, 8/9/90
36. संस्कृत आलोचना, पं. बलदेव उपाध्याय, हिंदी समिति, सूचना विभाग, उत्तर प्रदेश, द्वितीय संस्करण—1963, पृ. 10. 11
37. अनुचित भावं मुञ्चति तथा विधं पदं एदपि। —काव्यालंकार पृ. 142
38. उचितानुचित विवेको व्युत्पत्तिः इति यायावरीयः । —काव्यमीमांसा-राजशेखर, पृ. 16
39. उचितशब्देन रसविषयमौचित्यं भवतीति।
    दर्शयम् रसध्वनेः जीवितम् सूचयति। तदभावे हि किमपेक्ष्येदमौचित्यं नाम सर्वत्र, उद्घोष्य इति भावः। (ध्वन्यालोकः—आनन्दवर्द्धन, (लोचन), पृ. 13
40. श्रृंगारप्रकाश—भोज (मद्रास संस्करण), पृ. 411
41. आंजसेन स्वभावस्य महत्त्वं येन पोष्यते ।
    प्रकरेण तदौचित्यमुचिताख्यान जीवितम्॥ —1.53
42. औचित्यं वस्तुनः स्वभावोत्कर्षः (वक्रोक्तिजीवितम्—कुन्तक), पृ. 190
43. अग्निपुराण-345, अध्याय, पृ. 705
44. लोकसिद्ध भवेत्सिद्धं नाट्यं लोकस्वभावजनम्।
    तस्मान् नाट्य प्रयोगेषु प्रमाणम् लोक इष्यते॥ —नाट्यशास्त्र
45. न तज्ज्ञानं न तच्छिल्पं न सा विद्या न सा कला।
    न स योगो न तत् कर्म यन्नाट्येऽस्मिन्न दृश्यते॥ —वही, पृ. 1/116
46. विन्यासं भूमिकानां तु सम्प्रवक्ष्यामि नाटके।
    यादृश्यो यस्य कर्तव्या विन्यासे भूर्मिकास्ततः॥ —वही, 35/1
47. या यस्यसदृशीचेष्टाहयुत्तमाधम मध्यमा।
    सा तथाऽऽचार्ययोगेननियम्याः भाव-भाविनि॥ —औचित्य विचार चर्चा।
48. चतुर्वर्गाभिधानेऽपि भूयसार्थोपदेशकृत ।
    युक्तं लोकस्वभावेन रसैश्च सकलैः पृथक्॥ —1/21
49. औचित्य विमर्श, पृ. 31
50. ध्वन्यालोक, आचार्य विश्वेश्वर, पृ. 184
51. वक्रोक्तिजीवितम्, 1/53
52. द्रष्टव्य-भारतीय काव्यशास्त्र की भूमिका, पृ. 394

मम्मट

(11वीं शताब्दी का उत्तरार्द्ध)

डॉ. गणेश त्र्यंबक देशपांडे का कथन है कि "मम्मट के 'काव्यप्रकाश' से शब्दार्थ-साहित्य के विवेचन की पूर्णता हुई। वह इस प्रकार कि उत्तरवर्त्ती ग्रंथकारों ने उसी की पद्धति का अनुसरण किया।" 'काव्यप्रकाश' को साहित्यशास्त्र के इतिहास में अपूर्व स्थान प्राप्त हुआ है। महामहोपाध्याय पी.बी. काणे महोदय का कथन है कि "शताब्दियों से साहित्य शास्त्र के अनेकानेक अंगों का विकास हो रहा था। उस विकास का विचार इसमें किया हुआ है एवं उसका सार इसमें संगृहीत है।" नाट्य छोड़कर काव्य के सभी अंगों का 'काव्यप्रकाश' से विचार हुआ है एवं काव्य के सभी अंगों की उसमें व्यवस्था की गई है।... 'काव्यप्रकाश' साहित्य चर्चा का उत्कर्ष-बिन्दु है। एक शताब्दी में ही इस ग्रंथ को ऐसी प्रतिष्ठा प्राप्त हुई कि साहित्य-पंडित को मम्मट 'वाग्देवतावतार' कहने लगे। 'काव्यप्रकाश' की आज तक जितनी टीकाएँ हुई हैं, उतनी दूसरे किसी साहित्य विषय की नहीं हुई। साहित्य-चर्चा के क्षेत्र में मम्मट के पश्चात् जो कुछ परिवर्तन हुए, वे केवल विवरण (डिटेल्स) के विषय में ही थे।[1]

आचार्य मम्मट भोजराज तथा क्षेमेन्द्र के परवर्ती एवं राजानक रुय्यक के पूर्ववर्ती हैं। इन्होंने उदात्त अलंकार के विवेचन-प्रसंग में भोजराज की दानशीलता का वर्णन किया है, जिससे इनका लेखन-काल 1054 ई. के बाद सिद्ध होता है। भोज के राज्यकाल की सीमा भी यही है। 'काव्यप्रकाश' की प्रथम टीका माणिक्य चन्द्र कृत संकेत का रचना-काल 1159-60 ई. है। राजानक रुय्यक ने भी 1128-1149 के बीच 'काव्यप्रकाश' का उल्लेख किया है। अत: मम्मट का समय 11वीं शताब्दी का उत्तरार्द्ध माना गया है। इनके नाम और राजानक उपाधि से इन्हें कश्मीरी माना गया है। हॉल तथा बेवर नामक संस्कृत साहित्य के इतिहास लेखकों ने तो इस प्रचलित किंवदन्ती को स्वीकार कर लिया है कि वे नैषधीयचरितम् के लेखक श्री हर्ष के मामा थे। डॉ. सुशील कुमार डे का मानना है कि मम्मट का काल 12वीं शती के आरम्भ के ही आस पास है। डॉ. डे पुनः मम्मट को 11वीं शती के मध्य तथा 12वीं शती के प्रथम चरण के अन्तरवर्ती काल में मानते हैं। यह भी मान्य रहा है कि मम्मट व्याकरण शास्त्र के भी पारंगत विद्वान थे।

मम्मट का 'काव्यप्रकाश' 11वीं शताब्दी तक के संस्कृत काव्यशास्त्र की समस्त गतिविधियों का लेखा-जोखा और उसके विकास का संचय-ग्रंथ है। मम्मट ने मधुमक्षिका वृत्ति से काव्यशास्त्र के ग्राह्य पक्षों का समावेश उसमें किया है। संस्कृत में इसकी सत्तर से अधिक टीकाएँ प्रकाशित हो चुकी हैं। 'काव्यप्रकाश' ग्रंथ दस उल्लासों में विभक्त है

और उसमें 142 कारिकाएँ हैं। इसके तीन अंश हैं—कारिका, वृत्ति और उदाहरण। इनमें कारिका और वृत्ति तो मम्मट रचित हैं, पर उदाहरण अन्य कवियों और स्रोतों से गृहीत हैं। 'काव्यप्रकाश' में विवेचित काव्यशास्त्रीय सूत्रों की विवेचन-सूची इस प्रकार है—

प्रथम उल्लास—काव्य-प्रयोजन, काव्य-हेतु, काव्य-स्वरूप एवं काव्य-भेद।
द्वितीय एवं तृतीय उल्लास—शब्द-शक्ति-विवेचन।
चतुर्थ उल्लास—ध्वनि-विवेचन।
पंचम उल्लास—गुणीभूत व्यंग्य एवं व्यंजना का प्रतिपादन।
षष्ठ उल्लास—शब्द एवं अर्थ चित्र-विवेचन।
सप्तम उल्लास—काव्य-दोष विवेचन।
अष्टम उल्लास—गुण-निरूपण।
नवम उल्लास—शब्दालंकार-विवेचन।
दशम उल्लास—अर्थालंकार-विवेचन।

मम्मट की काव्य-परिभाषा

प्राय: हर काव्यशास्त्रीय ग्रंथ में काव्य को समझने-समझाने, उसकी परिभाषा देने की परम्परा रही है। मम्मट के 'काव्यप्रकाश' में 'तत् अदोषौ शब्दार्थौ सगुणावनलंकृती पुन: क्वापि' में परिभाषा' के सूत्र इस प्रकार हैं अर्थात् काव्य दोषहीन, गुणयुक्त और कभी-कभी अलंकार रहित शब्दार्थ होता है। इस कथन में दो विशेषताएँ निषेधात्मक हैं, जिनमें एक अनिश्चित है। एक पक्ष है—अदोष शब्दार्थ और दूसरा है—कभी-कभी अनलंकृत भी होना। मम्मट के लक्षण में प्रस्तुत 'अदोषौ' शब्द पर अनेक आचार्यों ने आपत्तियाँ उठाई हैं। आचार्य विश्वनाथ ने 'साहित्य दर्पण' (1/3) में मम्मट के 'अदोषौ' शब्द को अतिव्याप्ति दोष कहा है क्योंकि तब तो ध्वनि या उत्तमकाव्य भी यदि दोषयुक्त है तो उसे काव्य की सीमा से निकाल दिया जाएगा तथा दोष रहित शब्दार्थ को काव्य मानने पर कोई भी रचना काव्य की परिधि में नहीं आ पाएगी। ऐसा दोषयुक्त काव्य तो विरल ही होगा। विश्वनाथ का दूसरा आक्षेप है कि अगर सदोष कविता के अंश को अकाव्य मान लिया जाए और दोष रहित काव्य को उत्तम काव्य माना जाए तो ऐसी स्थिति में काव्यत्व और अकाव्यत्व के कारण वह रचना महत्त्वहीन हो जाएगी। विश्वनाथ की तीसरी आपत्ति है कि किसी रचना में कोई दोष हो सकता है। अत: दोषहीनता को काव्य का आवश्यक तत्त्व सिद्ध नहीं किया जा सकता। अगर अदोष का अर्थ 'किंचित् अदोष' अर्थात् कुछ दोष या कम दोष माना जाए तो अदोषौ का अर्थ होगा कि किंचित् दोषवाली रचना का काव्य है। विश्वनाथ अपने मत को पुष्ट करने के लिए कीड़ा लगे रत्न का उदाहरण देते हैं अर्थात् जिस अंश में कीड़ा लगा है, वह अंश रत्न नहीं कहा जा सकता। कीड़ा लगने से रत्न का मूल्य भले कम हो जाए पर उसका रत्नत्व कम नहीं होता। इस प्रकार विश्वनाथ दोष होने पर भी काव्य का महत्त्व घोषित करते है। (साहित्य दर्पण 1/3)। विश्वनाथ का चौथा तर्क है कि दोष की स्थिति रस के अपकर्ष पर निर्भर करती है। अत: उनकी दृष्टि में अदोषौ विशेषण संगत नहीं प्रतीत होता है विश्वनाथ के ये तर्क सूक्ष्म तो हैं, पर वे उनकी विद्वत्ता और हठधर्मिता के प्रमाण भी हैं।

मम्मट ने काव्य का मुख्यार्थ रस को माना है और मुख्यार्थ के विघातक तत्त्व को दोष कहा है। मम्मट स्वीकार करते हैं कि रसानुभूति में बाधा पहुँचानेवाले प्रबल दोषों से रहित शब्द और अर्थ की समष्टि काव्य है अर्थात् साधारण दोषों के होने पर भी यदि रसबोध में बाधा न आए तो वह काव्य दोषयुक्त होते हुए भी काव्य माना जा सकता है। इन स्थितियों में विश्वनाथ द्वारा किया गया खंडन और आक्षेप पांडित्य-प्रदर्शन ही मालूम पड़ता है।

मम्मट की परिभाषा 'अनलंकृती पुन: क्वापि' की आलोचना 'चन्द्रालोक' के रचयिता जयदेव ने भी की है। उन्होंने 'चन्द्रालोक' (1/12) में कहा है कि अलंकार रहित काव्य उष्णता रहित अग्नि की तरह व्यर्थ है पर ध्वनि-सिद्धान्त की सूक्ष्मता के आधार पर जयदेव का कथन अतिवादी लगता है क्योंकि काव्य में अलंकार कटक-कुंडल की भाँति हैं, उन्हें अनिवार्य तत्त्व नहीं माना जा सकता। मम्मट भी इसे स्फुटालंकार विरह मानते हैं अर्थात् काव्य में स्पष्टत: अलंकार नहीं भी दिखे तो उससे काव्यत्व नष्ट नहीं होता। महत्त्वपूर्ण यह है कि मम्मट के काव्य-लक्षण को आधार बनाकर हेमचन्द्र ने 'शब्दानुशासन' में 'अदोषौ सगुणौ सालंकारौ च शब्दार्थौ काव्यम्' कहा तो वाग्भट ने अपने 'वाग्भटालंकार' में भी तथा प्रतापरुद्रीय और 'अलंकारशेखर' आदि ग्रंथों में भी इससे प्रभावित काव्य परिभाषाएँ रची गईं।

वस्तुत: मम्मट की इस परिभाषा में शब्दार्थ का सन्निवेश है। कुछ आचार्य काव्य को शब्दमय मानकर शब्द को प्रधानता देते हैं, पर अधिकांश की सम्मति में शब्द और अर्थ दोनों की प्रमुखता होती है। शब्दार्थ रसोन्मीलन में सहायक होते हैं। इस कारण भी शब्द और अर्थ का नित्य सम्बन्ध माना गया है। इसी शब्दार्थ के सहयोग से काव्यगत आह्लाद सृजित होता है। वाक् और अर्थ की उपमा कालिदास ने शिवपार्वती के अर्द्धनारीश्वर रूप से दी है। 'अदोष' दोष-परिहार का सूचक शब्द है। किंचित् दोष उसके मूल स्वरूप को नष्ट नहीं करता। यह उदाहरण दिया गया है कि अगर घोड़े की पूँछ कट जाए या उसकी टांग टूट जाए तो भी घोड़ा तो घोड़ा ही रहेगा।[2] (बलदेव उपाध्याय-संस्कृत आलोचना)[2]। मम्मट मानते हैं कि काव्य में गुणों का सद्भाव होना चाहिए, क्योंकि ये काव्य-रस के अचल धर्म हैं, इनकी सत्ता जरूरी है।

मम्मट अपने काव्य सम्बन्धी चिन्तन में अलंकारों के उपयोग के विषय में उदारवादी और समन्वयवादी दृष्टिकोण रखते हैं। यद्यपि काव्यगत शब्द और अर्थ को अलंकार-युक्त होना चाहिए पर उसके न होने से भी काव्य-सौंदर्य नष्ट नहीं होता। अलंकार अनिवार्य भी हो सकता है, क्योंकि काव्य में चमत्कार या तो रस से आता है या अलंकार से, पर रस की प्रधानता में अलंकार दब जाते हैं। मम्मट की दृष्टि में अलंकार की अपेक्षा गुण की सत्ता प्रबल है। अत: मम्मट का उद्देश्य काव्य में रस की व्यंजना या अभिव्यक्ति कराना प्रतीत होता है।

दोष-विवेचन

मम्मट के 'काव्यप्रकाश' में दोष-विवेचन की परिणति दिखाई देती है। भोजराज ने दोषों की संख्या 48 ही मानी थी, पर 'काव्यप्रकाश' में वह संख्या 70 तक जा पहुँची।

मम्मट ने अपने समय तक के उल्लेख्य काव्य-दोषों का संचयन किया तथा बहुत सारे पुराने दोषों को नए नाम दिए और बहुत-से नए दोषों का भी प्रतिपादन किया। उनके दोष-विवेचन की व्यवस्था अप्रतिम है। परवर्ती आचार्यों ने इस क्षेत्र में प्राय: उन्हीं का अनुकरण किया। मम्मट का महत्त्व इस बात में है कि उन्होंने अत्यन्त श्रेष्ठ कवियों-महाकवियों की रचनाओं से चुन-चुनकर दोषों के उदाहरण प्रस्तुत किए और अपनी बुद्धि की सूक्ष्मता प्रदर्शित की।

मम्मट ने 16 पद दोष जिनमें 13 वाक्य दोष तथा 7 पदांश-दोष के रूप में प्रदर्शित हैं, 21 वाक्य मात्रगत दोष, 23 अर्थ दोष तथा 10 रसदोषों का विवेचन किया है। 16 पद दोष हैं—श्रुतिकटु, च्युत संस्कृति, अप्रयुक्त, असमर्थ, निहतार्थ, अनुचितार्थ, निरर्थक, अवाचक, अश्लील, सन्दिग्ध, अप्रतीत, ग्राम्य, नेयार्थ, क्लिष्ट, अविमृष्टविधेयांश और विरुद्धमतिकृत्। (काव्य प्रकाश-7/50-51)। उनका च्युत संस्कृति दोष व्याकरण की लक्षणहीनता का नाम है, जो भामह के 'शब्दहीन' और वामन के 'असाधु' दोषों का नया नामकरण है। मम्मट और भोजराज के अप्रयुक्त में अन्तर नहीं है। उनका असमर्थ दोष रुद्रट के असमर्थ दोष से साम्य रखता है। मम्मट का 'निहतार्थ' नाम से नया है, पर उसका लक्षण-वामन के गूढ़ार्थ की भाँति है। 'अनुचितार्थ' दोष मम्मट की मौलिक कल्पना है। मम्मट का 'अवाचक' दोष भामह की भाँति है। मम्मट ने अश्लील दोष और उसके तीन भेद वामन से यथावत् ले लिए है।

दोषों के विवेचन में मम्मट अपने पूर्व आचार्यों भामह, वामन, रुद्रट आदि के दोष-चिन्तन से प्रेरित प्रतीत होते हैं। मम्मट के वाक्य गत-21 दोष हैं—प्रतिकूल वर्णत्व, उपहत विसर्गत्व, लुप्त विसर्गत्व, विसन्धित्व, हतवृत्तता, अर्धांतरैक वाचकत्व, अभवन्मत योग, अनभिहित वाच्यत्व, अपदस्थ पदता, अपदस्थ समासता, संकीर्णत्व, गर्भितत्व, प्रसिद्धिहतत्व, भग्नप्रक्रमत्व, अक्रमत्व तथा अमतपरार्थत्व।

इस प्रसंग में वे वामन और रुद्रट से प्रभावित हैं। कहीं वे भामह और दंडी से भी सहमत दीखते हैं। आनन्दवर्धन ने वर्णों की रसानुकूलता पर विस्तारपूर्वक विचार किया है; उसी से प्रेरित होकर मम्मट अपना 'प्रतिकूल वर्ण' नामक दोष सृजित करते हैं।

मम्मट के 23 अर्थदोष हैं—अपुष्ट, कष्ट, व्याहत, पुनरुक्त, दुष्क्रम, ग्राम्य, सन्दिग्ध, निर्हेतु, प्रसिद्धिविरुद्ध, विद्याविरुद्ध, अनवीकृत, सनियम परिवृत्त, अनियम परिवृत्त, विशेष परिवृत्त, अविशेष परिवृत्त, साकांक्ष, अपदयुक्त, सहचर भिन्न, प्रकाशित विरुद्ध, विध्ययुक्त, अनुवादायुक्त, त्यक्तपुन: स्वीकृत एवं अश्लील (वही, 7/55-57)। इन दोषों के विवेचन में मम्मट भोजराज, भामह, रुद्रट से प्रेरित और प्रभावित हैं। इसमें 'लोक प्रसिद्धि विरुद्ध' आदि दोष मम्मट के मौलिक दोष-चिन्तन के उदाहरण हैं।

मम्मट ने 10 रस-दोषों का भी विवेचन किया है—

1. व्यभिचारी भाव, रस तथा स्थायी भाव की स्वशब्द वाच्यता दोष।
2. अनुभाव एवं विभाव की अभिव्यक्ति में क्लिष्ट-कल्पना दोष।
3. प्रकृत रसविरुद्ध विभावानुभाव व्यभिचारी वर्णन दोष।
4. अंगभूत रस की पुन:पुन: दीप्ति नामक दोष।
5. अनवसर में रस-वर्णन दोष।

6. अनवसर में रस-विच्छेद नामक दोष।
7. अंग अथवा अप्रधान का विस्तृतवर्णन नामक दोष।
8. अंगी या प्रधान का अननुसन्धान नामक दोष।
9. प्रकृतिगत औचित्य के प्रतिकूल वर्णन तथा
10. अनंग का अभिधान नामक दोष। (वही, 7/60-62)

उपर्युक्त रस दोषों में से अधिकांश दोष आनन्दवर्धन के 'ध्वन्यालोक' पर आधारित है। इन दोषों में प्राय: पाँच दोषों का प्रयोग 'ध्वन्यालोक' में रस विरोध के रूप में हुआ है (कारिका—18-19)। यद्यपि मम्मट 10 रस दोषों का उल्लेख करते हैं, पर 'ईदृष्ण:' कहकर वे अन्य भेदों की सम्भावना से इन्कार नहीं करते।

मम्मट ने अपने दोष-लक्षण में मुख्य अर्थ की 'हति' को दोष माना।[3] मुख्य अर्थ के प्रश्न का उत्तर उन्होंने दोष की लक्षण-कारिका में और द्वितीय का उसकी वृत्ति में स्पष्ट किया है। वे रस को काव्य का मुख्य अर्थ मानते हैं (रसश्च मुख्य:) और हति का अर्थ 'अपकर्ष' बताते हैं (हतिरपकर्ष:)[4]। वस्तुत: आनन्दवर्धन या अभिनव गुप्त ने रस-ध्वनि की दृष्टि से ही दोष का दोषत्व स्वीकार किया और इसी आधार पर उसकी अनित्यता की भी व्याख्या की। सम्भवत: इसी कारण मम्मट ने दोष का लक्षण 'मुख्यार्थ हति' के रूप में किया और रस को मुख्यार्थ सिद्ध किया, साथ ही उन्होंने उनके अपकर्ष को भी दोष ही माना क्योंकि रस और वाच्य, दोनों का ग्रहण शब्दादि द्वारा ही होता है।

मम्मट ने अलंकार-दोषों की अलग से सत्ता नहीं मानी। अपने शब्दार्थ-दोषों में ही उन्होंने उन्हें गतार्थ मान लिया। अन्त में वे विशिष्ट अलंकार-दोषों की चर्चा के बाद यह भी कहते हैं कि इसी प्रकार अन्य अलंकार-दोषों को भी सामान्य दोषों में अन्तर्भुक्त मान लेना चाहिए।[5]

काव्यशास्त्र में दोषों की नित्यता और अनित्यता का भी विचार दोष-विवेचन में हुआ है। भामह, दंडी, वामन, रुद्रट आदि आचार्य दोषों की नित्यता अनित्यता पर विचार करते हैं, ऐसे विशिष्ट दोष ही चर्चा में आए हैं। आनन्दवर्धन रस की ध्वन्यात्मकता की दृष्टि से ही दोषों का दोषत्व स्वीकार करते हैं। मम्मट ने अनुकरण में प्राय: सभी दोषों को अनित्य माना है (अनुकरणे तु सर्वेषाम्—वही 7वाँ उल्लास)। विशेष स्थितियों में कुछ दोषों का दोषत्व मिट भी जाता है। शब्दार्थ दोष हों या रस-दोष, मम्मट की दृष्टि में दोष अनित्य हो सकते हैं। मम्मट आनन्दवर्धन के रस-परिहार की प्रवृत्ति से प्रेरित होते हैं। (वही, 7/64)। मम्मट यह भी कहते हैं कि यह विरोध-शमन प्रबन्ध में ही नहीं मुक्तक में भी ग्राह्य है। (न परं प्रबन्धे यावदेकस्मिन्नपि वाक्ये रसान्तरव्यवधिना विरोधो निवर्त्तते।)[6] वही, पृ. 276।

काव्य की निर्दोषता का प्रश्न आदिकाल से ही उठता रहा है, पर काव्य में पूर्ण निर्दोषता के साथ-साथ यह प्रश्न भी उठता है कि क्या मनुष्य पूर्ण निर्दोष है? आनन्दवर्धन ने भी माना है कि महाकवियों के प्रबन्ध-काव्यों में भी रसभंग के उदाहरण मिलते हैं।[7]

अत: निर्दोषता की अपेक्षा गुणवत्ता ही ग्राह्य है, इसी का पक्ष ही प्रबल मानना चाहिए। केवल दोष या दु:ख-मुक्ति ही जीवन का काम्य नहीं, अपितु सुख और आनन्द-प्राप्ति

भी उसका लक्ष्य है। काव्य अदोषता से अधिक गुणवत्ता पर ही आश्रित है। कालिदास ने भी गुण के सन्निपात में एक दोष के निमज्जन को स्वीकार किया था—'एको हि दोषो गुण सन्निपाते निमज्जतीन्दो:' (किरणेष्विवांक:—कुमार सम्भव, 1/3)।

गुण और अलंकार-धारणा

मम्मट आनन्दवर्धन की गुण एवं अलंकार विषयक धारणा के पक्ष में खड़े दिखाई देते हैं। वे गुण और अलंकार के स्वरूप के विवेचन के साथ उसके भेदक तत्त्वों पर भी विचार करते हैं। उनकी दृष्टि में दोनों ही काव्य के धर्म हैं, किन्तु गुण की भाँति अलंकार आवश्यक धर्म हैं। यह बात उनके काव्य-लक्षण से भी स्पष्ट हो जाती है जिसमें वे दोष रहित, गुण सहित, प्राय: अलंकार युक्त और कभी-कभी अलंकार रहित शब्दार्थ को काव्य की संज्ञा देते हैं। एक प्रकार से वे काव्य में अलंकार की अनिवार्यता को स्वीकार नहीं करते, पर गुण के काव्य-धर्म को महत्त्व देना नहीं भूलते। 'काव्यप्रकाश' में गुण की परिभाषा में वे कहते हैं कि व्यक्ति की आत्मा में अचल भाव से रहकर उसका उत्कर्ष साधन करनेवाले शौर्य आदि धर्म की भाँति जो धर्म काव्य के मुख्य अंगी रस में अविचल भाव से रहते हुए उसके उत्कर्ष का हेतु बनते हैं, वे गुण कहे जाते हैं। मम्मट ने इसे और स्पष्ट करते हुए कहा है कि जैसे शूरता आदि धर्म आत्मा में रहते हैं, 'उन्हें शरीर का धर्म नहीं माना जा सकता, वैसे ही माधुर्य आदि गुण रस के ही धर्म हैं, उन्हें काव्य शरीर अर्थात् शब्द और अर्थ धर्म नहीं मान सकते। किसी का सुडौल शरीर वीरता का मापदंड नहीं होता। क्षीण व्यक्ति में भी वीरता का भाव पनप सकता है, वैसे ही काव्य में कोमल वर्ण ओज जैसे दीप्तिकारक हो सकते हैं और कठोर वर्णों से भी माधुर्य भाव की व्यंजना हो सकती है। जैसे पुष्ट शरीर लोक व्यवहार में वीरता का उदाहरण माना जाता है वैसे ही काव्य में भी कोमल पदों में माधुर्य गुण का अवस्थान माना जाता है। जो सहृदय होते हैं वे रसाभिव्यक्ति की प्रक्रिया को समझते और जानते हैं कि माधुर्य, ओज आदि शृंगार, रौद्र आदि रसों में रहते हैं और प्राय: उनकी व्यंजना कोमल एवं कठोर आदि वर्णों से होती है। वस्तुत: कवि की अभिव्यक्ति-क्षमता वर्णों के सही उपयोग से अनुकूल रस-भाव की व्यंजना में समर्थ होती है, चाहे वह शृंगार का कोमल प्रसंग हो या कठोर या रौद्र का प्रसंग। टीकाकार गोविन्द ठक्कुर ने 'काव्य प्रकाश' (1, पृ. 274) में बताया है कि 'जिस शरीर की आत्मा में वीरता का निवास हो, उस शरीर को भी उपचार से वीर कहा जाता है।' आनन्दवर्धन गुणों को रसधर्म मानकर माधुर्य आदि के व्यंजक वर्णों के लिए मधुर आदि व्यवहार को औपचारिक प्रयोग मानते हैं। मम्मट ने इसे विवेकशून्य व्यक्ति का भ्रान्त प्रयोग मात्र माना था।

अपनी परिभाषा द्वारा मम्मट गुण के तीन पक्ष देखते हैं—(1) गुण काव्य के मुख्य रस के धर्म हैं, (2) वे रसोत्कर्ष के हेतु हैं और (3) रस के साथ उनकी अचल या अभिनव स्थिति रहती है। अत: रस के अभाव में गुण की कल्पना सम्भव नहीं है। इसलिए वे रस गुण को रस का अचलस्थित धर्म कहते हैं।

मम्मट ने अलंकार की परिभाषा देते हुए कहा कि जैसे हार आदि आभूषण शरीर के माध्यम से आत्मा का उपकार करते हैं, वैसे ही काव्य में रस के रहने पर जो शब्दार्थ

के माध्यम से उसका यदा-कदा उपकार करते हैं, वे उपमादि, अनुप्रासादि अलंकार हैं।[8] पर रस के बिना अलंकारों की योजना केवल उक्ति-वैचित्र्य की सृष्टि ही करती है—'यत्र तु नास्ति रसस्तत्रोक्ति वैचित्र्य मात्र पर्यवासिनः'। इसी प्रकार चित्रकाव्य जैसे अधम काव्य में अलंकार उक्ति-चमत्कार बनकर रह जाते हैं। कहीं-कहीं तो रस रहने पर भी अलंकार उसका उपकार नहीं कर पाते। अतः मम्मट अपनी परिभाषा द्वारा अलंकार के सम्बन्ध में अपनी निम्नलिखित धारणाएँ प्रकट करते हैं—(1) अलंकार रस के उपकारक हैं, (2) वे काव्य में रस के रहने पर ही उसका उपकार करते हैं और (3) वे जब-तब कभी-कभी ही रस का उपकार करते हैं। गोविन्द ठक्कुर अलंकारों के विषय में अपना मत देते हैं, उनका रसोपकारक होना भी निश्चित नहीं है।[9] (काव्य प्रदीप, 8, पृ. 274-75) कहीं-कहीं तो वे रस का उपकार भी कर बैठते हैं।

'काव्य प्रकाश' में छह शब्दालंकारों और 62 अर्थालंकारों का विवेचन हुआ है। इन अलंकारों में से अधिकांश की स्वरूप-मीमांसा मम्मट के पूर्ववर्ती आचार्यों द्वारा हो चुकी थी। मम्मट ने भामह, वामन, उद्‌भट, रुद्रट आदि के अलंकार-चिन्तन को स्वीकार कर अपनी कारिकाओं में परिभाषित किया और उन कारिकाओं की वृत्तियों में अलंकारों के स्वरूप को स्पष्ट किया। शब्दलंकारों में वे रुद्रट से प्रभावित हैं। अनुप्रास के स्वरूप निर्माण में वे भामह, उद्‌भट, रुद्रट आदि का आधार लेते हैं। इसी प्रकार लाटानुप्रास-विवेचन में वे उद्‌भट से प्रभावित हैं। उन्होंने यमक-निरूपण में भामह, दंडी और रुद्रट की धारणा को स्वीकार किया है। मम्मट शब्दालंकार के क्षेत्र में किसी नए अलंकार की उद्‌भावना नहीं करते।

अर्थालंकारों के विवेचन में वे उद्‌भट, भामह, रुद्रट का आधार लेते हैं। मम्मट के परंपरित रूपक का विवेचन दंडी से प्रेरित है। उद्‌भट, रुद्रट उनकी स्थापनाओं के केन्द्र में हैं। दंडी के समाहित अलंकार को उन्होंने 'समाधि' नाम दिया। मम्मट ने समुच्चय और व्याघात अलंकारों को नाम से स्वीकार कर उन्हें नए रूप में परिभाषित करना चाहा है।

अलंकार-विवेचन के क्षेत्र में मम्मट का महत्त्व नवीन उद्‌भावना की अपेक्षा पूर्व प्रचलित काव्य-विषयक मान्यताओं के समन्वय की स्थापना कर उनके सापेक्ष महत्त्व-निर्धारण में तथा विभिन्न काव्यांगों के स्वरूप के स्पष्टीकरण में अधिक दिखाई देता है। अलंकारों के स्वरूप-विवेचन में उन्होंने भामह, दंडी, उद्‌भट और रुद्रट के चिन्तन का अधिक उपयोग किया है।

मम्मट अलंकार की अपेक्षा गुण को अधिक महत्त्व देते दिखाई देते हैं। अलंकार रस के उपकारक मात्र हैं जबकि गुण उसके उत्कर्ष की वृद्धि में सहायक होते हैं। यह बात भी है कि अलंकार की स्थिति रस के साथ अनिवार्य नहीं होती। काव्य में रस के रहने पर वे उसका उपकार करते हैं अन्यथा वे उक्ति-वैचित्र्य बनकर रह जाते हैं। उनकी सत्ता रस से पृथक् है, पर गुण रस के धर्म हैं, अतः रस से वे पृथक् सत्ता नहीं रखते।

मम्मट की दृष्टि में यह बात भी महत्त्वपूर्ण है कि अलंकार रस के साथ-साथ रहकर भी यदा-कदा ही उसका उपकार करते हैं, लेकिन गुण सदैव रसोत्कर्ष, सदैव रसोत्पादक हैं। आनन्दवर्धन भी सभी अलंकारों को रसोपकारक नहीं मानते। मम्मट इसे

स्पष्टतापूर्वक कहते हैं कि कहीं अलंकार शरीर के माध्यम से रस का उपकार करते हैं और कहीं रस के साथ रहकर भी उपकारक सिद्ध नहीं होते हैं।[10]

मम्मट ने गुण और अलंकार विषयक अपने सिद्धान्त को स्पष्ट करते हुए उद्‌भट, वामन आदि आचार्यों की त्रुटियों का भी संकेत किया है। उद्‌भट गुण और अलंकार को अभेद सिद्ध करना चाहते थे, पर मम्मट काव्य के साथ गुण का नित्य और अलंकार का अनित्य सम्बन्ध सिद्ध होने पर उद्‌भट की मान्यता में कोई सार नहीं देखते। इसी प्रकार वे वामन की धारणा का भी खंडन करते हैं। मम्मट वामन की भाँति गुण और अलंकार में पार्थक्य देखते तो हैं, पर वे वामन की इस स्थापना से सहमत नहीं होते कि गुण काव्य में शोभा की सृष्टि करते हैं, किन्तु अलंकार काव्य-शोभा की केवल वृद्धि करते हैं।[11] मम्मट यह स्वीकार नहीं करते कि गुण काव्य के शोभाकारक धर्म हैं। मम्मट अलंकार को केवल काव्य-शोभा की वृद्धि करनेवाला तत्त्व मानना भी उचित नहीं समझते क्योंकि कहीं-कहीं केवल अलंकार भी सौंदर्य की सृष्टि करने में समर्थ होते हैं। अतः वामन और मम्मट यह जरूर मानते हैं कि काव्य में गुण का नित्य और अलंकार अनित्य रूप से रहते हैं।

मम्मट का वामन से मतभेद इस बात में हैं कि वे गुण को काव्य का शोभा कारक तथा अलंकार को शोभा का अतिशय कारक धर्म नहीं मानते। वे वामन की भाँति गुण को शब्दार्थ पर आश्रित नहीं मानकर रस पर आश्रित मानते हैं, यद्यपि अलंकार शब्दार्थ पर आश्रित रहते हैं। आचार्य विश्वनाथ भी गुण और अलंकार के विवेचन में आनन्दवर्धन और मम्मट के मत को ही स्वीकार करते हैं। वे गुण, अलंकार और रीति—तीनों को काव्य के उत्कर्ष का हेतु मानते हैं।[12]

गुण और अलंकार, दोनों काव्य के उत्कर्षक होकर भी इस अर्थ में भिन्न हैं कि गुण काव्य की आत्मा रस के धर्म हैं। वे नित्य अविचल भाव से रहते हैं, किन्तु अलंकार शब्द और अर्थ के साथ अनित्य रूप से रहते हैं। वे काव्य की शोभा की वृद्धि करनेवाले धर्म हैं तथा गुण का उपकार करते हैं (वही, 10, पृ. 557)। अतः गुण को रसाश्रित और अलंकार को शब्दार्थ पर आश्रित या शरीर-धर्म मानने के कारण भी विश्वनाथ आनन्दवर्धन और मम्मट की मान्यता को स्वीकार करते दिखाई देते हैं।

मम्मट आदि ध्वनिवादी आचार्यों ने रसगत तीन गुणों को स्वीकार किया है—वे हैं—माधुर्य, ओज और प्रसाद। उन्होंने प्राचीन आचार्यों के शब्दार्थगत गुणों की पृथक् सत्ता का निषेध करने के लिए अपने तर्क भी दिए हैं। उनके अनुसार कुछ गुण इन्हीं तीन में अन्तर्भुक्त हैं, कुछ दोषाभाव मात्र हैं तथा कुछ विशेष स्थितियों में दोष बन जाते हैं। विचारकों ने एक मध्यम मार्ग यह निकाला है कि श्लेष आदि दस शब्दार्थ गुण तथा माधुर्य आदि तीन रसगत गुण ग्राह्य हैं, क्योंकि काव्य में दोनों उपयोगी हैं। माधुर्य आदि गुण काव्य में शब्द और अर्थ का महत्त्व सिद्ध करते हैं। अतः काव्य में शब्दार्थ के सौंदर्य की भी अवहेलना नहीं की जा सकती। यह भी माना गया है कि माधुर्य आदि तीन गुणों का स्वरूप व्यापक है। सभी रसों को मधुर, ओजस्वी तथा प्रसन्न—इन तीन वर्गों में बाँटा जा सकता है। भावों को चित्त की द्रुति, दीप्ति एवं विकास की अवस्थाओं में बाँटकर देखना मनोभावों के सूक्ष्म रूप को ही दर्शाता है।

काव्य-हेतु (काव्य-कारण-सिद्धान्त)

आद्याचार्य भामह ने काव्य-हेतु या काव्य-कारण की विस्तृत चर्चा की थी। उन्होंने 'काव्य-रचना' में प्रतिभा-तत्त्व का महत्त्व घोषित करते हुए अन्य दो काव्य-हेतुओं व्युत्पत्ति और अभ्यास का विवेचन किया था और कहा था कि काव्य-रचना वही कर पाते हैं जिनमें प्रतिभा होती है—'काव्यं तु जायते जातु कस्यचित् प्रतिभावत:-काव्यालंकार, (1/5)।

काव्य हेतुओं के आपेक्षिक महत्त्व के विषय में आलंकारिक एकमत नहीं हैं। मम्मट प्रतिभा, व्युत्पत्ति और अभ्यास—तीनों को सम्मिलित रूप से काव्य का हेतु मानते हैं।[13] उन्होंने भामह के उन विचारों को जो काव्यालंकार की अष्टम, नवम व दशम कारिका में बिखरे हुए थे, उन्हें सुलझाकर प्रस्तुत करने का काम किया है।

दंडी ने भी कवि की नैसर्गिक काव्य-प्रतिभा को स्वीकार किया था—"नैसर्गिकी च प्रतिभा श्रुतं च बहुनिर्मलम् (काव्यादर्श-1/103)। आगे चलकर आनन्दवर्धन ने कवि-प्रतिभा को अलोकसामान्य, असाधारण, प्रतिभा विशेष माना। काव्य तो कवि प्रतिभा सम्भूत ही है।[14] इस प्रतिभा को 'अपूर्व वस्तु निर्माण क्षमा प्रज्ञा' कहा गया।

मम्मट के काव्यहेतु विषयक विचार का आधार भी ध्वनिवाद की स्थापनाओं का अनुसरण करता है, पर मम्मट पूर्ववर्ती आचार्यों के मतों का समाहार भी स्वीकार करते हैं। मम्मट ने काव्य-हेतु की परिभाषा देते हुए कहा कि शक्ति निपुणता और अभ्यास के अंगागिभाव से अथवा उपकार्य उपकारक भाव से परस्पर सामंजस्य ही काव्य-हेतु है।

मम्मट ने काव्य-हेतु पर चिन्तन करते हुए कई तत्त्वों पर विचार किया है। वे हैं—1. शक्ति, निपुणता-लोक पर्यवेक्षण की क्षमता एवं काव्यादि के अध्ययन से प्राप्त ज्ञान, काव्यज्ञ विद्वान् से शिक्षा एवं अभ्यास और अन्तत: काव्य-हेतु के परिगणित सभी तत्त्वों की एकत्र समष्टि अर्थात् शक्ति, निपुणता और अभ्यास का एकत्र होना (त्रय: समुदिता: न तु व्यस्ता:)। अत: स्पष्ट है कि मम्मट शक्ति अर्थात् प्रतिभा, व्युत्पत्ति और अभ्यास के समन्वय को काव्य-हेतु मानते हैं। आगे कारिका में वे इसे स्पष्ट भी करते हैं कि शक्ति, व्युत्पत्ति और अभ्यास पृथक्-पृथक् काव्य हेतु नहीं हैं, अपितु तीनों मिलकर काव्य के हेतु बनते हैं। 'वाग्भटायालंकार' के रचयिता वाग्भट ने कहा है कि "प्रतिभा काव्य का कारण है, व्युत्पति विभूषण है और अभ्यास उसके सर्जन की वृद्धि करनेवाला है, ऐसा आद्य कवि मानते हैं।[15]"(वाग्भटालंकार 1/13)।

आचार्य हेमचन्द्र के अनुसार प्रतिभा काव्य का हेतु है। व्युत्पत्ति और अभ्यास प्रतिभा के संस्कारक तत्त्व हैं—(काव्यानुशासन, 1/4)। जयदेव ने अपने ग्रंथ 'चन्द्रालोक' में कहा है—'श्रुत अर्थात् व्युत्पत्ति और अभ्यास सहित प्रतिभा ही काव्य का हेतु है, जैसे मिट्टी-पानी के संयोग से बीज वृद्धि पाकर लता के रूप में व्यक्त होता है (चन्द्रालोक, 1/6)। पंडितराज जगन्नाथ केवल प्रतिभा को महत्त्व देते हैं और व्युत्पत्ति तथा अभ्यास को प्रतिभा का हेतु सिद्ध करते हैं। शक्ति का यह हेतु देवता या महापुरुष के प्रसाद से उत्पन्न अदृष्ट होता है और कहीं विलक्षण व्युत्पत्ति तथा काव्य रचना का अभ्यास। (रसगंगाधर आनन—)।

मम्मट ने 'प्रतिभा' के स्थान पर 'शक्ति' शब्द का ही प्रयोग किया है। मम्मट की दृष्टि में शक्ति 'कवित्व का बीज रूप संस्कार विशेष' है—एक विशेष प्रकार का

संस्कार है जो काव्य का बीज माना जाता है। अभिनव गुप्त ने लिखा है प्रतिभा का पर्याय प्रतिभान भी है—'शक्तिः प्रतिभानं वर्णनीय वस्तु नूतनोल्लेख शालित्वम्' अर्थात् शक्ति और प्रतिभान एक ही हैं। यहाँ प्रतिभान के दो अर्थ हैं। एक तो प्रतिभा वह साधन है जिसके कारण काव्योपयोगी विभिन्न तत्त्व का प्रकाश हो और दूसरा अर्थ है कि 'प्रकाश' या स्फुरण' ही प्रतिभा है। योग में यही प्रतिभा 'प्रज्ञा' कही गई है। व्याकरण दर्शन में उसे 'पश्यन्ती' स्तर का माना गया है। आगम शास्त्र इसे 'संवेद' कहते हैं। बौद्धदर्शन में यह 'प्रज्ञा' कहलाती है। जैन धर्म इसे अवधिज्ञान या ज्ञान या आर्ष ज्ञान मानता है। प्रतिभा को संस्कार माननेवालों में वामन का नाम पहले आता है। उन्होंने इसे प्रतिभान और कवित्व का बीज माना था। प्रतिभा को प्रज्ञा या स्फुरण माननेवाले विचारकों में रुद्रट प्रतिभा को शक्ति से अभिन्न मानते हैं। आनन्दवर्धन संघटना के औचित्य-विचार के प्रसंग में प्रतिभा की चर्चा करते हैं।

अभिनव गुप्त प्रतिभा में स्फुरण-शक्ति को महत्त्व देते हैं। 'लोचन' में वे कहते हैं—'प्रतिभा अपूर्व वस्तु निर्माण क्षमा प्रज्ञा।' भट्टतौत ने भी कहा है—"प्रज्ञा नवनवोन्मेषशालिनी प्रतिभा मता'"—ये भी प्रतिभा को नवीन स्फुरणाओं का जनक मानते हैं। महिमभट्ट ने प्रतिभा को शिव का तीसरा नेत्र कहा है। विचारकों ने किसी 'तत्त्वोक्ति' कोश नामक ग्रंथ के हवाले से प्रतिभा का स्वरूप स्पष्ट किया है। इनके अनुसार प्रतिभा कवि की वह प्रज्ञा है, जो वस्तुमात्र के प्रत्यक्षायमाण स्वरूप का स्पर्श करती हुई स्फुरित होती रहती है। यह कवि-प्रज्ञा शिव की तीसरी आँख की भाँति है जिससे वे समस्त त्रैकालिक पदार्थों का साक्षात्कार करते हैं। महिमभट्ट ने व्यक्ति विवेक में कहा है—"सा हि चक्षुर्भगवतस्तृतीयमितिगीयते। येन साक्षात्करोत्येषा भावांस्त्रैलोक्य वर्तिनः।" (द्वितीय उद्योत, पृ. 390-91)।

इस प्रतिभा के दो कार्य हैं—(1) परोक्ष वस्तुओं का प्रत्यक्ष की भाँति साक्षात्कार और (2) उस साक्षात्कार में दिखाई देनेवाली वस्तुओं का लोकोत्तर अपूर्व होना। काव्य की यह विलक्षणता चौंकानेवाली वस्तु की भाँति अविश्वसनीय नहीं होती। चिर परिचित लगती हैं। उनसे सम्बन्धित हमारे संस्कार जाग उठते हैं, वे अपरिचित होतीं तो उनसे हमारा आकर्षण नहीं होता। वस्तुतः उनको देखनेवाली आँखें ही कुछ और होती हैं। 'काव्य ग्रंथ कौशल' के कारण सब नया मालूम पड़ता है।

आनन्दवर्धन भी मानते हैं कि—"देखे हुए रसमय अर्थ वैसे ही नए हो जाते हैं जैसे वसन्त आने पर पुराने वृक्ष नए पल्लवों से सज जाते हैं।[16]"

कुन्तक भी बताते हैं कि कवि जिन वस्तुओं का वर्णन करता है, वे अदृष्टपूर्व नहीं होतीं। वहाँ देखा हुआ पदार्थ भी सुन्दर और रमणीय हो जाता है। यह रमणीयता रसमयता के कारण उत्पन्न होती है। यह रसमयता 'अतिशय' तत्त्व पैदा कर देती है। डॉ. राममूर्ति त्रिपाठी इसे 'प्रतीयमान-संस्पर्श' के रूप में स्वीकार करते हैं।

भामह ने भाविक अलंकार और वामन ने समाधि गुण के प्रसंग में प्रतिभा के महत्त्व का आकलन किया है। भाविक अलंकार को भामह 'भाविकत्व' कहते हैं। भाविकत्व को प्रबन्ध विषयक गुण कहते हैं, जिसमें भूत और भावी पदार्थ प्रत्यक्ष जैसे दीखते हैं। अर्थ की चित्रता, उदात्तता और अद्भुतता, कथा की अभिनेयता तथा शब्दों की स्वच्छता

उस भाविक के निष्पादक बताए गए हैं।[17] भाविक भूत और भावी को प्रत्यक्ष कर देता है। भामह भाविक के लिए 'गुण' शब्द का प्रयोग करते हैं, 'अलंकार' का नहीं।

अभिनव गुप्त ने प्रतिभा का विवेचन परम शक्ति के रूप में 'तंत्रालोक' के 13वें आंगिक में किया है। यह प्रतिभा प्रातिभज्ञान है। उन्होंने इसे चिन्तामणि कहा है, जिससे सब कुछ प्राप्त हो जाता है। अभिनव प्रातिभ ज्ञान को 'महाज्ञान' कहते हैं, क्योंकि यह बाह्य साधनों से नहीं मिल पाता—'तत्प्रातिभं महाज्ञानं शास्त्राचार्यानपेक्षि यत्-तंत्रालोक, 13/80)। 'रस-सिद्धान्त' में प्रतिभा को काव्य की मूल सृजनात्मक शक्ति के रूप में जो प्रतिष्ठा प्राप्त हुई, उसका कारण दार्शनिक है। अभिनव काव्यशास्त्र के समान ही अध्यात्म के क्षेत्र में भी स्वातंत्र्य के प्रवर्त्तक हैं।[18]

वामन के समाधि-गुण विवेचन में काव्यार्थ की समस्त बोध-प्रक्रिया को समेटने का प्रयत्न हुआ है। इसे काव्य गुण न मानकर कवि-प्रतिभा का गुण मानना अधिक युक्तिसंगत होगा। अर्थ-बोध के लिए पाठक के चित्त का समाहित होना आवश्यक है। प्रतिभाशाली कवि ही चित्त को समाहित करने की क्षमता रखता है। चित्त की एकाग्रता से अर्थ-बोध कवि-प्रतिभा का ही गुण बन जाता है, लेकिन मम्मट ने वामन की अर्थ—गुण समाधि-धारणा का खंडन करते हुए लिखा है कि अयोनि और अन्यच्छायायोनि अर्थ जहाँ नहीं हों, ऐसे काव्य की तो कल्पना ही नहीं की जा सकती।

अत: अर्थ दर्शन रूप समाधि को गुण नहीं माना जा सकता।[19] फिर भी वामन की अर्थगुण समन्वित समाधि की धारणा विलक्षण कही जा सकती है। आचार्य राजशेखर प्रतिभा के दो प्रकार मानते हैं—कारयित्री एवं भावयित्री। काव्य-रचना की शक्ति कारयित्री प्रतिभा है, यह कवि का उपकार करती है। रुद्रट आदि आचार्य इसके भी दो भेद करते हैं—सहजा एवं उत्पाद्या। राजशेखर ने तीन भेद गिनाए हैं—सहजा, आहार्य और औपदेशिकी।

व्युत्पत्ति

'व्युत्पत्ति' ज्ञान को कहते हैं। इसके दो रूप हैं—शास्त्रीय और लौकिक। शास्त्रीय व्युत्पत्ति अध्ययन से होती है और लौकिक व्युत्पत्ति अवेक्षण और अनुभव से। एक व्युत्पत्ति बताती है कि हम कैसे कहें और दूसरी बताती है कि हम क्या कहें? लोक और शास्त्र में असंगति नहीं हो, इसे बताना व्युत्पत्ति का कार्य होता है। रुद्रट सर्वज्ञता को व्युत्पत्ति कहते हैं और भामह उसका सीमाहीन विस्तार घोषित करते हैं।

अभ्यास

काव्यहेतु में अभ्यास का महत्त्व इस बात में है कि किसी काव्य-मर्मज्ञ के निर्देशन में ही अभ्यास सम्भव है। ऐसा काव्य-मर्मज्ञ वही हो सकता है जो कारयित्री और भावयित्री प्रतिभा सम्पन्न हो। आचार्य मम्मट ने प्रतिभा, व्युत्पत्ति और अभ्यास—तीनों को सम्मिलित रूप से काव्य हेतु माना है।[20] रुद्रट के 'काव्यालंकार' (1/14) में भी शक्ति, व्युत्पत्ति और अभ्यास—तीनों को काव्य हेतु ठहराया गया है।

यहाँ यह भी ध्यान में रखना चाहिए कि ये काव्य-हेतु वस्तुत: काव्य के निमित्त

कारण हैं, उपादान कारण नहीं। प्रतिभा, व्युत्पत्ति और अभ्यास काव्योत्पत्ति के सहायक भर हैं, वे तत्त्व नहीं जिससे काव्य उत्पन्न होता है। आचार्य देवेन्द्र नाथ शर्मा का मत है कि "हेतु विचार के प्रसंग में निमित्त कारणों के समान उपादान कारणों की भी चर्चा होनी चाहिए थी, पर किसी भी आलंकारिक ने वैसा नहीं किया। हेतु शब्द एक प्रकार से निमित्त-हेतु में रुढ़ हो गया है।

काव्य के उपादान कारणों का अर्थात् उन तत्त्वों का जिनसे काव्य उत्पन्न होता है, विचार नहीं हुआ है, ऐसा नहीं, विचार हुआ है, पर काव्य स्वरूप के अन्तर्गत। उदाहरणार्थ, मम्मट का यह कथन एवमस्य कारण मुक्त्वा स्वरूपमाह: पहले काव्य के निमित्त कारणों की चर्चा उसके बाद उपादान कारणों की। उपादान कारण के बदले स्वरूप शब्द का परिग्रह अपेक्षाकृत अधिक माना गया क्योंकि उसमें काव्य के उपादान भी आ जाते थे और काव्य के स्वरूप (लक्षण) का भी निर्धारण हो जाता था।[21]

काव्य-प्रयोजन

पूर्ववृत्त

मम्मट का विवेचन-क्षेत्र काव्य और सभी काव्यांगों के सम्बन्ध में एक व्यापक सुचिन्तित और समाहारवादी प्रयत्न है। इन्होंने प्राय: 620 श्लोकों को अन्य लेखकों से ग्रहण करके अपने मत का स्पष्टीकरण किया। डॉ. पी.वी. काणे मानते हैं कि उन्होंने अभिनव गुप्त, कालिदास, कामशास्त्र, उद्‌भट, ध्वनिकार, बाण, भट्टनायक, भरत, भाष्यकार, मयूर, रुद्रट, लोल्लट, शंकुक, श्री हर्ष आदि अनेक रचनाकारों की रचनाओं का उपयोग किया गया है।

काव्य-प्रयोजन की चर्चा संस्कृत साहित्य के आरम्भ में करने की प्राचीन परिपाटी रही है। इसे आज की भाषा में भूमिका कह सकते हैं। यह भी माना जाता था कि बिना प्रयोजन जाने किसी रचना को कैसे स्वीकार किया जा सकता है—"यावत् प्रयोजनं न उक्तं तावत तत्केन गृह्यते।" भरत के 'नाट्यशास्त्र'[22] में भी पंचम वेद स्वरूप नाट्य के अनेक प्रयोजन गिनाए गए हैं। एक प्रयोजन तो यह भी था कि जिनके लिए अन्य वेद वर्जित है, उनके लिए यह पंचमवेद रचा गया है। वास्तव में यह प्रयोजन एक बड़ी सांस्कृतिक क्रान्ति या परिवर्तन का संकेत करता है। अन्यत्र बताया गया है कि श्रम और दुख शोक से आर्त्त तपस्वियों के लिए इस नाट्यशास्त्र की रचना हुई है। भरत ने नाट्शास्त्र को समाज के सभी वर्गों के लिए सुलभ मानते हुए लोकहित, कलात्मक विनोद का कारण और आनन्द, प्रीति प्रदायक माना है। आचार्य भामह ने भी अपने 'काव्यालंकार' में मंगलाचरण के बाद ग्रंथ का प्रयोजन स्पष्ट किया है कि सत्काव्य का निर्माण धर्म, अर्थ, काम, मोक्ष एवं कलाओं में निपुणता, आनन्द तथा यश प्रदान करता है।[23] इसका 'निबन्धनम्' शब्द निर्माण का वाचक है, पर 'साहित्य दर्पण' और ध्वन्यालोक लोचन' में 'साधुकाव्य निषेवणम्' शब्द रचना के निर्माण और उसके श्रवण का वाचक है, अत: निषेवणम् की व्यापकता स्पष्ट दीखती है। भारतीय चिन्तन में यह भी माना गया है कि जैसे काव्य के प्रयोजन होते हैं, वैसे ही काव्यशास्त्र के भी। चूँकि लक्षण ग्रंथ

काव्यांग निरूपणपरक होते हैं, अतः उनके भी वे ही प्रयोजन होते हैं जो काव्य के होते हैं। 'साहित्य दर्पण' में स्पष्टतया लक्षण-ग्रंथ को काव्य का अंग कहा गया है। भामह ने अध्यात्मवादी भावधारा का आश्रय लेकर काव्य-प्रयोजन के रूप में चतुर्वर्ग अर्थात् धर्म, अर्थ काम, मोक्ष जैसे पुरुषार्थ चतुष्टय की चर्चा की, जिसकी आवृत्ति परवर्ती विचारक रुद्रट, कुन्तक, विश्वनाथ आदि ने भी की।

काव्य-प्रयोजन विचार की एक अन्तर्निहित धारणा यह भी है कि काव्य से सब कुछ प्राप्त हो सकता है। दूसरे प्रकार के विचारक मानते हैं कि काव्य के कुछ निश्चित प्रयोजन हैं जो गिनाए जा सकते हैं। कुछ तीसरे प्रकार के विचारक 'कान्ता सम्मित उपदेश' के माधुर्य पक्ष पर ज़ोर देते हैं तथा कुछ अन्य विचारकों की दृष्टि में रस-रूप प्रयोजन ही महत्त्वपूर्ण है। पंडितराज जगन्नाथ जैसे आलोचक प्रयोजनों की चर्चा करते-करते 'अनेक प्रयोजनकस्य' कहकर प्रयोजनों की अनन्तता सूचित करते हैं। ध्यान से देखा जाए तो प्रायः सबने धर्म अर्थ, काम, मोक्ष—इन चार पुरुषार्थों को प्रयोजनों की दृष्टि से 'चतुर्वर्गफल प्राप्ति' कहा है। प्रीति आनन्द और कीर्त्ति—ये तो काव्य-प्रयोजन के मूलाधार हैं ही। केशव मिश्र जैसे आलंकारिक ने तो कवि के 'हित' को काव्य-प्रयोजन के रूप में गिना—'हिताय सुकविः कुर्यात्।' अर्थात् जैसे काव्य-हेतुओं में प्रतिभा, व्युत्पत्ति और अभ्यास पर विचार हुआ, उसी प्रकार प्रयोजनों की दृष्टि से कवि के हित को भी महत्त्व दिया गया।

वस्तुतः आरम्भ से ही काव्य-रचना के साथ ही उसके प्रयोजनों पर दृष्टि रखी गई है, क्योंकि आचार्य भरत के 'नाट्यशास्त्र' के प्रथम अध्याय के 105-113 के नौ श्लोकों में नाट्य प्रयोजनों के साथ हितोपदेशकारक माना गया है। यह भी महत्त्वपूर्ण है कि भामह, दंडी, वामन, रुद्रट और भोज आदि ने अपने-अपने ग्रंथों के आरम्भिक भाग में ही काव्य-प्रयोजन के रूप में कीर्ति और प्रीति को महत्त्व दिया है। यही धारणा आगे चलकर मम्मट के छह काव्य-प्रयोजनों के रूप में विकसित हुई है।

आचार्य वामन ने काव्य के केवल दो प्रयोजन गिनाए—कीर्ति और प्रीति या आनन्द—"काव्यं सद्‌दृष्टादृष्टार्थं प्रीति कीर्त्ति हेतुत्वात्।" प्रीति या आनन्दानुभूति तो साक्षात् दृष्ट प्रयोजन है और कीर्ति-काव्य का अदृष्ट प्रयोजन है। वामन मानते हैं कि उत्तम काव्य कीर्तिकारक अक्षुण्ण रहता है। कुकाव्य रचकर कुकवि होने से अच्छा अ-कवि होना है। अकवि तो व्याधि या दंड का भागी हो सकता है, पर कुकवित्व तो साक्षात् मृत्यु ही है। वामन की प्रयोजनमूलक दृष्टि यथार्थवादी लगती है। वे धर्म, अर्थ, मोक्ष को छोड़कर काव्य में 'काम' की प्रधानता स्वीकार करते हैं, क्योंकि काव्य का विषय 'कामोपचार बहुल' होता है—कामोपचार बहुलं हि वस्तु काव्यस्येति या काम शास्त्रतः कामोपचारस्य—(काव्यालंकार-सूत्र 1/3/8)। आचार्य भरत ने नाट्य-प्रयोजनों की विस्तृत चर्चा नाट्य शास्त्र में (1/109-222) की थी, किन्तु उसमें आनन्द का निर्देश नहीं था। जबकि भामह प्रथम आचार्य हैं जो चतुर्वर्ग और आनन्द का उल्लेख करते हैं। यह आनन्द भारतीय मनीषा उपनिषद् का छना हुआ शब्द है। आचार्य वामन ने कलाओं को काव्य रचना का सहायक और उपयोगी तत्त्व माना है।

कुन्तक के 'वक्रोक्ति जीवित' में काव्य-रचना का एक प्रयोजन अभिजात कुल में उत्पन्न राजकुमार आदि के लिए सुन्दर सरस ढंग से कहा गया। कुन्तक ने धर्म, अर्थ,

काम मोक्ष का सिद्धि-मार्ग माना उसे व्यवहार ज्ञान का विषय बनाया तथा सहृदयों के हृदय में चतुर्वर्ग फल-प्राप्ति से भी अधिक आनन्दानुभूति का चमत्कार उत्पन्न होना बताया।[24]

वास्तव में संस्कृत काव्यशास्त्र में किसी विषय के अध्ययन के चार क्रम बताए गए हैं—प्रयोजन, अधिकारी, सम्बन्ध और विषयवस्तु। इसी को 'अनुबन्ध चतुष्टय' कहते हैं। इस अनुबंध चतुष्टय में सर्वाधिक महत्त्वपूर्ण प्रयोजन है। आचार्य दंडी प्रयोजन विषयक अपने चार श्लोकों में सहृदयों की प्रियता, कीर्ति, धनार्जन, असाधारण आनन्द-फल प्राप्ति आदि को प्रयोजन मानते हैं। रुद्रट के अनुसार काव्य के 9 प्रयोजन हैं—यश, अर्थलाभ, कष्ट -निवारण, असाधारण आनन्द, आप्त कामना और चतुर्वर्ग की प्राप्ति (काव्यालंकार—1/4 से 1/13 तथा 12/11)। आनन्दवर्धन ने काव्य का प्रयोजन 'हृदयाह्लाद' माना है। कुन्तक अपने 'वक्रोक्ति जीवित' में काव्य के तीन प्रयोजनों को स्वीकार करते हैं—

1. चतुर्वर्ग फल-प्राप्ति,
2. व्यवहार—औचित्य का परिज्ञान और
3. चतुर्वर्ग फलास्वाद से भी बढ़कर अन्तश्चमत्कार की उपलब्धि।[25]

भारतीय काव्य-प्रयोजनों की ऐतिहासिक चिन्ताधारा में आचार्य मम्मट की शब्दावली अधिक निश्चित सारग्राही एवं समाहारवादी प्रतीत होती है। मम्मट यश, अर्थ, व्यवहार, ज्ञान, अशिव की क्षति, तत्काल (तत्क्षण) आनन्द और कान्तासम्भित उपदेश—ये छह काव्य-प्रयोजन स्वीकारते हैं।[26] जैसे ध्वनिवाद ने काव्यालोचन के समस्त वादों का रसवाद की दृष्टि से समन्वय किया वैसे ही मम्मट ने काव्य-प्रयोजन के भिन्न-भिन्न दृष्टिकोणों का अपने 'सद्यःपर निर्वृतये' शब्द की दृष्टि से समन्वय सिद्ध किया।

डॉ. पी.वी. काणे ने मम्मट की सद्यः परनिर्वृत्ति को कवि के आनन्द से जोड़ा है उनके अनुसार पाठक के सन्दर्भ में प्रीति आनन्द के पर्याय के रूप में हैं, किन्तु कवि के सन्दर्भ में वही सद्यः पर निर्वृति के रूप में ग्राह्य है। काणे महोदय के शब्द हैं—"भामह, वामन ओर भोज ने सरस्वती कंठाभरण द्वारा प्रयोजन के अन्तर्गत प्रयुक्त 'प्रीति' शब्द की व्याख्या कवि के साथ भी की जा सकती है। कलात्मक काव्य-सृजन में कवि को अनुपम आनन्द की अनुभूति होती है। मम्मट के 'सद्यः परनिर्वृतये' शब्द (परम आनन्द की अनुभूति) अधिक उपयुक्त है। अश्वघोष जैसे आरम्भिक कवि ने भी कहा है कि मोक्ष से असंबद्ध विषय को काव्यधर्म का पालन करने के लिए अपनाया गया है क्योंकि कटु औषधि भी मधुयुक्त होने से आस्वाद्य बनती है (सौन्दरनन्द 18/63)।[27]"

वैसे आचार्य भामह के मत में (काव्यालंकार, 5/3) में भी कहा गया है कि काव्य मधु के सदृश होता है, जिससे कटु औषधि ग्रहण करने की प्रेरणा मिलती है। यह मत पाश्चात्य सौंदर्यशास्त्रीय सिद्धान्तों से मिलता-जुलता है। जैसा कि प्रो. ई. एफ. केरिट ने अपने ग्रंथ थियरी ऑफ ब्यूटी (पृ. 43) में कविता की व्याख्या करते हुए कहा है कि 'काव्य से कटु आस्वाद भी मधुर बन जाता है।'

यशरूप प्रयोजन

यश या कीर्ति एक प्रकार से काव्य का प्रभाव है। व्यावहारिक दृष्टि से यह प्रयोजन

काव्य की प्रभावात्मक शक्ति, लोकग्राह्यता और व्यापकता का प्रमाण है। कीर्तिलाभ कवि का आत्मिक प्रयोजन है। यश के प्रभाव से कभी कवि का नाम इतना प्रमुख हो जाता है कि उसके नाम पर कई काव्य, कई कथन चल पड़ते हैं और जनश्रुतियों की भी भरमार हो जाती हैं। दूसरी स्थिति में रचना सर्व प्रमुख हो जाती है, फलतः 'मृच्छकटिक' शूद्रक की रचना है या दंडी या किसी अन्य की, यह अनुसन्धान का विषय बन जाता है। 'साहित्यदर्पण' कह देने के बाद विश्वनाथ कहने या 'कादम्बरी' कह देने पर बाणभट्ट कहने की आवश्यकता नहीं रह जाती।

अर्थरूप प्रयोजन

'अर्थलाभ जीवन की व्यावहारिक आवश्यकताओं की पूर्त्ति का साधन बनता है। अर्थदान हार्दिक आनन्द की अभिव्यक्ति का भी सूचक होता है। स्नेह, प्रेम और भक्ति को भी प्रकट करने का यह एक माध्यम है। राजतंत्र के युग में ऋषियों के शास्त्रार्थ आयोजित होते थे और स्वर्ण श्रृंग मंडित सहस्रों गौओं का दान राजा द्वारा होता था। हिंदी रीति कवि पद्माकर ने अपने आश्रयदाता राजा भाऊसिंह की दानशीलता की प्रशंसा में वर्णन करते हुए कहा है कि राजा कवियों के काव्य से प्रसन्न होकर हाथियों के दान के लिए विख्यात था तो कवि-कल्पना है कि माता पार्वती इसी भय से सदा अपने पुत्र गजानन गणेश को गोद से चिपकाए घूमती हैं कि नीचे उतारते ही कहीं राजा हाथियों के साथ गजानन का भी दान न कर दें—'याही डर गिरिजा गजानन को गोय रही। गिरि ते, गरे ते, निज गोद ते उतारे ना।' अतः अर्थ रूप प्रयोजन दरबारी संस्कृति की देन है।

व्यवहार रूप-प्रयोजन

वस्तुतः प्रयोजन का सम्बन्ध कवि और भावक सहृदय, दोनों से है। जीवन और जगत् का परिचय व्यावहारिक ज्ञान के विषय हैं। लोक-व्यवहार में मांगलिक गुणों का महत्त्व होता है, तभी तो धीरोदात्त नायक सदाचरण के प्रतीक होते हैं। यह व्यवहार लोक-ज्ञान और लोक-जीवन से कवि और काव्य को जोड़ता है।

अशिवक्षतिरूप प्रयोजन-(शिवेतरक्षतये)

काव्य आनन्दवादी भी होता है और कल्याणवादी भी। ये दोनों मूल्य काव्य में महत्त्वपूर्ण होते हैं। अमंगल-निवारण भी काव्य का प्रयोजन एवं दृष्टि है। अमंगल नहीं हो, इसके लिए भी काव्य-रचना होती है। इन्हीं कारणों से नान्दीपाठ या भरत वाक्य की योजना होती है। शारीरिक व्याधि-निवारण के लिए भी काव्य रचने की परम्परा रही है, जैसे मयूर कवि का 'सूर्यशतक', बाण का 'चंडीशतक', तुलसी का 'हनुमान बाहुक' आदि। वस्तुतः शिवेतरक्षतये का अर्थ हितवादी या मानवतावादी दृष्किोण मानना चाहिए। कल्याणवादी मूल्यों की स्थापना धर्म और शास्त्र के रूप में मिलती है। इस कल्याण की कई कोटियाँ हैं—

1. नैतिक या धार्मिक कल्याण,
2. कल्याण मूलक मानवीय मूल्यों पर आधारित कल्याण,

3. भौतिक उत्कर्ष को बढ़ावा देने वाला कल्याण,
4. उदारवादी सांस्कृतिक कल्याण,
5. मनोवैज्ञानिक कल्याण आदि।

परम आनन्दरूप प्रयोजन (सद्यः परनिर्वृतये)

सद्यः पर निर्वृतये का अर्थ है—शीघ्र ही रसास्वादन से समुत्पन्न और अन्य सब विषयों के परिज्ञान से प्राप्त आनन्द। परम आनन्द के साथ मम्मट ने तीन विशेषण जोड़े हैं—(1) सकल प्रयोजन मौलिभूतं, (2) रसास्वादन समुद्भूतं और (3) विगलित वेद्यान्तर। उनके अनुसार काव्य के आस्वादन में रस रूप आनन्द की प्राप्ति होती है।

रस या आनन्द को मम्मट ने काव्य का परम प्रयोजन स्वीकार किया है। काव्य ह्लादैकमयी रचना है। काव्य-प्रेरणा की पुनः-पुनः अनुभूति उसके प्रयोजन का रूप ले लेती है। जीवन के प्रति गहरा आकर्षण ही रसानुभूति का विषय है, जिसमें लौकिकता में अलौकिकता का अनुभव होता है।

कान्तासम्मित उपदेश रूप प्रयोजन (कान्ता सम्मिततयोपदेश युजे)

सद्-असद् और कर्तव्याकर्तव्य का ज्ञान उपदेश के अन्तर्गत आता है। वेद, शास्त्र, पुराण, उपनिषद् ये सभी उपदेशात्मक प्रयोग की भाँति ज्ञान के अक्षय भंडार हैं। ये शुभ कर्मों के प्रति प्रवृत्ति जगाते हैं। मम्मट ने काव्य की उपदेश-शैली को शब्द प्रधान, अर्थ प्रधान तथा रस प्रधान मानते हुए प्रभुसम्मित, सुहृत् सम्मित तथा कांता सम्मित उपदेश शैलियों की कल्पना की है। कांता सम्मित उपदेश रसात्मक और अनुकूल होता है। शास्त्र-पुराण की आदेशात्मक शैली से भिन्न कांता सम्मित उपदेश प्रिय प्रतीत होता है—काव्य इसी सरस और रमणीय शैली का आश्रय लेकर कटु या तिक्त को भी मधुर तथा ग्राह्य बना देता है। मम्मट का काव्य-प्रयोजन सिद्धान्त इन्हीं व्यावहारिक और भावात्मक विन्दुओं पर आधारित है।

मम्मट का रस-विमर्श और ध्वनि-निर्णय

मम्मट का युग रस-ध्वनिवाद के प्रवर्त्तक एवं प्रतिष्ठापक आनन्दवर्धन और अभिनवगुप्त के काव्य-दर्शन का युग है। इसमें रस की अभिव्यंजना और उक्ति-वैचित्र्य को महत्त्व मिला है। मम्मट आनन्दवर्धन के संकेत को समझते हैं कि 'प्राचीन काव्यों के अनुसन्धान में भी नवीन काव्य-रचना की जा सकती है, यदि कविजन ध्वनि और गुणीभूत व्यंग्य का मार्ग पहचान लें और उस पर चल पड़ें' (ध्वन्यालोक, 4/1/2)। प्रसिद्ध आलंकारिक रुय्यक द्वारा अपने ग्रंथ 'अलंकार सर्वस्व' का नवीनीकरण ध्वनिवाद को दृष्टि में रखकर किया गया प्रतीत होता है। राजानक रुय्यक भी कश्मीरी थे। इनके पिता का नाम राजानक तिलक था। रुय्यक का दूसरा नाम 'रुचक' भी मिलता है। इन्होंने 'काव्य प्रकाश संकेत' नामक काव्यप्रकाश की टीका भी लिखी थी। रुय्यक के अलंकारों का वर्गीकरण अत्यन्त वैज्ञानिक है। ध्वनिवादी होते हुए भी वे व्यंग्य को काव्य का प्राण एवं गुण तथा अलंकार को उसके चारुत्व का हेतु मानते हैं।

यह बात भी ध्यान में रखने की है कि आचार्य वामन को छोड़कर भामह से रुद्रट तक सभी के दिए गए उदाहरण स्वरचित हैं। इसके विपरीत आनन्दवर्धन से आगे उदाहरण प्रसिद्ध कवियों के ग्रंथों से उद्धृत है। डॉ. गणेश त्र्यंबक देशपांडे का मत है कि 'आनन्दवर्धन के पूर्व शास्त्र विरचना (फॉर्मेशन) का काल है एवं आनन्दवर्धन से आगे शास्त्र की पुनर्व्यवस्था एवं तत्त्व-परीक्षा (सिस्टेमाईजेशन एंड एप्लीकेशन) का काल है। इसमें संस्कृत के साथ प्राकृत काव्य को भी उपयोग में लिया गया है। 'ध्वन्यालोक' में प्राकृत उदाहरण प्रचुर मात्रा में हैं।...इस बात की हम उपेक्षा नहीं कर सकते कि 'ध्वन्यालोक' से 'काव्य प्रकाश' तक प्राकृत पद्यों की संख्या विपुल तो है ही, किन्तु तत्पश्चात् भी चौदहवीं शताब्दी तक यह पद्धति दिखाई देती है। हेमचन्द्र ने ग्राम्य अपभ्रंश के उदाहरण दिए हैं और विश्वनाथ ने भी प्राकृत उदाहरण दिए हैं।[28]

मम्मट के 'काव्यप्रकाश' के चतुर्थ उल्लास (27-28) में रस-विमर्श के सूत्र प्रस्तुत हुए हैं—

कारणान्यथ कार्याणि सहकारीणि यानि च।
रत्यादेः स्थायिनो लोके तानि चेन्नाट्य काव्ययोः॥
विभावा अनुभावास्तत कथ्यन्ते व्यभिचारिणः।
व्यक्तस्स तैर्विभावाद्यैस्स्थायी भावो रसः स्मृतः॥

मम्मट के इस रस-चिन्तन में रस-ध्वनिवाद की धारणा अनुस्यूत है। काव्य का रसानुभव लौकिक अनुभव नहीं अपितु लोकोत्तर कलात्मक अनुभव है, यह बात स्पष्टतः सिद्ध होती है। 'काव्यानुशासन' के रचयिता हेमचन्द्र ने अपने ग्रंथ (2/1) में 'विभावानुभाव व्यभिचारिभिरभिव्यक्तः स्थायी भावो रसः' कहकर मम्मट की ही पुष्टि की है। रस-परिभाषा का यह संक्षेपीकरण विश्वनाथ के साहित्यदर्पण (3/1) में भी मिलता है।

मम्मट के रसरूप काव्यार्थ का विमर्श उत्तम काव्य की विशेषता का विमर्श है। वह काव्य जिसका सारभूत अर्थ रसादि रूप अर्थ हुआ करता है, अलक्ष्यक्रमव्यंग्य या असंलक्ष्यक्रम व्यंग्य कहा गया है। असंलक्ष्यक्रम व्यंग्य रूप काव्य एक अत्यन्त सुकुमार अभिव्यक्ति है। मम्मट ने विवक्षितान्यपरवाच्य काव्य के इस असंलक्ष्यक्रम व्यंग्य रूप भेद को इसी कारण एक काव्य-रहस्य के रूप में वर्णित किया है—'कोऽप्यलक्ष्यक्रमव्यंग्यः' (काव्यप्रकाश 4/25) और इसके आठ प्रकार के अवान्तर वैचित्र्य का भी विवेचन किया है—(काव्यप्रकाश, 4/26)। ध्यान से देखने पर उनके काव्य-लक्षण और रस-लक्षण में एक सामंजस्य अवश्य मिलता है।

काव्य-भेद और व्यंग्य

मम्मट ध्वनिवादी हैं, अतः व्यंग्य या व्यंजना की प्रधानता के आधार पर काव्य के तीन वर्ग माने गए हैं—उत्तम, मध्यम और अधम या अवर। आनन्दवर्धन, विश्वनाथ की भी इन्हीं भेदों पर सहमति है। इन्हें ही ध्वनि, गुणीभूत व्यंग्य और चित्रकाव्य का नाम दिया गया है।[29] मम्मट ने आनन्दवर्धन के काव्य विषयक मत (द्रष्टव्य—ध्वन्यालोक, 3/42 तथा 43) का समर्थन किया है। इन्होंने वाच्यार्थ की अपेक्षा व्यंग्यार्थ के अधिक चमत्कारपूर्ण

होने में ध्वनि या उत्तम काव्य, वाच्य की अपेक्षा व्यंग्य के अधिक चमत्कारपूर्ण नहीं होने पर गुणीभूत व्यंग्य या मध्यम काव्य एवं व्यंगयार्थ रहित शब्द-चित्त या अर्थ-चित्र को अधम काव्य कहा है।[30]

आनन्दवर्धन ने भी व्यंग्य की प्रधानता और अप्रधानता के आधार पर ध्वनि और गुणीभूत व्यंग्य के रूप में इसका वर्गीकरण किया है, पर व्यंग्य के अभाव में चित्रकाव्य होता है। चित्रकाव्य के भी दो प्रकार हैं—शब्द चित्र और अर्थ चित्र। शब्द चित्र में शब्दालंकार की प्रमुखता होती है और अर्थ-चित्र में अर्थालंकार की, पर चित्रकाव्य रस आदि से रहित और व्यंग्यार्थ शक्ति से शून्य रहता है।[31] यद्यपि विश्वनाथ इस चित्रकाव्य भेद को स्वीकार नहीं करते। आगे चलकर पंडितराज जगन्नाथ तो काव्य के चार विभाजन कर 'उत्तमोत्तम' काव्य को ध्वनि काव्य की संज्ञा देते हैं, पर अधम काव्य की सत्ता उन्होंने स्वीकार की है। आनन्दवर्धन ने चित्रकाव्य को इसलिए भी माना था कि उसमें भी ध्वनि का किंचित् स्पर्श अवश्य रहता है।

भारतीय काव्यशास्त्र की एक विशेषता सामान्य तौर पर यह दिखाई देती है कि उसका विवेचन क्रमशः सूक्ष्मतर होता गया है। दूसरे आचार्यों ने जो सूत्र या सिद्धान्त प्रस्तुत किए हैं, वे सिद्धान्त की ही दृष्टि से किए हैं। कोई सम्प्रदाय गढ़ने का उनका कोई खास इरादा नहीं दिखाई देता। तीसरे सारे सिद्धान्त सोपानों की तरह हैं जो क्रमशः सूक्ष्म और उच्च होते गए हैं। चौथे सभी सिद्धान्त एक दूसरे का समर्थन करते चलते दिखाई देते हैं। मत विरोधियों के तर्क अपनी जगह हैं, जिनका उत्तर भी आचार्यों ने दिया है और प्रत्युत्तर में कई अन्य आचार्यों ने भी स्वतंत्र रचना कर अपने तर्क प्रस्तुत किए हैं। अतः रस-सिद्धान्त का भी प्रत्यक्षतः कोई विरोध नहीं करता और भरत के 'नाट्यशास्त्र' से चलकर यह धारा कहीं सूखी हुई नहीं दिखाई पड़ती। न तो भामह या वामन आदि रस का विरोध करते हैं, न आनन्दवर्धन गुण या अलंकार के विरोधी हैं। अतः काव्यशास्त्र के विकास में एक सौमनस्य और स्वीकृति का भाव भी अवश्य दिखाई देता है।

मूल्यांकन

मम्मट का 'काव्य प्रकाश' साहित्यशास्त्र का उत्कर्ष-बिन्दु माना गया है। इसी की महत्ता के कारण मम्मट 'वाग्देवतावतार' कहे गए। इनका ग्रंथ मधुमक्षिका के मधु-कोष की भाँति साहित्यशास्त्र के सार-संचय की दृष्टि से महत्त्वपूर्ण है। 'काव्यप्रकाश' में नाट्य को छोड़कर काव्य के सभी अंगों का विवेचन हुआ हैं। सत्तर से अधिक टीकाओं वाला यह ग्रंथ दस उल्लासों में विभक्त है और उसमें 142 कारिकाएँ हैं। इसके तीन अंश हैं—कारिका, वृत्ति और उदाहरण 1। इनमें कारिका और वृत्ति मम्मट रचित हैं, पर उदाहरण अन्य स्रोतों से संगृहीत हैं।

1. परम्परानुसार मम्मट ने भी काव्य परिभाषा दी है—'तत् अदोषौशब्दार्थौ सगुणावनलंकृती पुनःक्वापि।' अर्थात् काव्य दोषहीन, गुणयुक्त और कभी-कभी अलंकार-रहित शब्दार्थ होता है। इनका अदोषौ शब्द आगे चलकर चर्चा का विषय रहा है। आचार्य विश्वनाथ ने इस पर कई आपत्तियाँ दर्ज की हैं। विश्वनाथ इस शब्द में अतिव्याप्ति दोष देखते हैं। वास्तव में दोष

हो तो काव्य नहीं होगा और दोषमुक्त काव्य विरल ही होगा। वे कीड़ा लगे रत्न का उदाहरण देते हैं अर्थात् जिस अंश में कीड़ा लगा है वह अंश रत्न नहीं कहा जा सकता। कीड़ा लगने से रत्न का मूल्य भले कम हो जाए, पर उसका रत्नत्व कम नहीं होता। विश्वनाथ के इन तर्कों में विद्वत्ता के साथ हठधर्मिता भी दिखाई देती है। मम्मट की परिभाषा ने हेमचन्द्र वाग्भट्ट आदि आचार्यों को प्रभावित किया है।

2. मम्मट का दोष-विवेचन विस्तृत कहा जाएगा। काव्य प्रकाश में दोषों की संख्या 70 तक पहुँच गई। उन्होंने अपने समय तक के उल्लेख्य काव्य दोषों का संचयन किया, पुराने दोषों को नए नाम दिए तथा नए दोषों का भी प्रतिपादन किया। उनका अनुकरण परवर्ती विचारकों द्वारा हुआ। मम्मट ने श्रेष्ठ कवियों और महाकवियों के भी दोष गिनाए। मम्मट ने 16 पद दोष, 21 वाक्य मात्रगत दोष, 23 अर्थ दोष तथा 10 रस दोषों का विवेचन किया है। रस दोषों में से अधिकांश आनन्दवर्द्धन के 'ध्वन्यालोक' पर आधारित हैं। विशेष बात यह है कि मम्मट शब्दार्थ दोषों में ही अलंकार दोषों की सत्ता मान लेते हैं। वास्तव में काव्य अदोषता से अधिक गुणवत्ता पर आधारित होता है।
3. मम्मट ने आनन्दवर्धन की गुण एवं अलंकार विषयक धारणा के पक्ष में अपना समर्थन दिया है। वे दोनों का स्वरूप-विवेचन भी करते हैं और उनके भेदक तत्त्वों पर भी विचार करते हैं। वे काव्य में अलंकार की अनिवार्यता को स्वीकार नहीं करते, पर गुण के काव्यधर्म को महत्त्व देना भी नहीं भूलते। गुण ही काव्य के मुख्य अंगी रस के उत्कर्ष का कारण होते हैं। मम्मट ने गुण के तीन पक्ष देखे हैं—गुण काव्य के मुख्य रस के धर्म हैं, रसोत्कर्ष के हेतु हैं और रस के साथ उनकी अनिवार्य स्थिति रहती है।
4. वामन और मम्मट मानते हैं कि काव्य में गुण नित्य और अलंकार अनित्य रूप से रहते हैं। मम्मट का वामन से मतभेद इस बात में है कि वे गुण को काव्य का शोभाकारक तथा अलंकार को शोभा का अतिशय कारक धर्म नहीं मानते। वे वामन की भाँति गुण को शब्दार्थ पर आश्रित न मानकर रस पर आश्रित मानते हैं, यद्यपि अलंकार शब्दार्थ पर आश्रित रहते हैं। विश्वनाथ ने भी गुण और अलंकार के विवेचन में आनन्दवर्धन और मम्मट के मत को ही स्वीकार किया है।
5. मम्मट ध्वनिवादी आचार्य हैं। उन्होंने रसगत तीन गुणों को स्वीकार किया है, वे हैं—माधुर्य, ओज और प्रसाद। उनकी दृष्टि में कुछ गुण इन्हीं तीन में अन्तर्भुक्त हैं, कुछ दोषाभाव मात्र हैं तथा कुछ विशेष परिस्थितियों में दोष बन जाते हैं।
6. काव्य-हेतु की दृष्टि से आचार्य भामह ने प्रतिभा को सर्वाधिक महत्त्व दिया था, साथ ही व्युत्पत्ति और अभ्यास का भी उन्होंने विवेचन किया था। दंडी ने नैसर्गिकी प्रतिभा को महत्त्व दिया।

आगे चलकर आनन्दवर्धन ने प्रतिभा को अलोक सामान्य, असाधारण, प्रतिभा विशेष कहा। मम्मट का काव्यचिन्तन ध्वनिवादी स्थापनाओं का अनुसरण करता है और पूर्ववर्ती आचार्यों के मतों के समाहार का प्रयत्न भी करता है। मम्मट शक्ति अर्थात् प्रतिभा, व्युत्पत्ति, अभ्यास के समन्वय को काव्य-हेतु मानते हैं। ये अलग-अलग काव्य-हेतु नहीं होते। तीनों मिलकर ही काव्य-हेतु होते हैं। मम्मट प्रतिभा के स्थान पर 'शक्ति' शब्द का प्रयोग करते हैं। यह 'शक्ति 'कवित्व का बीज रूप संस्कार विशेष' है, यह विशेष प्रकार का संस्कार काव्य का बीज है। अभिनव गुप्त प्रतिभा को 'प्रतिभान' कहते हैं। शक्ति और प्रतिभान एक ही है। यह प्रकाश या स्फुरण ही प्रतिभा है। योग में इसे 'प्रज्ञा' और व्याकरण दर्शन में 'पश्यन्ती' स्तर का माना गया है। जैनधर्म इसे आर्षज्ञान मानता है। रुद्रट प्रतिभा और शक्ति को एक मानते हैं। आनन्दवर्धन ने संघटना के औचित्य-विचार के प्रसंग में प्रतिभा की चर्चा की है। अभिनव गुप्त ने 'लोचन' में प्रतिभा को 'अपूर्व वस्तु निर्माण क्षमा प्रज्ञा' कहा है। महिम भट्ट तो प्रतिभा को 'शिव का तीसरा नेत्र' कहते हैं।

7. काव्य-हेतु का दूसरा प्रकार है व्युत्पत्ति, जिसका अर्थ है ज्ञान—शास्त्रीय और लौकिक ज्ञान। एक व्युत्पत्ति बताती है कि हम कैसे कहें, दूसरी बताती है कि हम क्या कहें? इसी प्रकार काव्य-हेतु में अभ्यास का महत्त्व इस बात में है कि जो किसी काव्य-मर्मज्ञ के निर्देशन में सम्भव हो पाता है। ये काव्य हेतु काव्य के निमित्त कारण हैं, उपादान कारण नहीं। ये काव्योत्पत्ति के सहायक भर हैं। ये वो तत्त्व नहीं जिनसे काव्य उत्पन्न होता है।
8. काव्य-शास्त्र में काव्य-प्रयोजन की चर्चा की परिपाटी प्राचीन रही है। काव्य प्रयोजन की विचारधारा में आचार्य मम्मट की शब्दावली सारग्राही एवं समाहारवादी प्रतीत होती है। मम्मट यश, अर्थ, व्यवहार-ज्ञान, अशिव की क्षति, तत्काल आनन्द और 'कान्तासम्मित उपदेश' को प्रयोजन मानते हैं। मम्मट ने काव्य-प्रयोजन के रूप में 'सद्य:परनिर्वृतये' के द्वारा काव्य की 'प्रेषणीयता' के साथ-साथ सहृदय की रसग्राहिता का संकेत किया है। डॉ. पी.वी. काणें ने इस प्रयोजन को कवि के आनन्द से जोड़ा है। मम्मट का यह प्रयोजन परम आनन्द की अनुभूति का सूचक है। इस परम आनन्द के साथ मम्मट ने तीन विशेषण जोड़े हैं—(1) सकल प्रयोजन मौलिभूत (2) रसास्वादन समुदभूत तथा (3) विगलित वेद्यान्तर। उनके अनुसार काव्य के आस्वादन में रस रूप आनन्द की प्राप्ति होती है।
9. मम्मट ने रस या आनन्द को परम प्रयोजन स्वीकार किया है। काव्य आह्लादमय रचना है। काव्य-प्रेरणा की पुन: पुन: अनुभूति उसके प्रयोजन का रूप ले लेती है। मम्मट का 'कान्तासम्मित उपदेश' रूप प्रयोजन सत्-असत् और कर्तव्य-अकर्तव्य का ज्ञान उपदेश के अन्तर्गत आता है। मम्मट ने काव्य की उपदेश-शैली को शब्द-प्रधान, अर्थ-प्रधान तथा रस-प्रधान

मानते हुए प्रभु-सम्मित, सुहृत-सम्मित तथा कान्ता-सम्मित उपदेश शैलियों की कल्पना की। प्रिया के द्वारा दिया गया उपदेश रसात्मक और अनुकूल होता है। शास्त्र-पुराण की आदेशात्मक-शैली के विपरीत कान्ता सम्मित उपदेश में तिक्तता या कटुता भी मधु के आश्रय से मधुर तथा ग्राह्य बन जाती है। अत: मम्मट का काव्य-प्रयोजन-सिद्धान्त व्यावहारिक और भावात्मक तत्त्वों से युक्त है।

10. मम्मट ध्वनिवादी हैं। उन्होंने व्यंग्य या व्यंजना के आधार पर काव्य के तीन वर्ग माने हैं—उत्तम, मध्यम और अधम। अन्य ध्वनिवादी आचार्य भी इसी धारा के अनुकूल हैं। मम्मट ने आनन्दवर्द्धन के काव्यविषयक मत का समर्थन किया है। उत्तम काव्य में वाच्यार्थ की अपेक्षा व्यंग्यार्थ अधिक चमत्कार पूर्ण होता है। वाच्य की अपेक्षा व्यंग्य के अधिक चमत्कार पूर्ण नहीं होने पर गुणीभूत व्यंग्य या मध्यम काव्य होता है और व्यंग्यार्थ रहित शब्दचित्र या अर्थचित्र अधम काव्य की कोटि में आते हैं। जगन्नाथ काव्य के चार विभाग करते हैं और उत्तमोत्तम काव्य को ध्वनि कहते हैं। यद्यपि आचार्य विश्वनाथ चित्रकाव्य-भेद को स्वीकार नहीं करते, पर अन्य अनेक आचार्यों ने चित्रकाव्य का महत्त्व माना है। मम्मट अपने 'काव्य-प्रकाश' में एक संग्राहक आचार्य के रूप में दिखाई पड़ते हैं और अनेक परवर्ती आचार्यों ने उनका अनुगमन किया है।

सन्दर्भ

1. भारतीय साहित्यशास्त्र, पृ. 133
2. पं. बलदेव उपाध्याय—संस्कृत आलोचना, पृ. 35
3. मुख्यार्थ हतिर्दोषो।—काव्य प्रकाश, सप्तम उल्लास, 49वीं कारिका
4. वही, पृ. 266
5. तदेतेऽलंकार दोषा: यथा सम्भविनोऽन्येवं जातीयका:, पूर्वोक्त
   यैव दोष जात्यान्तर्भाविता: न पृथक् प्रतिपादनमर्हन्तीति। —ध्वन्यालोक, पृ. 464
6. उक्त प्रकारातिक्रमे तु नियमैनैव रस भंग हेतु: सम्पद्यते।
   लक्ष्यं च तथाविधमपि महाकवि प्रबन्धेषु दृश्यते बहुश: —वही, पृ. 94
7. ये रसस्यांगिनो धर्मा शौर्यादय इवात्मन:।
   उत्कर्ष हेतवस्तेस्युरचल स्थितयो गुणा:॥ —काव्य प्रकाश, 8/66
8. उपकुर्वन्ति तं सन्तं ये अंगद्वारेण जातुचित्।
   हारादिवदलंकारास्तेऽनुप्रासोपेमादय:॥ —वही, 8/67
9. काव्य-प्रदीप, 8, पृ. 274. 275
10. काव्य शोभाया: कर्तारो धर्मा: गुणा:। तदतिशय हेतवस्त्वलंकारा:।
    —वामन, काव्यालंकार सूत्र, 3/1/1.2
11. उत्कर्षहेतव: प्रोक्त: गुणालंकाररीतय: —साहित्य दर्पण, 1 पृ. 22
12. (क) शक्तिर्निपुणता लोकशास्त्र काव्याद्यवेक्षणात्।
    काव्यज्ञ शिक्षयाभ्यास इति हेतुस्तदुद्भवे॥ —काव्यप्रकाश 1/3

(ख) इति त्रय: समुदिता: न तु व्यस्त: तस्य काव्यस्य—हेतुर्न तु हेतव:।

—पूर्वोद्धृत कारिका की वृत्ति

13. सरस्वती स्वादुतदर्थ वस्तु निष्यन्दमाना महतां कवीनाम्।
अलोक सामान्यमभिव्यनक्ति परिस्फुरन्तं प्रतिभा विशेषम्॥ —ध्वन्यालोक, 1/6
14. काव्यप्रकाश, 1/3
15. वाग्भटालंकार, 1/3
16. दृष्टपूर्वा अपिह्यर्था: काव्ये रस परिग्रहात्।
सर्वे नवा इवा भान्ति मधुमास इव द्रुमा:॥ —ध्वन्यालोक, 4/4, पृ. 341
17. भामहकृत काव्यालंकार, पृ. 25. 3/53 तथा 54
18. द्रष्टव्य : डॉ. निर्मला जैन, रस-सिद्धान्त और सौन्दर्यशास्त्र, पृ. 393
19. काव्यप्रकाश-8, पृ. 195. 196
20. काव्यालंकार, 1/3
21. काव्यालंकार, पृ. 18
22. विश्रामजननं लोके नाट्यमेतद् भविष्यति। (नाट्यशास्त्र)
23. काव्यालंकार-1/2
24. वक्रोक्तिजीवित—प्रथम उन्मेष, 3.5 कारिका।
25. वही, 1/3, 1/4, 1/5
26. काव्यं यशसेऽर्थ कृते व्यवहारविदे शिवेतरक्षतये।
सद्य: परनिर्वृतये कान्ता सम्मित तयोपदेशयुजे॥ —काव्यप्रकाश, 1/2
27. संस्कृत काव्यशास्त्र का इतिहास, पृ. 430, मोतीलाल बनारसीदास, 1966
28. भारतीय साहित्यशास्त्र, पृ. 146. 147
29. (क) इदमुत्तममति शायिनि व्यंग्ये वाच्याद् ध्वनिर्बुधै: कथित:। —काव्यप्रकाश, 1/4
(ख) अतादृशि गुणीभूतव्यंग्यं व्यंग्य तु मध्यमम्।
शब्दचित्रं वाच्य चित्रमव्यंग्यं त्ववरं स्मृतम्॥ —वही, 1/5
30. ध्वन्यालोक, 3/42 तथा 43 का वृत्ति भाग।

आचार्य विश्वनाथ

परिचय

संस्कृत काव्यशास्त्र के विकास-क्रम में आचार्य विश्वनाथ कविराज का लोकप्रिय ग्रंथ 'साहित्यदर्पण' बड़े महत्त्व का अधिकारी है। 'साहित्यदर्पण' के अन्तिम श्लोक में विश्वनाथ ने स्वयं को महाकवि और विद्वान् चन्द्रशेखर का पुत्र कहा है—श्री चन्द्रशेखर महाकविचन्द्र सूनुः।' उन्होंने अपने 'साहित्यदर्पण' में अपने पिता द्वारा रचित 'पुष्पमाला' एवं 'भाषार्णव' नामक ग्रंथों की चर्चा की है। उनके वृद्ध प्रपितामह का नाम नारायण था। वे भी परम विद्वान् 'सहृदय गोष्ठी गरिष्ठ कवि' थे, पर 'काव्य प्रकाश दर्पण' की भूमिका भाग में विश्वनाथ उन्हें अपना पितामह कहते हैं (अस्मत् पितामह श्री मन्नारायण दास पादा:)—ऐसा सम्भवत: संक्षेप में कहने के कारण ही हुआ होगा। विश्वनाथ उत्कल प्रान्त (वर्तमान उड़ीसा) के निवासी थे। उन्होंने 'काव्यप्रकाश' की टीका में बहुत-से संस्कृत शब्दों के उड़िया भाषा के पर्यायवाची शब्द दिए हैं। विश्वनाथ के पिता और स्वयं विश्वनाथ, दोनों ही किसी राजा के सन्धिविग्रहिक (वैदेशिक मंत्री) थे। सम्भवत: वे कलिंग देश के राजा के ही अधीनस्थ थे। विश्वनाथ ने स्वयं को वैष्णव बताया है। वे स्वयं कवि थे और उन्होंने अलंकारों के उदाहरण स्वरूप संस्कृत तथा प्राकृत में अपने अनेक पद्यों को स्थान-स्थान पर उद्धृत किया है। कविराज विश्वनाथ विश्वनाथ महापात्र के नाम से भी प्रसिद्ध हैं। इनका 'साहित्यदर्पण' काव्यशास्त्र का सकलांग निरूपक ग्रंथ कहा गया है। अपने ग्रंथ में उन्होंने स्वयं को 'अष्टादश भाषा वारविलासिनी भुजंगम' कहा है। 'साहित्यदर्पण' के अतिरिक्त अपने अन्य ग्रंथों का भी उन्होंने संकेत किया है। वे हैं—'राघव विलास', (महाकाव्य), कुवलयाश्व चरित काव्य (प्राकृत भाषा में रचित) प्रभावती परिणय नामक नाटिका, चन्द्रकला नामक नाटिका तथा प्रशस्ति रत्नावली नामक सोलह भाषाओं का करम्भक परिगणित है। इनमें रत्नावली की चर्चा छठे परिच्छेद में तथा शेष ग्रंथों की चर्चा तीसरे परिच्छेद में की गई है। इनमें करम्भक काव्य का एक प्रकार होता है। विश्वनाथ ने विविध भाषाओं में लिखी गई रचना को करम्भक कहा है—करंभकं तु भाषार्थि तिविधाभिर्विनिर्मितम्—साहित्य दर्पण, 6/637)। 'काव्य प्रकाश' की भूमिका में उन्होंने 'नरसिंह विजय' नामक काव्य तथा काव्य प्रकाश दर्शन नामक टीका का भी उल्लेख किया है। 'काव्य प्रकाश' के टीकाकार चंडीदास को भी उन्होंने पितामह का ही अनुज बताया है।

काल-निर्धारण

विश्वनाथ के काल-निर्धारण में अधिक कठिनाई इसलिए नहीं है कि अनेक स्रोतों,

तथ्यों एवं अन्त: साक्ष्यों के कारण प्रामाणिकता मिलती है। डॉ. पी.वी. काणे के मत में 'साहित्यदर्पण' की रचना 1384 ई. के पूर्व ही हुई होगी। विश्वनाथ ने मुसलमान राजा अलाउद्दीन खिलजी की चर्चा एक श्लोक में सुलतान के रूप में की है। उन्होंने 'सुलतान' शब्द को संस्कृतमय बनाकर 'सुरमाण' लिखा है और 'सुरत्राण तवनि:' शब्दों का प्रयोग किया है। अलावदीन या अलाउद्दीन खिलजी ने दक्षिण पर आक्रमण कर वारंगल पर विजय प्राप्त की थी। उसकी मृत्यु 1316 ई. में हुई थी। 'साहित्यदर्पण' (अध्याय-4, 14) में एक श्लोक आया है जिसमें अल्लाउद्दीन की चर्चा है।[1] विश्वनाथ ने इसे अस्फुट-व्यंग्य के उदाहरण के रूप में लिया है।

विश्वनाथ ने 12वीं शताब्दी के बहुत-से लेखकों का उल्लेख किया है। 15वीं तथा 16वीं शताब्दी के लेखकों ने विश्वनाथ का नामोल्लेख किया है, अत: डॉ. काणे 1300 ई. से 1380 के बीच विश्वनाथ का समय-निर्धारण करते हैं। वे इस कालखंड को 'निर्विवाद' रूप से तथा स्वतंत्र प्रमाणों से सिद्ध मानते हैं। डॉ. पी.वी. काणे ने विश्वनाथ के आलंकारिक रूप और महत्त्व का मूल्यांकन करते हुए कहा है कि "संस्कृत के अलंकारशास्त्रियों की पंक्ति में विश्वनाथ द्वितीय कोटि के लेखक हैं। आनन्दवर्धन, मम्मट और जगन्नाथ की दीप्ति के सामने इनकी ज्योति मन्द पड़ जाती है। फिर भी विश्वनाथ की रचनाओं के कई गुण हैं। इसका सबसे उत्कृष्ट गुण यह है कि इन्होंने एक ही ग्रंथ की परिधि में अलंकार शास्त्र तथा दूसरी शाखाओं की पूर्ण व्याख्या कर दी है। दंडी, मम्मट, जगन्नाथ आदि बहुत-से काव्य शास्त्रज्ञों ने अपने ग्रंथों में 'नाट्यशास्त्र' का विवेचन नहीं किया है। साहित्यदर्पण में नाट्यकला और विभिन्न नाट्य प्रकारों की सम्पूर्ण, सविस्तर और सांगोपांग चर्चा हुई है। इस प्रकार संस्कृत नाट्य-शास्त्र के क्षेत्र में भरत का 'नाट्यशास्त्र', धनंजय का 'दशरूपक' और विश्वनाथ का 'साहित्यदर्पण'—ये तीन ग्रंथ त्रिमूर्त्ति बन गए हैं। 'साहित्यदर्पण' का दूसरा गुण इसकी सरल और प्रवाहमयी भाषा शैली है।"[2]

साहित्य-दर्पण : विवेचन-सूत्र

'साहित्यदर्पण' की सरल, सुबोध शैली के बावजूद अनेक विद्वानों ने विश्वनाथ पर कई आरोप भी लगाए हैं। यह भी कहा गया है कि विश्वनाथ ने रुय्यक के 'अलंकार सर्वस्व' का भी अनेकत्र अन्धानुकरण किया है। इन्होंने अलंकारों के उदाहरणों के चुनाव में अधिक श्रम नहीं करके थोड़ी जल्दबाजी दिखाई है। ग्रंथ के प्रथम, द्वितीय तथा दसवें परिच्छेद में आए 250 उद्धरणों में से प्राय: 45 तो 'ध्वन्यालोक', 'काव्यप्रकाश' और 'अलंकार सर्वस्व' के ही हैं और इनके स्वयं रचित 20 श्लोक हैं। नवीन स्थापनाओं के प्रतिपादन में वे असफल रहे हैं। कई स्थलों पर उनका मत अमान्य भी ठहराया गया है।

आचार्य विश्वनाथ ने 'साहित्य-दर्पण' का विचार-फलक बृहत् रखा है। उन्होंने ध्वनि, गुणीभूत व्यंग्य, रस एवं नायिका-भेद, व्यंजना शक्ति, श्रव्य काव्य और दृश्य काव्य, काव्य रीति आदि काव्य के विविध पक्षों पर भी विचार करते हुए पूर्ववर्ती आचार्यों की स्थापनाओं के आधार पर अपना विवेचन किया है।

विश्वनाथ का 'साहित्य दर्पण' बंगाल में लोकप्रिय देखा गया है। उस पर लिखित

टीकाओं की संख्या भी अधिक नहीं है, न बहुत उल्लेखनीय कोई टीका भी है। डॉ. सुशील कुमार डे के अनुसार 1622 से 1700 ई. की रामचरण तर्कवागीश की टीका मूल सहित अनेक बार प्रकाशित हुई है। मुख्य टीका ग्रंथ है—अनन्त दास रचित (चित्त 'लोचन', मथुरानाथ शुक्ल कृत 'टिप्पण', रामचरण तर्कवागीश की 'वृत्ति', गोपीनाथ रचित 'प्रभा' और महेश्वर भट्ट रचित 'विज्ञप्रिया'। महेश्वर भट्ट ने मम्मट के काव्य प्रकाश पर आदर्श अथवा 'भावार्थ चिन्तामणि' नामक टीका लिखी है।

'साहित्य दर्पण' पर विद्यावास्पति साहित्याचार्य श्री शालग्राम शास्त्री की 'विमला टीका' अधिक महत्त्वपूर्ण और मान्य रही है। यह टीका संवत् 1974 के आंरभ में ही लिखी जा चुकी थी, पर सम्भवतः इसका प्रकाशन संवत् 1978 के आसपास आज से प्रायः एक सौ वर्ष पूर्व हुआ। इन्होंने भी श्री रामचरण तर्क वागीश की टीका का उल्लेख किया है।

यद्यपि 'साहित्यदर्पण' को बहुत मौलिक ग्रंथ नहीं माना गया है, फिर भी इसके दस परिच्छेदों (या अध्यायों) में नाट्य सहित काव्य शास्त्र के प्रायः समस्त विषयों का विवेचन हुआ है। वे विषय हैं—(1) काव्यशास्त्र, (2) शब्द तथा अर्थ की तीन वृत्तियाँ, (3) रस, (4) ध्वनि तथा गुणीभूत व्यंग्य, (5) व्यंजना-निरूपण, (6) नाट्य (मुख्यतः दशरूपक के आधार पर), (7) दोष, (8) गुण (त्रिविध), (9) रीतियाँ (चार प्रकार) वैदर्भी, गौड़ी, पांचाली और लाटी, (10) अलंकार।

यह स्पष्ट है कि 'साहित्यदर्पण' पर काव्य-प्रकाश एवं अलंकार सर्वस्व का प्रभूत प्रभाव है और इसकी रचना का आधार-ग्रंथ काव्य प्रकाश है। इसके दस परिच्छेदों में काव्य के सभी अंगों के अतिरिक्त दृश्य काव्य का भी विस्तृत विवेचन हुआ है।

प्रथम परिच्छेद = काव्य का स्वरूप।
द्वितीय परिच्छेद = वाक्य, पद एवं शब्दशक्तियों का विवेचन।
तृतीय परिच्छेद = रस एवं नायक-नायिका भेद।
चतुर्थ परिच्छेद = ध्वनि और गुणीभूत व्यंग्य।
पंचम परिच्छेद = व्यंजना की स्थापना।
पष्ठ परिच्छेद = श्रव्य एवं दृश्य काव्य के भेद।
सप्तम परिच्छेद = दोष-विवेचन
अष्टम परिच्छेद = गुण-विवेचन।
नवम परिच्छेद = काव्य-रीति-विवेचन।
दशम परिच्छेद = शब्दालंकार, अर्थालंकार एवं मिश्र अलंकार-विवेचन।

काव्य-लक्षण

'साहित्य दर्पण' मम्मट और रुय्यक के ग्रंथों से प्रेरित सुबोध और रोचक शैली की एक लोकप्रिय रचना है जो अलंकार शास्त्र के प्रवेश द्वार की तरह प्रसिद्ध है।

विश्वनाथ ने काव्य-लक्षण में रसात्मक वाक्य को ही काव्य माना है—वाक्यं रसात्मकं काव्यम्'—(प्रथम परिच्छेद, पृ. 19 विमला टीका)। विश्वनाथ के पहले भी 'अलंकार शेखर' में 'काव्यं रसादि मद वाक्य' तथा काव्य प्रकाश दीपिका में 'आस्वाद जीवा तु पद सन्दर्भः काव्यम्' का उल्लेख हुआ है। विश्वनाथ ने मम्मट के काव्य-लक्षण का

खंडन कर रस-भाव को काव्य की आत्मा मान लिया तथा रसवाद को नया रूप दिया। अग्निपुराण कार ने भी काव्य में वाच्यविचित्रता की प्रधानता के बावजूद रस को उसका प्राण-तत्त्व माना है—'रस एवात्र जीवितम्'। विश्वनाथ के काव्य-लक्षण में अधिक स्पष्टता है। वाक्य द्वारा वे शब्दार्थ के संयोजन पर बल देते हैं। वे यह भी मानते हैं कि जो आस्वादित होता है, वही रस है—आस्वाद्यत्वाद्रस: '। इसी आस्वादन के अन्तर्गत रस, रसाभास, भाव, भावाभास आदि सभी आ जाते हैं। साहित्य दर्पण—(8/1/31)। रस्यते इति रस: अर्थात् जो बहे, वह रस है। विश्वनाथ यह बताना चाहते हैं कि प्रबन्ध काव्य में यद्यपि कुछ स्थल नीरस हो सकते हैं, पर मुख्य रस के संयोग से वे रस युक्त हो जाते हैं।

विश्वनाथ और पंडितराज जगन्नाथ का एक अन्तर स्पष्ट दीखता है। विश्वनाथ वाक्यवादी हैं और जगन्नाथ शब्दवादी। जगन्नाथ की काव्य-परिभाषा में 'रमणीयार्थ प्रतिपादक: शब्द:काव्यम्' कहकर शब्दवादी और रमणीयतावादी स्थापना दी गई है। पंडितराज जगन्नाथ बादशाह शाहजहाँ के दरबार में थे, सत्रहवीं शताब्दी का वह काल-खंड हिंदी-रीति काव्यधारा का भी समय था। अत: दरबारी प्रवृत्ति के प्रभाव से शृंगार को महत्त्व मिला और रमणीयतावादी प्रवृत्ति प्रधान हो गई। इसलिए पंडितराज ने लोकोत्तर आनन्द की अनुभूति पर बल दिया। लोकोत्तर का अर्थ है—सहृदयों का अनुभव जिसमें आह्लाद और चमत्कार की प्रधानता होती है। 'जिस शब्द का अर्थ सुनकर सहृदय का हृदय आनन्दित हो जाए, उसी अर्थ को वे रमणीय मानते हैं। रमणीयता बार-बार अर्थ को नया करती है—"रमणीयता च लोकोत्तर आह्लाद जनक: ज्ञान गोचरता'। इस रमणीयता में पुन: पुन: अनुसन्धान का भाव होता है। स्पष्ट है कि विश्वनाथ वाक्यवादी हैं तो जगन्नाथ शब्दवादी।

विश्वनाथ ने रसात्मक वाक्य ही काव्य है, काव्य का यह लक्षण देकर शब्द और अर्थ की विभिन्न शक्तियों का विश्लेषण और विवेचन किया है तथा रस आदि के बोध के लिए व्यंजना-शक्ति की भी समीक्षा की है। उन्होंने काव्य के मात्र दो भेद स्वीकार किए हैं। ध्वनि और गुणीभूत व्यंग्य काव्य। तीसरे चित्रकाव्य को भले ही मम्मट ने महत्त्व दिया हो, पर विश्वनाथ उसे स्वीकार नहीं करते, क्योंकि उसमें रस की सिद्धि नहीं होती। गुणीभूत व्यंग्य में भले ही रस गौण हो, पर इससे उसके काव्यत्व को विशेष हानि नहीं पहुँचती। असल में गौण रस का आस्वादन ही मुख्य बात है। यही कारण है कि दोष रसापकर्षक हैं और गुण रस का एक विशिष्ट धर्म है जो शब्दार्थ के आश्रित होकर रस के प्रधान या अंगी होने पर उसका उपकार करता है। गुण रस के धर्म ही कहे गए हैं। अलंकार भले ही गौण हों, पर गुण तो काव्य का आवश्यक लक्षण है।

रस-दृष्टि

आचार्य विश्वनाथ रसवादी आचार्य हैं। इन्होंने रस को काव्य की आत्मा मानकर अलंकार को शब्दार्थ का अस्थिर धर्म माना है जो अंगद आदि आभूषणों की भाँति शब्द और अर्थ की शोभा बढ़ाकर रसाभिव्यक्ति में सहायक होते हैं। उन्होंने 'साहित्यदर्पण' के प्रथम परिच्छेद में 'रसात्मक वाक्य काव्य होता है।' इस स्वमत का निर्धारण किया था, अब रस क्या है? 'अथ कोऽयं रस इति' के आख्यान में वे प्रवृत्त होते हैं। वे कहते हैं कि

सहृदय पुरुषों के हृदय में स्थित वासना रूप, रति आदि स्थायीभाव ही विभाव, अनुभाव और संचारी भावों के द्वारा अभिव्यक्त होकर रस के स्वरूप को प्राप्त होते हैं। श्रव्य या दृश्य काव्य द्वारा वासना रूप से सहृदयों के हृदय में स्थित रति, हास, शोक आदि स्थायीभाव शृंगार, हास्य, करुण आदि रसों के रूप में बदल जाते हैं। दूध से दही आदि की भाँति दूसरे रूप में परिणत होना व्यक्त पद का अर्थ है। जैसे दीपक से घर प्रकाशित होता है, वैसे ही पहले से स्थित रस व्यक्त होता है। जैसे चावल से भात पकता है, पकने के बाद ही उन्हें भात या ओदन कहते हैं—यह तंडुल से ओदन बनने की प्रक्रिया है। प्रतीति से ही रस निष्पन्न होते हैं। प्रतीयमान ही रस होते हैं, प्रतीति के पूर्व नहीं होते।

विश्वनाथ सहृदय को 'कैश्चित् प्रमातृभिः' कहते हैं, अर्थात् कोई-कोई पुण्य संस्कारों से युक्त सहृदय ही रस के आस्वादन में समर्थ होते हैं। काव्यार्थ की भावना द्वारा आत्मानन्द का आस्वाद होता है अर्थात् रस आस्वाद रूप ही है। करुण आदि रसों में भी परम आंनद होता है, उसमें केवल सहृदयों का अनुभव ही प्रमाण है।[3] एक स्थान पर विश्वनाथ ने विभावानुभाव व्यभिचारि संयोगाद्रस निष्पत्तिः में 'संयोगात्' के साथ 'समुदायात्' शब्द का भी प्रयोग किया है।[4]

डॉ. राममूर्ति त्रिपाठी मानते हैं कि यदि काव्य की उपमा जैसा कि अभिनवगुप्त ने कहा भी है—बीज, वृक्ष एवं फलात्मक परिणति से दी जाए तो कहना पड़ेगा कि काव्य का अस्तित्व कवि के हृदय से लेकर शब्दात्मक प्रकाशन द्वारा सहृदयगत रसात्मक परिणति तक व्याप्त है। ...वास्तव में ध्वनि रसवादी और वक्रोक्तिवादी, दोनों ही इस तथ्य से सहमत हैं कि आह्लादमय दशा से ही काव्य निकलता है और आह्लाद में ही उसकी परिणति होती है।[5] आचार्य विश्वनाथ भी मानते हैं कि रस चाहे किसी भी स्थिति में क्यों न हो—आत्मस्थानीय होता है। अतः "दर्पणकार, महिमभट्ट, भट्टनायक—तीनों ही थोड़े अन्तर के साथ स्वीकार करते हैं कि रस चाहे किसी भी स्थिति में हो, काव्य की आत्मा है। ध्वनिवादी भी कहते हैं कि विश्व में ऐसी कोई वस्तु नहीं है जो किसी-न-किसी प्रकार की चित्तवृत्ति न पैदा करे और चित्तवृत्ति रूप ही रस है—अतः रसशून्य कोई काव्य हो ही नहीं सकता, क्योंकि वह वस्तुशून्य नहीं होता और मान लिया कि ऐसी कोई वस्तु है जो किसी प्रकार की चित्तवृत्ति नहीं पैदा करती, प्रभाव नहीं उत्पन्न करती तो कोई भी कवि वैसे वस्तु काव्य को ग्रहण ही क्यों करेगा?...जिस प्रकार आत्मा समुचित अभिव्यंजकों के सहारे प्रधानतः प्रकाशित होता है और इसी दूसरे रूप में यह सगुण ब्रह्म की भाँति अपनी समग्र निहित सुन्दरता में प्रकाशित होता है।[6]"

आचार्य विश्वनाथ के रसमय वाक्य को काव्य कहने के पक्ष-विपक्ष में भी कई तर्क मिलते हैं। पंडितराज जगन्नाथ ने रसमय वाक्य को काव्य मानने के सिद्धान्त पर आक्षेप करते हुए काव्य की रसात्मक स्थिति पर प्रश्न उठाए हैं। रसमयता से दो तात्पर्य निकलते हैं। एक तो पूर्ण रूप से रस की स्थिति अथवा अंशतः रस की स्थिति अर्थात् वह वाक्य काव्य है जिसमें किसी रस के सभी अवयव पूरी तरह विद्यमान हों या उस वाक्य को काव्य कहा जाए जिसमें थोड़ा-बहुत भी रस का स्पर्श हो। यदि रस के सभी अवयवों का आधार स्वीकार किया जाए तो महाकवियों की असंख्य रचनाएँ काव्य की सीमा से बाहर चली जाएँगी, विशेषकर वैसे काव्य जहाँ रस की अपेक्षा वस्तु-ध्वनि

या भाव-ध्वनि पर जोर दिया गया हो या जहाँ चित्रकाव्य या बंधकाव्य का चमत्कार प्रदर्शित किया गया हो। अगर यह माना जाए कि रस का तनिक भी स्पर्श हो तो भी कोई हर्ज नहीं। उतने भर उसे उसे काव्य मान लिया जा सकता है। ध्यान से विचार करने पर यह पक्ष भी कसौटी पर खरा नहीं उतरता। विचारकों ने कहा है कि इस संसार में ऐसा एक भी तृण नहीं है जो किसी-न-किसी प्रकार की चित्तवृत्ति को न उकसा दे। अगर हम 'रस' शब्द का व्यापक अर्थ करें तो वे सभी प्रकार की चित्तवृत्तियाँ जिनका हम आस्वाद करते हैं, रस कही जा सकती हैं। सभी पदार्थ किसी-न-किसी प्रकार की चित्तवृत्ति के विभाव अनुभाव अथवा संचारी के भीतर परिगणित किए जा सकते हैं और इस स्थिति में किसी भी वाक्य का प्रयोग करने से अर्थबोध के बाद चित्तवृत्ति जग सकती है और आस्वाद का बोध हो सकता है। जगन्नाथ ने भले ही इस रसमयता की आलोचना की हो, पर विश्वनाथ का तात्पर्य रस की अतिव्याप्ति से नहीं है। जयदेव ने भी अपने ग्रंथ 'चन्द्रालोक' में 'वाक्' शब्द को ही वाक्य कहा है और इस वाक् में गुण, अलंकार, रस, वृत्ति और अदोषता की स्थिति मानी है। कवि कर्णपूर ने भी अपने 'अलंकार कौस्तुभ' में लिखा है—'कवि वाङ्निर्मितिः काव्यम्' अर्थात् कवि का वाक् निर्माण काव्य है, वह वाक् निर्माण साधारण नहीं होता, उसमें चारुता, चमत्कार और रस की योजना होती है।

विश्वनाथ स्पष्ट करते हैं कि रस ही जिसका जीवनभूत आत्मा है, वह वाक्य रसात्मक है। इसके लिए वे अमरुक कवि का एक मुक्तक "शून्यं वासगृहं विलोक्यशयनादुत्थाय किंचिच्छनैः' पद्य का उदाहरण देकर श्रृंगार रस की अभिव्यक्ति कराते हैं। वाक्य की परिभाषा देते हुए वे आकांक्षा, योग्यता और आसत्ति से युक्त पद-समूह को वाक्य मानते हैं। विश्वनाथ ने विशेष रूप से वाक्य के साथ महाकाव्य की चर्चा की है। वे महाकाव्य की सत्ता में प्रमाण देते हैं—अपने-अपने अर्थ का बोधन करके समाप्त हुए वाक्यों का अंगांगिभाव सम्बन्ध से, फिर मिलकर एक वाक्य (महाकाव्य) होता है। उनमें वाक्य का उदाहरण है अमरुक का 'शून्यं वासगृहं' वाला छंद मुक्तक तो महाकाव्य के उदाहरण हैं—रामायण, रघुवंश आदि महाकाव्य।

विश्वनाथ ने अभिनव गुप्त से प्रेरणा लेकर रस-स्वरूप की लोकोत्तर और चमत्कार प्राणता का उद्घाटन किया है। विश्वनाथ के अनुसार रस सत्वोद्रेक से उत्पन्न होता है, यह रस 'अखंड' होता है, 'स्वप्रकाश' होता है, वेद्यान्तर स्पर्श-शून्य' होता है, वह 'ब्रह्मास्वाद सहोदर' होता है, 'लोकोत्तर चमत्कार प्राण' होता है तथा रस से उपपन्न होनेवाला आनन्द बाह्येन्द्रियगत आनन्द से सर्वथा भिन्न होता है। विश्वनाथ ने अपने पूर्ववर्ती आचार्यों के रस-चिन्तन का समाहार प्रस्तुत किया जो परवर्ती विचारकों को मान्य हुआ। इनके शब्द परम्परागृहीत हैं। दसवीं शती में भट्टनायक ने भी 'सत्वोद्रेक प्रकाशानन्दमय संविद्विश्रान्ति सततवेन भोगेन भुज्यते' का प्रयोग किया था।

प्रतीत होता है कि विश्वनाथ की दृष्टि में रस की लोकोत्तरता का अर्थ है—लौकिक आह्लाद से उसकी विलक्षणता। यही चमत्कार रस का प्राण है अर्थात् उसकी दृष्टि में रस का चरम उत्कर्ष विस्मयोद्रेक या चमत्कारोत्पादन है। रसवादी चित्त का विस्तार चाहता है। अभिनव का चमत्कार रस की निर्विघ्न प्रतीति है, पर विश्वनाथ की रस-कल्पना का सम्बन्ध अलौकिक और अद्भुत के निकट पहुँचता दिखाई देता है। सम्भवतः इसी दृष्टि

से कुछ विचारक रस का धर्म 'अद्‌भुत' से भी जोड़ते हैं। रस तरंगिणीकार भानुमिश्र एवं रसगंगाधरकार पंडितराज भी विश्वनाथ से प्रभावित दिखाई पड़ते हैं।

स्पष्ट है कि विश्वनाथ की रस-दृष्टि मम्मट से प्रेरित है। उनकी विशेषता इस बात में है कि संस्कृत काव्यशास्त्र में रस-शास्त्र का विकास उनके युग तक जिस रूप में जितना हुआ था उसकी सर्वमान्य मान्यताओं का आकलन उन्होंने सारगर्भित रूप से एकत्र रूप में प्रस्तुत किया।

वस्तुतः मम्मट के 'काव्य प्रकाश' की शैली पर संस्कृत काव्यशास्त्र में तीन महत्त्वपूर्ण ग्रंथों की रचना हुई। वे हैं—हेमचन्द्र का 'काव्यानुशासन', विश्वनाथ का 'साहित्य दर्पण' तथा पंडितराज जगन्नाथ का 'रसगंगाधर'। हेमचन्द्राचार्य ने बारहवीं शताब्दी में 'शब्दानुशासन' और 'छन्दानुशासन' की भाँति 'काव्यानुशासन' की रचना की, पर काव्य-रचना के लिए नियमों का निर्धारण बहुत सरलता से मान्य नहीं था। वैसे भी हेमचन्द्र ने 'काव्य प्रकाश' का मानो एक संक्षिप्त संस्करण ही प्रस्तुत कर दिया था।

'काव्य प्रकाश' को ही आधार मानकर आचार्य विश्वनाथ ने 'साहित्य दर्पण' की रचना की। मम्मट ने अपने ग्रंथ में नाट्य समीक्षा नहीं की थी। इसे एक कमी मानकर विश्वनाथ ने 'साहित्य दर्पण' में नाट्य समीक्षा का सविस्तर विवेचन किया। यह भी तो सम्भव है कि मम्मट नाट्यशास्त्र और काव्यशास्त्र अर्थात् दृश्यकाव्य और श्रव्य काव्य के मध्य एक विभाजक रेखा खींचकर काव्यशास्त्र की स्वतंत्र सत्ता सिद्ध करना चाहते रहे होंगे, जिसे अभाव मानकर विश्वनाथ ने नाट्य-विवेचन को भी अपने ग्रंथ में सम्मिलित किया। वैसे मम्मट ने नाट्य-समीक्षा इसलिए भी नहीं की कि ध्वनिवाद में काव्य और नाट्य में कृति और अनुभूति की दृष्टि से कोई विशेष अन्तर नहीं माना गया। काव्य और नाटक का भेद तो अभिनय की अव्यक्तता और व्यक्तता के आधार पर ही सम्भव है। मम्मट ने काव्य की रचना और उसके आस्वाद या अनुभव के विश्लेषण में ही नाटक की रचना और उसके आस्वाद को गतार्थ माना है। विश्वनाथ केवल काव्य को ही नहीं सम्पूर्ण साहित्य की अर्थवत्ता को लेकर चल रहे थे। उनका नाटक विवेचन महत्त्वपूर्ण अवश्य है, पर उसके नहीं होने से 'काव्य प्रकाश' का महत्त्व कम नहीं हो जाता। पंडितराज जगन्नाथ का 'रसगंगाधर' अलंकार शास्त्र का एक महत्त्वपूर्ण ग्रंथ है। उसमें पर्याप्त पांडित्य और चमत्कार प्रदर्शन है जो पंडितों को विस्मय-विमुग्ध भी कर देता है। अतः विश्वनाथ का 'साहित्य दर्पण' एक मध्यम मार्ग का काव्यशास्त्रीय ग्रंथ है जिसमें साहित्य शास्त्र के प्रायः सभी पक्षों को सुबोध और ग्राह्य बनाकर प्रस्तुत किया गया है।

स्पष्ट हो चुका है कि कविराज विश्वनाथ महापात्र का रस-स्वरूप-विश्लेषण मुख्य रूप से मम्मट से प्रेरित है। 'साहित्यदर्पण' के तीसरे परिच्छेद (2 तथा 3) में उनकी रस-चेतना का संकेत मिलता है कि सहृदय अपने चित्त में सत्त्वोद्रेक की अवस्था में अखंड, स्वप्रकाशानन्द, चिन्मय, इतर ज्ञान से मुक्त, ब्रह्मास्वाद सहोदर, लोकोत्तर चमत्कार प्राण रस का उसके अपने आकार से अभिन्न रूप में आस्वाद करता है।[7] इस परिभाषा के कई पक्ष हैं—

1. सत्वोद्रेक-युक्त-चित्त की स्थिति मे रस का निष्पन्न होना,
2. रस की अखंडता,

3. रस में इतर ज्ञान का पूर्ण अभाव
4. रस का स्वप्रकाशानन्द होना,
5. रस का चिन्मय होना,
6. रस का लोकोत्तर चमत्कार से युक्त होना,
7. रस का ब्रह्म के आस्वाद का सहोदर रूप होना तथा
8. रसास्वादन की रीति का निज स्वरूप में अभिन्न होना।

विश्वनाथ का तात्पर्य है कि रस की निष्पन्नता रजोगुण एवं तमोगुण से रहित अर्थात् लोक-जीवन के राग-द्वेष से मुक्त चित्त के सत्व के उद्रेक की अवस्था में सम्भव है। रसानुभूति एक अखंड अनुभूति है। इसमें विभाव, अनुभाव या व्यभिचारी भाव अलग-अलग सत्ता के रूप में नहीं बल्कि ये सभी आनन्द की समग्र दशा में व्यक्त होते हैं। इस अनुभूति में इतर ज्ञान नहीं रहता, अपने-पराए का भेद मिट जाता है। यह आन्तरिक होता है, ऊपर से आरोपित नहीं। यह इंद्रिय ग्राह्य लौकिक अनुभवों से भिन्न, लोकोत्तर चमत्कार से युक्त आन्तरिक अनुभव होता है। यह रसास्वादन काव्य का ही आस्वादन होता है। वे यह भी कहते हैं कि पूर्वजन्म के पुण्य से काव्यानुशीलन करने के संस्कार जिसमें विद्यमान होते हैं, वही व्यक्ति अपने स्वरूप की भाँति अभिन्न होकर रसास्वादन करता है। विश्वनाथ करुण रस की सुखात्मता सिद्ध करते हुए सहृदयों के अनुभव को ही इसका प्रमाण मानते हैं—'सचेतसाम अनुभवः प्रमाणं तत्र केवलम्' (वही, 3/4, 5)।

काव्य को पढ़ना दुख को मोल लेने जैसी वस्तु नहीं है। यदि ऐसा होता तो 'रामायण' या 'उत्तररामचरित' जैसे काव्य तो दुख प्रदाता कहलाते। किसी काव्य या नाटक के रसास्वादन के समय सहृदय 'सामान्य' या 'साधारण' हो जाता है और वह नट के कार्य-व्यापार को अपना कार्य-व्यापार समझने लगता है। इसी साधारणीकरण से उसे रसास्वाद का अनुभव होता है। विश्वनाथ 'वत्सल' या वात्सल्य रस की सत्ता भी स्वीकार करते हैं और युक्तिपूर्वक रस को अलौकिक सिद्ध करते हैं।

आचार्य विश्वनाथ की रस-दृष्टि मुख्यतः मम्मट की रस विषयक स्थापनाओं से प्रेरित और प्रमाणित है। उनक समय तक रस विषयक धारणा प्रौढ़ और परिपक्व हो चुकी थी। उन सभी सर्वमान्य धारणाओं का उन्होंने भरपूर लाभ उठाया है। ऐसे विश्वनाथ की रस-दृष्टि अत्यन्त स्पष्ट है। वे आचार्य भरत की भाँति रस को प्रपानक रस के समान 'विभावादि संवलित' प्रतीति माना है (साहित्य-दर्पण-3/16)। वे स्पष्टतया उसे समूहालम्बतात्मक रूप में स्वीकार करते हैं (यस्मादेव विभावादि समूहालम्बनात्मकः—वही, 3/21)। मम्मट और पंडितराज जगन्नाथ की भी धारणा ऐसी ही है। विश्वनाथ का रस विषयक मत इसलिए भी महत्त्वपूर्ण लगता है कि जहाँ विभावादि में से किसी एक या दो का ही वर्णन होता है, वहाँ शेष का आक्षेप कर लिया जाता है (वही, 3/17)। इस आक्षेप से ही बिम्ब या चित्र उभरकर सामने आता है। यह सहृदय की खूबी है कि वह स्थिति के अनुसार विभाव आदि का संयोजन कर ले। जैसा रस होगा, उसी के अनुसार अन्य भाव आदि का बोध होगा। अतः विभाव, अनुभाव या व्यभिचारी भावों के एकत्र संयोग में रसभाव की अनुभूति सम्भव है। इनके एकत्र संयोग से निष्पत्ति पूर्ण होती है। यही

धारणा मम्मट के काव्य प्रकाश में भी 'पृथक् अनैकान्तिकत्वात् सूत्रे मिलिता निर्दिष्टा: (काव्य-प्रकाश, पृ. 95) के द्वारा भी होती है।

आचार्य विश्वनाथ ने मुख्यत: परम्परामान्य आठ रसों को स्वीकार किया है, किन्तु पूर्वाचार्यों से सहमत होते हुए भी वे नवें शान्त रस को भी जोड़ते हैं और दसवाँ रस 'वात्सल्य' को मानते हैं। डॉ. सुशील कुमार डे ने इस 'वात्सल्य' नामक दशम रस के सम्बन्ध में लिखा है कि "इस रस को स्वीकार करने पर ऐसा प्रतीत होता है कि वे वैष्णव विचारों से प्रभावित थे। उन्होंने एक छंद का उद्धरण देकर इसकी व्याख्या की है कि वह भाव जिसे महामुनियों ने शान्त कहा है और अन्य सभी रसों में जिसका आधार शम है, वह अवस्था, जिसमें न दु:ख होता है और न सुख न घृणा होती है और न प्रेम और न कोई आकांक्षा।[8]"

आचार्य विश्वनाथ ने 'वत्सल' या 'वात्सल्य' रस को स्वीकार किया है। माता-पिता का पुत्र की प्रति स्नेह वत्सल रस का विषय है। विश्वनाथ कहते हैं कि प्रकट चमत्कार होने के कारण कतिपय आचार्य वत्सल रस भी मानते हैं। इसका स्थायी भाव, वत्सल, स्नेह है और पुत्रादि आलम्बन है। विद्या, शूरता, दया पुत्रादि की चेष्टाएँ वत्सल के उद्दीपन विभाव हैं। आलिंगन, अंगस्पर्श, शिरचुम्बन, देखना, रोमांच, आनन्दाश्रु आदि इसके अनुभाव हैं और अनिष्ट की आशंका, हर्ष, गर्व आदि संचारी भाव हैं।[9]

काव्यशास्त्रियों एवं अन्य विचारकों ने भी अपने-अपने युग में रस-भेदों की कल्पना की है। भानुदत्त ने 'रस-तरंगिणी' में रसों के अन्तर्गत 'माया' की भी गणना की है। रुद्रट ने प्रेयस् रस का उल्लेख किया है जिसे भोज ने भी स्वीकार किया है। लेखकों ने श्रद्धा और भक्ति को भी रस माना है। अब तो विश्वविद्यालयों में मौलिकता के नाम पर 'उद्वेग रस' तक की कल्पना कर शोध-रचना की जाने लगी है।

अलंकार-विवेचन

विश्वनाथ रसवादी आचार्य होने के कारण रस-ध्वनिवादी आचार्यों की भाँति काव्य में रस की अपेक्षा अलंकारों को गौण महत्त्व देते थे। दूसरे, भामह से लेकर रुय्यक तक अलंकारों की स्वरूप-कल्पना में इतनी वृद्धि हो गई थी कि नए और मौलिक अलंकारों की कल्पना के लिए विशेष अवकाश नहीं था। फिर भी विश्वनाथ ने परम्परा-पालन और शब्दार्थालंकारों पर विचार किया। इस क्रम में उनके कुछ नए दृष्टिकोण भी आए हैं, जैसे शब्दालंकारों में उन्होंने प्रहेलिका की अलंकारता का खंडन किया है।[10] रुद्रट जैसे पूर्ववर्ती आचार्यों ने प्रहेलिका को 'क्रीड़ा मात्रोपयोगी' कहा था।[11] बौद्धिक चमत्कार-प्रदर्शन और अति वैचित्र्य को इस रसवादी आचार्य ने भी इसी कारण स्वीकार नहीं किया।

शब्दालंकारों का विवेचन करते हुए विश्वनाथ पूर्ववर्ती आचार्यों द्वारा प्रस्तुत लक्षणों को ही मान लेते हैं। उनका श्रुत्यनुप्रास दंडी द्वारा माधुर्य गुण के विवेचन-क्रम पर आधारित है। इसी प्रकार उनका अन्त्यानुप्रास भी दंडी के पादान्त यमक से अभिन्न है। (दंडी का काव्यादर्श, 3/2)। विश्वनाथ जिस 'भाषा सम' नामक शब्दालंकार की कल्पना करते हैं, उसके मूल में संस्कृत, प्राकृत जैसी अनेक भाषाओं के उपयोग को एकत्र महत्त्व मिला है। पूर्ववर्ती विचारकों के 'भाषाश्लेष' से यह विवेचन साम्य रखता है। विश्वनाथ

इसमें इतनी ही मौलिकता दिखाते हैं कि वे विभिन्न भाषाओं में एक ही तरह के शब्द से वाक्य की योजना को भाषा सम अलंकार मानते हैं। प्राचीन आलंकारिक जिस काकु और श्लेष पर आधारित वक्रोक्ति को अर्थालंकार मानते हैं। उसे विश्वनाथ शब्दालंकार की श्रेणी प्रदान करते हैं। उन्होंने श्लेष के सभंग और अभंग भेदों को भी स्वीकार किया है।

विश्वनाथ अर्थालंकारों के क्षेत्र में पहले से चली आती हुई मान्यताओं का ही समर्थन करते हैं। उनके लक्षणों का अधिकांश मम्मट और रुय्यक के लक्षणों पर आधारित है। विचारक यह भी मानते हैं कि विश्वनाथ का अलंकार विषयक दृष्टिकोण समन्वयात्मक है और उनका अनुकूल नामक अलंकार अवश्य नवीन है (साहित्य दर्पण, 10/84) जिसमें प्रतिकूल आचरण को अनुकूल बनाया जाता है। इसके अतिरिक्त वे किसी नवीन अलंकार की उद्‌भावना नहीं करते।

आचार्य विश्वनाथ का 'साहित्य दर्पण' काव्य-विद्या के विवेचन का एक पूर्ण और उपयुक्त ग्रंथ है। मम्मट के काव्य-प्रकाश की भाँति कारिका एवं वृत्ति शैली में लिखे इस ग्रंथ का एक बड़ा गुण-मम्मट या जगन्नाथ के ग्रंथों की अपेक्षा शैली की सरलता और सारगर्भिता है। विश्वनाथ ने अपनी काव्य-परिभाषा में रस-ध्वनि को महत्त्व दिया है, पर डॉ. सुशील कुमार डे के विचार से अकेली रस-ध्वनि को ही मान्यता देना उचित नहीं है। काव्य के व्याप्त लक्षण के अन्तर्गत वस्तु-ध्वनि और अलंकार-ध्वनि का भी स्थान होना चाहिए। विश्वनाथ का उत्तर है कि 'ध्वन्यालोक' में वस्तु-ध्वनि के उदाहरण के रूप में दिया गया श्लोक मान्य इसलिए है कि क्योंकि उसमें रस का स्पर्श है। इसलिए नहीं कि व्यंग्य वस्तु मात्र ही आत्मा का लक्षण है। पंडितराज जगन्नाथ ने इसका उत्तर यह दिया है कि रस को इस प्रकार अप्रत्यक्ष रूप से मान्यता देने से कुछ लाभ नहीं, क्योंकि गाय जाती है, अथवा हिरण चौकड़ी भरता है जैसे वाक्यों में भी अप्रत्यक्ष रूप से रस का भाव हो सकता है। इसे काव्य का एकमात्र निकष नहीं माना जा सकता अन्यथा काव्य की प्रत्येक वस्तु रस की उत्तेजक, उपकारक अथवा सहायक मात्र बन जाएगी।[12]

'साहित्य दर्पण' में वर्णित शब्दालंकार एवं अर्थालंकार निम्नलिखित हैं— पुनरुक्तवदाभास, अनुप्रास (छेक, वृत्ति, श्रुति, अंत्य और लाट), यमक, वक्रोक्ति, भाषासम, श्लेष तथा चित्र।

अर्थालंकार-उपमा, अनन्वय, उपमेयोपमा, स्मरण, रूपक, परिणाम, सन्देह, भ्रांतिमान्, उल्लेख, अपह्नुति, निश्चय, उत्प्रेक्षा, अतिशयोक्ति, तुल्ययोगिता, दीपक, प्रतिवस्तूपमा, दृष्टांत, निदर्शना, व्यतिरेक, सहोक्ति, विनोक्ति, समासोक्ति, परिकर, श्लेष, अप्रस्तुत प्रशंसा, व्याजस्तुति, पर्यायोक्त, अर्थान्तरन्यास, काव्यलिंग, अनुमान, हेतु, अनुकूल, आक्षेप, विभावना, विशेषोक्ति, विरोध, असंगति, विषम, सम, विचित्र, अधिक, अन्योन्य, विशेष, व्याघात, कारणमाला, मालादीपक, एकावली, सार, यथासंख्य, पर्याय परिवृत्ति, परिसंख्या, उत्तर अर्थावृत्ति, विकल्प, समुच्चय, समाधि, प्रत्यनीक, प्रतीप, मीलित, सामान्य, तद्गुण, अतद्गुण, सूक्ष्म, व्याजोक्ति, स्वभावोक्ति, भाविक, उदात्त, रसवत्, प्रेय, ऊर्जस्वी, समाहित, भावोदय, भावसन्धि, भाव-शबलता, संसृष्टि तथा संकर।

उनका अन्त्यानुप्रास दंडी के पादान्त यमक से मिलता-जुलता है।[13]

अर्थालंकार के क्षेत्र में विश्वनाथ पूर्वाचार्यों की मान्यताओं का ही अनुसरण करते

दिखाई देते हैं। सामान्यत: उनके अलंकार लक्षणों के आधार मम्मट और रुय्यक के ग्रंथ हैं। रुय्यक और मम्मट के अलंकार-विवेचन में विश्वनाथ समन्वयात्मक दृष्टि से काम लेते हैं। जैसे सम अलंकार का विवेचन मम्मट के आधार पर तथा विचित्र अलंकार का विवेचन रुय्यक के अनुसार उन्होंने किया है। वैसे विचारकों की दृष्टि में विश्वनाथ ने केवल 'अनुकूल' नामक अलंकार की मौलिक उद्‌भावना की है। स्पष्ट है कि अलंकारों के सम्बन्ध में विश्वनाथ गतानुगतिक रूप में ही विचार करते हैं। नवीन अलंकारों की उद्‌भावना का उनका अधिक आग्रह भी नहीं है। कविराज विश्वनाथ महापात्र मूलत: कवि हैं, पर साहित्यशास्त्र के लोकप्रिय ग्रंथ 'साहित्य दर्पण' के कारण उन्हें अत्यन्त लोकप्रियता प्राप्त हुई है।

विश्वनाथ ने 'साहित्य दर्पण' के दशम परिच्छेद में शब्दालंकारों के विवेचन-क्रम में श्रुत्यनुप्रास और अन्त्यानुप्रास भेदों का निरूपण किया है। विश्वनाथ अनुप्रास को 'पंचधा तत: ' कहते हैं। ये भेद क्रमश: छेकानुप्रास, वृत्यनुप्रास, श्रुत्यनुप्रास, अन्त्यानुप्रास एवं लाटानुप्रास के रूप में हुए हैं। इनका श्रुत्यनुप्रास (द्रष्टव्य साहित्य दर्पण, 10/5) 'श्रुतिसुखावह' अत्यन्त कर्णप्रिय है। अनुप्रास में स्वर की समता के सौंदर्य के साथ व्यंजन की समता का सौंदर्य भी अपेक्षित है। विश्वनाथ के श्रुत्यानुप्रास अलंकार को मधुरता के बावजूद लोकप्रियता प्राप्त नहीं हुई जबकि वृत्यनुप्रास का महत्त्व बना रहा। वैसे भोज ने अपने ग्रंथ 'सरस्वती कंठाभरण' में श्रुत्यनुप्रास की चर्चा की है। काव्य शास्त्रियों ने छेकानुप्रास, वृत्यनुप्रास और लाटानुप्रास के रूप में ही अनुप्रास के रूप ग्रहण किए। विश्वनाथ और जयदेव आदि ने अन्य भेदों की भी प्रकल्पना की, पर वे भेद लोकमान्य नहीं हो पाए। विश्वनाथ ने जो दो भेद किए थे, वे वृत्यनुप्रास में ही अन्तर्भुक्त हो गए। विश्वनाथ के 'अन्त्यानुप्रास' के आधार पर ही जयदेव ने 'स्फुटानुप्रास' की कल्पना की थी। 'साहित्य दर्पण' में 'भाषासम' नामक स्वतंत्र शब्दालंकार की चर्चा हुई है। उसके लक्षण में कहा गया है कि जहाँ एक ही प्रकार के शब्दों से अनेक भाषाओं में वही वाक्य रहे, उसे भाषासम अलंकार कहेंगे। यही अलंकार पद-विभिन्नता के कारण 'भाषाश्लेष' कहलाता है। भाषासम अलंकार कवि के चमत्कार और कौशल को सूचित करता है।

विश्वनाथ ने 'साहित्य दर्पण' में सन्देह, भ्रम, रूपक-ध्वनि और अपह्नुति से भिन्न निश्चय नामक अलंकार की रचना की है। इसी प्रकार विश्वनाथ ने हेतु अलंकार-चर्चा के बाद अनुकूल अलंकार का सृजन किया है, जहाँ प्रतिकूलता से ही अनुकूल कार्य का सृजन किया है, जहाँ प्रतिकूलता से ही अनुकूल कार्य का सम्पादन पूर्ण होता है। आगे चलकर अनुकूल अलंकार की चर्चा आचार्यों ने नहीं की।

दोष-विवेचन

'साहित्य दर्पण' के सप्तम परिच्छेद में विश्वनाथ ने दोष-विवेचन किया है। उन्होंने दोष का लक्षण रसापकर्षक रूप में दिया है—'रसापकर्षका: दोषा: (पृ. 327)। रसात्मक वाक्य को काव्य मानने के कारण भी उन्हें दोष को रस से प्रत्यक्षत: संबद्ध करना ही था। इन्होंने शब्दार्थ दोषों को भी रसापकर्षक माना है। ये कहते हैं कि जैसे कानापन आदि दिव्यांग मूलक दोष शरीर को दूषित करते हुए उसके द्वारा उसमें रहनेवाली आत्मा के

ही अपकर्ष की सूचना देते हैं और मूर्खता आदि को उस आत्मा का ही अपकर्ष बताते हैं, वैसे ही 'श्रुतिदुष्ट' तथा 'अपुष्टार्थ' आदि दोष काव्य के शरीर भूत शब्दार्थ को दूषित करते हुए उसकी आत्मा रस का ही अपकर्ष सूचित करते हैं और 'स्वशब्दवाच्यत्व' आदि रसदोष साक्षात् रस का ही अपकर्ष करते हैं।[14]

विश्वनाथ ने मम्मट के सभी पद दोषों, वाक्य दोषों और अर्थ दोषों को स्वीकार किया है (वही, परिच्छेद 7)। उनके लक्षण भी मम्मट के दोष-लक्षणों के समान ही हैं। केवल दो दोषों के नाम विश्वनाथ ने परिवर्तित कर दिए हैं, वे हैं—मम्मट के श्रुतिकटु और 'त्यक्तपुनः स्वीकृत' इनमें उन्होंने श्रुतिकटु को 'दुःश्रवत्व' और 'त्यक्त पुनः स्वीकृत' को निर्मुक्त पुनरुक्तत्व' नाम दिया है (वही, पृ. 248)। मम्मट समर्थित दस रसदोषों के प्रतिपादन के बाद विश्वनाथ ने 'अन्यदनौचित्य' के उदाहरण के रूप में देशकाल आदि के अन्यथा वर्णन को प्रस्तुत किया है (अन्यदनौचित्यं देशकालादीनामन्यथा यद् वर्णनम्—वही, पृ. 250)। यह दोष भामह आदि पूर्ववर्ती अलंकारिकों से लिया गया प्रतीत होता है। अतः विश्वनाथ एक भी नवीन दोष प्रस्तुत नहीं कर पाए और उन्होंने अलंकार-दोषों को भी मम्मट की भाँति शब्दार्थ-दोषों के भीतर ही मान लिया है। इसका कारण यह है कि मम्मट ने अलंकार दोषों की पृथक् सत्ता स्वीकार नहीं की थी। अपने शब्दार्थ दोषों में ही उन्होंने उनको अन्तर्भुक्त किया था। यही नहीं, मम्मट ने तो कुछ विशिष्ट अलंकार-दोषों की चर्चा के बाद कह दिया था कि इसी प्रकार अन्य अलंकार-दोषों को भी सामान्य दोषों में अन्तर्भुक्त मान लेना चाहिए।[15] विश्वनाथ ने भी इसी आधार पर मम्मट का अनुगमन किया।

विश्वनाथ की गुण-चर्चा

काव्य-गुणों पर विचार करते हुए विश्वनाथ ने आनन्दवर्धन और मम्मट का अनुगमन करते हुए उसे काव्य के अंगी रस के रूप में स्वीकार किया है।[16] विश्वनाथ ने 'माधुर्यमोजोऽथ प्रसाद इति ते त्रिधा[17] कहकर माधुर्य, ओज और प्रसाद गुणों का प्रतिपादन किया है, पर वे गतानुगतिक ढंग से विचार नहीं करते। वे तो मम्मट की मूल धारणा का ही विरोध करते दिखाई देते हैं। मम्मट ने माधुर्य आदि गुणों को चित्त की द्रुति का कारण माना था, पर विश्वनाथ इससे सहमत होते नहीं दीखते। वे उस मत का खंडन करते हुए कहते हैं कि चित्त की द्रुति आस्वादन रूप आह्लाद से अलग नहीं है। मम्मट भी माधुर्य आदि को आह्लाद स्वरूप भी मानते हैं। ऐसी स्थिति में जो माधुर्य आह्लाद का कारण है, वह अपने स्वरूप से अभिन्न द्रुति का कारक कैसे हो सकता है? कार्य-कारण में तो भिन्नता होनी चाहिए। वास्तव में चित्त की द्रवणशीलता और आह्लाद, दोनों एक ही हैं। इस दृष्टि से विश्वनाथ का विचार आनन्दवर्धन से मिलता-जुलता है। आनन्दवर्धन भी माधुर्य आदि को चित्त की द्रुति का कारण नहीं, चित्तवृत्ति का स्वरूप ही मानते थे। इसी कारण वे शृंगार आदि को मधुर कहते हैं। अतः विश्वनाथ ने माधुर्य, ओज और प्रसाद आदि गुणों को चित्त की वृत्तियाँ मानकर उनके स्वरूप का विधान किया है।

माधुर्य गुण

विश्वनाथ की परिभाषा के अनुसार चित्त का द्रवीभाव रूप आह्लाद माधुर्य गुण कहलाता

है।[18] यहाँ यह बात विचारणीय है कि यदि चित्त की द्रुति को आस्वाद रूप आह्लाद से एक समान माना जाए तो वह रस से अभिन्न हो जाएगा, आस्वाद से रस भिन्न नहीं होता और जब द्रुति ही माधुर्य है तब उसे भी रस रूप होना चाहिए। वह विश्वनाथ के द्वारा रस का धर्म माना गया है। माधुर्य आदि गुण शृंगार आदि इस से अभिन्न हो जाने पर रस-धर्म कैसे माने जाएँगे? पर विश्वनाथ द्वारा चित्त में होनेवाली आर्द्रता ही चित्त की द्रुति कहलाती है।[19] वह ईर्ष्या, क्रोध आदि से युक्त दीप्तत्व एवं विस्मय, हास आदि से उत्पन्न चित्त की स्वाभाविक विषयान्तर आसक्ति का त्याग होने पर रति, शोक और निर्वेद के स्वरूप से युक्त आनन्दात्मक अनुभूति होती है। अतः यह आर्द्रता ही माधुर्य है। यह रस का धर्म है।

यहाँ विश्वनाथ मम्मट से सहमत होकर रस में माधुर्य गुण की स्थिति स्वीकार करते हैं। रस धर्म होने पर भी गुण समुचित वर्णों से व्यंजित होते हैं। उचित संघटना से ही गुण प्रकाशित होते हैं। उनके अनुसार सम्भोग शृंगार, करुण, वियोग शृंगार एवं शान्त रसों में माधुर्य का उत्तरोत्तर आधिक्य मिलता है।[20] इसका उदाहरण स्वयं विश्वनाथ द्वारा रचित है। उन्होंने वर्णों की कोमलता को माधुर्य का कारक बताते हुए मोटे तौर पर अनुनासिक वर्णों से युक्त टवर्ग छोड़कर कवर्ग से पवर्ग तक के वर्ण आदि माधुर्य का व्यंजक बताया है। असमास, अल्प समास तथा श्रव्य संघटना भी उसकी व्यंजना में सहायक होती है।[21]

ओजगुण

विश्वनाथ के अनुसार चित्त का विस्तार रूप दीप्तत्व ओज गुण है। मम्मट ने ओज को चित्त के दीप्तत्व का हेतु माना है, पर विश्वनाथ उसे दीप्तत्व स्वरूप ही मानते हैं।[22] यहाँ विश्वनाथ और मम्मट की धारणा समान ही दिखाई पड़ती है। मम्मट की ही भाँति वे वीर, वीभत्स और रौद्र रसों में इसका क्रमशः आधिक्य मानते हैं।[23] विश्वनाथ के अनुसार वर्ण के वर्ग के प्रथम एवं तृतीय वर्णों से युक्त द्वितीय और चतुर्थ वर्ण अर्थात् अल्पप्राण वर्ण से संयुक्त महाप्राण वर्ण, ऊपर और नीचे रेफ से युक्त वर्ण तथा संयुक्त या असंयुक्त ट, ठ, ड वर्ण तथा श और ष वर्ण ओज गुण के व्यंजक हैं। दीर्घ समास एवं विकटार्थ बोधिनी संघटना भी ओजगुण की व्यंजना करने में समर्थ होती है।[24]

प्रसाद गुण

प्रसाद गुण के सम्बन्ध में विश्वनाथ कहते हैं कि जैसे सूखे ईंधन में अग्नि झट से व्याप्त हो जाती है, इसी प्रकार जो गुण चित्त में तुरत व्याप्त हो जाए, उसे प्रसाद कहते हैं। यह गुण समस्त रसों और रचनाओं में रह सकता है।[25] सुनते ही जिसका अर्थ प्रतीत हो जाए, ऐसे सरल और सुबोध पद 'प्रसाद' गुण के व्यंजक होते हैं। इसका एक रोचक उदाहरण[26] विश्वनाथ प्रस्तुत करते हैं कि 'हे कि' हे 'मुक्ताहार' एक तुम हो जो केवल सूई की नोक से एक ही बार बिद्ध होने पर सदा प्रिया के वक्ष पर लोटते रहते हो और एक मैं हूँ जो कामदेव के असंख्य वाणों से सैकड़ों बार मर्माहत होने पर भी कभी स्वप्न तक में उसके दर्शन नहीं पाता। इस पद्य के सरल पद प्रसाद गुण के व्यंजक है। मम्मट ने भी प्रसाद गुण को सभी रसों का गुण माना है। इससे सम्बन्धित शब्दों का निर्धारण भी

मम्मट की धारणा के अनुसार किया गया है। इन गुणों के रस-धर्म होने पर भी लक्षणा से इन्हें शब्द-अर्थ भी माना जाता है।

विश्वनाथ के ये तीन गुण प्राचीन आचार्यों के दस शब्दार्थ गुणों को निष्प्रयोजन सिद्ध कर देते हैं। मम्मट की भाँति विश्वनाथ भी श्लेष, समाधि, औदार्य तथा प्रसाद शब्द गुणों का अन्तर्भाव ओजगुण में करते हैं। वे वामन के शब्द-माधुर्य का माधुर्य में अन्तर्भाव करते हैं, यह भी मम्मट की धारणा के अनुकूल है। अर्थ-व्याप्ति का प्रसाद गुण में अन्तर्भाव किया गया है। संक्षेप में कहा जाए कि प्राचीन आचार्यों के शब्दगत एवं अर्थगत गुणों की वे सत्ता नहीं मानते। मम्मट की गुण-धारणा का पुष्कल प्रभाव विश्वनाथ पर दिखाई देता है। वे मम्मट की भाँति गुण को चित्तवृत्ति का हेतु न मानकर चित्तवृत्ति स्वरूप मानने में ही अपनी मौलिकता का प्रदर्शन करते हैं।

वास्तव में मम्मट आदि ध्वनिवादी आचार्यों ने रसगत तीन गुणों की सत्ता स्वीकार करके प्राचीन आचार्यों के शब्दार्थगत गुणों से पृथक् सत्ता को स्वीकार किया है। उनके अनुसार—

1. कुछ गुण इन तीन गुणों में अन्तर्भुक्त हैं,
2. कुछ दोषाभाव मात्र हैं तथा
3. कुछ स्थिति विशेष में दोष का रूप ले लेते हैं।

ऐसी स्थिति में उनके स्वतंत्र अस्तित्व की कल्पना अनावश्यक है। कुछ विचारक तो उदारवादी दृष्टि से शब्दार्थ गत गुण को अनुपादेय नहीं मानते। वे श्लेष आदि रस शब्दार्थ गुण तथा माधुर्य आदि तीन रसगत गुणों को स्वीकार करने के पक्ष में दिखाई देते हैं। फिर भी माधुर्यादि तीन गुण व्यापक रूप से मधुर, ओजस्वी तथा प्रसन्न वर्गों का प्रतिनिधित्व करते हैं, वे हृदय के सभी भावों को चित्त की द्रुति, दीप्ति एवं विकास की अवस्थाओं में मनोभावों के सूक्ष्म स्वरूप का पता देते हैं।

काव्य-गुणों की मनोवैज्ञानिक स्थिति की चर्चा रसवाद के आधुनिक व्याख्याता डॉ. नगेन्द्र ने करते हुए मनोवैज्ञानिक स्थितियों का निर्धारण किया है। वस्तुतः गुण-धारणा पर ध्वनिवादी आचार्यों ने पर्याप्त विचार किया है। आनन्दवर्धन से लेकर जगन्नाथ तक गुण रस तथा चित्त वृत्ति के पारस्परिक सम्बन्धों की अनेक मान्यताएँ प्रस्तुत हुई थीं। कुछ आचार्यों ने गुण को द्रुति, दीप्ति आदि चित्तवृत्ति का रूप माना था तो कुछ ने चित्त की द्रुति का कारण कहा था। जगन्नाथ ने तो गुण को द्रुति आदि चित्त वृत्तियों का प्रयोजक माना था। डॉ. नगेन्द्र ने गुण, चित्तवृत्ति और रस के पारस्परिक सम्बन्धवाले मतों की व्याख्या की है। उन्होंने जगन्नाथ के मत को दोषपूर्ण माना है—"एक ओर तो पंडितराज गुण को वस्तु के रूप में ही रस और शब्दार्थ, दोनों का धर्म मानते हैं और दूसरी ओर प्रयोजक-प्रयोज्य सम्बन्ध से उसे चित्तवृत्ति रूप भी मानते हैं। रस-धर्म होने के नाते तो यह गुण चित्तवृत्ति रूप अवश्य हो सकता है, परन्तु शब्दार्थ का धर्म होने के नाते यह सम्भव नहीं है, क्योंकि द्रुति आदि चित्तवृतियों की आह्लाद-रूप रस में तो यह स्थिति सम्भव है, पर शब्द और अर्थ में उसकी अवस्थिति कैसे मानी जा सकती है?[27]"

डॉ. नगेन्द्र यह मानते हैं कि 'रस और गुण, दोनों ही मनः स्थितियाँ हैं। दोनों में भेद यह है कि रस प्रमाता की अखंड आनन्दात्मक चित्त स्थिति है, जिसमें सभी वृत्तियाँ

अन्वित हो जाती हैं, किन्तु गुण चित्त के द्रवीभाव दीप्तत्व तथा व्यापकत्व की प्रवृत्ति है।—गुण को अनिवार्यतः आह्लाद रूप न मानकर केवल चित्त की एक दशा ही माना जाए, तो उसे सरलता से रस-परिपाक की प्रक्रिया में रस-दशा से ठीक पहली स्थिति माना जा सकता है जहाँ हमारी चित्तवृत्तियाँ पिघलकर दीप्त होकर या परिव्याप्त होकर अन्विति के लिए तैयार हो जाती हैं।"[28]

तात्पर्य यह कि गुण रस का उत्कर्षक धर्म है और रस-परिपाक में अर्थात् चित्त की आनन्दमग्नता में सहायक है। भाव में जो रस की पूर्ववर्ती अवस्था में रहते हैं, गुण की स्थिति मानकर उसे चित्त की अखंड आनन्दात्मक स्थिति बढ़ानेवाला और चित्त की विशदता का सहायक माना गया है।

महाकाव्य-चिन्तन

काव्य-चिन्तन की परम्परा में महाकाव्यों का स्वरूप-विधान आचार्यों का प्रिय विषय रहा है। महाकाव्य का महत् तत्त्व आरम्भ से ही विचारणीय विषय रहा है। इसी परम्परा का निर्वाह करते हुए विश्वनाथ ने महाकाव्य पर भी गम्भीरतापूर्वक विचार किया है। विश्वनाथ महाकाव्य का एक विराट् मानचित्र खींचते हैं—महाकाव्य सर्गबद्ध हो, महाकाय हो, उसका नायक देवता या सद्वंशजात क्षत्रिय हो, वह धीरोदात्त गुण से युक्त हो। इस महाकाव्य में एक या अनेक नायक हों। विश्वनाथ रस के सम्बन्ध में अपना मत देते हैं कि उसमें श्रृंगार, वीर एवं शान्त रस में से कोई भी एक रस अंगी हो। आचार्य भामह तो सकल रसों के होने की बात करते हैं—'रसैश्च सकलैः पृथक्'। इसके बदले विश्वनाथ 'अंगानि सर्वेऽपि रसाः' कहते हैं इसमें नाटकीय पंच सन्धियाँ हों, कथा का इतिवृत्त-ऐतिहासिक या काल्पनिक हो, चतुर्वर्ग का फल प्राप्त हो। विश्वनाथ कहते हैं कि उनमें से कोई एक फल मुख्य हो, आरम्भ में मंगलाचरण हो चाहे वह आशीर्वादात्मक हो, नमस्कारात्मक हो या वस्तुनिर्देशात्मक हो, सज्जनों की प्रशंसा और खलों की निन्दा हो, छन्दोविधान एक समान हो, पर सर्ग के अन्त में छन्द परिवर्तन हो, सर्ग कभी-कभी अनेक छन्दों से भी युक्त हों, सर्गान्त में भावी सर्ग की कथा-सूचना हो, सन्ध्या, सूर्य, चन्द्र, रजनी, प्रदोष, दिन, प्रातः, मध्याह्न, मृगया, वन, सागर, सम्भोग, वियोग, मुनि, स्वर्ग यज्ञ, रण, विवाह, पुत्र-सुख आदि का वर्णन हो। विश्वनाथ ने महाकाव्य का नामकरण कवि, इतिवृत्त, नायक आदि के आधार पर करना चाहा है।

विश्वनाथ की महाकाव्य विषयक धारणा समग्र जीवन के विस्तार एवं क्रिया-कलापों से संबद्ध है। लोक-स्वभाव का पालन करते हुए समग्र मानव-जीवन की महत् झाँकी इसमें मिलती है। जीवन के इसी उत्थान-पतन से महाकाव्य में महाप्राणता आती है।

शब्दशक्ति-विवेचन

शब्द और अर्थ परस्पर अभिन्न होते हैं। शब्दों का अर्थ उनके प्रयोग और तात्पर्य पर आधारित होता है तथा वे नियत शब्द, नियत व्यक्ति या वस्तु के लिए नियत समय पर नियत अर्थ देते हैं। 'नियत पद का नियत पदार्थ से सम्बन्ध' 'शब्द शक्ति' का मूलाधार माना गया है। शब्द अनेकार्थवाचक होते हैं, अतः उनकी एकाधिक शक्तियाँ गिनाई गई

हैं। विचारकों ने शब्द शक्तियों के विवेचन-क्रम में सात भेद तक बताए हैं—अभिधा, लक्षणा, व्यंजना, तात्पर्य, रसना, भावना तथा भोग। शब्द के अर्थ-बोध पर ये शक्तियाँ आधारित हैं।

शब्दशक्ति शब्द के अन्तर्निहित अर्थ की अभिव्यक्ति है। मम्मट इसे व्यापार कहते हैं और विश्वनाथ शक्ति। शब्दार्थ के तीन प्रकार निर्धारित किए गए हैं—अभिधेय, लक्ष्य और व्यंग्य। इनका विवर्तन करनेवाली शक्तियाँ ही अभिधा, लक्षणा और व्यंजना कही गई हैं। मम्मट ने 'काव्यप्रकाश' के द्वितीय उल्लास में 'स्याद्वाचिको लाक्षणिक: शब्दोऽत्र व्यंजकस्त्रिधा' की कारिका में 'अत्रेतिकाव्ये' का विशेष प्रयोग किया है। काव्य में व्यंजक शब्द चमत्कार का आधार होता है।

विश्वनाथ ने भी अपने 'साहित्य दर्पण' में अर्थ के तीन प्रकार माने हैं—वाच्य, लक्ष्य और व्यंग्य। उनके अनुसार जो अर्थ अभिधा से बोधित हो वह वाच्य, जो लक्षणा से ज्ञात हो, वह लक्ष्य और जो व्यंजना से सूचित हो, वह व्यंग्य कहलाता है। ये तीनों अभिधा, लक्षणा और व्यंजना शब्द की शक्तियाँ हैं।

अभिधा शक्ति

अभिधा शक्ति शब्द के मुख्य अर्थ की वाचिका है। साक्षात् संकेतित अर्थ-बोध अभिधा द्वारा होता है। वस्तुत: अभिधा शब्द का अर्थ-पक्ष है और व्यंजना शब्द का व्यंग्य पक्ष। अभिधा वृत्ति शब्दों में निहित होती है जबकि लक्ष्यार्थ और व्यंग्यार्थ का चमत्कार उस अर्थ के अतिरिक्त होता है। अभिधा शक्ति के तीन प्रकार निर्धारित किए गए हैं—रूढ़ि, यौगिक, एवं योग रूढ़ि। पंडितराज जगन्नाथ ने अभिधा के प्रकार रूप में केवल समुदाय शक्ति, केवलावयव शक्ति, संकर तीन भेदों पर विचार किया हैं। इन्हें ही रूढ़ि यौगिक और योगरूढ़ि कहा जाता है। इनके अतिरिक्त एक चतुर्थ भेद 'यौगिक रूढ़ि' पर भी विचार किया गया है। जगन्नाथ के अभिधा लक्षण में वैयाकरणों की ओर झुकाव अधिक लगता है।

विश्वनाथ मानते हैं कि अभिधा केवल संकेतित अर्थ का बोधन करके विरत हो जाती है। अत: उसका वस्तु, अलंकार और रसादि रूप व्यंग्य के बोधन में सामर्थ्य नहीं हो सकता'। (साहित्य दर्पण, पंचम परिच्छेद, पृ. 156)। विश्वनाथ की परिभाषा है—'तत्र संकेतितार्थस्य बोधनादग्रिमाभिधा'—साहित्य दर्पण, 2/4)। अभिधा को 'मुख्या' या प्रथमा शक्ति भी कहा गया है। यही वाच्यार्थ बोध है। शब्दकोश के अर्थ अभिधा शक्ति के आधार को ही सूचित करते हैं। मुकुल भट्ट ने अपनी पुस्तक 'अभिधावृत्ति मातृका' में अर्थ में मुख्यार्थ की सत्ता को महत्त्व दिया है—'मुखशब्देनाभिधीयते'—पृ. 1)

लक्षणाशक्ति

विश्वनाथ ने अभिधा के मुख्यार्थ के बाध (बाधा) होने पर अर्थात् वाक्य में मुख्यार्थ का अन्वय अनुपपन्न होने पर रूढ़ि (प्रसिद्धि) के कारण अथवा किसी विशेष प्रयोजन का सूचन करने के लिए, मुख्यार्थ से संबद्ध (युक्त) अन्य अर्थ का ज्ञान जिस शक्ति द्वारा होता है, उसे लक्षणा कहते हैं। वह शक्ति 'अर्पित' अर्थात् कल्पित (या अमुख्य) है।

वस्तुत: मुख्यार्थ के साथ लक्ष्यार्थ के सम्बन्ध का ज्ञान भी लक्षणा का कारण माना जाता है। विश्वनाथ ने लक्षणा के चार कारण बतलाए हैं—मुख्य अर्थ का बाध और उसके साथ लक्ष्यार्थ का सम्बन्ध एवं रूढ़ि और प्रयोजन। यह शक्ति 'अर्पित' अर्थात् कल्पित या अमुख्य है। यह लक्षणा अर्थनिष्ठ होती है, शब्दनिष्ठ नहीं। शब्द में उसका आरोप करना पड़ता है (वही, पृ. 30)। विश्वनाथ कहते हैं—'मुख्यार्थबाधे तद्युक्तो यथाऽन्योऽर्थः प्रतीयते। रूढ़े: प्रयोजनाद्वासौ लक्षणा शक्तिरर्पिता।'—साहित्यदर्पण, (2/5)। अत: लक्षणा में मुख्य बातें हैं—(1) मुख्यार्थ का बाध या बाधा, (2) मुख्यार्थ का योग और (3) रूढ़ि या प्रयोजन।

रूढ़ि और प्रयोजन के आधार पर लक्षणा के दो भेद हुए—रूढ़ि और प्रयोजनवती लक्षणा। मम्मट ने प्रयोजनवती लक्षणा के छह भेद माने थे। वे मुकुलभट्ट के अनुकरण पर 'लक्षणा तेन षड्विधा' कहते हैं। विश्वनाथ ने तो इसके अस्सी भेद गिना डाले (द्रष्टव्य-साहित्य दर्पण, 2/6-12)'। विश्वनाथ की लक्षणा की परिभाषा मम्मट से ही प्रेरित है। मम्मट मानते हैं कि मुख्य अर्थ के बाधित होने पर रूढ़ि अथवा प्रयोजन के कारण जिस क्रिया शक्ति के द्वारा मुख्य अर्थ से सम्बन्ध रखनेवाला अन्य अर्थ लक्षित हो, उसे लक्षणा-व्यापार या शक्ति कहते हैं (काव्य प्रकाश, 2/9)। विश्वनाथ ने क्रिया के स्थान पर शक्ति शब्द का प्रयोग किया है। —(साहित्य दर्पण, 2/5)। साहित्य दर्पण में किया गया भेद-विस्तार बहुत महत्त्वपूर्ण नहीं माना गया है।

व्यंजना शक्ति

अभिधा और लक्षणा अपने अर्थ का बोध कराकर जब विरत होती है तब व्यंजना-शक्ति द्वारा व्यंग्यार्थ ज्ञात होता है। यही व्यंग्यार्थ आक्षेपार्थ, सूच्यार्थ, प्रतीयमानार्थ आदि रूपों में जाना गया है। अभीष्ट अर्थ की सिद्धि के लिए अभिधा और लक्षणा शक्ति की असमर्थता के बाद व्यंजना-शक्ति का सहयोग होता है अर्थात् अभिधेय अर्थ स्पष्टत: कहा जाता है, लक्ष्यार्थ सूचित होता है और व्यंग्यार्थ का ध्वनन होता है। यह व्यंजना शाब्दी और आर्थी, दोनों प्रधान रूपों में जानी गई है। मम्मट 'काव्य प्रकाश' के तृतीय उल्लास को 'अर्थ व्यंजकता निर्णय' नाम देते हैं।

विश्वनाथ इसे स्पष्ट करते हुए कहते हैं कि अर्थ, शब्द से बोधित होने पर अभिव्यंजन करता है और शब्द भी अर्थ का आश्रय लेकर ही व्यंजित होता है। अत: एक शब्द या अर्थ जहाँ व्यंजक होता है वहाँ दूसरा सहकारी कारण रहता है। शब्द अर्थ की और अर्थ शब्द की अपेक्षा (व्यंजन में) करता है। अत: एक की व्यंजकता में दूसरे की सहकारिता अवश्य माननी पड़ेगी। (वही, 2/18 तथा विमला टीका, पृ. 45)।

यह व्यंजना व्यंजन वृत्ति या प्रकाशन वृत्ति है। मूलत: अभिधा और लक्षणा शब्दाश्रित शक्तियाँ हैं, जबकि व्यंजना शब्दों के आगे बढ़कर चेष्टा, राग आदि में भी रहती है। इस कारण वह अधिक व्यापक शक्ति है, सहृदयों का हृदय इसी से चालित होता रहता है। आनन्दवर्धन, मम्मट, विश्वनाथ, पंडितराज जगन्नाथ जैसे आचार्यों ने गहन विवेचन द्वारा उसकी सूक्ष्मता पर विस्तृत प्रकाश डाला है, जिसे संकेत रूप में समझने का यहाँ प्रयत्न किया गया है।

मूल्यांकन

कविराज विश्वनाथ महापात्र का 'साहित्य दर्पण' काव्यशास्त्रीय परम्परा में एक महत्त्वपूर्ण लोकप्रिय ग्रंथ है। उन्होंने 'साहित्य दर्पण' अध्याय 4/14 में अस्फुट व्यंग्य के उदाहरण के रूप में अल्लाउद्दीन की चर्चा की है। डॉ. पी.वी. काणे यद्यपि उन्हें अलंकारशास्त्रियों की पंक्ति में द्वितीय कोटि का लेखक मानते हैं, पर विश्वनाथ की रचना के कई उज्ज्वल पक्ष भी हैं। वे अलंकार शास्त्र की व्याख्या के साथ नाट्य-कला और रस तथा अलंकार प्रकारों की सांगोपांग चर्चा करते हैं। अपनी सरल और स्वच्छ भाषा-शैली के कारण 'साहित्यदर्पण' महत्त्व का अधिकारी ग्रंथ बन गया है। विश्वनाथ के काव्य विवेचन और प्रदेय को संक्षेप में इस प्रकार समझा जा सकता है—

1. 'साहित्यदर्पण' का विचार-फलक वृहत् है। विश्वनाथ ने इसके दस परिच्छेदों में नाट्य सहित काव्यशास्त्र के प्रायः समस्त विषयों का विशद-विवेचन किया है। वे हैं—(1) काव्य का स्वरूप, (2) शब्द तथा अर्थ की तीन वृत्तियाँ, (3) रसरूप, (4) ध्वनि तथा गुणीभूत व्यंग्य, (5) व्यंजना निरूपण, (6) नाट्य, (7) दोष, (8) गुण, (9) रीतियाँ (वैदर्भी, गौड़ी, पांचाली, और लाटी), (10) अलंकार। 'साहित्य-दर्पण' पर मम्मट के काव्य-प्रकाश एवं रुय्यक के अलंकार सर्वस्व का प्रभूत प्रभाव पड़ा है।
2. विश्वनाथ ने अपने काव्य-लक्षण की परिभाषा में कहा कि 'वाक्यं रसात्मकं काव्यम्' अर्थात् रसात्मक वाक्य ही काव्य है। मम्मट के काव्य-लक्षण का खंडन कर यह परिभाषा रस के रूप में दी गई। उन्होंने भाव को काव्य की आत्मा मानकर रसवाद को नया रूप दिया। विश्वनाथ यह भी मानते हैं कि जो आस्वादित होता है, वही रस है। इस आस्वादन के अन्तर्गत रस, रसाभास, भाव, भावाभास आदि सभी आ जाते हैं। विश्वनाथ यह बताना चाहते हैं कि प्रबन्ध काव्य में यद्यपि कुछ स्थल नीरस हो सकते हैं, पर मुख्य रस के संयोग से वे रसात्मक हो जाते हैं। काव्य-परिभाषा की दृष्टि से विश्वनाथ वाक्यवादी ठहरते हैं तो आगे चलकर 17वीं शताब्दी में पंडितराज जगन्नाथ शब्दवादी।
3. 'साहित्य दर्पण' के सप्तम परिच्छेद में विश्वनाथ ने दोष विवेचन के अन्तर्गत दोष को रस का अपकर्षक माना है। वे शब्दार्थ दोषों को भी रसापकर्षक मानते हैं। यहाँ वे मम्मट के सभी पद-दोषों, वाक्य-दोषों और अर्थ-दोषों को स्वीकार करते हैं। उनके लक्षण भी मम्मट के दोष-लक्षणों की भाँति हैं। मम्मट समर्थित रस-दोषों के प्रतिपादन के बाद उन्होंने अन्यद्-अनौचित्य के उदाहरण के रूप में देशकाल के अन्यथा वर्णन को प्रस्तुत किया है। उनका यह दोष-वर्णन पूर्ववर्ती आचार्य भामह तथा क्षेमेन्द्र के औचित्य-सिद्धान्त से प्रभावित होता है। वे मम्मट की तरह अलंकार-दोषों को शब्दार्थ दोषों के भीतर ही मान लेते हैं।
4. चूँकि विश्वनाथ रसवादी आचार्य हैं, अतः उन्होंने काव्य में अलंकारों को गौण महत्त्व दिया है। दूसरे, भामह से लेकर रुय्यक तक अलंकारों को रचने का

अवकाश नहीं था। फिर भी उन्होंने सात शब्दालंकारों और 77 अर्थालंकारों को स्वीकार किया। उनकी एक महत्त्वपूर्ण स्थापना यह है कि उन्होंने शब्दालंकारों में प्रहेलिका की अलंकारता का खंडन किया। रुद्रट की भी ऐसी ही धारणा थी। वे भी प्रहेलिका को क्रीड़ा मात्रोपयोगी मानते थे।

5. काव्य से धर्म, अर्थ, काम, मोक्ष रूप चतुर्वर्ग की प्राप्ति सहजता से होती है। परिपक्व बुद्धिवालों की तो बात ही क्या?
6. विश्वनाथ मम्मट की काव्य परिभाषा 'अदोषौ शब्दार्थौ सगुणावनलंकृती पुनः क्वापि' में दोष-दर्शन करते हैं। जहाँ रसादि का बोध स्फुट हो, वहाँ कीटाणुबिद्ध रत्न आदि के समान दोष रहने पर भी काव्यत्व मान्य है। जैसे कीड़ा लग जाने से किसी रत्न का रत्नत्व नहीं दूर हो जाता—केवल उसकी उपादेयता में अन्तर पड़ता है है, वैसे ही श्रुतिदुष्टत्वादि दोष काव्य के काव्यत्व को नहीं हटा सकते।
7. विश्वनाथ की दृष्टि में काव्य का निर्दिष्ट लक्षण है कि रसात्मक वाक्य को काव्य कहते हैं। सार अथवा सबसे प्रधान होने के कारण रस ही जिसका जीवनभूत आत्मा है, वह वाक्य रसात्मक कहलाता है।
8. गुण अलंकार और रीतियाँ काव्य की उत्कृष्टता का कारण होती हैं। जैसे शौर्य आदि गुण, कटक कुंडल आदि अलंकार और अंग-रचना आदि मनुष्य के शरीर का उत्कर्ष सूचन करते हुए इसके आत्मा का उत्कर्ष सूचित करते हैं, वैसे ही काव्य में भी माधुर्य आदि गुण, उपमा आदि अलंकार और वैदर्भी आदि रीतियाँ शरीर-स्थानीय शब्द और अर्थ का उत्कर्ष वैसे ही माधुर्य आदि गुण भी काव्य के उत्कर्षक माने जाते हैं।
9. आकांक्षा, योग्यता और आसत्ति से युक्त पद-समूह को वाक्य कहते हैं। एक पदार्थ के साथ सम्बन्ध करने में बाधा न होना योग्यता है। योग्यता के बिना पद-समुदाय को 'अग्निना सिंचति, अर्थात् आग से सींचता है की भाँति योग्यता के अभाव के कारण वाक्य नहीं माना जा सकता।

   किसी ज्ञान की समाप्ति या पूर्ति का न होना आकांक्षा है। वाक्यार्थ की पूर्ति के लिए जिज्ञासा का बना रहना आकांक्षा है। निराकांक्ष पद-समूह वाक्य नहीं हो सकते।

   बुद्धि अर्थात् प्रकृतोपयोगी पदार्थों की उपस्थिति के 'अविच्छेद' अर्थात् अव्यवधान को 'आसत्ति' कहा जाता है। पद-समूहों में समीपता या आसत्ति का होना आवश्यक है। आज 'देवदत्त' कहा जाए और कल 'जाएगा' कहें तो वाक्य में आसत्ति नहीं रह जाती।

   आकांक्षादि युक्त वाक्यों के समूह को महावाक्य कहते हैं। अतः वाक्य के दो भेद हैं—वाक्य और महावाक्य। इसे ऐसे समझें कि मुक्तक काव्य या उसका कोई अंश वाक्य है तो 'रामायण' या 'रघुवंश' आदि महावाक्य हैं।

   अतः पद-समुदाय वाक्य होता है और प्रयोग के योग्य, अनन्वित, एक अर्थ के बोधक वर्णों को पद कहते हैं, जैसे घट आदि।

10. श्रव्य काव्य केवल पढ़े या सुने जा सकते हैं। वे गद्य और पद्य, दो प्रकार के होते हैं। छन्दोबद्ध काव्य पद्य हैं। वे यदि परस्पर निरपेक्ष हैं तो मुक्तक हैं और यदि दो श्लोकों में उनकी पूर्ति होती है तो युग्मक हैं, तीन पद्योंवाले सन्दानितक अथवा विशेषक और चार पद्यों वाले कलात्मक और पाँच या उससे अधिक पद्यों वाले कुलक कहलाते हैं।
11. मुक्तक के उदाहरण के रूप में अमरुक कवि का अमरुक शतक या हाल की गाथा सप्तशती या हिंदी रीति कवि बिहारी की रचना 'बिहारी सत्सई आदि जैसे काव्य उत्तम उदाहरण कहे जा सकते हैं।
12. सर्गों का निबन्धन महाकाव्य कहलाता है। विश्वनाथ ने महाकाव्य का मानो एक विराट् मान चित्र खींच दिया है। महाकाव्य में एक सद्वंश जात धीरोदात्तादि गुण युक्त 'क्षत्रिय नायक होता है। किसी एक वंश के कई सत् कुलीन राजा भी नायक हो सकते हैं। श्रृंगार वीर या शान्त रस में से कोई एक अंगीरस होता है। अन्य रस गौण होते हैं। सभी नाटक-सन्धियाँ होती हैं। कथा लोक विश्रुत, ऐतिहासिक होती है। धर्म अर्थ, काम, मोक्ष, चतुर्वर्ग में एक उसका फल होता है। आरम्भ में आशीर्वाद, नमस्कार या वर्ण्य वस्तु का निदेश होता है। इसमें आकार में सन्तुलित आठ सर्ग होते हैं। प्रत्येक सर्ग में एक ही छन्द होता है, किन्तु सर्ग का अन्तिम पद्य भिन्न छंद का होता है।
13. महाकाव्य में सन्ध्या, सूर्य, चन्द्रमा, रात्रि, प्रदोष, अन्धकार, दिन, प्रातःकाल, मध्याह्न, आखेट पर्वत, षटऋतु, वन, समुद्र, सम्भोग, वियोग, मुनि, स्वर्ग, नगर, यज्ञ, संग्राम, यात्रा, विवाह, मंत्र, पुत्र और अभ्युदय आदि का यथा सम्भव सांगोपांग वर्णन होना आवश्यक है। इसका नाम कवि के नाम से या चरित्र के नाम से या चरित्र नाम कवि के नाम से या चरित्र नायक के नाम से होना चाहिए। कहीं-कहीं अन्य नाम भी हो सकते हैं। जल-क्रीड़ा, मधुपान आदि के समुचित वर्णन होने चाहिए।
14. आर्ष महाकाव्य में सर्गो का नाम 'आख्यान' होता है (उदाहरणार्थ—महाभारत), प्राकृत काव्यों में सर्ग का नाम 'आश्वास' होता है, अपभ्रंश में 'कुडवक'।
15. काव्य के एक अंश का अनुसरण 'खंडकाव्य' कहलाता है, जैसे 'मेघदूत' आदि। परस्पर निरपेक्ष श्लोक समूह कोष कहे जाते हैं।

    विश्वनाथ का महाकाव्य-लक्षण मानव-जीवन, समाज और इतिहास का प्रतिनिधित्व करता है। महाकाव्य की कथा का परिवेश भी बड़ा होता है और कथा, चरित्र आदि सभी तत्त्वों में महत् तत्त्व एवं महत् कार्य की योजना होती है। भारतीय काव्य या नाटक कामदी (कॉमेडी) पर आधारित हैं जबकि पाश्चात्य काव्य या नाटक त्रासदी (ट्रेजेडी) पर।
16. विश्वनाथ के मत में गद्य चार प्रकार का होता है—मुक्तक, वृत्तगन्धि, उत्कलिकाप्राय और चूर्णक। मुक्तक गद्य समास रहित होता है, दूसरे में

पद्य के अंश होते हैं, तीसरे में दीर्घ समास और चौथे में छोटे-छोटे समास होते हैं। दंडी का 'दशकुमार चरित' और बाणभट्ट की 'कादम्बरी' दीर्घ समासयुक्त उत्कलिकाप्राय गद्य के उदाहरण कहे जा सकते हैं। गद्य-कथा में सरस वस्तु पद्यों द्वारा भी बनाई जाती है। इसमें कहीं-कहीं आर्या छन्द, कहीं वक्त्र तो कहीं अपवक्त्र छंद होते हैं। 'कादम्बरी' को इसका उदाहरण माना गया है।

17. विश्वनाथ के अनुसार आख्यायिका कथा के समान होती है। इसमें कवि-वंश-वर्णन, अन्य कवि वृत्तान्त तथा कहीं-कहीं पद्य भी होते हैं। कथा भागों का नाम 'आश्वास' होता है। यह भी कहा गया था कि आख्यायिका की कथा नायक के मुख से ही निबद्ध होनी चाहिए—इस बात का खंडन विश्वनाथ करते हैं। दंडी ने भी इस नियम का विरोध किया है। आख्यायिका और कथा के भीतर ही 'आख्यानादिक' भी संश्लिष्ट है, दंडी स्वमत की ऐसी स्थापना करते हैं। आख्यानादिक का सुन्दर उदाहरण 'पंचतंत्र' है।

18. जिस काव्य में गद्य और पद्य, दोनों हों, उस काव्य को 'चम्पू' कहते हैं। गद्य-पद्य मय राज स्तुति 'विरुद्ध' कही जाती है। इसी प्रकार अनेक भाषाओं मे निर्मित काव्य 'करम्भक' कहलाता है, जिसका उदाहरण 'षोडश भाषामयी' प्रशस्ति 'रत्नावली' कही गई है।

आचार्य विश्वनाथ काव्य के क्षेत्र को अत्यन्त विस्तार देते हैं। साथ ही समकालीन युग तक काव्य की विविध शैलियों का भी लेखा-जोखा करके 'साहित्यदर्पण' को काव्यशास्त्रीय संग्रह-ग्रंथ या एक दीप-स्तम्भ की तरह प्रस्तुत करते हैं।

सन्दर्भ

1. सन्धौ सर्वस्व हरणं, विग्रहे प्राणनिग्रहः।
   अला (ल्ला) वदीन नृपतो न सन्धि र्न च विग्रहः॥
   —साहित्य दर्पण, विमला टीका, पृ. 153, चतुर्थ परिच्छेद/14
2. संस्कृत काव्यशास्त्र का इतिहास, पृ. 375
3. करुणादावपि रसे जायते यत्परं सुखम्।
   सचेतसामनुभवः प्रमाणं तत्र केवलम्॥ —साहित्य दर्पण 3/4, पृ. 51
4. 'संयोगात्' समुदायात् रस निष्पत्तिः। —वही, पृ. 51
5. काव्य तत्त्व विमर्श, पृ. 44. 45, वाणी प्रकाशन, प्रथम संस्करण-2008
6. वही, पृ. 47
7. सत्वोद्रेकादखंड स्वप्रकाशानन्द चिन्मयः।
   वेद्यान्तर स्पर्शशून्यो ब्रह्मास्वाद सहोदरः॥
   लोकोत्तर चमत्कारप्राणः कैश्चित् प्रमातृभिः।
   स्वाकारवद भिन्नत्वेनायमास्वाद्यते रसः॥ —साहित्य दर्पण, 3/2. 3
8. न यत्र दुःखं, न सुखं न चिन्ता, न द्वेषरागौ न च काचिदिच्छा।
   रसः स शान्तः कथितोमुनीन्द्रैः सर्वेषु भावेषु शमः प्रधानः। —दशरूपक
   —उद्धृत-संस्कृत काव्यशास्त्र का इतिहास, पृ. 250

9. स्फुटं चमत्कारितया वत्सलं च रसं बिदुः।
स्थायी वत्सलता स्नेहैः पुत्रद्यालम्बनं मतम्॥
—द्रष्टव्य—साहित्य दर्पण, विमला टीका, 3/251. 254
10. रसस्य परिपन्थित्वान्नालंकारः प्रहेलिका।
उक्ति वैचित्र्य मात्रं सा च्युतदत्ताक्षरादिका॥ —वही, 10/16
11. काव्यालंकार, 5/24
12. संस्कृत काव्यशास्त्र का इतिहास, पृ. 201. 202
13. साहित्य दर्पण, 10/7 एवं दंडी का काव्यादर्श, 3/2
14. श्रुतिदुष्टापुष्टार्थत्वादयः काणत्व खंजत्वादय इव शब्दार्थ
द्वारेण देह द्वारेणेव व्यभिचारि भावादेः स्वशब्द
वाच्यत्वादयो मूर्खात्वादय इव साक्षात्काव्यस्यात्म भूतं
रसमपकर्षयन्तः काव्यस्यापकर्षका इत्युच्यन्ते। —साहित्य दर्पण, प्रथम परिच्छेद, पृ. 2।
15. तदेतेऽलंकार दोषाः यथा सम्भविनोऽचेऽयेवं जातीयकाः
पूर्वोक्त चैव दोष जात्याऽन्तर्भाविताः न पृथक् प्रतिपादमर्हन्तीति। —काव्यप्रकाश, पृ. 464
16. साहित्य दर्पण, 8/1, पृ. 264
17. वही, पृ. वही।
18. चित्तद्रवीभावमयोह्लादो माधुर्यमुच्यते। —साहित्य दर्पण, 8/1, पृ. 264
19. वही, वृत्ति, पृ. वही
20. संभोगे करुणे विप्रलंभे शान्तेऽधिकं क्रमात्। —वही, पृ. 265
21. वही, पृ. वही
22. ओजश्चित्तस्य विस्तार रूपं दीप्तत्व मुच्यते। —वही, 8/4, पृ. वही।
23. वही, पृ. वही।
24. वही, पृ. वही।
25. चित्तं व्याप्नोति यः क्षिप्रं शुष्केन्धनमिवानलः।
स प्रसादः समस्तेषु रसेषु रचनासु च॥ —वही, पृ. 266
26. सूचीमुखेन सकृदेव कृत प्रणस्त्वं
मुक्ताकलाप लुठसि स्तनयोः प्रियायाः।
वाणैः स्मरस्य शतशो विनिकृत्त मर्मा
स्वप्नेऽपि तां कथमहं न विलोकयामि॥ —वही, पृ. 266
27. डा., नगेन्द्र, भारतीय काव्यशास्त्र की भूमिका, भाग-2, पृ. 93
28. वही, पृ. 64

पंडितराज जगन्नाथ

(17वीं शताब्दी का मध्य भाग)

साहित्यशास्त्र के प्रौढ़-ग्रंथ 'रसगंगाधर' के रचयिता जगन्नाथ के जीवन-काल के विषय में पर्याप्त सामग्री प्राप्त होती है। ये आंध्रवेगिनाडि परिवार के तैलंग ब्राह्मण थे। डॉ. पी.वी. काणे के अनुसार इनके पिता का नाम परम्भट्ट था। 'रसगंगाधर' के प्रस्तावनात्मक श्लोकों मे पिता का नाम पेरु भट्ट मिलता है। इन्होंने अपने पिता तथा शेष वीरेश्वर के चरणों में शिक्षा पाई। डॉ. बलदेव उपाध्याय भी ऐसा मानते हुए कहते हैं कि इनकी माता का नाम लक्ष्मी देवी था। जगन्नाथ अप्पय दीक्षित के समकालीन थे। आलंकारिक अप्पय दीक्षित ने 'कुवलयानन्द' और 'चित्र मीमांसा' की रचना की थी। जगन्नाथ के पिता ने वेदान्त की शिक्षा ज्ञानेन्द्र भिक्षु से, न्याय वैशेषिक की महेन्द्र पंडित से, पूर्व मीमांसा की खंडदेव से तथा व्याकरण की शिक्षा शेष वीरेश्वर से ली थी। जगन्नाथ ने इन सभी विषयों का अध्ययन अपने पिता तथा पिता के गुरु वीरेश्वर से किया था। कुछ विद्वान् इनके पिता का नाम पेरमभट्ट या पेरुभट्ट भी बताते हैं। इन्होंन मुगल बादशाह शाहजहां के दरबार में आश्रय प्राप्त किया था। शाहजहां ने ही इनकी विद्वत्ता से प्रभावित होकर इन्हें 'पंडितराज' की उपाधि से विभूषित किया था। शाहजहां के ही एक सम्बन्धी आसफ खाँ के दरबार में भी पंडितराज रहे थे। 1641 ई. में आसफ खाँ की मृत्यु होने पर इन्होंने 'आसफविलास' नामक ग्रंथ की रचना की थी।

पंडितराज जगन्नाथ रचित ग्रंथों के नाम हैं—(1) अमृतलहरी, (2) आसफ विलास, (3) करुणा लहरी, (4) लक्ष्मी लहरी, (5) मनोरमा कुच मर्दन (व्याकरण ग्रंथ) (6) चित्र मीमांसा खंडन एवं (7) रसगंगाधर। 'चित्र मीमांसा खंडन' और रसगंगाधर काव्यशास्त्रीय ग्रंथ हैं। पंडितराज ने अप्पय दीक्षित रचित चित्र मीमांसा की अलंकार विषयक स्थापनाओं का खंडन चित्र मीमांसा में किया है। पंडितराज का 'रसगंगाधर' काव्यशास्त्र विषयक एक अनूठा मौलिक ग्रंथ है। उसमें उनके स्वरचित उदाहरण प्रस्तुत हुए हैं, जो उनकी अपूर्व कवित्व-शक्ति के प्रमाण हैं। पंडितराज ने रसगंगाधर में व्यक्त अपनी कारयित्री प्रतिभा पर गर्व करते हुए अन्य कवियों द्वारा रचित उदाहरणों को 'लेने' में अपनी अनिच्छा जाहिर की है।[1]

पंडितराज ने अपने ग्रंथ 'भामिनी विलास' में 'दिल्लीवल्लभ पाणि पल्लवतले नीतं नवीनं वय:' कहकर दिल्ली के बादशाह की छत्रच्छाया में अपने यौवन-काल के व्यतीत होने का संकेत किया है। 'दिल्लीनरपति' तथा 'दिल्लीश्वर' शब्द 'रसगंगाधर' तथा अन्य ग्रंथों में भी आया हैं।

डॉ. सुशील कुमार डे लिखते हैं कि बादशाह ने उन्हें 'पंडितराज' की उपाधि से विभूषित किया था। ऐसा प्रतीत होता है कि उक्त बादशाह शाहजहाँ (1628-1658) के मध्य था। जगन्नाथ को आसफ खाँ (मृत्यु 1616) का संरक्षण भी प्राप्त था। जगन्नाथ ने आसफ खाँ की विरुदावली के रूप में 'आसफ विलास' की रचना की। आसफ खाँ का उल्लेख 'रसगंगाधर' में (पृ. 166) में 'सुधीव वाणी' 457 युक्तं तु याते' में आसफ की मृत्यु का किया है। 'रसगंगाधर' (पृ. 521) नुरदीन का भी उल्लेख है। यह प्रत्यक्ष रूप से शाहजहां के पिता जहांगीर (1605-1627) के एक नाम का संस्कृतकरण-सा है। शाहजहां ने 1628 में राज्यारोहण किया था तथा 1658 ई. में उसे कारागार में डाल दिया गया। जगन्नाथ ने अपने 'जगदाभरण' में उदयपुर नरेश जगत सिंह (1628-1654) की तथा 'प्राण भरण' में कामरूप नरेश प्राण नारायण (1633-1666) की विरुदावली गाई है, किन्तु ये दोनों ग्रंथ वस्तुतः एक ही हैं।...इस प्रकार उनका साहित्य रचना-काल 17वीं शती के दूसरे तथा तीसरे चरण में अर्थात् मोटे तौर पर 1620 से 1660 ई. तक ठहरता है। नागेश भट्ट ने 18वीं शती के आरम्भ में 'रसगंगाधर' पर टीका लिखी है। स्वयं जगन्नाथ ने 16वीं शती के तीसरे चरण मे विद्यमान अप्पय दीक्षित की आलोचना की है।[2]

जगन्नाथ विलक्षण प्रतिभा के धनी थे। उनकी कवित्व-शैली में सौंदर्य और आस्वाद की शक्ति थी। वे कवि और सहृदय थे। संस्कृत भाषा पर उनका असामान्य अधिकार था। इनके गद्य में भी शैली की सशक्तता, स्पष्टता और दो-टूक समीक्षात्मक पद्धति मिलती है। भट्टोजिदीक्षित की प्रौढ़ मनोरमा टीका पर 'मनोरमा कुछ मर्दिनी' जैसा ग्रंथ उनकी रसिकता, व्यंग्यात्मकता और निर्भीक शैली का प्रत्यायक है।

कहा जाता है कि शेष श्री कृष्ण के शिष्य भट्टोजिदीक्षित ने अपने ग्रंथ 'मनोरमा' में जगन्नाथ के गुरु का खंडन किया। इससे जगन्नाथ रुष्ट हो गए और 'मनोरमा कुच मर्दिनी' लिखकर उसके आरम्भ में ही अपना क्रोध प्रकट करते हुए भट्टोजि को गुरुविद्रोही या गुरुद्रुह कहकर संबोधित किया। व्याकरण विषयक यह ग्रंथ प्रौढ़ मनोरमा टीका के खंडन के लिए लिखा गया था। उन्होंने समय-समय पर आनन्दवर्धन, मम्मट, रुय्यक, विश्वनाथ आदि के मतों की समीक्षा की। उनकी समालोचना में सूक्ष्मता की प्रवृत्ति प्रभावित किए बिना नहीं रहती। अपने काव्य की शब्द-ध्वनि और माधुर्य का संकेत वे 'भामिनी विलास' के अन्त में करते हैं—'वन्द्यैव माधुरीयं पंडितराजस्य कविताया: ॥

पंडितराज का 'रसगंगाधर' ग्रंथ दो आननों में विभक्त है। प्रथम आनन के विषय हैं—काव्य लक्षण, काव्य हेतु, काव्य के भेद, ध्वनि काव्य के भेद, रस, भाव एवं गुणों का विवेचन तथा शब्द शक्तियों का निरूपण। द्वितीय आनन में 70 अलंकारों की विस्तृत मीमांसा हुई है और 'तिरस्कार' नामक नवीन अलंकार का वर्णन हुआ है। 'रसगंगाधर' पर नागेशभट्ट ने 'गुरुमर्मप्रकाश' नामक संक्षिप्त टीका लिखी है। इसके अतिरिक्त अद्यावधि अनेक टीकाओं का प्रकाशन हुआ है, जिनमें 'काशी नागरी प्रचारिणी सभा' द्वारा प्रकाशित पुरुषोत्तम शर्मा चतुर्वेदी की व्याख्या भी सम्मिलित है। 'रसगंगाधर' ग्रंथ उत्तरालंकार तक ही प्राप्त होता है। पंडितराज का यह ग्रंथ अपूर्ण ही कहा गया है।

'रसगंगाधर' की रचना नव्यन्याय की शैली में हुई है और ग्रंथ का विवेचन भी दार्शनिक पद्धति पर हुआ है। इसकी शैली दुरूह और गम्भीर है, पर इसमें पूर्ववर्ती अनेक मान्यताओं का परिमार्जन और परिष्करण भी हुआ है।

पंडितराज का रचना-काल मोटे तौर पर 17वीं शती का मध्य माना गया है, जिसे 1620 ई. से 1660 ई. के बीच कहा गया है। जगन्नाथ के सम्बन्ध में कई किंवदन्तियाँ भी प्रचलित हैं। डॉ. पी.वी. काणे उल्लेख करते हैं कि 'जगन्नाथ की यवन सुन्दरी (लवंगी) के साथ की प्रेम-कथा (यवनी नवनीतादि श्लोकों में उल्लिखित) मनगढ़ंत प्रतीत होती है। यह उन लोगों ने उड़ाई है जो जगन्नाथ द्वारा की गई तीव्र और कटु आलोचना से असन्तुष्ट थे। इसी प्रकार जगन्नाथ और वृद्ध अप्पय के बनारस में मिलन की कथा तथा प्रस्तुत श्लोक (रसगंगाधर पृ. 461) 'किं नि:शंकशेषे—जननी जागर्ति जाह्नवी निकटे'—भी अप्रामाणिक है क्योंकि वृद्धावस्था में अप्पय दीक्षित दक्षिण भारत से बाहर नहीं गए।[3]

जगन्नाथ के ग्रंथ 'रसगंगाधर' की अपूर्णता और उत्तरालंकार तक ही उसकी समाप्ति मानी गई है। अधिकतर हस्तलिपियों से भी यह बात प्रमाणित होती है। नागेश अथवा नागोजि भट्ट की टीका भी उक्त अध्याय के साथ समाप्त होती है। 'रसगंगाधर' ग्रंथ के सूत्र तथा वृत्ति दो अंग हैं। बताया जाता है कि इनका 'चित्र मीमांसा खंडन' भी पूर्ण नहीं है। कुछ हस्त लिपियों में उत्प्रेक्षा तथा अतिशय अलंकारों का विवेचन नहीं किया गया है। जगन्नाथ ने निदर्शना अलंकार प्रकरण के अन्तर्गत कुछ और लिखने के लिए निरूपणीय सामग्री निर्दिष्ट की थी—डॉ. सुशील कुमार डे अपनी पुस्तक 'संस्कृत काव्य शास्त्र का इतिहास' (पृ. 217) में ऐसा विचार रखते हैं।

जगन्नाथ ने मम्मट, रुय्यक तथा जयरथ के विस्तृत उद्धरण के अतिरिक्त अनेक अन्य लेखकों विधाधर, विद्यानाथ, विश्वनाथ और अप्पयदीक्षित की चर्चा की है। इसके अतिरिक्त जगन्नाथ ने शोभाकर मित्र के अलंकार रत्नाकर का भी उल्लेख किया है। जगन्नाथ ने भिन्न-भिन्न ग्यारह स्थलों पर 'अलंकार रत्नाकर' का उल्लेख किया है। जगन्नाथ यह भी मानते प्रतीत होते हैं कि अप्पय दीक्षित ने 'अंलकार रत्नाकर' का अनुसरण किया है।

पंडितराज ने अपने आश्रय दाताओं विशेषकर शाहजहां और उनके पुत्र दारा शिकोह को स्मरण रखा है। 'रसगंगाधर' के पृष्ठ 210 में शाहजहां के विषय में 'तथापि तावकतुलालेशं दधानो नर:' श्लोक मिलता है। दारा शिकोह को तो पंडितराज संस्कृत पढ़ाते थे। उनकी प्रशंसा में तो 'जगदाभरण' नामक पूरा काव्य ही रचा गया है।

डॉ. बलदेव उपाध्याय ने पंडितराज के ग्रंथ रसगंगाधर की भूरिश: प्रशंसा तो अवश्य की है, पर उनके खंडन-मंडन और व्यक्तिगत आक्षेपों वाली प्रवृत्ति की आलोचना करते हुए कहा है कि "जगन्नाथ ने इस ग्रंथ में पांडित्य तथा वैदग्ध्य का अद्भुत सम्मिश्रण किया है। इनके लिखने की शैली बड़ी ही उदात्त तथा ओजस्विनी है। अपने प्रतिपक्षी के मत का खंडन करने में इनकी बुद्धि बड़ी ही तीव्रता से चलती थी। इनकी आलोचना निष्पक्ष होती थी और खंडन के अवसर पर विलक्षण तीव्रता दिखलाती थी। इन्होंने मम्मट और आनन्दवर्धन की भी आलोचना करने में कोई संकोच नहीं किया है, परन्तु विशेष खंडन इन्होंने अप्पय दीक्षित के मत का किया है। इस आलोचना में इतना व्यक्तिगत आक्षेप तथा

कटुता है कि अनेक आलोचक इसे जातिगत विद्वेष समझते हैं। अप्पय दीक्षित अत्यन्त सुप्रसिद्ध द्रविड़ पंडित थे और पंडितराज तैलंग ब्राह्मण थे। अप्पय दीक्षित की विशेष कीर्त्ति को दबाने के लिए ही पंडितराज ने यह अनुचित प्रहार किया है।[1]

इन सभी आलोचना-प्रत्यालोचनाओं के बावजूद पंडितराज प्रथम कोटि के साहित्यशास्त्र के समालोचक हैं, जो अपनी मौलिक और विचारोत्तेजक शैली के लिए जाने जाते हैं। संस्कृत काव्यशास्त्र की अपने से पूर्व प्रायः डेढ़ हजार वर्षों की विचार-सम्पदा का उन्होंने भरपूर उपयोग करते हुए काव्य शास्त्र का एक महनीय पृष्ठाधार प्रस्तुत किया है, जो अपने विशिष्ट क्षेत्र में प्रकाश-स्तम्भ की तरह दीप्तिमान है।

विवेचन-पद्धति

जगन्नाथ की विवेचन-पद्धति से यह अनुमान होता है कि वे अभिनव गुप्त के अनुगामी हैं, पर उनमें अन्धानुकरण की प्रवृत्ति नहीं है। वे किसी भी तथ्य को तर्क की कसौटी पर रखकर उसकी परीक्षा करते हैं, अपनी खंडन-मंडनात्मक प्रतिभा से उसका पुनः परिष्कार करने का प्रयत्न करते हैं। डॉ. गणेश त्र्यंबक देशपांडे जैसे सुधी आलोचक 'रसगंगाधर' ग्रंथ के पाँच संभावित आननों का उल्लेख करते हैं। किन्तु उनमें से प्रथम आनन एवं द्वितीय आनन का कुछ अंश इतना ही उपलब्ध है। सम्भव है, पंडितराज ने अपने ग्रंथ-निर्माण की कल्पना पाँच आननों में करने की योजना बनाई हो, पर कई कारणों से ऐसा सम्भव नहीं हो सका होगा।

इतना अवश्य है कि मम्मट के 'काव्यप्रकाश' के बाद 'रसगंगाधर' ही सर्वाधिक चर्चित और महत्त्वपूर्ण ग्रंथ के रूप में मान्य रहा है। उसके द्वारा मानो जगन्नाथ साहित्य शास्त्र के पुनर्लेखन का प्रयास करना चाहते थे। पंडित राज की एतद् विषयक गर्वोक्ति मिथ्या भी नहीं लगती। वे स्वयं कहते हैं कि "आज तक हुई साहित्य मीमांसा की सम्पूर्णतया आलोचना करते हुए एवं उस पर श्रमपूर्वक मनन करने के पश्चात् यह ग्रंथ मैंने लिखा है और अन्य सभी अलंकार ग्रंथों से यह अच्छा है—" 'मयोन्नीतो लोके ललित 'रसगंगाधर' मणिः' आदि।

काव्य-लक्षण

संस्कृतशास्त्र के अन्तिम प्रौढ़ आलंकारिक के रूप में पंडितराज जगन्नाथ प्रसिद्ध हैं। 'रसगंगाधर' इनका श्रेष्ठ प्रामाणिक काव्यशास्त्रीय ग्रंथ है। इनकी प्रमुख विशेषता यह है कि ग्रंथ में दिए गए सारे काव्यात्मक उदाहरण इनकी अपनी रचना हैं। पंडितराज एक श्रेष्ठ आलंकारिक होने के साथ-साथ श्रेष्ठ कवि भी हैं। अपने पांडित्य-प्रदर्शन की प्रवृत्ति के कारण वे मम्मट, आनन्दवर्धन, अप्पयदीक्षित आदि की कठोर आलोचना करने से भी नहीं चूकते।

पंडितराज की विश्रुत काव्य-परिभाषा है—"रमणीयार्थ प्रतिपादकः शब्दः काव्यम्। इसकी तीन विशेषताएँ हैं—"

1. काव्य में रमणीयता का आधान।
2. काव्य की शब्दवादी परिभाषा देते हुए शब्द के महत्त्व की प्रतिष्ठा तथा

3. काव्य में अर्थगत रमणीयता की महत्ता।

पंडितराज जगन्नाथ चूँकि शाहजहां के दरबारी कवि थे, वह काल हिंदी साहित्य का रीतिकाल था। अत: रमणीयता का प्रभाव जीवन-शैली और काव्य-प्रवृत्ति में भी पड़ना स्वाभाविक था। रीति-युग में शृंगार, लालित्य, चमत्कार और सौंदर्य के प्रति एक तीव्र आकर्षण का भाव था। इस युगीन प्रभाव से भी पंडितराज की काव्य-परिभाषा में रमणीयता पर अधिक बल दिखाई देता है। काव्य और ललित कलाओं में रमणीयता स्पष्ट परिलक्षित होती है।

पंडितराज की रमणीता के कई पक्ष हैं—

1. प्रतिक्षण नूतनता का बोध—'क्षणे क्षणे यन्नवतामुपैतितदेव रूपं रमणीयताया:'।
2. लोकोत्तर रस और आह्लाद का अनुभव।
3. काव्य में सौंदर्य-भाव की प्रतिष्ठा।
4. काव्य-भाषा की रंजकता और उसका लालित्य।
5. चमत्कार की निरन्तर अनुभूति।

इस परिभाषा द्वारा पंडितराज ने शब्द और अर्थ के सहभाव को भी महत्त्व दिया है। काव्य में अगर एक शब्द भी विशेष महत्त्व का रमणीय, स्थायी रूप से प्रभावशाली हो तो काव्य सफल होता है। महाभाष्यकार पतंजलि ने भी माना है कि 'एक: शब्द: सम्यक् ज्ञात:, सुष्ठु प्रयुक्त: स्वर्गे लोके च कामधुग् भवति।—अर्थात् एक शब्द भी अगर ठीक से जान लिया जाए तो, ठीक तरह से उसका प्रयोग कर लिया जाए तो इस लोक में क्या परलोक में भी वह मनचाहा फल देता है। एक वाक्य में कहें कि प्रधानता की दृष्टि से काव्य-लक्षण में शब्दार्थ में संगति मम्मट में अदोषता, आचार्य विश्वनाथ में रसवत्ता और पंडितराज जगन्नाथ में रमणीयता के रूप में प्रकट हुई है।

काव्य-हेतु

काव्य के हेतु या कारण के लिए पंडितराज ने प्रतिभा को स्वीकार किया है—'तस्य च कारणं कविगत केवलं प्रतिभा' अर्थात् कवि में रहनेवाली एक शक्ति विशेष प्रतिभा काव्य का हेतु है। यह प्रतिभा काव्य को बनाने के अनुकूल शब्द और अर्थ की उपस्थिति की प्रतिभा है—काव्यघटनानुकूल शब्दार्थोपस्थिति: '।[5] कवि-कर्म से ही इसका परिज्ञान होता है। अत: काव्य में उपयुक्त शब्द और अर्थ की उपस्थिति अर्थात् प्रयोग ही प्रतिभा है। कवि के जीवनगत अनुभव की प्रस्तुति में ही कवि की कला प्रकट होती है।

यह प्रतिभा दो कारणों से उत्पन्न होती है—(1) किसी देवता या अदृष्ट प्रभाव से या (2) विलक्षण व्युत्पत्ति एवं अभ्यास से। मुख्य रूप से पंडितराज प्रतिभा को जन्मजात से अधिक विलक्षण ज्ञान और विलक्षण संस्कार से अर्जित फल मानते हैं।

भारतीय काव्यशास्त्र में काव्य हेतुओं के सम्बन्ध में सामान्यत: तीन उपादानों की चर्चा हुई है—प्रतिभा, व्युत्पत्ति और अभ्यास। इन तीनों में प्रतिभा की महत्ता एवं काव्य कारणता निर्विवाद स्वीकृत है। राजशेखर ने प्रतिभा के दो भेद किए हैं—(1) कारयित्री और (2) भावयित्री। कारयित्री प्रतिभा का सम्बन्ध काव्य-निर्माण से तथा भावयित्री प्रतिभा का सम्बन्ध सहृदय या आलोचक से है।

प्राय: आचार्यों ने प्रज्ञा के द्वारा ही प्रतिभा का परिचय कराया है। प्रतिभा प्रज्ञा का

ही एक विशेष रूप है—'प्रज्ञा नवनवोन्मेषशालिनी प्रतिभानता' (माणिक्यचन्द्र काव्य प्रकाश संकेत)—'ध्वन्यालोक लोचन' (पृ. 120 में कहा गया—'प्रतिभा-अपूर्ववस्तु निर्माण क्षमा प्रज्ञा।' वाग्भट ने 'वाग्भटालंकार' में कहा है 'स्फुरन्ती सत् कवेर्बुद्धिः प्रतिभा सर्वतोमुखी (1/4)। 'काव्यप्रकाश' (उल्लास) में भी 'प्रज्ञा नवनवोन्मेष शालिनी प्रतिभा विन्दुः कहकर प्रतिभा के महत्त्व को स्वीकार किया गया है। विविध आचार्यों के प्रतिभा विषयक विचारों के सूत्र इस प्रकार गिनाए जा सकते हैं—

1. प्रतिभा कवि में नूतन कल्पनाएँ जाग्रत करती है (भट्टतोत)
2. प्रतिभा कवि के भाव-लीन होने तथा सौंदर्यानुभूति करने की क्षमता प्रदान करती है—अभिनव गुप्त।
3. प्रतिभा कवि की कल्पनाओं को गोचर रूप देने के लिए उल्लेखन या चित्र-विधान करती है—अभिनव गुप्त।
4. प्रतिभा-चित्रण को संवेद्य बनाने के लिए विविध उपकरणों का संग्रह करती है—वाग्भट, राजशेखर आदि।
5. कहने को तो महिमभट्ट ने प्रतिभा को शिव का तीसरा नेत्र कहा है, जो उसकी विलक्षण शक्ति का सूचक है।

पंडितराज जगन्नाथ का प्रतिभा-लक्षण

पंडितराज प्रतिभा का उल्लेख वस्तुवादी दृष्टि से करते हुए कहते हैं—'सा च काव्य घटनानुकूल शब्दार्थोस्थितिः।' ('रसगंगाधर', पृ. 08)—इस परिभाषा में प्रतिभा के कार्य-पक्ष पर अधिक बल दिया गया है। पंडितराज ने प्रतिभा विचार करते हुए पूर्ववर्ती आचार्यों से पृथक् मत व्यक्त किया है और एकमात्र प्रतिभा को ही काव्य का हेतु स्वीकार किया है।[6] प्रतिभा का स्फुरण कभी तो शक्तिवश होता है और कभी व्युत्पत्ति एवं अभ्यासवश। प्रतिभा की विविधता एवं विलक्षणता के कारण ही काव्य में भी विविधता ओर विलक्षणता के दर्शन होते हैं। जगन्नाथ को केवल प्रतिभावादी करार दिया गया है—'प्रतिभैव केवला कारणम्'।

काव्यशास्त्रकारों में काव्य हेतुओं में प्रतिभा और शक्ति की कहीं-कहीं समान और कहीं भिन्न चर्चा मिलती है। रुद्रट ने अपने ग्रंथ 'काव्यालंकार' में शक्ति का स्वरूप स्पष्ट करते हुए कहा है कि 'प्रतिभेत्यपरैरुदिता'। इसी शक्ति को औरों ने प्रतिभा कहा है।[7] वाग्भट की भाँति हेमचन्द्र ने सीधे कह दिया है—प्रतिभाऽस्य हेतुः।'। अर्थात् प्रतिभा ही काव्य का हेतु है और व्युत्पत्ति तथा अभ्यास उसका संस्कार करते हैं (व्युत्पत्यभ्यासाभ्यां संस्कार्या)। मम्मट ने प्रतिभा का नाम न लेकर उसे शक्ति कहा है। इसका पंडितराज ने खंडन किया है।

तात्पर्य यह है कि मम्मट शक्ति और प्रतिभा में अन्तर मानते हैं। उन्होंने 'शक्ति, व्युत्पत्ति और अभ्यास के समुदित रूप में प्रतिभा जनन की क्षमता मानी है और प्रतिभा से काव्य की उत्पत्ति मानी है। स्पष्ट है कि प्रकाशकार शक्ति एवं प्रतिभा में जन्य-जनकभाव-सम्बन्ध स्वीकार करते हैं—सारांश यह कि प्रकाशकार ने शक्ति एवं प्रतिभा को भिन्न-भिन्न माना है—पंडितराज इसके प्रमाण हैं।" अर्थात् मम्मट यह मानते हैं कि

शक्ति, व्युत्पत्ति तथा अभ्यास की समुदित सामग्री से प्रतिभा और प्रतिभा से काव्य का निर्माण होता है।[8]

मम्मट यह मानते दिखाई देते हैं कि शक्ति, व्युत्पत्ति एवं अभ्यास प्रतिभा को उत्पन्न करते हैं और प्रतिभा काव्य को। यह भी प्रतीत होता है कि पंडितराज जगन्नाथ एवं मम्मट शक्ति एवं प्रतिभा को समानार्थक नहीं मानते। शक्ति एक संस्कार विशेष है और प्रतिभा काव्य निर्माणोपयोगी शब्दार्थ का स्फुरण। डॉ. राममूर्ति त्रिपाठी इसी दृष्टि से एक को जनक और दूसरे को जन्य मानते हैं।[9]

व्युत्पत्ति

काव्यशास्त्रीय परम्परा में काव्य-हेतु के तीन पक्षों में प्रतिभा के बाद व्युत्पत्ति का विवेचन हुआ है। व्युत्पत्ति के बल पर काव्य में मौलिकता भी आती है और प्रेषणीयता भी। राजशेखर ठीक ही कहते हैं कि यदि सहृदय तक कवि की अनुभूति नहीं पहुँची, तो कवि का श्रम अवकेशी अथवा फलहीन वृक्ष के समान है।[10] लोक-हृदय तक पहुँचनेवाला कवि ही काव्य-प्रेषणीयता में सफल हो सकता है। अत: कवि-प्रतिभा के साथ व्युत्पति का निकट सम्बन्ध है।

अभ्यास

अभ्यास के द्वारा कवि की स्वानुभूति स्वच्छ और निर्दोष रूप में प्रकट होती है। रचना के परिष्कार के लिए अभ्यास आवश्यक है। यही कारण है कि किसी कवि की प्राथमिक रचना और अन्तिम प्रौढ़ रचना की अभिव्यक्ति में अन्तर होता है।

पंडितराज ने केवल कारयित्री प्रतिभा का विवेचन किया था, भावयित्री प्रतिभा का नहीं। वे शक्ति के लिए अभीष्ट प्रतिभा का कारण बननेवाले व्युत्पत्ति एवं अभ्यास को विशिष्ट या विलक्षण बताना चाहते हैं (द्रष्टव्य-रसगंगाधर, पृ. 9)

अत: सूत्र रूप में पंडितराज काव्य हेतु पर निम्नलिखित रूपों में विचार करते हैं—(1) काव्य का कारण केवल प्रतिभा है। प्रतिभा, व्युत्पत्ति और अभ्यास—तीनों नहीं—(2) व्युत्पत्ति एवं अभ्यास तथा अदृष्ट या महापुरुष प्रतिभा के उन्मीलक हेतु हैं, ये हेतु विविध रूपात्मक हो सकते हैं, अत: प्रतिभा का उन्मीलित स्वरूप भी विविध रूपों में प्रकट होता है, (3) प्रतिभा का मूल रूप प्रतिभात्व है, जो अखंड उपाधि है। न्याय की दृष्टि से वह सिद्ध जाति विशेष है। (4) रमणीय अर्थों तथा तद्नुरूप शब्दों की उद्भावना करना प्रतिभा का कार्य है। यही प्रतिभा काव्य का सृजन करती है। (5) जगन्नाथ ने प्रतिभा की व्याख्या में तीन दर्शनों का सहारा लिया है, वे हैं (1) मीमांसा, (2) न्याय (3) वेदांत—इन तीनों के कारण प्रतिभा का विवेचन मौलिक रूप में हुआ है।

काव्य-विभाजन

पंडितराज ने काव्य-विभाजन विषयक अपना विचार व्यक्त करते हुए काव्य के चार भेद प्रस्तुत किए हैं—तच्चोत्तमोत्तच्चोत्तम मध्यमाधम भेदाच्चतुर्था (रसगंगाधर, पृ. 9)।

काव्य-विभाजन के विषय में ध्वनिपूर्व एवं ध्वनि-परवर्ती युग की धारणा में स्पष्ट अन्तर दिखाई पड़ता है।

आचार्य भामह काव्य का विभाजन चार प्रकार से करते हैं—

1. छन्द के अभाव और सद्भाव के आधार पर दो—(1) गद्य, (2) पद्य

2. भाषा के आधार पर तीन विभाजन—(1) संस्कृत, (2) प्राकृत, (3) अपभ्रंश।

3. विषय के आधार पर चार विभाजन—(क) ख्यातवृत्त (ख) कथित (ग) कथाश्रित, और (घ) शास्त्राश्रित।

4. स्वरूप-विभाजन के आधार पर पाँच विभाजन—(क) महाकाव्य (ख) रूपक (ग) आख्यायिका (घ) कथा (ङ) मुक्तक।

आचार्य भामह के दृष्टिकोण में पर्याप्त व्यापकता है, यद्यपि वह काव्य के बहिरंग स्वरूप तक सीमित है।

दंडी शैली की दृष्टि से तीन भेद करते हैं—(1) पद्य, (2) गद्य और (3) मिश्र।

भाषा की दृष्टि में चार भेद हैं—(1) संस्कृत, (2) प्राकृत, (3) अपभ्रंश और (4) मिश्र।

वामन ने प्रथमत: काव्य के दो भेद किए हैं—गद्य और पद्य। उसके अवान्तर भेद निम्नलिखित हैं—

गद्य—(1) वृत्तगंधि (2) चूर्ण, (3) उत्कलिकाप्राय

पद्य—(1) अनिबद्ध या मुक्त (2) निबद्ध या प्रबन्ध काव्य

वामन प्रबन्ध काव्यों में दश रुपकों को महत्त्व देते हैं—सन्दर्भेषु दश रूपकं श्रेय: (28)।

ध्वनिकार आनन्दवर्धन प्रतीयमान अर्थ को महत्त्व देते हैं। वे काव्य में इसकी तीन स्थितियाँ मानते हैं—

1. जहाँ शब्द और अर्थ अपने को प्रतीयमान से गौरव रखते हैं। प्रतीयमान की प्रधानता तथा व्यंजना-वाला यह भेद ध्वनि कहलाता है।
2. जहाँ प्रतीयमान की अपेक्षा वाच्यार्थ का चारुत्व आ जाता है। (ध्वन्यालोक, पृ. 459) 'तस्य तु गुणी भावेन वाच्य चारुत्व प्रकर्षो गुणीभूत व्यंग्यो नाम काव्यभेद-प्रकल्प्यते।'
3. तृतीय भेद काव्य है, जहाँ केवल वाच्य-वाचक के वैचित्र्य की प्रधानता होती है तथा व्यंग्यार्थ प्रकाशन की क्षमता का अभाव होता है। (वही, उद्योत, 3/41)

मम्मट आनन्दवर्धन के समर्थक हैं। वे काव्य के तीन भेद उत्तम, मध्यम और अधम मानते हैं। वाच्यार्थ की अपेक्षा व्यंग्य की अतिशयता उत्तम काव्य है। मध्यम काव्य गुणीभूत व्यंग्य है, जहाँ व्यंग्यार्थ वाच्यार्थ की अपेक्षा हीन या समकक्षी होता है। अधम काव्य की कोटि में शब्द-चित्र एवं अर्थ-चित्र अभ्यंग्य अर्थात् स्फुट प्रतीयमान रहित होते हैं। मम्मट चित्रकाव्य में में गुण और अलंकार की सत्ता मानते हैं। अत: चित्रकाव्य में भी वे सगुणता की बात कर बैठते हैं, किन्तु ध्वनि-सिद्धान्त में काव्यत्व का आधार व्यंग्य है, गुण नहीं। विश्वनाथ काव्य का वर्गीकरण काव्यरूप और व्यंग्यार्थ की दृष्टि से करते हैं। काव्यरूप से वे दृश्य और श्रव्यभेद करते हैं और ध्वनि परम्परा

से वे ध्वनि-गुणीभूत व्यंग्य को ही स्वीकार करते हैं। मम्मट के तृतीय अधम भेद को वे नहीं मानते।

वस्तुत: चित्रकाव्य तत्कालीन युग के कवियों की दरबारी या विदग्ध गोष्ठी की रुचि का परिचायक रहा होगा। इसीलिए आचार्यों ने उसमें थोड़ी रुचि भी ली। वैसे ध्वनिवादी यह तो मानते आए थे कि चित्र में भी व्यंग्य का किंचित् स्पर्श रहता ही है। पंडित राज ने भी समय और वस्तुस्थिति के अनुरोध को स्वीकार किया है। उन्होंने व्यंग्यार्थ की स्थिति का निर्णायक चमत्कार को ठहराया है। (रसगंगाधर, पृ. 10)।

पंडितराज ने काव्य के चार भेद किए—(1) उत्तमोत्तम काव्य, (2) उत्तम काव्य, (3) मध्यम काव्य और (4) अधम काव्य।

उन्होंने आनन्दवर्धन के ध्वनि और मम्मट के उत्तम काव्य को उत्तमोत्तम[11] काव्य कहा। उत्तमोत्तम काव्य व्यंग्यार्थ प्रधान तो होता ही है, व्यंग्य का चमत्कार भी उत्कृष्ट होता है। इस काव्य-कोटि में सभी रस-ध्वनियाँ हैं, जिनमें रस भाव आदि के साथ वस्तु तथा अलंकार रूप ध्वनियाँ भी आ जाती है। इस काव्य में शब्द और अर्थ (वाच्यार्थ) अप्रधान रहते हुए किसी अन्य अर्थ को अभिव्यक्त करते हैं।

उत्तमकाव्य का लक्षण पंडितराज द्वारा इस प्रकार किया गया है—'यत्र व्यंग्यम-प्रधानमेव सच्चमत्कारकारणम्' (पृ. 17) अर्थात् जिस काव्य में व्यंग्यार्थ अप्रधान होकर भी चमत्कार का कारण हो वह द्वितीय श्रेणी का उत्तम काव्य होता है।

मध्यम काव्य अर्थात् तृतीय भेद का लक्षण है—यत्र व्यंग्यचमत्कारा समानाधिकरणो वाच्य चमत्कारस्ततृतीयम् (पृ. 19) अर्थात् जहाँ व्यंग्यार्थ से होनेवाला चमत्कार का और वाच्य अर्थ से होनेवाले चमत्कार का अधिकरण समान नहीं हो वहाँ मध्यम काव्य होता है।

जगन्नाथ ने अधम काव्य को काव्य का चतुर्थ भेद कहा है—यत्रार्थ चमत्कृत्युपस्कृता शब्द चमत्कृति: तदधमं चतुर्थम्' अर्थात जहाँ अर्थकृत चमत्कार से शब्दकृत चमत्कार उपकृत हों वहाँ अधम काव्य होता है। यहाँ शब्द का चमत्कार ही प्रधान हो जाता है, अर्थकृत चमत्कार हो भी तो उसकी सत्ता नहीं रह जाती। पंडितराज इन चार भेदों के निरूपण के बाद एक पंचम भेद की भी सम्भवत: विनोदी कल्पना करते हैं कि जिसमें एकाक्षर बाध आदि की गणना की जाए और उसको अधमाधम काव्य कहा जाए पर इसे स्वीकार करना इसलिए सम्भव नहीं है कि इसमें अर्थकृत चमत्कार ही नहीं होता, जब इसमें काव्यत्व नहीं होता तो इसकी गणना क्यों की जाए?[12]

पंडितराज एक आक्रामक आलंकारिक की मुद्रा में खंडन करने की शक्ति रखते हैं। अपने युग तक चली आती हुई काव्य-परम्परा की कई गलित रुढ़ियों पर प्रहार करने से वे नहीं चूकते। उस समय तक अधमाधम निकृष्ट काव्य कोटि के रूप में चित्रकाव्य के ही कई चमत्कारी रूप बंधकाव्य जैसे पद्मबंध, मुरजबंध, हारबंध आदि के रूप में प्रचलित हो गए थे जिनमें बुद्धि-चातुर्य और अक्षर-गणना का कौशल प्रधान हो रहा था, पंडितराज ने उन्हें महत्त्व नहीं दिया और उन्हें काव्य-कोटि से बाहर करना चाहा। अर्थ-चमत्कृति से शून्य ऐसे अर्धावृत्ति यमक एवं बन्ध आदि को उन्होंने काव्य श्रेणी से खारिज कर दिया।

पंडितराज की दृष्टि में रसादि ध्वनियों की संलक्ष्यक्रमता

ध्वनि-विवेचन में अभिधा मूलक ध्वनियों के दो भेद माने गए हैं—असंलक्ष्यक्रम व्यंग्य ध्वनि और संलक्ष्य क्रम व्यंग्य ध्वनि। असंलक्ष्यक्रम में रस-ध्वनि के सभी रूप आ जाते हैं, अर्थात् रस, भाव, रसाभास, भावाभास, भावशान्ति, भावोदय, भाव सन्धि और भाव शबलता। दूसरे, संलक्ष्यक्रम में वस्तु एवं अलंकार रुप ध्वनियाँ आती हैं। असंलक्ष्यक्रम में कहा गया है कि उसमें काव्यार्थ—भावन और भावानुभूति की गति इतनी तीव्र होती है कि उनका क्रम परिलक्षित नहीं होता, इसे मम्मट ने काव्य प्रकाश उल्लास—4 सूत्र 41 में तथा विश्वनाथ ने अपने साहित्य दर्पण (पृ. 229) में व्यक्त किया है। इसी कारण इसे असंलक्ष्यक्रम कहा गया है। इसमें क्रम की अलक्ष्यता होती है। शतदल कमल के शत पत्रों को सूई से एक बारगी बेध देने पर यह कहना कठिन हो जाता है कि किस समय किस पत्र का पहले भेदन हुआ यद्यपि भेदन का क्रम उसमें अवश्य होता है। यही बात असंलक्ष्य क्रम व्यंग्य ध्वनि पर लागू होती है।

ध्वनिवाद की यह परम्परागत धारणा है कि रसादि ध्वनियाँ असंलक्ष्यक्रम ही होती हैं, पर पंडितराज की मान्यता मौलिक और स्वतंत्र है। वे रसादि को असंलक्ष्यक्रम ही नहीं संलक्ष्य क्रम भी मानते हैं।

पंडितराज की मान्यता है कि जहाँ प्रकरण आदि स्पष्ट होते हैं वहाँ विभाव आदि की प्रतीति सहृदय को तुरत-झटिति भाव से हो जाती है। विभाव की इस सद्यः प्रतीति का परिणाम यह होता है कि सहृदय अविलम्ब रस मग्न हो जाता है। रस-प्रतीति में प्रकरणादि सहित विभावादि की प्रतीति है—हेतु रूप तथा रसादि प्रतीति है—कार्य रूप। हेतु और कार्य रूप प्रतीतियों के चलते क्रम का बोध नहीं हो पाता। क्रम होता अवश्य है, पर सद्यः रस में डूब जाने के कारण कभी-कभी अनुभूति का शीघ्र भावन नहीं हो पाता। ऐसी दशा में चमत्कृति की गति 'मंथर' होती है, ऐसे स्थलों पर रसादि को संलक्ष्य क्रम ही कहना चाहिए। इस विवेचन में पंडितराज का 'मंथर' शब्द महत्त्वपूर्ण है।

इस सम्बन्ध में अभिनव की मान्यता है कि असंलक्ष्यक्रम भावादि रस होते हैं। वे संलक्ष्य क्रम भी हो सकते हैं, पर वैसी स्थिति में उन्हें 'रस' नहीं वस्तु मात्र माना जाएगा। संलक्ष्य क्रम में वे वस्तु रूप भेद ही माने जाएँगे। इस पर पंडितराज की मान्यता है कि रसादि दोनों प्रकार के होते हैं, असंलक्ष्य क्रम और संलक्ष्य क्रम। भावात्मक आनन्द को लक्ष्य-क्रम होने पर भी वस्तु रूप नहीं कहा जा सकता। अतः पंडितराज की मान्यता अधिक स्वीकार्य लगती है। यह मान्यता पर्याप्त मौलिक और नूतन है।

यद्यपि नागेश ने पंडितराज की मान्यता का खंडन कना चाहा है कि विभावादि की प्रतीति में विलम्ब भले ही हो, पर विभावों के उपस्थित हो जाने पर फिर रस प्रतीति में विलम्ब नहीं होता। अत नागेश असंलक्ष्यक्रम का पक्ष लेते हैं।

पर पंडितराज वहाँ संलक्ष्य क्रम व्यंग्य ध्वनि मानते हैं जहाँ प्रकरण की अस्फुटता के कारण विभाव सामग्री धीरे-धीरे मंथर गति से उपस्थित होती है। अतः वहाँ चमत्कार की गति भी मंथर हो जाती है—"यत्र विचार वेद्य-प्रकरणं उन्नेया वा विभावादयस्तत्र सामग्री-विलम्बाधीनं चमत्कृतेर्मान्थर्यमिति संलक्ष्य-क्रमोप्येष भवति"—'रसगंगाधर'

(पृ. 107)। पंडितराज के कथ्य का सारा चमत्कार इस 'मंथर' शब्द में तथा 'सामग्री बिलम्बाधीनं' में है। अतः जिसे अभिनव इस अवस्था के भावात्मक सौंदर्य को वस्तु कहेंगे, उसे पंडितराज रस की संज्ञा देंगे। इन वैचारिक विन्दुओं के आधार पर पंडितराज की मौलिकता स्वयंसिद्ध है।

रस-विवेचन

भरत के नाट्य शास्त्र तक रस का सम्बन्ध नाट्य से ही था, किन्तु वह काव्य और काव्य शास्त्र का एक अभिन्न अंग बन गया, यहाँ तक कि नाटक भी काव्य के अन्तर्गत 'काव्येषु नाटकं रम्यम्' के रूप में परिगणित हुआ। भरत के सूत्र ने सहृदय के रस-बोध तक पहुँचने में सहायता की। रस सूत्र के चार व्याख्याताओं—भट्टलोल्लट, शंकुक, भट्टनायक और अभिनव गुप्त ने दार्शनिक एवं लोक-जीवन के साथ रस-तत्त्व की गम्भीर व्याख्याएँ प्रस्तुत कीं।

पंडितराज जगन्नाथ ने रस की अद्वैत वेदान्ती और नैयायिक, दो प्रकार की मौलिक व्याख्याएँ कीं। ऐसा प्रतीत होता है कि पंडितराज अद्वैत वेदान्त की व्याख्या और अभिनवगुप्त के सिद्धान्त के समर्थक हैं। अभिनव गुप्त के मत को महत्त्व देने के तीन कारण प्रतीत होते हैं—(1) साक्षात्, आत्मस्वरूप आनन्द को ही रस स्वरूप मानना, (2) रति को भी संस्कार सामान्य के रूप में प्रस्तुत करना (3) व्यंजना की स्थापना।

रसगंगाधर के आरम्भ में ही उन्होंने भावना का स्वरूप निर्दिष्ट किया है—'पुनःपुनरनुसन्धानात्मा' अर्थात् काव्य का पुनः पुनः अनुसंधान। यह 'विशेषता' शब्द से अधिक सहृदय की है। इस व्यापार को पंडितराज ने (सहृदय हृदय निष्ठ व्यापार' कहा। मम्मट ने व्यक्त शब्द का प्रयोग किया था—'व्यक्त स तै र्विभावाद्यैः—स्थायि भावो रसः स्मृतः—(काव्य प्रकाश पृ. 65)।

व्यक्त का तात्पर्य है व्यंजना का विषय बना हुआ—अर्थात् व्यंग्य जो रति आदि स्थायी भाव है, पर पंडितराज ने उसका मौलिक अर्थ किया—'अनावृत चैतन्य का विषय बना हुआ 'व्यक्तो व्यक्ति विषयी कृतः। व्यक्तिश्च भग्नावरणाचित् (रसगंगाधर, पृ. 22)। व्यक्त का अर्थ है—व्यक्ति गोचर और व्यक्ति का भग्नावरण चित् अर्थात् स्थायी भाव ही रूपात्मक रूप में परिणत होता है, परन्तु तभी जब वह चित् प्रकाश्य हो। आवरण भग्न के लिए अलौकिक व्यापार (व्यंजना) को स्वीकार किया गया है। इस व्यक्त को उन्होंने केवल व्यंजना न मानकर साक्षात् आत्मस्वरूप मान लिया। वहाँ व्यंजना केवल काव्य का अर्थ नहीं रह गई, वह सहृदय का धर्म बन गई।

पंडितराज की मौलिक देन के रूप में नव्य न्याय की दृष्टि से किया गया रस-सिद्धान्त-प्रतिपादन को स्वीकार किया गया है। पंडितराज अनिवर्चनीय प्रातिभासिक रति को रस मानते हैं। वे आकर्षक रीति से रसोत्कर्ष दिखाकर बताते हैं कि ब्रह्म का आस्वाद रस नहीं है। वह तो सहृदय की अपनी ही आत्मा का आस्वाद है अर्थात् निजी आत्मा का आस्वाद ही रस है। यह निजात्मत्वेन आत्मा का बोध न होकर आत्मत्वेन बोध है। अतः पंडितराज रस को सहृदय सिद्ध करते हैं।

पंडितराज ने नौ रसों की सत्ता स्वीकार की अर्थात् शृंगार, करुण, शान्त, रौद्र, वीर, अद्भुत, हास्य, भयानक और वीभत्स ये नौ रस हैं। 'मम्मट' ने भी 'अष्टौ नाट्ये रसाः

स्मृता:'—यह कहकर 'शान्तोऽपि नवमो रस:' कहा है। नौ रसों को मम्मट भी मानते हैं (काव्यप्रकाश, पृ. 93)।

पंडितराज खंडन प्रवीण दुर्धर्ष आचार्य हैं। वे भक्ति-रस और वात्सल्य रस का खंडन करने से नहीं चूकते। वे रति नामक भाव में ही भक्तिरस और वात्सल्य रस, दोनों का अन्तर्भाव कर देते हैं।

जगन्नाथ मम्मट या अभिनवगुप्त के मत को प्रस्तुत करते हैं। उनकी ग्यारह व्याख्याएँ हैं, जिनमें चार मत भट्टलोल्लट, शंकुक, भट्टनायक और अभिनव जैसे व्याख्याकारों के ही हैं। तीन व्याख्याओं में एक में कहा गया है कि विभाव आदि तीनों मिलकर रसात्मक परिणति प्राप्त करते हैं, दूसरे के अनुसार तीनों में जो चमत्कारवादी हो वही रस है, तीसरी व्याख्या 'नव्य' कही गई है जिसमें वेदान्तियों की अनिर्वचनीयता का सहयोग लेना आवश्यक है। उसमें आया है कि काव्य में सहृदयता के कारण एक ऐसी रसोपयोगी भावना उत्पन्न होती है जो पाठक के चित्त को नायक से एकमेक कर देती है। इस कारण वह नायक की चित्तदशा को प्राप्त कर लेता है, फिर उसके नायकत्व के कल्पित रूप में आलम्बन विषयक अनिर्वचनीयता रति आदि भावों की रसात्मक उत्पत्ति होती है। चौथी व्याख्या में न तो अनिर्वचनीयता का, न व्यंजना व्यापार का सहारा लिया जाता है, पर उपर्युक्त भावना-दोष की सत्ता मान लेता है और नायक से अपने को अभिनव समझ बैठता है। यही अनुभव लोकोत्तर विशेषता के कारण रस बनता है।

डॉ. राममूर्ति त्रिपाठी ऐसे प्रश्नों का समाधान दार्शनिक पदावली में देते हैं कि "नव्या: प्रतीक द्वारा वे अन्य लोगों का भी मत प्रस्तुत करते हैं। अत: मनीषियों की तो धारणा यह है कि पंडितराज की आस्था मम्मट एवं अभिनव गुप्त के मत में ही है, परन्तु श्रुति (रसो वै स:) के अनुरोध से थोड़ा संशोधन उन्होंने प्रस्तुत किया है। अर्थात् जहाँ अभिनव गुप्त ने यह माना था कि चित् संवलित स्थायी रस है, वहाँ पंडितराज ने कहा-स्थायी विशिष्ट चित् ही रस है—एक ने रस में जहाँ स्थायी को प्रधानता दी, वहीं दूसरे ने श्रुति का अनुरोध मानकर 'चित्त' को प्रधानता दी।"[13]

जगन्नाथ रस की प्रक्रिया को त्वरित मानते हैं अर्थात् रस-प्रतीति का प्राण है—शीघ्रता पूर्वक प्रतीति। एक अलौकिक व्यापार की यह रस-प्रतीति विभाव आदि की प्रतीति के साथ ही होने लगती है। यहाँ मम्मट निर्दिष्ट काव्य-प्रयोजन 'सद्य: पर निर्वृतये' का भी स्मरण होता है कि काव्यानन्द शीघ्र भासित होता है। जगन्नाथ चिद्विशिष्ट स्थायी भाव को ही रस मानते हैं।[14]

रस-विवेचन के क्षेत्र में पंडित राज मौलिक सिद्ध होते हैं। डॉ. प्रेमस्वरूप गुप्त के शब्दों में कहें "इस प्रकार पंडितराज का रस-विवेचन आद्योपान्त मौलिक हो उठा है। उन्होंने इस मौलिकता का कहीं दावा नहीं किया। अभिनव एवं मम्मट का महत्त्व अक्षुण्ण रखते हुए उन्हीं की मान्यताओं को और सुदृढ़ भूमि पर लाकर प्रतिष्ठित कर देना, उन्हीं की स्थापनाओं को चरम दार्शनिकता प्रदान करना और सब यह इस रूप में कि अपना अहं कहीं उद्वेलित प्रतीत न हो, प्राचीन आचार्यों के प्रति पंडितराज की श्रद्धा व्यक्त करता है, किन्तु उनका कार्य किसी मौलिक आचार्य से कम नहीं।[15]"

अलंकार-निरूपण

पंडितराज के 'रसगंगाधर' में अलंकार-विवेचन भी वैदुष्यपूर्ण और मौलिक रूप में हुआ है, जो उनके प्रौढ़-चिन्तन का प्रमाण है। यह एक अपूर्व संयोग है कि 17वीं शताब्दी में हिंदी का रीति-साहित्य भी अपने प्रौढ़िप्रकर्ष पर था और रीतिकार लक्षण-ग्रंथों की रचना में तल्लीन थे। वे मुख्यत: जयदेव के 'चन्द्रालोक' अप्पयदीक्षित के 'कुवलयानन्द' आदि ग्रंथों से प्रेरित होकर संस्कृत लक्षणों का हिंदी पद्य में सफल-असफल अनुवाद कर रहे थे, उस समय पंडितराज पूर्ववर्ती मान्यताओं का सूक्ष्म विश्लेषण, खंडन-मंडन और परिष्करण का मौलिक प्रयत्न कर रहे थ। वे अपने मत की स्थापना में कुशल थे और अपने गम्भीर दार्शनिक चिन्तन का बखूबी उपयोग करना जानते थे।

जगन्नाथ के पूर्ववर्ती आलंकारिकों ने अलंकारों की स्वरूप-रचना और उनके प्रकारों का विस्तृत विवेचन किया था, लेकिन परवर्ती कालीन आचार्यों में जिनमें जगन्नाथ भी हैं, अलंकारों के स्वरूप का स्पष्टीकरण करने का प्रयत्न किया। जगन्नाथ ने नवीन अलंकारों की भीड़ न जुटाकर पूर्व-प्रतिपादित अलंकारों का ही स्वरूप-निरूपण किया।

जगन्नाथ ने प्रसिद्ध आलंकारिक अप्पय दीक्षित के अलंकार-ग्रंथ 'चित्र मीमांसा' का खंडन किया। जगन्नाथ ने शब्दशक्तिमूलक ध्वनि के सन्दर्भ में काव्य के अलंकारों की स्वरूप-मीमांसा की, उस क्रम में निम्नलिखित अलंकारों के स्वरूप का विवेचन हुआ—

(1) उपमा, (2) उपमेयोपमा, (3) अनन्वय, (4) असम, (5) उदाहरण, (6) स्मरण, (7) रूपक, (8) परिभाषा, (9) ससन्देह, (10) भ्रान्तिमान्, (11) उल्लेख, (12) अपह्नुति, (13) उत्प्रेक्षा, (14) अतिशयोक्ति, (15) तुल्ययोगिता, (16) दीपक, (17) प्रतिवस्तूपमा, (18) दृष्टान्त, (19) निदर्शना, (20) व्यतिरेक, (21) सहोक्ति, (22) विनोक्ति, (23) समासोक्ति, (24) परिकर, (25) श्लेष, (26) अप्रस्तुत प्रशंसा, (27) पर्यायोक्ति, (28) व्याजस्तुति, (29) आक्षेप, (30) विरोध, (31) विभावना, (32) विशेषोक्ति, (33) असंगति, (34) विषय, (35) सम, (36) विचित्र, (37) अधिक, (38) अन्योन्य, (39) विशेष, (40) व्याघात, (41) कारणमाला, (42) एकावली, (43) सार, (44) काव्यलिंग, 45. अर्थान्तरन्यास, (46) अनुमान, (47) यथासंख्य, (48) पर्याय, (49) परिवृत्ति, (50) परिसंख्या, (51) अर्थापत्ति, (52) विकल्प, (53) समुच्चय, (54) समाधि, (55) प्रत्यनीक, (56) प्रतीप, (57) प्रौढोक्ति, (58) ललित, (59) प्रहर्षण, (60) विषादम, (61) उल्लास, (62) अवज्ञा, (63) अनुज्ञा, (64) तिरस्कार, (65) लेश, (66) तद्गुण, (67) अतद्गुण, (68) मीलित, (69) सामान्य और (70) उत्तर।

पंडितराज द्वारा उपर्युक्त तालिका से स्पष्ट होता है कि उन्होंने अधिकांश अलंकारों का विवेचन पूर्ववर्ती धारणा के अनुरूप किया है। इनका बहुलांश परम्पराप्राप्त है। वे नवीन अलंकारों की उद्भावना पर ज़ोर नहीं देकर परम्परा प्राप्त दाय का ही विशदीकरण करते हैं। वे 'अलंकार रत्नाकर' से 'असम' अलंकार को लेते हैं और रत्नाकर का मत उद्धृत करते हें—'अपितु असम अलंकार इति रत्नाकरेणोक्तम्' ('रसगंगाधर'-2, पृ. 334)। इसी प्रकार 'उदाहरण' अलंकार भी अलंकार रत्नाकर' से ही लिया गया है। यह अलंकार प्राचीनों ने उपमा में ही गतार्थ कर दिया है—'उपमैव गतार्थत्वात्'। 'रसगंगाधर' में केवल एक नवीन अलंकार तिरस्कार का उल्लेख हुआ है जो अप्पय

दीक्षित के अनुज्ञालंकार के विपरीत धर्मवाला अलंकार है। अनुज्ञा अलंकार में सदोष वस्तु में गुण की कल्पना करके उसकी स्पृहा की जाती है जबकि तिरस्कार में इसके विपरीत प्रसिद्ध गुणवाली वस्तु में दोष की कल्पना कर उसे अवांछनीय बताया जाता है।[16] आचार्य भरत ने 'गर्हणा' नामक लक्षण में दोष में गुण तथा गुण में दोष देखने के कल्पना की थी। तिरस्कार अलंकार का मूल भरत के उक्त लक्षण में देखा जा सकता है। जगन्नाथ द्वारा वर्णित शेष अलंकार प्राचीन हैं। अलंकार-विवेचन में मुख्यतः अलंकार के लक्षण और उससे सम्बन्धित अन्य मतान्तरों के खंडनों पर बल दिया गया है। अलंकार-प्रकरण को देखने से स्पष्ट हो जाता है कि पंडितराज ने सर्वाधिक प्रहार अप्पयदीक्षित पर किया है। अलंकारों के अन्त में खंडन की प्रामाणिकता-अप्रामाणिकता पर निजी मत भी देने का प्रयत्न हुआ है।

पंडितराज अनेक अलंकारों का एक-दूसरे में अन्तर्भाव भी करते दिखाई देते हैं—जैसे उपमेयोपमा और प्रतीप का उपमा में, दीपक का तुल्ययोगिता में, प्रस्तुतांकुर का अप्रस्तुत प्रशंसा में, मालादीपक का एकावली में, वर्धमानक का सार में, विकस्वर का अर्थान्तरन्यास में; यथासंख्य का अपक्रमत्व दोष के अभाव में, ललित का निदर्शन में आदि। अन्तर्भाव के इस प्रयत्न द्वारा पंडितराज अलंकारों की निरन्तर कहें तो निरर्थक संख्यावृद्धि पर लगाम लगाने की भी कोशिश करते हैं।

पंडितराज मौलिक विचारक इसलिए भी हैं कि वे कई अर्थों में क्रान्तिकारी हैं। कुछ वैसे अलंकार हैं जिन्हें प्राचीन आलंकारिकों ने महत्त्व नहीं दिया था, जैसे असम, उदाहरण, विचित्र, अर्थापत्ति, प्रहर्षण, विषादन, उल्लास, अवज्ञा, अनुज्ञा, तिरस्कार और लेश, इनमें किसी एक अलंकार को भी मम्मट जैसे आलंकारिक ने भी मान्यता नहीं दी थी। रुय्यक ने भी अपने 'अलंकार सर्वस्व' में केवल विचित्र और अर्थापत्ति अलंकार को ही महत्त्व दिया था, पर पंडितराज ने इन अलंकारों को गौरव प्रदान किया। चाहे अलंकारों के अन्तर्भाव का प्रश्न हो या उनके स्वतंत्र स्वरूप का, पंडितराज ने दोनों में ही प्रमाण और युक्ति का सहारा लेकर अपना विवेचन किया है। उनके द्वारा वर्णित अलंकारों के विश्लेषण में सूक्ष्मता बरती गई है। उदाहरणों का भी सूक्ष्म विश्लेषण हुआ है।

पंडितराज कृत उत्तर अलंकार की चर्चा इसलिए महत्त्वपूर्ण है कि वह 'रसगंगाधर' का अन्तिम अलंकार है और माना गया है कि वह अन्तिम ही नहीं अपूर्ण अलंकार है। इस विवेचन में पंडितराज द्वारा उत्तर अलंकार का लक्षण न करके 'उत्तर' मात्र का ही लक्षण किया गया है। ऐसा प्रतीत होता है कि या तो पंडितराज अपने प्रतिपाद्य से हट गए हैं या अलंकार की अपूर्णता को देखते हुए यह अनुमान होता है कि सामान्य रूप से 'उत्तर' पर विचार करके पंडितराज उत्तरालंकार पर विचार करते।

उत्तर न्यायमूलक अलंकार है। किसी उत्तर का चमत्कारपूर्ण वर्णन उत्तर अलंकार है। इसे हिंदी में प्रश्नोत्तर या गूढ़ोत्तर भी कहा गया है। सर्वप्रथम रुद्रट ने अपने वास्तव वर्ग के अलंकार के रूप में इसे स्वीकार किया था। मम्मट के अनुसार 'उत्तर अलंकार में या उत्तर सुनने भर से प्रश्न की कल्पना कर ली जाती है या प्रश्न के रहते हुए भी ऐसे उत्तर की कल्पना होती है जिसकी सामान्यतः कोई सम्भावना नहीं होती

(काव्यप्रकाश, 10/121) उत्तर सम्बन्धी चमत्कार ही इसमें मुख्य रहता है।

आचार्य विश्वनाथ अपने 'साहित्य दर्पण' में कहते हैं कि जब उत्तर से प्रश्न का अनुमान किया जाए या किए गए अनेक प्रश्नों से अनेक असंभावित उत्तर कहे जाएँ (साहित्य दर्पण, 10/82) तब यह अलंकार होता है।

पंडितराज ने प्रश्न के प्रतिबन्धित ज्ञान के विषयीभूत अर्थ को उत्तर अलंकार कहा है। इनका तात्पर्य है कि किसी पदार्थ का ज्ञान हो जाने के बाद प्रश्न करना बंद कर दिया जाए तो वहाँ उत्तर अलंकार होगा—(रसगंगाधर, पृ. 703)। 'रसगंगाधर' के अलंकार-प्रसंग में उत्तर अलंकार एक अन्तिम अपूर्ण लेकिन महत्त्वपूर्ण कड़ी है।

चमत्कार-चर्चा

वास्तव में काव्यालंकार रमणीयता के प्रधान साधन माने गए हैं। पंडितराज ने काव्य की परिभाषा में भी इस रमणीयता का प्रयोग किया है। यह रमणीयता काव्य का प्रधान अभिव्यंजित तत्त्व है (प्राग् अभिहित लक्षणस्य काव्यात्मनो व्यंग्यस्य रमणीयता-प्रयोजका अलंकारा: (वही, पृ. 156)।

डॉ. सुशील कुमार डे मानते हैं कि "चमत्कार या लोकोत्तरत्व, जिसके भीतर यह रमणीयता चक्कर काटती है, काव्यालंकार का अत्यावश्यक तत्त्व है। इस तरह जगन्नाथ ने काव्य सम्बन्धी अपनी धारणा की संगति रुय्यक के अलंकार-सिद्धान्त से (जिसे उन्होंने स्वीकार किया है और जिसका उन्होंने विस्तार किया है) बैठाई है। इसमें वह चमत्कार—(जिसे 'हृदयत्व', चारुत्व' या सौंदर्य' भी कहते हैं, अथवा जिसे पारिभाषिक शब्द "वैचित्र्य, विच्छित्ति-विशेष' या 'भणिति-प्रकार' से अभिहित किया जाता है) भी सम्मिलित है, जो कवि-प्रतिभा द्वारा प्रदत्त है। कुन्तक ने, जिनसे रुय्यक ने अपनी विश्लेषण पद्धति प्राप्त की है, यह सिद्धान्त निर्धारित किया है कि प्रत्येक काव्य-कृति में कवि-कर्म ही, जो कि सृजन-कल्पना (प्रतिभा) से बनता है, प्रमुख होता है और यही काव्य-रचना में प्रकट होना चाहिए। जगन्नाथ ने जोर देकर कहा है कि प्रतिभा ही एकमात्र काव्य और काव्यात्मक अभिव्यक्ति का स्रोत है, अत: इसी से अलंकार के स्वरूप का निर्धारण होता है। कवि अपनी प्रतिभा द्वारा काव्यालंकार को भी विशेष वैचित्र्य (विच्छित्ति-विशेष) प्रदान करता है। उसी को वह आधार माना जाता है जिसके अनुसार अलंकार अपनी विशेष विलक्षणताओं में एक-दूसरे से पृथक् होते हैं और जब यह विच्छित्ति कविता में अभिव्यक्त की जाती है, तब कवि-कल्पना अथवा चमत्कार कहा जाता है, जो इसके द्वारा प्रसूत होता है।[17]"

भारतीय काव्यशास्त्र में अलंकार, रीति, रस, ध्वनि आदि की भाँति चमत्कार-चर्चा भी मिलती है। चमत्कार किसी वस्तु का प्रत्यक्ष या भावात्मक आस्वादन है, जिसका सम्बन्ध चित्त की प्रफुल्लता से होता है। चमत्कार शब्दार्थ का तीव्र भाव-बोध है। यह काव्य के एक सम्यक् प्रभाव की तरह अनेक तत्त्वों से छनकर एकत्र होता है। चमत्कार की दशा में चित्त की विशदता अपेक्षित होती है।

चमत्कार का सम्बन्ध सौंदर्य के विस्मयपूर्ण आस्वादन में है। विस्मय तत्त्व वक्रता, अतिशय आदि के सहयोग से आलंकारिक या चमत्कार पूर्ण उक्ति का रूप ग्रहण करता है। डॉ. नगेन्द्र ने भी स्वीकार किया है कि "आधुनिक मनोविज्ञान की दृष्टि से

सौंदर्य-चेतना एक मिश्रवृत्ति है। इसके योजक तत्त्व हैं—(1) प्रीति अर्थात् आनन्द और (2) विस्मय। भारतीय काव्यशास्त्र इस रहस्य से आरम्भ से ही अवगत था। इसके दो प्रतिनिधि, सिद्धान्त रस और अलंकार क्रमश: प्रीति और विस्मय के ही शास्त्रीय विकास हैं। सौंदर्य के आस्वाद में निहित प्रीति-तत्त्व का प्राधान्य रस-सिद्धान्त में प्रस्फुटित और विकसित हुआ और उधर विस्मय तत्त्व की प्रमुखता ने वक्रता, अतिशय के माध्यम से अलंकारवाद का रूप धारण किया।"[18]

आचार्य विश्वनाथ ने पूर्वाचार्य नारायण और धर्मदत्त की स्थापना को स्वीकार करते हुए कहा है कि चित्त विस्तार ही चमत्कार है। रस का सम्बन्ध भी चमत्कार से होता है, पर इसकी स्वतंत्र सत्ता को अस्वीकार नहीं किया जा सकता। अद्भुत रस को चमत्कार का उदाहरण माना जा सकता है।[19] इसके अतिरिक्त वे विस्मय नामक चित्त के विस्तार या विकास को चमत्कार मानते हैं। रस में यही चमत्कार प्राण रूप होता है।[20] इस प्रकार उन्होंने 'लोकोत्तर चमत्कार प्राण' कहकर चमत्कार को रस का अपेक्षित तत्त्व सिद्ध किया है। विश्वनाथ की 'लोकोत्तर रस प्राण' जैसी शब्दावली का आधार अभिनवगुप्त की स्थापनाओं में मिलता है। अभिनवगुप्त ने अभिनव भारती में कथा-चमत्कार और नाट्य-चमत्कार के विवेचन-क्रम में चमत्कारातिशय को 'रंजनातिशय' भी कहा है। इन्होंने अपनी प्रत्याभिज्ञा विवृति विमर्शिनी' में चमत्कार को रस का प्रमुख लक्षण मानते हुए उसके स्वरूप को स्पष्टतापूर्वक प्रस्तुत किया है। (भाग-1, पृ. 1791)

आचार्य आनन्दवर्धन, भट्टनायक तथा कुन्तक ने भी चमत्कार को रस से संबद्ध माना है। आचार्य क्षेमेन्द्र ने कवि कंठाभरण की तृतीय सन्धि में (पृ. 129) में चमत्कार-कथन शीर्षक द्वारा चमत्कार की विस्तृत चर्चा की है। उन्होंने चमत्कार के दस भेद गिनाए हैं—(1) अविचारित रमणीय, (2) विचारित रमणीय, (3) समस्त सूक्त व्यापी, (4) सूक्तैक देश दृश्य, (5) शब्दगत, (6) अर्थगत, (7) शब्दार्थगत, (8) अलंकार गत, (9) रसगत तथा (10) प्रख्यात वृत्तिगत।

क्षेमेन्द्र की दृष्टि में चमत्कार कवित्व का आवश्यक हेतु है। उनकी दृष्टि में अमूल्य मणि के समान एक भी चमत्कारपूर्ण पद यदि काव्य में न हो तो वह भले ही निर्दोष हो, पर मणिहीन सुवर्ण के समान किसी के भी चित्त को चमत्कृत नहीं करता, जैसे कि युवतियों का लावण्यहीन यौवन। कवि विश्वेश्वर ने अपनी 'चमत्कार चन्द्रिका' में चमत्कार को सहृदयानन्द माना है। इनके मत में चमत्कार का आलम्बन गुण, रीति, पाक, शय्या, अलंकार और रस हैं।[21] चमत्कार के रूप में शब्द चित्र अर्थात् चित्रालंकार को प्रमुखता दी गई है। इस चमत्कार का सम्बन्ध अलंकार के प्रयोग से होता है।

काव्यशास्त्र में चमत्कार का विचार आनन्द कल्पना के रूप में हुआ है। अलंकारवादी इस आनन्द को बौद्धिक मानते हैं और रसवादियों के अनुसार यह काव्यानन्द शुद्ध अनुभूतिमूलक होता है। आचार्य कुन्तक ने अपने 'वक्रोक्तिजीवित' की कारिका में 'अन्तश्चमत्कार शब्द' का प्रयोग किया है और वृत्ति में चमत्कार, चमत्कृति तथा आह्लाद का। यहाँ कुन्तक अलंकारवादी होकर भी—आह्लाद-कल्पना के कारण रसवादियों के निकट दिखाई देते हैं। कुन्तक के अनुसार काव्यामृत रस सहृदयों के अन्तःकरण में चतुर्वर्ग रूप फल में आस्वाद से भी बढ़कर चमत्कार को उत्पन्न करता है।[22]

पंडितराज जगन्नाथ ने 'रसगंगाधर' में लोकोत्तर आह्लाद का अपर पर्याय चमत्कार को माना है और इसे अनुभव सिद्ध कहा है।[23] काव्य का आह्लाद लौकिक आह्लाद से भिन्न लोकोत्तर होता है। पंडितराज ने चमत्कार को कौतूहल मात्र न मानकर आह्लाद का एक स्वरूप विशेष प्रमाणित किया है। सहृदय अपनी अनुभूति के बल पर ही इसकी श्रेष्ठता निश्चित करता है। 'पुत्र उत्पन्न हुआ' या 'मैं तुम्हें धन दूँगा।' जैसे वाक्यों से प्राप्त आह्लाद लोकोत्तर नहीं होता, अत: उसमें काव्यत्व भी नहीं होता। यह लोकात्तरता या चमत्कारत्व 'अनुभव पुष्ट एक जातिविशेष के रूप में विवेचित हुआ है। जगन्नाथ चमत्कारत्व को जाति कहकर उसे गुण, रूप, धर्म के स्थान पर द्रव्य या पदार्थ मानते हैं तथा उसके विविध रूपों की सूचना देते हैं। अत: स्पष्ट है कि काव्याह्लाद या रमणीयताजन्य आह्लाद की अनुभूति लोकोत्तर या चमत्कारत्व से युक्त होती है, जो अन्तश्चमत्कार के बल पर हृदय की अनुभूतियों का विस्तार करती है।

काव्य-गुण

जगन्नाथ के काव्यशास्त्रीय सिद्धान्त नव्य न्याय की तार्किक पद्धति पर आधारित हैं। पूर्ववर्ती आचार्यों की स्थापना में सूक्ष्म परिष्कार करते रहना और आवश्यकतानुसार खंडन-मंडन की पद्धति का अवलम्बन लेना इनकी विशेषता है। पंडितराज का गुण-विवेचन भी इसका प्रमाण है। माधुर्य आदि तीन गुणों को मानने वाले आचार्यों के बीच प्रचलित गुण-धारणाओं का उल्लेख करते हुए उन्होंने उनके मतों की समीक्षा की है और अपना मत भी दिया है। उन्होंने शब्दार्थ गत दस गुणों के साथ-साथ माधुर्यादि तीन गुणों का विवेचन किया है, पर गुण को रस-धर्म माननेवाले सिद्धान्त की समीक्षा वेदान्त दर्शन के सिद्धान्त के आधार पर की है। प्राचीन दस गुणों की कुछ नवीन परिभाषाएँ भी उन्होंने दी हैं।

पंडितराज आचार्य भरत, दंडी, वामन, आनन्दवर्धन, अभिनवगुप्त एवं मम्मट के स्वीकृत गुण-सिद्धान्त को स्वीकार करते हैं। परिष्करण की प्रवृत्ति तो जगन्नाथ की विशेषता है ही। माधुर्य आदि तीन गुणों से संबद्ध तीन मत 'रसगंगाधर' में मिलते हैं—

1. आचार्यों का एक पक्ष यह मानता है कि संयोग शृंगार में जितना माधुर्य रहता है, उससे अधिक करुण रस में रहता है। इन दोनों से अधिक वह वियोग शृंगार में रहता है तथा शान्त रस में तो सर्वाधिक मात्रा में रहता है। इन सभी रसों के माधुर्य के उत्तरोत्तर उत्कर्ष का कारण उसका अधिकाधिक चित्त का द्रुतिजनक होना है।[24] माधुर्य संयोग शृंगार में चित्त में जितनी आर्द्रता उत्पन्न करता है, उससे अधिक करुण में; करुण रस से अधिक विप्रलंभ शृंगार रस में तथा उससे भी अधिक उसका उत्तरोत्तर उत्कर्ष पाया जाता है। जगन्नाथ यहाँ मम्मट की मान्यता का संकेत करते दिखाई देते हैं।
2. कुछ आलोचक यह मानते हैं कि संयोग शृंगार की अपेक्षा एवं शान्त रसों में और उन दोनों की अपेक्षा विप्रलम्भ शृंगार में इसका आधिक्य होता है।
3. अन्य आचार्यों की दृष्टि में संयोग शृंगार की अपेक्षा करुण, विप्रलम्भ शृंगार

एवं शान्त रसों में माधुर्य की अधिकता अवश्य रहती है, पर करुण, विप्रलम्भ और शान्त रसों में माधुर्य का न्यूनाधिक नहीं रहता।[25] इन सिद्धान्तों में प्रथम तथा तृतीय सिद्धान्त मम्मट की मान्यताओं पर आधारित हैं। मम्मट ने माधुर्य को श्रृंगार अर्थात् संयोग श्रृंगार का गुण कहकर करुण, विप्रलम्भ और शान्त में उसका अतिशय रूप स्वीकार किया था।[26]

जगन्नाथ यह मानते हैं कि करुण, विप्रलम्भ एवं शान्त में माधुर्य की क्रमशः अतिशयता रहती है। वे विप्रलम्भ श्रृंगार में सर्वाधिक माधुर्य मानते हैं क्योंकि उसमें चित्त अधिक द्रवित होता है। आनन्दवर्धन और अभिनवगुप्त, दोनों ने शान्त रस का गुण केवल माधुर्य को नहीं माना। शान्त के विभाव के अनुसार उसमें माधुर्य और ओज दोनों अल्प या अधिक मात्रा में होते हैं अतः मम्मट ने शान्त रस में सर्वाधिक माधुर्य माना था। अन्ततः जगन्नाथ ने विप्रलम्भ श्रृंगार में माधुर्य की अधिकता के मत को मान्यता दी। वीर, वीभत्स एवं रौद्र रसों में क्रमशः चित्त का उत्कर्ष रहता है। इन रसों में क्रमशः चित्त की दीप्ति की अधिकता रहती है। जगन्नाथ कहते हैं कि कुछ आचार्य इन तीनों रसों में केवल प्रसाद गुण की सत्ता मानते हैं। पंडितराज यह भी मानते है कि जैसे आत्मा के शौर्य आदि को व्यवहार या उपचार से शरीर का धर्म कह दिया जाता है, वैसे ही रस-धर्म को रचना का धर्म कहना उपचार मात्र है। (वही, पृ. 89)। उन्होंने गुण के रस धर्मत्व का खंडन किया है। उनकी रस-सम्बन्धी मान्यता वेदान्त सिद्धान्त पर आधारित थी। अतः उसी के अनुसार वे गुण का भी स्वरूप निर्मित करते हैं। आत्मा वेदान्त में निर्गुण मानी जाती है, उसमें कोई गुण नहीं रह सकता। रस भी काव्य की आत्मा होने के कारण निर्गुण है। गुण के रसधर्मत्व के विरुद्ध वे तर्क देते हैं।

पंडितराज कहते हैं कि माधुर्य आदि को जो रस का धर्म कहा गया है, उसमें प्रमाण क्या है? माधुर्य ओज आदि श्रृंगार वीर आदि रस के स्वरूप भूत ही हैं। अतः श्रृंगार आदि के गुण के रूप में उनकी कल्पना उचित नहीं। वे उदाहरण से इसे स्पष्ट करते हैं। किसी वस्तु के कार्य से उसके गुण को भिन्न होना चाहिए। अग्नि का कार्य है—दाह और उसका गुण है—उष्णता। उनके दाह-रूप कार्य से उष्ण स्पर्शगुण की अलग अनुभूति होती है, किन्तु रस के कार्य-भूत, द्रुति, दीप्ति आदि चित्तवृत्तियों से पृथक् माधुर्य आदि का अनुभव नहीं होता। अतः माधुर्य आदि की रस के गुण के रूप में कल्पना भी उचित नहीं है।[27]

जगन्नाथ द्रुति के कारणभूत श्रृंगार की कारणता के सम्बन्ध में एक महत्त्वपूर्ण पक्ष रखते हैं कि यदि श्रृंगार, काव्य आदि तीनों रसों की कारणता में एक ही माधुर्य को अवच्छेदक-धर्म के रूप में स्वीकार किया जाए तो चित्तद्रुति के ये तीनों कारण समान हो जाएँगे और समान कारण से उत्पन्न होने के कारण द्रुति चित्तवृत्ति में एकरूपता हो जाएगी। यह किसी रसवादी आचार्य को मान्य नहीं है। आनन्दवर्धन से लेकर विश्वनाथ तक सभी आचार्यों ने श्रृंगार, करुण एवं शान्त रसों में चित्तद्रुति का तारतम्य स्वीकार किया है। अतः माधुर्य आदि गुणों को रस का धर्म कहना ठीक नहीं। वेदान्त दर्शन में आत्मा को निर्गुण माना गया है। अतः काव्य की आत्मा रस को भी निर्गुण ही माना जाना चाहिए। (वही, पृ. 89-90)

एक प्रश्न यह भी उठता है कि यदि माधुर्य आदि गुण रस-धर्म नहीं तो शृंगार को मधुर कैसे कहा जाता है? पंडितराज कहते हैं कि द्रुति आदि चित्तवृत्तियों की प्रयोजकता के कारण ही शृंगार आदि रसों के लिए मधुर आदि का व्यवहार होता है। कभी-कभी जो वस्तु जिस धर्म का प्रयोजक होती है, उसका व्यवहार उस वस्तु के धर्म के रूप में होने लगता है। इसके लिए पंडित राज ने आयुर्वेद के एक प्रयोग का उदाहरण सामने रखा है। 'वाजिगंधा' नामक औषधि उष्णता का प्रयोजक होती है। उसकी उष्णता की प्रयोजकता के आधार पर उसे उष्ण कहा जाता है। इसी कारण माधुर्य आदि के प्रयोजक शृंगार आदि रस के लिए मधुर आदि का व्यवहार होने लगता है।[28] अत: शब्दार्थ को मधुर आदि कहने में आनन्दवर्धन आदि ने जो उपचार की कल्पना की है, वह आवश्यक है। (वही, पृ. 91)।

जगन्नाथ ने पूर्ववर्ती आचार्यों के दस गुणों को अनावश्यक ठहराया है। जगन्नाथ ने वामन के शब्द गुण श्लेष, प्रसाद, समता, माधुर्य, सुकुमारता, अर्थ व्यक्ति, उदारता, ओज जैसे गुणों की परिभाषा को शब्द-भेद से स्वीकार किया है। वे शब्द गत कान्ति तथा समाधि गुणों को नवीन रूप में प्रस्तुत करते हैं। कान्ति गुण को जगन्नाथ 'शब्द कान्ति' कहते हैं। उनके अनुसार शब्दगत समाधि गुण वह है, जिसमें बंध के गाढ़त्व और शिथिलत्व का क्रम से उपस्थापन हो। वामन ने इसे आरोह और अवरोह का क्रम कहा था, पंडितराज गाढ़त्व को आरोह और शिथिलत्व को अवरोह कहते हैं। अर्थ गुणों में जगन्नाथ श्लेष, माधुर्य, अभिव्यक्ति एवं समाधि गुणों के स्वरूप में नवीन विचार रखते हैं। श्लेष अलंकार के विवेचन में वे वामन के 'घटना श्लेष' को ही नए रूप में प्रस्तुत करते हैं। अभिव्यक्ति को ही स्वभावोक्ति अलंकार कहा जाने लगा है, इसकी वे पुष्टि करते हैं (वही—1, पृ. 97-98)। समाधि जैसे गुण की व्याख्या में जगन्नाथ नवीन पदावली में प्राचीन धारणा को रखना चाहते हैं। जगन्नाथ का यह भी प्रतिपादन है कि 'शब्द और अर्थ के माधुर्य को कल्पित नहीं कहना चाहिए, यह मेरे जैसे लोगों का मत है तथा "च शब्दार्थयोरपि माधुर्यादेरीदृशस्य सत्वादुपचारो नैव कल्प्य इति तो मादृशा:।" डॉ. गणेश त्र्यंबक देशपांडे कहते हैं कि—"उनका गुण-विचार एवं भाव ध्वनि पर विवेचन भी मार्गग्राही, नवीन एवं सूक्ष्म है। तत्तद् गुणों की अभिव्यंजक रचना भी उन्होंने पूर्णतया नवीन शैली में विवेचित की है। मम्मट आदि के इस सम्बन्ध में विहित किए हुए नियम अब लागू नहीं होते थे, यह जगन्नाथ ने पहचान रखा था। अतएव गुण-व्यंजकता की दृष्टि से उन्होंने नवीन नियमों की रचना की।[29]"

आचार्यों ने गुण और चित्त-दशा के सम्बन्ध पर भी विचार किया है। भट्टनायक ने रस के भोग की स्थिति में विभिन्न रसों के प्रभाव से चित्त की तीन दशाएँ मानी थीं—द्रुति, दीप्ति और विकास। भोग की दशा यद्यपि सत्त्व के उद्रेक की दशा है, पर राजस् और तमस् के कारण चित्त की विभिन्न दशाएँ सम्भव हैं, ऐसा काव्यानुशासन—अलंकार चूड़ामणि (पृ. 96) में आया है, पर अभिनव गुप्त भट्टनायक की इस बात से सहमत नहीं थे कि रस-प्रतीति को तीन चित्त दशाओं तक सीमित मान लिया जाए, पर परम्परागत धारणा चित्त के द्रुत दीप्त एवं विकासात्मक अवस्थाओं में वर्गीकृत करती रही। आनन्दवर्धन के गुण त्रयवाद से भी इस वर्गीकरण को बल मिल गया। अत: इसकी व्यावहारिक

उपयोगिता बनी रही। पंडितराज ने भी अभिनव की बात मानते हुए चित्त की द्रुति आदि के कारण रूप में रस, शब्द, अर्थ आदि को मानकर चित्त दशाओं को उन्मुक्त माना। चित्त की ये दशाएँ द्रुति, दीप्ति और विकास चित्त की अवस्था विशेष है। इसी अवस्था को दार्शनिक चित्तवृत्ति कहते हैं। शृंगार रस की अनुभूति से चित्त में एक प्रकार की जो आर्द्रता की अनुभूति होती है, वही माधुर्य है।

वीर रस के अनुभव में दीप्ति उत्पन्न होती है, उसे ओज कहते हैं तथा सभी रसों के अनुभव में चित्त में जो व्यापकता आती है वही प्रसाद है—डॉ. नगेन्द्र इस बात से सहमत हैं। आनन्दवर्धन, अभिनव एवं मम्मट—सभी इन चित्तवृत्तियों को रस का कार्य मानते हैं क्योंकि ये अवस्थाएँ रसानुभूति के कारण ही होती हैं। अत: अभिनव रस को कारण और गुण को इसका कार्य मानते हैं। (द्रष्टव्य—लोचन, पृ. 308-309)। उधर विश्वनाथ ने एक प्रकार से गुण को रस से भी अभिन्न मान लिया है।[30]

गुण और चित्तवृत्ति के इस सम्बन्ध में पंडितराज की मान्यता है कि रसादि के प्रभाव से उद्‌भूत चित्तवृत्तियाँ ही गुण हैं। वे गुण और चित्तवृत्तियों में अपने ढंग से अभेद मानते हैं।

गुणों के स्वरूप के साथ उनके व्यंजकों पर भी विचार हुआ है। मम्मट के अनुसार वर्ण समूह एवं समास रचना गुणों की व्यंजक सामग्री हैं।[31] इसकी संक्षिप्त चर्चा अभिनव गुप्त ने भी 'ध्वन्यालोक' में की है। पंडितराज जगन्नाथ ने विस्तार के साथ गुणाभिव्यंजक सामग्री का निरूपण करते हुए उसमें वर्जनाओं का भी विवेचन किया है।[32] अत: पंडितराज वर्ण एवं रचना को स्वतंत्र रूप से गुण के अभिव्यंजक मानते हैं, रस के नहीं।

डॉ. नगेन्द्र चित्त-विकार को पूर्णत: आह्लाद नहीं मानते। वे लिखते हैं—"अतएव गुण को अनिवार्यत: आह्लाद् रूप न मानकर केवल चित्त की एक दशा ही माना जाए, तो उसे सरलता से रस-परिपाक की प्रक्रिया में रस-दशा से ठीक पहली स्थिति माना जा सकता है, जहाँ हमारी चित्तवृत्तियाँ पिघलकर, दीप्त होकर या परिव्याप्त होकर अन्विति के लिए तैयार हो जाती हैं।[33]"

अत: स्पष्ट होता है कि पंडितराज ने जो गुण-विवेचन किया है, वह अभिनव गुप्त और मम्मट के मत से प्रभावित है। गुण के स्वरूप और लक्षण के विषय में वे अधिक प्रयत्न न कर केवल गुण के आश्रय, संख्या, व्यंजक और अभिव्यंजक वर्णों का निरूपण करते हैं। गुणों के आश्रय में मम्मट का मत खंडित कर अभिनव से प्रभावित अपना मत स्थिर करते हैं।[34] संख्या के सम्बन्ध में वे मम्मट का अनुगमन करते हैं। व्यंजक वर्णादि भी वे उनके अनुसार ही प्रतिपादित करते हैं। मम्मट के समय तक गुण को रस का धर्म ही माना जाता था, पर पंडितराज की मान्यता रही कि गुणाश्रय रस मानें या अन्य कुछ, इसको खंडन-मंडन के साथ स्थापित कर उन्होंने सिद्ध किया कि इन्हें रस का धर्म नहीं मानना चाहिए, भले ही इस स्थापना को तर्कपूर्ण और शास्त्रीय माना जाए, अनुभव के आधार पर सिद्ध नहीं करके भी इसके महत्त्व को अस्वीकार नहीं किया जा सकता। पंडितराज की यह मौलिकता रही है कि वे परम्परा के अनुरोध से ही किसी स्थापित सत्य को स्वीकार नहीं कर लेते बल्कि जिसे स्वीकार करते हैं, उसे खंडन-मंडन से पुष्ट और प्रमाणित करने की क्षमता भी रखते हैं।

दोष-विवेचन

पंडितराज ने ध्वनि-काव्य के प्रसंग में रस पर विचार करते हुए दोषों पर अत्यन्त संक्षेप में चर्चा की है। वे किसी अन्य विषय की भाँति-रसादि प्रकरण में दोषों पर प्रकाश डालते दिखाई देते हैं।

1. पंडितराज के प्रथम दोष का नाम है 'वमन'। जहाँ व्यंग्यार्थ का अभिधा से भी प्रतिपादन हो जाए वहाँ यह दोष होता है (रसगंगाधर, पृ. 50)।
2. स्थायी भावों या व्यभिचारी भावों का यदि शब्द से कथन हो जाए तो भी दोष होता है।
3. विभाव, अनुभाव आदि की सम्यक् प्रतीति या विलम्ब से प्रतीति होने पर रसास्वादन में व्याघात होने से दोष उत्पन्न होता है।
4. जब समान या अधिक बलवाले या प्रतिकूल रस का वर्णन प्रकृत रस के बीच कर दिया जाए तो प्रकृत रस के विपरीत होने से दोष होता है।
5. उनका पाँचवाँ दोष है 'विच्छिन्नदीपन'—अर्थात् रस विशेष प्रसंगांतर से नष्ट हो जाए या पुनः उसको उद्दीप्त किया जाए तो यह दोष होता है। यह विच्छेद रसास्वादन में बाधा पहुँचाता है।
6. प्रतिनायक को महत्त्व देना भी प्रमुख रस का बाधक होता है।
7. काव्य के मध्य में यदि रस के आलम्बन का वर्णन न हो तो भी वह दोषकारक है क्योंकि रसधारा तो उन्हीं के अनुसन्धान के लिए है। यह न हो तो रसधारा बाधित होगी।
8. प्रकृत रस के अनुपकारक पदार्थ का वर्णन भी मुख्य रस-प्रवाह को रोक देता है।
9. अनौचित्य भी रस-भंजक होने के कारण दोष है, जिसका परिहार किया जा सकता है।

ऐसे दोषाधायक तत्त्व रस के बाधक बनते हैं। पंडितराज स्पष्ट करते हैं कि जैसे किसी प्रपानक रस या पेय रस में बालुका कण आ जाने से उसका आस्वादन उचित रीति से नहीं होता, वैसे ही दोषों के कारण रस सामाजिक के हृदय को तल्लीन नहीं कर पाता और अनास्वाद्य हो जाता है। औचित्य का पालन दोषों से बचाता है। उनकी दृष्टि में अनौचित्य वह है जो श्लोक या शास्त्र के विरुद्ध हो। पंडितराज अनौचित्य की विस्तृत चर्चा करते हैं।

यह स्पष्ट है कि जगन्नाथ दोषों पर विशेष ध्यान नहीं देते। ये दोष मम्मट के काव्य-प्रकाश में भी आए हैं। अन्तर यही है मम्मट केवल उनका नामोल्लेख और उदाहरण भर देते हैं, जबकि पंडितराज उनका विस्तार पूर्वक उल्लेख करते हैं। पंडितराज के ये दोष रस से ही सम्बन्धित हैं।

मूल्यांकन

पंडितराज जगन्नाथ के 'रसगंगाधर' को एक प्रख्यात काव्यशास्त्रीय ग्रंथ होने का श्रेय

प्राप्त है। बादशाह शाहजहां से उन्हें पंडितराज की उपाधि प्राप्त हुई थी। 'रसगंगाधर' में उनके स्वरचित उदाहरण प्रस्तुत हुए हैं जो उनकी कवित्व-शक्ति के साक्षी हैं।

1. पंडितराज का 'रसगंगाधर' ग्रंथ दो आननों में विभक्त है। प्रथम में काव्य-तत्त्व, ध्वनि-तत्त्व, रसभाव, गुण एवं शब्दशक्तियों का विवेचन है तो द्वितीय आनन में सत्तर अलंकारों की मीमांसा हुई है। पंडितराज द्वारा 'तिरस्कार' नामक नवीन अलंकार की उद्‌भावना विषय चर्चित रहा है। यह ग्रंथ 'उत्तर' नामक अलंकार तक प्राप्त होता है। अतः यह ग्रंथ अपूर्ण ही कहा गया है। 'रसगंगाधर' की रचना नव्य न्याय की शैली में हुई है और विवेचन की पद्धति भी दार्शनिक है।
2. जगन्नाथ अपने विवेचन में मम्मट, रुय्यक, जयरथ, विद्याधर, विद्यानाथ, विश्वनाथ और अप्पयदीक्षित की चर्चा करते हैं। वे शोभाकर मित्र के 'अलंकार रत्नाकर' का भी अनेकशः उल्लेख करते हैं।
3. आलोचकों ने 'रसगंगाधर' को पांडित्य का 'निकषग्रावा' कहा है। वे एक खरे आलोचक थे, जिसका प्रमाण भट्टोजिदीक्षित और अप्पय दीक्षित की चित्र मीमांसा की कठोर आलोचनाओं से स्पष्ट है।
4. जगन्नाथ अपनी विवेचन-पद्धति से अभिनवगुप्त के अनुगामी प्रतीत होते है। उनके तर्क उनकी परीक्षण-शैली और खंडन-मंडन से युक्त प्रतिभा का लोहा तो मानना ही पड़ता है। कुछ विचारकों की कल्पना है कि 'रसगंगाधर' के सम्भवतः पाँच आनन रहे होंगे, पर अब केवल दो ही उपलब्ध हैं।
5. पंडितराज की अत्यन्त प्रसिद्ध और महत्त्वपूर्ण काव्य परिभाषा है—'रमणीयार्थ प्रतिपादकः शब्दः काव्यम्।' इस परिभाषा की तीन विशेषताएँ हैं—(1) काव्य में रमणीयता का आधान, (2) काव्य की शब्दवादी परिभाषा देते हुए शब्द के महत्त्व की प्रतिष्ठा, तथा (3) काव्य में अर्थगत रमणीयता का महत्त्व। पंडितराज जगन्नाथ शाहजहां के दरबारी कवि थे और सत्रहवीं शताब्दी का वह काल हिंदी साहित्य का रीतिकाल था। अतः रमणीयता का प्रभाव तत्कालीन जीवन-शैली और काव्य-प्रवृत्ति में स्वाभाविक था। वह रीतियुग शृंगार, लालित्य, चमत्कार और सौंदर्य के आकर्षण से युक्त था। वह युगीन प्रभाव पंडितराज की काव्य-परिभाषा पर स्पष्ट दिखाई देता है।
6. पंडितराज की रमणीयता के कई पक्ष हैं—(1) प्रतिक्षण नूतनता का बोध (2) लोकोत्तर रस और आह्लाद का अनुभव (3) काव्य में सौंदर्यभाव की प्रतिष्ठा, (4) काव्य-भाषा की रंजकता, और (5) चमत्कार की निरन्तर अनुभूति।
7. जगन्नाथ ने काव्य के हेतु के रूप में प्रतिभा को महत्त्व दिया है। वे मानते हैं कि कवि में रहनेवाली एक शक्ति विशेष प्रतिभा ही काव्य का हेतु है। यह प्रतिभा काव्य-रचना के अनुकूल शब्द और अर्थ की उपस्थिति की प्रतिभा है और क़वि-कर्म से ही इसका परिज्ञान होता है। इस प्रतिभा

की उत्पत्ति के दो कारण हैं—(1) किसी देवता या अदृष्ट प्रभाव से या (2) विलक्षण व्युत्पत्ति या अभ्यास से। वे मुख्यत: विलक्षण ज्ञान और संस्कार से इसे अर्जित फल मानते हैं। जगन्नाथ ने प्रतिभा के कार्यपक्ष पर अधिक बल दिया है और उसे ही काव्य हेतु माना है। अत: जगन्नाथ को केवल प्रतिभावादी कहा गया है। यह भी महत्त्वपूर्ण है कि पंडितराज एवं मम्मट शक्ति और प्रतिभा को समानार्थक नहीं मानते। शक्ति एक संस्कार विशेष है आौर प्रतिभा काव्य-निर्माणोपयोगी शब्दार्थ का स्फुरण। काव्य में व्युत्पत्ति से मौलिकता आती है और अभ्यास के द्वारा कवि की अनुभूति स्वच्छ और निर्दोष रूप में प्रकट होती है।

8. अभ्यास ऐसा काव्य-हेतु है जिसमें कवि की स्वानुभूति स्वच्छ और निर्दोष रूप में प्रकट होती है। पंडितराज ने कारयित्री प्रतिभा के विवेचन को महत्त्व दिया। वे अभीष्ट प्रतिभा का कारण बनने वाले व्युत्पत्ति एवं अभ्यास को विलक्षण बताना चाहते हैं। जगन्नाथ ने प्रतिभा में व्याख्या के तीन दर्शनों का सहारा लिया है—(क) मीमांसा (ख) न्याय (ग) वेदान्त।
9. पंडितराज काव्य के चार विभाजन करते हैं—(1) उत्तमोत्तम (2) उत्तम (3) मध्यम (4) अधम। आनन्दवर्धन ने काव्य की तीन स्थितियाँ मानी थीं—ध्वनि काव्य, गुणीभूत व्यंग्य और चित्रकाव्य।

   पंडितराज ने आनन्दवर्धन की ध्वनि और मम्मट के उत्तम काव्य को उत्तमोत्तम संज्ञा दी। यह उत्तमोत्तम व्यंग्यार्थ प्रधान तो होता ही है, इसमें व्यंग्य का चमत्कार भी उत्कृष्ट होता है। पंडितराज एक आक्रामक आलंकारिक के रूप में प्रकट होते हैं जो परम्परा से चली आती हुई रूढ़ियों पर कशाघात करता है। उस समय चित्रकाव्य के कई चमत्कारी रूप पद्मबंध, मुरजबंध, हारबंध आदि के रूप में प्रचलित हो गए थे, जिनमें बुद्धिचातुर्य और अक्षर-गणना का कौशल प्रधान था। उसे उन्होंने काव्य-कोटि से बाहर करना चाहा और अर्धवृत्ति यमक एवं बन्ध आदि को उन्होंने काव्य की श्रेणी से खारिज ही कर दिया।
10. ध्वनिवाद की परम्परागत धारणा है कि रसादिध्वनियाँ असंलक्ष्यक्रम ही होती हैं, पर पंडितराज की मान्यता मौलिक और स्वतंत्र है। वे रसादि को संलक्ष्यक्रम भी मानते हैं। पंडितराज वहाँ संलक्ष्यक्रम व्यंग्य ध्वनि मानते हैं जहाँ प्रकरण की अस्फुटता के कारण विभाव सामग्री मंथर गति से उपस्थित होती है। अत: वहाँ चमत्कार की गति भी मंथर हो जाती है। अत: जिसे अभिनवगुप्त भावात्मक सौंदर्य को वस्तु कहेंगे, उसे पंडितराज रस कहना चाहेंगे। इन वैचारिक बिन्दुओं पर पंडितराज की मौलिकता साफ झलकती है।
11. जगन्नाथ रस की अद्वैत वेदान्ती और नैयायिक दो प्रकार की मौलिक व्याख्याएँ प्रस्तुत करते हैं। वे भावना को काव्य का पुन: अनुसन्धान मानते हैं। वहाँ व्यंजना सहृदय का धर्म बन जाती है। पंडितराज अनिर्वचनीय प्रातिभासिक रति को रस मानते हैं और रस को सहृदयनिष्ठ सिद्ध करते

हैं। पंडितराज नौ रसों को तो महत्त्व देते हैं, पर भक्तिरस और वात्सल्य रस का खंडन करने से नहीं चूकते। वे रति नामक भाव में ही दोनों का अन्तर्भाव कर देते हैं।

12. पंडितराज का अलंकार-विवेचन भी विद्वत्तापूर्ण और मौलिक है। उन्होंने नवीन अलंकारों की भीड़ न जुटाकर पूर्व प्रतिपादित अलंकारों का ही स्वरूप-निरूपण किया। उन्होंने सत्तर अलंकारों का प्रतिपादन किया और केवल एक नवीन अलंकार 'तिरस्कार' का उल्लेख किया। वे अनेक अलंकारों का एक-दूसरे में अन्तर्भाव भी करते दिखाई देते हैं। उनका अन्तिम अलंकार उत्तर है और वह अपूर्ण विवेचन है।

13. जगन्नाथ रमणीयता के साथ चमत्कार को भी महत्त्व देते हैं। इसे 'हृदयत्व' 'चारुत्व', 'सौंदर्य', 'वैचित्र्य', 'विच्छित्ति', विशेष या भणिति प्रकार से भी जाना गया है। यह चमत्कार सौंदर्य का विस्मयपूर्ण आस्वादन है। उन्होंने 'लोकोत्तर चमत्कार प्राण' कहकर चमत्कार को रस का अपेक्षित तत्त्व सिद्ध किया है। क्षेमेन्द्र ने भी चमत्कार के दस भेद गिनाए हैं। दरअसल, काव्यशास्त्र का चमत्कार का विचार आनन्द कल्पना के रूप में हुआ है। पंडितराज इस चमत्कार को 'लोकोत्तर आह्लाद' कहते हैं।

14. पंडितराज भरत, दंडी, वामन, आनन्दवर्धन, अभिनव गुप्त एवं मम्मट द्वारा स्वीकृत गुण-सिद्धान्त को स्वीकार करते हैं। परिष्करण की प्रवृत्ति तो उनकी विशेषता ही है। संयोग शृंगार में जितना माधुर्य है, उससे अधिक करुण रस में है, इन दोनों से अधिक वह वियोग शृंगार में है तथा शान्त रस में तो माधुर्य सर्वाधिक मात्रा में रहता है। चित्त का द्रुतिजनक होना इस उत्तरोत्तर उत्कर्ष का कारण है। जगन्नाथ मम्मट से प्रेरित प्रतीत होते हैं। जगन्नाथ ने विप्रलम्भ शृंगार में चित्त की द्रवणशीलता के कारण माधुर्य को महत्त्व दिया है। वीर, वीभत्स एवं रौद्र रसों में क्रमशः चित्त की दीप्ति की अधिकता रहती है। जगन्नाथ ने पूर्ववर्ती आचार्यों के दस गुणों को अनावश्यक ठहराया है। उन्होंने गुण व्यंजकता की दृष्टि से नए नियमों की भी रचना की है। वे गुण और चित्तवृत्ति के विषय में मानते हैं कि रस आदि के प्रभाव से उद्भूत चित्तवृत्तियाँ ही गुण हैं, अतः वे गुण और चित्तवृत्ति में अपने ढंग से अभेद मानते हैं। स्पष्ट है कि उनका गुण-विवेचन अभिनव गुप्त और मम्मट के मत से प्रभावित है। इसी में उनकी खंडन-मंडन पद्धति भी चलती रहती है। संख्या के सम्बन्ध में वे मम्मट का अनुगमन करते हैं। पंडितराज की यह विशेषता है कि वे परम्परा के अनुरोध से ही किसी स्थापित सत्य को स्वीकार नहीं कर लेते बल्कि जिसे स्वीकार करते हैं, उसे खंडन-मंडन से पुष्ट और प्रमाणित करने की क्षमता भी रखते हैं।

15. पंडितराज ने ध्वनि-काव्य के प्रसंग में रस पर विचार करते हुए दोषों पर संक्षिप्त चर्चा की है। वे दोषाधायक तत्त्वों को रस का बाधक मानते हैं। वे बताते हैं कि जैसे किसी प्रपानक रस या पेय रस में बालुका-कण आ जाने

से उसका आस्वादन उचित रीति से नहीं होता, वैसे ही दोषों के कारण रस सामाजिक के हृदय को तल्लीन नहीं कर पाता और अनास्वाद हो जाता है। औचित्य का पालन दोषों से बचाता है। वे लोक या शास्त्र के विरुद्ध की बात को अनौचित्य मानते हैं। उन्होंने अनौचित्य की विस्तृत चर्चा की है। पंडितराज की दोष-चर्चा रस से सम्बन्धित है।

विचारकों ने पंडितराज जगन्नाथ के प्रदेय के विषय में टिप्पणी देते हुए कहा है—"अपनी ग्रंथ-रचना से साहित्य शास्त्र को कुछ नया विचार प्रदान करनेवाला जगन्नाथ ही अन्तिम ग्रंथकार है। जगन्नाथ के पश्चात् निर्माण हुए ग्रंथ केवल संग्रह रूप हैं। अतएव साहित्य शास्त्र के विकास का इतिहास जगन्नाथ तक समाप्त होता है, यह कहने में कोई आपत्ति नहीं।" (डॉ. गणेश त्र्यंबक देशपांडे, भारतीय साहित्यशास्त्र, पृ. 142)।

सन्दर्भ

1. निर्मायनूतन मुदाहरणानुरूपं
   काव्यं मयात्र निहितं न परस्य किंचित्।
   किं सेव्यते सुमनसां मनसापि गन्धः
   कस्तूरिका-जनन-शक्ति भृता मृगेण॥ —'रसगंगाधर', पृ. 3
2. संस्कृत काव्यशास्त्र का इतिहास, पृ. 214. 215
3. वही, पृ. 400
4. भारतीय साहित्यशास्त्र-प्रथम भाग, पृ. 118 नन्द किशोर एंड संस, वाराणसी, 1963
5. रस-गंगाधर, पृ. 8
6. तस्य च कारणं कविगता केवला प्रतिभा।...प्रतिभात्वं च
   कवितायाः कारण तावच्छेदर्क प्रतिभागतं वैलक्षण्यमेव वा
   विलक्षणं काव्यं प्रतीति नात्रपि सः। —वही, पृ. 10
7. मनसि सुसमाधिनि विस्फुरण मनेकधाऽभिधेयस्य।
   अक्लिष्टानि पदानि विभान्ति यस्यामसौ शक्तिः॥ —रुद्रट, काव्यालंकार, 1/15
8. शक्तिर्निपुणता लोकशास्त्र काव्याद्यवेक्षणात्। काव्यज्ञ शिक्षयाभ्यास
   इति हेतुरतबुद्भवे।...त्रयः रागुदिताः न तु व्यस्ताः तस्य
   काव्यस्योद्भवे निर्माणे समुल्लासे च हेतुर्नतु हेतवः। —काव्यप्रकाश, पृ. 69
9. भारतीय साहित्य दर्शन, पृ. 41, प्रथम संस्करण, 1959
10. तया खल फलितः व्यापार तरुरन्यथावकेशी स्याद्। —काव्य मीमांसा, पृ. 31
11. शब्दार्थौ यत्र गुणी भावितात्मानौ कमप्यर्थमभिव्यंक्तस्तदाद्यम्। —वही, पृ. 9
12. वही, पृ. 20
13. रस-विमर्श, पृ. 79
14. 'रसगंगाधर', प्रथम आनन, पृ. 27
15. 'रसगंगाधर' का शास्त्रीय अध्ययन, पृ. 220
16. एवं दोष विशेषानुबंधाद गुणत्वेन प्रसिद्धस्यापि द्वेषस्तिरस्कारः। —रसगंगाधर, पृ. 807
17. संस्कृत साहित्य का इतिहास, पृ. 231-232
18. रस-सिद्धान्त, पृ. 3
19. तच्च चमत्कार सारत्वे सर्वथाप्यद्भुतो रसः। —साहित्य दर्पण, विमला टीका, पृ. 49

20. चमत्कारश्चित्त विस्तार रूपो विस्मया पर पर्यायः।
तत् प्राणत्वं...। —वही, पृ. वही
21. द्रष्टव्य-डॉ. राघवन—सम कन्सेप्ट्स आफ अलंकार शास्त्राज, पृ. 270
22. वक्रोक्ति जीवित—1/5, व्याख्याकार—आचार्य विश्वेश्वर
23. 'रसगंगाधर', पृ. 10
24. तत्र श्रृंगारे संयोगाख्ये यन्माधुर्यं ततोऽतिशयित करुणे
ताभ्यां विप्रलंभे तेभ्योऽपि शान्ते, उत्तरोत्तरमतिशयिता
याश्चित्तद्रुतेर्जननादिति केचित। —रसगंगाधर, 1, पृ. 88
25. वही, पृ. वही
26. करुणे विप्रलंभे तच्छान्ते चातिशयान्वितम्। —काव्यप्रकाश, 8 पृ. 192
27. वही, पृ. 89
28. वही, 1, पृ. 90. 91
29. भारतीय साहित्यशास्त्र, पृ. 140
30. डॉ. नगेन्द्र, रीतिकाव्य की भूमिका, पृ. 103
31. काव्यप्रकाश, 8/73
32. रसगंगाधर, पृ. 66 तथा पृ. 73
33. रीतिकाव्य की भूमिका, पृ. 102
34. द्रष्टव्य-ध्वन्यालोक लोचन, पृ. 216-224

परिशिष्ट

1. भारतीय काव्यशास्त्र की प्राय: दो हजार वर्षों की सुदीर्घ परम्परा उसके विकासात्मक स्वरूप का परिचय देती है। शास्त्र या लक्षण-ग्रंथ के विषय में अब तक सामान्यत: यही धारणा प्रचलित थी कि लक्षण-ग्रंथ लक्ष्य-ग्रंथों का अनुगमन करते हैं अर्थात् जैसा काव्य होगा वैसा ही शास्त्र होगा, किन्तु यह धारणा भारतीय काव्यशास्त्र के क्षेत्र में पूरी तरह सिद्ध होती नहीं दिखाई देती क्योंकि शती के आरम्भिक काल में जब कालिदास जैसे महान् कवियों की श्रेष्ठ रचनाएँ सामने आ रही थीं, उस समय काव्यशास्त्र में अलंकार-सिद्धान्त का बोलबाला था। काव्य में अलंकारता, वक्रोक्ति और चमत्कार के तत्त्व प्रभावशाली हो गए थे, किन्तु जब संस्कृत काव्य चमत्कार प्रधान और कृत्रिम काव्य-शैली को लेकर आगे बढ़ा तो उस ह्रास-युग में ध्वनि-सिद्धान्त और रस-ध्वनि के रूप में काव्य की आत्मा की खोज पूरी हुई। अत: लक्ष्य-ग्रंथ और लक्षण-ग्रंथों का एक स्पष्ट अन्तर्विरोध यहाँ दिखाई देता है।
2. भारतीय काव्यशास्त्र की रचनात्मक प्रवृत्ति के मूल में राजतंत्र का भी बड़ा हाथ रहा है। राजतंत्र और विदग्धजनों की काव्य-गोष्ठियों से भी चमत्कार एवं अलंकरण-प्रधान काव्यों की रचना अधिक हुई। तुरत कहा और तुरत समझा—इस रूप में सहृदय-तत्त्व की खोज हुई और नाट्य की तरह काव्य भी सामाजिक बोध और आनन्दोपलब्धि का विषय बन गया। दरबारी संस्कृति के प्रभाव से रसिकता को श्रेय मिला। महाकाव्यों आख्यायिकाओं आदि के लिए मानदंड तय किए गए और काव्य के लिए बँधे-बँधाए ढाँचे का निर्माण कर दिया गया। यदि ध्यान से देखा जाए तो रस या ध्वनि जैसे सिद्धान्त ऐसे बन्धनों के विधान से मुक्ति पाने के प्रयत्न दिखाई देंगे। काव्यानन्द को काव्यास्वाद कहा गया। उसे सहसा आनन्द पाने का खिलवाड़ न मानकर रस-बोध का विषय बनाया गया। इसके लिए रसशास्त्र ने चर्वणा की कल्पना की और ध्वनि-शास्त्र ने प्रतीयमान की। यह भी माना गया कि काव्यानन्द मिश्री की तरह तुरत घुलेगा, बिना विलम्ब किए प्रेषणीय होगा। मम्मट के शब्दों में वह 'सद्य:पर परनिर्वृतये होगा', आनन्दवर्धन के शब्दों में 'झटित्येव भासित' होगा, अर्थात् उस आनन्द की प्राप्ति में तनिक भी विलम्ब नहीं होगा। उसके पढ़ते या सुनते ही 'झट्' से आनन्द प्राप्त होगा। दरबारी संस्कृति के प्रभाव से ही मुक्तक काव्यों को महत्त्व मिला। चाहे वह 'हाल' की गाथा सप्तशती हो,

या गोवर्धन की 'आर्यासप्तशती' या अमरुक का 'अमरुकशतक'। आगे चलकर ऐसी ही मुक्तक रचनाओं से हिंदी रीतिकाव्य को पर्याप्त प्रोत्साहन मिला।

3. कोई भी शास्त्र बन्धन का कारक नहीं होता। उसे नियम गढ़नेवाला नियामक होना चाहिए। ऐसे बन्धनपरक किसी प्रयत्न को समर्थ आचार्य स्वीकार नहीं कर पाते। यह अलग बात है कि संस्कृत और हिंदी में इसके बावजूद शिक्षा-ग्रंथ लिखे जाते रहे। भारत में एक धारणा यह भी रही कि कवि निरंकुश होता है। वह दूसरे आचार्यों से सहमत या असहमत भले हो, पर अपनी रचना-पद्धति के अपने नियम वह स्वयं गढ़ता है। वस्तुत: भारतीय काव्यशास्त्र में व्याकरण आदि विविध ज्ञानधाराओं और दर्शनों का गहरा प्रभाव रहा है। यहाँ काव्यशास्त्र की रचना के बिन्दु हैं—(1) कवि, (2) काव्य, (3) सामाजिक या सहृदय, (4) पूर्व आचार्यों द्वारा कथित सिद्धान्त या मत के प्रति ग्रहण करनेवाली वृत्ति या तटस्थ-वृत्ति। आचार्यों ने अपनी पांडित्य-शक्ति और मौलिकता के प्रदर्शन के लिए ही भेदों और उपभेदों की कल्पना की। अलंकारों एवं ध्वनि के प्रकल्पित हजारों भेद इसके प्रमाण हैं।

4. भारतीय काव्यशास्त्र के विचारकों में कवित्व शक्ति की प्रतिभा भी भरपूर थी। उन्होंने लक्षणों के उदाहरण देने में प्राय: तीन पद्धतियों का चयन किया—(1) अनेक आचार्यों ने अपने कथ्य के प्रतिपादन में अपनी रचनाओं को उदाहरण के रूप में प्रस्तुत किया। उनमें विश्वनाथ, पंडितराज जगन्नाथ आदि मुख्य हैं। (2) कई आचार्य ऐसे हुए, जिन्होंने कालिदास प्रभृति महाकवियों के काव्य से उदाहरण लिए। (3) कुछ अन्य ऐसे आलोचक भी हुए, जिन्होंने अन्य इतर सूत्रों से उदाहरणों का चयन किया। इसके अतिरिक्त कई आचार्य ऐसे भी हैं, जिन्होंने इस विषय पर गम्भीरतापूर्वक विचार करना आवश्यक नहीं समझा, उनके केवल लक्षण देकर वे विरत हो गए और उदाहरण देने की आवश्यकता भी नहीं समझी।

5. भारतीय आचार्यों की एक विशेषता यह भी रही कि उन्होंने कई स्थानों पर असहमत होते हुए भी अपने पूर्वाचार्यों जैसे-भरत, भामह, दंडी, उद्भट या वामन आदि के प्रति अत्यन्त आदर का भाव प्रदर्शित किया। उदाहरणार्थ, उद्भट के प्रति आनन्दवर्धन की यह विनम्रता साफ तौर पर दिखाई पड़ती है। और तो और, कुन्तक जैसा आचार्य जिसने ध्वनिकार आनन्दवर्धन के सिद्धान्त के समकक्ष अपने वक्रोक्ति-सिद्धान्त को खड़ा करना चाहा, उसने भी आनन्दवर्धन की कई पद्धतियों का अनुकरण किया। यही प्रवृत्ति मम्मट के प्रति विश्वनाथ में भी दिखाई देती है। पंडितराज जगन्नाथ तो खंडन-मंडन के योद्धा आचार्य हैं। जो बात उन्हें पसन्द नहीं आती, उसे दो टूक काटने से वे नहीं हिचकते, पर गुणग्राहिता में भी वे पीछे नहीं रहते।

6. संस्कृत काव्यशास्त्र को एक नाम अलंकार शास्त्र इसलिए भी मिला है कि अलंकरण सौंदर्य वृत्ति है। इसलिए भी आलंकारिकों ने अन्तत: अलंकारों को शोभाकारक, अस्थिर धर्म-कटक कुंडलवत्, बाहर से आरोपित सज्जा के रूप में स्वीकार किया।

7. सम्पूर्ण भारतीय काव्यशास्त्र के अनुशीलन से एक बात तो स्पष्ट रूप से उभरकर सामने आती है कि इन आलोचकों के मन में काव्यशास्त्र का एक ढाँचा अवश्य बन गया था। उस ढाँचे के मुख्य विचारणीय बिन्दु थे—(1) कवि और काव्य (2) काव्य-लक्षण (3) काव्य-हेतु या काव्य-कारण (4) काव्य-प्रयोजन (5) अलंकार-विवेचन (6) गुण-निरूपण (7) दोष-विवेचन (8) रस-चर्चा (9) शब्द-शक्ति (10) ध्वनि-विवेचन और (11) नाट्य-विवेचन आदि। इन प्रमुख विषयों पर अलग-अलग आलोचकों ने अपने ढंग से विचार किया। दृश्य काव्य या नाट्य और श्रव्य काव्य के स्पष्ट भेद के बाद दृश्य काव्य या नाट्य की चर्चा आचार्य विश्वनाथ जैसे कुछ ही आचार्यों ने की। प्राय: एक ही विषय के विवेचन के कारण आचार्यों ने नवीनता लाने के लिए या तो नया नामकरण किया या आंशिक परिवर्तन के साथ प्राचीन मंतव्य को स्वीकार किया। यह प्रवृत्ति अलंकार, गुण, दोष-विवेचन आदि में विशेष रूप से दिखाई पड़ती है।

8. काव्यशास्त्र के प्रमुख आचार्यों के प्रमुख ग्रंथों पर अनेक टीका-ग्रंथ लिखे गए। यह परम्परा प्राचीन काल से लेकर अब तक किसी-न-किसी रूप में चल रही है। इस क्षेत्र में डॉ. नगेन्द्र द्वारा सम्पादित और आचार्य विश्वेश्वर कृत अनेक टीका-ग्रंथ जैसे 'ध्वन्यालोक', 'हिंदी वक्रोक्ति जीवित' 'काव्यालंकार सूत्र-वृत्ति, 'अभिनव भारती', 'काव्य प्रकाश', आदि ग्रंथ प्रकाशित हुए। इसके अतिरिक्त भी चौखम्बा, वाराणसी, मोतीलाल बनारसीदास आदि प्रकाशनों से अनेक काव्यशास्त्रीय ग्रंथों का अनुवाद हुआ। इस प्रकार टीका ग्रंथों की एक विशाल परम्परा संस्कृत और हिंदी में प्राप्त होती है। यों तो केवल मम्मट के 'काव्यप्रकाश' पर सत्तर से अधिक टीकाएँ सामने आ चुकी हैं। इससे इन काव्यशास्त्रीय ग्रंथों की लोकप्रियता और चिरस्थायी गुणवत्ता का पता चलता है। अभी तो संस्कृत और हिंदी के टीका साहित्य पर स्वंतत्र रूप से शोध-कार्य करने की आवश्यकता बनी हुई है।

9. भारतीय काव्यशास्त्र की परम्परा को क्रमश: विकासोन्मुख कहा जा सकता है जो अनेक सिद्धान्तों की सीढ़ियों पर चढ़कर रस-ध्वनि की ऊँचाई पर पहुँचा है। अब इसे हम जो नाम दें, चाहें तो अलौकिक आनन्द कहें, सहृदय का रसास्वाद कहें, रस-चर्वणा या हृदय-संवाद या अलौकिक आनन्दानुभूति का नाम दें, व्यंजना-व्यापार या प्रतीयमान, रस-ध्वनन समझें इसमें कुछ तो है, जिसमें हमें तन्मय करने की क्षमता है, जो कवि की प्रतिभा और सहृदय की ग्राहिका शक्ति में सम्बन्ध जोड़ता है। यह रस-ध्वनि वाकई आज भी विचार का विषय है, जिसे उत्तर आधुनिकतावादी जूलिया आदि के विचारों के समानान्तर देखने का भी प्रयत्न किया जाता है।

10. सामान्य रूप से काव्य के दो भेद मान्य हुए—(1) श्रव्यकाव्य और (2) दृश्य काव्य। यह तो स्पष्ट है कि भरत के पूर्व और उनके समकाल के आसपास तक नाटक की बड़ी प्रतिष्ठा थी। लोक रंजन और रस-भाव के नैरन्तर्य की दृष्टि से सहृदय रसिकों के लिए नाट्य में श्रेष्ठ काव्य-तत्त्वों की अनुभूति होती थी। नाट्य साक्षात् प्रतीति के माध्यम थे। अभिनव गुप्त ने इस प्रतीति को महत्त्व दिया है।

सहृदय अपनी वासनाओं के साथ-साथ जब देश-काल से भी मुक्त होता है तभी वह वास्तविक प्रतीति कर पाता है।

11. प्राचीन धारणा में काव्य और नाटक, दोनों एक-दूसरे के पोषक रहे हैं, या यों कहें कि काव्य ही अपने सात्विक आदि भावों-नव रसों और सात्विक आंगिक, वाचिक और आहार्य अभिनयों द्वारा सामाजिकों को साक्षात् प्रतीति के द्वारा रस-बोध कराता है। पर आगे चलकर यह माना गया कि रंगमंच, रंगमंडप और आहार्य अभिनय की सहायता के बिना ही केवल काव्य द्वारा वह रसबोध कराया जाए, सम्भवत: इसीलिए गुणालंकार, रस और ध्वनि का आश्रय लिया गया। काव्य का यह प्रभाव इतना गम्भीर था कि नाटक को भी काव्य की एक रम्य विधा के रूप में स्वीकार किया गया—'काव्येषु नाटकं रम्यम्।'

12. काव्य केवल श्रव्य काव्य नहीं है। वह केवल श्रुत नहीं, कथित भी है। हम जब काव्य पढ़ते हैं तो वह पाठ्य है, किसी के द्वारा या स्वयं कवि के द्वारा सुनते हैं तो वह कथ्य काव्य है। क्योंक कवि की पाठ-विधि से भी शब्दार्थ का ध्वनन-चमत्कार उत्पन्न होता है। हिंदी के अनेक श्रेष्ठ कवियों की पाठ-विधि, उच्चारण-विधि से काव्य का विशेष वातावरण निर्मित होता रहा है और श्रोताओं को अपूर्व आनन्द की प्राप्ति होती रही है, काव्य-पाठ की संगीतात्मकता, गेयता के कारण भी काव्य एक अनुगूँज की तरह अपना प्रभाव छोड़ने में समर्थ रहा है। श्रृंगार, वीर, हास्य, करुण, वात्सल्य आदि रसों कों को पाठ-विधि से सीधे श्रोताओं के हृदय तक पहुँचाया जाता रहा है। हिंदी के निराला, पंत, बच्चन, नेपाली, दिनकर आदि अनेक श्रेष्ठ कवियों की पाठ-विधि ने काव्य को श्रव्य-काव्य से कथ्य-काव्य की कोटि में महत्ता प्रदान की है।

13. अत: श्रव्य काव्य हो या दृश्य काव्य, दोनों केवल सुनने और देखने की कलावस्तु नहीं हैं, वे पाठ्य और कथ्य-विधि से भी आनन्दानुभूति कराने में समर्थ हैं। इसलिए श्रव्य काव्य और दृश्य काव्य के दो अवान्तर भेद और मानने चाहिए—वे हैं पाठ्य काव्य और कथ्य काव्य क्योंकि नाटक सीधे पढ़ा भी जा सकता है और कथ्य-विधि से ही नाट्य सहित उसका पाठ करके भी आनन्द लिया जा सकता है। आजकल निरन्तर वैज्ञानिक आविष्कारों से इसके प्रभेदों की सम्भावना आगे और भी बढ़ सकती है।

14. हम इस काव्यशास्त्र को भारतीय काव्यशास्त्र इसलिए कहेंगे, क्योंकि इसमें काव्य की अखंडता की तरह भारत की अखंडता का समावेश है। बांग्ला साहित्य, मराठी साहित्य, गुजराती या दक्षिण भारतीय काव्य और शास्त्र की प्रवृत्ति में समानताएँ लक्षित की जा सकती हैं। भाषा की भिन्नता के बावजूद देश और काल के संस्कार में कम ही अन्तर मिलता है। देश-भेद से काव्य-बहिरंग में अन्तर हो सकता है, पर उसके अन्तरंग में एकता सम्भव है। इस शास्त्र का केन्द्रीय बिन्दु है काव्य, जिसका प्रभाव इतना प्रबल था कि संस्कृत काव्य शास्त्र का स्वरूप मुख्यत: पद्यात्मक ही रहा है। वृत्तियों और कारिकाओं से उस विवेचन को पूर्णता प्रदान की गई है।

वास्तव में देखा जाए तो एक विराट् फलक पर भारतीय काव्यशास्त्र के पीछे राजतंत्र बनाम लोकतंत्र की भिन्न विचारधाराओं की टकराहट भी है क्योंकि स्वाधीनता-आंदोलन की सफलता के बाद 1947 का स्वतंत्रता-वर्ष कई प्रकार की मुक्त विचार-धाराओं का साक्षी बना। गांधी जी के प्रभाव से अस्पृश्यता का निवारण हुआ, सरदार वल्लभ भाई पटेल के प्रयत्न से टुकड़ों में बँटा हुआ देश अखंडता की ओर उन्मुख हुआ, राजे-रजवाड़े खत्म हुए, धीरे-धीरे जमींदारी प्रथा का उन्मूलन हुआ, देश शिक्षित होने का प्रयास करने लगा और महिलाओं की सोई हुई शक्तियाँ जाग्रत हो उठीं। इसलिए स्वतंत्रता की प्राप्ति ने बहुत सारे पुराने कृत्रिम बन्धनों से मुक्त होने की दिशा में प्रेरक शक्ति का काम किया।

15. भारतीय काव्य या साहित्य के मूल में इस सामाजिक परिवर्तन और सोच का प्रभाव देखा जा सकता है। यों तो आजादी पाने के पहले से ही क्रान्ति के बीज सुगबुगा रहे थे, पर देश के स्वतंत्र होने के बाद उसके आत्मविश्वास में वृद्धि हो गई। इस स्वतंत्रता ने देश को आत्मविश्वास दिया और काव्य तथा शास्त्र के चितंन के क्षेत्र में नए-नए प्रयोग सामने आने लगे।

16. यह बात ध्यान में रखने की है कि साहित्य और शास्त्र के क्षेत्र में भारत हजारों वर्षों से नए-नए प्रयोग करता रहा है। यहाँ के भारतीय आचार्यों ने कुछ-न-कुछ नया दिया ही है। यहाँ तो जिस सिद्धान्त को नकारा भी गया है, उसे भी पूरी तरह व्यर्थ नहीं कहा गया। यहाँ के हर आचार्य ने एक-दूसरे की अहमियत समझी है। तमाम काट-कटौअल और खंडन-मंडन के बाद भी उसे विचार योग्य तो समझा ही है।

17. आज का भारतीय काव्यशास्त्र सामाजिक परिस्थितियों, राष्ट्रीय समस्याओं, यहाँ तक कि अन्तरराष्ट्रीय मुद्दों के प्रति भी जागरूक है। हद तो यह है कि अब उसमें समसामयिक, राजनीतिक विचारधाराओं से मिलते-जुलते विषय भी तलाशे जाने लगे हैं और इसे भारत के सामाजिक एवं सांस्कृतिक दाय की तरह भी देखा जाने लगा है।

यह बात भी ध्यान में रखने की है कि हमारा प्राचीन संस्कृत काव्यशास्त्र जो भारतीय काव्यशास्त्र के स्वरूप का प्रतिनिधित्व करता है, वह निरन्तर बदलाव से गुजरा है, उसकी रचना राजतंत्र के काल में हुई पर अब लोकतंत्र का युग है। देश को स्वतंत्र हुए सत्तर साल से भी अधिक का समय बीत चुका है। अब सामान्य मनुष्य की दिनचर्या का भी महत्त्व है और उसका साहित्यिक मूल्यांकन भी हो रहा है। अब साहित्य या शास्त्र विदग्ध-गोष्ठियों से बाहर निकलकर अखिल भूमंडल तक अपनी पैठ बना चुका है, वैज्ञानिक आविष्कारों की प्रगति ने सम्पूर्ण विश्व को 'हस्तामलकवत्' अर्थात् हाथ में पड़े हुए आँवले की तरह हमारे बिलकुल समीप कर दिया है। अब काव्य का स्वरूप जैसा बनता जाएगा, शास्त्र भी उसी तर्ज पर गढ़े जाएँगे, पर यह भी तय है कि भारतीय संस्कृति की विरासत और प्राचीन परम्परागत स्थापनाओं की दृष्टि से इस सांस्कृतिक दस्तावेज का महत्त्व भी कभी कम नहीं होगा।

18. भारतीय काव्य और काव्यशास्त्र की एक बड़ी खोज है—सहृदय या सामाजिक का महत्त्व। विचार करने पर यहीं सच्चा लोकतंत्र दिखाई देता है अर्थात् किसी काव्य या नाटक का रसास्वाद केवल राजदरबारों या प्रबुद्ध किन्तु सीमित रसिकों और विदग्ध जनों के लिए नहीं होना चाहिए। उस पर सम्पूर्ण लोक या सामाजिक का अधिकार है। यह भी माना गया कि लोक है तो शास्त्र है, क्योंकि लोक ही बार-बार काव्य का विषय बनता है और उसका समस्त आचार-विचार काव्य में भी प्रतिच्छवित होता है। अतः काव्य शास्त्र लोक की अवहेलना नहीं कर सकते। इसलिए पुराने आचार्यों ने राजतंत्र के उस कट्टर जमाने में सहृदय के आस्वादन को आधार बनाकर मानो एक सच्चे जनतंत्र का उद्घोष कर दिया था।

19. शास्त्रीय सिद्धान्तों का आधार अभिव्यक्ति जनित प्रयोग हुआ करते हैं। युगीन विशेषताओं और प्रवृत्तियों की छाप साहित्यिक एवं कलात्मक अभिव्यंजनाओं में विशेष रूप से पड़ती है और वे अभिव्यंजनाएँ एक दीर्घ कालावधि में रूढ़ होकर शास्त्र या सिद्धान्त का रूप लेती हैं। इसलिए माना जाता है कि लक्ष्य-ग्रंथों के आधार पर लक्षण-ग्रंथों का निर्माण होता है। भारतीय साहित्य शास्त्र की रचना की भी यही पृष्ठभूमि है।

20. आत्मवादी और देहवादी आलोक में भारतीय काव्यशास्त्र में आचार्य काव्य पर मुख्यतः दो रूपों में विचार करते दिखाई देते हैं—

(क) आत्मवादी सम्प्रदाय—ध्वनि, रस और औचित्य।

(ख) देहवादी सम्प्रदाय—अलंकार, रीति और वक्रोति।

प्रतीत होता है कि इस बहाने भारतीय काव्यशास्त्र में काव्यात्म तत्त्व की खोज की गई है। आत्मतत्त्व से चिन्तकों का आशय प्रधान तत्त्व से था, क्योंकि प्रवृत्तियाँ तो एक साथ अनेक चलती हैं पर उनका निर्णय प्रधानता को लेकर होता है। 'प्राधान्यने व्यपदेशा भवन्ति'।

काव्य शास्त्र का 'आत्मा' शब्द दर्शन से आया है। इसी आधार पर छह काव्यशास्त्रीय सिद्धान्तों की परिकल्पना की गई है। इन सिद्धान्तों को सम्प्रदाय भी कहा गया है—(1) अलंकार-सिद्धान्त, (2) रीति-सिद्धान्त, (3) वक्रोक्ति-सिद्धान्त, (4) रस-सिद्धान्त, (5) ध्वनि-सिद्धान्त और (6) औचित्य-सिद्धान्त।

21. यह बात भी महत्त्वपूर्ण है कि आरम्भिक भारतीय चिन्तन में नाट्य और काव्य की दो धाराएँ मिलती हैं, जिनमें भरतमुनि का नाट्यशास्त्र अलंकार के साथ-साथ रस-निष्पत्ति की प्रस्तावना उपस्थित करता है। पर आगे चलकर नाटक के द्वारा लोकरंजन की व्यापक भूमिका पर सहृदय के आस्वादन-तत्त्व की प्रतिष्ठा होती है और यहीं काव्यत्व का मर्म खुलता हैं। काव्यत्व लोक रस की वस्तु बनता है, सहृदय संवेद्य होकर ही वह महिमा पाता है। यही कारण है कि आगे चलकर आनन्दवर्धन ने काव्य और नाटक के भेद को मिटा दिया और उन्होंने स्पष्ट किया कि यह काव्यत्व कैसे उत्पन्न होता है। उपरिकथित सिद्धान्तों या सम्प्रदायों की कल्पना काव्यतत्त्व तक पहुँचने के लिए प्रयुक्त सोपानों की तरह दिखाई देती हैं। अलंकार से ध्वनि तक पहुँचने पर काव्य के अन्तर्वर्ती तत्त्वों की पहचान

सम्भव हो पाती है। विचारक यही मानते हैं कि औचित्य सम्प्रदाय नहीं बल्कि काव्य-सौंदर्य का साधक तत्त्व है जो हर जगह विद्यमान रहता है। आनन्दवर्धन जैसे आचार्य ने भी न अलंकार का खंडन किया न रीति का। प्रायः सभी ने सब का समन्वय करना चाहा। इस दृष्टि से दो बातें स्पष्ट होती हैं—(1) भारतीय (संस्कृत) काव्यशास्त्र में सभी सम्प्रदाय एक-दूसरे के पूरक हैं। (2) तमाम पक्ष-प्रतिपक्ष, तर्क या खंडन-मंडन के बावजूद भारतीय काव्य शास्त्र मूलतः एक समन्वयवादी काव्यशास्त्र प्रतीत होता है।

22. भारतीय काव्यशास्त्र में काव्यात्मक अभिव्यक्ति की मौलिकता को भाषिक क्षमता से जोड़कर देखा गया है अर्थात् कविता कैसे प्रकट होती है, वह शब्द में होती है या अर्थ में या उस अर्थ में जो सहृदय के भीतर भासित होता है। आचार्य वामन जब कहते हैं—'रीतिरात्मा काव्यस्य' (विशिष्टा पदरचना रीति) तो वे स्पष्ट करते हैं कि सामान्य शब्दों से काव्य नहीं बनता। काव्यात्मक शब्दों के लिए आवश्यक है कि वह विशिष्ट हो, अर्थ व्यंजक हो, दूसरी बात कि उसकी 'पद रचना' अर्थात् क्रम-विन्यास सुगठित हो। नीलकंठ शास्त्री का मत है कि जिन शब्दों का प्रयोग हम करते हैं, जो हम कहते हैं उन्हीं का प्रयोग कवि भी करते हैं पर विन्यासक्रम के कारण ही वह काव्य हो जाता है। विचारकों के अनुसार "'वामन' की दृष्टि से कविता में अलंकार के तीन अर्थ हो जाते हैं। एक—कविता का सम्पूर्ण सौंदर्य अलंकार है। दो—इस सौंदर्य के आधान की प्रक्रिया अलंकार है। तीन—इस प्रक्रिया के उपादान भी अलंकार हैं। पहला अर्थ जितना ही सूक्ष्म है, उतना ही व्यापक। दूसरे और तीसरे अर्थों में काव्य-सौंदर्य के वे पक्ष समाहित हैं, जिनमें उसकी संरचना के स्थूल तत्त्व आते हैं। यह स्वाभाविक था कि अलंकारवादी आचार्य, जो अलंकार को काव्य के सम्पूर्ण सौंदर्य का पर्याय मानते हैं, इन स्थूल रूप में भासित हो सकने वाले तत्त्वों पर साहित्य शास्त्री विमर्श अधिक करें। इस विमर्श के कारण ध्वनिवादियों को यह प्रवाद खड़ा करने का अवसर मिला कि अलंकार कविता का स्थूल तत्त्व है, उसकी संघटना का अभ्यंतर अवयव नहीं।" (जयापीड के दरबार में एक घमासान—'बहुवचन'—राधावल्लभ त्रिपाठी, पृ. 233)।

23. रीतिवादी विमर्श में माना गया है कि सौंदर्य के आधान की प्रक्रिया गुणों द्वारा सम्पन्न होती है। वामन काव्य के समग्र सौंदर्य को अलंकार मानते हैं। वे मानते हैं कि काव्य अलंकार के कारण ही ग्राह्य है और सौंदर्य ही अलंकार है—'काव्यम् ग्राह्यं अलंकारात्। सौंदर्यमलंकारः' (काव्यालंकार सूत्रवृत्ति)। जब रीति को काव्य की आत्मा मानते हैं तो उनकी दृष्टि में रीति काव्य की निजी संरचना का नाम है। वे काव्य में, प्रयुक्त शब्दों की व्यवस्था को बन्ध कहते हैं। (काव्यालंकार सूत्र-3/1.4 वृत्ति भाग) यह घटना या व्यवस्था गुणों से पूर्ण होती है। आचार्य कुन्तक ने भी माना है कि शब्द-अर्थ मिलकर जब एक बन्ध में व्यवस्थित हो जाते हैं तो वहाँ काव्य प्रकट होता है। (वक्रोक्ति जीवित, 1/7)। आचार्य कुन्तक जिसे वक्रोक्ति कहते हैं, उसके लिए वामन ने 'कुटिलत्व' शब्द का प्रयोग किया है। आचार्य आनन्दवर्धन ने काव्यात्मक तत्त्व के रूप में ध्वनि की प्रतिष्ठा कर उसे

वाच्य और प्रतीयमान दो अर्थ-कोटियों में बाँटा है। आनन्दवर्धन की सबसे बड़ी विशेषता ध्वनि के काव्यात्म-तत्त्व की स्वतंत्र प्रतिष्ठा में है। यह आत्म-तत्त्व एक सूक्ष्म व्यापार है, जो शब्दों के प्रतीयमान अर्थ से सहृदयों के चित्त को विचलित कर देता है।

24. काव्य में बन्ध का महत्त्व इसलिए है कि वह समग्रता का वाचक है। जैसे, किसी पुष्प में पंखुड़ी, पराग, गन्ध, रंग आदि का सम्मिश्रण होता है, उसी प्रकार काव्य में शब्दार्थ की सुनियोजित अन्विति होती है। पाश्चात्य काव्य-शास्त्र के आचार्य कॉलरिज की 1898 में प्रकाशित 'बायोग्राफी ऑफ लिटरेचर' में 'शब्दपाठ' पद का प्रयोग किया गया है। वास्तव में कविता की रचना-प्रक्रिया में कवि का मन दोलायित रहता है। इसी उद्वेलन को भारतीय काव्य-शास्त्रियों ने काव्य की 'वीर्य विक्षोभन क्षमता' कहा है। कहा गया है कि 'आनन्दोच्छलिता शक्तिः सृजति आत्मानं आत्मना।' अर्थात् आनन्द के वेग से उच्छलित-प्रसवित शक्ति अपने समान तत्त्व का सृजन कर लेती है। यह वाक्य सहृदय-तत्त्व की व्याख्या करता है। वास्तव में काव्य का आस्वादन समानता की खोज है। अपनी तरह देखना अनुभूति की मूल भूमिका है। समानता का यही अनुभव हमारे चित्त को रस-परिपाक के लिए तैयार करता है। सहृदय का एक अर्थ समान हृदय की संरचना में है। काव्य जब अनेक चित्तों को समान भूमि पर लाकर खड़ा कर दे तो उसकी सफलता सिद्ध होती है। वास्तव में सही शब्द की खोज में ही कवि का मन सन्नद्ध रहता है। सम्भवतः इसीलिए भारतवर्ष के काव्य में उपयुक्त शब्दों के चुनाव के लिए अमरकोश, युगल कोश या अन्य ग्रंथों में पर्यायवाची शब्दों की भरमार मिलती है। एक शब्द के अनेक पर्याय चित्त की विविध भावदशाओं, परिस्थितियों और अर्थ की पृष्ठभूमियों का साक्षात्कार कराते हैं। इसीलिए कविता में प्रयुक्त सही शब्द को उसके स्थान से जरा भी हटाया नहीं जा सकता। उस शब्द के हटते ही कविता निष्प्रभ हो जाती है। भारतीय काव्यशास्त्रियों ने इसे ही 'शब्दपाक' कहा है, यही कविता की मौलिक शक्ति और सफलता का रहस्य है।

25. संस्कृत के वक्रोक्ति, रीति और ध्वनि-सिद्धान्त काव्य के अभिव्यंजना-पक्ष पर विचार करते हैं और इनमें हमें महत्त्वपूर्ण सामग्री प्राप्त होती है। रीति भी काव्यात्मक अभिव्यंजना का द्योतक शब्द है। डॉ. नामवर सिंह ने भी ध्वनि-सिद्धान्त को भाषा की 'सृजनात्मक सम्भावना' से जोड़ना चाहा है। रस-सिद्धान्त भी अर्थ के काव्यात्मक आस्वाद और सामाजिक की भूमिका को महत्त्व देता है। उनका कथन है कि "अभिनव गुप्त के रस का आनन्दवाद एक भिन्न युग के भिन्न सांस्कृतिक सौंदर्य में रिचड्र्स के आधुनिक मूल्य-सिद्धान्त का ही आधुनिक प्रतिरूप है।" नामवर जी यह भी मानते हैं कि "आज के इस तनावपूर्ण युग में कविता अधिक से अधिक विरोधी मनोवृत्तियों के बीच संतुलन कायम करके चित्त का परितोष करती है।" (द्रष्टव्य—कविता के नए प्रतिमान, पृ. 51)

26. भारतीय काव्यशास्त्र की समृद्धि के लिए संस्कृत भाषा में व्यापक और गम्भीर विवेचन हुआ है। रस, ध्वनि-सिद्धान्त, अलंकार शास्त्र, रीति सिद्धान्त के क्षेत्र में

संस्कृत काव्यशास्त्र की विशिष्ट पहचान है। अलंकार-शास्त्र के सूक्ष्म विश्लेषण और सौंदर्य-बोध के तत्त्वों के उपस्थापन के महत्त्व के कारण संस्कृत काव्यशास्त्र को अलंकार शास्त्र और साहित्यशास्त्र का भी अभिधान दिया गया है।

काव्य-सौंदर्य के बोध के लिए काव्यशास्त्रीय नियमों और कसौटियों का सन्धान किया जाता है। काव्य-ग्रंथ लक्ष्य ग्रंथ हैं और शास्त्र लक्षण ग्रंथ। काव्य-शास्त्र का विकास और इतिहास क्रमशः काव्य-सृजन की परम्परा से संबद्ध प्रतीत होता है। 'काव्य प्रकाश' के रचयिता आचार्य मम्मट ने कहा है कि सहज शक्ति, लोकशास्त्र और काव्यों के निरीक्षण और मनन से उपलब्ध निपुणता किसी काव्य-सृजन का कारण (हेतु) है।

27. संस्कृत काव्यशास्त्र को भारतीय काव्यशास्त्र के रूप में इसलिए भी माना जाता है कि भामह, कुन्तक, उद्भट, लोल्लट, मम्मट, महिम भट्ट जैसे आलोचक कश्मीर प्रदेश के हैं तो दंडी जैसे समर्थ आलोचक दक्षिण देश के हैं। मध्यभारत, गुजरात, महाराष्ट्र, और बंगाल में भी साहित्यशास्त्र के ग्रंथ रचे गए हैं। जैसे भारतीय संस्कृति गतिशील रही है, वैसे ही भारतीय काव्यशास्त्र भी विकासशील शास्त्र के रूप में उभरा है, जिसका विकास अलंकारवाद, रीतिवाद, वक्रोक्तिवाद, रसवाद, ध्वनिवाद और औचित्यवाद के रूप में दिखाई देता है। सभी वाद मूल रूप से 'काव्य क्या है' के प्रश्न को ही सुलझाने का प्रयत्न करते हैं। इन वादों के द्वारा काव्य-विवेचन क्रमशः सूक्ष्मतर होता गया है। प्रायः सभी आचार्यों ने किसी वाद का खंडन न करके यथासम्भव सभी तत्त्वों को स्वीकार किया है। इनमें केवल तारतम्य का भेद है। प्रकारान्तर से सभी वाद एक-दूसरे को पुष्ट करते प्रतीत होते हैं और यहीं संस्कृत काव्यशास्त्र में निहित पुनरुत्थानवादी प्रवृत्ति के संकेत मिलने आरम्भ हो जाते हैं।

28. संस्कृत काव्यशास्त्र में विवेचित अलंकार विषयक धारणाओं के सम्बन्ध में निम्नलिखित सूत्र निश्चित किए जा सकते हैं—(1) अलंकार के मूल में अतिशयोक्ति और वक्रोक्ति की कल्पना। (2) अलंकार का काव्य का सहज एवं अनिवार्य गुण न होकर अस्थिर धर्म होना। (3) काव्य-सौंदर्य का सर्जक न होकर वर्धक तत्त्व होना। (4) अलंकार का रसोपकारक होना अर्थात् अंगी न होकर अंग होना। (5) सत्काव्य में अलंकार की स्वतंत्र सत्ता का अमान्य होना।

29. ऐसा प्रतीत होता है कि संस्कृत काव्यशास्त्र के पुनरुत्थान की एक महत्त्वपूर्ण कड़ी के रूप में हिंदी का रीतिशास्त्र भी पल्लवित हुआ है, जिसके आचार्यों ने संस्कृत काव्यशास्त्र के अलंकार सिद्धान्त, रससिद्धान्त, नायक-नायका भेद आदि को हिंदी में अवतरित करने और सर्वजन सुलभ करने का प्रयत्न किया। हिततरंगिणीकार कृपाराम हिंदी अलंकार शास्त्र के आदि आचार्य उद्घोषित किए गए हैं। केशवदास, मतिराम, चिन्तामणि, महाराज जसवन्त सिंह, कुलपति मिश्र, भूषण, देव, भिखारी दास, दूलह आदि मध्यकालीन हिंदी काव्यशास्त्र के प्रमुख आचार्य हैं। डॉ. भगीरथ मिश्र की मान्यता है कि 'वास्तव में हिंदी साहित्य के भक्तियुग के बाद साहित्य शास्त्र विषयों पर लिखने वाले इतने आचार्य कवि हुए

कि हिंदी साहित्य के इतिहास की लगभग दो शताब्दियाँ 'काव्य रीतिकाल' अथवा 'अलंकारशास्त्र काल' ही कहलाने लगी हैं। (हिंदी काव्यशास्त्र का इतिहास, उपोद्घात)। आचार्य देवेन्द्रनाथ शर्मा का मत भी इसी तथ्य के अनुकूल है कि 'हिंदी साहित्य के दो सौ वर्षों का इतिहास अलंकारों का ही इतिहास है। रीतिकाल में सिवा अलंकार के दूसरा है क्या? (अलंकार मुक्तावली, भूमिका भाग)।

30. भारतीय इतिहास का अनुशीलन करने पर ज्ञात होता है कि दसवीं शती के बाद प्राय: एक हजार वर्षों का काल राजनीतिक उथल-पुथल, युद्ध और शान्ति, कला और संस्कृति के क्षेत्र में एक संघर्षपूर्ण काल है। बीसवीं शताब्दी में स्वाधीनता संग्राम और आंदोलनों का महत्त्व इसलिए भी है कि स्वाधीनता का यह प्रयत्न समग्र भारत की जनता की ओर से होता है, विशेषकर बीसवीं शताब्दी आधी शताब्दी (1947) तक का काल जनजागरण तथा (राजनीति, धार्मिक, आर्थिक, सामाजिक और कला-संस्कृति के क्षेत्र में) पुनरुत्थान का काल है। इतने बड़े पैमाने पर जब पुनरुत्थान घटित होता है तो वह केवल एक दिशा में नहीं होता, मनुष्य और उसकी संस्कृति के सभी नियामक तत्त्व उससे प्रभावित होते हैं। भारतीय काव्यशास्त्र के रूप में प्रतिष्ठापित संस्कृत काव्य-शास्त्र के क्षेत्र में भी कुछ ऐसे ही महत्त्वपूर्ण परिवर्तन लक्षित होते हैं।

31. संस्कृत काव्यशास्त्र के विकास का अध्ययन भी कम रोचक नहीं है। नाट्यशास्त्र के साथ ही काव्य और शास्त्र की जन-पीठिका तैयार मिलती है और कविता तथा भावक, प्रेक्षक और आस्वादन के त्रिकोण पर भारतीय काव्यशास्त्र की पृष्ठभूमि बनती दिखाई देती है। क्रमश: अलंकार सिद्धान्त, वक्रोक्ति-सिद्धान्त, रीति-सिद्धान्त, रस-सिद्धान्त, ध्वनि-सिद्धान्त और औचित्य सिद्धान्तों के विवेचन द्वारा काव्य-तत्त्व की पड़ताल समग्रता में करने की चेष्टा मिलती है। विचार करने पर ये सारे सिद्धान्त-क्रमश: काव्य-तत्त्व के वैचारिक विकास को समझने में सहायक होते हैं तथा काव्यशास्त्र को समझने में सोपानों की भाँति उपयोगी सिद्ध होते हैं।

32. स्वाधीनता के बाद हिंदी काव्यशास्त्र के क्षेत्र में वैचारिक सामंजस्य की अद्भुत स्थिति मिलती है। संस्कृत काव्यशास्त्र की प्रवहमान धारा में जहाँ भेद, उपभेद एवं वर्ण्य वस्तु या सिद्धान्त के मौलिक पक्षों के अनुसन्धान की प्रवृत्ति तथा तर्काश्रित ज्ञान के खंडन-मंडन की प्रवृत्ति भी मिलती है, वहाँ पूर्व और उत्तर पक्ष की कल्पना के द्वारा प्रश्नोत्तर भी प्राप्त होते हैं। यहाँ तक कि कई भेद-प्रभेदों की कल्पना कर 'उद्धयम' कहकर बता दिया गया है कि इतने उदाहरण या तो विरल हैं या अप्राप्त हैं। विचारकों ने माना है कि आचार्य विश्वनाथ और मम्मट जैसे आचार्य समाहारवादी प्रवृत्ति के लक्षित होते हैं, जिन्होंने मधुमक्षिका की तरह सार-संचय करने का प्रयत्न किया है।

33. स्पष्ट हो चुका है कि हिंदी काव्यशास्त्र का पूर्वभाग रीतिकालीन आचार्यत्व से संबद्ध है जिसमें आचार्यों के द्वारा संस्कृत काव्यशास्त्र को सुलभ करने, कवि-कर्म के लिए शास्त्र-ज्ञान और पांडित्य की आवश्यकता सिद्ध करने की चेष्टा हुई है।

रीतिकालीन हिंदी काव्यशास्त्र का प्रभाव इतना गहरा था कि विभिन्न भारतीय भाषाओं में भी उसका अनुसरण हुआ। भारतेन्दु-काल में गद्य के क्षेत्र में नाटक आदि विषयों पर विचार करते समय भी संस्कृत काव्यशास्त्र और नाट्यशास्त्र के ग्रंथ पूर्णत: संस्कृत पर आश्रित थे, पर उनके उदाहरणों में रीतिकालीन आचार्यत्व का अनुसरण करने के कारण ब्रजभाषा आदि के दोहे, कवित्त और सवैयों का ही प्रभुत्व रहा।

1947 का काल भारतीय इतिहास की आकस्मिक घटना नहीं है। भारत की स्वतंत्रता की पूर्व पीठिका प्राय: पूर्व के 100 वर्षों से तैयार हो रही थी, इसलिए स्वाधीनता आंदोलन वैचारिक भूमि पर फलित हुआ। काव्यशास्त्र के क्षेत्र में 1947 में ही प्रकाशित पं. रामदहिन मिश्र का 'काव्य दर्पण' इस दृष्टि से उल्लेख्य ग्रंथ है।

स्वाधीनता के बाद भारतीय साहित्य और शास्त्र के अनुचिन्तन में क्रान्ति दिखाई पड़ती है। व्यामोह और गतानुगतिकता को छोड़कर मौलिकता का आग्रह और हिंदी भाषा एवं काव्य की प्रवृत्ति तथा प्रकृति के अनुकूल तत्त्वों का ग्रहण और सम्पोषण करने की जबर्दस्त कोशिश दिखाई देती है।

34. अत: स्वाधीनता के बाद संस्कृत काव्यशास्त्र का हिंदी काव्वशास्त्र के रूप में पुनरुत्थान एक समन्वयवादी वैचारिक श्रृंखला के रूप में परिलक्षित होता है। इस युग के आलोचकों के समक्ष संस्कृत काव्यशास्त्र का एक समृद्ध दाय था, एक सूक्ष्म और सुचिन्तित वैचारिक परम्परा थी। इसके साथ ही अंग्रेजी, फ्रांसीसी, रूसी, अमेरिकी आदि विविध विदेशी साहित्य भी थे। फलत: तटस्थ वैचारिक दृष्टि का भरपूर उपयोग इस युग के आलोचकों ओर विचारकों ने किया।

35. आज के हिंदी काव्यशास्त्र में संस्कृत काव्यशास्त्र की पुनर्व्याख्या का प्रयास साफ दिखाई देता है। यह व्याख्या यथातथ्य न होकर मौलिक और हिंदी की प्रकृति की बुनियादी जरूरतों और माँगों पर आधारित है। इस कारण भी एक ओर जहाँ संस्कृत काव्यशास्त्र के ग्रंथों के हिंदी अनुवाद का चलन बढ़ा, वहीं पाश्चात्य काव्यशास्त्र के मान्य आचार्यों प्लेटो, अरस्तू, लोंगिनुस कालरिज, वड्सर्वर्थ, टी.एस. इलियट, आई.ए. रिचड्र्स आदि की कृतियों के अनुवाद और विवेचनात्मक अध्ययन भी प्रस्तुत हुए। संस्कृत काव्यशास्त्र जहाँ 'काव्यं द्विधा मतं गद्यं पद्यं च' कहकर गद्य और पद्य, दोनों को काव्य मानता था, वहाँ हिंदी काव्यशास्त्र में गद्य और पद्य में स्पष्ट अन्तर किया गया। इन आधारों और भारतीय परिवेश को ध्यान में रखते हुए हिंदी कविता की नई कसौटियों की भी खोज हुई और हिंदी कविता के विविध वादों का अध्ययन हुआ।

36. स्पष्ट हो चुका है कि भारतीय स्वाधीनता का काल एक रचनात्मक क्रान्ति के उन्मेष का काल है। उस समय केवल देश और काल में ही परिवर्तन नहीं हुए वरन् वैचारिक क्षेत्र में भी गतानुगतिक प्राचीन रूढ़िवादिता को छोड़कर नएपन के प्रति आग्रह बढ़ा। इसका स्वाभाविक परिणाम था अन्य देशीय सार्थक विचारधारा के प्रति आकर्षण। फलत: पाश्चात्य काव्य शास्त्र के प्लेटो और अरस्तू से होते

हुए इलियट, मैथ्यू आरनॉल्ड, आई. ए. रिचर्ड्स एवं अन्य आलोचकों की विचारधाराओं के कई महत्त्वपूर्ण पक्षों की स्वीकृति। इसी बीच शैली वैज्ञानिक पद्धतियों को भी महत्त्व मिला। आगे चलकर उत्तर आधुनिकता के सिद्धान्तों पर अनेक ग्रंथ लिखे गए। आलोचना की लेखन-पद्धति के साथ-साथ निर्वचन एवं वाचिक परम्परा की आलोचना शैली का स्वतंत्र विकास हुआ, जिसका सम्पूर्ण श्रेय डॉ. नामवर सिंह को जाता है। उन्होंने अपने भाषणों और सम्बोधनों से साहित्य के कई प्रश्न उठाए और अनेक अनसुलझे सवालों को हल भी किया।

37. 1947 के कुछ पूर्व से हिंदी में संस्कृत काव्यशास्त्र का पुनरुत्थान अपने आरम्भिक रूप में अलंकार शास्त्रीय विवेचन के रूप में ही दिखाई पड़ता है, पर उसमें लक्षण और उदाहरण, दोनों में चुनाव करते समय प्राय: सभी लेखकों ने सरलता और बोधगम्यता का ध्यान रखा है। ऐसे अलंकारवादी और रसवादी लेखकों में मुख्य हैं—पं. रामदहिन मिश्र, लाला भगवान दीन, सेठ कन्हैयालाल पोद्दार, अर्जुनदास केडिया, आचार्य देवेन्द्रनाथ शर्मा आदि। 1960 के कुछ पूर्व से ही हिंदी काव्यशास्त्रीय चिन्तन में नए प्रयोग होने आरम्भ हो गए थे।

38. भारतीय काव्यशास्त्र के विकास की प्रौढ़ि और परिवर्तन का प्रमाण है—भारत की स्वाधीनता के बाद हिंदी में संस्कृत काव्यशास्त्र का पुनरुत्थान, जिसमें हिंदी रीतिकालीन काव्यशास्त्र से भिन्न दृष्टिकोण रखते हुए हिंदी की प्रकृति के अनुकूल काव्यशास्त्रीय चिन्तन का विकास हुआ। इस विकास-यात्रा में आचार्य रामचन्द्र शुक्ल, डॉ. श्यामसुन्दर दास, आचार्य हजारीप्रसाद द्विवेदी, डॉ. गुलाब राय, डॉ. नामवर सिंह, आचार्य देवेन्द्रनाथ शर्मा, मुक्तिबोध, नंददुलारे वाजपेयी, डॉ. नगेन्द्र, डॉ. सत्यदेव चौधरी, डॉ. रामविलास शर्मा, डॉ. विजयदेव नारायण साही, मलयज, डॉ. विश्वनाथ त्रिपाठी, डॉ. निर्मला जैन, डॉ. राममूर्ति त्रिपाठी, आचार्य विश्वेश्वर, डॉ. राजवंश सहाय 'हीरा', डॉ. रामस्वरूप चतुर्वेदी, डॉ. मैनेजर पाण्डेय, डॉ. सुधीश पचौरी, डॉ. पुरुषोत्तम अग्रवाल, अशोक वाजपेयी, डॉ. रोहिणी अग्रवाल, डॉ. अनामिका, आदि आलोचकों और विचारकों के नाम गण्य हैं। इस क्रम में दलित विमर्श, स्त्री-विमर्श, उत्तर आधुनिकता आदि वैचारिक पक्षों को भी पर्याप्त महत्त्व मिला।

वस्तुत: आज का भारतीय काव्यशास्त्र संस्कृत काव्यशास्त्र और हिंदी रीतिशास्त्र से होता हुआ धीरे-धीरे एक भूमंडलीय वैचारिक क्रान्ति और चिन्तन का रूप लेने की ओर बढ़ रहा है। इसमें आशाप्रद बात इतनी अवश्य है कि हमारी प्राचीन सांस्कृतिक चिन्ताधारा का स्रोत अभी भी प्रवहमान है और अपनी सूक्ष्मता तथा सबको समेट लेने की क्षमता के कारण जीवित-जाग्रत और स्पन्दित है।

❂❂❂